CHINA CROSS
BORDER E-COMMERCE
DEVELOPMENT YEARBOOK

2022
中国跨境电商发展年鉴

《中国跨境电商发展年鉴》编委会◎编著

中国海关出版社有限公司 · 北京

图书在版编目（CIP）数据

中国跨境电商发展年鉴 . 2022/《中国跨境电商发展年鉴（2022）》编委会编著 . —北京：中国海关出版社有限公司，2023. 1

ISBN 978 - 7 - 5175 - 0621 - 8

Ⅰ. ①中… Ⅱ. ①中… Ⅲ. ①电子商务—产业发展—中国—2022—年鉴 Ⅳ. ①F724. 6-54

中国版本图书馆 CIP 数据核字（2022）第 238961 号

中国跨境电商发展年鉴（2022）

ZHONGGUO KUAJING DIANSHANG FAZHAN NIANJIAN（2022）

作　　者：《中国跨境电商发展年鉴（2022）》编委会
责任编辑：夏淑婷
出版发行：中国海关出版社有限公司
社　　址：北京市朝阳区东四环南路甲 1 号　　邮政编码：100023
编 辑 部：01065194242-7539（电话）
发 行 部：01065194221/4238/4246/5127（电话）
社办书店：01065195616（电话）
https://weidian. com/?userid=319526934（网址）
印　　刷：北京新华印刷有限公司　　经　　销：新华书店
开　　本：787mm×1092mm　1/16
印　　张：29　　字　　数：780 千字
版　　次：2023 年 1 月第 1 版
印　　次：2023 年 1 月第 1 次印刷
书　　号：ISBN 978 - 7 - 5175 - 0621 - 8
定　　价：300. 00 元

《中国跨境电商发展年鉴》
编委会

《中国跨境电商发展年鉴（2022）》

协编单位

京东国际

中大门国际物流服务有限公司

北京空港宏远物流有限公司

卓志集团

中泰（石狮）供应链管理有限公司

新蛋集团

中信银行股份有限公司

京东国际

JD WORLDWIDE

京东国际是京东旗下进口商品一站式消费平台，是京东集团国际化战略布局重点业务之一。2019年11月，京东大进口业务战略升级为京东国际，通过在消费场景、营销生态、品质和服务、招商四大维度的全面升级，为消费者同步世界好物。京东国际是国内专注于大进口业务的消费平台。

在购物场景上，将之前分散在京东平台各个场景中的进口商品进行整合。

消费者只需锁定京东国际频道，便可畅享进口好物，实现进口商品一站购齐，提高消费者挑选进口商品的准确性和便利性。

在营销生态上，京东国际洞察消费趋势，整合平台资源，基于大数据分析，提供完整的电商平台营销解决方案：场景更丰富，多维引流；玩法更新颖，深度互动；营销更精准，分层触达。

在品质与服务方面，京东国际强化监管深度，通过多重审核、货源监控、在仓巡检等流程加强管理。京东国际发力服务保障领域，推出晚到必赔、破损包退、7天无理由退货等多项“放心购”服务，让消费者享受到全球好物安心购的优质体验。

2020年，京东国际开启海外品牌合作入驻快车道，发掘更多海外品牌。

京东国际联合使馆搭建“国家馆”旗舰店，引入各个国家差异化商品，让消费者的购物车更加丰富。

聚焦未来，作为京东集团国际化战略布局重点业务之一，依托京东零售4亿活跃用户，京东国际将全面赋能合作伙伴，连接国际品牌与中国消费者，推动中国品质消费升级。我们坚信，京东国际成为值得信赖的进口商品消费平台的愿景一定会实现！

CGL中大门国际物流
郑州市综试区综合服务中心
南跨境中心

买全球 卖全球

中大门
境 O2O自提

项目集中签约仪式
全球电子商务物流创新发展论坛

空港宏远
HONGYUAN AIRPORT LOGISTICS

ABOUT US

跨境贸易综合服务商
CROSS BORDER TRADE INTEGRATED SERVICE PROVIDER

空港宏远成立于2001年，依托高速增长的中国航空运输服务产业，从最初十年的传统口岸物流企业，发展成为了今天拥有多元业务的"跨境贸易综合服务商"。目前，空港宏远拥有海内外员工近千名，年收入额可达百亿。

凭借20年在物流行业高效、可靠、全链路的业务优势，2020年6月，空港宏远正式成为"北京2022年冬奥会和冬残奥会官方仓储设施独家供应商"，开启了空港宏远的奥运时代。

全链路跨境航空物流服务

航空货运　口岸物流　保税物流　跨境电商物流　卡车航班　城市货站

布局海内外重要一二线口岸，覆盖跨境贸易活跃区

PEK 北京　PVG 上海　CTU 成都　KHN 南昌　HFE 合肥　SZX 深圳　TSN 天津　CGO 郑州

WUH 武汉　HND 东京　BRU 布鲁塞尔　JFK 纽约　GRU 圣保罗　SCL 圣地亚哥　YHZ 哈利法克斯

产品及优势

- 提供仓到仓的全链路航空物流服务，包括城市货站、货物交运、口岸操作、关务、航空干线运输，以及境外的操作、转运等，给予货物全方位的保障。
- 持续引进自持运力资源，现有2架波音747-8F及1架空客330-200F全货机，运力高效稳定。
- 全球航空货运网络体系，亚欧美全覆盖，卡车航班服务网络覆盖中国、欧洲17个国家超90个机场。

荣誉资质

- 综合服务型AAAAA级物流企业
- 企业信用评价AAA级信用企业
- 海关AEO高级认证企业
- 北京十大商业品牌评选·品质服务奖
- 北京2022年冬奥会和冬残奥会官方仓储设施独家供应商

中泰（石狮）供应链管理有限公司

侨易邦（mall.ctsss.com）福建省共享推广平台

“侨易邦”（mall.ctsss.com）是东南亚采购集散中心［中泰（石狮）供应链管理有限公司］推出的福建面向全球华人华侨的跨境贸易服务平台。中心项目是在石狮市获批福建省市场采购贸易方式试点、全国预包装食品出口试点政策背景下，由泰国石狮同乡总会暨泰国石狮商会牵头并由政府批复成立，同时也是省、市政府重点支持的全省共享推广平台。

2021年12月27日，RCEP青年侨商创新创业峰会上，“侨易邦”面向全球发布，在中国著名侨乡石狮正式上线启动，并开放菲律宾、泰国、马来西亚、印度尼西亚、越南等东南亚多个海外仓服务，充分发挥闽侨优势，汇聚侨商、凝聚侨智、发挥侨力，以“丝路电商”发展为契机，联结新兴市场，以线下云集福建各地特色产业馆，线上“侨易邦”双窗口全力打造福建省乃至全国市场、商品、物流和全球侨亲、外商的对接平台，力争成为福建省数字经济的新增长极。

“侨易邦”平台汇集工具与运营服务为一体，从基础产品采集上架、采购、国内外仓储再到商品履单服务，乃至电商精细化运营及孵化，为跨境电商从业者提供一站式服务。主要功能包括选品供货、海外仓储、一件代发、物流配送、共创孵化、直播带货、安全收汇等，能够为不同场景需求提供优质合适的解决方案，满足不同阶段电商卖家的需求，让跨境电商不再困难。

截至目前，“侨易邦”平台共入驻品牌厂家1862家，产品链接7万余个，SKU（库存量单位）总数破百万。

中泰东南亚 Southeast Asia Procurement Center　侨易邦 mall.ctsss.com　海丝速通 HAYES EXPRESS

WINTO FORTUNE
蕴通财富
融合创建智慧海关
畅享担保通关便利
蕴通财富 | 担保通关
顺应新时期国际贸易发展，交通银行融合创新智能担保通关，助力贸易便利化，服务跨境贸易企业。
▶ 用途扩容、期限延长
▶ 集中授信、分别开立
▶ 渠道多样、多级受益
▶ 电商加贸、定制服务
客服热线：95559 www.bankcomm.com
始于1908 · 您的财富管理银行

中国国际贸易单一窗口
交通银行公司
金融服务号
敬请关注
交通银行
BANK OF COMMUNICATIONS

newegg 深耕北美21年的科技全品类电子商务平台

4700万	1650万	4000万	3.8亿
注册消费者	邮件订阅者	SKUs	页面访客量

新蛋集团（NASDAQ：NEGG）成立于2001年，总部位于美国洛杉矶，是一家全球较领先的科技品类电子商务平台。经过21年的发展，新蛋积淀了集营销、供应链和技术解决方案为一体的综合电商服务经验，积累了北美地区4700万高端消费者，为其提供丰富的消费电子、游戏周边设备、智能家居等商品和优质的电商服务体验，凭借高客单价、高复购率和低退货率受到北美消费者的高度认可。新蛋集团先后荣获全球领先线上科技品类零售平台、《新闻周刊》2021年美国畅销零售平台、2022 Multichannel Merchant优质第三方供应商等商业殊荣。

新蛋集团洛杉矶总部

2020年，新蛋集团成为国内率先提出“品质中国 世界共享”的国际跨境电商平台企业，先后为中国技术创新性企业，尤其是科技类品牌赋能，设立专区推广，国内科技品牌大疆、小米、美的、清华同方、360、金泰克、康佳、AOC、汉王、柔宇、攀升电脑等先后加入新蛋集团。

官方微信公众号

官方入驻通道

新蛋集团全球CEO 邹果庆先生

2020年，新蛋集团成立中国跨境电商事业部，基于中国制造强大的产业和供应链优势，为中国跨境卖家量身打造市场营销、产品运营、卖家支持、全程物流服务以及数字化服务等本地化、全方位的跨境服务体系，推出中国卖家专属扶持计划，助力中国优质制造商、本土品牌和中小型跨境卖家实现数字化转型和出海。

新蛋中国近年来发展迅猛，在中国多地进行投资建设，并成为中国上海洋山特殊综合保税区内首单跨境电商保税出口Bto海外仓模式（“1210”模式）第一家国际电商平台企业。

新蛋中国入驻洋山综保区

新蛋集团将继续加大中国跨境业务的投入，加深与地方政府、行业协会、高校的合作，扩大中国卖家跨境业务的产业规模及中国品牌在海外市场的影响力，为打造中国跨境业务的生态圈和产业链的健康成长，做出自己的努力。

中信银行
CHINA CITIC BANK
B2B跨境电商
综合金融服务
★第一家 获得“跨境电商收结汇业务”资质
★第一家 上线“跨境电商集中收结汇”系统
一点接入 · 服务全国
高效便捷 · 安全合规
微信公众号
中信银行手机银行
全国统一客服热线
95558
www.citicbank.com
让财富有温度

汇付国际
Huifu International

汇付国际作为一站式跨境支付和增值服务提供商，以专业高效的解决方案，满足跨境电商业务中的多种跨境需求，帮助境内企业拓展全球市场、境外企业参与中国市场。积极响应“支付出海”的政策导向，全面拓展境外业务布局，让中国与世界更好地做生意。

汇付国际自2016年开始展业，连续数年保持高速发展，并通过“平台收款”“外贸收款”“快速结汇”“海外购”等产品为全球跨境企业提供购结汇、资金结算、海外收款、定制化账户管理、数字化运营等全栈服务。

目前，汇付国际的业务已覆盖全球100多个国家和地区，旨在打造聚合跨境产业链各方的生态圈。

As a one-stop cross-border payment and value-added service provider, Huifu International provides professional and efficient solutions to meet a variety of cross-border payment needs in cross-border e-commerce business, and helps domestic enterprises expand the global market and overseas enterprises participate in the Chinese market. Huifu International starts it's business in 2016 and has achieved rapid development for several consecutive years. Through " E-commerce collection", "Foreign trade collection", " Instant settlement ", " Overseas purchase " and other products, it provides global cross-border enterprises with comprehensive services such as foreign exchange purchase and settlement, fund settlement, overseas collection, customized account management, and digital operation. At present, the business service of Huifu International has covered more than 100 countries and regions around the world, aiming to create an ecosystem that aggregates all parties in the cross-border industrial chain.

中国（杭州）跨境电子商务综合试验区

ZHONGGUO(HANGZHOU) KUAJING DIANZISHANGWU ZONGHE SHIYANQU

中国（杭州）跨境电子商务综合试验区（以下简称“杭州综试区”）作为中国跨境电子商务综合试验区试点城市，坚持先行先试，始终走在跨境电子商务发展前沿，以“六体系两平台”为核心的跨境电子商务“杭州经验”多次向全国其他跨境电子商务综合试验区复制推广。在商务部“2021年跨境电子商务综合试验区评估”结果中，杭州综试区“成效明显”。2022年1月至8月，杭州跨境电商进出口757.1亿元，同比增长14.61%；出口627.86亿元，同比增长25.1%。

制度创新策源

杭州综试区是开展跨境电子商务“小包出口”、“直邮进口”、“网购保税进口”、跨境B2B出口、保税出口等业务的试点城市，率先探索了跨境电商退换货中心、“全球中心仓”、定点配送、“保税进口+零售加工”等新模式。

贸易联通世界

杭州跨境电商卖家总部和平台集聚。全国三分之二跨境电商零售出口平台落地杭州，跨境支付交易额占全国七成，集聚全国三分之二头部直播企业、平台、主播，跨境电商贸易联通世界220个国家和地区。跨境电商海外仓达283个、面积达576.9万平方米，常态化运营国际货运航线18条，集聚菜鸟网络、“三通一达”等全国头部跨境物流企业总部，年培训各类跨境电商人才8.6万人次。

品牌触达全球

2022年，杭州跨境电商卖家52000家，年跨境电商交易额超千万美元龙头企业219家，规模达2000万元以上跨境电商品牌企业411家，跨境电商企业注册商标数2085个，估值过1亿美元的跨境电商企业22家，花西子、张小泉剪刀等一批新国货品牌影响力辐射全球。

e空间
E-SPACE
义乌跨境电商产业园
全球跨境电商新引擎
价值投资新空间
义乌跨境电商产业园，由义乌中国小商品城控股有限责任公司投资建设，坐落于世界“小商品之都”，地处义乌自由贸易试验区核心地块，列入浙江省高质量发展建设共同富裕示范区重大项目。
产业集聚 产城融合
项目规划用地约850亩，估算总投资100亿元。首期用地约173亩，总建筑面积约43.8万平方米，形成商务办公、公寓和特色商业街等三大片区，致力于构建一个跨境电商产业新城。
配套仓储 助企发展
项目配套建设跨境电商物流园，首期用地约360.6亩，总建筑面积约72.4万平方米，由园区统一运营管理，按一定仓办比例配套给产业园入驻企业使用。
办公区效果图
公寓效果图
商业街效果图
物流园效果图
VIP LINE
0579 89986666
义乌商博云谷企业管理有限公司
跨境电商产业园·城市展厅
地址：义乌市春晗南路160号（雪峰西路与春晗南路交叉口东南侧）
跨境电商产业园·项目地
地址：义乌市城西街道荷花北街与求真路交叉口（东南侧）
本宣传资料所有文字、数据、地图、图表等仅供参考之用，并不构成要约、承诺或保证（无论明示或隐含）。本宣传内一切资料，均以政府最后批准之图册及法律文件为依据，以买卖合同约定为准。

中国（黑河）跨境电子商务综合试验区

China (Heihe) Cross-border E-commerce Comprehensive Pilot Zone

黑河综试区诚邀各界朋友前来投资兴业，共绘发展蓝图，共享发展红利！

中国（黑河）跨境电子商务综合试验区（以下简称“黑河综试区”）位于我国沿边开放城市黑龙江省黑河市，与俄罗斯第三大城市阿穆尔州首府布拉戈维申斯克市隔江相望，素有“中俄双子城”的美誉。黑河综试区以跨境电商创新发展集聚为目标，以培育壮大外贸新业态为核心，以沿边发展、对俄合作、跨境联动为重点，逐步形成了以跨境电商产业园为基础，以保税物流产业集群为优势，以“互市贸易+电子商务”为特色的跨境电商产业链条。

黑河跨境电商产业园发挥对俄区位、通道和政策优势，初步形成了以境内园区为承载、海外仓为外延的联动发展格局，入驻的平台类、服务类、应用类企业有240余家，累计实现交易额74.7亿元，先后于2017年、2019年获得省、国家电子商务示范基地。为有效破解中俄跨境电商物流货物集运和时滞难题，提高进出口企业物流中转效率，降低物流成本，园区企业相继建设海外仓、边境仓、中继仓，形成了跨境电商货运物流“多仓联动”模式，该模式被列入“中国改革2020年度50经典案例”。黑河保税物流中心(B型)持续聚焦跨境电商产业链重点环节，引入菜鸟中心仓落户黑河，开通了多多国际黑河中心仓业务；“哈尔滨—黑河—俄罗斯叶卡捷琳堡”国际邮路实现了常态化运营，截至2022年9月，共转运国际邮件总包310吨、78万件。中国邮政黑河国际互换局“邮检作业场地”项目也将投入使用，届时黑河邮政的寄递区位和业务处理功能优势将愈加凸显。

黑河综试区创新发展“互市贸易+电子商务”等模式，建设跨境电商直播基地，打造跨境电商直播产业集群，完善线上数据中心、选品库，线下展示中心、直播中心等基础设施。在临沂、上海、杭州、大连、九江建设直播基地。2022年1月至9月基地实现销售额9000万元、订单180万单，荣获2021年度黑龙江省省级直播电商共享示范基地称号。

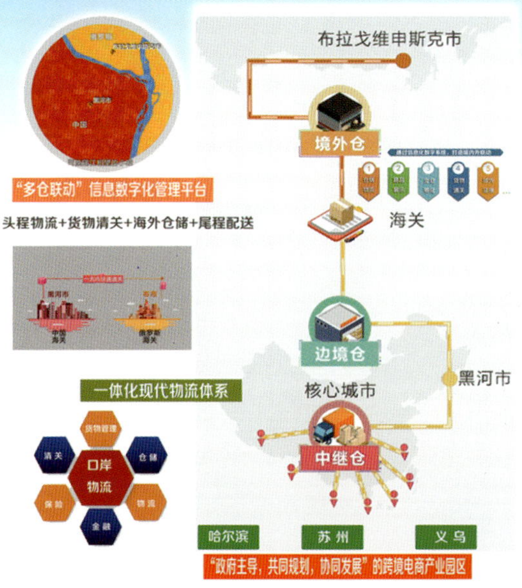

跨境电商货运物流“多仓联动”
数字化集运新模式流程图

中国（东莞）跨境电子商务综合试验区

东莞拥有“世界制造业之都”的鲜明底色和扎实基础，市场主体总量超150万户。2021年，东莞外贸进出口总额突破1.5万亿，东莞GDP历史性地突破万亿大关，成为拥有万亿GDP、千万人口的“双万”之城。依托“科技创新+先进制造”城市特色和城市定位，东莞紧紧地把握住跨境电商综合试验区的建设契机。东莞跨境电商起步于2013年，2018年被批准成为中国跨境电商综合试验区。自2016年跨境电商进出口额开始统计以来到2021年，全市跨境电商进出口额累计突破2000亿大关。

东莞拥有优越的跨境电商产业环境。东莞工业企业超20万家，形成了万亿级电子信息集群和装备制造、新材料、食品饮料、纺织服装4大千亿集群，创新“产业集群+跨境电商”模式，全市设有超60个特色鲜明、功能齐全的跨境电商专业园区，成功建立跨境电商绿色生态圈闭环，引领众多制造企业转型升级，开拓国际市场。

东莞拥有独特的跨境电商区位优势。东莞位于“黄金内湾”的“黄金C位”，是人流、信息流、资金流、技术流的重要交汇处，把握粤港澳大湾区战略机遇，成功引进了国家智慧物流骨干网华南核心节点、菜鸟网络大进口华南（东莞）区域中心、阿里巴巴跨境零售出口全球服务中心等跨境电商产业项目，打造起龙头企业与制造业对接平台。

东莞拥有务实的跨境电商政策体系。东莞搭建了一整套多层面、多维度跨境电商政策体系，在综合试验区“1+5”政策基础上，重点支持跨境电商B2B、独立站、海外仓以及跨境电商园区等新热点，落实了通关便利化政策，以“简化申报、清单核放、汇总统计”护航跨境电商新业态发展。

中国（广州）跨境电子商务综合试验区

广州作为中国跨境电子商务综合试验区城市，是全国拥有“海、陆、空”三个综合保税区（南沙综合保税区、黄埔综合保税区和白云机场综合保税区）的一线城市，是享誉全球的千年商都。广州拥有辐射全球的551个专业批发市场，也有“中国第一展”中国进出口商品交易会，联通全球220多个国家和地区的贸易网络。跨境电商生态完善，市场活跃度强，已形成跨境电商枢纽海港、枢纽陆港和枢纽空港，正在加快建设跨境电商国际枢纽城市。

2021年3月，广州正式发布全国首个RCEP跨境电商专项政策《广州市把握RCEP机遇促进跨境电子商务创新发展的若干措施》。2020—2021年，由广州市商务局牵头主办的以城市为平台的直播节连续在广州举行。在商务部“2021年跨境电子商务综合试验区评估”中，广州位列全国第一档“成效明显”。

2022年，面对新冠肺炎疫情频发等不利因素，广州市商务局多次组织相关园区和企业赴外地调研学习，举办系列跨境电商政策宣讲会，为企业纾困解难。下半年，2022世界跨境电商大会成功举行并发布了《2021中国城市跨境电商发展报告》等多项成果，“跨境电商海外争端预防与解决50人论坛”落户广州南沙，跨境电子商务海外仓联盟宣告成立。

在多重政策利好驱动下，广州跨境电商进出口驶入快车道。全市跨境电商进出口额保持两位数增长，已成为稳外贸重要增长极。

天津港保税区

天津港保税区成立于1991年5月12日，管辖空港、临港、海港三个片区，坐拥天津港和滨海机场海空两港口岸资源，规划管理面积223.2平方千米，规划岸线总长度约73.07千米。作为京津冀协同发展和“一带一路”倡议的重要支点，是我国开放层次高、优惠政策多、功能齐全、手续简化的特殊开放区域，享有天津自由贸易试验区和滨海新区先行先试特殊政策，对外开放和创新功能优势明显。

保税区跨境电商产业

2016年，天津港保税区正式开展跨境电商业务，配合市里完成系统测试，实现全市多项业务，落地O2O线下体验店、进口退货中心仓，成功实现跨境电商产业衍生的贸易本地化结算项目。随着不断深耕产业、探索模式、开拓创新、构建体系，加之已实现跨境电商进口“1210”“9610”，出口“9610”“9710”“9810”和“1210”全模式畅通，该产业逐步呈现进口模式突出、头部企业突出、物流服务突出、行业配套突出、创新发展突出等特点，进而带动了一大批电商、平台、支付、仓储、物流、报关等服务型企业的聚集与发展，形成了完整的跨境生态圈。

目前，天津港保税区内跨境电商主要以“1210”网购保税进口模式为主，代表企业有天猫国际、唯品会国际等，货物品类有母婴、日化、美妆、食品、保健品，进口来源地主要为欧美、日韩、澳大利亚、新西兰、中国香港。近年来，天津港保税区跨境电商进口单量和交易额体量级稳占全市85%左右。

下一步，天津港保税区将持续推动“多态并举、海空联动、兼顾进出、中心查验”的全方位跨境电商业务模式，紧跟时代潮流，抢抓“网红直播”等新兴经济增长点，探讨培育“保税+实体新零售”“跨境电商退运返修中心”“保税进口+区内加工”“区块链溯源平台”等业务新模式，构建区域跨境电商产业集群，进一步夯实行业地位，使其持续成为区域贸易产业高质量发展新引擎，助力区域构建外向型经济新格局。

經濟及科技發展局
Direcção dos Serviços de Economia e Desenvolvimento Tecnológico

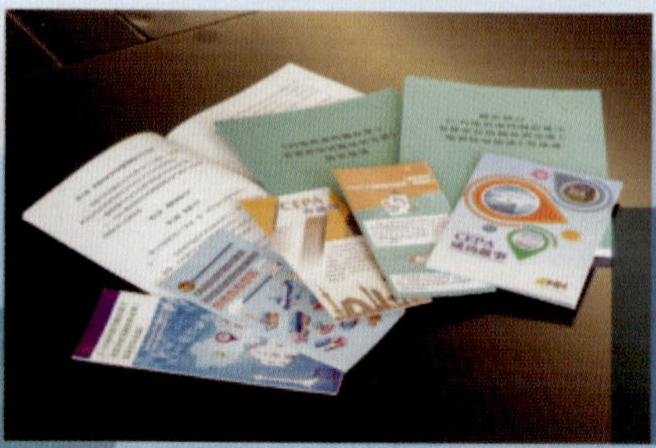

深化区域经济合作
Aprofundamento da cooperação económica regional

推动产业适度多元
Promoção da diversificação adequada das indústrias

保障民生物资供应
Asseguramento do fornecimento de bens essenciais à vida quotidiana

建立科创产业生态
Criação do ambiente do sector da inovação tecnológica

支持中小企业，促进经济发展
Apoio às pequenas e médias empresas e promoção do desenvolvimento económico

澳门特别行政区政府经济及科技发展局
Direcção dos Serviços de Economia e Desenvolvimento Tecnológico do Governo da Região Administrativa Especial de Macau

澳门南湾罗保博士街一至三号国际银行大厦6楼
Rua Dr. Pedro José Lobo, nº 1-3, Ed. Banco Luso Internacional, 6º andar, MACAU

电话 Tel (853) 2888 2088
传真 Fax (853) 2871 2551
电邮 Email info@dsedt.gov.mo

www.dsedt.gov.mo

ZTO:

FedEx®
Express
联邦快递

联邦快递是：

全球具有一定规模的快递运输公司
全球500强企业
一家开创了航空快递行业的公司
《财富》杂志“全球最受尊敬公司”

创立于1973年的联邦快递（FedEx Express）为全球220多个国家和地区的客户提供迅速、可靠的快递服务，并运用覆盖全球的航空和陆运网络，为客户提供涵盖运输、电子商务和商业运作等一系列全面服务与整套商务应用解决方案。

中国是联邦快递发展策略的核心

联邦快递于1984年率先进入中国市场，开展国际快递业务。2007年，联邦快递在中国成为独资公司开始运营，同年在中国推出国内服务。目前，联邦快递在中国拥有100家分公司、超过1.1万名员工和3000多辆递送车。联邦快递在中国每周运行300多个国际航班。联邦快递的服务范围已经覆盖中国大部分主要城市和地区，并战略性地在主要大中城市设立了100多个地面操作站。联邦快递通过位于广州白云国际机场的亚太区转运中心，以及位于北京、上海、广州和深圳的四个国际口岸操作中心，将客户与公司庞大的全球网络相连，为其提供快速可靠的国际快递和国内服务。此外，联邦快递于2018年在上海的国际快件和货运中心投入使用。该中心是联邦快递在亚太区的重要设施之一，将为华东地区来往欧洲以及美国之间的货物提供更大的便利性和连通性。

多样化的运输服务

联邦快递为客户提供多样化的国际快递和国内服务的产品组合，以满足他们不同的业务需求、时限要求和预算。同时，联邦快递不断关注各行业的特殊需求，例如，联邦快递将运输与业内领先的技术紧密结合，推出多个冷链运输解决方案，以更安全、更可靠和更高效的途径将医疗物品运送至世界各地。在电子商务运输领域，联邦快递针对中小型企业开拓相应的运输解决方案以简化工作流程，使其获得差异化竞争优势，并凭借其在贸易法规、供应链管理，以及物流方面所积累的超过45年的专业经验，为中小型企业在全球市场的成功提供帮助。

致力于成为负责任的企业

作为一家富有爱心和社会责任感的公司，联邦快递多年来倾力支持社会发展与社区建设，通过多渠道积极与各非营利组织在灾难救援、安全、环境可持续发展和教育等领域进行公益项目合作。联邦快递在中国的主要公益合作伙伴包括全球儿童安全组织、国际奥比斯组织、国际青年成就、世界资源研究所等。同时，联邦快递推出“联邦快递中小企业大赛”，旨在惠及更多中国的中小企业，为其拓展国际业务提供资金和资源，以及帮助他们连接全球商业机遇，实现更多的可能性。

ZMD 自贸达
ZIMAODA.COM

跨境电商供应链服务专家

郑州自贸达供应链管理有限公司（以下简称“自贸达”）成立于2014年6月，位于郑州市经开综合保税区内，主营业务包括跨境保税仓储服务，上下游覆盖国际货运、港到仓、报关和国内快递。仓内涵盖了美妆、保健、洗护、母婴、家居、鞋服等全品类跨境商品，现服务于各大电商平台。

自贸达为商家提供备货、全渠道存储、发往各个平台的调拨B2B服务，以及B2C服务，成功建立了一种更高效、灵活的供应链模式，为商家开展跨境保税业务提供了便利。

目前，自贸达使用保税仓库约有4.5万平米，库内SKU数达1.5万，存货量达2000余万件，峰值订单处理能力为30万单/天。2021年全年跨境电商申报单量约1000万单，申报进口总额约14亿元，同比增幅40%。2022年单量目标为1500万单，申报进口总额20亿元。

自贸达以客户满意作为首要目标，以技术驱动为核心，不断细化业务流程，投入大量资源进行软硬件研发创新，一方面严控服务质量，一方面降本增效，使公司在跨境物流行业中不断提升竞争力，同时推动本地跨境电商行业发展。

Airwallex空中云汇是一家金融科技公司。公司通过搭建数字化的跨境支付和金融基础设施，助力企业进行线上收单，轻松实现全球收付款并简化企业的财务运营，以一站式的科技平台帮助现代化企业实现全球业务成长。Airwallex空中云汇目前在全球19个办公地点拥有超1200名员工。全球支付网络已覆盖150多个国家和地区的50余种货币，是全球覆盖范围广的跨境支付平台之一。

有别于传统的行业支付工具受限于单一场景，Airwallex空中云汇旨在构建金融基础设施，提供全球化的通用支付平台。深入基础设施层的产品架构让Airwallex空中云汇具备更强的可拓展性，并能从支付链路的底层出发，改变现有跨境支付方式，突破性地提升效率。因此，Airwallex空中云汇不仅创造更多机会，助力企业拓展国际市场，同时可以提升效率，降低企业的财务支付成本。

Airwallex 空中云汇

借助于强大的技术能力，我们能够提供高效、低成本的数字银行服务

根据Airwallex空中云汇内部数据统计，在过去一年中，Airwallex空中云汇累计为企业客户减少超过2,000万天的支付到账等待时间，节约超过1.5亿美元的支付成本，并通过提升支付成功率创造近1亿美元的额外营收。正是基于这些效能提升，Airwallex空中云汇的营收以每年2～3倍的速度快速增长；而更重要的是，Airwallex空中云汇的企业客户因此创造了几十倍于Airwallex空中云汇营收的商业价值，并获得了更好的跨境现金流和周转率，从而更游刃有余地发展自己的业务。

站在数字化变革的中心，Airwallex空中云汇期待与企业客户共同打造一个无界、数字原生、安全合规、全球在地化的未来跨境生态，助力出海企业不断优化效能，进而提升供应链韧性和风险承受能力，让出海之路更多坦途。

编辑说明

《中国跨境电商发展年鉴（2022）》（以下简称《年鉴》）是由中国海关出版社有限公司联合主要跨境电子商务试点城市编撰的一部具有史料性、资料性的实用工具书。《年鉴》旨在翔实记载我国跨境电子商务发展状况，重点收录2020年、2021年跨境电子商务的国家相关政策及主要城市的发展情况，客观提供相关统计数据；突出宣传创新、规范的跨境电子商务企业；对于创新跨境电子商务的海关监管模式进行了研究和探索。《年鉴》为各级政府部门、行业协会、企事业单位等社会各界了解中国跨境电子商务发展、获取资料信息、实施科学决策、进行咨询研究提供全面、系统的参考。本《年鉴》自2016年起，每年出版一卷，以出版年份标序，2021年版因受客观原因影响与2022年版合并于2022年出版，2022年为第六卷。

《年鉴》采用分类编辑法，力求结构合理、类别分明、层次有序。内容包括“跨境电商综述篇”“跨境电商城市发展篇”“跨境电商专题研究篇”。其中，“跨境电商城市发展篇”分别记载了北京、太原、大同、徐州、厦门、漳州、龙岩、赣州、九江、青岛、威海、郑州、洛阳、南阳、长沙、湘潭、郴州、广州、东莞、湛江、茂名、成都、兰州23个城市的跨境电商发展现状、配套文件、企业名录、统计数据、典型案例、大事记等。考虑到目前各相关城市跨境电商发展模式不尽相同，故《年鉴》“跨境电商城市发展篇”中不同城市的内容结构会略有不同。“跨境电商专题研究篇”收录了我国跨境电商相关专家、单位及研究机构在跨境电子商务领域的研究成果。

《年鉴》引用的各类数据和资料，未标明时间的，均截至2021年12月31日。“跨境电商综述篇”所用的数据，是根据42个直属海关监管部门的业务统计数据汇总而成。各城市的跨境电商进出口统计数据，主要由跨境电子商务的口岸办公室、商务局等部门提供。由于数据来源有差别，各城市所列统计数据的项目内容有所不同。

《年鉴》所列23个跨境电商城市中，各城市依照行政区划顺序进行编排。《年鉴》中涉及金额的表述，未标明币种的，均为人民币。

由于编辑水平和经验有限，在资料收集、内容编排等方面还有待进一步提高，所以书中难免有不足和疏漏之处，敬请广大读者批评指正，力争明年工作再上一个新台阶。

编者

2022 年 12 月

目录

跨境电商综述篇

综合情况 …… 3

一、跨境电商发展的举措与成效 …… 3

二、跨境电商面临的挑战与对策 …… 6

配套文件 …… 8

国务院关于同意在雄安新区等46个城市和地区设立跨境电子商务综合试验区的批复（国函〔2020〕47号） …… 8

国务院关于同意在河南省开展跨境电子商务零售进口药品试点的批复（国函〔2021〕51号） …… 9

国务院办公厅关于加快发展外贸新业态新模式的意见（国办发〔2021〕24号） …… 10

国务院办公厅关于印发全国深化“放管服”改革着力培育和激发市场主体活力电视电话会议重点任务分工方案的通知（国办发〔2021〕25号） …… 14

商务部　发展改革委　财政部　海关总署　税务总局　市场监管总局关于扩大跨境电商零售进口试点的通知（商财发〔2020〕15号） …… 23

商务部　发展改革委　财政部　海关总署　税务总局　市场监管总局关于扩大跨境电商零售进口试点、严格落实监管要求的通知（商财发〔2021〕39号） …… 24

商务部　中央网信办　发展改革委关于印发《“十四五”电子商务发展规划》的通知（商电发〔2021〕191号） …… 24

关于全面推广跨境电子商务出口商品退货监管措施有关事宜的公告（海关总署公告2020年第44号） …… 36

关于跨境电子商务零售进口商品退货有关监管事宜的公告

（海关总署公告 2020 年第 45 号） …………………………………………………………… 37

关于开展跨境电子商务企业对企业出口监管试点的公告

（海关总署公告 2020 年第 75 号） …………………………………………………………… 37

关于扩大跨境电子商务企业对企业出口监管试点范围的公告

（海关总署公告 2020 年第 92 号） …………………………………………………………… 38

关于在全国海关复制推广跨境电子商务企业对企业出口监管试点的公告

（海关总署公告 2021 年第 47 号） …………………………………………………………… 39

关于全面推广跨境电子商务零售进口退货中心仓模式的公告

（海关总署公告 2021 年第 70 号） …………………………………………………………… 39

国家外汇管理局关于优化外汇管理 支持涉外业务发展的通知

（汇发〔2020〕8 号） …………………………………………………………………… 40

国家外汇管理局关于支持贸易新业态发展的通知

（汇发〔2020〕11 号） ………………………………………………………………… 41

跨境电商城市发展篇

北京地区 ……………………………………………………………… 47

发展现状 ……………………………………………………………………………… 48

配套文件 ……………………………………………………………………………… 50

北京市商务局 北京市财政局关于印发《北京市外经贸发展资金支持北京市跨境电子商务发展实施方案》的通知（京商财务字〔2021〕34 号） ……………………………… 50

企业名录 ……………………………………………………………………………… 52

典型案例 ……………………………………………………………………………… 54

大事记 ………………………………………………………………………………… 62

太原地区 …… 65

发展现状 …… 66

配套文件 …… 67

山西省人民政府办公厅关于印发中国（太原）跨境电子商务综合试验区建设实施方案的通知（晋政办发〔2020〕48号） …… 67

太原市人民政府办公室关于印发太原市推进中国（太原）跨境电子商务综合试验区建设2020年工作计划的通知（并政办发〔2020〕27号） …… 73

典型案例 …… 76

大事记 …… 78

大同地区 …… 81

发展现状 …… 82

配套文件 …… 84

关于印发《2020年中国（大同）跨境电子商务综试区建设工作计划》的通知（同政办发〔2020〕30号） …… 84

山西省人民政府办公厅关于印发中国（大同）跨境电子商务综合试验区建设实施方案的通知（晋政办发〔2020〕75号） …… 88

大同市人民政府办公室关于加快推进跨境电子商务发展的实施意见（同政办发〔2021〕46号） …… 93

企业名录 …… 95

统计数据 …… 96

大事记 …… 96

徐州地区 …… 99

发展现状 …… 100

配套文件 …… 102

市政府关于加快推进中国（徐州）跨境电子商务综合试验区发展的意见（徐政发〔2020〕22号） …… 102

企业名录 …… 103

统计数据 …… 104
大事记 …… 105

厦门地区 …… 107
发展现状 …… 108
配套文件 …… 111
厦门市人民政府办公厅关于印发加快境外航空货运高质量发展若干措施的通知（厦府办规〔2021〕4号） …… 111
典型案例 …… 112
大事记 …… 115

漳州地区 …… 117
发展现状 …… 118
配套文件 …… 120
福建省人民政府办公厅关于印发中国（漳州）跨境电子商务综合试验区实施方案的通知 …… 120
漳州市人民政府办公室关于印发推进中国（漳州）跨境电子商务综合试验区建设六条措施的通知（漳政办〔2020〕68号） …… 124
企业名录 …… 126
统计数据 …… 129
典型案例 …… 131
大事记 …… 132

龙岩地区 …… 133
发展现状 …… 134
配套文件 …… 135
关于促进中国（龙岩）跨境电子商务综合试验区建设政策措施 …… 135
企业名录 …… 138

统计数据 …… 140
大事记 …… 140

赣州地区 …… 143
发展现状 …… 144
配套文件 …… 146
江西省人民政府关于印发中国（赣州）跨境电子商务综合试验区实施方案的通知（赣府字〔2020〕41号） …… 146
企业名录 …… 152
统计数据 …… 152
典型案例 …… 153
大事记 …… 154

九江地区 …… 157
发展现状 …… 158
配套文件 …… 160
中国（九江）跨境电子商务综合试验区实施方案 …… 160
企业名录 …… 164
典型案例 …… 164
大事记 …… 167

青岛地区 …… 169
发展现状 …… 170
配套文件 …… 172
青岛市人民政府印发关于贯彻落实省支持八大发展战略财政政策加快重点产业高质量发展若干政策的通知 …… 172
青岛西海岸新区管委办公室印发《关于支持跨境电商产业发展的实施办法》的通知（青西新管办发〔2020〕47号） …… 181

典型案例 …… 183
大事记 …… 186

威海地区 …… 189

发展现状 …… 190
配套文件 …… 193
威海市人民政府办公室关于印发威海市促进外贸稳增长政策措施的通知（威政办字〔2020〕9号） …… 193
威海市人民政府办公室关于落实鲁政办字〔2021〕32号文件精神深入优化口岸营商环境促进跨境贸易便利化的通知（威政办字〔2021〕34号） …… 196
典型案例 …… 199
大事记 …… 204

郑州地区 …… 207

发展现状 …… 208
配套文件 …… 210
关于印发2021年中国（郑州）跨境电子商务综合试验区工作要点的通知（郑综试办〔2021〕1号） …… 210
郑州市商务局　郑州市财政局关于支持跨境电商企业纾困的通知（郑商联〔2021〕31号） …… 212
统计数据 …… 213
典型案例 …… 214
大事记 …… 221

洛阳地区 …… 223

发展现状 …… 224
配套文件 …… 226

河南省人民政府关于印发中国（洛阳）跨境电子商务综合试验区实施方案的通知（豫政〔2020〕24号） …… 226
企业名录 …… 232
统计数据 …… 235
典型案例 …… 236
大事记 …… 241

南阳地区 …… 243
发展现状 …… 244
配套文件 …… 246
河南省人民政府关于印发中国（南阳）跨境电子商务综合试验区实施方案的通知（豫政〔2020〕39号） …… 246
南阳市人民政府关于印发《中国（南阳）跨境电子商务综合试验区建设行动计划（2021—2025年）》的通知（宛政〔2021〕21号） …… 250
南阳市人民政府办公室关于印发南阳市鼓励跨境电子商务发展暂行办法的通知（宛政办〔2021〕33号） …… 256
企业名录 …… 259
统计数据 …… 260
典型案例 …… 260
大事记 …… 262

长沙地区 …… 265
发展现状 …… 266
典型案例 …… 269

湘潭地区 …… 275
发展现状 …… 276
配套文件 …… 279

湖南省人民政府关于印发《中国（湘潭）跨境电子商务综合试验区实施方案》《中国（郴州）跨境电子商务综合试验区实施方案》的通知（湘政发〔2020〕14号） ········ 279
关于印发《湘潭市跨境电子商务产业扶持专项资金管理暂行办法》的通知（潭开办发〔2020〕25号） ········ 282
关于印发《中国（湘潭）跨境电子商务综合试验区建设行动计划（2020—2021年）》的通知（潭办发〔2020〕9号） ········ 284
企业名录 ········ 287
统计数据 ········ 293
大事记 ········ 294

郴州地区 ········ 295
发展现状 ········ 296
配套文件 ········ 298
中国（郴州）跨境电子商务综合试验区实施方案 ········ 298
郴州市人民政府办公室关于印发《郴州市支持跨境电子商务产业高质量发展的若干措施（试行）》的通知（郴政办发〔2021〕3号） ········ 301
企业名录 ········ 304
统计数据 ········ 305
典型案例 ········ 306
大事记 ········ 306

广州地区 ········ 309
发展现状 ········ 310
配套文件 ········ 312
广州市商务局关于印发《广州市推动跨境电子商务高质量发展若干措施》的通知（穗商务函〔2020〕731号） ········ 312
中国（广州）跨境电子商务综合试验区工作领导小组关于印发《广州市把握RCEP机遇促进跨境电子商务创新发展的若干措施》的通知 ········ 314
企业名录 ········ 317
统计数据 ········ 324

典型案例 …… 325
大事记 …… 328

东莞地区 …… 331

发展现状 …… 332
配套文件 …… 333
关于印发《东莞市跨境电商新业务专项资金管理暂行办法》的通知（东商务〔2021〕103号） …… 333
企业名录 …… 336
统计数据 …… 337
典型案例 …… 337
大事记 …… 340

湛江地区 …… 343

发展现状 …… 344
配套文件 …… 346
湛江市商务局关于印发《湛江市商务局关于促进中国（湛江）跨境电子商务综合试验区发展的扶持办法》的通知（湛商务〔2021〕76号） …… 346
湛江市商务局关于印发《湛江市跨境电子商务产业园区认定管理办法》的通知（湛商务〔2021〕146号） …… 348
企业名录 …… 350
统计数据 …… 351
大事记 …… 351

茂名地区 …… 353

发展现状 …… 354
配套文件 …… 356

茂名市人民政府办公室关于印发《茂名市电子商务发展三年行动计划（2020—2022年）》的通知（茂府办〔2020〕12号） …… 356
企业名录 …… 360
统计数据 …… 361
典型案例 …… 362
大事记 …… 363

成都地区 …… 365

发展现状 …… 366
配套文件 …… 368
成都市人民政府办公厅关于印发成都市促进外资外贸稳定发展行动方案（2020—2022年）的通知 …… 368
企业名录 …… 372
统计数据 …… 382
典型案例 …… 382
大事记 …… 385

兰州地区 …… 387

发展现状 …… 388
配套文件 …… 389
甘肃省跨境电子商务综合试验区零售出口货物免税管理办法 …… 389
企业名录 …… 390
统计数据 …… 391
典型案例 …… 392
大事记 …… 393

跨境电商专题研究篇

畅通资源要素　完善跨境电商生态圈

泉州市电子商务中心　陈瑞英 …… 397

构建跨境电商信用服务体系　打造青岛外贸发展新引擎

青岛市经济发展研究院　王　辉　徐丽君　迟皓冰

青岛市贸易发展服务中心　韩娟娟 …… 400

洛阳综试区建设路径研究

河南科技大学经济学院　徐屹晖 …… 406

先行优势对跨境电商的影响及政策建议

华南理工大学电子商务系　许伯桐　蔡思敏　谷　斌 …… 409

跨境电商综试区建设初期如何发挥担保体系在供应链金融中的作用

湖南省郴州市财政局　邱　波 …… 416

跨境电商综述篇

综合情况

党的十八大以来，以习近平同志为核心的党中央高度重视跨境电子商务（以下简称“跨境电商”）等国际贸易新业态新模式的高质量发展。习近平在第三届中国国际进口博览会（以下简称“进博会”）开幕式主旨演讲中表示，“中国将推动跨境电商等新业态新模式加快发展，培育外贸新动能。”李克强总理连续七年在《政府工作报告》中都对加快跨境电商等新业态新模式发展提出明确要求，作出具体部署。随着物流网络等基础设施建设的不断完善，5G、大数据云计算等技术手段的迅速发展，供应链环节和制造体系的升级迭代，我国跨境电商交易规模持续增长，已成为稳外贸的重要砝码。

2020年全球蔓延的新型冠状病毒肺炎疫情（以下简称“新冠疫情”）加速了全球消费市场从线下向线上的转移，为跨境电商行业发展提供了新的机遇，也提出了新的挑战。2020年、2021年，商务、财政、海关、税务等部门继续秉持鼓励创新、包容审慎和协同共管的理念，陆续出台多项涉及跨境电商监管的政策，创新推出跨境电商企业对企业（B2B）出口等监管模式，大力支持跨境电商海外仓建设，同时健全风险防控，有效推动跨境电商高质量发展。

一、跨境电商发展的举措与成效

据海关统计，2020年我国跨境电商进出口规模达到1.69万亿元，同比增长31.1%，2021年我国跨境电商进出口规模达到1.98万亿元，同比增长15%。跨境电商等新业态实现了在新冠疫情全球背景下的“逆势增长”，为我国外贸提供了新空间和新动能。

（一）守正创新，促进规范发展

1. 国家高度重视新业态发展

2021年3月5日，李克强总理在《政府工作报告》中指出要“发展跨境电商等新业态新模式，支持企业开拓多元化市场”；国务院常务会议上，多次提到支持发展跨境电商和海外仓等新业态，这都充分说明了国家对跨境电商的认可和支持。2021年7月，国务院办公厅发布《关于加快发展外贸新业态新模式的意见》，指出新业态新模式是我国外贸发展的有生力量，也是国际贸易发展的重要趋势，提出完善跨境电商发展支持政策、扩大跨境电商综合试验区（以下简称“综试区”）试点范围，鼓励传统外贸企业、跨境电商等参与海外仓建设，力促外贸跨境电商等新业态新模式发展；2021年“七一”前夕，设立中国（杭州）跨境电子商务综合试验区被编入《中国共产党一百年大事记》；2021年10月《“十四五”电子商务发展规划》正式发布，阐明“十四五”时期我国电子商务发展方向和任务，明确支持跨境电商高水平发展，鼓励电商平台企业全球化经营，培育跨境电商配套服务企业，继续推进跨境电商综试区建设，加快在重点市场海外仓布局，补足货运航空等跨境物流短板，优化跨境电商零售进口监管，加强跨境电商行业组织建设，完善相关标准等。

2. 试点推广力度不断加大

一是《跨境电子商务零售进口商品清单》扩容。2020年1月1日起实施的进口商品清单比2018年增加了92类商品，纳入了部分近年来消费需求比较旺盛的商品，包括冻海鲜、酒类及家用电器。二是跨境电商综试区数量增加。2020年4月，《国务院关于同意在雄安新区等46个城市和地区设立跨境电子商务综合试验区的批复》出台，全国跨境电商综试区达105个，形成了陆海内外联动、东西双向互济的发展格局。三是跨境电商零售进口政策范围扩大。2020年，商务部、发展改革委等六部门联合印发《关于扩大跨境电商零售进口试点通知》，跨境电商零售进口试点范围扩大至86个城市（地区）和海南全岛，覆盖31个省、自治区、直辖市。2021年，商务部、发展改革委等六部门联合印发《关于扩大跨境电商零售进口试点、严格落实监管要求的通知》，明确将跨境电商零售进口试点范围扩大至所有自由贸易试验区、跨境电商综试区、综合保税区、进口贸易促进创新示范区、保税物流中心（B型）所在城市及区域。

3. 支持配套政策不断完善

中央及地方政府加快推进电商高质量发展，在供应链智慧化、贸易便利化和服务优质化方面，把电商打造成为参与双循环的新动力和开展制度创新的新引擎，更好释放消费市场潜力。

商务部牵头主办中国电子商务大会两次，对新技术、新模式进行深入探讨，为全球电子商务、数字经济发展、传统产业转型提供新思路、新模式、新智慧；启动“电子商务公共服务惠民惠企行动”，在不断优化全国电子商务公共服务平台现有服务事项的基础上，整合、汇聚一批优质社会服务资源，免费开放给广大电商企业使用。

海关层面，优化跨境电商零售进出口退货，2020年发布公告，明确退货责任主体，延长了退货运抵的操作时间，有效降低企业经营成本；2021年发布公告，全面推广“跨境电商零售进口退货中心仓模式”，进一步便捷跨境电商零售进口商品退货。2020年推出跨境电商B2B直接出口（“9710”）和跨境电商出口海外仓（“9810”）两种模式，首批在北京海关等十个直属海关开展试点，并在2021年将试点范围扩大至全国海关。

外汇管理层面，国家外汇管理局于2020年发布《国家外汇管理局关于支持贸易新业态发展的通知》，明确跨境电商企业可将出口货物在境外发生的仓储、物流、税收等费用与出口货款轧差结算，明确服务商为客户代垫跨境电商相关费用事宜，以及支持从事跨境电商的境内个人通过个人外汇账户办理跨境电商外汇结算。

地方政府层面，杭州上线运营全国首个跨境进口商品质量安全公共服务平台；深圳提出搭建成熟完善的电子商务支撑服务体系，在跨境电商、电子商务等重点领域开展标准研制及应用；广州发布全国首个《区域全面经济伙伴关系协定》（以下简称“RCEP”）跨境电商专项政策；四川省明确规范开展跨境电商零售进口商品线下展示体验，有关部门应引导跨境电商主体规范经营行为，保护消费者合法权益。

2021年，中央企业电子商务联盟编写制订2021—2023《国企电子商务创新发展行动计划》，明确将在优化稳定产业链供应链、推动跨境电商协同发展等十个方面着重发力，努力成为企业深入推进数字化转型和促进经济社会健康可持续发展的新引擎。

4. 合规化监管进一步完善

在积极出台扶持电商政策的同时，中央和地方政府也加大了对电商平台合规发展的监管力度。国务院办公厅印发的《全国深化“放管服”改革着力培育和激发市场主体活力电视电话会议重点任务分工方案》提到，将研究制订平台交易规则、直播电子商务标准等，促进电子商务规范健康发展；国家市场监管总局发布的《价格违法行为行政处罚规定（修订征求意见稿）》提出对电商平台等违法行为罚款规定，发布的《互联网广告管理办法（公开征求意见稿）》明确将涉及跨境电商相关广告纳入监管范围；跨境电商海外仓领域首个国家标准《跨境电子商务海外仓运营管理要求》发布，实现了零的突破；商务部也在抓紧研究制订跨境电商知识产权保护指南，进一步引导跨境电商平台防范知识产权风险、防范假冒伪劣商品，保护企业合法权益。

2021年4月，全国电子商务质量管理标准化技术委员会表决审查涉及跨境电商的指南及规范方面的国家标准，进一步提升信息流转效率，为争议在线解决建立基础，从而有效降低我国跨境电商企业运营成本，并推动行业规范发展。

（二）在“双循环”中展现强劲活力

1. 新冠疫情下跨境电商成为外贸发展有生力量

新冠疫情下传统进出口贸易受到严重冲击，跨境电商发挥其在线营销、在线交易、无接触交付等特点优势，积极参与国际合作和竞争，进出口规模持续快速增长，在保订单、保市场、保份额方面发挥了重要作用。商务部国际贸易经济合作研究院电子商务研究所发布的《中国暨全球跨境电商发展报告（2021）》显示，中国跨境电商交易规模保持快速增长态势，我国“宅经济”跨境电商商品快速增长。未来，我国跨境电商发展将呈现四大趋势：一是以 B2B 为重点，跨境电商交易规模还将持续扩大；二是以新技术为引领，跨境电商生态链将持续优化升级；三是以数字贸易为引领，跨境电商服务类产品规模将扩大；四是以新兴市场为方向，跨境电商出口将迎来新发展。

2. 畅通物流通道，打造“双循环”战略新支点

2021 年下半年，跨境电商 B2B 出口监管试点在全国海关正式复制推广，配套政策不断完善，“中欧班列”“集拼转口”等新模式融合发展。与此同时，“上合示范区—明斯克”“义新欧”“苏新欧”“中欧班列”等跨境电商专列先后开通并常态化开行，实现了“中欧班列”与跨境电商模式融合，助力跨境电商出口企业更好开拓国际市场，实现跨境出口增长迅速。同时积极发挥海外仓链接国内国际两个市场、两种资源的枢纽作用，在做强海外仓仓储服务功能、覆盖全球主要电商市场的同时，积极构建海外服务网络，优化境外“最后一公里”服务，加快构建“双循环”战略新支点。

3. 创新金融支撑模式，提升企业交易能力

落实财税政策，优化相关税收环境，加大金融支持力度，扩大出口信贷投放等政策措施，加大出口信用保险对海外仓等外贸新业态新模式的支持力度，支持各类主体创新商业模式，为跨境电商发展添动力、增活力；推广促进跨境电商发展的有效做法，实行对跨境电商综试区内跨境电商零售出口货物按规定免征增值税和消费税、企业所得税核定征收等支持政策，支持企业共建共享海外仓；推进金融机构与跨境电商配套服务企业开展合作，支持移动支付企业“走出去”与跨境电商协同发展，推动保险机构创新研发适应跨境电商的新型险种。

4. 加快主体培育，打造大众创业、万众创新热土

发挥跨境电商在带动就业创业方面的积极作用，整合政府、平台、培训机构和服务商资源，加快跨境电商主体培育，着力打造跨境电商新兴产业中心、品牌出海中心、人才生态中心和服务资源中心，加快跨境电商品牌出海主体培育，建设品牌出海示范园区，集聚品牌出海优质服务商，发起设立跨境电商品牌联盟，推动跨境电商成为“大众创业、万众创新”的新热土。

（三）开拓国际合作开放共赢新局面

1. 跨境电商国际合作再提升

第三届、第四届进博会在上海举办，在国家政策的支持下，进口跨境电商平台加快完善生态基础建设，创新跨境电商模式，降低成本，扩大效率。进博会的召开，在促进中国进口跨境电商发展的同时，也对稳定全球供应链、提升全球供应链效率产生重要意义。第四届、第五届全球跨境电商大会在河南郑州举办，会上深入探讨了世界海关组织跨境电商标准框架最新情况、跨境电商与贸易创新发展、跨境电商与产业互联网结合、跨境电商创新与合作等内容，尤其是“后疫情时代”如何更好地运用跨境电商模式促进全球贸易发展等问题。其中，第五届全球跨境电商大会吸引了70多个国家（地区）的10万余种进出口商品参展，达成园区建设、国际物流、品牌合作、人才培养、跨境贸易采购等50个合作项目，签约总金额达186亿元。2021年3月首届中国跨境电商交易会在福州举办，吸引了全球33个跨境电商平台、35个全国出口型产业带、超过200家跨境电商服务企业、超过2000家外贸供货企业参展，达成意向成交金额超35亿美元。

2. RCEP助力跨境电商合作进一步走深

2020年11月，RCEP正式签署，全球最大自贸区成立。其中减免关税条款有利于提高出口商品的竞争力，为跨境电商B2B企业，尤其是为出口企业带来利好；贸易标准化有利于削弱交易壁垒，区域内贸易规则逐渐规范与统一；生产要素自由流动有利于海外仓的建设与运作，区域内合作将更加便利，海外仓的建设阻碍也将大大减少，企业可以高质量推进海外仓建设、丰富海外仓功能，对海外市场资源进行有效的整合。

3. “丝路电商”成合作新通道

跨境电商成为“一带一路”建设经贸合作中活跃程度高、发展潜力大的新引擎，“丝路电商”作为中国推进电子商务国际合作的重要举措，截至2022年11月，已促成与五大洲26个国家建立了双边电子商务合作机制。2021年，上海合作组织国家通过“线上+线下”方式，共同探讨电子商务发展新路径、新趋势，交流电子商务新模式、新应用。中国国际电子商务中心、中国服务贸易协会、哈萨克斯坦运输与物流机构协会联盟等共同签署了《共建跨境电商平台》合作备忘录。“丝路电商”还促进中国—中东欧国家电子商务合作对话机制的启动。

4. 新兴市场进一步扩大

跨境电商成为增强中国—东盟合作新动能。中国与东南亚国家在跨境电商领域展开密切合作，众多企业在线上线下同时发力开拓市场，跨境电商为企业交流和寻找商机建起了平台，不仅为中国与东盟经贸合作注入了新动能，也带动着更多产业的合作走向深入。拉美地区与中国在电子商务领域的合作进一步加强；巴西与中国开通电商包机航班，方便两国跨境电商商品的运送；智利在中国多个主流电商平台建立“国家馆”，通过网络直播等形式推广智利产品、公司和形象；哥伦比亚出口、旅游和投资促进局编写了《中国电子商务指南》，积极向该国企业介绍中国电子商务现状，推动两国电子商务合作。数字经济成为新冠疫情下中非经贸合作的新亮点，跨境电商合作助力非洲经济复苏正成为中国助力非洲发展的新方向，2021中非合作论坛非洲产品电商推广季启动，在非洲数字经济领域，中国企业占据了相当大的市场份额。

5. 中国经验加速走向世界

中国良好的互联网生态系统及其在电商市场培育、数字支付和物流管理等方面的成熟经验将给其他国家（地区）带来启发和借鉴。中国积极推动构建互利共赢、公开透明的电子商务规则体系，为“一带一路”沿线国家（地区）电子商务共同发展创造有利的环境，积极参与跨境电商国际交流和规则的探索，开展规则和标准建设专项行动，在多双边合作机制中，推出“中国方案”，推动制订出台一批国家、行业标准。

二、跨境电商面临的挑战与对策

（一）国际环境的不确定性导致风险加剧

当前数字经济已经成为各国经济发展的核心动力，数字经济的繁荣促进跨境电商逐渐从初级阶段向高级阶段迈进。同时，新冠疫情大大加速数字化经济与社会的发展，也将推动各国（地区）在数字贸易和规则制订方面的竞争趋于激烈，尤其中国跨境电商的领先竞争地位，将可能引起欧美等发达国家从数字经济的全球治理和贸易规则顶层设计上对中国企业提出更高规格的挑战，知识产权维权、消费者保护、信息安全和海外仓监管等方面必然存在加强的趋势。虽然当前我国跨境电商规模位居全球第一，但与欧美等发达经济体相比，在数字贸易发展上仍然存在较大差距，贸易数字化程度还有待提高。

（二）后疫情时代的跨境电商将面临更激烈的竞争

新冠疫情期间，世界多国应对新冠疫情采取的限制流动措施使海外许多工厂处于半停产状态，客观上提高了我国跨境电商的出口量。后疫情时代中国最先复工复产的优势将逐渐消失，国际贸易存量博弈叠加海外产能恢复，海外消费者对中国跨境电商商品的需求难以高位持续。中国跨境商品如果不能有效提升产品附加值，仍会面临发达国家国际化品牌、高质量产品和发展中国家劳动密集型低价产品的双重竞争。尤其是新冠疫情可能导致全球范围内贫富差距不断拉大，低收入群体占比上升和消费降级，不少行业大幅提高的出口成本很难通过提高出口价格转嫁给国外买家和消费者。

（三）跨境商品进口质量安全及准入风险不容忽视

近年来，在新冠疫情对全球供应链和传统贸易造成重大冲击的情况下，跨境电商正成为我国对外贸易新业态和新的增长极。与此同时，由于跨境电商进口商品与国内质量、安全、标识等标准要求存在一定差异，部分海外商品使用或含有我国禁用成分的情事偶有发生，跨境进口商品质量安全及准入风险亦不容忽视。但目前，跨部门、跨渠道、跨行业的监管协作机制有待建立完善，对跨境进口商品质量安全标准、准入风险要求、风险监测预警、动态评估处置等机制有待进一步明确健全，对跨境电商进口领域违法违规行为的查发惩处力度还要继续加强。

（四）更加积极参与跨境电商国际规则制订

随着我国跨境电商企业逐步由“制造出海”向“品牌出海”发展延伸，如何更好地适应国际经贸规则，积极参与国际规则制订，主动争取国际话语权，已成为相关政府部门和企业必须要研究面对的问题。中国在与其他国家或组织签订多边协议时，要充分考虑我国跨境电商产业现状和企业利益，引导国内跨境电商企业遵守国际规则和国外法律，合规健康发展，同时也要借鉴世界贸易组织、世界海关组织、《数字经济伙伴关系协定》及其他高水平自贸协定跨境电商内容，积极开展国际合作，努力探索双边联网和监管数字化，促进贸易安全及便利化。

配套文件

国务院关于同意在雄安新区等46个城市和地区设立跨境电子商务综合试验区的批复

（国函〔2020〕47号）

河北省、山西省、内蒙古自治区、辽宁省、吉林省、黑龙江省、江苏省、浙江省、安徽省、福建省、江西省、山东省、河南省、湖北省、湖南省、广东省、广西壮族自治区、海南省、四川省、贵州省、云南省、陕西省、甘肃省、青海省、新疆维吾尔自治区人民政府，商务部：

你们关于设立跨境电子商务综合试验区的请示收悉。现批复如下：

一、同意在雄安新区、大同市、满洲里市、营口市、盘锦市、吉林市、黑河市、常州市、连云港市、淮安市、盐城市、宿迁市、湖州市、嘉兴市、衢州市、台州市、丽水市、安庆市、漳州市、莆田市、龙岩市、九江市、东营市、潍坊市、临沂市、南阳市、宜昌市、湘潭市、郴州市、梅州市、惠州市、中山市、江门市、湛江市、茂名市、肇庆市、崇左市、三亚市、德阳市、绵阳市、遵义市、德宏傣族景颇族自治州、延安市、天水市、西宁市、乌鲁木齐市等46个城市和地区设立跨境电子商务综合试验区，名称分别为中国（城市或地区名）跨境电子商务综合试验区，具体实施方案由所在地省级人民政府分别负责印发。

二、跨境电子商务综合试验区（以下简称综合试验区）建设要以习近平新时代中国特色社会主义思想为指导，全面贯彻党的十九大和十九届二中、三中、四中全会精神，统筹推进“五位一体”总体布局，协调推进“四个全面”战略布局，坚持新发展理念，按照党中央、国务院决策部署，复制推广前四批综合试验区成熟经验做法，推动产业转型升级，开展品牌建设，引导跨境电子商务全面发展，全力以赴稳住外贸外资基本盘，推进贸易高质量发展。同时，要保障国家安全、网络安全、交易安全、国门生物安全、进出口商品质量安全和有效防范交易风险，坚持在发展中规范、在规范中发展，为各类市场主体公平参与市场竞争创造良好的营商环境。

三、有关省（自治区）人民政府要切实加强对综合试验区建设的组织领导，健全机制、明确分工、落实责任，有力有序有效推进综合试验区建设发展。要按照试点要求，尽快完善具体实施方案并抓好组织实施。要进一步细化先行先试任务，突出重点，创新驱动，充分发挥市场配置资源的决定性作用，有效引导社会资源，合理配置公共资源，扎实推进综合试验区建设。要建立健全跨境电子商务信息化管理机制，根据有关部门的管理需要，及时提供相关电子信息。要定期向商务部等部门报送工作计划、试点经验和成效，努力在健全促进跨境电子商务发展的体制机制、推动配套支撑体系建设等方面取得新进展、新突破。各综合试验区建设涉及的重要政策和重大建设项目要按规定程序报批。

四、国务院有关部门要按照职能分工，加强对综合试验区的协调指导和政策支持，切实发挥综合试验区示范引领作用。按照鼓励创新、包容审慎的原则，坚持问题导向，加强协调配合，着力在跨境电子商务企业对企业（B2B）方式相关环节的技术标准、业务流程、监管模式和信息化建设等方面探索创新，研究出台更多支持举措，为综合试验区发展营造良好的环境，更好地促进和规范跨境电子商务产业发展壮大。要进一步完善跨境电子商务统计体系，实行对综合试验区内跨境电子商务零售出口货物按规定免征增值税和消费税、企业所得税核定征收等支持政策，研究将具备条件的综合试验区所在城市纳入跨境电子商务零售进口试点范围，支持企业共建共享海外仓。商务部要牵头做好统筹协调、跟踪分析和督促检查，设定合理指标体系，建立评估和考核机制，研究建立综合试验区退出机制，会同有关部门及时总结推广试点经验和促进跨境电子商务发展的有效做法，重大问题和情况及时报告国务院。

国务院

2020 年 4 月 27 日

国务院关于同意在河南省开展跨境电子商务零售进口药品试点的批复

（国函〔2021〕51 号）

河南省人民政府，市场监管总局、国家药监局：

你们关于在河南省开展跨境电子商务零售进口药品试点的请示收悉。现批复如下：

一、同意在河南省开展跨境电子商务零售进口药品试点，试点期为自批复之日起 3 年，请认真组织实施。

二、试点工作要以习近平新时代中国特色社会主义思想为指导，深入贯彻落实党的十九大和十九届二中、三中、四中、五中全会精神，认真贯彻落实“四个最严”要求，按照《中华人民共和国药品管理法》相关规定，在现有法律框架内开展。试点品种为已取得我国境内上市许可的 13 个非处方药，试点目录由财政部、商务部、海关总署、税务总局、市场监管总局、国家药监局等部门联合印发，试点期内原则上不再扩大试点目录。

三、对纳入试点目录的药品，按照《关于跨境电子商务零售进出口商品有关监管事宜的公告》（海关总署公告 2018 年第 194 号）规定的通关管理要求开展进口业务，在通关环节不验核进口药品通关单，参照执行跨境电商零售进口相关税收政策，相关交易纳入个人年度交易总额管理，适用跨境电商零售进口商品单次、年度交易限值相关规定，在交易限值内，关税税率暂设为 0%，进口环节增值税、消费税暂按法定应纳税额的 70%征收。

四、河南省人民政府要加强对试点工作的组织领导，认真落实属地监管责任，会同国务院有关部门研究细化试点方案和有关监管措施，加强进口药品质量监管，保障人民群众用药安全和合法权益。

五、国务院有关部门要按照职责分工，积极支持河南省开展试点，加强信息和数据共享，确保通关、质量监管等工作可操作、可落地。试点中的重大问题，河南省人民政府和市场监管总局、国家药监局要及时向国务院请示报告。

国务院

2021 年 5 月 8 日

国务院办公厅关于加快发展外贸新业态新模式的意见

（国办发〔2021〕24 号）

各省、自治区、直辖市人民政府，国务院各部委、各直属机构：

新业态新模式是我国外贸发展的有生力量，也是国际贸易发展的重要趋势。加快发展外贸新业态新模式，有利于推动贸易高质量发展，培育参与国际经济合作和竞争新优势，对于服务构建新发展格局具有重要作用。为深入贯彻党中央、国务院决策部署，促进外贸新业态新模式健康持续创新发展，经国务院同意，现提出以下意见：

一、总体要求

（一）指导思想。以习近平新时代中国特色社会主义思想为指导，全面贯彻落实党的十九大和十九届二中、三中、四中、五中全会精神，坚持稳中求进工作总基调，立足新发展阶段、贯彻新发展理念、构建新发展格局，以供给侧结构性改革为主线，深化外贸领域“放管服”改革，推动外贸领域制度创新、管理创新、服务创新、业态创新、模式创新，拓展外贸发展空间，提升外贸运行效率，保障产业链供应链畅通运转，推动高质量发展。

（二）基本原则。坚持鼓励创新。充分发挥市场在资源配置中的决定性作用，更好发挥政府作用，进一步释放市场主体活力。开展先行先试，鼓励在外贸领域广泛运用新技术新工具，推动传统业态转型升级，细化贸易分工，提升专业化水平，促进业态融合创新，不断探索新的外贸业态和模式。

坚持包容审慎。统筹发展和安全，坚持在发展中规范、在规范中发展。建立健全适应外贸新业态新模式发展的政策体系。完善信息数据、信用体系、知识产权保护等方面标准、制度。科学合理界定平台责任。加强事中事后监管，持续优化营商环境，促进公平竞争。

坚持开放合作。统筹国内国际两个市场、两种资源，坚持互利共赢开放战略，促进贸易和投资自由化便利化。加强部门、地方、行业、企业间协作联动，提升政府管理和服务效能。积极探索建立适应和引领外贸新业态新模式发展的国际规则，推动高水平开放。

（三）发展目标。到 2025 年，外贸新业态新模式发展的体制机制和政策体系更为完善，营商环境更为优化，形成一批具有国际竞争力的行业龙头企业和产业集群，产业价值链水平进一步提升，对外贸和国民经济的带动作用进一步增强。到 2035 年，外贸新业态新模式发展水平位居创新型国家前列，法律法规体系更加健全，贸易自由化便利化程度达到世界先进水平，为贸易高质量发展提供强大动能，为基本实现社会主义现代化提供强劲支撑。

二、积极支持运用新技术新工具赋能外贸发展

（四）推广数字智能技术应用。运用数字技术和数字工具，推动外贸全流程各环节优化提升。发挥“长尾效应”，整合碎片化订单，拓宽获取订单渠道。大力发展数字展会、社交电商、产品众筹、大数据营销等，建立线上线下融合、境内境外联动的营销体系。集成外贸供应链各环节数据，加强资源对接和信息共享。到 2025 年，外贸企业数字化、智能化水平明显提升。（商务部牵头，各有关单位按职责分工负责）

（五）完善跨境电商发展支持政策。在全国适用跨境电商企业对企业（B2B）直接出口、跨境电商出口海外仓监管模式，完善配套政策。便利跨境电商进出口退换货管理。优化

跨境电商零售进口商品清单。稳步开展跨境电商零售进口药品试点工作。引导企业用好跨境电商零售出口增值税、消费税免税政策和所得税核定征收办法。研究制定跨境电商知识产权保护指南，引导跨境电商平台防范知识产权风险。到2025年，跨境电商政策体系进一步完善，发展环境进一步优化，发展水平进一步提升。（商务部牵头，财政部、海关总署、税务总局、国家外汇局、国家药监局、国家知识产权局按职责分工负责）

（六）扎实推进跨境电子商务综合试验区建设。扩大跨境电子商务综合试验区（以下简称综试区）试点范围。积极开展先行先试，进一步完善跨境电商线上综合服务和线下产业园区"两平台"及信息共享、金融服务、智能物流、电商诚信、统计监测、风险防控等监管和服务"六体系"，探索更多的好经验好做法。鼓励跨境电商平台、经营者、配套服务商等各类主体做大做强，加快自主品牌培育。建立综试区考核评估和退出机制，2021年组织开展考核评估。到2025年，综试区建设取得显著成效，建成一批要素集聚、主体多元、服务专业的跨境电商线下产业园区，形成各具特色的发展格局，成为引领跨境电商发展的创新集群。（商务部牵头，中央网信办、国家发展改革委、工业和信息化部、财政部、交通运输部、人民银行、海关总署、税务总局、市场监管总局、银保监会、国家邮政局、国家外汇局按职责分工负责）

（七）培育一批优秀海外仓企业。鼓励传统外贸企业、跨境电商和物流企业等参与海外仓建设，提高海外仓数字化、智能化水平，促进中小微企业借船出海，带动国内品牌、双创产品拓展国际市场空间。支持综合运用建设—运营—移交（BOT）、结构化融资等投融资方式多元化投入海外仓建设。充分发挥驻外使领馆和经商机构作用，为海外仓企业提供前期指导服务，协助解决纠纷。到2025年，力争培育100家左右在信息化建设、智能化发展、多元化服务、本地化经营等方面表现突出的优秀海外仓企业。（商务部牵头，外交部、国家发展改革委、银保监会按职责分工负责）

（八）完善覆盖全球的海外仓网络。支持企业加快重点市场海外仓布局，完善全球服务网络，建立中国品牌的运输销售渠道。鼓励海外仓企业对接综试区线上综合服务平台、国内外电商平台等，匹配供需信息。优化快递运输等政策措施，支持海外仓企业建立完善物流体系，向供应链上下游延伸服务，探索建设海外物流智慧平台。推进海外仓标准建设。到2025年，依托海外仓建立覆盖全球、协同发展的新型外贸物流网络，推出一批具有国际影响力的国家、行业等标准。（商务部牵头，国家发展改革委、交通运输部、市场监管总局、国家邮政局按职责分工负责）

三、持续推动传统外贸转型升级

（九）提升传统外贸数字化水平。支持传统外贸企业运用云计算、人工智能、虚拟现实等先进技术，加强研发设计，开展智能化、个性化、定制化生产。鼓励企业探索建设外贸新业态大数据实验室。引导利用数字化手段提升传统品牌价值。鼓励建设孵化机构和创新中心，支持中小微企业创业创新。到2025年，形成新业态驱动、大数据支撑、网络化共享、智能化协作的外贸产业链供应链体系。（商务部牵头，各有关单位按职责分工负责）

（十）优化市场采购贸易方式政策框架。完善市场采购贸易方式试点动态调整机制，设置综合评价指标，更好发挥试点区域示范引领作用。支持各试点区域因地制宜探索创新，吸纳更多内贸主体开展外贸，引导市场主体提高质量、改进技术、优化服务、培育品牌，提升产品竞争力，放大对周边产业的集聚和带动效应。到2025年，力争培育10家左右出口超千亿元人民币的内外贸一体化市场，打造一批知名品牌。（商务部牵头，国家发展改革委、财政部、海关总署、税务总局、市场监管总局、

国家外汇局按职责分工负责）

（十一）提升市场采购贸易方式便利化水平。进一步优化市场采购贸易综合管理系统，实现源头可溯、风险可控、责任可究。继续执行好海关简化申报、市场采购贸易方式出口的货物免征增值税等试点政策，优化通关流程。扩大市场采购贸易预包装食品出口试点范围。对在市场采购贸易综合管理系统备案且可追溯交易真实性的市场采购贸易收入，引导银行提供更为便捷的金融服务。（商务部牵头，国家发展改革委、财政部、人民银行、海关总署、税务总局、市场监管总局、国家外汇局按职责分工负责）

四、深入推进外贸服务向专业细分领域发展

（十二）进一步支持外贸综合服务企业健康发展。落实落细集中代办退税备案工作，提高工作效率。对已经办理代办退税备案但尚未进行过首次申报退（免）税实地核查的生产企业，在收到首次委托代办退税业务申报信息后，进一步提高实地核查工作效率。引导外贸综合服务企业（以下简称综服企业）规范内部风险管理，提升集中代办退税风险管控水平。进一步落实完善海关“双罚”机制，在综服企业严格履行合理审查义务，且无故意或重大过失情况下，由综服企业和其客户区分情节承担相应责任。到2025年，适应综服企业发展的政策环境进一步优化。（商务部牵头，海关总署、税务总局按职责分工负责）

（十三）提升保税维修业务发展水平。进一步支持综合保税区内企业开展维修业务，动态调整维修产品目录，研究将医疗器械等产品纳入目录。支持自贸试验区内企业按照综合保税区维修产品目录开展“两头在外”的保税维修业务，由自贸试验区所在地省级人民政府对维修项目进行综合评估、自主支持开展，对所支持项目的监管等事项承担主体责任。探索研究支持有条件的综合保税区外企业开展高技术含量、高附加值、符合环保要求的自产出口产品保税维修，以试点方式稳妥推进，加强评估，研究制定管理办法和维修产品清单。到2025年，逐步完善保税维修业务政策体系。（商务部牵头，财政部、生态环境部、海关总署、税务总局按职责分工负责）

（十四）稳步推进离岸贸易发展。鼓励银行探索优化业务真实性审核方式，按照展业原则，基于客户信用分类及业务模式提升审核效率，为企业开展真实合规的离岸贸易业务提供优质的金融服务，提升贸易结算便利化水平。在自贸试验区进一步加强离岸贸易业务创新，支持具备条件并有较强竞争力和管理能力的城市和地区发展离岸贸易。（商务部、人民银行、国家外汇局按职责分工负责）

（十五）支持外贸细分服务平台发展壮大。支持在营销、支付、交付、物流、品控等外贸细分领域共享创新。鼓励外贸细分服务平台在各区域、各行业深耕垂直市场，走“专精特新”之路。鼓励外贸企业自建独立站，支持专业建站平台优化提升服务能力。探索区块链技术在贸易细分领域中的应用。到2025年，形成一批国际影响力较强的外贸细分服务平台企业。（商务部牵头，各有关单位按职责分工负责）

五、优化政策保障体系

（十六）创新监管方式。根据外贸业态发展需要，适时研究完善相关法律法规，科学设置“观察期”和“过渡期”。引入“沙盒监管”模式，为业态创新提供安全空间。推动商务、海关、税务、市场监管、邮政等部门间数据对接，在优化服务的同时，加强对逃税、假冒伪劣、虚假交易等方面的监管。完善外贸新业态新模式统计体系。（商务部牵头，海关总署、税务总局、市场监管总局、国家统计局、国家邮政局按职责分工负责）

（十七）落实财税政策。充分发挥外经贸发展专项资金、服务贸易创新发展引导基金作

用，引导社会资本以基金方式支持外贸新业态新模式发展。积极探索实施促进外贸新业态新模式发展的税收征管和服务措施，优化相关税收环境。支持外贸新业态新模式企业适用无纸化方式申报退税。对经认定为高新技术企业的外贸新业态新模式企业，可按规定享受高新技术企业所得税优惠政策。（财政部、商务部、税务总局按职责分工负责）

（十八）加大金融支持力度。深化政银企合作，积极推广“信易贷”等模式，鼓励金融机构、非银行支付机构、征信机构、外贸服务平台等加强合作，为具有真实交易背景的外贸新业态新模式企业提供便利化金融服务。鼓励符合条件的外贸新业态新模式企业通过上市、发行债券等方式进行融资。加快贸易金融区块链平台建设。加大出口信用保险对海外仓等外贸新业态新模式的支持力度，积极发挥风险保障和融资促进作用。（国家发展改革委、财政部、商务部、人民银行、银保监会、证监会、国家外汇局、进出口银行、中国出口信用保险公司按职责分工负责）

（十九）便捷贸易支付结算管理。深化贸易外汇收支便利化试点，支持更多符合条件的银行和支付机构依法合规为外贸新业态新模式企业提供结算服务。鼓励研发安全便捷的跨境支付产品，支持非银行支付机构“走出去”。鼓励外资机构参与中国支付服务市场的发展与竞争。（人民银行、国家外汇局按职责分工负责）

六、营造良好环境

（二十）维护良好外贸秩序。加强反垄断和反不正当竞争规制，着力预防和制止外贸新业态领域垄断和不正当竞争行为，保护公平竞争，防止资本无序扩张。探索建立外贸新业态新模式企业信用评价体系，鼓励建立重要产品追溯体系。支持制定外贸新业态领域的国家、行业和地方标准，鼓励行业协会制定相关团体标准。（商务部、国家发展改革委、海关总署、市场监管总局按职责分工负责）

（二十一）推进新型外贸基础设施建设。支持外贸领域的线上综合服务平台、数字化公共服务平台等建设。鼓励电信企业为外贸企业开展数字化营销提供国际互联网数据专用通道。完善国际邮件互换局（交换站）和国际快件处理中心布局。开行中欧班列专列，满足外贸新业态新模式发展运输需要。（商务部、国家发展改革委、工业和信息化部、国家邮政局、中国国家铁路集团有限公司按职责分工负责）

（二十二）加强行业组织建设和专业人才培育。依法推动设立外贸新业态领域相关行业组织，出台行业服务规范和自律公约。鼓励普通高校、职业院校设置相关专业。引导普通高校、职业院校与企业合作，培养符合外贸新业态新模式发展需要的管理人才和高素质技术技能人才。（商务部、教育部、民政部按职责分工负责）

（二十三）深化国际交流合作。积极参与世贸组织、万国邮联等多双边谈判，推动形成电子签名、电子合同、电子单证等方面的国际标准。加强知识产权保护、跨国物流等领域国际合作，参与外贸新业态新模式的国际规则和标准制定。加强与有关国家在相关领域政府间合作，推动双向开放。大力发展丝路电商，加强“一带一路”经贸合作。推动我国外贸新业态新模式与国外流通业衔接连通。鼓励各地方、各试点单位、各企业开展国际交流合作。（商务部牵头，各地方人民政府、各有关单位按职责分工负责）

七、做好组织实施

（二十四）加强组织领导。充分发挥国务院推进贸易高质量发展部际联席会议制度作用，加强部门联动、央地协同，统筹协调解决重大问题。各地区、各有关部门要按照职责分工抓好贯彻落实，密切协作配合，及时出台相关措施，继续大胆探索实践。商务部要会同有

关部门加强工作指导，确保各项措施落地见效。（商务部牵头，各地方人民政府、各有关单位按职责分工负责）

（二十五）做好宣传推广。不断总结推广好经验好做法。加强舆论引导，宣介外贸新业态新模式发展成效。积极营造鼓励创新、充满活力、公平竞争、规范有序的良好氛围，促进外贸新业态新模式健康持续创新发展。（商务部牵头，各地方人民政府、各有关单位按职责分工负责）

国务院办公厅

2021 年 7 月 2 日

国务院办公厅关于印发全国深化“放管服”改革着力培育和激发市场主体活力电视电话会议重点任务分工方案的通知

（国办发〔2021〕25 号）

各省、自治区、直辖市人民政府，国务院各部委、各直属机构：

《全国深化“放管服”改革着力培育和激发市场主体活力电视电话会议重点任务分工方案》已经国务院同意，现印发给你们，请结合实际认真贯彻落实。

国务院办公厅

2021 年 7 月 11 日

全国深化“放管服”改革着力培育和激发市场主体活力电视电话会议重点任务分工方案

党中央、国务院高度重视深化“放管服”改革优化营商环境工作。2021 年 6 月 2 日，李克强总理在全国深化“放管服”改革着力培育和激发市场主体活力电视电话会议上发表重要讲话，部署持续一体推进“放管服”改革，打造市场化法治化国际化营商环境，培育壮大市场主体，更大激发市场活力和社会创造力。为确保会议确定的重点任务落到实处，现制定如下分工方案。

一、直面市场主体需求，创新实施宏观政策和深化“放管服”改革

（一）继续围绕市场主体关切，科学精准实施宏观政策，落实好常态化财政资金直达机制和货币政策直达工具，并强化全链条监控。（财政部、人民银行、审计署、税务总局等国务院相关部门及各地区按职责分工负责）

具体措施：

1. 完善常态化财政资金直达机制，强化对资金分配、使用的跟踪监控，确保基层合规、高效使用直达资金。（财政部牵头，审计署等国务院相关部门及各地区按职责分工负责）

2. 建立税费优惠政策与征管操作办法同步发布、同步解读工作机制，及时调整优化征管信息系统功能，确保政策红利惠及市场主体。（税务总局负责）

3. 督促指导银行机构按照市场化原则与企业自主协商延期还本付息，加大普惠小微企业信用贷款发放力度，监测延期贷款到期偿还情况，加强风险防范。（人民银行、银保监会牵头，国务院相关部门及各地区按职责分工负责）

（二）充分调动企事业单位和社会力量的

积极性，在水、电、气、热、交通、电信等基础设施方面增加供给，提升服务质量和水平，为市场主体经营发展创造好的条件。（国家发展改革委、工业和信息化部、住房城乡建设部、交通运输部、市场监管总局、国家能源局等国务院相关部门及各地区按职责分工负责）

具体措施：

1. 明确水、电、气、热、通信、有线电视等接入标准，简化接入审批流程，公开服务内容、资费标准等信息，加快推进报装、查询、缴费等业务全程网办。2021 年 11 月底前组织开展相关公用事业行业收费专项检查，规范收费行为。（工业和信息化部、住房城乡建设部、市场监管总局、国家能源局等国务院相关部门及各地区按职责分工负责）

2. 优化办电服务，2021 年底前实现城市地区用电报装容量 160 千瓦及以下、农村地区 100 千瓦及以下的小微企业用电报装“零投资”，将实行“零上门、零审批、零投资”服务的低压非居民用户全过程办电时间压减至 20 个工作日以内。修订《供电营业规则》，研究取消电费保证金，减轻企业用电负担。（国家能源局、财政部、国家发展改革委等国务院相关部门及各地区按职责分工负责）

3. 优化宽带接入和安装服务，对物业指定代理商、限制用户选择运营商等违法违规行为进行专项整治。重点整治基础电信企业通过擅自添加业务限制用户携号转网等违规行为，推动实现携号转网异地办、网上办。（工业和信息化部、公安部、住房城乡建设部、国务院国资委、市场监管总局等国务院相关部门及各地区按职责分工负责）

（三）保障好基本民生，尽力而为、量力而行，重点加强义务教育、基本医疗、基本住房等保障，完善失业保障、灵活就业人员基本权益保障等制度，逐步提高保障水平，织密织牢社会保障“安全网”。（教育部、民政部、财政部、人力资源社会保障部、住房城乡建设部、国家卫生健康委、国家医保局等国务院相关部门及各地区按职责分工负责）

具体措施：

1. 建立健全低收入人口动态监测和常态化救助帮扶机制，及时发现需要救助的低收入人口并纳入救助帮扶范围。优化最低生活保障审核流程，完善特困人员认定条件，简化认定程序，确保相关人员及时获得救助，同时加强规范化管理。进一步完善困难残疾人生活补贴和重度残疾人护理补贴制度，提高管理和服务质量。（民政部牵头，中国残联等相关单位及各地区按职责分工负责）

2. 2021 年底前制定出台维护新就业形态劳动者劳动保障权益的有关意见，并开展平台灵活就业人员职业伤害保障试点。制定出台失业保险关系转移办法，优化失业保险待遇申领程序。（人力资源社会保障部等国务院相关部门按职责分工负责）

3. 增加保障性租赁住房和共有产权住房供给，规范发展长租房市场，降低租赁住房税费负担，尽最大努力帮助新市民、青年人等缓解住房困难。（住房城乡建设部牵头，国务院相关部门及各地区按职责分工负责）

（四）重视企业合理诉求，加强帮扶支持，让市场主体安心发展、更好发展。进一步增强服务意识，加大政策宣介力度，优化政策落地机制，用好现代信息技术，努力使“人找政策”变为“政策找人”，推动惠企政策应享尽享、快速兑现。（各地区、各相关部门负责）

具体措施：

1. 运用大数据手段，主动甄别符合享受税费优惠政策条件的纳税人缴费人，精准推送税费政策信息，编制发布税费优惠政策指引，便利纳税人缴费人申请。（税务总局负责）

2. 健全企业合理诉求解决机制，完善问题受理、协同办理、结果反馈等流程，杜绝投诉无门、推诿扯皮现象，有效解决企业面临的实际困难问题。（各地区负责）

二、着力打造市场化营商环境

（五）持续深化行政审批制度改革，着力推进涉企审批减环节、减材料、减时限、减费用，抓紧编制公布行政许可事项清单。深化“证照分离”改革，着力推进照后减证并证，让市场主体尤其是制造业、一般服务业市场主体准入更便捷。动态优化国家职业资格目录，进一步降低就业创业门槛。（国务院办公厅、国家发展改革委、司法部、人力资源社会保障部、商务部、市场监管总局等国务院相关部门及各地区按职责分工负责）

具体措施：

1. 建立健全行政许可设定审查机制，完善行政许可设定标准和论证程序，对新设许可等行政管理措施从严审查把关，创新完善行政审批制度改革方式，并加强对行政许可实施情况的监督。（国务院办公厅负责）

2. 编制公布中央层面设定的行政许可事项清单，组织编制县级以上地方行政许可事项清单，将全部行政许可事项纳入清单管理，逐项明确设定依据、实施机关、许可条件、办理程序、办理时限、申请材料、有效期限、收费等要素。制定全面实行行政许可事项清单管理有关办法，明确清单编制、管理、实施和监督的基本规则，严肃清理清单之外违规实施的变相许可。（国务院办公厅牵头，国务院相关部门及各地区按职责分工负责）

3. 在全国范围内深化“证照分离”改革，实施涉企经营许可事项全覆盖清单管理，并在自由贸易试验区进一步加大改革试点力度。（国务院办公厅、市场监管总局、司法部牵头，国务院相关部门及各地区按职责分工负责）

4. 2021年底前修订出台《市场准入负面清单（2021年版）》，选择符合条件的地区开展放宽市场准入试点，研究市场准入效能评估标准并探索开展综合评估，进一步畅通市场主体对隐性壁垒的投诉渠道和处理回应机制。（国家发展改革委、商务部负责）

5. 2021年9月底前修订公布新版国家职业资格目录。针对部分风险可控的准入类职业资格，降低或取消考试工作年限要求。深化职业技能人才评价制度改革，健全完善职业技能等级制度。（人力资源社会保障部牵头，国务院相关部门及各地区按职责分工负责）

（六）加强部门衔接，扩大简易注销范围，使市场主体退出更顺畅，促进市场新陈代谢。（市场监管总局牵头，人民银行、海关总署、税务总局等国务院相关部门及各地区按职责分工负责）

具体措施：

1. 将简易注销登记适用范围拓展至未发生债权债务或已将债权债务清偿完结的各类市场主体（上市股份有限公司除外），将公示时间由45天压减为20天。建立简易注销登记容错机制，优化注销平台功能，对部分存在轻微异常状态的市场主体，待其异常状态消失后允许再次申请简易注销登记。完善《企业注销指引》，解决企业注销过程中遇到的问题和困难，为企业提供更加规范的行政指导。（市场监管总局牵头，国务院相关部门及各地区按职责分工负责）

2. 扩大跨省税务迁移改革试点，对符合条件的企业，由迁出地税务机关将企业相关信息推送至迁入地税务机关，企业可继承原有的纳税信用级别等资质信息、增值税期末留抵税额等权益信息，进一步提升跨省税务迁移便利化水平。（税务总局及相关地区按职责分工负责）

（七）深化投资建设领域审批制度改革，精简整合审批流程，推行多规合一、多图联审、联合验收等做法，在确保安全的前提下推行告知承诺制，让项目早落地、早投产。（国家发展改革委、自然资源部、住房城乡建设部等国务院相关部门及各地区按职责分工负责）

具体措施：

1. 2021年底前研究制定工程建设项目全过程审批管理制度性文件，建立健全工程建设项目审批监督管理机制，提升审批服务效能。

（住房城乡建设部牵头，国务院相关部门及各地区按职责分工负责）

2. 2021年10月底前开展工程建设项目审批“体外循环”、“隐性审批”专项治理，在确保工程质量和安全前提下，进一步清理规范工程建设项目全流程涉及的行政许可、技术审查、中介服务、市政公用服务等事项，以及不必要的专家审查、会议审查、征求意见、现场踏勘等环节。（住房城乡建设部等国务院相关部门及各地区按职责分工负责）

3. 推动投资项目在线审批监管平台和各相关审批系统互联互通和数据共享，避免企业重复填报、部门重复核验。（国家发展改革委、自然资源部、住房城乡建设部、交通运输部、水利部等国务院相关部门及各地区按职责分工负责）

（八）着力完善政策、消除障碍、搭建平台，强化企业创新主体地位，注重运用税收优惠等普惠性政策激励企业研发创新。加大对“双创”的支持力度，促进大中小企业融通创新，聚众智汇众力，提高创新效率。（国家发展改革委、科技部、工业和信息化部、财政部、国务院国资委、税务总局、国家知识产权局等国务院相关部门及各地区按职责分工负责）

具体措施：

1. 进一步简化研发支出辅助账，优化技术合同认定登记等程序和手续，便利符合条件的企业享受研发费用加计扣除政策。（税务总局、科技部牵头，国务院相关部门及各地区按职责分工负责）

2. 建立完善众创空间、孵化器、加速器等科技型中小企业孵化链条，构建从孵化培育、成长扶持到壮大的全生命周期服务体系。引导金融机构创新符合中小企业轻资产、重智力等特征的金融产品，并完善相应信贷管理机制。（国家发展改革委、科技部、银保监会等国务院相关部门及各地区按职责分工负责）

3. 运用大数据等技术手段筛选高校院所质量较高、具备市场前景的专利，发现潜在许可实施对象，利用专利开放许可等机制，提高专利转移转化效率，助力中小企业创新发展。（国家知识产权局负责）

4. 加快出台《中华人民共和国人类遗传资源管理条例》实施细则及配套规定，制定公布人类遗传资源行政许可和备案的范围、标准、条件、程序等，在确保有效监管前提下，提升人类遗传资源领域政务服务质量和效率，推行网上申报和备案服务，对需要补正的材料一次性告知，便利企业查询审批进度及结果，为企业开展研发创新提供有利条件。（科技部等国务院相关部门按职责分工负责）

（九）切实维护公平竞争的市场秩序，对包括国企、民企、外企在内的各类市场主体一视同仁。对垄断和不正当竞争进行规范治理，清理纠正地方保护、行业垄断、市场分割等不公平做法。（市场监管总局、国家发展改革委、工业和信息化部、财政部、商务部、国务院国资委等国务院相关部门及各地区按职责分工负责）

具体措施：

1. 推进公平竞争审查全覆盖，强化制度刚性约束，查处限制交易、阻碍商品和要素在地区间自由流通等滥用行政权力排除、限制竞争行为。依法查处企业低价倾销、价格欺诈等违法行为，加大对仿冒混淆、虚假宣传、商业诋毁等不正当竞争行为的监管执法力度。依法查处平台企业垄断案件，围绕医药、公用事业、建材、教育培训等重点民生领域开展反垄断执法，切实维护市场公平竞争秩序。（市场监管总局牵头，国务院相关部门及各地区按职责分工负责）

2. 纵深推进招标投标全流程电子化，完善电子招标投标制度规则、技术标准和数据规范，推进各地区、各部门评标专家资源共享，推动数字证书（CA）全国互认，提升招标投标透明度和规范性。畅通招标投标异议、投诉渠道，清理招标人在招标投标活动中设置的注册资本金、设立分支机构、特定行政区域、行业奖项等不合理投标条件。（国家发展改革委牵头，国务院相关部门及各地区按职责分工负责）

（十）坚持把“放”和“管”统一起来，把有效监管作为简政放权的必要保障。健全监管规则，创新监管方式，完善事中事后监管，深入推进“双随机、一公开”监管、跨部门综合监管、“互联网+监管”和信用风险分类监管，提高监管的精准性有效性。（国务院办公厅、国家发展改革委、人民银行、市场监管总局等国务院相关部门及各地区按职责分工负责）

具体措施：

1. 研究制定关于进一步加强事中事后监管的指导意见，推动全面落实监管责任，建立健全监管协调机制，改进完善监管方式，切实提高监管效能。（国务院办公厅牵头，国务院相关部门及各地区按职责分工负责）

2. 组织对取消和下放行政许可事项的事中事后监管情况进行“回头看”，分析查找存在的风险隐患和监管漏洞，完善加强事中事后监管措施。（国务院办公厅牵头，国务院相关部门及各地区按职责分工负责）

3. 2021年底前制定出台在市场监管领域推进企业信用风险分类管理的有关意见，推进“双随机、一公开”监管与信用风险分类管理等结合，进一步提升监管精准性。（市场监管总局等国务院相关部门及各地区按职责分工负责）

4. 健全跨部门综合监管制度，明确相关部门监管责任，完善监管机制和方式，打破部门界限，形成监管合力。（国务院办公厅牵头，国务院相关部门及各地区按职责分工负责）

5. 完善国家“互联网+监管”系统功能，健全工作机制，加强监管数据归集与治理，强化监管事项目录清单动态管理，明确风险预警协同处置工作流程，研究制定关于加快构建全国一体化在线监管平台的文件。（国务院办公厅牵头，国务院相关部门及各地区按职责分工负责）

6. 依法依规推进社会信用体系建设，制定发布全国公共信用信息基础目录、全国失信惩戒措施基础清单，根据失信行为的性质和严重程度，采取轻重适度的惩戒措施，确保过惩相当。（国家发展改革委、人民银行牵头，市场监管总局等国务院相关部门及各地区按职责分工负责）

7. 修订《互联网广告管理暂行办法》，进一步加大对违法互联网广告的惩治力度。研究制定平台交易规则、直播电子商务标准等，促进电子商务规范健康发展。（市场监管总局、商务部及各地区按职责分工负责）

（十一）对涉及安全生产、人民身体健康和生命安全等领域和事项，切实把好每一道关口，确保质量和安全。（国务院相关部门及各地区按职责分工负责）

具体措施：

1. 加大强制性产品认证监管力度，对指定认证机构开展全覆盖检查，对儿童用品、家电、电子电器等重点领域的获证产品开展认证有效性抽查，确保产品质量安全。（市场监管总局牵头，国务院相关部门及各地区按职责分工负责）

2. 加强全国特种设备安全状况分析，开展安全生产专项整治行动，督促各地做好隐患排查及整改。加大对持证特种设备生产单位和检验检测机构的监督抽查力度，查处违法违规行为并向社会公开。（市场监管总局牵头，国务院相关部门及各地区按职责分工负责）

3. 加快制定药品经营、药品网络销售以及化妆品生产经营等监督管理办法，强化质量监管，提升监管效能。推进医疗器械唯一标识在医疗器械生产、经营、使用中的全链条应用，加强用于新冠肺炎疫情防控的医疗器械质量安全监管，严厉查处医疗器械网络销售违法违规行为。（国家药监局、市场监管总局负责）

4. 组织开展安全评价执业行为专项整治，

坚决打击安全评价机构、从业人员、评审人员和生产经营单位违法违规行为，坚守安全生产底线。依法督促消防技术服务机构落实主体责任，规范执业行为，提高服务质量，严厉打击消防技术服务弄虚作假行为。（应急部及各地区按职责分工负责）

5. 制定出台《医疗保障基金使用监督管理条例》配套实施文件和相关规范标准，采取日常检查、现场检查、飞行检查、联合检查等多种手段，加强医保基金监管。（国家医保局及各地区按职责分工负责）

（十二）继续推进省内通办、跨省通办，推进政务服务标准化规范化便利化，用好政务服务平台，推动电子证照扩大应用和全国互通互认，实现更多政务服务网上办、掌上办、一次办。（国务院办公厅牵头，各地区、各部门负责）

具体措施：

1. 2021年底前研究制定关于加快推进政务服务标准化规范化便利化的指导意见，进一步推进政务服务运行标准化、服务供给规范化、企业和群众办事便利化。（国务院办公厅牵头，国务院相关部门及各地区按职责分工负责）

2. 2021年底前实现工业产品生产许可证办理、异地就医登记备案和结算、社保卡申领、户口迁移等74项政务服务事项“跨省通办”，完善全国一体化政务服务平台“跨省通办”服务专区，规范省际“点对点”跨省通办。（国务院办公厅牵头，公安部、人力资源社会保障部、市场监管总局、国家医保局等国务院相关部门及各地区按职责分工负责）

3. 2021年底前研究制定关于加快推进政务服务事项集成改革的政策文件，推动实现套餐式、主题式集成服务事项同标准、无差别办理。2022年底前研究制定政务服务事项集成服务相关标准。（国务院办公厅牵头，国务院相关部门及各地区按职责分工负责）

4. 2021年11月底前制定出台关于依托全国一体化政务服务平台推动电子证照扩大应用领域和全国互通互认的文件。（国务院办公厅牵头，各地区、各部门负责）

5. 优化部分高频事项服务，在全国范围内开展增值税、消费税分别与城市维护建设税、教育费附加、地方教育附加合并申报，2021年底前基本实现企业办税缴费事项网上办理、个人办税缴费事项掌上办理。在试点基础上，2022年底前在全国全面推行机动车驾驶证电子化。（公安部、税务总局及各地区按职责分工负责）

（十三）把企业和群众的“关键小事”当作政府的“心头大事”来办，着力破解异地就医报销难、车检难、公证难等问题，实现企业常规信息“最多报一次”，分类完成地方政务服务便民热线的归并，用制度和技术的办法，让市场主体和群众依规办事不求人。（国务院办公厅、公安部、司法部、生态环境部、交通运输部、市场监管总局、国家医保局等国务院相关部门及各地区按职责分工负责）

具体措施：

1. 加快推进地方政务服务便民热线优化，2021年底前按要求分级分类完成热线归并。（国务院办公厅牵头，国务院相关部门及各地区按职责分工负责）

2. 制定出台关于优化车辆检测的政策文件，规范提升车辆检测站服务，优化检测流程和材料，减少群众车检排队等候时间。增加车检服务供给，探索允许具备资质、信用良好的汽车品牌服务企业提供非营运小型车辆维修、保养、检测“一站式”服务，加强对伪造检测结果等违法违规行为的监管和查处。推动检测机构公示服务项目、内容和价格，加大对检测机构相互串通、操纵市场价格等行为的监管和查处力度。（公安部、生态环境部、交通运输部、市场监管总局等国务院相关部门及各地区按职责分工负责）

3. 优化公证服务，规范和精简公证证明材料，全面推行公证证明材料清单管理，落实一次性告知制度，推进人口基本信息、婚姻、收养、不动产登记等办理公证所需数据共享和在线查询核验，实现更多高频公证服务事项“一网通办”。推动降低偏高的公证事项收费标准。（司法部牵头，国务院相关部门及各地区按职责分工负责）

4. 着力缓解异地就医报销难问题，2021年底前实现各省份60%以上的县至少有1家普通门诊费用跨省联网医疗机构，各统筹地区基本实现普通门诊费用跨省直接结算；对于高血压、糖尿病、恶性肿瘤门诊放化疗、尿毒症透析、器官移植术后抗排异治疗等5个群众需求大、各地普遍开展的门诊慢特病，每个省份至少有1个统筹地区实现相关治疗费用跨省直接结算。（国家医保局及各地区按职责分工负责）

5. 对部门规章、规范性文件设定的证明事项进行审核，梳理发布中央层面确需保留的证明事项清单，督促指导各地抓紧发布本地区确需保留的证明事项清单，行政机关办理依申请的行政事项不得索要清单之外的证明。（司法部牵头，国务院相关部门及各地区按职责分工负责）

三、着力打造法治化营商环境

（十四）建立健全营商环境法规体系，推进《优化营商环境条例》等进一步落实到位，推动做好营商环境方面法律法规立改废释工作，将行之有效的做法上升为制度规范，当前要重点抓好行政审批、行政收费、政务服务、数据安全共享等领域法规建设。（国务院办公厅、国家发展改革委、司法部、财政部等国务院相关部门及各地区按职责分工负责）

具体措施：

1. 持续抓好《优化营商环境条例》贯彻落实，抓紧制定完善配套措施，确保各项规定落到实处、取得实效。（各地区、各部门负责）

2. 研究制定优化政务服务方面的行政法规，为推进政务服务持续优化提供法治保障。（国务院办公厅、司法部等国务院相关部门按职责分工负责）

（十五）依法保护各类市场主体产权和合法权益。完善产权保护制度，依法全面保护各类产权，严格执行知识产权侵权惩罚性赔偿制度，着力解决侵权成本低、维权成本高等问题。（国家发展改革委、司法部、国家知识产权局等国务院相关部门及各地区按职责分工负责）

具体措施：

1. 2021年底前推动健全涉产权冤错案件依法甄别纠正常态化机制、涉政府产权纠纷问题治理长效机制，持续加强产权执法司法平等保护。（国家发展改革委等国务院相关部门及各地区按职责分工负责）

2. 建立知识产权代理行业监管长效机制，加大对无资质开展专利代理行为的打击力度。制定商标一般违法判断标准，统一行政执法标准。推进商标信息与企业名称信息联通，打击恶意将企业名称或字号抢注为商标、囤积商标和不以保护创新为目的的非正常专利申请等行为。（国家知识产权局、市场监管总局等国务院相关部门及各地区按职责分工负责）

3. 修订企业知识产权管理规范，发布企业知识产权保护指南，引导和支持企业完善知识产权管理体系，提升知识产权保护能力。（国家知识产权局负责）

（十六）政府要带头守信践诺，梳理政府对企业依法依规作出的承诺事项，未如期履行承诺的要限期解决，因政府失信导致企业合法权益受损的要依法赔偿，绝不能“新官不理旧账”。（国务院办公厅、国家发展改革委、司法部、工业和信息化部、财政部、国务院国资委等国务院相关部门及各地区按职责分工负责）

具体措施：

1. 研究进一步健全政务诚信长效机制，督促地方各级政府严格履行依法依规作出的承诺事项，重点治理政府失信行为。（国务院办公厅、国家发展改革委负责）

2. 健全防范和化解拖欠中小企业账款长

效机制，制定出台保障中小企业款项支付投诉处理办法，完善违约拖欠中小企业款项登记（投诉）平台功能，健全企业投诉受理、办理和反馈机制。（工业和信息化部牵头，财政部、国务院国资委等国务院相关部门及各地区按职责分工负责）

（十七）严格规范公正文明执法，抓紧研究规范行政裁量权，纠正执法不严、简单粗暴、畸轻畸重等行为，提高执法水平。从源头上清理乱收费、乱罚款、乱摊派，凡违反法定权限和程序设定的罚款事项，一律取消。（司法部、财政部等国务院相关部门及各地区按职责分工负责）

具体措施：

1. 全面梳理现行行政法规、部门规章设定的罚款事项，取消或调整不合理罚款事项。各地区要组织清理地方政府规章设定的不合理罚款事项。（司法部等国务院相关部门及各地区按职责分工负责）

2. 开展涉企违规收费专项检查，严肃查处擅自设立收费项目、提高征收标准、扩大征收范围、乱摊派等问题。（财政部牵头，国务院相关部门及各地区按职责分工负责）

3. 研究起草行政执法监督条例，加强执法监督，规范行政执法行为。2021 年底前制定出台关于进一步规范行政裁量权基准制定和管理工作的意见，推动各地区、各相关部门加快明确执法裁量基准。（司法部牵头，国务院相关部门及各地区按职责分工负责）

4. 2021 年底前制定出台关于加强生态环境监督执法正面清单管理推动差异化执法监管的意见，进一步优化执法方式，督促指导地方通过实行分类监管、差异化监管，科学配置执法资源，提高执法效能。（生态环境部及各地区按职责分工负责）

5. 进一步畅通企业依法申请行政复议渠道，提高审查涉企行政复议案件的规范性和透明度，严格依法纠正侵犯企业合法权益的违法或不当行政行为。（司法部等国务院相关部门及各地区按职责分工负责）

四、着力打造国际化营商环境

（十八）加强与相关国际通行规则对接，以签署加入《区域全面经济伙伴关系协定》（RCEP）为契机，在贸易投资自由化便利化、知识产权保护、电子商务、政府采购等方面实行更高标准规则。更好发挥自由贸易试验区创新引领作用，在制度型开放上迈出更大步伐。维护好产业链供应链稳定，切实维护国家安全。（商务部、国家发展改革委、司法部、财政部、海关总署、国家知识产权局等国务院相关部门及各地区按职责分工负责）

具体措施：

1. 2021 年底前研究制定建设更高水平开放型经济新体制有关文件，推动投资、贸易、金融、创新等领域与国际规则更加深入对接。（国家发展改革委牵头，国务院相关部门按职责分工负责）

2. 2021 年底前研究制定自由贸易试验区试点对接国际高标准推进制度型开放有关文件。（商务部牵头，相关单位及地区按职责分工负责）

3. 更大范围开展“经认证的经营者”（AEO）国际互认，推进与“一带一路”沿线国家、重要贸易国家、RCEP 成员国及中东欧国家的 AEO 互认。加强与 RCEP 成员国的动植物疫情信息共享，探索认可 RCEP 成员国间动植物检疫措施的等效性。（海关总署牵头，农业农村部、国家林草局等国务院相关部门及各地区按职责分工负责）

（十九）健全外商投资促进和服务体系，全面落实外商投资法和相关配套法规，完善外商投资准入前国民待遇加负面清单管理制度，保障外资企业依法平等进入已经开放的领域。建立具有国际竞争力的引才用才制度，为高层次外国人才来华创业创新提供便利。（国家发

展改革委、商务部、外交部、科技部、司法部、人力资源社会保障部、国家移民局等国务院相关部门及各地区按职责分工负责）

具体措施：

1. 严格执行外商投资法及配套法规，继续清理与外商投资法不符的法规、规章和规范性文件。（商务部、国家发展改革委、司法部牵头，国务院相关部门及各地区按职责分工负责）

2. 进一步缩减和完善外商投资准入负面清单，清单之外不得设限，便利外资企业准入。（国家发展改革委、商务部牵头，国务院相关部门及各地区按职责分工负责）

（二十）进一步优化外贸发展环境，继续推动降低外贸企业营商成本，清理规范口岸收费，深化国际贸易“单一窗口”建设，推动国际物流畅通。（商务部、海关总署、国家发展改革委、交通运输部、市场监管总局等国务院相关部门及各地区按职责分工负责）

具体措施：

1. 深化国际贸易“单一窗口”建设，2021 年底前，除涉密等特殊情况外，进出口环节监管证件统一通过“单一窗口”受理，逐步实现监管证件电子签发、自助打印。推行“互联网+稽核查”，2021 年底前实现网上送达法律文书、提交资料、视频磋商及在线核验等，提高稽核查工作效率。（海关总署牵头，国务院相关部门及各地区按职责分工负责）

2. 复制推广“一站式阳光价格”服务模式，推动船公司、口岸经营单位等规范简化收费项目，明确收费项目名称和服务内容，提高海运口岸收费透明度。推动建立海运口岸收费成本调查和监审制度。进一步加快出口退税进度，2021 年底前将正常出口退税业务平均办理时间压减至 7 个工作日以内。（国家发展改革委、交通运输部、市场监管总局、海关总署、税务总局等国务院相关部门及各地区按职责分工负责）

3. 推广企业集团加工贸易监管模式，实现集团内企业间保税料件及设备自由流转，简化业务办理手续，减少企业资金占用，提高企业运营效率。（海关总署牵头，国务院相关部门及各地区按职责分工负责）

（二十一）加强对中小外贸企业的信贷、保险等支持。推动发展海外仓，加快相关标准与国际先进对标，助力企业更好开拓国际市场。（商务部、国家发展改革委、人民银行、市场监管总局、银保监会等国务院相关部门及各地区按职责分工负责）

具体措施：

1. 督促引导金融机构完善内部激励约束机制，强化技术手段运用，加大对小微外贸企业等无还本续贷、信用贷款、首贷等支持力度，推广随借随还贷款。（人民银行、银保监会等国务院相关部门及各地区按职责分工负责）

2. 鼓励银行保险机构深化合作，有序开展出口信用保险保单融资。支持银行机构在依法依规获取企业进出口通关、外汇收支、税款缴纳等信息基础上，运用大数据等技术手段，对中小外贸企业历史贸易记录和应收账款的真实性等进行评估，在有效管控风险前提下创新产品服务，更好满足企业融资需求。（银保监会、海关总署、税务总局、国家外汇局等国务院相关部门及各地区按职责分工负责）

3. 支持企业新建一批海外仓，研究制定海外仓建设、运营等方面标准，更好服务外贸企业经营发展。（商务部负责）

五、进一步增强责任感，攻坚克难，推动改革举措落地见效

（二十二）强化改革担当，从党和国家事业大局和人民群众根本利益出发，勇于破除局部利益、部门利益，敢于“啃硬骨头”，为市场主体和人民群众办实事解难题。（各地区、各部门负责）

（二十三）加强改革统筹谋划，持续一体推进“放管服”改革，放掉该放的，管好该管的，切实履行好政府服务职能，提升改革综合效能。（各地区、各部门负责）

（二十四）发挥中央和地方两个积极性，相关部门要加强对地方深化“放管服”改革的指导和督促，及时总结推广好的做法，对锐意改革的地区和单位表扬激励，对改革推进迟缓、政策不落实的及时督促整改；地方和基层要继续结合实际主动探索，自主地改，种好改革“试验田”。（国务院办公厅牵头，各地区、各部门负责）

具体措施：

鼓励支持地方结合实际开展差异化探索，在深化“放管服”改革优化营商环境方面先行先试，打造更多营商环境“单项冠军”。加快设立营商环境创新试点城市，形成更多可在全国复制推广的制度创新成果，带动全国营商环境不断优化。（国务院办公厅牵头，国务院相关部门及各地区按职责分工负责）

（二十五）规范营商环境评价，以市场主体和群众的实际感受作为主要评价依据，力戒形式主义，防止增加地方和市场主体负担。（相关单位及各地区按职责分工负责）

各地区要高度重视，将优化营商环境作为转变政府职能的一项重要任务，明确统筹推进“放管服”改革和优化营商环境工作的牵头部门，强化队伍建设，抓好各项改革任务落地。各部门要根据职责分工，抓实抓细相关改革，加强对地方的指导支持，形成改革合力。国务院办公厅要牵头推进“放管服”改革和优化营商环境工作，加强督促协调和业务指导，及时将行之有效的经验做法上升为制度规范，推动改革取得更大实效。各地区、各部门的贯彻落实情况，年底前书面报国务院。

商务部 发展改革委 财政部 海关总署 税务总局 市场监管总局关于扩大跨境电商零售进口试点的通知

（商财发〔2020〕15号）

河北省、山西省、内蒙古自治区、辽宁省、吉林省、黑龙江省、江苏省、浙江省、安徽省、福建省、江西省、山东省、河南省、湖北省、湖南省、广东省、广西壮族自治区、海南省、四川省、贵州省、云南省、西藏自治区、青海省、宁夏回族自治区、新疆维吾尔自治区人民政府：

经国务院同意，现就扩大跨境电商零售进口试点范围有关事项通知如下：

一、将石家庄、秦皇岛、廊坊、太原、赤峰、抚顺、营口、珲春、牡丹江、黑河、徐州、南通、连云港、温州、绍兴、舟山、芜湖、安庆、泉州、九江、吉安、赣州、济南、烟台、潍坊、日照、临沂、洛阳、商丘、南阳、宜昌、襄阳、黄石、衡阳、岳阳、汕头、佛山、北海、钦州、崇左、泸州、遵义、安顺、德宏、红河、拉萨、西宁、海东、银川、乌鲁木齐等50个城市（地区）和海南全岛纳入跨境电商零售进口试点范围。

二、上述城市和地区可按照《商务部 发展改革委 财政部 海关总署 税务总局 市场监管总局关于完善跨境电子商务零售进口监管有关工作的通知》（商财发〔2018〕486号）要求，开展网购保税进口（海关监管方式代码

1210）业务。

三、本通知自印发之日起实施。

相关城市和地区应切实承担本地区跨境电商零售进口政策试点工作的主体责任，确保试点工作顺利推进，共同促进行业持续健康发展。试点过程中的重大问题及情况请及时报商务部等有关部门。

商务部　发展改革委　财政部
海关总署　税务总局　市场监管总局
2020 年 1 月 17 日

商务部　发展改革委　财政部　海关总署　税务总局　市场监管总局关于扩大跨境电商零售进口试点、严格落实监管要求的通知

（商财发〔2021〕39 号）

经国务院同意，现就进一步扩大跨境电商零售进口试点城市范围、严格落实监管要求等有关工作通知如下：

一、将跨境电商零售进口试点扩大至所有自贸试验区、跨境电商综试区、综合保税区、进口贸易促进创新示范区、保税物流中心（B型）所在城市（及区域）。今后相关城市（区域）经所在地海关确认符合监管要求后，即可按照《商务部　发展改革委　财政部　海关总署　税务总局　市场监管总局关于完善跨境电子商务零售进口监管有关工作的通知》（商财发〔2018〕486 号）要求，开展网购保税进口（海关监管方式代码 1210）业务。

二、各试点城市（区域）应切实承担本地区跨境电商零售进口政策试点工作的主体责任，严格落实监管要求规定，全面加强质量安全风险防控，及时查处在海关特殊监管区域外开展“网购保税+线下自提”、二次销售等违规行为，确保试点工作顺利推进，共同促进行业规范健康持续发展。

三、本通知自发布之日起实施。试点过程中出现的重大问题及情况请及时报商务部等有关部门。

商务部　发展改革委　财政部
海关总署　税务总局　市场监管总局
2021 年 3 月 18 日

商务部　中央网信办　发展改革委关于印发《“十四五”电子商务发展规划》的通知

（商电发〔2021〕191 号）

各省、自治区、直辖市、计划单列市及新疆生产建设兵团商务、网信、发展改革主管部门：

为深入贯彻落实党中央、国务院关于发展数字经济、建设数字中国的总体要求，进一步推动“十四五”时期电子商务高质量发展，根据《中共中央关于制定国民经济和社会发展第十四个五年规划和二〇三五年远景目标的建议》和《中华人民共和国国民经济和社会发展

第十四个五年规划和2035年远景目标纲要》，商务部、中央网信办和发展改革委研究编制了《“十四五”电子商务发展规划》，现印发给你们，请结合实际，认真组织实施。

中华人民共和国商务部
中央网络安全和信息化委员会办公室
中华人民共和国国家发展和改革委员会
2021年10月9日

“十四五”电子商务发展规划

电子商务是通过互联网等信息网络销售商品或者提供服务的经营活动，是数字经济和实体经济的重要组成部分，是催生数字产业化、拉动产业数字化、推进治理数字化的重要引擎，是提升人民生活品质的重要方式，是推动国民经济和社会发展的重要力量。我国电子商务已深度融入生产生活各领域，在经济社会数字化转型方面发挥了举足轻重的作用。“十四五”时期，电子商务将充分发挥联通线上线下、生产消费、城市乡村、国内国际的独特优势，全面践行新发展理念，以新动能推动新发展，成为促进强大国内市场、推动更高水平对外开放、抢占国际竞争制高点、服务构建新发展格局的关键动力。

本规划根据党中央、国务院发展数字经济总体部署和《中华人民共和国国民经济和社会发展第十四个五年规划和2035年远景目标纲要》《“十四五”商务发展规划》编制，主要阐明“十四五”时期我国电子商务发展方向和任务，是市场主体的行为导向，是各级相关政府部门履行职责的重要依据。

一、现状与形势

（一）发展现状

“十三五”时期，面对复杂严峻的发展环境，特别是新冠肺炎疫情等重大风险挑战，在党中央、国务院坚强领导下，商务部、中央网信办、发展改革委等相关部门会同各地方加强政策协同，共同推动电子商务实现跨越式发展，《电子商务“十三五”发展规划》主要目标任务顺利完成，在形成强大国内市场、带动创新创业、助力决战脱贫攻坚、提升对外开放水平等方面作出了重要贡献。

规模质量实现双提升。网络基础设施进一步夯实，固定宽带家庭普及率达到96%，网民规模接近10亿，互联网普及率超过70%。电子商务交易额保持快速增长，2020年达到37.2万亿元，比2015年增长70.8%；网上零售额达到11.8万亿元，年均增速高达21.7%。网络购物成为居民消费重要渠道，实物商品网上零售额对社会消费品零售总额增长贡献率持续提升，带动相关市场加快发展。快递业务量从2015年206.7亿件增至2020年833.6亿件，非银行支付网络支付交易金额从2015年49.5万亿增至2020年294.6万亿，均稳居全球首位。国家电子商务示范基地、示范企业引领作用明显。企业竞争力不断增强，占据2020年电子商务企业全球市值前5名中的4席。

融合创新态势不断深化。新一代信息技术加速发展，电子商务新业态新模式不断涌现，社交电商、直播电商、生鲜电商产业链日趋完善。电子商务加速线上线下融合、产业链上下游融合、国内外市场融合发展。传统零售企业数字化转型加快，全国连锁百强企业线上销售规模占比达到23.3%。服务业数字化进程加快，在线展会、远程办公、电子签约日益普及，在线餐饮、智慧家居、共享出行便利了居民生活。农村电商畅通了工业品下乡、农产品进城渠道，农业数字化加速推进，2020年全国农村网络零售额达1.79万亿元，是2015年的5.1倍。跨境电商蓬勃发展，2020年跨境电商零售进出口总额达1.69万亿元。电子商务以数据为纽带加快与制造业融合创新，推动了智能制造发展。

服务民生成效显著。电子商务成为扶贫助农新抓手，电子商务进农村实现对832个原国家级贫困县全覆盖，农村电子商务公共服务体系和物流配送体系不断完善。农产品“三品一标”认证培训、全国农产品产销对接公益服务平台等有效助力特色农产品品牌推介和产销帮扶常态化，带动地方产业快速发展，实现农民增收。电子商务成为便民服务新方式，在线教育、在线医疗、在线缴费等民生服务日益普及。电子商务成为创新创业、灵活就业、普惠就业新渠道，电子商务相关从业人数超过6000万，比2015年增加2700余万，年均增长13%。2020年电子商务在防疫保供、复工复产、消费回补等方面发挥了重要作用，显著提升广大人民群众的获得感和幸福感。

国际合作成果丰硕。“丝路电商”加快全球布局，与22个国家建立双边电子商务合作机制，通过政企对话、联合研究、能力建设等推动多层次合作交流，营造良好合作环境。电子商务企业加快出海，带动物流、移动支付等领域实现全球发展。积极参与世界贸易组织（WTO）、二十国集团（G20）、亚太经合组织（APEC）、金砖国家（BRICS）、上海合作组织（SCO）等多边和区域贸易机制下的电子商务议题磋商，与自贸伙伴共同构建区域高水平数字经济规则。电子商务国际规则构建取得突破，区域全面经济伙伴关系协定（RCEP）中电子商务章节成为目前覆盖区域最广、内容全面、水平较高的电子商务国际规则。

发展环境持续优化。电子商务法律政策体系不断完善，“放管服”改革深入推进，监管服务持续优化，有力激发市场活力。电子商务法治建设取得重大进展，《网络安全法》《电子商务法》颁布实施，《反不正当竞争法》《专利法》完成修订。电子商务标准体系不断健全，累计制定发布120余项国家标准、50余项行业标准以及多项团体标准。试点、示范工作不断推动制度创新，跨境电商综试区达到105家，跨境电商零售进口试点扩大至86个城市及海南全岛，国家电子商务示范基地达到127家，商务部遴选2批共393家电子商务示范企业、确认数字商务企业108家，先行先试成效显著，形成一批成熟经验做法。社会信用基石不断夯实，电子商务诚信工作不断推进，电子商务公共服务体系基本形成，数据共享、惠民惠企、人才培养等取得积极进展。

（二）面临形势

“十四五”时期我国进入新发展阶段，电子商务高质量发展面临的国内外环境发生深刻复杂变化。

从国际看，世界经济数字化转型加速，新一轮科技革命和产业变革深入发展，由电子商务推动的技术迭代升级和融合应用继续深化。双边、区域经济合作势头上升，“丝路电商”朋友圈不断扩大，消除数字鸿沟、推动普惠发展的需求日渐增强。同时，世界经济陷入低迷，经济全球化遭遇逆流，单边主义、保护主义、霸权主义抬头，电子商务企业走出去壁垒增多，围绕隐私保护、数据流动等数字领域规则体系的竞争日趋激烈，我国规则制定的话语权有待进一步增强。

从国内看，我国已转向高质量发展阶段。新型基础设施加快建设，信息技术自主创新能力持续提升，为电子商务创新发展提供强大支撑。新型工业化、信息化、城镇化、农业现代化快速发展，中等收入群体进一步扩大，电子商务提质扩容需求更加旺盛，与相关产业融合创新空间更加广阔。同时，我国宏观环境面临复杂变化，电子商务发展面临的不平衡、不充分问题仍然突出。城乡间、区域间、不同领域间电子商务发展水平仍不平衡，企业核心竞争力不强，技术创新能力还不能适应高质量发展要求。数据产权、交易规则和服务体系不健全，数据要素价值潜力尚未有效激活，与电子商务业态模式创新相适应的治理体系亟待健全。

综合判断，“十四五”时期，我国电子商务发展机遇大于挑战，必须增强机遇意识和风险意识，认清矛盾变化，把握发展规律，抓住机遇，应对挑战，努力在危机中育先机、于变局中开新局。

二、总体要求

（一）指导思想

坚持以习近平新时代中国特色社会主义思想为指导，深入贯彻党的十九大和十九届二中、三中、四中、五中全会精神，立足新发展阶段，贯彻新发展理念，构建新发展格局，以推动高质量发展为主题，以深化供给侧结构性改革为主线，以改革创新为根本动力，以满足人民日益增长的美好生活需要为根本目的，统筹发展与安全，立足电子商务连接线上线下、衔接供需两端、对接国内国外市场的重要定位，通过数字技术和数据要素双轮驱动，提升电子商务企业核心竞争力，做大、做强、做优电子商务产业，深化电子商务在各领域融合创新发展，赋能经济社会数字化转型，推进现代流通体系建设，促进形成强大国内市场，加强电子商务国际合作，推动更高水平对外开放，不断为全面建设社会主义现代化国家提供新动能。

（二）基本原则

坚持守正创新，规范发展。以创新为引领，加强电子商务领域新一代信息技术创新应用，鼓励新模式新业态发展，扩大新型数字消费，推动形成新型数字生活；坚持底线思维，健全电子商务相关法规制度，提升数字化治理水平，强化各市场主体权益保护，促进公平竞争，强化反垄断和防止资本无序扩张，加强平台企业网络和数据安全能力建设，增强电子商务在防范化解重大风险中的作用，推动电子商务持续健康发展。

坚持融合共生，协调发展。做好电子商务统筹推进工作，促进线上线下、行业产业间、国内国际市场深度融合，推动电子商务全方位、全链条赋能传统产业数字化转型，形成更高水平的供需动态平衡；坚持包容审慎监管，深化相关制度改革，破除制约电子商务融合创新发展的体制机制障碍，构建资源共享、协同发展的良好生态。

坚持普惠共享，绿色发展。聚焦人民共享发展成果，积极发挥平台经济、共享经济在城乡一体化和区域一体化发展中的作用，加快弥合城乡之间数字鸿沟，强化产销对接、城乡互促，促进共同富裕，让人民群众从电子商务快速发展中更好受益；践行绿色发展理念，贯彻落实碳达峰、碳中和目标要求，提高电子商务领域节能减排和集约发展水平。

坚持合作共赢，开放发展。立足高水平对外开放，充分发挥电子商务集聚全球资源和要素高效配置的优势，推动相关产业深度融入全球产业链供应链，助力产业链供应链安全稳定；丰富电子商务国际交流合作层次，推进电子商务领域规则谈判，与世界各国互通、互鉴、互容，推动建立互利共赢、公开透明的电子商务国际规则标准体系。

（三）发展目标

到 2025 年，我国电子商务高质量发展取得显著成效。电子商务新业态新模式蓬勃发展，企业核心竞争力大幅增强，网络零售持续引领消费增长，高品质的数字化生活方式基本形成。电子商务与一二三产业加速融合，全面促进产业链供应链数字化改造，成为助力传统产业转型升级和乡村振兴的重要力量。电子商务深度链接国内国际市场，企业国际化水平显著提升，统筹全球资源能力进一步增强，“丝路电商”带动电子商务国际合作持续走深走实。电子商务法治化、精细化、智能化治理能力显著增强。电子商务成为经济社会全面数字化转型的重要引擎，成为就业创业的重要渠道，成为居民收入增长的重要来源，在更好满足人民美好生活需要方面发挥重要作用。

到 2035 年，电子商务成为我国经济实力、科技实力和综合国力大幅跃升的重要驱动力，成为人民群众不可或缺的生产生活方式，成为推动产业链供应链资源高效配置的重要引擎，成为我国现代化经济体系的重要组成，成为经济全球化的重要动力。

“十四五”电子商务发展主要指标

类别	指标名称	2020 年	2025 年	备注
总规模	电子商务交易额（万亿元）	37.2	46	预期性
	全国网上零售额（万亿元）	11.8	17	预期性
	相关从业人数（万）	6015	7000	预期性
分领域	工业电子商务普及率（%）	63.0	73	预期性
	农村电子商务交易额（万亿元）	1.79	2.8	预期性
	跨境电子商务交易额（万亿元）	1.69	2.5	预期性

三、主要任务

（一）深化创新驱动，塑造高质量电子商务产业

强化技术应用创新。引导电子商务企业加强创新基础能力建设，提升企业专利化、标准化、品牌化、体系化、专业化水平。通过自主创新、原始创新，提升企业核心竞争力，推动5G、大数据、物联网、人工智能、区块链、虚拟现实/增强现实等新一代信息技术在电子商务领域的集成创新和融合应用。加快电子商务技术产业化，优化创新成果快速转化机制，鼓励电商平台企业拓展产学研用融合通道，为数字技术提供丰富电子商务产品和应用。鼓励发展商业科技，探索构建商业科技全链路应用体系，支持电子商务企业加大商业科技研发投入，提高运营管理效率，创新用户场景，提升商贸领域网络化、数字化、智能化水平。

鼓励模式业态创新。发挥电子商务对价值链重构的引领作用，鼓励电子商务企业挖掘用户需求，推动社交电商、直播电商、内容电商、生鲜电商等新业态健康发展。鼓励电子商务企业积极发展远程办公、云展会、无接触服务、共享员工等数字化运营模式，不断提升电子发票、电子合同、电子档案、电子面单等在商业活动中的应用水平。稳妥推进数字货币研发，探索数字人民币在电子商务领域的支持作用。大力发展数据服务、信息咨询、专业营销、代运营等电子商务服务业。鼓励各类技术服务、知识产权交易、国际合作等专业化支撑平台建设。

深化协同创新。促进电子商务企业协同发展，发挥电商平台在市场拓展和产业升级等方面的支撑引领作用，加强数据、渠道、人才、技术等平台资源有序开放共享，强化创新链和产业链有机结合，推动产业链上下游、大中小企业融通创新。促进电子商务区域协同发展，引导电子商务服务区域重大战略，促进京津冀、长三角、粤港澳大湾区等区域间电子商务基础设施、服务资源、项目资金一体化建设，支持中西部地区激发自有资源优势，加强与东部电子商务较发达地区产销动态衔接，构建优势互补、深度协同的电子商务区域发展生态。

全面加快绿色低碳发展。引导电子商务企业主动适应绿色低碳发展要求，树立绿色发展理念，积极履行生态环境保护社会责任，提升绿色创新水平。指导电子商务企业建立健全绿色运营体系，加大节能环保技术设备推广应用，加快数据中心、仓储物流设施、产业园区绿色转型升级，持续推动节能减排。加强上下游联动，协同推进塑料包装治理和快递包装绿色供应链管理，加快推广应用标准化物流周转箱，促进包装减量化、标准化、循环化。落实电商平台绿色管理责任，完善平台规则，引导形成绿色生产生活方式。大力发展和规范二手电子商务，促进资源循环利用。建立覆盖设计、生产、销售、使用、回收和循环利用各环节的绿色包装标准体系，加快实施快递包装绿

色产品认证制度。

专栏1　高质量发展电子商务
电子商务技术产业化行动。支持电子商务企业加大数字技术研发投入，加强专利申请和保护，对科技创新成果、领先商业模式等进行商标品牌化建设，形成系列自主知识产权。加强商业科技理论研究，开展商业科技应用优秀案例遴选和宣传推广，提升商业科技的市场化转化率。支持电子商务技术服务企业融资上市，推动电子商务技术产业化，为云计算、大数据、人工智能及虚拟现实等数字技术提供丰富电子商务应用场景。 电子商务平台智能化提升行动。打造一批智能化电商平台企业，研究制定智能化电商平台标准，支持电子商务平台及相关企业积极利用大数据、云计算及算法技术优化平台流量规则，提升物流仓储、订单处理、用户运营、商品管理、财务票据处理等各环节的智能化运营水平，提高供需匹配程度，优化服务体验。 电子商务绿色发展行动。健全绿色电商相关标准规范，研究出台支持政策措施。引导电子商务示范基地绿色转型，强化评价体系绿色发展导向。引导电商企业加强绿色数据中心、绿色仓储建设，建立包装产品合格供应商制度，加大绿色包装技术研发和产品推广应用。落实电子商务企业主体责任，持续推进一次性塑料制品使用减量。推动电子商务企业与生产企业、快递企业协调联动，扩大直发包装品类，规范包装使用。开展试点，推动可循环快递包装规模化应用。鼓励电商平台开展多方合作，加大快递包装、外卖餐盒等塑料废弃物规范回收力度。

（二）引领消费升级，培育高品质数字生活

打造数字生活消费新场景。支持各类企业运用5G、人工智能、虚拟现实/增强现实、3D打印等新技术构建形式多样的线上消费场景，探索人机互动新模式，培育高新视听新业态，创新网络消费方式，提升网络消费体验。大力发展智慧零售，支持传统零售企业数字化转型，加快商业基础设施智能化升级，推广自助终端、电子价签、智能货架、弹性供应链、溯源系统等实体门店数字科技。积极发展智慧街区、智慧商圈，推动智慧体育场馆建设，鼓励餐饮外卖、共享出行等领域商业模式创新和智能化升级，加强智能信包箱（快件箱）、智能取餐柜、智能外卖柜等服务终端建设，进一步丰富线下数字化消费场景。

丰富线上生活服务新供给。大力拓展文旅、医疗、教育、体育等便捷化线上服务应用。丰富电子书刊、网络音视频、网络游戏、线上演播、电子竞技等数字内容产品，更好满足在线文娱消费需求。深化“互联网+旅游”，发展智慧化和体验式的在线旅游服务，促进文旅商产业协同发展。发展线上线下一体化的医疗服务，支持医疗机构充分运用互联网拓展服务空间和内容，提供在线挂号、复诊、远程医疗和随访管理服务，引导互联网医院与线下实体医疗机构实现数据共享和业务协同。积极发展提供兴趣养成、职业技能、终身学习等优质资源的在线教育，引导社会资本支持“互联网+教育”新业态发展，鼓励线上线下教育机构（不含面向中小学生的学科类培训机构）实现教育资源的有效共享，建立健全在线教育资源备案审查和准入负面清单制度，创新在线教育监管方式，坚持从严治理面向中小学生的线上学科类培训，全面规范校外线上培训行为。

满足线下生活服务新需求。推动生活服务业电子商务深度应用，开展生活服务数字化赋能行动，提升便民生活圈数字化水平，加快物业服务智能化升级，推动居民生活和公共事务缴费的线上化便利化。积极构建“互联网+养老”模式，实现个人、家庭、社区、机构与养老资源的有效对接和优化配置。创新家政服务业发展模式，运用数字化手段推进家政行业精细化分工和共享发展。推动发展无接触式交易服务，支持交通出行服务的在线化和智能化，促进分时租赁服务的规范化和协同化，推广无人车配送进产业园区和居民小区。优化完善前

置仓配送、即时配送、网订店取、自助提货等末端配送模式，提升末端配送精准服务能力。

专栏2　电子商务培育高品质数字生活
电子商务品质品牌促进行动。鼓励品牌建设，保护发展中华老字号，举办“老字号嘉年华”，发挥非遗传承手工艺品等特色产品的带动效应，促进国潮消费；培育“小而美”网络品牌，建设一批地方性、行业性电子商务公共品牌，打造公共品牌引领、企业品牌支撑的品牌互助新生态。推进建立实施电子商务与产品质量分级制度共融互促机制，引导、保护企业质量创新和质量提升的积极性，促进高质量供给。进一步发挥“双品网购节”的引导作用，顺应消费升级需求，带动品牌建设，提升商品品质。 生活服务数字化赋能行动。发展“数字+生活服务”，引导电商平台企业为线下生活服务企业提供营销、流量、数字化工具等服务，加快培育一批数字化生活服务领军企业。鼓励生活服务业“一店多能”，积极发展线上线下融合的零售餐饮、家政养老、健康医疗、全民健身、美容美业、垃圾回收等便民生活服务。支持智能取餐柜、智能信包箱（快件箱）等自助服务终端的社区布局，提升社区服务丰富度和智能化水平。 消费数字化发展行动。鼓励发展新一代沉浸式体验消费，加快文化资源数字化开发，丰富电子书籍、网络音乐、网络影视、线上演播、数字艺术等数字内容产品。引导影院、剧场、博物馆等拓展线上营销及交易渠道，丰富票务、衍生商品和服务供给。推动新兴数字服务消费，拓宽在线教育、远程医疗覆盖面，提升履约服务水平。 数字文旅商促进行动。培育一批文化和旅游类电子商务示范企业，鼓励电商平台企业拓展“旅游+地理标志产品+互联网+现代物流”功能，采用网络直播、小程序等多种渠道扩大线上旅游销售规模，规范发展“互联网+民宿”，积极推动中国义乌文化和旅游产品交易博览会发展线上展会，促进文化和旅游业线上线下深度融合。

（三）推进商产融合，助力产业数字化转型

带动生产制造智能化发展。鼓励电子商务平台与工业互联网平台互联互通，协同创新，推动传统制造企业“上云用数赋智”，培育以电子商务为牵引的新型智能制造模式。支持发展网络智能定制，引导制造企业基于电子商务平台对接用户个性化需求，贯通设计、生产、管理、服务等制造全流程，发展按需生产、个性化定制、柔性化生产、用户直连制造（C2M）等新模式。支持发展网络协同制造服务，实现企业网上接单能力与协同制造能力无缝对接，带动中小制造企业数字化、智能化发展。

提升产业链协同水平。支持产业链上下游企业基于电子商务平台加快订单、产能、物流、渠道等资源整合与数据共享，打通产业链协同的信息“堵点”，促进产业链、价值链、创新链联动发展，打造产业链协同共赢生态体系。支持电子商务平台对接和共享重点工业品产能、原材料、产成品、库存等信息，选择重点行业开展产业链运行监测，实时了解生产情况，及时甄别和反馈产业链风险。鼓励生产企业依法合规开展用户画像和行为分析，实现基于数据感知和智能算法的精准营销，全面提升产销联动效率。

推动供应链数字化转型。支持B2B电子商务平台加速金融、物流、仓储、加工及设计等供应链资源的数字化整合，培育产业互联网新模式新业态。鼓励工业电子商务平台向数字供应链综合服务平台转型，提供线上线下一站式服务，解决采购、营销、配送、客户服务等业务痛点。鼓励企业依托电子商务平台发展可视化、弹性化供应链业务体系，提升供应链快速响应能力。

专栏3　电子商务带动产业数字化转型
智能制造新模式应用推广行动。依托电子商务平台拓展融合创新应用，开展多场景、多层级应用示范，培育推广智能化设计、网络协同制造、大规模定制、共享制造等新模式，围绕装备制造、电子信息、原材料、消费品等重点行业，加快数据、标准和解决方案深化应用。组织开展经验交流、供需对接活动，总结推广智能制造新技术、新装备和新模式。 产业链预警支撑能力提升行动。鼓励电子商务企业积极对接全球供应链网络，推动建立重要资源和产品产业链风险预警系统，依托工业电子商务平台面向重点行业、产业聚集区开展产业链供应链运行稳定度评价及监测，研制重点行业数字供应链运营服务全景图，为产业链稳定运行提供有力支撑。 数字供应链能力建设行动。培育一批数字供应链平台和数字化解决方案优质服务商，分行业、分场景遴选一批最佳应用实践开展试点示范，建设体验和推广中心。支持第三方电子商务平台、解决方案服务商面向中小企业开放应用资源，组织中小企业开展联合采购、即时采购等数字化降本增效活动，带动中小企业深度融入供应链协同发展。研制数字供应链实施指南和标准规范，建立健全区域数字供应链发展评价体系，开展企业数字供应链能力诊断行动，指导地方依托区域特色产业集群打造数字供应链网络。

（四）服务乡村振兴，带动下沉市场提质扩容

培育农业农村产业新业态。推动电子商务与休闲农业、乡村旅游深度融合，深入发掘农业农村的生态涵养、休闲观光、文化体验、健康养老等多种功能和多重价值，发展乡村共享经济等新业态。提高农产品标准化、多元化、品牌化、可电商化水平，提升农产品附加值。鼓励运用短视频、直播等新载体，宣传推广乡村美好生态，创新发展网络众筹、预售、领养、定制等产销对接新方式。

推动农村电商与数字乡村衔接。统筹政府与社会资源，积极开展“数商兴农”，加强农村电商新型基础设施建设，发展订单农业，赋能赋智产业升级。支持利用电子商务大数据推动农业供给侧结构性改革，加快物联网、人工智能在农业生产经营管理中的运用，完善农产品安全追溯监管体系，促进数字农业发展。衔接农村普惠金融服务，推动互联网支付、移动支付、供应链金融的普及应用。

培育县域电子商务服务。大力发展县域电商服务业，引导电子商务服务企业建立县域服务机构，辐射带动乡村电子商务产业发展。创新农产品电商销售机制和模式，提高农产品电商销售比例。支持农村居民立足农副产品、手工制品、生态休闲旅游等农村特色产业，开展多种形式的电子商务创业就业，促进特色农产品电子商务发展。推进“互联网+高效物流”，健全农村寄递物流体系，深入发展县乡村三级物流共同配送，打造农村电商快递协同发展示范区。创新物流支持农村特色产业品质化、品牌化发展模式，提升农村产业化水平。

专栏4　电子商务助力乡村振兴
“数商兴农”行动。引导电子商务企业发展农村电商新基建，提升农产品物流配送、分拣加工等电子商务基础设施数字化、网络化、智能化水平，发展智慧供应链，打通农产品上行“最初一公里”和工业品下行“最后一公里”。培育农产品网络品牌，加强可电商化农产品开展“三品一标”认证和推广，深入开展农产品网络品牌创建，大力提升农产品电商化水平。 “互联网+”农产品出村进城工程。充分发挥“互联网+”在推进农产品生产、加工、储运、销售各环节高效协同和产业化运营中的作用，培育一批具有较强竞争力的县级农产品产业化运营主体，强化农产品产地生产加工和仓储物流基础设施，提升益农信息社农产品电商服务功能，加强农产品品牌建设和网络营销，建立农产品全产业链标准体系，建设县域农产品大数据，建立健全适应农产品网络销售的供应链体系、运营服务体系和支撑保障体系，优化提升农产品供应链、产业链现代化水平。 扩大农村电商覆盖面。深化农村电商，推动直播电商、短视频电商等电子商务新模式向农村普及，创新营销推广渠道，强化县级电子商务公共服务中心统筹能力，为电商企业、农民合作社、家庭农场、专业服务公司等主体提供市场开拓、资源对接、业务指导等服务。支持农村居民开展多种形式的电子商务创业就业。鼓励各地因地制宜开展品牌设计、市场营销、电商应用等专业培训，强化实操技能。支持农村实体店、电商服务站点等承载邮政快递、金融服务等多元化服务功能，增强可持续发展能力。 加快贯通县乡村物流配送体系。升级改造县级物流配送中心，科学设置场内分区，更新换代自动分拣、传输等设施，为电商快递、商贸物流等各类主体服务。发展共同配送，健全县乡村三级物流配送体系，发展统仓共配模式。在整合县域电商快递基础上，调动乡镇、行政村闲置运力，推动乡村末端物流线路共享，搭载日用消费品、农资下乡和农产品双向配送服务，提升县域物流服务时效，实现双向畅通。

（五）倡导开放共赢，开拓国际合作新局面

支持跨境电商高水平发展。鼓励电商平台企业全球化经营，完善仓储、物流、支付、数据等全球电子商务基础设施布局，支持跨境电子商务等贸易新业态使用人民币结算。培育跨境电商配套服务企业，支撑全球产业链供应链数字化，带动品牌出海。继续推进跨境电商综试区建设，探索跨境电商交易全流程创新。加快在重点市场海外仓布局，完善全球服务网络。补足货运航空等跨境物流短板，强化快速反应能力和应急保障能力。优化跨境电商零售进口监管，丰富商品品类及来源，提升跨境电商消费者保障水平。加强跨境电商行业组织建设，完善相关标准，强化应对贸易摩擦能力，为中国电子商务企业出海提供保障和支撑措施。

推动数字领域国际合作走深走实。深化共建“一带一路”国家电子商务合作，积极发展“丝路电商”，推动各国中小企业参与全球贸易，支持数字产业链全球布局，促进全球电子商务供应链一体化发展。加快电子商务技术、平台、供应链及配套服务的国际合作步伐，推动电子商务经验分享及人才合作，积极开展多层次国际交流活动。促进数字经济领域贸易投资，落实《数字经济对外投资合作工作指引》，鼓励电子商务企业积极参与东道国数字惠民、数字金融、数字治理等民生项目，帮助发展中国家缩小数字鸿沟。建立开放共享、普惠高效、安全可靠、环境友好的全球电子商务发展格局。

推进数字领域国际规则构建。积极参与以电子商务为核心的数字领域国际规则制定，推动形成以货物贸易数字化为核心、以服务贸易数字化为延伸、以数字基础设施互通和安全为保障的国际规则体系。推进多双边电子商务规则谈判和数字领域机制建设，加快跨境交付、个人隐私保护、跨境数据流动、消费者权益等领域国内国际规则衔接。积极参与电子商务国际标准体系建设，推动探索我国数据确权、交易、传输、安全保护等方面标准规范建设，提

升标准适用性，探索开展数字领域开放压力测试。支持行业组织、企业等在国际规则体系建设中发挥积极作用，以双边和区域合作促规则制定，按照互利共赢、公开透明的原则，加强数字领域规则协同，积极探索全球电子商务市场新规则、新治理的形成路径和最佳实践。

专栏5　电子商务促进国际合作
跨境电商创新发展行动。扎实推进跨境电商综试区建设，完善政策体系，优化发展环境，创新产业公共服务。推动企业融合直播电商、社交电商、产品众筹、大数据营销等多种方式，建立线上线下融合、境内境外联动的跨境电商营销体系，利用数字化手段提升品牌价值。推进新型外贸基础设施建设，支持外贸领域的互联网平台、线上综合服务平台等建设。建成一批要素聚集、主体多元、服务专业的跨境电商线下产业园区。加强国际邮件互换局和国际快件处理中心建设，满足跨境电商物流发展需要。巩固壮大一批具有国际竞争力的跨境电商龙头企业和产业集群。 电子商务企业“走出去”行动。支持电子商务企业在海外注册商标、申请专利、建立自主品牌，提升品牌国际影响力和竞争力；支持电子商务企业加强研发设计，提高文创价值，将中国传统文化或海外文化融入到产品设计之中，打造一批拥有IP（知识产权）的高附加值品牌。支持电子商务跨境交易服务平台企业全球布局，培育一批跨境电子商务独立站，大力发展面向全球市场的电子商务营销、支付、物流及技术服务，形成国际化程度较高的国际电子商务服务业。 “丝路电商”拓展行动。进一步扩大“丝路电商”合作范围，与“一带一路”共建国家共同提升电子商务合作发展水平。进一步推动“丝路电商”合作伙伴之间的政策法规衔接，保障各方企业的合法权益，建立规则相通的电子商务合作环境。进一步推动电子商务企业加强海外营销网络建设，支持地方合作品牌打造，深化电子商务产业对接和地方合作。

（六）推动效率变革，优化要素资源配置

促进数据要素高水平开发利用。加快完善高效协同的数据共享机制，推动各地区、各部门间政务数据整合共享，提升公共数据开放水平。深入开展国家数据资源调查，加快数据资源标准体系建设，促进推动电子商务领域数据整合互通。有效释放电子商务对商务领域数据价值化的引领作用，引导电子商务企业合法合规开展数据处理活动，提升数据资源处理能力，探索电子商务平台数据有序开放共享机制。培育壮大数据服务产业，规范发展第三方数据服务，探索建立电子商务平台数据开放共享规则制度，支持电子商务相关服务企业开发数据产品，拓展数据资源在电子商务全业务场景中的应用，推动建立消费、信用、溯源等数据的跨平台交互机制。

梯度发展电子商务人才市场。完善电子商务人才培养体系，进一步强化“政、产、学、研、用、培”六位一体人才培养模式，鼓励平台、企业与院校联动，开展线上线下融合、多层次、多梯度的电子商务培训，加强复合型人才供给。通过政策引导，创新创业带动，加大中西部、“地市县”及农村电子商务人才市场培育，强化电商人才创业培育孵化、就业供需对接等服务。完善电子商务职业分类，探索开发职业标准和开展能力评价，营造积极的人才政策环境，鼓励发展灵活多样的人才使用和就业方式，加强灵活就业人员的权益保障。进一步提升电子商务发达城市的人才层次，发挥电子商务龙头企业作用，提高对全球电子商务科技研发及高端管理人才的吸引能力。

优化电子商务载体资源。深化电子商务与快递物流协同发展，加强对物流仓储等具有社会功能的服务业用地保障，降低用地成本。继续深化国家电子商务示范基地建设，提升示范基地的电子商务公共服务效能，发展电子商务产业服务载体，引导和带动各类电子商务产业园区向运营专业化、服务多元化、企业生态化方向升级，形成支撑电子商务产业发展的国家级载体网络。支持自由贸易试验区、自由贸易港、国家数字经济创新发展试验区、跨境电商综试区、跨境电商零售进口试点、服务业扩大开放综合试点示范等各类载体建设，探索电子商务领域开放创新。

多维度加强电子商务金融服务。创新金融

支持政策工具，在杠杆适度、风险可控的前提下，鼓励金融机构实现电子商务数据资源有效整合与深度利用，增加中小微电子商务企业的金融服务供给，打造差异化、场景化、智能化的金融服务产品。推进农村商业银行、农村信用社、村镇银行服务当地电子商务发展，建立县域金融机构服务农村电商发展的激励约束机制。完善多层次资本市场体系，更大程度地发挥股票市场、债券市场为符合条件的电子商务企业提供融资服务的功能。

专栏6　优化电子商务要素资源配置
电子商务数据资源开发行动。推动政府和公共数据资源有序开放共享，探索建立数据资产登记制度和定价规则，培育第三方数据评估服务，培育发展电子商务数据交易平台。深入开展国家数据资源调查，推动电子商务领域数据高效流通。鼓励电子商务平台、行业组织和研究机构等主体推动数字技术在数据流通中的应用，探索制定数据采集、分析、应用相关标准与接口规范。鼓励电子商务企业依法合规开展数据资源合作，支持电子商务服务企业研发数据产品，丰富应用场景，服务和带动中小企业数字化。 电子商务示范基地建设提升行动。深入开展国家电子商务示范基地创建活动，进一步优化发展布局，通过综合评价、分类指导和动态调整，扩容壮大示范基地，提升示范创建水平。鼓励示范基地间互设飞地产业园等多种方式，加强东中西部和东北地区电子商务交流与合作，引导示范基地向农村延伸，补齐农村设施和服务短板，助力农产品上行。拓展升级示范基地功能。鼓励和支持有条件的示范基地“走出去”，拓展境外业务，建立运营中心或海外仓。 电子商务金融服务创新行动。支持电子商务企业与银行、保险、非银行支付机构、消费金融公司等金融机构开展合作，规范发展互联网贷款、供应链金融、消费金融等产品和业务，为中小微电商企业提供全方位、多层次的线上金融服务。鼓励金融机构与跨境电商配套服务企业开展合作，大力支持移动支付企业“走出去”与跨境电商协同发展，推动保险机构创新研发适应跨境电商的新型险种。

（七）统筹发展安全，深化电子商务治理

完善电子商务法规标准体系。统筹推进电子商务相关法律法规制订修订，加快数据立法进程，探索建立数据产权制度，统筹数据利用和数据安全。加强新技术应用的规范和监管，完善市场准入规则，细化反垄断和反不正当竞争规则。强化知识产权保护，提高执法效能，探索建立新领域新业态知识产权保护制度和监管框架。积极推进电子商务新领域新业态标准化建设，进一步完善标准治理体系。推动建立覆盖全社会的信用体系，加强电子商务诚信体系建设，建立健全失信惩戒和守信激励机制，引导激励多方市场主体参与信用共建。强化消费者权益保护，在新型消费领域开展消费教育和消费警示，建立健全消费纠纷多元化解机制，加大行政执法和司法保护力度。

提升电子商务监管能力和水平。构建适应电子商务高质量发展要求的数字化监管机制，坚持包容审慎监管，以监管促规范、以规范促发展。转变监管理念，构建事前事中事后全链条监管框架，提升协同联动监管能力，进一步加强线上线下一体化的跨部门、跨区域联合执法和跨境执法协作，强化监管及时性、有效性和威慑力。优化监管方式，探索线上闭环监管、非接触监管、信用监管等新型方式，强化政企联动，推动政企间数据合法有序共享机制建设。改革监管手段，推进防假打假技术创新迭代，实现对侵权违法行为的精准、快速打击。加强反垄断与反不正当竞争执法司法，防止资本无序扩张。推进在线争议解决机制的发展，进一步提高电子商务纠纷解决效率、降低维权成本。

构建电子商务多元共治格局。推动电子商务平台经营者加强数字技术应用，完善平台规则，不断提升平台自治能力，落实网络安全等级保护制度。更好发挥政府作用，加强引导与监督，推动政企协同，实现有效市场和有为政府的良性互动。推动电子商务行业组织建设，充分发挥各类第三方行业组织力量，助力形成

政府、企业、行业组织等多方共同参与的电子商务市场治理体系，构建国际一流的数字营商环境。积极参与全球电子商务治理，坚持多边主义和共商共建共享原则，推动完善更加公正合理的全球电子商务治理体系。

专栏 7 强化电子商务治理体系和治理能力
电子商务规制建设行动。进一步完善电子商务相关政策、法规和标准体系。加快修订《反垄断法》，推动修订《电子商务法》，制定数据安全、个人信息保护等相关法律的配套规定，完善平台治理规则体系。研究制定数据确权、收集、使用、交易、流动、共享制度和人工智能、算法应用等规则。细化反垄断和反不正当竞争规则，预防和制止平台经济领域垄断、不正当竞争等行为，引导平台经营者依法合规经营。健全电子商务行业标准，重点开展直播电商、社交电商、农村电商、海外仓等新业态标准研制。 网络市场数字化监管行动。加强电子商务监管治理协同，推进数字化、网络化和平台化监管，提升对违法行为的精准查处能力，构建可信交易环境，保障市场公平竞争。督促电子商务平台经营者加强对平台内经营者管理，建立健全在线教育、网络办公、互联网医疗服务、智能配送等监管规则，探索包容期监管方式。探索建立“互联网+信用”的新监管模式，引导电子商务直播带货平台建立信用评价机制。加强网售产品质量安全监管，开展专项监督抽查，加大查处力度，加强对不合格产品的追溯，依法追究生产经营者责任。 电子商务知识产权保护行动。督促电子商务平台建立健全知识产权保护制度，压实平台经营者知识产权保护主体责任，落实其他相关经营主体责任和义务，推动知识产权数据在电子商务领域的共享和应用，完善投诉处理机制，探索建立电子商务平台知识产权保护指数评价机制，科学评估电子商务平台知识产权治理成效。细化和落实通知反通知制度，健全相关保全制度，加强司法保护和行政执法衔接。进一步推动知识产权侵权惩罚性赔偿制度建设与完善，加大损害赔偿力度。

四、保障措施

（一）加强党的全面领导

深入贯彻习近平新时代中国特色社会主义思想，增强“四个意识”，坚定“四个自信”，做到“两个维护”，提高政治判断力、政治领悟力、政治执行力。加强党对电子商务高质量发展工作的全面领导，提高电子商务工作科学决策和管理水平，确保党中央、国务院关于电子商务的各项决策部署落到实处。

（二）健全协同推进机制

进一步完善各级电子商务协同推进机制，做好电子商务各项政策制度改革措施落实落地，各有关部门要加强电子商务与相关产业政策衔接，共同解决发展中遇到的重点难点问题，形成政策合力。建立政策评估机制，充分发挥商协会和第三方智库机构的作用，组织开展政策实施效果的跟踪分析和优化调整。

（三）优化政策发展环境

持续改善电子商务营商环境，按照国家市场准入负面清单排查不合理准入限制，清理影响市场主体准入和经营的隐形障碍。通过现有资金渠道，支持电子商务新型基础设施建设、公共服务平台建设、科技创新研发、推广等活动，支持农村电商、跨境电商和工业电子商务发展。引导电子商务企业积极参与阳光采购，提供应急物资保障。深入开展电子商务示范企业创建活动，引导企业依法合规经营，开展行业自律、平台自治。

（四）加强统计监测分析

继续深化部省电商大数据共建共享，探索建立电子商务高质量发展指标体系，持续推动各地方应用相关标准、规范统计监测口径和方法，建立符合自身实际的统计监测分析体系。推动部门间统计数据有效共享，避免重复统计、交叉统计。进一步完善现有电子商务统计监测体系，拓展数据来源，加强在线服务、跨境电商、社交电商、B2B 等模式和业态的统计监测，提高数据资源建设和应用能力。

（五）提升公共服务水平

推动政务数据共享开放，提升电子商务公共服务水平。促进线上与线下、中央与地方、政府与社会服务资源有效融合，不断完善电子商务公共服务体系。充分发挥国家电子商务示范基地引领作用，带动地方产业园区、创新创业基地、公共服务中心等载体，增强公共服务承载能力。统筹考虑老年人等特殊群体特点和需求，推进各类电子商务平台的适老化改造。强化电子商务人才培养，加强电子商务就业、创业服务，提升人才供需对接效率。

（六）强化风险防控能力

探索建立电子商务平台网络安全防护和金融风险预警机制，支持电子商务相关企业研究多属性的安全认证技术，充分发挥密码在保障网络信息安全方面的作用。加强电子商务企业数据全生命周期管理，建立相应管理制度及安全防护措施，保障网上购物的个人信息和重要数据安全。开展数据出境安全评估能力建设，保障电子商务领域重要数据、个人信息的有序安全流动。指导电子商务企业树牢安全生产意识，完善安全风险治理体系，提升安全生产工作水平。

关于全面推广跨境电子商务出口商品退货监管措施有关事宜的公告

（海关总署公告 2020 年第 44 号）

为进一步优化营商环境、促进贸易便利化，帮助企业积极应对新冠肺炎疫情影响，使跨境电子商务商品出得去、退得回，推动跨境电子商务出口业务健康快速发展，海关总署决定全面推广跨境电子商务出口商品退货监管措施。现将有关事宜公告如下：

一、跨境电子商务出口企业、特殊区域（包括海关特殊监管区域和保税物流中心（B型））内跨境电子商务相关企业或其委托的报关企业（以下简称“退货企业”）可向海关申请开展跨境电子商务零售出口、跨境电子商务特殊区域出口、跨境电子商务出口海外仓商品的退货业务。

二、申请开展退货业务的跨境电子商务出口企业、特殊区域内跨境电子商务相关企业应当建立退货商品流程监控体系，应保证退货商品为原出口商品，并承担相关法律责任。

三、退货企业可以对原《中华人民共和国海关出口货物报关单》、《中华人民共和国海关跨境电子商务零售出口申报清单》或《中华人民共和国海关出境货物备案清单》所列全部或部分商品申请退货。

四、跨境电子商务出口退货商品可单独运回也可批量运回，退货商品应在出口放行之日起 1 年内退运进境。

五、退货企业应当向海关如实申报，接受海关监管，并承担相应的法律责任。

本公告自发布之日起实施。

海关总署

2020 年 3 月 27 日

关于跨境电子商务零售进口商品退货有关监管事宜的公告

（海关总署公告2020年第45号）

为进一步优化营商环境、促进贸易便利化，帮助企业积极应对新冠肺炎疫情影响，优化跨境电子商务零售进口商品退货监管，推动跨境电子商务健康快速发展，根据国家有关跨境电子商务零售进口相关政策规定，现将跨境电子商务零售进口商品退货海关监管事宜公告如下：

一、在跨境电子商务零售进口模式下，跨境电子商务企业境内代理人或其委托的报关企业（以下简称“退货企业”）可向海关申请开展退货业务。跨境电子商务企业及其境内代理人应保证退货商品为原跨境电商零售进口商品，并承担相关法律责任。

二、退货企业可以对原《中华人民共和国海关跨境电子商务零售进口申报清单》（以下简称《申报清单》）内全部或部分商品申请退货。

三、退货企业在《申报清单》放行之日起30日内申请退货，并且在《申报清单》放行之日起45日内将退货商品运抵原海关监管作业场所、原海关特殊监管区域或保税物流中心（B型）的，相应税款不予征收，并调整消费者个人年度交易累计金额。

四、退货企业应当向海关如实申报，接受海关监管，并承担相应的法律责任。

五、海关总署2018年194号公告有关内容与本公告不一致的以本公告为准。

本公告自发布之日起实施。

海关总署

2020年3月28日

关于开展跨境电子商务企业对企业出口监管试点的公告

（海关总署公告2020年第75号）

为贯彻落实党中央国务院关于加快跨境电子商务（以下简称“跨境电商”）新业态发展的部署要求，充分发挥跨境电商稳外贸保就业等积极作用，进一步促进跨境电商健康快速发展，现就跨境电商企业对企业出口（以下简称“跨境电商B2B出口”）试点有关监管事宜公告如下：

一、适用范围

（一）境内企业通过跨境电商平台与境外企业达成交易后，通过跨境物流将货物直接出口送达境外企业（以下简称“跨境电商B2B直接出口”）；或境内企业将出口货物通过跨境物流送达海外仓，通过跨境电商平台实现交易后从海外仓送达购买者（以下简称“跨境电商出口海外仓”）；并根据海关要求传输相关电子数据的，按照本公告接受海关监管。

二、增列海关监管方式代码

（二）增列海关监管方式代码“9710”，全称“跨境电子商务企业对企业直接出口”，简称“跨境电商B2B直接出口”，适用于跨境电商B2B直接出口的货物。

（三）增列海关监管方式代码“9810”，

全称“跨境电子商务出口海外仓”，简称“跨境电商出口海外仓”，适用于跨境电商出口海外仓的货物。

三、企业管理

（四）跨境电商企业、跨境电商平台企业、物流企业等参与跨境电商 B2B 出口业务的境内企业，应当依据海关报关单位注册登记管理有关规定，向所在地海关办理注册登记。

开展出口海外仓业务的跨境电商企业，还应当在海关开展出口海外仓业务模式备案。

四、通关管理

（五）跨境电商企业或其委托的代理报关企业、境内跨境电商平台企业、物流企业应当通过国际贸易“单一窗口”或“互联网+海关”向海关提交申报数据、传输电子信息，并对数据真实性承担相应法律责任。

（六）跨境电商 B2B 出口货物应当符合检验检疫相关规定。

（七）海关实施查验时，跨境电商企业或其代理人、监管作业场所经营人应当按照有关规定配合海关查验。海关按规定实施查验，对跨境电商 B2B 出口货物可优先安排查验。

（八）跨境电商 B2B 出口货物适用全国通关一体化，也可采用“跨境电商”模式进行转关。

五、其他事项

（九）本公告有关用语的含义：

“跨境电商 B2B 出口”是指境内企业通过跨境物流将货物运送至境外企业或海外仓，并通过跨境电商平台完成交易的贸易形式。

“跨境电商平台”是指为交易双方提供网页空间、虚拟经营场所、交易规则、信息发布等服务，设立供交易双方独立开展交易活动的信息网络系统。包括自营平台和第三方平台，境内平台和境外平台。

（十）在北京海关、天津海关、南京海关、杭州海关、宁波海关、厦门海关、郑州海关、广州海关、深圳海关、黄埔海关开展跨境电商 B2B 出口监管试点。根据试点情况及时在全国海关复制推广。

（十一）本公告自 2020 年 7 月 1 日起施行，未尽事宜按海关有关规定办理。

特此公告。

海关总署
2020 年 6 月 12 日

关于扩大跨境电子商务企业对企业出口监管试点范围的公告

（海关总署公告 2020 年第 92 号）

为进一步贯彻落实党中央国务院关于做好“六稳”工作、落实“六保”任务的部署要求，加快跨境电子商务新业态发展，海关总署决定进一步扩大跨境电子商务企业对企业出口（以下简称“跨境电商 B2B 出口”）监管试点范围。现将有关事项公告如下：

在现有试点海关基础上，增加上海、福州、青岛、济南、武汉、长沙、拱北、湛江、南宁、重庆、成都、西安等 12 个直属海关开展跨境电商 B2B 出口监管试点，试点工作有关事项按照海关总署公告 2020 年第 75 号执行。

本公告自 2020 年 9 月 1 日起施行。

特此公告。

海关总署
2020 年 8 月 13 日

关于在全国海关复制推广跨境电子商务企业对企业出口监管试点的公告

（海关总署公告2021年第47号）

为认真落实全国深化“放管服”改革着力培养和激发市场主体活力电视电话会议精神，进一步促进跨境电子商务（以下简称“跨境电商”）健康有序发展，助力企业更好开拓国际市场，经研究，决定复制推广跨境电商企业对企业（以下简称“跨境电商B2B”）出口监管试点。现将有关事项公告如下：

在现有试点海关基础上，在全国海关复制推广跨境电商B2B出口监管试点。跨境电商企业、跨境电商平台企业、物流企业等参与跨境电商B2B出口业务的境内企业，应当依据海关报关单位备案有关规定，向所在地海关办理备案。其他有关事项按照海关总署公告2020年第75号、第92号执行。海关总署公告2020年第75号和第92号中与本公告内容不一致的，以本公告内容为准。

本公告自2021年7月1日起施行。

特此公告。

海关总署

2021年6月22日

关于全面推广跨境电子商务零售进口退货中心仓模式的公告

（海关总署公告2021年第70号）

为落实《国务院关于做好自由贸易试验区第六批改革试点经验复制推广工作的通知》（国函〔2020〕96号）要求，便捷跨境电子商务零售进口商品退货，海关总署决定全面推广“跨境电子商务零售进口退货中心仓模式”（以下简称退货中心仓模式）。现将有关事项公告如下：

一、退货中心仓模式是指在跨境电商零售进口模式下，跨境电商企业境内代理人或其委托的海关特殊监管区域内仓储企业（以下简称退货中心仓企业）可在海关特殊监管区域内设置跨境电商零售进口商品退货专用存储地点，将退货商品的接收、分拣等流程在原海关特殊监管区域内开展的海关监管制度。

二、本公告适用于海关特殊监管区域内开展的跨境电子商务网购保税零售进口（监管方式代码1210）商品的退货。

三、申请设置退货中心仓并据此开展退货管理业务的退货中心仓企业，其海关信用等级不得为失信企业。

四、退货中心仓企业开展退货业务时，应划定专门区位，配备与海关联网的视频监控系统，使用计算机仓储管理系统（WMS）对退货中心仓内商品的分拣、理货等作业进行信息化管理，并按照海关规定的方式与海关信息化监管系统联网，向海关报送能够满足监管要求的相关数据，接受海关监管。

五、退货中心仓企业应当建立退货流程监控体系、商品溯源体系和相关管理制度，保证退货商品为原出区域商品，向海关如实申报，接受海关监管，并承担相应法律责任。

六、退货中心仓企业在退货中心仓内完成退货商品分拣后：对于符合退货监管要求的商品，按现行规定向海关信息化监管系统正式申报退货；对于不符合退货监管要求的商品，由退货中心仓企业复运出区域进行相应处置。

七、退货中心仓企业应注重安全生产，做好退货风险防控，从退货揽收、卡口入区域、消费者管理等方面完善管理制度，规范操作，遵守区域管理制度并配合海关强化对退货中心仓内商品的实货监管。

八、本公告自发布之日起施行，未尽事宜，按海关现行规定执行。

特此公告。

海关总署

2021年9月10日

国家外汇管理局关于优化外汇管理　支持涉外业务发展的通知

（汇发〔2020〕8号）

国家外汇管理局各省、自治区、直辖市分局、外汇管理部，深圳、大连、青岛、厦门、宁波市分局；各全国性中资银行：

为进一步改善营商环境，服务实体经济高质量发展，国家外汇管理局决定优化外汇业务管理，完善外汇服务方式，提升跨境贸易投资便利化水平。现就有关事项通知如下：

一、优化外汇业务管理

（一）全国推广资本项目收入支付便利化改革。在确保资金使用真实合规并符合现行资本项目收入使用管理规定的前提下，允许符合条件的企业将资本金、外债和境外上市等资本项目收入用于境内支付时，无需事前向银行逐笔提供真实性证明材料。经办银行应遵循审慎展业原则管控相关业务风险，并按有关要求对所办理的资本项目收入支付便利化业务进行事后抽查。所在地外汇局应加强监测分析和事中事后监管。

（二）取消特殊退汇业务登记。货物贸易外汇收支企业名录分类为A类的企业，办理单笔等值5万美元（含）以下的退汇日期与原收、付款日期间隔在180天（不含）以上或由于特殊情况无法原路退汇的业务，无需事前到外汇局办理登记手续，可直接在金融机构办理。金融机构在为企业办理以上免于登记的退汇业务时，应在涉外收支申报交易附言中注明“特殊退汇”。

（三）简化部分资本项目业务登记管理。将符合条件的内保外贷和境外放款注销登记下放至银行办理。非金融企业内保外贷责任已解除且未发生内保外贷履约的情况下，可到其所属分局（外汇管理部）辖内银行直接办理内保外贷注销登记。非金融企业境外放款期限届满且正常收回境外放款本息的情况下，可到其所属分局（外汇管理部）辖内银行直接办理境外放款注销登记。

（四）放宽具有出口背景的国内外汇贷款购汇偿还。出口押汇等国内外汇贷款按规定进入经常项目外汇结算账户并办理结汇的，企业原则上应以自有外汇或货物贸易出口收汇资金偿还。在企业出口确实无法按期收汇且没有其他外汇资金可用于偿还上述国内外汇贷款时，贷款银行可按照审慎展业原则，为企业办理购汇偿还手续，并于每月初5个工作日内向所在地外汇局报备有关情况。

二、完善外汇业务服务

（五）便利外汇业务使用电子单证。银行按规定以审核电子单证方式办理货物贸易外汇收支的，取消企业分类为A类以及成立满2年的条件。银行按规定以审核电子单证方式办理服务贸易、初次收入和二次收入外汇收支的，可不打印电子交易单证。银行办理个人结售汇业务时，可不打印“结汇/购汇通知单”。银行办理上述业务，应确保电子单证的真实性、合规性以及使用的唯一性，并留存电子单证或电子信息5年备查。

（六）优化银行跨境电商外汇结算。支持更多的银行按照《国家外汇管理局关于印发〈支付机构外汇业务管理办法〉的通知》（汇发〔2019〕13号），在满足交易信息采集、真实性审核等条件下，凭交易电子信息为跨境电子商务市场主体提供结售汇及相关资金收付服务。

（七）放宽业务审核签注手续。金融机构按规定审核经常项目外汇收支时，可根据内控要求和实际业务需要，按照实质合规原则，自主决定是否在单证正本上签注收付汇金额、日期并加盖业务印章，但需按现行规定留存审核材料备查。

（八）支持银行创新金融服务。鼓励银行通过多种方式科学评估企业资信状况，对客观不可控因素造成涉外收付困难的企业区别分类，对发展前景良好的中小微涉外企业在外汇贷款方面给予贷款延期、手续简化等倾斜。支持银行利用数字外管平台开放的企业资信、收付汇率等信息，开展合规经营和业务创新，做好对中小微涉外企业的金融服务。

本通知自发布之日起实施（其中，第一条第三款因需升级资本项目信息系统，自2020年6月1日起实施）。以前规定与本通知不符的，以本通知为准。国家外汇管理局各分局、外汇管理部接到本通知后，应及时转发辖内中心支局、支局、城市商业银行、农村商业银行、外资银行、农村合作银行；各全国性中资银行接到本通知后，应及时转发所辖分支机构。执行中如遇问题，请及时向国家外汇管理局反馈。

特此通知。

国家外汇管理局
2020年4月10日

国家外汇管理局关于支持贸易新业态发展的通知

（汇发〔2020〕11号）

国家外汇管理局各省、自治区、直辖市分局、外汇管理部，深圳、大连、青岛、厦门、宁波市分局；各全国性中资银行：

为促进外贸提质增效，加快跨境电子商务等贸易新业态发展，提高贸易外汇收支便利化水平，现就有关事项通知如下：

一、在满足客户身份识别、交易电子信息采集、真实性审核等条件下，银行可按照《国家外汇管理局关于印发〈支付机构外汇业务管理办法〉的通知》（汇发〔2019〕13号），申请凭交易电子信息为跨境电子商务和外贸综合服务等贸易新业态市场主体提供结售汇及相关资金收付服务，支付机构可凭交易电子信息为跨境电子商务市场主体提供结售汇及相关资金收付服务。

二、从事跨境电子商务的企业可将出口货

物在境外发生的仓储、物流、税收等费用与出口货款轧差结算，并按规定办理实际收付数据和还原数据申报。跨境电子商务企业出口至海外仓销售的货物，汇回的实际销售收入可与相应货物的出口报关金额不一致。跨境电子商务企业按现行货物贸易外汇管理规定报送外汇业务报告。

三、境内国际寄递企业、物流企业、跨境电子商务平台企业，可为客户代垫与跨境电子商务相关的境外仓储、物流、税收等费用，代垫期限原则上不得超过 12 个月。涉及非关联企业代垫或代垫期限超过 12 个月的，应按规定报备所在地外汇局。

四、从事跨境电子商务的境内个人，可通过个人外汇账户办理跨境电子商务外汇结算。境内个人办理跨境电子商务项下结售汇，提供有交易额的证明材料或交易电子信息的，不占用个人年度便利化额度。

五、市场采购贸易项下委托第三方报关出口的市场主体，具备以下条件的，可以自身名义办理收汇：

（一）从事市场采购贸易的市场主体已在地方政府市场采购贸易联网平台（以下简称市场采购贸易平台）备案。市场采购贸易平台应能采集交易、出口全流程信息，并提供与企业、个体工商户对应的出口明细数据。

（二）经办银行具备接收、存储交易信息的技术条件，系统与市场采购贸易平台对接，采取必要的技术手段，识别客户身份，审核交易背景的真实性，防范交易信息重复使用。

六、从事市场采购贸易的境内和境外个人，可通过个人外汇账户办理符合本《通知》第五条要求的市场采购贸易外汇结算。个人办理市场采购贸易项下结汇，提供有交易额的证明材料或交易电子信息的，不占用个人年度便利化额度。

七、外贸综合服务企业可根据客户委托，代办出口收汇手续。经办银行可凭外贸综合服务企业推送的交易电子信息办理出口收汇，外汇或结汇资金直接进入委托客户的账户。外贸综合服务企业和经办银行办理上述业务时，应具备以下条件：

（一）经办银行需满足本《通知》第一条的要求。

（二）外贸综合服务企业与委托客户签订综合服务合同（协议），并已提供报关报检、物流、退税、结算、信保等综合服务。

（三）外贸综合服务企业风险控制体系健全，具备“交易留痕、风险可控”的技术条件。

（四）外贸综合服务企业应向委托客户明示实际成交汇率，不得利用汇率价差非法牟利。

八、外汇局通过技术手段支持企业优化外汇业务流程。贸易新业态市场主体可通过联机接口服务连接货物贸易外汇监测系统，联机查询名录状态，办理企业货物贸易外汇业务报告等；可通过银行电子单据办理国际收支申报或数字外管平台（ASONE）企业版网上办理涉外收入申报。

九、审核交易电子信息的银行和支付机构，应根据《国家外汇管理局关于印发〈通过银行进行国际收支统计申报业务指引（2019 年版）〉的通知》（汇发〔2019〕25 号），办理实际收付数据和还原数据申报。银行和支付机构办理还原申报时，单笔金额低于等值 5000 美元（含），应以自身名义进行汇总还原申报。对存在出口退税、融资等需求的涉外收付款，可选择以企业名义，将同一交易对手且交易性质相同的逐笔数据汇总还原申报。银行办理跨境电子商务、市场采购贸易、外贸综合服务等相关的货物贸易和服务贸易涉外收支时，应在涉外收支申报交易附言中注明“跨境电商”“市场采购贸易”和“外贸综合服务”。

十、外汇局对跨境电子商务、市场采购贸易、外贸综合服务等贸易新业态涉外收支依法实施监督管理，开展监测、核查和检查。对异常交易主体实施重点名单管理，向银行和支付机构发布。持续对审核交易电子信息的银行和支付机构进行评估，并依法退出不符合条件的银行或支付机构。

十一、为贸易新业态提供服务的银行和支付机构，按照展业原则，应完善贸易新业态客户身份识别和管理制度，加强客户信用分类管理，持续开展客户身份识别与交易抽查验证，健全客户合规约束和分类标识机制，审慎办理重点名单内市场主体的外汇业务，指导客户合规办理外汇收支。

十二、外汇局密切跟踪贸易新业态新模式的创新发展，按照“服务实体、便利开放、交易留痕、风险可控”的原则，主动回应市场诉求。对于符合改革发展方向、真实合理的新型贸易收支，国家外汇管理局各分局、外汇管理部可根据具体情况按程序通过集体审议解决，但不得新增行政许可。

十三、对违反本通知及相关外汇管理规定的行为，根据《中华人民共和国外汇管理条例》等有关规定予以处罚。

十四、本通知有关定义：

（一）跨境电子商务是指通过互联网等信息网络从事商品或者服务贸易进出口的经营活动。

（二）市场采购贸易是指在经认定的市场集聚区采购商品，由符合条件的经营者办理出口通关手续的贸易方式。

（三）外贸综合服务企业是指具备对外贸易经营者身份，接受国内外客户委托，依法签订综合服务合同（协议），依托综合服务信息平台，代为办理包括报关报检、物流、退税、结算、信保等在内的综合服务业务和协助办理融资业务的企业。

十五、本通知自发布之日起实施。此前规定与本通知不符的，以本通知为准。

国家外汇管理局各分局、外汇管理部接到本通知后，应及时转发辖内中心支局、支局、城市商业银行、农村商业银行、外资银行、农村合作银行；各全国性中资银行接到本通知后，应及时转发所辖分支机构。执行中如遇问题，请及时向国家外汇管理局反馈。

国家外汇管理局

2020 年 5 月 20 日

跨境电商城市发展篇

北京地区

为深入推进全市跨境电商创新发展，北京市持续加大跨境电商政策支持力度，不断优化跨境电商监管机制，完善跨境电商服务支撑体系，促进跨境电商技术、模式和业态创新，带动贸易转型升级，助力消费品质提升。

发展现状

一、加大政策支持力度，优化跨境电商发展环境

（一）全方位加大政策支持力度

针对跨境电商发展新情况新特点，修订完善跨境电商发展支持政策，促进企业拓展线上销售渠道，加快转型升级。一是支持跨境电商重点项目建设。出台支持跨境电商发展项目申报指南，鼓励企业建设跨境电商平台、海外仓、通关设施、体验店等，完善跨境电商服务支撑体系。二是支持跨境电商业务拓展。结合北京跨境电商发展实际，出台中国（北京）跨境电子商务综合试验区（以下简称“北京综试区”）服务体系建设支持政策，引导企业扩大业务规模，拓展国际市场。2020—2021 年，共支持 50 余个跨境电商重点项目，有效带动跨境电商企业加快发展。

（二）持续跟踪跨境电商发展动态，及时出台针对性帮扶措施

调研了解跨境电商企业问题诉求和政策建议，研究制定《关于进一步推进跨境电子商务创新发展的若干措施》，从支持跨境电商平台做大做强、推动外贸新业态新模式创新发展、构建跨境电子商务对接合作平台、建立完善跨境电商协调调度机制四个方面提出加快推进跨境电商发展 12 条具体工作措施。

二、积极推进模式业态创新，提升跨境电商发展新动能

（一）稳步推进跨境电商零售进口药品试点

2020—2021 年，批复京东健康、药兜网、叮当快药、良市无际四家跨境电商销售医药产品试点企业，指导药兜网在天竺综合保税区（以下简称“综保区”）建成近 3200 平方米的跨境电商药品专用库，为跨境医药电商企业提供仓储物流第三方服务。2021 年，北京市重点企业实现跨境电商进口医药产品货值同比增长超过 4 倍，试点业务规模持续扩大。

（二）积极拓展跨境电商网购保税进口业务

2020 年 1 月，组织“优俏货”和“科园信海”等企业在天竺综保区走通“网购保税+线下自提”模式，消费者可直接在店内体验和选购保税进口商品，完成支付后海关即时清关，消费者当场提货。

（三）创新免税保税相衔接销售模式

北京海关、天竺综保区积极研究创新监管机制，支持中免集团开展试点，首创“免、保、跨”政策组合拳，走通免税品通过跨境电商保税模式销售的监管操作流程，帮助免税品经营企业实现了“线下免税品销售+线上跨境电商销售”的多元化经营模式，有力促进了消费回补和潜力释放。

（四）加快开展跨境电商 B2B 出口业务

2020 年 7 月，北京市获批全国首批 B2B 出口监管试点城市，并制定出台了 B2B 出口专项支持政策，引导鼓励企业积极开展 B2B 出口业务，并积极协调外地海关，对本市申报 B2B 出口业务的企业快速查验放行，提高一体化通关效率。目前，北京市已有百余家企业开展跨境电商 B2B 出口业务。

三、充分利用信息化手段，增强北京综试区线上综合服务能力

上线北京综试区线上综合服务平台，为跨境电商各类市场主体提供政策宣传、业务办理、互动交流、数据查询等综合服务。加大北

京综试区线上综合服务平台推广力度，2021年，平台发布跨境电商相关政策信息、新闻资讯270余条，组织相关应用培训14次，超过7000家企业、近1700人参与培训，帮助北京综试区外贸企业更加便捷高效地应用平台拓展跨境电商业务。

四、搭建合作交流平台，扩大北京综试区发展影响力

在中国电子商务大会上设置跨境电商专题论坛，邀请国内外政府机构、行业组织、知名企业代表，深入探讨交流促进跨境电商发展的新理念、新实践，提升北京作为跨境电商城市的国际影响力。组织跨境电商企业积极参与北京消费季、北京网络直播大赛等促消费活动，促进业务发展，提升消费体验。加强市区联动、政企合作，共同促进跨境电商交流合作。2021年，举办北京综试区政策解读会、政策研讨会及企业资源对接会等活动41场，营造跨境电商发展良好氛围。

五、工作建议

（一）支持北京扩大跨境电商销售医药产品试点产品品类

目前，北京虽已获批开展跨境电商销售医药产品试点工作，但跨境电商零售进口实施正面清单管理，现行清单中医药产品种类较少，难以充分发挥试点效应。建议国家药监、财政等相关部门考虑北京在“两区”① 建设、国际消费中心城市打造等方面的政策优势和跨境电商产业资源优势，支持北京跨境电商零售进口药品试点清单扩围。

（二）支持北京深化“免税保税政策相衔接”试点，争取扩大跨境电商个人购买限额

为降低新冠疫情对免税品销售的影响，在海关总署支持下，北京市创新开展“免税保税政策相衔接”试点，取得较好成效，但该模式仍为跨境电商进口，受个人购买额度限制。为进一步发挥试点优势，更好地满足消费者对境外高品质消费需求，促进国际消费中心城市建设，建议争取国家财政、海关、税务等部门支持北京市深化“免税保税政策相衔接”试点，提高跨境电商个人购买限额，并取消单次交易额度限制。

（三）支持北京研究探索“网购保税+线下自提”新模式

目前，北京市仅天竺综保区、亦庄保税物流中心属于海关特殊监管区，距离市区远、人流少，商业氛围不足，天竺综保区虽已开通该项业务，但居民到店体验消费少、业务规模小，试点效应有限，居民难以享受“网购保税+线下自提”政策优惠。为创新推进“两区”建设和国家消费中心城市培育工作，建议结合北京市消费特点，积极争取国家相关部门支持，研究探索“前置仓+区店调拨+店面直提”跨进电商保税进口新模式，争取在符合监管要求的前提下，在市内拓展跨境电商即买即提业务，促进消费品质提升。

（四）完善跨境电商数据统计、共享机制

目前，按照海关数据管理要求，不对外提供跨境电商相关统计数据，地方难以掌握跨境电商整体规模、重点企业业务情况，制订相关政策缺乏有效数据支撑，建议研究完善跨境电商数据统计、共享的机制和办法。

---

① “两区”即国家服务业扩大开放综合示范区和自由贸易试验区。

配套文件

北京市商务局　北京市财政局关于印发《北京市外经贸发展资金支持北京市跨境电子商务发展实施方案》的通知

（京商财务字〔2021〕34 号）

各有关单位：

根据《北京市商务委员会 北京市财政局关于印发〈北京市外经贸发展专项资金管理实施细则〉（修订稿）的通知》（京商务财务字〔2018〕23 号），为充分发挥财政资金支持引导作用，促进本市跨境电子商务发展，市商务局和市财政局结合北京市实际情况，联合修订了《北京市外经贸发展资金支持北京市跨境电子商务发展实施方案》，现将该方案印发给你们，请遵照执行。

特此通知。

北京市商务局
北京市财政局
2021 年 9 月 8 日

北京市外经贸发展资金支持北京市跨境电子商务发展实施方案

为进一步促进北京市跨境电子商务创新发展，完善跨境电子商务服务支撑体系，全面协调推进中国（北京）跨境电子商务综合试验区建设，制定本方案。

一、支持对象

（一）跨境电子商务平台及平台内经营者。包括自建跨境电子商务销售平台的进出口企业、第三方跨境电子商务平台和对接应用第三方跨境电子商务平台开展进出口业务的企业。

（二）跨境电子商务服务企业。包括为跨境电子商务企业提供交易、金融、支付、通关、仓储、物流等相关服务的企业（含跨境电子商务产业园运营主体）。

（三）在市内开设跨境电子商务体验店（含线下自提店），采取线上下单、线下展示销售等方式，开展跨境电子商务销售的企业；积极引进培育跨境电子商务体验店的商业主体。

（四）具备一定实力，通过完善海外仓和海外运营中心等服务设施，为企业开拓市场提供综合配套服务的跨境电子商务企业。优先支持在“一带一路”沿线国家建设海外仓。

（五）为中国（北京）跨境电子商务综合试验区服务支撑体系建设提供支持的其他企业或服务主体。

二、支持方向

（一）支持跨境电子商务平台及平台内经营者发展。支持企业通过自建跨境电子商务销售平台（含相关信息系统及移动应用程序、微信小程序等）、建设第三方跨境电子商务平台和对接应用第三方跨境电子商务平台开展跨境电子商务业务，提供跨境电子商务交易、支付、物流等各类服务。鼓励跨境电子商务平台扩大销售或服务规模。

（二）支持跨境电子商务产业园建设发展。支持本市跨境电子商务产业园建设发展，完善园区服务支撑体系。鼓励园区扩大招商引资，促进跨境电子商务产业集聚发展。

（三）支持在京开展跨境电子商务通关业务。支持用于跨境电子商务通关服务的项目建设。鼓励企业在北京口岸开展跨境电子商务 B2C、B2B 通关申报业务。

（四）支持跨境电子商务仓储物流建设。

支持海外仓（或海外运营中心）、保税仓（含跨境电子商务医药产品专用仓）、智能口岸仓、出口集货仓等跨境电子商务仓储物流服务设施及配套信息系统的建设，提升跨境电子商务仓储物流支撑能力。

（五）支持发展线上线下相结合的跨境体验消费。支持新开设跨境电子商务体验店的建设和运营。鼓励跨境电子商务体验店扩大销售规模。支持引导商场、超市、产业园区等主体积极引进培育跨境电子商务体验店。

（六）支持北京跨境电商综试区服务支撑体系建设。支持建设完善综试区线上综合服务平台、统计监测、信息共享、智能物流、金融服务、电商诚信、风险防控、市场开拓、人才培育和营销等服务体系。

（七）对财政部、商务部等国家部委确定的其他相关项目给予支持。

三、支持方式及标准

（一）贷款贴息。对企业开展跨境电子商务相关业务取得银行贷款给予贴息支持，其中：人民币贷款贴息率，按照不超过资金申报截止日前中国人民银行公布的最近一期人民币一年期贷款市场报价利率计算，外币贷款贴息率，按照不超过3%计算，上述贴息率均不超过项目实际贷款利率。

（二）资金补助。对于跨境电子商务平台、产业园、体验店以及仓储物流、通关服务设施建设等投资类项目，依据其信息系统研发、软硬件设施设备购置、项目运营等相关费用给予支持。申报项目已投资额不低于计划总投资额的70%，能够按申报计划组织实施。

1. 对新建跨境电子商务体验店的支持标准：

体验店租金支持标准：参照本市基本便民商业网点租金等相关支持标准，并结合跨境电商发展实际情况，在年度项目征集工作通知中明确细化。单店年度租金支持金额不超过200万元。

对除租金外其他投资，按照不超过审定实际投资50%的标准给予资金支持。

2. 对其他项目支持标准：依据审定实际投资给予不超过50%的资金支持。

（三）以奖代补。鼓励跨境电子商务平台扩大销售或服务规模、产业园扩大招商引资、企业在京开展跨境电子商务通关申报、通过引进培育及建设运营体验店促进线上线下融合消费等业务。

以上三种支持方式下，单个项目支持资金最高不超过500万元。

（四）对于北京跨境电商综试区线上综合服务平台相关项目，依据第三方评审、招投标等方式确定的成本费用给予支持。

本“实施方案”涉及的具体支持内容和要求，将结合每年的跨境电商发展实际情况，在年度项目征集工作通知中予以细化。

四、支持条件

（一）项目申报主体需在北京市注册，具有独立法人资格，工商营业执照等法律必备证照齐全有效。

（二）项目申报单位经营状况良好，财务管理制度健全。

（三）中央年度外经贸重点工作通知中已明确相关支持条件的，从其规定。

（四）其他按规定应满足的条件。

五、申报材料

（一）项目申报书（含项目可行性报告）；

（二）项目已发生费用明细表；

（三）项目申报情况表；

（四）项目申报单位承诺书；

（五）项目单位法人证明文件复印件（营业执照、法定代表人身份证明等）；

（六）项目单位近两年财务报表（资产负债表、损益表、现金流量表）；

（七）其他与项目相关的证明材料。

项目申报材料一式两份，按顺序装订成册，并加盖单位公章。项目申报材料不予退回。

六、申报流程

（一）企业申报的项目原则上按照属地管理，由区商务局、北京经济技术开发区商务主管部门初审后上报市商务局。北京跨境电商综试区线上综合服务平台相关项目由市商务局直接进行审核。

（二）市商务局按照项目资金管理相关办

法，组织开展项目评审、资金拨付等工作。

本实施方案自2021年9月9日起实施。《北京市商务委员会 北京市财政局关于印发〈北京市外经贸发展资金支持北京市跨境电子商务发展实施方案〉的通知》（京商务财务字〔2018〕25号）同时废止。

企业名录

截至2021年12月31日，在北京跨境电商公共服务平台上注册并实际开展业务的企业名录见表2-1。

表2-1 北京市跨境电商企业名录

序号	企业名称	序号	企业名称
1	中金支付有限公司	30	北京永正天元地毯有限公司
2	正源泰和（北京）科技有限责任公司	31	北京莱茵新辉科技发展有限公司
3	当哒（北京）互联网科技有限公司	32	北京英泰弘业家居用品有限公司
4	北京中海友成科技发展有限责任公司	33	联邦快递（中国）有限公司
5	小狗电器互联网科技（北京）股份有限公司	34	北京燕文物流有限公司
6	北京优俏货网络科技有限公司	35	东方天旭（北京）国际供应链管理有限公司
7	北京昊运联合国际货运代理有限公司	36	中国邮政速递物流股份有限公司北京市分公司
8	北京东方凯美国际葡萄酒文化发展有限公司	37	红酒先生（北京）电子商务有限公司
9	广德盛源（北京）信息技术有限公司	38	北京隆盛泰健康科技股份有限公司
10	北京星耀晨光科技有限公司	39	北京林德电子商务有限公司
11	北京源氨生物技术有限公司	40	北京数码港电子商务有限公司
12	中建材国际贸易有限公司	41	货代宝（北京）科技有限公司
13	北京良市无际科技有限公司	42	京际通（北京）电子商务有限公司
14	北京小笨鸟信息技术有限公司	43	北京花旺在线商贸有限公司
15	广德盛源（北京）信息技术有限公司	44	中外运跨境电商物流有限公司
16	北京踏浪者科技有限公司	45	中国国际图书贸易集团有限公司
17	北京易安鑫科贸有限公司	46	北京时代航通国际物流服务有限公司
18	北京雄鹰阳光科技有限公司	47	北京燕文物流股份有限公司
19	北京格林美尔科技有限公司	48	北京跨港通世贸国际贸易有限公司
20	北京钣喷狮汽车科技有限公司	49	卡尤迪生物科技（北京）有限公司
21	北京康兰尚德数据科技有限公司	50	北京中海天成信息技术有限责任公司
22	北京中乌华信国际科贸有限公司	51	北京空港宏远物流有限公司
23	北京美世美华服饰有限公司	52	联动优势电子商务有限公司
24	北京市德光电子公司	53	上药健康科学有限公司
25	北京攀宝生物科技有限公司	54	科园信海（北京）国际供应链管理有限公司
26	联博瑞翔（北京）国际物流股份有限公司	55	北京快达国际物流服务有限公司
27	联博瑞翔（北京）报关有限公司	56	世纪富轩科技发展（北京）有限公司
28	北京中达信泰科技有限公司	57	北京中外运华力物流有限公司
29	北京尚华志技术发展有限公司	58	伊兰戴利国际电动技术（北京）有限公司

续表1

序号	企业名称	序号	企业名称
59	北京德联宜惠自动化技术有限公司	93	中天朗洁（北京）环保科技有限公司
60	北京运通安达报关有限公司	94	雅娜购（北京）电子商务有限公司
61	北京吉康堂生物科技有限公司	95	慧贸天下（北京）科技有限公司
62	北京尚易通企业管理服务有限公司	96	北京华夏永乐胶粘制品有限公司
63	北京鼎润达信息技术有限公司	97	科园信海（北京）医疗用品贸易有限公司
64	北京慧贸供应链管理有限公司	98	北京神钢联光机电设备有限公司
65	北京一凌宸飞科技有限公司	99	北京纵坐标国际物流有限公司
66	北京三五二环保科技有限公司	100	北京聚物商贸有限公司
67	北京顺丰速运有限公司	101	北京华汇恒通国际贸易服务有限公司
68	北京赵氏子宸商务有限公司	102	大龙兴创实验仪器（北京）股份公司
69	领途智造科技（北京）有限公司	103	北京晟毅芝科贸有限公司
70	北京申泰克机电有限公司	104	北京爱农驿站科技服务有限公司
71	亚欧非新通商贸（北京）有限公司	105	柒贰零（北京）健康科技有限公司
72	北京品正世纪科贸有限公司	106	北京寺库商贸有限公司
73	北京中恒瑞沣国际贸易有限公司	107	北京昊运联合科贸有限公司
74	北京科林环球国际货运代理有限公司	108	金诺国际货运代理（北京）有限公司
75	嘉信康和（北京）科技有限公司	109	北京云图金控科技有限公司
76	北京英泰诺医疗科技有限公司	110	北京立炎科技有限公司
77	如森电子商务（北京）有限公司	111	力昂健康科技（北京）有限公司
78	方州汇国际电子商务（北京）有限公司	112	北京凯普锐网络科技有限公司
79	北京成楷恒业科技有限公司	113	北京霏卡珠宝有限公司
80	北京星汉博纳医药科技有限公司	114	北方中星（北京）机械钻具有限公司
81	北京利来盛经贸有限公司	115	北京鸿业利达五金制品有限公司
82	北京鸿运景升科技有限公司	116	北京爱可多健康科技有限公司
83	北京嘉信盛和科技有限公司	117	北京荣宝森瑞塑业有限公司
84	北京益锦纺织有限公司	118	北京中远盛宣进出口有限公司
85	北京纺达科技公司	119	北京秀唐科技有限公司
86	中免集团海南大兴国际货运代理有限公司北京分公司	120	北京通蓝海科技股份有限公司
87	太若科技（北京）有限公司	121	北京格瑞泰科贸有限公司
88	药兜（北京）国际医药有限公司	122	北京达凯乐进出口贸易有限公司
89	北京泰德动力科技有限公司	123	北京一点恒通科技有限公司
90	北京越海易通供应链管理服务有限公司	124	北京博欧泰克科技发展有限公司
91	北京市纺织品进出口有限公司	125	楚维迪科技（北京）有限公司
92	北京颐和万象贸易有限公司	126	北京香哈网络股份有限公司

续表2

序号	企业名称	序号	企业名称
127	北京澳纽之窗商贸有限公司	134	北京智汇库云国际贸易有限公司
128	北京连接时代科技有限公司	135	北京广茂兴电商科技有限公司
129	北京数字汇聚信息技术有限公司	136	北京扬子江科贸有限公司
130	欧西爱司物流（上海）有限公司北京分公司	137	北京华联致诚商业贸易有限公司
131	北京蜜蜂堂生物医药股份有限公司	138	霍夫曼（北京）工程技术有限公司
132	北京百汇友邦科贸有限公司	139	网银在线（北京）科技有限公司
133	北京信通互联科技发展有限公司	140	北京宇尚商贸有限公司

典型案例

案例一：打造一站式跨境电商外贸综合服务体系
——中建材国际贸易有限公司

中建材国际贸易有限公司（以下简称“中建材国贸”）成立于2004年，是国务院国资委下属中央企业——中国建材集团物流贸易板块的重要成员企业。

一、经营模式

中建材国贸积极推动模式创新，致力于让外贸变得更加简单，将其自主开发运营的易单网跨境电商平台打造为外贸综合服务平台，打造一站式跨境电商外贸综合服务体系，为海外买家提供24小时、全流程、一站式采购方案，同时为中国生产企业提供定制的外贸综合服务，为我国中央企业外贸业务由传统进出口贸易向数字贸易转型提供了样本。

二、服务特点

一是提供外贸出口代理服务。中建材国贸整合优势资源，为生产企业打造了专业建材及建材相关产品销售的跨境电商平台——易单网，为中小企业提供高效、精准、专业的全流程、一站式外贸综合服务，涵盖了通关、物流、退税、外汇、金融等外贸交易进出口环节，改变了传统外贸经营模式，集约了分散的外贸交易服务资源，为企业减轻外贸经营压力、降低外贸交易成本。

二是“跨境电商+海外仓”模式拓宽国际营销渠道。该模式利用在全球范围内合作的海外仓，实现产品的快捷运输、配送，辅以高效的售后服务，为国内优质生产企业打通了一条国际化出口之路。目前，易单网沿着“一带一路”沿线国家（地区）进行海外仓网络化渠道布局，重点打造中东、非洲、东南亚海外仓区域中心，共有阿联酋、南非、越南、津巴布韦、新西兰、加纳六个海外仓正式运营，并规划在“十四五”期末海外仓数量达到十个，已经形成标准化可复制的海外仓发展模式，实现在商业模式、管理体系、属地化功能上的可复制，建立了垂直赋能、动态响应的运营管控体系。于2013年投入运营的迪拜海外仓，占地面积5万多平方米，可为易单网合作企业提供在中东、非洲等市场的转口贸易、现货销售的配套保税仓储和本地物流的配送服务。

三是在跨境物流运输方面，自主开发物流

管理系统与各港口船东和大型代理紧密合作，自主研发的运费公开竞价系统提供质量更高、成本更低的物流运输服务。同时实时跟踪网上物流状态，减少工作量及与外部信息交互，提高供应链条整体工作效率。目前提供的物流产品主要有以下三种：中国—迪拜跨境快运物流服务、中国—非洲全程工程物流服务、中国—东南亚跨境网络物流服务。

四是创新开展 B2B 出口监管试点业务。2020 年 7 月，北京获批全国首批跨境电商 B2B 出口监管试点城市，中建材国贸作为北京市试点企业，积极应用“9710”监管方式在京开展 B2B 出口通关申报。2020 年实现“9710”监管方式出口额 1.22 亿元，2021 年实现“9710”监管方式出口额 3.96 亿元，同比增长超过 220%。

三、取得成效

中建材国贸 2016 年被评为国家级外贸综合服务试点企业，2017 年被评为北京市外贸综合服务示范企业，2019 年被评为国家级国际营销服务公共平台。目前，已与国内 3.1 万家生产厂家建立了深入的合作关系，与全球 220 多个国家和地区建立了良好的业务往来。

案例二：数据可视化成为提效跨境供应链管理的关键

——北京一凌宸飞科技有限公司

北京一凌宸飞科技有限公司（以下简称“一凌宸飞”）成立于 2017 年，是一家专注于中国母婴产业供应链整合出海，致力于打造全球化母婴品牌的跨境电商企业。一凌宸飞成立五年来坚持初心，不断进行业务探索和服务升级，目前已完成对国际母婴市场消费人群的深度解读。通过全域数字化打造、高质量的产品设计、精细化的运营管理、专业化的营销策略迅速扩展了业务板块，销售额连续四年同比保持 200%以上的增速。

一、经营模式

一凌宸飞以亚马逊平台为主要销售渠道，并逐步扩展业务模块，目前的销售渠道除了亚马逊平台，还包括沃尔玛、梅西百货、wayfair、eBay 等其他第三方平台。

二、技术及商业能力

2021 年 7 月末，一凌宸飞发布了自有的独立站项目 ealingkids，直接面向消费者提供更丰富的产品和更专业的服务。依靠自身技术优势，实现了上游产品设计研发、自建工厂，中端销售自主运营，下游自建仓储物流的全链路整合和自控体系。现已拥有内地四家子公司及香港分公司，以及国外的美国、德国、印度子公司。为保证良好的客户体验，并有效的提高运营效率，一凌宸飞还在美国、印度投资建设海外仓，为中国母婴产品供应链整合出海打下了坚实的基础。一凌宸飞自主研发的 V8 数字化信息系统，对接多渠道销售的外部系统，实现了前端销售数据统计、库存管理、本地供应链系统的规范性流程，以及可计划性的采购订单处理。供应链系统的全链路数据整合处理及输出，不仅提高了业务端的运营效率，有效的保障了供应链的良性循环，而且与海关系统顺利对接，实现了跨境电商“9810”监管方式出口。同时 V8 系统通过内部用户在权限和角色上不同维度的分工，实现了数据可视化、操作标准化、流程智能化，全链路风险管控及预警，数据化的统计与追踪，财务管理的及时性和合规性并为前端的商业决策提供了有效的指导信息。

三、取得成效

一是除亚马逊运营外，公司开通 TT 直播 6 个多月后粉丝总数近 500 万，ealing 品牌标签下视频总播放量超过 6 亿次，单视频最高播放量达7000万。全站“玩具”标签三天内热度最高视频前三名均为一凌宸飞运营。全站“玩具”标签历史热度最高纪录前20名中，有10个视频为一凌宸飞运营。2021年11月入围TikTok全球账号月涨粉前20榜单。

二是在北京市税务局二分局指导下，依托自身技术研发，历经4个月时间，走通跨境电商B2B出口“9810”监管方式出口退税，成为北京市首家走通跨境电商“9810”监管方式出口退税的企业。

案例三：中国品牌跨境出海背后的力量

——北京数码港电子商务有限公司海外售后仓

北京数码港电子商务有限公司（以下简称“数码港”）成立于2014年，是一家开展跨境电商综合服务的创新型企业，其美国洛杉矶海外仓经多期工程建设已拓展至5.4万平方英尺。

一、经营模式

数码港致力于成为“跨境电商海外售后领导者”，为国内跨境电商企业提供海外仓储、物流配送、退换货、售后维修、换标等综合服务，助力国内品牌跨境出海，促进出口产品海外本土化运营和销售。

二、服务特点

一是以海外仓为支点，以多样化业务为支撑。数码港海外仓可承接在美销售的跨境电商卖家的仓储、售后检测、维修、换标、推广及二手货产品销售等服务，货物到仓48小时内，通过系统直接反馈检测报告及后续操作建议，帮助客户提升决策效率，降低运营成本，提高产品在美国市场的竞争力。

二是海外仓与配套信息系统充分联动。卖家可通过作为匹配美国海外仓的信息系统——候鸟跨境电商售后服务平台进行检测维修进程、实时库存、业务指标运营统计分析、尾程物流估算与出库流程等各项信息的查询与共享，帮助平台和其他卖家提升业务监测和风险把控能力。

三是通过自运营不断优化售后服务。在亚马逊等海外电商平台进行自营品牌的售卖，在运营过程中切实发现中国卖家的痛点，并充分依托海外仓售后服务团队的专业能力，以综合服务的方式为客户提供解决方案。

四是开拓二手货销售渠道。美国电商通常允许消费者无理由退货，但即便只是拆箱过的产品也不能按照新品再售。数码港可帮助客户进行二手货再销售（价格可达到新品的80%），大大降低了卖家或品牌商的损失。

三、取得成效

2021年，数码港依托海外仓服务带动北京企业实现跨境电商出口贸易额1547万元，其仓储及物流配送服务，在提升海外本地配送效率的基础上，使跨境物流费用降低了50%～80%；退换货及售后检测维修等服务，解决了海外售后服务难题，通过可再售产品的二次销售，节约售后成本达50%以上，同时也提高了海外客户的满意度与复购率，使中国品牌形象大大提升，助力中国品牌的海外本土化。

案例四：做全球中小微企业，开展数字贸易的赋能者

——敦煌网

敦煌网于2004年创立，是中国领先的B2B跨境电商在线交易服务平台。

一、经营模式

敦煌网以“促进全球通商，成就创业梦想”为使命，以“让人人都能参与全球贸易”为愿景，专注小额B2B赛道，为跨境电商产业

链上中小微企业提供“店铺运营、流量营销、仓储物流、支付金融、客服风控、关检汇税、业务培训”等全链路赋能，帮助中国制造对接全球采购，实现“买全球，卖全球”。2020年，敦煌网发布社交电商 SaaS 平台 MyyShop，启动去中心化新生态战略。

二、服务特点

敦煌网于2020年发布社交电商 SaaS 平台 MyyShop，把中国供应链和外贸企业接入新客群、新渠道、新市场。通过生态型平台的力量，赋能全球内容创作者和跨境电商中小微企业，实现社交流量的交易变现，通过最大限度地降低启动门槛，面向有社交流量变现需求的“新微商”，帮助他们对接强大的中国供应链，提供快速建站、智能选品，以及履约服务，实现“让人人都参与全球贸易”。依托敦煌网18年电商数据沉淀及行业经验，MyyShop 打造了围绕社交媒体场景的多款人工智能、数据分析产品及履约服务，已经形成完整的 AI 能力生态和 SaaS 服务矩阵，包括大数据选品 SaaS 平台先知 AI、社交电商建站平台星移、社交电商智能营销平台纵横、跨境物流智慧平台驼飞侠、社交电商教学平台星链。这些产品相互独立又可互相组合，实现了从选品到履约一站式闭环，为跨境卖家提供从建站、选品，到引流获客的全链条服务，帮助跨境卖家解决了后顾之忧。

三、取得成效

目前，敦煌网已经拥有240万以上累计注册供应商，年均在线产品数量超过3700万，累计注册买家超过4660万，覆盖全球223个国家和地区，提供100多条物流线路和10多个海外仓，71个币种支付能力，在北美、拉美、欧洲等地设有全球业务办事机构。2022年第一季度，敦煌网旗下社交电商 SaaS 平台 MyyShop 活跃用户同比增长76.3%；全球范围合作的网红博主突破11万，沉淀商品超过226万，相关短视频播放量突破1000亿。

案例五：进口商品一站式消费平台
——京东国际

一、基本情况

京东国际是京东旗下进口商品一站式消费平台，是京东集团国际化战略布局重点业务之一。2019年11月，京东大进口业务战略升级为京东国际，整合了京东旗下跨境商品和一般贸易进口商品，并通过在消费场景、营销生态、品质和服务、招商四大维度的全面升级，为消费者同步世界好物，这也是国内首个全面专注于大进口业务的消费平台。

二、业务特点

在购物场景上，将之前分散在京东平台各个场景中的进口商品进行整合。消费者只需锁定京东国际频道，便可畅享进口好物，产品覆盖美妆护肤、母婴用品、医疗保健、3C数码、时尚家居、个护清洁、食品、宠物生活等众多品类，实现进口商品一站式购齐，提高消费者挑选进口商品的准确性和便利性。

在营销生态上，京东国际洞察消费趋势，整合平台资源，基于大数据分析，提供完整的电商平台营销解决方案：场景更丰富，多维引流；玩法更新颖，深度互动；营销更精准，分层触达。

在品质与服务上，京东国际强化监管深度，通过多重审核、货源监控、在仓巡检等流程加强管理。京东国际发力服务保障领域，推出晚到必赔、破损包退、7天无理由退货等多项“放心购”服务，让消费者享受到全球好物安心购的优质体验。

2020年，京东国际开启海外品牌合作入驻快车道，发掘更多海外品牌。京东国际联合使馆搭建“国家馆”旗舰店，引入各个国家差异化商品，让消费者的购物车更加丰富。

聚焦未来，作为京东集团国际化战略布局重点业务之一，依托京东零售4亿活跃用户，京东国际将全面赋能合作伙伴，连接国际品牌与中国消费者，推动中国品质消费升级。京东国际将努力打造，使其成为值得消费者信赖的进口商品平台。

三、发展战略

京东国际由京东大进口业务战略升级而来，定位为进口商品一站式消费平台。作为国内首个全面专注大进口业务的进口商品消费平台，京东国际经过多年的发展壮大，目前已经成为海外品牌进入中国的第一站。在此背景下，京东国际的发展战略逐渐清晰——基于保税，联动有税，发展免税。

基于保税，发展跨境电商，京东国际持续探索跨境电商新模式。截至目前，已经形成了海外名店官网同购、明星店、国家馆等多个特色业务，在给用户带来全球特色商品的同时，也给用户带来不一样的场景消费和互动体验。

联动有税，把跨境电商和一般贸易方式相结合。2020年11月，京东国际和京东超市联手打造的京东进口超市正式上线，以搜集世界好物打造进口消费大卖场，让更多的全球好物更便捷的走进消费者的日常生活为目标。

发展免税，2020年12月，京东国际免税实体店在海南三亚海旅免税城正式开业。2021年，京东国际首家进口综合馆落地三亚，首家海南离岛免税店——海旅免税城、深圳免税旗舰店入驻京东。线上线下融合的免税消费进一步提升了消费者的购物体验。

四、里程碑事件

2015年4月，京东集团成立“京东全球购”，成为中国领先的跨境电商平台。

2016年6月，京东全球购向第三方商户开放跨境物流服务。

2018年7月30日，京东全球购与日本近铁百货集团签订战略合作协议。

2019年11月，京东大进口业务全面升级为“京东国际”，意为统一消费场景、创新营销生态、聚焦品质服务和开放全球招商，给消费者带来更好、更优质的进口商品购物体验。

2020年，京东国际开启“每月15日，京东国际进口日”活动，同时开启海外品牌合作入驻快车道，发掘更多海外品牌。

案例六：借助跨境电商物流六大优势提高时效

——空港宏远

一、发展概述

北京空港宏远物流有限公司（以下简称“空港宏远”）成立于2001年，是宏远控股集团旗下主营物流业务的综合性企业，业务范围涵盖航空货运、口岸物流、保税物流、跨境电商物流、卡车航班及城市货站等。凭借近多年深耕物流行业的丰富经验，空港宏远为客户带来高效、可靠、全链路的物流服务。2020年6月，空港宏远正式成为“北京2022年冬奥会和冬残奥会官方仓储设施独家供应商”，用专业的品质和热情的服务助力冬奥会。

二、服务特点

空港宏远跨境电商业务开始于2016年，在北京天竺综保区内，空港宏远跨境电商直邮场站及保税备货模式齐头并进，将“快”融入到每个环节，通过“六大优势”有效地提高了跨境电商物流的时效性，提升了客户的体验。

（一）优势一：站坪直通、机下直提

空港宏远跨境电商直邮场站共计1. 2万平方米，西侧连接首都机场停机坪，东侧是放行出库区，中间是分拣区域。航班抵达后，跨境电商货物从航空器卸载后可直接送达库区，入库后，在理货库区按监管部门要求进行运抵消杀和理货操作。场站的结构设置能够大幅提升时效、减少意外货损，使通关速度明显加快，从航班落地到清关放行最快两个小时就可完成。

（二）优势二：包裹放行直转

空港宏远跨境电商直邮场站实现了包裹放行直转，快递公司可以直接在对应的窗口区接收货物，这将减少快递分拣环节，提升配送时效。目前，场站可满足多电商平台、多物流企业、多目的地的复杂机检分拣操作。海关放行货物后，自上货开始到落货完成快递交接，20秒左右货物即可完成清关。

（三）优势三：全年无休运行

在北京海关的大力支持下，空港宏远跨境电商直邮场站、保税备货仓库全年无休运行，每周七天全天候通关。进口直邮的电商货物最快可在航班落地2至3小时内清关完毕转入派送，正常情况下30小时内送达华北地区任意地点；出口电商货物最快可在运抵场站一小时内完成出境申报，30小时内抵达国际主要目的地。在全国各电商平台的物流考核评分中，本库区的通关时效排名始终名列前茅。

（四）优势四：业务全态覆盖

空港宏远跨境电商物流坚持全流程标准化操作，并在几年中不断自主研发多套信息系统，既有可为小微电商提供的公众服务系统，也有可与大中型电商进行系统对接，满足不同层级客户的多样化业务需求，适用仓配、转运、集运、干线、申报、通关、派送等B2C、B2B多模式跨境电商物流的各环节。电商备货仓库面积1.2万平方米，商品可在天竺综保区内完成质检分类，供货天猫、京东、抖音等多个电商平台。同时也是跨境医药电商试点企业的清关服务商，对接多个跨境医药电商企业，提供专业高效的服务。

（五）优势五：客户体验度高

跨境保税电商客户体验度高，客户在门店下单后，3分钟内海关即可放行，货物放行后仓内配送至门店，30分钟内完成清关配送，保税网购实现即见速得。

（六）优势六：智能仓储，智慧通关

实现关务系统、跨境电商CDS申报系统、WMS仓储系统无缝对接。智慧调度、流程标准化、多态化作业规则策略支持，货物入库及出库全流程可视化监控，专业技术团队对接多个电商平台，7×24小时提供技术服务保障。

案例七：第一家倡导“品质中国 世界共享 从‘新’出发”的国际平台企业

——新蛋集团

据海关统计，2021年我国跨境电商进出口规模达到1.98万亿元，同比增长15%。2022年1月1日开始生效的RCEP，对中国跨境电商的快速崛起起到了重要的促进作用。新蛋集团全球CEO邹果庆先生认为，中国跨境电商的健康可持续发展需要“品质中国、跨境出海”的新理念、国内国际双循环的新业态和创新跨境电商平台助力RCEP市场一体化发展的新模式。

新蛋集团自2019年开启全球销售计划，将注意力从自营平台更多地转向了第三方平台上。新蛋集团全球CEO邹果庆先生更是将中国市场探索部署作为新蛋集团最重要的发展战略之一，为新蛋集团制订了“品质中国，世界共享，从‘新’出发”的核心战略，打造“跨境电商新主义”，积极拓展中国的优势产业，招募优质卖家，帮助更多中国优质卖家实现品质商品出海，因此也成为了业内第一家提倡品质中国的国际平台企业。

2020年，新蛋集团推出“新蛋跨国开店”（Newegg Global Selling）项目，为中国的跨境电商卖家给予开店、物流、培训等一条龙服务。同时，打造全新的第三方卖家招募的商业模式，重点布局第三方市场和培育优质卖家，逐渐树立了新蛋集团在中国的品牌影响力。通过一系列大刀阔斧的业务改革，新蛋集团连续两年实现了三位数的高速增长。在2021年5月登陆纳斯达克上市后，新蛋集团加速在中国跨境电商市场的布局，并进行了许多创新尝试：创建“前置仓+海外仓”出口模式，优化顾客体验；开拓独立站业务，提升转化率；与行业协会、知名院校、跨境企业开展多方合作，深度扶植本地卖家。为越来越多的中国卖家提供一站式全链路的高质量出海服务的同时，新蛋集团在中国走出了一条属于自己的创新发展之路。

对于跨境电商行业的新趋势，邹果庆先生认为有以下三点：

一是品质商品、优质品牌的全球化拓展需要具备核心竞争力。在众多跨境电商出口业务中，追求更低价格、更高利润者不乏其人，但追求“价廉”的同时，不应忘记“物美”，这同样是用户关注的重点。为用户提供更好的产品和更高品质的服务成为跨境电商的发展目标。此外，改变中国跨境电商出口产品的低值化，推动中国品牌、优质卖家出海也成为了当代优秀跨境电商的使命。

二是供应链深度数字化、智能化的趋势将更更加明显。这将倒逼全球电商产业进一步生态融合和优化升级，让出海更加合规化、阳光化。此外，通过以市场和数据为核心的精细化运营，也更加有助于提高企业运营效率和降低管理成本。

三是企业应充分利用好RCEP的政策红利，提前进行产业布局，聚焦跨境电商供应链通道，打造商品分拨集散市场，聚焦区位优势。同时要结合当下社交媒体趋势，实现营销渠道的多元化。新蛋集团利用自身专业资源，持续为跨境电商卖家创造和传递价值，利用TikTok等社交媒体为跨境电商卖家扩充商业化路径和业务布局增加了巨大的发挥空间。

邹果庆先生在跨境电商行业深耕多年，拥有丰富的实践经验，他以前瞻性的行业洞察、重新打造电商平台生态系统的价值链，通过持续投入资源建立成熟的物流网络，不断推出为中国卖家量身定制项目，提供招商、运营、市场推广、视频销售、跨境物流等一站式服务；同时，率先在上海洋山落地跨境电商保税出口海外仓模式；在国内重点省市设立前置仓，提供头程直发服务、北美SBN（Shipped by Newegg）仓配一体化服务、3PL服务（第三方物流服务）等，尤其是在新冠疫情期间，满足了广大卖家降本增效、精细化运营的需求。在邹果庆先生的带领下，新蛋集团提供的数字化跨境电商运营整体解决方案系统得到业内认可，短短几年的时间便跻身中国跨境电商平台头部玩家行列。

邹果庆先生认为，“优质产品、品牌出海”已经到了最好的时机，而未来，拥有品牌力、在消费者群体中构建起足够辨识度及忠诚度的品牌才能够摆脱流量和低价竞争，在复杂多变的国际市场中站稳脚跟，取得更长远的发展。外贸数字化的核心不仅仅是销售贸易端的数字化，也包括外贸整个供应链、产业链的数字化。中国品牌想立足于海外这个复杂又庞大的市场，还需做好充足准备。像新蛋集团这样的创新型电商平台相较于传统电商平台能够更好地赋能中国卖家，帮助中国优质产品和品牌实现全球的数字化出海。

案例八：B2B跨境电商综合金融服务
——中信银行

中信银行是我国经营外汇业务的股份制商业银行，拥有外汇业务全牌照，依托中信集团“金融+实业”综合平台优势，以“专业、快捷、灵活”的3S服务理念为客户提供跨境及外汇综合金融服务。多年来，中信银行积极践行国家“稳外贸、稳外资”战略，在外贸新业态领域先行先试，利用OCR智能识别、API开放接口以及大数据分析等科技手段创新金融服务方式；在全国率先推出“创新型跨境电商集中收结汇”业务，为中小企业开展跨境业务提供便利化金融服务，助力实体经济发展。

一、B2B跨境电商综合金融服务概况

中信银行结合跨境电商"小额、高频、线上化"的交易特点，积极搭建多产品、全流程的数字化场景，创新推出"B2B跨境电商综合金融服务方案"，通过流程重塑、数据共享、风险建模等方式积极搭建满足跨境电商企业需求的线上化、智能化综合服务体系，以便利高效的结算产品、线上申请的融资产品、风险适配的资金产品、及时有效的市场讯息为跨境电商企业提供"结算+交易+融资+融智"的综合金融服务，实现线下向线上，及进一步向智能化转变。

（一）服务对象

一是平台类：跨境电商平台、外贸综合服务平台、政府联网平台等；二是企业类：进出口跨境电商中小企业、个体工商户。

（二）适用场景

跨境电商企业在跨境电商平台达成线上交易并自行报关，由于资金的信息要素无法追溯至对手交易方，导致部分境内银行因交易在线上达成，要求企业重复提交多种审核资料，造成资金收付汇流程长、时效慢、风险大的问题。

（三）服务范围

1. 跨境结算

针对跨境电商企业收付汇"流程长、时效慢、风险大"的问题，中信银行通过数字化金融服务创新，打通境内外资金收付通道，跨境电商企业仅需在跨境电商平台发起收付汇指令，即可快速、安全、便利地完成资金收付。

2. 在线融资

中信银行结合跨境电商企业历史交易数据、监管机构数据建立数字化风控模型，通过大数据分析为企业提供授信额度，企业无须往返于银行柜台，即可在平台端实现授信申请、用信审批、在线放款，满足中小企业资金融通需求。

3. 在线外汇衍生品交易

为帮助企业树立汇率风险中性意识，尽可能降低汇率波动对跨境电商企业经营影响，中信银行联合跨境电商平台，可在线办理即期结售汇和远期结售汇等业务，实现报价、交割、担保等衍生品线上处理，帮助企业提升经营可预测性。

4. 外汇资讯

中信银行可根据企业诉求，线上定期开展外汇市场、汇率走势、国际贸易形势等前沿资讯分析；线下派驻外汇业务专家定期参与知识讲座、客户沙龙、行业论坛等活动，帮助跨境电商平台进一步拓宽服务范围。

（五）服务特点

1. 创新收付汇、安全又便捷

中信银行通过数字化处理系统实现集中收付汇、国际收支申报、合规反洗钱筛查等全流程不落地处理，跨境电商企业无须与多家银行沟通，即可安全便捷地进行跨境收付汇。

2. 系统智能化、处理效率高

中信银行联动境外代理行，通过打通境内外资金渠道，实现系统全自动线上化处理，真正做到"快、准、稳"的秒级处理。

3. 信息要素全、财务管理易

通过与跨境电商平台进行系统对接，实现货物流和资金流相互匹配，银行回单可显示完整的资金信息要素，便于企业进行账务核对及办理退税等业务。

4. 汇款成本低、交易更轻松

中信银行在"一点接入、服务全国"的业务模式下，创新开展资金集中收付汇模式，有效缩短资金链路，极大降低跨境电商企业手续费，节约交易成本。

（六）独家优势

1. 覆盖"0110""1039""9610""9710""9810"等多种报关方式。

2. 支持境外资金中心、境外代理行、NRA账户、第三方支付机构等多种资金收付场景。

3. 提供包括人民币、美元、欧元、港币在

内的多币种跨境收付汇服务，且出口项下支持原币提款，满足企业对外支付需求，减少汇兑成本。

二、B2B 跨境电商综合金融服务成效

中信银行通过“金融科技+业务创新”的产品模式，已与深圳一达通等国内大型外贸综合服务企业开展深入合作，共同为阿里巴巴国际站的跨境电商企业提供线上化收结汇服务。截至目前，已服务中小企业客户超 3 万户，顺利收汇超百亿美元。该业务模式在监管机构、外贸综合服务企业、跨境电商企业，以及业界专家学者中已赢得良好口碑，并得到监管机构认可。

中信银行外贸新业态业务经过数十年的积累和探索，已形成“跨境电商+外贸综合服务+市场采购+第三方支付”的多场景、多业态的产品体系，为 B 端、C 端跨境电商客户提供多币种收付汇渠道。

在跨境电商方面，中信银行自主研发“信银致汇”产品，在 2021 年 8 月通过亚马逊总部评审，成为其官方认证的收款服务商，得到了国际市场的认可。

在外贸综合服务方面，中信银行已与国内头部外贸综合服务企业及各地大型外贸综合服务企业开展合作，实现管家式的线上化全流程服务。

在市场采购方面，中信银行已与全国近半数市场采购平台进行系统对接，提供身份核验、额度扣减、自动收汇等线上化、便利化金融服务。

在第三方支付业务方面，中信银行已与十余家持牌机构开展了支付机构外汇及跨境人民币业务合作，具有完备的产品功能和强大的服务能力。

未来，中信银行将继续积极践行国家政策，全力服务经济社会发展大局，充分发挥跨境业务优势，进一步推动传统外贸模式革新，激发跨境电商动能。同时不断提升数字化服务能力，在促进中小微企业跨境业务发展方面持续发力，助力实体经济发展。

大事记

2020 年 1 月 17 日，北京首批跨境电商线下自提店“优俏货”和“科园信海”同时在北京天竺综保区跨境电商体验中心启动运营。消费者可直接在店内体验和选购保税进口商品，完成支付后海关即时清关、消费者当场提货，满足了消费者“所见即所得”的即时购买需求。该模式不仅提升了消费者跨境电商进口消费体验，而且全程受海关监管、全流程可追溯，为消费者提供更好的权益保障。

2020 年 6 月 12 日，海关总署发布《关于开展跨境电子商务企业对企业出口监管试点的公告》，明确自 7 月 1 日起在北京等十个直属海关开展跨境电商 B2B 出口监管试点。7 月 1 日凌晨，在北京市商务局与北京海关等部门的共同推动下，北京宏远到家贸易有限公司发往日本的首票跨境电商 B2B 出口货物，由首都机场海关验放离境，北京口岸实现了跨境电商直邮监管全模式通关。跨境电商 B2B 出口监管试点政策的实施，为线上 B2B 出口贸易提供了专门的监管方式代码（“9710”和“9810”）和通关路径。企业可以通过“一次登记”“一点对接和申报”，享受海关“优先查验”“全国一体、无纸化通关”“自动比对”“便利退货”等优惠措施，有效缩减企业的通关和运营成本。

2020 年 11 月 30 日，北京跨境电商综试区

线上综合服务平台通过竣工验收，正式上线运行。该平台与国际贸易“单一窗口”平台打通，涵盖跨境电商公共服务门户、进出口数据对接、统计分析展示、地方特色应用等 14 个子系统，可为跨境电商各类市场主体提供政策宣传、业务办理、互动交流、数据查询等一站式综合服务，为政府相关部门提供信息共享、定制查询、实时分析和决策辅助，实现跨境电商“一次注册、一网通看、一网通查、一网通办”。

2020—2021 年，先后将京东健康、药兜网、叮当快药、良市无际四家企业纳入试点范围。目前，包括首家试点企业阿里健康在内，北京市跨境电商销售医药产品试点企业已增至五家。指导药兜网在天竺综保区建成近 3200 平方米的跨境电商药品专用库，为跨境医药电商企业提供仓储物流第三方服务，进一步完善试点配套服务能力。2021 年，北京市实现跨境电商进口医药产品货值同比增长超过四倍。

太原地区

2018 年，太原市开始跨境电商综试区申报工作，当时确定以省商务厅为协调主体，太原市为申报建设主体，以山西转型综合改革示范区（太原武宿综保区）为实施主体，委托商务部国际贸易研究院承担编制相关申报方案和规划。2019 年 1 月，正式以省政府名义向国务院申报。2019 年 12 月 24 日，国务院发布《国务院关于同意在石家庄等 24 个城市设立跨境电子商务综合试验区的批复》，同意在石家庄、太原市等 24 个城市设立跨境电子商务综合试验区，中国（太原）跨境电子商务综合试验区（以下简称“太原综试区”）正式获得批复。

发展现状

一、发展情况

2021年1月至10月，太原市跨境电商进出口额为36.9亿元，在105个跨境电商综试区中排名第32位。有实绩的跨境电商进出口企业由年初的2家增长至年底的100余家。全年保税进口零售额为1922.09万元。2021年7月1日，太原市获海关总署批准，成为B2B出口监管试点城市。2021年全年共认定了2个市级跨境电商示范园区、14家跨境电商示范企业、2家外贸综合服务企业，组织了7场跨境电商峰会，培训跨境电商人员已超过4000人。支持山西工商学院开展跨境电子商务产业学院建设，并于2021年9月份完成招生。支持山西晟尧国际贸易有限公司在迎泽区建设晟尧全球购保税进口商品展示体验中心。支持山西君正商务咨询有限公司积极申报阿里巴巴数字贸易学院，并成功获批，太原市成为继浙江省、广东省之后，华北地区第一个正式落地B2B专业人才培育机构的城市（全国第四所）。

二、平台建设

1. 线上公共服务平台

太原市积极对标和复制杭州“两平台”“六体系”① 模式，协调推进省级跨境电商公共服务平台建设二期通过验收。该平台整合了国际贸易“单一窗口”和公共服务平台功能，为监管部门和企业提供统一的标准化数据接口，实现了海关、外汇管理、税务、商务、市场监管、公安、交通、邮政管理等部门数据互通和信息共享。

2. 线下园区平台

按照“一核多区”布局太原市跨境电商产业园区。一是强化太原武宿综保区核心支撑功能，加快保税区建设，武宿综保区获批了海关特殊监管区企业增值税一般纳税人资格试点，完成了二期扩区，保税区功能日趋完善。建设完成进境水果和冰鲜水产品指定口岸，推进海关指定的“9610”通关分拣线及查验场所的建设，建成后将进一步完善保税区的跨境电商业务功能。二是建设跨境电商产业园，推进保税进口零售业务发展。2021年6月4日，省领导及商务厅厅长一行赴山西晟尧孵化园管理有限公司考察调研，对跨境电商示范园区及行业发展提出要求，明确了发展方向。太原市坚决落实相关要求，为示范园区和保税进口企业牵线搭桥，支持企业在迎泽区打造全市规模大、功能全、影响力强、辐射效应广的跨境电商综合产业园。同时，结合太原市6月、11月两次举办的“晋情来消费”购物节活动，积极协调银行、财政、统计等部门，将保税进口零售业务纳入政府消费券补贴，迅速扩大了行业知名度，有效促进保税进口零售业务的发展；支持山西君正商务信息咨询有限公司在万柏林区中海国际商务楼打造了阿里巴巴数字人才培训以及企业孵化基地。该基地以企业成长解决方案和人才养成输出为核心业务。2021年，参与中北大学、山西工商学院跨境电子商务产业学院的共建、培训学生人数达780人次，考取阿里巴巴国际站操盘官证书478人、阿里巴巴新媒体直播达人证书3人，参与山西区域第十二届“三创赛”高校培训，组织培训师生达1200人，分配阿里巴巴国际站实训平台343个独立

---

① “两平台”即跨境电商线上综合服务和线下产业园区；“六体系”即信息共享、金融服务、智能物流、电商诚信、统计监测、风险防控等监管和服务体系。

账号。积极组织参与山西省太原市及各地市外贸、跨境电商行业培训，组织企业人员参与培训人数达300人。

三、招商引资

2021年，阿里巴巴国际站、亚马逊、外贸快车等传统外贸平台使用用户的数量保持稳定增长，同时逐步引入了中国制造网、全球贸易通以及小满科技、佳成国际物流、宁波金钥匙报关公司等国内知名电商平台和服务企业，为太原市外贸企业拓展营销方式，提供便利服务，解决了本地跨境电商平台少、服务不够完善等问题，取得了良好成效。

配套文件

山西省人民政府办公厅关于印发中国（太原）跨境电子商务综合试验区建设实施方案的通知

（晋政办发〔2020〕48号）

各市、县人民政府，省人民政府各委、办、厅、局：

《中国（太原）跨境电子商务综合试验区建设实施方案》已经省人民政府同意，现印发给你们，请认真贯彻执行。

山西省人民政府办公厅
2020年5月30日

中国（太原）跨境电子商务综合试验区建设实施方案

为有力有序有效推进中国（太原）跨境电子商务综合试验区（以下简称太原综试区）建设，根据《国务院关于同意在石家庄等24个城市设立跨境电子商务综合试验区的批复》（国函〔2019〕137号）要求，制定本方案。

一、总体要求

（一）指导思想

以习近平新时代中国特色社会主义思想为指导，全面贯彻党的十九大和十九届二中、三中、四中全会精神，按照“四为四高两同步”总体思路和要求，紧紧围绕打造以“创新高地、产业高地、人才高地、开放高地”为目标的太原都市区核心引擎，紧紧围绕太原市打造具有国际影响力的全国区域中心城市要求，顺应全球数字贸易发展趋势，积极探索创新，建立跨境电商发展的新体制、新机制，推动国际贸易数字化与产业数字化融合创新，助推产业转型发展，把内陆和沿海同处开放一线理念落到实处，打造互联网时代内陆资源型地区对外开放新优势。

（二）基本原则

坚持改革先行、创新驱动。深化“放管服效”改革，突出在跨境电子商务B2B相关环节业务流程、监管模式和信息化建设等方面深化改革，在技术标准、统计标准、信用体系、跨境结算、税收征管等方面大胆探索，推动跨境电商便利化。

坚持市场主导、政府引导。充分发挥市场在资源配置中的决定性作用，强化企业在发展中的主体地位。政府要发挥好引导和服务职能，营造跨境电商发展的良好环境。

坚持开放包容、协同发展。坚持在发展中规范，在规范中发展，既要“放得快”又要“管得住”。积极构建跨境电商生态圈，强化开放意识，但求所在、不求所有，但求所用、不求所有。加强区域协同、部门协同、政策协同、贸易产业协同，实现优势互补和有机融合。

（三）实施范围

按照“立足太原，复制推广，带动全省”的总体要求，分3个阶段实施。第一阶段实施范围为在线上公共服务平台登记备案的在太原市域内开展业务的各类市场主体；第二阶段拓展到在线上公共服务平台登记备案的大同、运城、晋中市开展业务的各类市场主体；第三阶段拓展到在线上公共服务平台登记备案的、全省其他地方开展业务的各类市场主体。

（四）发展目标

经过3年左右的建设，基本形成以“数字化监管+数字化贸易+数字化服务”为基本特征的高效安全监管、线上线下融合、出口进口并举、服务体系完善、产业链条完整的跨境电商发展格局。再经过3年努力，基本形成以B2B出口为主攻方向，B2C为有益补充的跨境电商产业体系，打造全国数字贸易示范区、内陆跨境电商产业基地和全国重要的国际商贸物流中心，以太原综试区建设推动太原和全省贸易高质量发展。到2025年，跨境电商经营主体超过2000家，培育建立10个跨境电商特色产业园区，跨境电商零售进出口额超过100亿元，跨境电商B2B进出口额年均增速达到30%以上。

二、主要任务

（一）加快推进线上线下平台服务体系建设

1. 持续完善跨境电商公共服务平台。按照“一点接入”原则，整合国际贸易“单一窗口”和公共服务平台功能，为监管部门和企业提供统一的标准化数据接口，实现海关、外汇、税务、商务、市场监管、公安、交通、邮政管理等部门数据互通和信息共享。支持公共服务平台与国家交通运输物流公共信息平台对接，引导电商平台企业、外贸综合服务企业、金融机构、非银行支付、仓储物流、人才培训等服务机构与公共服务平台对接，打造覆盖跨境电商全链条的模块化、开放式平台。（牵头单位：省商务厅、太原海关；责任单位：省发展改革委、省工信厅、省公安厅、省交通厅、省市场监管局、山西银保监局、省税务局、人行太原中心支行、省政务信息局，太原市政府）

2. 建设跨境电商线下园区平台。按照“一核多区”布局太原市跨境电商产业园区。强化武宿综合保税区核心支撑功能、国际邮件互换局服务功能、中鼎物流园创新功能，创建各具特色的跨境电商产业园区。推动各县（市、区）和开发区规划发展10个跨境电商特色产业园区。（牵头单位：太原市政府，省商务厅；责任单位：山西综改示范区管委会、省交通厅、中国邮政集团山西省分公司、山西航产集团、太原铁路局）

（1）太原武宿综合保税区。依托综合保税区进境水果、冰鲜水产品指定监管场地功能及毗邻太原国际邮件互换局和武宿国际机场的物流优势，加快二期改扩建，创新发展B2B、B2B2C和O2O新零售展销模式，积极构建跨境电商总部基地、创业孵化集聚区、进出口商品展示中心和进口商品展销集散中心，推动保税备货和跨境直邮模式率先发展。（责任单位：山西综改示范区管委会）

（2）太原武宿国际机场。依托太原机场三期改扩建，将太原机场周边区域纳入山西综改示范区，增设太原机场临空经济产业区，大力发展临空经济。依托航空口岸及国际邮件互换局优势，进一步增加国际航班开通至“一带一路”沿线的直航航线，推动太原国际物流核心枢纽项目建设，努力打造国际航空货运枢纽、物流中心和货物集散中心。（责任单位：省交通厅、山西航产集团、山西综改示范区管委会）

（3）太原国际邮件互换局。依托太原机场三期改扩建，加快国际邮件互换局扩容升级。利用邮政国际邮件与快件通道及其通关功能和海外仓、跨境电商信息系统等国内外资源，建设综合性的跨境电子商务物流仓储、清关、运输、配送和信息管理体系，打造现代化综合跨境电商物流平台。（牵头单位：省商务厅；责任单位：省邮政管理局、中国邮政集团山西省分公司、山西航产集团、太原海关）

（4）中鼎物流园区。延伸综合保税区政策，发挥中欧班列、铁路口岸作业区等水、铁、公路及通关优势，着力打造跨境电子商务智能物流分拨基地和跨境商品集散中心，为跨境电子商务企业提供公共集货仓储、分拣、配送等专业化服务。（责任单位：山西综改示范区管委会、太原铁路局）

（二）加快推进跨境电商六大服务体系建设

1. 建立信息共享体系。建立备案企业信息共享库，统一信息标准规范、信息备案认证、信息管理服务，实现企业一次备案、多主体共享、全流程使用。建立商品溯源数据库，汇聚生产、交易、通关、物流、支付、结算及评价等综合信息，实现商品进出口和交易全流程“源头可溯、去向可查、风险可控、责任可究”。建立信息交换共享数据库，实现监管部门、金融机构、电商企业、物流企业之间信息互联互通，为跨境电子商务信息流、资金流、货物流“三流合一”提供数据技术支撑。（牵头单位：省商务厅、太原海关；责任单位：省委网信办、省发展改革委、省工信厅、省公安厅、省交通厅、省市场监管局、省税务局、省邮政管理局、人行太原中心支行、山西银保监局，太原市政府）

2. 建立金融服务体系。政府投资基金管理机构设立基金、创新金融产品、积极推广“三单”融资等方式，解决跨境电商企业融资难、融资贵问题。推进金融机构、非银行支付机构、第三方电子商务平台、外贸综合服务企业之间规范合作，为具有真实交易背景的跨境电商交易提供在线支付结算、在线融资、在线保险等完备便捷、风险可控的“一站式”金融服务。鼓励在跨境电子商务活动中使用人民币计价结算，支持银行业金融机构与非银行支付机构创新电子商务跨境人民币业务产品，为跨境电子商务企业提供优质支付和跨境人民币结算服务。（牵头单位：省地方金融监管局、人行太原中心支行；责任单位：省商务厅、山西银保监局，太原市政府）

3. 建立智能物流体系。通过物流降本增效改革综合试点工作，加快推动国家物流枢纽综合信息服务平台、冷链物流中心、商品车供应链中心等项目落地，构建“通道+枢纽+网络”物流运行体系。发挥“多式联运”优势，通过增加跨境电商全货机航线、加强中欧班列货源组织、建设海关进口指定监管场地、开通海陆空转关通道等方式，打通太原与沿海沿边城市及“一带一路”沿线国家的物流通道。鼓励有条件的商贸物流企业设立公共海外仓服务体系，开展示范海外仓认定。加快跨境电子商务产业园区建设跨境电子商务监管仓、恒温库、冷链物流仓库，并进行智能化改造。（牵头单位：省发展改革委、省商务厅；责任单位：省工信厅、省交通厅、太原铁路局、山西航产集团，太原市政府，山西综改示范区管委会、中国邮政集团山西省分公司）

4. 建立电商信用体系。政府有关部门、平台企业、银行、第三方信用服务机构等单位要加强协作，推进企业和消费者信用数据交换与共享机制，建立跨境电子商务信用数据库。结合海关、税务、外汇等部门的信用认证标准、跨境电子商务平台对经营者和消费者的信用评价标准，以及第三方信用服务机构的信用评价标准，构建跨境电子商务主体信用评价体系。

实施信用负面清单管理，分类监管、部门共享、有序公开，通过事前准入禁止和事中全面查验、严密监管，维护跨境电子商务良好的发展环境。（牵头单位：省商务厅、省发展改革委、人行太原中心支行；责任单位：省交通厅、省市场监管局、太原海关、省税务局、山西银保监局，太原市政府）

5. 建立统计监测体系。海关、商务、统计部门要联合开展跨境电商统计监测试点，完善跨境电商统计方法。以申报清单、平台数据为依据，以市场主体全样本调查为基础，以电商平台交易情况、部门数据和抽样调查为补充，建立跨境电商统计监测体系。以线上综合服务平台为媒介，探索建立跨境电商自动化数据采集和统计分析系统。探索利用大数据、云计算技术，对跨境电商业务全流程海量数据进行分析处理运用，为政府监管和企业经营提供决策咨询服务。（牵头单位：省商务厅、省统计局、太原海关；责任单位：省税务局、人行太原中心支行，太原市政府，中国邮政集团山西省分公司）

6. 建立风险防控体系。建立风险信息采集、评估分析、预警处置、复查完善机制，普及国产密码设备、安全应用等，有效防控非真实贸易洗钱的经济风险，数据存储、支付交易、网络安全的技术风险，以及产品安全、贸易摩擦、主体信用的交易风险，为政府监管提供有效的技术支撑、决策辅助和服务保障。发挥行业协会和电商平台作用，开展质量共治，探索建立跨境电商消费纠纷解决机制。（牵头单位：太原海关、省商务厅；责任单位：省委网信办、省发展改革委、省工信厅、省市场监管局、省税务局、人行太原中心支行、山西银保监局，太原市政府）

（三）积极探索跨境电商各领域创新

1. 促进产业发展方面

（1）完善全省跨境电子商务产业规划、空间布局，建设一批跨境电商产业示范园区。创新园区运营体制，探索园区的市场化运营改革，鼓励示范园区与国内外跨境电商产业园区合作共建或整体引进。（责任单位：省商务厅，各市政府，山西综改示范区管委会）

（2）支持示范园区引进国内外电子商务企业，支持电子商务企业在我省设立跨境电子商务总部或区域性、功能性总部。加强与国内外知名电商企业的合作，培育引进跨境电子商务第三方平台或服务企业，完善跨境电子商务配套产业链。（责任单位：太原市政府，山西综改示范区管委会）

（3）支持传统优势产业开展跨境电子商务业务，依托电子信息、机械装备、生物医药、五金化工、农副产品生产和集散地的优势，逐步探索太原特色商品跨境电商交易服务体系。（责任单位：太原市政府）

（4）支持跨境电商产业园区发挥辐射作用，依托当地制造业、农特产品、文化产品、中草药、陶瓷、玻璃器皿等出口产业基础，全力打造以出口业务为发展方向的跨境电商小镇。（责任单位：各市政府）

（5）探索“大数据+电子商务+外贸”发展模式，优选10个特色优势产业和10家外贸骨干企业，提供重点支持和定制化服务，帮助企业在全球市场精准营销，以最快速度和最低成本提升海外市场份额。（责任单位：省商务厅）

（6）支持大同肉类、忻州杂粮和运城水果出口平台建设，重点支持线上交易平台和线下集配中心建设、出口企业或专业合作社培育、冷链配送体系建设和完善、出口服务保障体系（检疫检验、出口退税、信用担保等）建设，推进特色农产品及加工品利用跨境电子商务物流出口海外。（责任单位：大同、忻州、运城市政府，省商务厅、省农业农村厅）

（7）引导跨境电子商务专业服务平台建立与外贸空白县特色农产品相适应的服务体系，为龙头企业提供产品需求、产品集货、分级包装、品牌营销、物流配送、售后保障等全方位服务，实现外贸县域全覆盖。（责任单位：省

商务厅）

2. 金融创新方面

（8）设立跨境电商产业发展基金。建立园区、企业共同出资的跨境电商产业发展引导基金，为跨境电商产业提供供应链金融服务。（责任单位：各园区管理和运营机构）

（9）推动信保机构与跨境电商服务平台等市场主体共建跨境电商 B2B 信保资金池、进口商风险资金池等，提高中小微跨境电商企业交易能力，创新保险服务。鼓励保险机构创新研发适应跨境电商的新型险种，开展跨境电商出口信用保险保单融资，助力跨境电商企业做大 B2B 出口规模。（责任单位：山西银保监局）

（10）探索“外贸企业+金融机构+平台”合作模式。支持专业供应链金融机构落地太原，鼓励其与电商卖家、综合公共服务平台、第三方交易平台等开展数据对接，利用平台数据，对外贸企业进行分级分类信用管理，实施差别化信贷措施，缓解中小微外贸企业融资难、融资贵问题。（责任单位：山西银保监局）

（11）坚持鼓励创新、包容审慎的原则，在保障交易真实、合规的前提下，支持我省外贸创新业务先行先试。对于年度货物贸易收汇或付汇累计金额低于 20 万美元（不含）的小微跨境电商可免于办理贸易外汇收支企业名录登记。对跨境电商、外贸综合服务等类型企业进行特殊标识，在贸易真实背景条件下，放宽贸易总量差额率、资金货物比等指标的监管限制，促进其规范快速发展，打造外贸新的增长点。（责任单位：省外汇管理局、人行太原中心支行）

3. 优化监管措施方面

（12）推进全程通关无纸化作业。依托国际贸易“单一窗口”平台，接入跨境电子商务公共服务平台，推动涵盖企业备案、申报、征税、查验、放行、转关等环节的全程通关无纸化作业，提高通关效率，降低通关成本。（责任单位：太原海关）

（13）支持开展 B2C 全业态功能业务模式。支持利用航空、铁路、邮路资源发展直购模式，与保税模式形成互补，实现一般出口、特殊区域出口、直购进口、网购保税进口等跨境电子商务零售进口监管。（责任单位：太原海关）

（14）拓展跨境 B2B 业务范围。结合业务发展需求，探索适应 B2B 交易的电子信息向海关传输、申报的方式，积极研究制定申报流程及有关标准，建立与跨境 B2B 特征相适应的监管制度，实现通关作业数字化，为跨境 B2B 提供便利化支撑。（责任单位：太原海关）

（15）建立适应跨境物流的监管方式。结合跨境运输需求，逐步打通多类型运输方式的转关联运通道，有效降低物流成本，为企业提供多样化物流选择。支持符合监管条件的跨境电商货物跨省集散和销售。（责任单位：太原海关）

（16）支持仓储货物按状态分类监管业务试点。支持在武宿综合保税区内符合条件的仓储企业开展该项业务，实现大数据监管、“一区多功能、一仓多形态”、不同贸易方式互转，以更加科学、便利化的监管方式激发市场主体活力。（责任单位：太原海关）

（17）顺应跨境电商 O2O 新零售发展趋势。积极开展线上线下商业资源整合需求研究，不断优化监管流程，支持开展“线下展示+线上交易”等业务，根据企业需求探索试点线上“保税展示+交易”、线下“保税仓储+一般贸易进出口”的业务模式。支持在满足监管条件的专用展示场所开展保税展示交易业务，探索建立更加适应保税展示交易特征的通关、监管、缴税、核查等方面的管理制度和措施。支持开展跨境电子商务进出口商品退换货业务试点，全面开展跨境电商出口退货监管，优化跨境电商零售进口退货监管。（责任单位：太原海关）

（18）健全进出口商品质量安全风险监测机制。组织开展跨境电商质量安全风险监测工作，系统、持续监测我省主要进出口跨境电商商品质量安全风险，依法、依规发布质量安全监测结果。优化质量安全风险评估及预警，强化风险监测结果综合应用。（责任单位：太原海关）

（19）创新风险管理布控模式。进一步完善跨境电子商务海关信息化管理的风险防控体系，研究建立与跨境电子商务相适应的企业信用管理、分类便捷通关、后续重点监管、预警监测评估等风险防控综合评判体制。实施风险分级差别化监管措施，合理布控入境消费品质量安全监管频率和内容，根据监管结果，对消费品监管实施布控调整，对低风险商品自动放行，提升通关效率，降低通关成本。（责任单位：太原海关）

（20）落实综试区电子商务的出口免税政策和跨境电子商务零售出口企业核定征收企业所得税政策。积极配合相关部门推动跨境电商公共服务平台的建设，实现信息共享与执法互认，及时提供税收政策咨询与服务。（责任单位：省税务局）

（21）推动统一社会信用代码和物品编码在跨境电子商务产品质量监管领域的应用，与全国统一社会信用代码库、商品信息库进行数据对接。（责任单位：省市场监管局）

（22）加强网络与信息安全平台建设，深化电子认证技术应用，推进数字证书的统一认证，实现一证多用和不同认证技术交叉互认，形成集身份认证、授权管理、责任认定于一体的跨境电子商务网络信任体系。（责任单位：太原市政府）

4. 拓展物流通道方面

（23）建设海关多式联运监管中心，引导国内外大型物流集成商参与太原多式联运资源整合，建立口岸与海关特殊监管区域之间一体化通关物流体系，实现航空、铁路和公路运输在口岸无缝对接。（责任单位：省交通厅、太原铁路局、太原海关）

（24）发挥太原市便利连锁店指数全国第一的优势，利用美特好、唐久便利、金虎便利等2000余家零售网点开设跨境电商体验店，促进跨境电商应用普及。（责任单位：太原市政府）

（25）推动企业设立规模较大的海外仓，覆盖欧美等主要市场，并建设进出口海外仓和精品商品体验馆，发展“前展后仓”营销模式。（责任单位：省商务厅）

（26）开辟太原陆运跨境电商发展新通道，探索“中欧班列+跨境电商”模式，支持中欧班列带运国际邮件。（责任单位：太原铁路局）

5. 跨境电子商务质量提升和品牌方面

（27）开展规范认证和标准化试点。加强跨境电子商务国外目标市场的技术性贸易措施研究，通过规范认证和标准化试点，鼓励“同线同标同质”生产，推动产业升级、质量提升和品牌建设，培育和打造跨境电子商务竞争新优势。（责任单位：省市场监管局）

（28）开展专项品牌建设行动。举办各类专场培训、对接会等活动，帮助企业提升品牌价值。（责任单位：省商务厅、省贸促会）

6. 加强跨境电商人才培养方面

（29）支持省内高等院校、高职院校开设跨境电子商务专业，建立各级政府、高等院校、培训机构与电商企业协同合作的跨境电子商务人才培养体系。（责任单位：省教育厅）

（30）按照“人人持证、技能社会”要求，推动建设跨境电商实用型人才培训孵化基地，鼓励社会培训机构开展跨境电商人才培训，扶持发展一批跨境电商人才中介服务机构。（责任单位：省商务厅、省人社厅）

三、组织实施

（一）加强组织领导

省政府成立跨境电子商务综合试验区建设工作协调小组，办公室设在省商务厅，负责跨境电子商务试点工作的整体组织协调推进。太原市成立由市政府主要负责人任组长的太原综试区建设工作领导小组，具体负责推进太原综试区建设。

（二）落实工作责任

太原市和山西转型综改示范区要落实跨境电商综试区建设的主体责任，具体推进太原综试区的建设发展。省有关部门要进一步深化“放管服效”改革，加强沟通协作，在政策、服务、监管等方面主动对接，及时评估政策执行情况和实施效果，加快形成可复制可推广的经验做法。

（三）政策保障措施

多渠道筹集资金，加大对跨境电子商务发展的支持力度。省财政厅会同省商务厅积极争取并利用好外经贸发展专项资金，根据太原综试区建设运营情况，统筹运用现有财政政策，支持太原综试区建设。太原市政府要通过调整支出结构、安排专项资金、开辟多种融资方式、引进战略投资等政策措施，推进太原综试区健康发展。山西转型综改示范区要统筹安排资金用于支持太原综试区建设发展。

太原市人民政府办公室关于印发太原市推进中国（太原）跨境电子商务综合试验区建设2020年工作计划的通知

（并政办发〔2020〕27号）

各县（市、区）人民政府，综改示范区、不锈钢园区、西山示范区管委会，市直各委、局、办，各有关单位：

《太原市推进中国（太原）跨境电子商务综合试验区建设2020年工作计划》已经市人民政府同意，现印发给你们，请认真组织实施。

太原市人民政府办公室
2020年7月15日

太原市推进中国（太原）跨境电子商务综合试验区建设2020年工作计划

为加快推进中国（太原）跨境电子商务综合试验区（以下简称太原综试区）建设，培育外贸竞争新优势，推动全市外贸稳中提质，积极打造内陆地区对外开放新高地，根据国家、省文件要求，结合我市实际，制定本工作计划。

一、指导思想

以习近平新时代中国特色社会主义思想为指导，全面贯彻党的十九大和十九届二中、三中、四中全会精神，深入学习贯彻习近平总书记“三篇光辉文献”精神和视察山西重要讲话重要指示，按照“四为四高两同步”总体思路和要求，全面落实国家跨境电子商务综合试验区建设要求，充分利用区位、产业等优势资源条件，突出政策创新示范，注重全面协同发展，大力培育跨境电子商务新兴产业，建设和完善跨境电子商务综合服务体系，带动传统优势产业转型升级，扩大跨境电子商务出口、做强跨境电子商务进口，打造跨境电子商务完整的产业链和生态圈，促进全市外贸进出口平衡发展，创新内陆地区开放型经济发展新模式。

二、主要目标

到2020年底，基本形成以“数字化监管+数字化贸易+数字化服务”为基本特征的高效安全监管、线上线下融合、出口进口并举、服务体系完善、产业链条完整的跨境电商发展格局。全市力争实现跨境电商进出口额达到3亿元，跨境电商B2B进出口额增速达30%以上。培育跨境电商经营主体达到100家，建立3—5个跨境电商特色产业园区，全市跨境电子商务从业人员超过2000人。

三、工作任务

（一）加快推进线上线下平台服务体系建设

1. 完善省级跨境电商公共服务平台功能。完成与海关总署跨境电商进口统一版和出口统一版对接，整合国际贸易“单一窗口”和公共服务平台功能，推进跨境电商零售出口企业在平台备案，实现企业和商品备案、商品预归类查询、海关申报功能。设立符合海关“9610”监管模式的查验分拣线，满足开通“9610”跨境电商零售出口业务需求。（责任单位：综改示范区管委会。完成时限：2020年底）

2. 积极引导企业与平台对接。推进跨境电商交易平台、跨境电子商务应用企业和跨境电子服务（物流、支付、营销）企业与平台对接。为企业提供标准化数据接口和服务规范，积极拓展商务服务功能，完善物流、仓储、金融、保险、综合服务代理等综合服务功能，增强大数据服务功能，全年力争在平台备案的跨境电商企业超过100家。（责任单位：综改示范区管委会，市商务局、市发展改革委、市工信局、市市场监管局、市税务局、市金融办，中信保山西分公司。完成时限：2020年底）

3. 建设跨境电商第三方数据统计模块。通过第三方数据统计模块对我市的跨境电商企业和个人业务开展情况进行及时准确统计，为我市外贸业务回流、解决物流瓶颈、丰富第三方服务、优化营商环境提供必要的数据支持。（责任单位：综改示范区管委会，市商务局，市跨境电商协会。完成时限：2020年8月）

4. 加快推进跨境电商六大服务体系建设。市直各相关部门积极对接省直对口部门开展信息共享体系、金融服务体系、智能物流体系、电商信用体系、统计监测体系和风险防控体系等跨境电商六大服务体系建设，为企业提供优质服务，营造跨境电商良好发展环境。（责任单位：综改示范区管委会，市商务局、市委网信办、市发展改革委、市工信局、市公安局、市交通局、市市场监管局、市税务局、市金融办，市邮政管理局。完成时限：2022年底）

（二）促进跨境电子商务产业发展

1. 打造太原综试区核心区。推动太原武宿综合保税区加快建成进境水果、冰鲜水产品指定监管场地，利用毗邻太原国际邮件互换局和武宿国际机场的物流优势，积极构建跨境电商总部基地、创业孵化集聚区、进出口商品展示中心和进口商品展销集散中心，推动保税备货和跨境直邮模式加快发展，全年跨境电商进出口额力争达到3亿元，打造太原综试区核心引擎。（责任单位：综改示范区管委会。完成时限：2020年底）

2. 建设跨境电子商务产业园。依托各县（市、区）、开发区特色资源，建设一批特色鲜明、功能完备、产业集聚、富有活力的跨境电子商务产业园区，增强跨境电子商务核心要素的集聚能力、产业承接与服务能力。迎泽区、杏花岭区、尖草坪区、万柏林区、晋源区、小店区等依托完善的基础设施和成熟商圈形成的跨境电子商务块状园区，重点打造基础设施先进、功能配套齐全、产业链条清晰、生活环境优越的“产城融合跨境电子商务产业园”。各开发区，古交市、阳曲县、清徐县、娄烦县依托地域特色优势产业和园区特点，重点打造“特色产业跨境电子商务产业园”，全年建立3~5个跨境电商特色产业园区。（责任单位：市商务局、市财政局，各县（市、区）人民政府，各开发区管委会。完成时限：2020年底）

3. 培育跨境电子商务主体。引进国内外电子商务企业，支持电子商务企业在我市设立跨境电子商务总部或区域性、功能性总部。加强与国内外知名电商企业的合作，培育引进跨境电子商务第三方平台或服务企业，完善跨境电子商务配套产业链。支持传统优势产业开展跨境电子商务业务，依托电子信息、机械装备、生物医药、五金化工、农副产品生产和集散地优势，形成优势产业与跨境电子商务融合发展的局面。培育认定一批市级跨境电商示范企业、海外仓，培育典型示范，优化发展环境。（责任单位：市商务局、市外来投资局，综改示范区管委会。完成时限：2020 年底）

4. 推进跨境电商 O2O 线上线下融合发展。发挥我市便利连锁店指数全国第一的优势，在各大零售网点开设跨境电商 O2O 线下保税展示交易体验区域，对“1210”模式进口商品进行线下展示，线上下单，物流统一配送，推动“1210”模式业务迅速发展。（责任单位：市商务局，太原海关。完成时限：2020 年底）

5. 支持建设跨境电商孵化园。在武宿综合保税区毗邻区域打造一座集优质进出口产品展示、人才培养使用、第三方服务公司配套、仓储物流加工配送、电商直播带货于一体的跨境电商孵化园，整体承接武宿综合保税区内现有开展“1210”模式的 100 余户跨境电商企业，同时入驻 200 余户开展“9610”模式的企业，形成完整的跨境电商生态环境，推动我市跨境电商基础力量做大做强。（责任单位：综改示范区管委会，市商务局、市市场监管局。完成时限：2020 年底）

6. 拓展国际物流体系建设。依托航空口岸和国际邮件互换局优势，积极与省直相关部门沟通联系，获得支持，进一步增加国际航班，开通更多国际直航航线，条件成熟时开通跨境电商货运包机业务；探索“中欧班列+跨境电商”模式，支持中欧班列代运国际邮件。（责任单位：市财政局、市商务局。完成时限：长期）

（三）建设跨境电子商务人才支撑体系

1. 加大对跨境电子商务人才引进。出台人才引进与培育专项政策，对跨境电子商务中高层次人才和优秀应用人才给予奖励。与人才服务机构、专业院校、培训机构对接，积极引进电子商务急缺的高级人才、运营人才、核心技术人才和关键岗位人才。（责任单位：市委人才办、市人社局。完成时限：2020 年底）

2. 加强跨境电子商务人才培养。支持高校开设电子商务相关专业，推动山西大学、太原理工大学、山西财经大学、中北大学等高校、研究机构与跨境电子商务企业建立校企合作、产学研合作机制，实现联合办学或专业共建。规范电子商务教育培训标准，增强高校毕业生实际操作能力，提升人才数量稳定性和培育质量。加强政府、高校与企业合作，建设跨境电子商务紧缺人才实训基地，强化人才培养针对性和实用性。鼓励具有跨境电子商务培训资质的专业机构，开展跨境电子商务核心人才梯队素质提升及培训，针对性推出高级经营人才、中级经营人才、初级经营人才、技术专家型人才等跨境电子商务培训系列课程，为跨境电子商务发展输送新思维、新对策。（责任单位：市教育局、市人社局。完成时限：2020 年底）

3. 促进跨境电子商务人才交流。鼓励省、市跨境电商协会，省外资外贸发展协会等行业组织积极举办论坛、沙龙、座谈会等活动，为全市跨境电子商务人才提供沟通交流学习机会，树立标杆作用，分享成功经验，激发创新动力，形成跨境电子商务人才集聚、交流氛围，推动全市跨境电子商务从业人员超过 2000 人。（责任单位：市商务局，省外资外贸发展协会、省跨境电商协会、市跨境电商协会。完成时限：2020 年底）

四、保障措施

（一）加强组织领导

1. 成立中国（太原）跨境电子商务综合试验区建设工作领导小组。加强组织部署和统筹协调，研究制定跨境电子商务产业发展重大政策措施，协调解决太原综试区建设推进中的重大问题，统筹推进太原综试区建设工作。（责任单位：市商务局。完成时限：2020 年 8 月）

2. 设立太原综试区工作机构。参照杭州等综试区经验做法，结合全市事业单位改革，统筹市商务部门机构编制人员情况，设立太原综试区工作机构，负责太原综试区建设和统筹管理工作。（责任单位：市商务局、市委编办。完成时限：2020 年底）

（二）强化政策引导

制定出台太原市跨境电子商务资金扶持政策和措施。统筹利用好中央、省跨境电子商务政策和资金，设立太原综试区发展专项资金，用于支持跨境电子商务经营主体、企业平台做大做强，推进跨境电子商务产业园区、公共展示中心等载体建设，开展跨境电子商务主体培育及跨境电子商务人才引进和培养，推动跨境电子商务加速发展。认定一批跨境电子商务产业园区、企业和公共海外仓市级示范项目，培育跨境电子商务创新模式，加快推动跨境电子商务集聚发展。（责任单位：市财政局、市商务局。完成时限：2020 年 8 月）

（三）营造良好发展氛围

充分利用广播电视、平面媒体和互联网等宣传太原综试区建设新举措、新成效。组织一系列跨境电子商务领域高峰论坛、主题演讲和专题培训，提高全市对跨境电子商务认识水平，营造良好的社会氛围。（责任单位：市委宣传部、市商务局。完成时限：2022 年底）

（四）落实工作责任

建立健全目标任务考核体系，制定工作计划和进展安排，细化工作任务，明确责任分工，落实考核指标。坚持问题导向，克服薄弱环节，突出政策创新，力争早出成效、多出成果。（责任单位：市委考核办、市商务局。完成时限：2020 年底）

附件：中国（太原）跨境电子商务综合试验区建设工作领导小组成员名单（略）

典型案例

专注亚马逊培训孵化
——山西晟尧跨境电商产业园

一、基本情况

山西晟尧跨境电商产业园（以下简称“晟尧跨境”）被评定为太原市市级跨境电子商务示范园区、山西省省级跨境电商众创空间、运城 SIYB 创业培训定点实训基地，是亚马逊全球开店官方认证的山西核心 Solution Provider 服务商，是亚马逊 AWS 云服务官方认证的 APN 服务商，并于 2019 年 10 月落地于迎泽区中泰广场。

晟尧跨境以构建山西本地跨境电商生态圈为使命，打通本地企业及卖家货卖全球的生态产业链。晟尧跨境孵化内容包括：亚马逊运营实操实训、跨境人才输出、国际支付、国际物流对接、海外品牌注册、优秀货源引进、工商财税代办、基础办公配套、免费沙龙分享、政府补贴申报、欧洲 VAT 税务及海外知识产权等。

晟尧跨境专注于跨境电商亚马逊平台的实战培训及孵化，在太原和运城都有两千多平方米的跨境电商产业园。拥有成熟的教学体系和资深的实战讲师团队，为所有学员提供终身答疑服务，助力亚马逊卖家快速打造爆款、货卖全球，让跨境出海更简单。

二、园区理念

晟尧跨境一直主张“实干兴业”的精神，落实“实训+孵化”的服务模式，以带领更多创业者快速在跨境电商领域致富为目标，不断推动本土跨境电商培育的发展，搭建互通共融的本地跨境电商产业生态链。

截至 2021 年 3 月底，晟尧跨境共开设“跨境电商创业孵化营”71 期，坚持每周五的跨境沙龙 107 期，共孵化跨境电商创业及转型企业 1000 余家，其中，太原本地实训创业学员 400 余名，其他的均来自全国各地。开设亚马逊店铺千余个（迎泽区注册新企业 150 余家），共带动就业 2000 余人。

三、服务特色

晟尧跨境坚持免费公开课、免费沙龙、实训营培训结合落地实操孵化的模式，手把手传、帮、带，让更多的人快速进入行业。

（一）免费公开课

让更多人了解跨境电商行业，对跨境电商产业做具体剖析，带动本地创业者、服务商、供应商等相关行业从业者了解跨境电商，并找到切入点。

（二）免费沙龙

坚持每周五晚 7 点免费的线上线下沙龙分享，为创业者提供跨境电商最新资讯，实际解决卖家在运营中遇到的问题，集中分享、讨论，建立本地跨境电商圈子，营造跨境电商氛围。

（三）实训营培训

通过两天的实训，把愿意创业的人带入跨境电商行业，实现快速“造血”；通过集中授课和手把手教学，让学员快速掌握相关知识要领。

（四）落地实操孵化

通过一个月的实操带领，让学员更快上手亚马逊店铺基本操作。学员准备好开店资质后，晟尧跨境导师将帮助学员注册店铺，手把手教会学员上传 listing、FBA 发货等具体实操环节，真正做到“扶上马，走一程”。

（五）百日孵化项目

入驻基地办公的学员可享受导师手把手 100 天的带领操作，真正做到快速进入亚马逊平台，并熟悉各项运营操作。

四、基地孵化服务项目内容

（一）线下线上答疑

本着对结果负责的原则，实训结束才是晟尧跨境服务的开始。晟尧跨境坚持带领学员落地实操，提供每天高于 14 小时的在线答疑服务，所遇到的所有实操问题，都会有专业的跨境导师第一时间进行处理。同时晟尧跨境基地每周举办三场线下线上同步答疑专场，帮助所有学员快速成长，并提供持续更新的《成长学院》跨境知识点的视频学习资料。

（二）创业企业孵化

晟尧跨境专业团队为创业企业及传统企业转型，定制完整的团队搭建方案。从店铺布局、员工分配、选品规划、高效办公、制度管理、薪资构成、股东制度进行全方位孵化，助力企业升级转型，为企业打造一支专业的跨境电商运营团队。

（三）官方资源对接

晟尧跨境拥有亚马逊全球开店高级招商经理官方绿色注册通道；亚马逊官方账户经理一对一服务；首年新卖家官方政策扶持，BD、LD、DOTD 活动资源免费对接；联合亚马逊官方主办年度峰会等官方资源。

（四）跨境物流对接

国际物流是跨境电商至关重要的环节，很多时候也是跨境电商成本中占比最大的环节。晟尧跨境两大基地分别对接了中国邮政、DHL、UPS、美森快船等国际物流渠道，只要有国内快递的地方，都可以正常发货。通过 ERP 管理系统，智能选择最佳物流渠道。

（五）跨境周边服务

跨境电商行业的发展，需要相关服务行业的配套支持。晟尧跨境对接海外商标注册、欧洲 VAT 账号注册、ERP 店铺管理、网页代码自助编辑等服务，为跨境卖家保驾护航。

（六）优秀货源引进

跨境电商所有卖家都必须要面对的一个问题是：优质货源从哪来？仅仅停留在某平台是抓不到优势货源的。晟尧跨境会定期举办优秀厂家对接会，为学员提供国内网络平台没有刊登的产品，专供团队学员卖家销售。

（七）项目帮办服务

各地政府针对跨境电商相关从业企业出台了越来越多的扶持政策，国家也有专门针对创业者的扶持政策，但是大部分创业型企业法人虽然知道有政策，却不知道如何申报。晟尧跨境为学员提供政府补贴代办、工商财税代理等相关服务。

五、团队创业过程中的亮点事迹

2019 年 12 月 21 日，晟尧跨境与运城市经济技术开发管委会、深圳跨境电商协会山西分会合作举办“首届运城跨境电商亚马逊生态峰会”。

2020 年 11 月 14 日，千人规模的“2020 山西跨境电商行业峰会暨亚马逊全球开店 2021 招商启动大会”，由中共迎泽区委、迎泽区人民政府主办，迎泽区商务局、晟尧跨境承办。

2020 年 12 月 19 日，“第二届运城跨境电商亚马逊生态峰会”在运城举办。

大事记

2020 年 5 月 30 日，省政府印发《中国（太原）跨境电子商务综合试验区建设实施方案》，该方案明确了太原综试区建设的总体要求、主要任务、组织实施等多项内容，是太原综试区发展的纲领性文件。

2020 年 7 月 15 日，太原市政府印发《太原市推进中国（太原）跨境电子商务综合试验区建设 2020 年工作计划》，提出 2020 年太原综试区建设的主要目标，明确了工作任务，提出了保障措施，为 2020 年太原跨境电商的发展指明了方向。

2020 年 9 月 25 日，太原市商务局、太原市财政局印发了《关于加快推进跨境电子商务发展的实施意见（试行）》，明确了跨境电商资金的补助对象、使用方向、补助标准，是贯彻落实市委、市政府的决策部署，推进太原综试区建设，促进跨境电商发展的重要举措。

2020 年 11 月 25 日，太原市商务局印发《太原市商务局关于开展市级跨境电子商务示范园区、示范企业申报工作的通知》，规定的申报类型、申报材料、认定程序，示范园区、示范企业的认定为太原市跨境电商的发展起到引领带动作用。按照文件精神，在各县（市、区）、开发区商务主管部门推荐的基础上，经专家评审和媒体公示，确定了太原武宿综保区、山西晟尧跨境电商产业园等两个示范园区，确定了山西简和机械设备有限公司等七家示范企业。

2020 年 12 月 8 日，太原市财政局、太原市商务局联合印发《跨境电商发展专项资金管理办法》，明确了跨境电商资金的管理机构及职责、扶持对象及适用范围、资金申报及审批程序、监督检查等内容，充分发挥专项资金对太原市跨境电商的发展起到的促进和保障作用，稳定了外贸增长、促进了外贸转型升级。

2020 年 12 月 16 日，太原市商务局印发《2020 年市级外经贸发展专项资金（跨境电子商务发展）项目申报指南》，对培育跨境电商经营主体、鼓励跨境电商推广应用、完善跨境电商服务体系、推动跨境电商物流建设、支持跨境电商人才培育和建设公共服务平台等六大类 19 个项目予以支持。

2021 年 3 月 18 日，太原市首单“9710”业务报关成功，5 月 17 日退税拨付至企业，至此，太原市跨境电商“9710”出口业务全部顺利实现。

2021 年 3 月 29 日至 4 月 1 日，太原市商务局组织市委编办、市财政局等部门工作人员赴杭州参加了跨境电商综合能力提升培训班。同时，太原市跨境电商协会组织太原市 56 家跨境电商企业共计 150 余人同步参加了线上培训。4 月 1 日上午，赴浙江国贸数字科技有限公司进行了考察学习。

2021 年 4 月 7 日，太原综试区建设工作领导小组办公室印发《中国（太原）跨境电子商务综合试验区建设 2021 年工作计划》，提出 2021 年太原综试区建设的主要目标，明确了工作任务，为 2021 年太原跨境电商的发展指明了方向。

2021 年 6 月 4 日，省领导及商务厅厅长一行赴山西晟尧孵化园管理有限公司考察调研，对跨境电商示范园区以及行业发展提出要求，明确了发展方向。

2021 年 8 月 26 日，太原市印发《关于开展第二批市级跨境电子商务示范园区、示范企业申报工作的通知》，规定的申报类型、申报材料、认定程序，示范园区、示范企业的认定将为太原市跨境电商的发展起到引领带动作用。按照文件精神，在各县（市、区）、开发区商务主管部门推荐的基础上，经专家评审和媒体公示，确定了华远陆港跨境电子商务有限公司等七家示范企业。

2021 年 9 月 3 日，太原市商务局、太原市财政局印发《关于加快推进跨境电子商务发展的实施意见（2021 修订版）》，重点加强对院校、培训机构的支持力度，为跨境电商人才培育提供有力支持，帮助众多跨境电商企业解决业招人、用人、留人的问题，得到院校和企业的一致认可。

2021 年 9 月 30 日，太原市商务局印发《2021 年第一批市级外经贸发展专项资金（跨境电子商务发展）项目申报指南》，对培育跨境电商经营主体、支持跨境电商人才培育等项目予以支持。

2021 年 11 月 18 日，太原市商务局印发《2021 年第二批市级外经贸发展专项资金（跨境电子商务发展）项目申报指南》，对培育跨境电商经营主体、鼓励跨境电商推广应用、完善跨境电商服务体系、推动跨境电商物流建设和支持跨境电商人才培育等六大类 18 个项目予以支持。

大同地区

中国（大同）跨境电子商务综合试验区（以下简称“大同综试区”）是国务院2022年4月27日批准设立的第五批国家级跨境电商综试区，是山西省继省会城市太原之后获批的第二家跨境电子商务综合试验区试点城市。大同市委、市政府把这一项国家级重大试点列入全市工作重中之重，积极采取措施，全力以赴推进，努力打造成新的城市名片。

发展现状

一、发展概述

（一）加强领导，理顺管理体制

大同市委、市政府高度重视跨境电商综试区建设工作，提出以习近平新时代中国特色社会主义思想为指导，坚持新发展理念，推广新经验、聚集新优势、创造新动能，全面推进大同综试区规划建设，努力实现跨境电商综试区高标准建设、高质量发展的目标。

（二）顶层设计，制订长远规划

为了实现大同市跨境电商综试区建设对标一流、高标准建设的目标，大同市商务局本着深度合作的原则，与中国国际电子商务中心签署了合作协议，委托中国国际电子商务中心研究院编制了《大同跨境电子商务综合试验区建设实施工作方案》，制订出了具体、前沿和具有可操作性的建设方案，并按照该方案紧锣密鼓地组织实施，有序地向前推进。

（三）深入调研，不断拓宽视野

根据国务院提出的要复制推广前几批跨境电商综试区先行先试经验和做法，大同市不断组团赴其他省市综试区考察学习，并参加了国内其他省市举办的跨境电商重要活动。先后派员前往杭州、郑州、深圳、宁波、义乌等市进行调研，虚心学习他们的跨境电商成熟经验和做法。还派员随同山西省厅领导赴北京敦煌网、亚马逊、来赞达、虾皮网四家跨境电商龙头企业开展了走访调研活动。组团参加了在浙江义乌举办的2021中国国际电子商务博览会暨数字贸易博览会，重点对接了跨境电商供应链平台企业；组团考察了全球贸易通公司宁波总部，考察了宁波前洋跨境电商生态园、宁波保税区和宁波进口商品中心，观摩了宁波市跨境电商园区运营模式和宁波跨境电商园区产业布局。

（四）部门联动，合力共同推进

为了加快推进大同跨境电商综试区建设，大同市相关部门主动作为，通力协作，做了大量卓有成效的工作。大同海关专门成立了推进跨境电子商务B2B出口监管试点工作组，多形式、多渠道为有关企业提供跨境电商方面的服务。大同市外管局出台了《关于金融支持大同市跨境电子商务综合试验区建设的指导意见》，为大同综试区建设提供了“一揽子”金融支持措施，共同助力大同跨境电商新业态发展。大同市税务局在当前大同跨境电商企业、申请退税的业务系统还未完成与“单一窗口”和综合服务平台对接的情况下，对符合条件的跨境电子商务综试区内的跨境电子商务零售出口货物，按照相关文件试行增值税、消费税免税政策。

（五）政策驱动，强化服务保障

为进一步推动大同市跨境电商综试区建设，营造良好的发展环境，促进全市跨境电商产业及生态环境快速发展，省政府办公厅印发了《关于印发中国（大同）跨境电子商务综合试验区建设实施方案的通知》。大同市政府在借鉴杭州、郑州、威海、青岛、东莞、成都、佛山、台州、深圳、呼和浩特和太原等综试区跨境电商产业发展扶持办法的基础上，结合本市实际，于2021年11月24日，出台了《大同市人民政府办公室关于加快推进跨境电子商务发展的实施意见》，提出了19条支持性意见，同时大同市商务局还配套印发了《大同市跨境电子商务发展专项资金项目申报指南》，形成了全市系统性、规范性支持文件。

二、平台建设

（一）公共服务平台完成建设

在山西省商务厅已建立的跨境电商公共服

务平台的基础上，根据实际需要，进一步完善了大同市跨境电商公共服务平台，实现了与海关部门之间的数据互通和业务协同、监管，跨境电商综试区公众网站正式上线，并进入运行。

（二）海关监管区分拣线完成建设

大同市依托华远大同国际陆港保税物流中心（B型）平台，建设了集海关监管和快件查验为一体的功能区域，具备了开展跨境电商1210网购保税模式条件。

（三）“六体系”基本完善

按照建设实施方案，公共服务平台已经完成了信息、物流、信用和统计体系建设，金融和风险防控体系正在积极筹划之中。

三、发展成效

（一）瞄准目标，先行先试打通道

在跨境电商综试区公共服务平台还没有完成建设的情况下，大同市充分利用“B2B出口监管试点城市”优惠政策，先行先试，协同海关部门采取异地报关的模式，积极开展了“9710”“9810”跨境电商出口业务，有八家跨境电商企业在海关备案并开展了此类业务，合计完成跨境电商贸易额1.27亿元。出口产品主要是天线、亚克力洗脸盆、箱包配件，塑料产品、五金工具、衣物、日用品、机械零件等，出口数据均在大同海关予以体现，为大同市跨境电商企业开展业务蹚出了新路。

（二）典型引路，加强主体培育

为加快推进大同综试区建设，培育跨境电子商务生态圈，大同市坚持典型引路的指导思想，在全市范围内开展了市级跨境电商示范园区和示范企业的评选工作，通过信息公开、县区商务部门推荐、专家评审、网站公示、组织认定、结果公布等程序，评定了两家跨境电商示范园区和三家跨境电商示范企业。同时，还积极向省商务厅推荐省级跨境电商示范园区和示范企业，从而在全市范围内形成争先创优的良好氛围。

（三）面向未来，开展产业链布局

在跨境电商海外仓建设方面，大同市积极鼓励优势跨境电商企业在国外投资建设或者租赁海外仓。其中，山西同畅力德贸易有限公司在日本大阪租赁了3000平方米海外仓，大同沃飞科技有限公司在法国蒙斯维尔租赁了1500平方米海外仓，大同市易德新奥进出口贸易有限公司分别在马来西亚雪兰莪州和泰国曼谷租赁了5000平方米海外仓。

在跨境电商人才培训方面，大同市鼓励跨境电商园区和主体企业积极开展理论与实训相结合的活动，多形式开展跨境电商人才培育。全市共举办了46次线下跨境电商沙龙，11次跨境电商推介会，1000多人次跨境电商人才培训。其中，大同沃飞科技有限公司与山西大同大学达成合作，将跨境电商课程列入学校外语专业学生的必修课程，并由该企业派出讲师团队赴学校进行专业授课，成为山西大同大学外国语学院的校外跨境电商实习基地。大同电子商务协会牵头组织召开了跨境电商创业大会，特邀国家商务部、德邦快递、清华大学、敦煌网、亚马逊等行业顶极专家来同授课。大同跨境电商创业园区联合山西传媒学院，举办了“大同跨境电商高级研修班”即“电子商务职业技能提升培训班”，为大同培养了60名国家三级电子商务师。

在品牌培育方面，大同市在全市外贸企业范围内大力提倡品牌培育和建设，支持企业按国际惯例包装生产销售的产品。除了企业自由品牌外，大同市沃飞科技有限责任公司采取贴牌的方式，创建了企业自己的出口品牌，产品在亚马逊平台十分畅销。浑源亚联万家电子商务有限责任公司采取收购美国和日本品牌的方式创建了企业自己的出口品牌。

四、招商引资

大同市政府积极开展招商引资，引进国内外电子商务企业，支持电子商务企业在大同市设立跨境电子商务总部或区域性、功能性总部，先后与京东集团、大龙网集团、大同蓝金易通贸易有限公司、深圳博鑫渊国际贸易有限公司、小笨鸟外综服平台开发运营单位——北京汇商融通信息技术有限公司、宁波全球贸易通公司、深圳市跨境电子商务协会等进行对接，寻找合作商机。经过洽谈，大同市政府与深圳市跨境电子商务协会签署了战略合作框架协议，深圳市跨境电子商务协会吸引深圳市九米科技有限公司在大同市成立了山西九米科技服务有限公司，专门负责大同市跨境电商综试区公共服务平台运营事宜，并以此为基础，逐步吸引深圳市跨境电商丰富的跨境电商要素资源，在大同建设北方跨境电子商务运营服务中心、跨境电商货物集散中心、跨境电商进口消费中心和跨境电商文化出口转化中心。

配套文件

关于印发《2020 年中国（大同）跨境电子商务综试区建设工作计划》的通知

（同政办发〔2020〕30 号）

各县（区）人民政府、市跨境电商综试区建设领导小组成员单位、市直各有关委、局、办：

《2020 年中国（大同）跨境电子商务综试区建设工作计划》已经市人民政府同意，现印发给你们，请根据职责分工，切实抓好贯彻落实。

大同市人民政府办公室

2020 年 6 月 10 日

2020 年中国（大同）跨境电子商务综试区建设工作计划

为顺利完成跨境电商综试区建设各项工作任务，全力推动全市跨境电商发展，根据《中国（大同）跨境电子商务综合试验区建设实施方案》，制订本工作计划。

一、指导思想

以习近平新时代中国特色社会主义思想为指导，按照“四为四高两同步”的总体思路，坚持新发展理念，以建设“两平台六体系”为目标，不断完善跨境电商发展的软硬件基础设施，加大跨境电商企业培育和引进力度，努力开展跨境电商进出口业务，实现中国（大同）跨境电商综试区建设高标准建设、高起点起步、高水平运营。

二、主要目标

完成“两平台六体系”建设；打造大同国际陆港跨境电商示范区，培育一批跨境电商示范企业；引导各县区积极建设跨境电 商产业园区；2020 年全市跨境电商零售进出口额达到 1 亿元人民币。

三、工作任务

（一）调研阶段（5 月 6 日—5 月 31 日）

根据国务院发布的《关于同意在雄安新区等 46 个城市和地区设立跨境电子商务综合试验区的批复》（国函〔2020〕47 号）

规定的“复制推广前四批综合试验区成熟经验做法，推动产业转型升级，开展品牌建设，引导跨境电子商务全面发展，全 力以赴稳住外贸外资基本盘，推进贸易高质量发展”要求，多 渠道调研其他省市跨境电商综试区成熟经验和做法，结合我市实 际，提出我市跨境电商综试区建设方案意见。（责任单位：市商务局）

（二）筹建阶段（6 月 1 日—7 月 15 日）

1. 加强领导

（1）成立中国（大同）跨境电子商务综合试验区建设工作领导小组，全面负责大同跨境电商综试区建设推进工作，统筹协 调海关、税务、外汇、市场监管、银行等成员单位积极参与项目 建设。（责任单位：市商务局 完成时限：6 月 2 日）

（2）成立中国（大同）跨境电子商务综合试验区管理办公室筹备组（以下简称“综试办”），具体负责全市跨境电商综试区建设各项工作。（责任单位：市商务局 完成时限：6 月 20 日）

2. 出台方案

（1）起草《2020 年中国（大同）跨境电子商务综试区建设工作计划》，报请市政府印发，并报国家商务部、省商务厅备案。（责任单位：市商务局完成时限：6 月 7 日）

（2）起草《中国（大同）跨境电子商务综合试验区建设实施方案》，依照规定程序报请省政府印发。（责任单位：市商务局 完成时限：6 月 15 日）

3. 项目招标

由综试办牵头，对我市跨境电商综试区“两平台六体系”建设项目进行公开招标。（责任单位：综试办 完成时限：7 月 15 日）

（三）建设阶段（7 月 16 日—10 月 31 日）

1. “两平台六体系”建设

（1）建设线上公共服务平台

链接省商务厅已建立的跨境电商公共服务平台，形成全省统一的集行政审批、信用监管、数据统计分析、投资贸易环境介绍 与预警、商务成果展示与供应链服务等功能于一体的跨境电商公共服务平台。（责任单位：综试办）

坚持“一点接入”原则，为监管部门和企业提供统一明确的标准化数据接口和接入流程，实现海关、外汇、税务、商务、市场监管等部门间数据互通、业务协同、监管互助和信息共享。（责任单位：综试办、大同海关、市外汇局、市发改委、市税务局、市市场监管局、市公安局、市交通局、大同银保监分局、人民银行大同中心支行）

链接跨境电子商务金融、物流等市场服务，收集整理数据，供监管、服务部门和企业使用。积极争取国家有关部委支持，推动海关对“单一窗口”开放申报接口、企业备案和 AEO 等级查询接口、企业身份认证认可系统、数据接口等。（责任单位：综试办、大同海关）

外汇管理部门建立名录登记、分类管理信息与“单一窗口”数据共享机制，对接域内企业收结汇、购汇信息；税务部门对“单一窗口”开放出口退税申报数据接口。（责任单位：综试办、市税务局）

按照国家网络安全等级保护要求推动公共服务平台建设，完善个人身份认证机制。（责任单位：综试办、市公安局、市市场监管局、市人社局）

（2）建设线下跨境电子商务园区平台

按照“一核多区”构思，布局大同市跨境电商产业园区。推动大同国际陆港建立跨境电商示范园区，鼓励各县区整合本县区 电商产业资源，规划发展跨境电商特色产业园区。（责任单位：综试办、各县区人民政府、大同国际陆港）

依托大同国际陆港构建跨境电商创业孵化集聚区、进出口商品展示中心和进口商品展销集散中心。（责任单位：大同国际陆港、市邮政管理局、市交通局）

制定跨境电商进出口认定标准，推动保税备货和跨境直邮模式率先发展。（责任单位：

综试办、大同海关、市邮政管理局）依托大同航空口岸，开展国际航空货运业务。（责任单位：大同机场、市邮政管理局、市交通局、大同海关）

依托太原国际邮件互换局，建设综合性跨境电商仓储、运输、配送和信息管理体系。（责任单位：市邮政管理局）

（3）构建信息共享体系

建立备案企业信息共享库，统一信息标准规范、信息备案认证、信息管理服务，实现企业“一次备案、多主体共享、全流程使用”。（责任单位：综试办、大同海关、市税务局、市外汇局）

建立跨境货物流转数据仓库，汇聚生产、交易、通关、物流、支付、结算及评价等综合信息，实现跨境区域、跨行业、跨部门信息的交换和共享；依托各业务系统的支撑，为跨境电子商务信息流、资金流、货物流“三流合一”提供数据技术支撑，为企业 提供便捷的金融服务、市场行情分析等服务；为公众提供实时的个性化、多样化的需求。（责任单位：综试办、大同海关、市外汇局、市税务局、市公安局、市市场监管局、市交通局、市邮政 管理局、市人社局、市中级人民法院）

（4）建立金融服务体系

提升跨境电子商务金融服务水平，在风险可控、商业可持续的前提下，鼓励金融机构、第三方支付机构、第三方电子商务平台、外贸综合服务平台开展金融服务创新。（责任单位：综试办、市金融办、大同海关、人民银行大同中心支行、市外汇局）

依托大同国际陆港和大同经建投，建设跨境电子商务供应链金融服务平台，为跨境电子商务提供支付结算、融资、保险等金融服务。鼓励开展订单融资、仓单质押、保险理财、账期垫资等一站式跨境电子商务供应链金融服务。支持山西出口信用保险公司与外贸综合服务企业合作，为跨境电子商务企业提供出口信用保险、资信评估和海外仓业务金融服务。（责任单位：市金融办、市商务局联系太原中信保）

（5）完善智慧物流体系

推进物流基础设施建设，重点加快大同国际陆港多式联运接驳区、大同陆港邮件分拨集散中心等项目建设，提供具有报关清关、跨境电子商务、仓储分拨等功能的跨境物流供应链服务，打 造辐射华北、西北地区的仓储物流分拨中心和跨境电子商务货物 集散地。（责任单位：市交通局、大同机场、市邮政管理局、大同海关）

鼓励电子商务平台以互联网+供应链生态系统的商业模式为跨境电子商务企业提供外贸供应链综合服务，为广大制造企业、贸易企业提供一站式综合物流服务。（责任单位：综试办、各县区人民政府）

（6）建设信用保障体系

政府有关部门、平台企业、银行、第三方信用服务机构等单位要加强协作，推进企业和消费者信用数据交换与共享机制，建立跨境电子商务信用数据库。充分借鉴结合海关、税务、外汇等部门的红黑名单、跨境电子商务平台对经营者和消费者的信用评价指标，以及第三方信用服务机构的信用评价指标，构建跨境电子商务主体信用评价体系。实施信用负面清单管理，分类监管、部门共享、有序公开，通过事前准入禁止和事中全面查验、严密监管，维护跨境电子商务良好的发展环境。（责任单位：综试办、市发改委、人民银行大同中心支行、市交通局、市市场监管局、大同海关、市税务局、大同银保监分局）

（7）建立统计监测体系

海关、商务、统计部门要联合开展跨境电商统计监测试点，完善跨境电商统计方法。以报关单、运单、支付单为依据，以市场主体全样本调查为基础，以退税数据、收结购汇数据和县区企业上报调查为补充，建立跨境电商统计监测体系。（责任单位：综试办、大同海关、市税务局、市交通局、市邮政管理局、市外汇

局、各县区人民政府)

以线上综合服务平台为媒介，探索建立跨境电商产业数字化采集和统计监测、分析方法。探索利用大数据、云计算技术，对跨境电商业务全流程海量数据进行分析处理运用，为政府监管和企业经营提供决策咨询服务。(责任单位：综试办、市统计局、大同海关、市税务局、人民银行大同中心支行、中国邮政集团公司大同分公司)

(8) 建立风险防控体系

建立风险防控体系。普及跨境应用安全，建立风险信息采集机制、风险评估分析机制、风险预警处置机制、风险复查完善机制，以流程节点风险防控为重点，开展跨境电子商务全流程的专业风险分析，报关单的违规违法风险等，以及涉嫌退税违规、欺诈风险等。为政府监管提供有效的技术支撑、决策辅助和服务保障。(责任单位：综试办、市金融办、大同银保监分局、人民银行大同中心支行、市发改委、市市场监管局、市外汇局、市税务局、大同海关)

发挥行业协会和电商平台作用，开展质量共治，探索建立跨境电商消费纠纷解决机制。(责任单位：市市场监管局、市商务局)

2. 大同国际陆港跨境电商示范区建设

依托大同国际陆港特有的优势功能，建设全市跨境电商示范区。主要建设内容有：跨境电商集聚区（包括双创中心、招商基地、国际精品展示中心）和产业综合配套区（包括信息技术服务中心、软件开发中心、金融服务中心、结算中心、运营推广中心、会议中心）等。(责任单位：大同经济技术开发区管委会、平城区人民政府、市商务局、大同国际陆港)

3. 县区跨境电商产业园区建设

各县区根据本地产业特点，建设跨境电子商务创业培训（孵化）基地和服务中心，为传统外贸企业提供培训、运营指导、物流、通关等跨境电商相关服务，促进区内企业开展跨境电商业务，培育跨境电子商务园区。(责任单位：各县区人民政府)

4. 申报跨境零售进口试点城市

积极申报跨境零售进口试点城市，拓展进口商品保税+新零售业务。通过建立进口商品线下展示体验中心及线上网上商城的方式，搭建小件零售商品快速报关清关平台，提高进口商品销售便利程度。(责任单位：市商务局、大同海关)

5. 出台《大同市跨境电商产业发展扶持办法》

全面落实国家、省鼓励跨境电商发展的有关政策，根据大同实际，出台跨境电商扶持政策，优先支持跨境电商线上线下平台建设、重点跨境电商企业和高层次跨境电商人才引进、跨境电商生态圈建设等方面。适时合规设立大同综试区跨境电商产业引导基金，支持跨境电商创业创新。(责任单位：市财政局、综试办)

6. 健全口岸功能

推进跨境电商综合服务平台硬件环境升级，优化配置平台硬件环境资源，实现平台全部功能的评估测试和系统迁移，为平台提供安全稳定运行环境。完善“大同口岸”场地设置，配备各项检验检疫技术用房，完善视频监控系统，安装 CT 机查验分拣装置、智能审图系统。按程序申请快件运营人备案，完成海关上下对接，创新跨境直购进出口“9610”模式监管方案，建立和规范网购保税“1210”监管方式。(责任单位：大同海关、市商务局、市邮政管理局)

7. 加大招商力度

支持我市跨境电商示范园区加大招商引资力度，引进各类跨境电商经营主体和第三方平台。开展多渠道、多元化招商活动，支持各类经营主体发展跨境电商。(责任单位：综试办、各县区人民政府、大同机场、大同国际陆港)

支持传统外贸企业在大同跨境电商公共服务平台备案并开展跨境电子商务 B2B 出口业务，培育跨境电商 B2B 经营主体。(责任单位：综试办、各县区人民政府、大同海关)

支持中小微跨境电商经营主体、邮政小包经营主体在大同跨境电商公共服务平台备案，培育跨境电商 B2C 经营主体。支持我市跨境电商园区采取企业自建、租用、合作等方式，在美国、俄罗斯、日本、印度、印度尼西亚、巴西、墨西哥等 1 亿人口以上重点市场布局公共海外仓，并提供明细数据接口。（综试办、各县区人民政府、市商务局、大同海关、大同国际陆港）

8. 加强跨境电商专业人才队伍培养

支持本地高等院校、高职院校开设跨境电子商务专业，推动校企合作，培养具有外贸经营与管理、国际运输与保险、国际结算、法律服务、平台运营与网络营销等复合型技能人才。（责任单位：市教育局、市人社局、市商务局）

发挥好教育和社会培训机构作用，推动开展跨境电商领域职业培训。以市场需求为导向，加快引进一批跨境电商行业领军型人才及团队，完善跨境电商人才吸引、使用和激励机制，健全专业化、国际化的人才市场服务保障。（责任单位：各县区人民政府、市人社局、市商务局）

（四）运营阶段（11 月 1 日—12 月 31 日）

以大同国际陆港跨境电商示范区为基地，推行实施跨境电商进出口的通关解决方案，在园区内先行先试，在此期间，选择优质的对外综合服务平台、跨境电商龙头企业进行试验，确保试验成功，此后在全市推开。（责任单位：综试办、大同海关、市商务局）

山西省人民政府办公厅关于印发中国（大同）跨境电子商务综合试验区建设实施方案的通知

（晋政办发〔2020〕75 号）

各市、县人民政府，省人民政府各委、办、厅、局：

《中国（大同）跨境电子商务综合试验区建设实施方案》已经省人民政府同意，现印发给你们，请认真贯彻执行。

山西省人民政府办公厅
2020 年 9 月 18 日

中国（大同）跨境电子商务综合试验区建设实施方案

为加快推进中国（大同）跨境电子商务综合试验区（以下简称大同综试区）建设，根据《国务院关于同意在雄安新区等 46 个城市和地区设立跨境电子商务综合试验区的批复》（国函〔2020〕47 号）要求，结合大同市实际情况，制定本实施方案。

一、总体要求

（一）指导思想

以习近平新时代中国特色社会主义思想为指导，按照省委“四为四高两同步”总体思路和要求，坚持新发展理念，以不断完善“两平台六体系”为目标，推广新经验、聚集新优势、创造新动能，建立跨境电商发展的新体制、新机制，实现大同综试区高标准建设、高起点起步。

（二）基本原则

坚持市场主导、政府引导。正确处理政府与市场的关系，强化企业在发展中的主体地位，体现市场在资源配置中的决定性作用。发挥政府在政策创新和环境建设方面的推动作用，实现监管与服务、线上与线下、政府与市场的有机融合。

坚持创新发展、有序规范。着力在跨境电子商务相关环节的技术标准、业务流程、监管模式和信息化建设等方面进行突破，在物流、仓储、通关等方面进一步简化流程、精简审批，完善通关一体化、信息共享等配套政策，推进包容审慎有效的监管创新，推动国际贸易自由化、便利化和业态创新。

坚持协同配合、多方联动。加强海关、税务、外汇、商务、金融等部门横向协同与政策衔接，形成推进合力，打造跨境电子商务完整的产业链和生态链。

（三）发展目标

突出大同特色和优势，依托山西区域中心城市和全国物流枢纽城市的地位，发挥大同国际陆港保税物流中心（B型）、大同进口肉类指定监管场地、大同航空口岸（待验收）、大同市国家进口示范区（待批复）、大同跨境电商综试区多功能合一的整体效能，以培育跨境电商经营主体为重点，全面优化营商环境，构建跨境电商全产业链和生态圈。按照“两平台六体系”的总体思路，发挥大同农副产品、肉类、医药、活性炭等产业方面优势，积极打造线上线下相融合，产业链和生态圈功能完善的跨境电商综试区。经过3至5年的建设，培育一批竞争力强的跨境电子商务企业，打造服务功能完善、企业聚集发展的跨境电商产业园城市，形成兼顾B2B和B2C经营模式的产业体系。

二、主要内容

（一）搭建线上线下“两平台”

1. 建设线上公共服务平台。链接省商务厅已建立的跨境电商公共服务平台，形成全省统一的集行政审批、信用监管、数据统计分析、投资贸易环境介绍与预警、商务成果展示与供应链服务等功能于一体的跨境电商公共服务平台。

坚持“一点接入”原则，为监管部门和企业提供统一明确的标准化数据接口和接入流程，实现海关、外汇、税务、商务、市场监管等部门间数据互通、业务协同、监管互助和信息共享。链接跨境电子商务金融、物流等市场服务，收集整理数据，供监管、服务部门和企业使用。积极推动外贸管理监管信息与“单一窗口”数据共享。

按照《中华人民共和国网络安全法》和网络安全等级保护制度的要求，履行安全保护义务，保证公共服务平台的安全技术措施同步规划、同步建设、同步使用，完善个人身份信息核查库。（牵头单位：省商务厅；责任单位：太原海关、省发展改革委、省审批服务管理局、省工信厅、省公安厅、省交通厅、省市场监管局、山西银保监局、省税务局、国家外汇管理局山西省分局，大同市政府）

2. 建设线下跨境电子商务园区平台。按照“一核多区”的构思布局大同市跨境电商产业园区。推动大同国际陆港建立跨境电商示范园区，鼓励各县区整合本县区跨境电商产业资源，规划发展跨境电商特色产业园区。依托大同国际陆港构建跨境电商创业孵化集聚区、进出口商品展示中心和进口商品展销集散中心，推动保税备货模式率先发展。依托大同航空口岸，开展国际航空货运业务。依托太原国际邮件互换局，建设综合性跨境电商仓储、运输、配送和信息管理体系。（牵头单位：省商务厅，大同市政府；责任单位：太原海关、省工信厅、省交通厅、航产集团、太原国际邮件互换局）

（二）构建支撑跨境电子商务发展的“六体系”

1. 信息共享体系。依托省数据共享交换平台，基于区块链技术，构建信息共享体系。建立备案企业信息共享库，统一信息标准规范、信息备案认证、信息管理服务，实现企业一次备案、多主体共享、全流程使用。建立商品溯源数据库，汇聚生产、交易、通关、物流、支付、结算及评价等综合信息，实现商品进出口和交易全流程“源头可溯、去向可查、风险可控、责任可究”。建立信息交换共享数据库，实现监管部门、金融机构、跨境电商企业、物流企业之间信息互联互通，为跨境电子商务信息流、资金流、货物流“三流合一”提供数据技术支撑。（牵头单位：省商务厅；责任单位：太原海关、省委网信办、省审批服务管理局、省工信厅、省公安厅、省交通厅、省市场监管局、省税务局、省邮政管理局、人行太原中心支行、山西银保监局，大同市政府）

2. 金融服务体系。提升跨境电子商务金融服务水平，在风险可控、商业可持续的前提下，鼓励金融机构、非银行支付机构、第三方跨境电子商务平台、外贸综合服务平台开展金融服务创新，为跨境电子商务提供支付结算、融资、保险等金融服务。鼓励开展订单融资、仓单质押、保险理财、账期垫资等一站式跨境电子商务供应链金融服务。支持中国出口信用保险公司山西分公司与外贸综合服务企业合作，为跨境电子商务企业提供出口信用保险、保单融资、资信评估和海外仓业务金融服务。（牵头单位：省地方金融监管局、山西银保监局、人行太原中心支行；责任单位：省商务厅，大同市政府）

3. 智慧物流体系。推进物流基础设施建设，重点加快大同国际陆港多式联运接驳区、大同陆港邮件分拨集散中心等项目建设，提供具有报关清关、跨境电子商务、仓储分拨等功能的跨境物流供应链服务，打造辐射华北、西北地区的仓储物流分拨中心和跨境电子商务货物集散地。鼓励跨境电子商务平台以互联网+供应链生态系统的商业模式为跨境电子商务企业提供外贸供应链综合服务，为广大制造企业、贸易企业提供“一站式”综合物流服务。（牵头单位：省商务厅，大同市政府；责任单位：省发展改革委、省工信厅、省交通厅、太原铁路局、山西航产集团、中国邮政集团山西省分公司）

4. 信用保障体系。政府有关部门、平台企业、银行、第三方信用服务机构等单位要加强协作，推进企业和消费者信用数据交换与共享机制，建立跨境电子商务信用数据库。结合海关、税务、外汇等部门的信用认证标准、跨境电子商务平台对经营者和消费者的信用评价标准，以及第三方信用服务机构的信用评价标准，构建跨境电子商务主体信用评价体系。实施信用负面清单管理，分类监管、部门共享、有序公开，通过事前准入禁止和事中严密监管，维护跨境电子商务良好的发展环境。（牵头单位：省商务厅、人行太原中心支行；责任单位：省发展改革委、省交通厅、省市场监管局、太原海关、省税务局、山西银保监局，大同市政府）

5. 统计监测体系。海关、商务、统计部门要联合开展跨境电商统计监测试点，完善跨境电商统计方法。以申报清单、平台数据为依据，以市场主体全样本调查为基础，以跨境电商平台交易情况、部门数据和抽样调查为补充，建立跨境电商统计监测体系。以线上综合服务平台为媒介，探索建立跨境电商自动化数据采集和统计分析系统。探索利用大数据、云计算技术，对跨境电商业务全流程海量数据进行分析处理运用，为政府监管和企业经营提供决策咨询服务。（牵头单位：省商务厅、省统计局、太原海关；责任单位：省税务局、人行太原中心支行、中国邮政集团山西省分公司，大同市政府）

6. 风险防范体系。建立风险信息采集、评估分析、预警处置、复查完善机制，普及国产密码设备、安全应用等，有效防控非真实贸易洗钱的经济风险，数据存储、支付交易、网络安全的技术风险，以及产品安全、贸易摩擦、主体信用的交易风险，为政府监管提供有效的技术支撑、决策辅助和服务保障。发挥行业协会和跨境电商平台作用，开展质量共治，探索建立跨境电商消费纠纷解决机制。（牵头单位：

省商务厅；责任单位：太原海关、省委网信办、省工信厅、省市场监管局、省税务局、人行太原中心支行、山西银保监局，大同市政府）

三、创新举措

（一）支持创业创新

1. 不断完善跨境电子商务产业规划、空间布局，建设一批跨境电商产业园区。创新园区运营体制，探索园区的市场化运营改革，鼓励园区与国内外跨境电商产业园区合作共建或整体引进。（责任单位：省商务厅，大同市政府）

2. 支持园区引进国内外龙头跨境电子商务企业，重点支持世界前100强和国内前50强电子商务企业在园区设立跨境电子商务总部或区域性、功能性总部。加强与国内外知名跨境电商企业的合作，培育引进跨境电子商务第三方平台或服务企业，完善跨境电子商务配套产业链。（责任单位：大同市政府）

3. 支持跨境电商产业园区发挥辐射作用，依托当地机械制造业、农特产品、文化产品、中草药、化工产品等出口产业基础，全力打造以出口业务为发展方向的跨境电商特色园区。（责任单位：大同市政府）

4. 支持晋北肉类出口平台建设。重点支持线上交易平台和线下集配中心建设、出口企业培育、冷链配送体系建设和完善、出口服务保障体系（检疫检验、出口退税、信用担保等）建设。（责任单位：省农业农村厅，大同市政府）

5. 支持建设跨境电子商务孵化器。支持各园区推进众创空间、创客咖啡等跨境电子商务创新创业载体建设。（责任单位：省商务厅、省科技厅，大同市政府）

（二）加强金融创新

1. 设立园区跨境电商产业发展基金。建立园区、企业共同出资的跨境电商产业发展引导基金，或者引入海内外风投公司、天使投资基金，为跨境电商产业提供供应链金融服务。（责任单位：各园区管理和运营机构）

2. 推动信保机构与跨境电商服务平台等市场主体加强合作，提高中小微跨境电商企业交易能力，创新保险服务。简化小微企业保费扶持申报手续和流程，鼓励小微企业通过国际贸易“单一窗口”投保出口信用保险。（责任单位：省商务厅、山西银保监局、中国出口信用保险公司山西分公司）

3. 便利跨境电商涉外收支。允许年度货物贸易收汇或付汇累计金额低于20万美元（不含）的小微跨境电商企业免于办理贸易外汇收支企业名录登记。对跨境电商、外贸综合服务等贸易类型企业实施差异化管理，促进其规范发展。从事跨境电子商务的境内个人，可通过个人外汇账户办理跨境电子商务外汇结算。（责任单位：国家外汇管理局山西省分局、人行太原中心支行）

（三）推进监管创新

1. 推进全程通关无纸化作业。依托国际贸易“单一窗口”平台，接入跨境电子商务公共服务平台，推动涵盖企业备案、申报、征税、查验、放行、转关等环节的全程通关无纸化作业，提高通关效率，降低通关成本。（责任单位：太原海关）

2. 支持开展B2C全业态功能业务模式。支持利用航空、铁路、邮路资源发展直购模式，与保税模式形成互补，实现一般出口、特殊区域出口、直购进口、网购保税进口等跨境电子商务零售进口监管。（责任单位：太原海关）

3. 拓展跨境B2B业务范围。结合业务发展需求，探索适应B2B交易的电子信息向海关传输、申报的方式，积极研究制定申报流程及有关标准，建立与跨境B2B特征相适应的监管制度，实现通关作业数字化，为跨境B2B提供便利化支撑。（责任单位：太原海关）

4. 建立适应跨境物流的监管方式。结合跨境运输需求，逐步打通多类型运输方式的转关联运通道，有效降低物流成本，为企业提供多

样化物流选择。支持符合监管条件的跨境电商货物跨省集散和销售。（责任单位：太原海关）

5. 顺应跨境电商 O2O 新零售发展趋势。积极开展线上线下商业资源整合需求研究，不断优化监管流程，支持开展“线下展示+线上交易”等业务，根据企业需求探索试点线上“保税展示+交易”、线下“保税仓储+一般贸易进出口”的业务模式。支持在满足监管条件的专用展示场所开展保税展示交易业务，探索建立更加适应保税展示交易特征的通关、监管、缴税、核查等方面的管理制度和措施。支持开展跨境电子商务进出口商品退换货业务试点，全面开展跨境电商出口退货监管，优化跨境电商零售进口退货监管。（责任单位：太原海关）

6. 健全进出口商品质量安全风险监测机制。组织开展跨境电商质量安全风险监测工作，依法依规发布质量安全监测结果。优化质量安全风险评估及预警，强化风险监测结果综合应用。（责任单位：省市场监管局、太原海关，大同市政府）

7. 创新风险管理布控模式。进一步完善跨境电子商务海关信息化管理的风险防控体系，研究建立与跨境电子商务相适应的企业信用管理、分类便捷通关、后续重点监管、预警监测评估等风险防控综合评判体制。实施风险分级差别化监管措施，合理布控入境消费品质量安全监管频率和内容，根据监管结果，对消费品监管实施布控调整，对低风险商品自动放行，提升通关效率，降低通关成本。（责任单位：太原海关）

8. 落实税收优惠政策。按照财政部、税务总局、商务部、海关总署《关于跨境电子商务综合试验区零售出口货物税收政策的通知》规定，落实增值税、消费税免税政策和跨境电子商务零售出口企业核定征收企业所得税政策。对纳入综合公共服务平台、从事 B2B 业务的跨境电商企业，及时提供税收政策咨询和服务。（责任单位：省税务局）

9. 推动统一社会信用代码和物品编码在跨境电子商务产品质量监管领域的应用，与全国统一社会信用代码库、商品信息库进行数据对接。（责任单位：省市场监管局）

（四）探索物流创新

1. 积极推进国际航空货运网络、多式联运接驳区建设。推动大同机场三期改扩建工程，优化货运作业场地。建设大同国际陆港多式联运接驳区，引领国际物流通道建设，实现航空、铁路和公路运输在口岸无缝对接。（责任单位：省商务厅、省交通厅、山西航产集团）

2. 构建多维度物流配送系统。支持企业在“一带一路”沿线国家和主要贸易国家（地区）自建、收购或租赁海外仓，鼓励有实力的企业加快融入全球物流供应链，推动跨境电子商务物流、仓储业无缝对接，加快快递末端配送能力建设，形成布局合理、层次分明、衔接顺畅、功能齐全的跨境物流分拨配送和运营服务体系。（责任单位：省商务厅）

四、保障措施

（一）加强组织领导

大同市政府成立由武宏文市长任组长、荆虎副市长任副组长的大同综试区建设工作领导小组，全面负责大同综试区建设推进工作。领导小组下设办公室，办公室设在大同市商务局。

（二）加强政策扶持

研究制定推动跨境电商发展的各项地方配套政策，围绕跨境电子商务发展需要，建立完善的金融、财税、人才、信息、研发、土地等促进政策。多渠道筹集资金，加大对跨境电子商务发展的支持力度。省财政厅会同省商务厅积极争取并利用好中央、省外经贸发展专项资金，根据大同综试区建设运营情况，统筹运用现有财政政策，支持大同综试区建设。

（三）加强宣传推广

加大跨境电子商务政策宣讲力度，开展跨境电子商务经验推广、专题研讨等专题活动，选取特点鲜明、效果显著的创新成果进行宣传推广，引导跨境电商企业加强与国内外知名跨境电商企业合作，助力打造大同跨境电子商务国际合作示范城。

大同市人民政府办公室关于加快推进跨境电子商务发展的实施意见

（同政办发〔2021〕46号）

各县（区）人民政府，开发区管委会，各有关单位：

为贯彻落实《国务院关于同意在雄安等46个城市和地区设立跨境电子商务综合试验区的批复》（国函〔2020〕47号）、《国务院办公厅关于加快发展外贸新业态新模式》（国办发〔2021〕24号）和《山西省人民政府办公厅关于印发〈中国（大同）跨境电子商务综合试验区建设实施方案〉的通知》（晋政办发〔2020〕75号）等文件精神，全面推进我市跨境电子商务综合试验区建设，创新跨境电子商务服务体系建设，打造大同经济发展新引擎，经市人民政府同意，制定以下实施意见。

一、支持跨境电商经营主体培育

（一）鼓励各类经营主体开展跨境电商业务。引导传统外贸企业和制造企业利用跨境电商方式开展国际贸易，实现数字化转型，促进跨境电商行业持续发展，提升竞争优势。对经市跨境电商综试办认定的市级跨境电商示范企业，给予30万元的一次性资金奖励。同时支持运用跨境电商平台或自营平台开展跨境电商B2B、B2C进出口业务的企业，对年交易额达到800万元以上的，单个企业每年补贴资金50万元，对年交易额超过5000万元以上的，单个企业每年补贴资金100万元。

（二）鼓励引进国际国内知名跨境电商企业。对国际国内知名跨境电商企业和跨境电商第三方服务企业在大同设立全国性或区域性、功能性总部，跨境电商进出口额超过2亿元、1亿元、5000万元的，分别给予300万、150万、50万元的一次性资金奖励。

（三）鼓励新建跨境电商园区。经市综试办认定的新开设跨境电商园区，对入驻有实绩的跨境电子商务企业超过20家以上的，且年跨境电商在线交易总额达到2亿、4亿、6亿及以上的园区，给予园区主办方不超过100万、200万、400万的一次性资金补贴。跨境电商园区认定与管理的具体实施细则由市综试办另行制定。

（四）支持设立“线下展示、线上交易”的跨境电商体验中心。经认定的面积1000平方米以上，实现年交易额超过300万元以上的展示体验中心，给予企业三年、最高30%的房屋租赁和运营补贴（上限不超过50万元/年/企业）。

（五）支持通过园区落实税收优惠政策。按照财政部、税务总局、商务部、海关总署《关于跨境电子商务综合试验区零售出口货物税收政策的通知》规定，落实增值税、消费税免税政策和跨境电子商务零售出口企业核定征收企业所得税政策。对纳入综合公共服务平台、从事B2B业务的跨境电商企业，及时提供税收政策咨询和服务。

（六）鼓励跨境电商企业集聚发展。对跨境电子商务行业有带动作用的，成长性、市场潜力和影响力较强的重点企业及各类重点经营主体，每平方米每年进出口额达3000美元的，按年度实缴租金的30%给予场地租赁费补贴，上限不超过200万元，单个企业补贴不超过

3年。

二、鼓励跨境电商推广应用

（七）支持引流费用。对开展跨境电子商务、年交易额达到200万元以上的企业，给予用于跨境电子商务的国际搜索引擎、网络广告、第三方电子商务平台、网站建设支出费用30%的奖励或补贴（上限不超过10万元/年/企业）。

（八）支持发展我市跨境电商龙头企业。支持跨境电商企业在美国、欧盟、英国、日本等国际市场注册自有商标品牌、申请专利、申请VAT税号等，对于该项费用给予一定金额的补贴。对年成交额500万元以上企业的客户管理系统购买费用给予20%补贴（上限不超过50万元/年/企业）。

三、完善跨境电商服务体系

（九）支持线上公共服务平台建设。支持跨境电商综合试验区公共服务平台进行功能完善、系统升级，对平台在此方面发生的建设费用予以资金支持。

（十）支持线下综合园区平台建设。对海关特殊监管场所所进行的保障跨境电商行业发展进行的基础设施建设、软件升级、设备采购、平台测试等方面的实际支出予以支持。

四、支持跨境电商物流体系建设

（十一）鼓励物流企业和物流平台对接大同跨境电商综合服务平台。对符合综合服务平台智能物流项目入驻要求并提供服务产品的物流企业给予资金扶持，企业因开展直邮进口、保税出口业务而产生的国内物流服务费用，按20%予以补贴（上限不超过50万元/年/企业）；企业因开展一般出口、保税出口业务而产生的国际快递服务费用，按20%予以补贴。

（十二）鼓励企业建设公共海外仓。对建设跨境电商公共海外仓的企业，单个公共海外仓面积在2000平方米以上、经营满一年、且用于服务本地跨境电商企业30家以上，服务本地企业年出口额累计达到500万元的，对其建设及仓储设备投入费用给予30%的一次性资金扶持，最高不超过200万元。

（十三）鼓励企业租赁公共海外仓及保税仓库。对本地跨境电商企业在海外整体租赁海外仓或者保税仓库的，面积在1000平方米以上且为本市跨境电商企业提供服务、自身跨境电商货物提供服务满一年的，根据其服务效果、仓储服务数据，按照实际租赁费用支出给予一定金额的奖励或补贴（上限不超过100万元/年/企业）。

五、支持跨境电商金融服务体系建设

（十四）对年跨境电商交易额达到300万元以上、获得融资的跨境电商企业，给予不超过贷款实付利息40%资金补贴（上限不超过20万元/年/企业）。

（十五）支持园区设立跨境电商产业发展基金。建立园区、企业共同出资的跨境电商产业发展引导基金，或者引入海内外风投公司、天使投资基金，为跨境电商产业提供供应链金融服务的给予一定支持。

六、支持跨境电商人才体系建设

（十六）支持企业派员参加社会培训。对企业通过认定的社会培训机构（含跨境电商平台），对员工开展跨境电商专业培训，年培训超过100人次的企业，给予最高不超过5万元的补助。

（十七）鼓励社会培训机构开展跨境电商人才培训。对经市综试办认定的具备相应培训资质的社会培训机构，对其开展跨境电商人才培训予以资金支持，年度培训人数40人以上，按每人1000元给予补助，每家承办机构年补助额不超过30万元人民币。

（十八）鼓励各类院校开展跨境电商人才培训。对院校采购相关实操、实训课程以及进行课程共建、专业共建产生的费用予以30%的补助，每所院校每年补助不超过 20 万元。

七、其他

（十九）支持开展质量检验检测。对跨境电商企业支付给市综试办认可的第三方抽检检测费，给予全额补贴；样品购置费按 50%给予补贴。单个企业扶持金额不超过 50 万元。

八、附则

（二十）市政府根据我市经济发展情况和财力情况设立跨境电子商务发展专项资金，每年不少于 2000 万元。

（二十一）本意见适用于纳入大同跨境电子商务统计体系的参与跨境电子商务业务的企业。

（二十二）本意见由市商务局公布专项资金申报指南，并会同市财政局组织专家评审后进行申报、兑现。

（二十三）跨境电子商务专项资金纳入市财政年度预算，每年由市商务局向市财政提出预算申请。

（二十四）跨境电商企业交易额具体额度，由市商务局依据大同跨境电子商务平台申报数据或大同海关统计认定。

（二十五）本意见采取事后补贴的方式，对符合条件的跨境电商企业或社会团体给予资金补贴。

（二十六）本意见与我市其他优惠政策存在交叉的，由申报单位择优申请其中一项，不重复奖励。

（二十七）本意见如与国家、省、市有关规定抵触，按国家、省、市规定执行。

（二十八）本意见由大同市跨境电商综试区建设领导小组负责解释。

（二十九）本意见自 2021 年 12 月 24 日起实施。

大同市人民政府办公室

2021 年 11 月 24 日

企业名录

截至 2021 年 12 月 31 日，在大同跨境电商公共服务平台上注册并实际开展业务的企业名录见表 2-2。

表 2-2 大同市跨境电商企业名录

序号	企业名称	序号	企业名称
1	山西八爪鱼进出口贸易有限公司	5	大同国际陆港港务有限公司
2	大同沃飞科技有限公司	6	浑源亚联万家电子商务有限责任公司
3	山西盛捷科技电子商务有限公司	7	山西晟同昶众创空间有限公司
4	山西柏德贸易有限公司	8	山西同畅力德贸易有限公司

统计数据

2021 年大同市跨境电商进出口业务见表 2-3。

表 2-3　2021 年大同市跨境电商进出口业务明细表

区域	验放清单（万票）	货值（万元）	增长率（%）	上线商品种类（个）	备案电商企业（个）	上线企业（个）
浑源亚联万家电子商务有限责任公司	0.135	64	1.48	8	1	—
山西柏德贸易有限公司	0.0008	986	100	8	1	—
大同国际陆港港务有限公司	0.0001	127	—	2	1	1
山西盛捷科技电子商务有限公司	0.001	1016	100	24	1	—
大同沃飞科技有限公司	24.1299	3106	—	15	1	1
山西八爪鱼进出口贸易有限公司	43.3575	4151	100	3850	1	1
山西同畅力德贸易有限公司	0.0006	318	100	20	1	1
山西晟同昶众创空间有限公司	0.004	2959	100	1552	1	1
大同综试区	67.6289	12727	100	5479	8	5

大事记

2020 年 4 月 1 日，大同市商务局编制了大同跨境电子商务综合试验区建设可研报告，并正式向山西省商务厅提出了申报大同跨境电商综试区的申请，向省商务厅填报了《推荐城市及基本情况表》和《大同跨境电子商务综合试验区建设可研报告》。

2020 年 4 月 27 日，国务院发布了《关于同意在雄安新区等 46 个城市和地区设立跨境电子商务综合试验区的批复》，大同市成功入选第五批跨境电商综试区城市。

2020 年 5 月 15 日，“中国（大同）跨境电子商务综合试验区”启动仪式在大同国际陆港港务有限公司隆重举行。

2020 年 9 月 18 日，山西省政府印发了《关于印发中国（大同）跨境电子商务综试区建设实施方案的通知》。

2020 年 12 月 28 日，首届中国（大同）跨境电商创业大会暨跨境电商创业孵化园启动仪式在建国宾馆举行。本次大会由大同电子商务协会主办，大同海关、大同市商务局、晋能控股煤业集团外经贸公司支持，中国邮政集团有限公司大同分公司、大同市青年志愿者协会、淘宝大学大同基地、山西环球易贸跨境电商有限公司、山西迈达供应链管理有限公司协办，大同市跨境电商创业孵化园承办。会议召集市跨境电商领导小组成员单位及全市跨境电商参与单位和部门、外贸企业、电商企业等负责人参加，会上现场进行了部分项目签约仪式，园区与中国邮政大同分公司签订了战略合作协议书、与山西环球易贸跨境电商有限公司签合作（孵化）协议书，晋能控股煤业集团外经贸公司与山西迈达供应链管理有限公司签订了合作（海外仓）协议书等。根据协议，多方将在出口品牌培育、本土企业孵化、电商人才培养、国际物流服务等方面开展全方位合作，全力推动大同市跨境贸易产业高质量发展。

2021 年 3 月 2 日，大同市商务局与中国国际电子商务中心正式签署了《中国大同跨境电子商务综合试验区建设合作框架协议》。

2021 年 3 月 11 日，大同市电商协会在大同跨境电商创业园和快手平台上牵头举办“大同跨境电商论坛分享会”，有 40 多家跨境电商企业通过线上线下方式参加了本次分享会。

2021 年 5 月 29 日，晟尧跨境山西大同电商孵化基地在大同市凯旋城启动，这也是自 2020 年 4 月 27 日大同市正式获批国家级跨境电商综试区以来，第二家进驻的跨境电商孵化企业。

2021 年 6 月 17 日，大同市政府批复《大同市人民政府与深圳市跨境电子商务协会战略合作框架协议》。

2021 年 8 月 31 日，大同市首单跨境电商“9710”模式 B2B 直接出口业务顺利通关，这标志着大同市跨境电商外贸新业态新模式取得突破。

2021 年 10 月 14 日，大同海关、大同市商务局联合在大同海关举办了跨境电商新业态研讨会。

2021 年 11 月 24 日，大同市政府印发了《关于加快推进跨境电子商务发展的实施意见》。

2021 年 12 月 3 日，跨境电商 ICP 在大同市工信局完成备案。

2021 年 11 月 24 日，大同首家企业山西同畅力德贸易有限公司“9810”模式下出口日本海外仓 92350 美元成功完成，自此，大同市有了跨境电商海外仓。

徐州地区

2019 年 12 月 15 日，徐州市获批建设中国（徐州）跨境电子商务综合试验区（以下简称“徐州综试区”），成为全省第四家、淮海经济区首家获批城市；2020 年 1 月，获批成为国家跨境电商零售进口试点城市。

徐州综试区建设工作开展以来，徐州市商务局认真落实市委、市政府综试区建设决策部署，会同海关、税务、外汇管理、财政等部门和徐州经开区、新沂市、贾汪区等地，努力克服新冠疫情的不利影响，抢时间、赶进度，先后建成徐州综试区线上综合服务平台和线下货物监管场所等基础设施。2020 年 5 月 29 日，跨境电商网购保税零售进口“1210”模式完成首单业务，标志着徐州综试区正式启动运营，徐州市外贸新业态培育实现了新的突破。2020 年下半年，相继开通 B2B 直接出口“9710”模式、企业对海外仓出口“9810”模式。2021 年，在商务部综合考核中获得“成效较好”评价。

发展现状

一、坚持高位推动，徐州综试区建设进展顺利

（一）强化组织领导

徐州市委、市政府将徐州综试区建设列入全市深化改革重要内容和开放平台建设重点项目，成立徐州综试区建设工作领导小组，加强统筹协调，压实工作责任，全力推进徐州综试区建设。徐州市委、市政府主要领导多次对徐州综试区建设提出要求，调度工作情况，研究解决徐州综试区建设难题。

（二）强化顶层设计

经徐州市起草上报，省政府下发了《中国（徐州）跨境电子商务综合试验区实施方案》，明确了徐州综试区发展目标、发展定位、主要任务、重点工程和工作举措，为徐州市跨境电商发展指明了方向。

（三）强化政策扶持

徐州市政府出台了《关于加快推进中国（徐州）跨境电子商务综试区发展的意见》，在跨境电商平台建设、市场主体培育、产业园区发展等方面予以政策支持。

二、突出平台建设，徐州综试区功能逐步完善

（一）建成线上综合服务平台

依托徐州综保区，建设跨境电商公共服务平台，推动海关、税务、外汇管理等部门实现数据交换和互联互通，建立数据标准和认证体系；提供统一明确的标准化数据接口和接入流程，提高跨境电商企业通关效率；链接金融、物流、电商平台、外贸综合服务企业等资源，为跨境电商企业和个人提供全方位服务。

（二）建成跨境电商通关功能园

在徐州综保区跨境电商货物监管场所内，布设两条货物分拣线，设置运抵区、分级查验区、放行区等功能区，徐州海关在区域内设置了监管点，规范了操作流程，保证了各类货物有序快速通关。徐州保税物流中心（B 型）保税北库已布设分拣线和查验办公场所，基本完成改造，通过徐州海关验收。新沂保税物流中心（B 型）与敦煌网等跨境电商交易服务平台实现战略合作，着力提供外贸综合服务。

（三）着力建设跨境电商配套服务体系

积极推动国际邮件互换局的建设，预计 2022 年下半年投入使用。推动中欧班列对接线上综合服务平台，提供跨境电商物流服务，打造淮海国际陆港电商特色服务板块。2021 年 8 月 22 日，首趟徐州直通波兰跨境电商定制班列成功开行。加快推进产业园、海外仓培育工作，徐州市淮海国际跨境电商产业园等五家园区获评省级产业园，徐工集团肯尼亚海外仓、鑫瑞源食品有限公司印度尼西亚海外仓获评省级公共海外仓，同时还培育了九州学院孵化基地等 28 家市级服务载体，进一步拓展服务功能。

（四）创新监管服务模式

采用一次登记、简化申报、优先查验等有针对性的监管创新措施，开展跨境电商订单、支付单、物流单三单比对，企业通过国际贸易“单一窗口”向海关提交申报数据、传输电子信息，实现了全国通关一体化。积极探索无票免税、企业所得税核定征收等跨境电商税收政策，保障试点企业先行享受政策。

三、狠抓主体培育，徐州综试区实力得到发展壮大

（一）培育领军企业

采取资金扶持、资源对接等措施，大力培育本土领军企业。徐工电商、淮海控股、农爱田等一批本土领军企业迅速发展壮大，并列入省重点监测的企业培育库。

（二）招引行业龙头

大力开展精准招商，2021 年 7 月 6 日，徐州市政府举办了徐州跨境电商（杭州）投资推介会，10 个跨境电商重点项目成功签约。同时各县（市）区积极开展特色招商，苏州沃金网络、南京品诺等知名平台落户运营，为企业提供通关、融资等一条龙服务，进一步完善全市跨境电商生态链。

（三）培养专业人才

依托淘宝大学徐州培训中心、省市级电商人才培训基地以及相关教育机构，开设跨境电商特色班次，开展“定岗实训”人才培养，为加快跨境电商联动产业发展提供智力支持。积极开展跨境电商对接交流活动，先后与阿里巴巴全球速卖通、阿里巴巴国际站、亚马逊、虾皮网、eBay 等专业机构和主流第三方跨境电商平台开展交流合作，获得良好效果。其中，阿里巴巴国际站与徐州市签订战略合作协议，并与徐州市跨境电商公共服务平台对接数据资源，实现企业订单信息线上实时传递，成为全省首家与地市级公服平台对接的第三方线上 B2B 交易平台。

四、实施创新引领，徐州综试区加快建设进程

（一）大力发展垂直跨境电商平台

依托徐州市工程机械外贸转型升级基地优势，探索建设工程机械垂直跨境电商平台，展示产业链产品，精准营销推广，实现大件商品跨境出口。2021 年，徐工电商通过 Machmall 平台实现跨境交易额 2.2 亿元。

（二）试点特殊区域出口业务

针对跨境电商企业的碎片化订单出口过程中存在的一系列问题，会同徐州海关加强业务模式创新，积极试点“1210”特殊区域出口海外仓零售模式，进一步畅通出口渠道，提升跨境电商出口的合规性。2021 年 8 月 12 日，徐州市首票以跨境电商“1210”方式申报出口的半导体零部件在徐州综保区顺利通关，徐州市成为继无锡之后全省第二家成功开通运行“1210”特殊区域出口海外仓零售的城市。

（三）创新人才培养模式

依托徐州市丰富的高校资源优势，组建徐州市跨境电商产教联盟，联合中国矿业大学、徐州九州职业大学、江苏建筑职业技术学院等高职院校打造徐州特色跨境电商人才培养体系，积极探索构建“三阶段两方向”培训模式。起草跨境电商人才评价团体标准，设置理论知识、操作技能、专业素养等核心指标，增强人才建设的规范性和指引性。

配套文件

市政府关于加快推进中国（徐州）跨境电子商务综合试验区发展的意见

（徐政发〔2020〕22号）

各县（市）区政府，徐州经济技术开发区、徐州高新区管委会，市各委办局（公司），市各直属单位：

为加快中国（徐州）跨境电子商务综合试验区（以下简称“综试区”）建设，发展跨境电商新业态，推动线上线下融合发展，培育经济发展新动能，特制定如下意见：

1. 支持跨境电商平台发展。鼓励跨境电子商务交易平台为跨境电子商务企业提供创新服务。对新入驻实绩企业不少于100家且年跨境电商交易额超过2亿元的平台，给予平台奖励，最高不超过100万元。

2. 支持外贸综合服务平台发展。对经综试区建设工作领导小组办公室认定的外贸综合服务企业，服务企业数50家以上且经海关统计的当年跨境电商交易额超过2亿元的，超出2亿元部分按贸易额0.5%给予奖励，最高不超过100万元。

3. 支持跨境电商产业园区发展。对由各县（市）区推荐、经综试区建设工作领导小组办公室认定的跨境电商产业园区，授予其“中国（徐州）跨境电商综合试验区‘××园区’”称号。入驻有跨境电子商务实绩企业30家（含）以上且跨境电商交易额达到3亿元的，给予园区管理机构50万元一次性奖励；入驻有跨境电子商务实绩企业60家（含）以上且跨境电商交易额达到5亿元的，给予园区管理机构100万元一次性奖励。

4. 支持跨境电商企业发展。鼓励企业应用第三方跨境电子商务平台开展跨境电子商务业务，年度跨境电子商务交易额实现100万元（含）~500万元（含）的，按每100万元给予企业1万元一次性平台应用奖励，上限不超过5万元；支持企业做大做强，对年度跨境电子商务交易额500万元人民币以上的跨境电商企业按交易规模1%给予一次性奖励，最高不超过50万元；对开展跨境电商首单试点并完成拉通任务的企业，给予不超过15万元一次性奖励。

5. 支持跨境电商专业人才培训。支持各县（市）区联合综试区建设领导小组办公室认可的社会培训机构（高职院校），对企业员工开展跨境电子商务专业培训，每个培训班次不少于50人，时间不少于3天且年累计培训不少于500人的，给予每次培训2万元且年度不超过20万元补助。

6. 鼓励开展跨境电子商务运行监测。各县（市）区积极探索跨境电商运行统计、监测、分析办法，完善我市跨境电子商务运行统计监测机制，及时全面反映跨境电子商务交易数据情况，力争做到应统尽统。对经综试区建设工作领导小组办公室认可的跨境电子商务运行监测点，根据贸易额每年给予不超过5万元一次性奖励。

7. 支持本地仓储服务应用。支持跨境电商交易平台应用徐州本地公共集货仓储服务，按照平台企业租赁面积给予年度2万元/平方米的奖励，最高不超过10万元。

8. 鼓励物流服务企业入驻综合服务平台。对入驻市跨境电商线上综合服务平台并提供服务的物流企业给予资金扶持。年度服务5家以上企业且物流服务费达到50万元的，给予3万元的奖励。

跨境电商公共海外仓、创业孵化基地、品牌培育、境内外展博览会、出口信用保险等项目按现行商务发展资金使用办法执行。

在徐州市依法登记注册的独立法人（货运代理企业、报关企业、支付企业和物流企业不受此限制）；已取得开展相关业务的资格，切实履行申请承诺，诚信守法经营；在综试区跨境电商综合服务平台备案，开展跨境电子商务相关业务并纳入综试区跨境电子商务统计监测体系的园区和企业适用本意见。

以上奖补资金按照现行财政体制负担，本意见由市商务局、市财政局负责解释。

徐州市人民政府

2020年5月27日

企业名录

截至2021年12月31日，在徐州跨境电商公共服务平台上注册并实际开展业务的重点企业名录见表2-4。

表2-4 徐州市跨境电商企业名录

序号	企业名称	序号	企业名称
1	丰县英兰国际贸易有限公司	19	徐州贝特工具制造有限公司
2	徐州利卢木业有限公司	20	徐州铁手五金工具制造有限公司
3	徐州海莹工艺有限公司	21	徐州巨力工具制造有限公司
4	徐州恒倍舒医疗科技有限公司	22	徐州东鹏工具制造有限公司
5	徐州优冠植保机械有限公司	23	徐州宝园食品有限公司
6	徐州米莱纺织有限公司	24	徐州科林家具制造有限公司
7	新创意工艺品有限公司	25	徐州金虎工具制造有限公司
8	徐州康之美桑拿设备有限公司	26	徐州宏昌蒜业有限公司
9	徐州三胜桑拿设备有限公司	27	徐州恒大食品有限公司
10	徐州沃德桑拿设备有限公司	28	邳州恒丰宝食品有限公司
11	徐州优派特宠物食品有限公司	29	邳州市天源蒜业有限公司
12	徐州好琪生物科技有限公司	30	江苏福多美生物科技有限公司
13	徐州昊德照明有限公司	31	江苏黎明食品集团有限公司
14	江苏永琼家具有限公司	32	江苏鑫瑞源食品有限公司
15	徐州龙启翔国际贸易有限公司	33	徐州昌裕进出口贸易有限公司
16	江苏上达半导体有限公司	34	徐州苏易进出口贸易有限公司
17	江苏利源包装有限公司	35	徐州爱德龙木业有限公司
18	徐州聚力健身器材有限公司	36	徐州佰盛金属科技有限公司

续表

序号	企业名称	序号	企业名称
37	徐州盛和木业有限公司	59	徐州兰士健身器材有限公司
38	徐州兄弟富鑫进出口贸易有限公司	60	徐州伟力健体育用品有限公司
39	江苏兰蒂斯木业有限公司	61	徐州市贾汪区俊凯体育用品有限公司
40	徐州飞亚木业有限公司	62	徐州奇峰体育用品有限公司
41	徐州益和木业有限公司	63	江苏瀚宝建材有限公司
42	江苏同成利国际贸易有限公司	64	徐州博利特进出口贸易有限公司
43	江苏伟森家居有限公司	65	徐州巽博玻璃制品有限公司
44	徐州帝伦木业有限公司	66	尚特（徐州）贸易有限公司
45	江苏新维克生物科技有限公司	67	徐州贸亚玻璃制品有限公司
46	徐州莱亚进出口贸易有限公司	68	蝶恋工贸（徐州）有限公司
47	徐州丽君工艺品有限公司	69	江苏弗瑞仕环保科技有限公司
48	徐州加力多进出口贸易有限公司	70	徐州嘉泰国际贸易有限公司
49	徐州百利兴国际贸易有限公司	71	徐州思必得包装制品有限公司
50	阿珂姆建材徐州有限公司	72	徐州坦库国际贸易有限公司
51	新沂新昆金属制品有限公司	73	江苏省精创电气股份有限公司
52	徐州亮华环保科技有限公司	74	江苏欧曼电子设备有限公司
53	徐州木槿花科技有限公司	75	徐州恒兴金桥机械科技有限公司
54	江苏圣锦硅业新材料有限公司	76	徐州龙安电子科技有限公司
55	江苏农爱田生物科技有限公司	77	徐州万达回转支承有限公司
56	金易顺进出口贸易（徐州）有限公司	78	徐州润琪环保科技有限公司
57	徐州凯尔农业装备股份有限公司	79	徐州洛基国际贸易有限公司
58	徐州慧体健康科技有限公司		

统计数据

2021 年，徐州市跨境电商出口业务情况见表 2-5。

表 2-5　2021 年徐州市跨境电商进出口业务明细表

验放清单（万票）	消费者（人）	货值（万元）	增长率（%）	税款（万元）	上线商品种类（个）	备案电商企业（个）	上线企业（个）
0.8876	2108	476.6	233.81	43.37	315	4	5

大事记

2020 年 1 月，徐州市获批成为国家跨境电商零售进口试点城市。

2020 年 5 月 29 日，跨境电商网购保税零售进口“1210”模式完成首单业务。

2020 年 7 月 31 日，跨境电商 B2B 出口“9710”模式完成首单业务。

2021 年 7 月 6 日，徐州市政府举办了徐州跨境电商（杭州）投资推介会，10 个跨境电商重点项目成功签约。

2021 年 8 月 12 日，徐州市首票跨境电商“1210”特殊区域出口海外仓零售模式在徐州综保区顺利通关，成为全省第二家成功开通“1210”特殊区域出口海外仓零售的城市。

2021 年 8 月 22 日，首趟徐州直通波兰跨境电商定制班列成功开行。

厦门地区

2020—2021 年，厦门市认真贯彻落实国家跨境电商政策，结合自由贸易试验区改革创新优势，完善“两平台六体系”、提升服务能力、强化主体培育、加强品牌建设、努力探索创新，中国（厦门）跨境电子商务综合试验区（以下简称“厦门综试区”）各方面稳步发展。

发展现状

厦门综试区总体情况

厦门及周边汇集近万家跨境电商企业，跨境电商业务所需的软硬件设施完备，目前海关总署发布的四类跨境电商模式（“9610”“1210”“9710”“9810”）都已常态化开展。厦门综试区吸引亚马逊、京东、阿里巴巴、虾皮网等跨境龙头平台入驻，物流、金融、营销、直播等众多服务商集聚，带动鞋服、箱包、玩具、五金机电等传统产业集群跨境出海，助力光电、消费电子、厨卫、体育户外等新兴产业集群迅猛发展。

据业内评估，2021 年厦门跨境电商出口商品交易规模约 100 亿美元。在 2021 年商务部对全国 105 个综试区考核评估中位列建设“成效明显”（第一档）。

（一）平台建设

1. 线上平台

持续完善线上平台——跨境电商公共服务平台服务能力，无缝对接海关、税务、外汇管理等监管部门，覆盖“9610”“1210”“9710”“9810”等业务模式，保持平台顺畅。该平台与厦门国际贸易“单一窗口”融合，功能涵盖信息共享、金融服务、智能物流、电商诚信、统计监测、风险防控等，有效支撑跨境电商业务开展及监管需求。创新跨境电商出口收汇功能，对接银行系统，为企业结汇提供出口数据支撑，引导企业通过跨境电商公共服务平台自主办理收汇业务。实现与信用体系联动，对跨境电商企业特别标注，并在公共服务平台实现跨境电商企业信用查询。根据财政部、国家税务总局、海关总署、商务部《关于跨境电子商务综合试验区零售出口货物税收政策的通知》规范完善跨境电商税务信息登记系统，实现自动从企业申报信息中获取生产销售单位信息。不断探索非贸统计、企业托管、验证式购买等可行性方案，提升服务能力。

2. 线下平台

依托企业资源及监管配套，形成寨上、象屿、机场、海沧等线下产业集聚区，各区错位发展、各具特色，区内围绕自身特色业务的相关物流、金融、孵化、营销、品牌、设计、直播等跨境电商产业要素进一步聚集，为跨境电商企业入驻发展提供一站式服务。

寨上园区依托厦门跨境电商产业园及中国邮政邮快件监管中心，建设跨境电商综合运营基地，重点发展海运邮快件和跨境电商进出口业务（“9610”）。厦门跨境电商产业园新增使用面积 3.2 万平方米，建设电商直播、独立站等生态服务基地，总面积达 13.7 万平方米，已发展成为以亚马逊全球开店厦门产业园为龙头，物流供应链服务基地、综合服务基地、生态服务基地相辅相成的国家电子商务示范基地。

机场园区依托雨果网、厦航等龙头企业，着力打造进出口品牌孵化营销中心。大力对接韩国跨境电商主流平台，帮助小狗、德尔玛、安兰等 20 多个国内品牌进入韩国。雨果跨境也获得 Facebook 官方最佳新客户开发奖（Best Acquisition Award）。同时，雨果跨境在华南、华东举办跨境选品大会，业内影响力不断增强。

（二）物流渠道拓展

发挥厦门地缘优势，构建多模式、多渠道、多式联运的“海、陆、空”国际物流体系，形成厦门跨境电商特色通道。发挥对台区位优势，设立菜鸟对台货物集运仓，开通“厦门—金门—高雄”等厦台海运航线，在金门、高雄设立“海外仓”，打通两岸快捷便利“厦门—台湾—北美”双向物流新通道。克服新冠疫情影响，增设往荷兰、美国等全货机洲际航线。引入跨境“电商快线”——以星快线，15天直达美国洛杉矶港；开通厦门—马尼拉点对点海运快线，以低成本海运媲美空运模式，服务精细、专业、便捷，满足高时效性企业需求，成为海运通道有力补充。启动厦门多式联运“一单制”试点，实现“一次委托、一次付费、一单到底”全程管控，探索多式联运对接及区域对接单证标准化。

（三）主体培育

配套一系列政策，支持主体做大做强。出台相关政策优化跨境电商物流环境，支持建设、运营、应用海外仓等。出台《厦门市加快境外航空货运高质量发展的若干措施》，支持航空货运包机业务，拓展跨境电商货运特洲际航线。

（四）环境优化

厦门市跨境电商协会、跨境电商联盟海西汇在业内具有较强影响力。2021年，厦门综试区各协会组织、媒体、园区、平台密集在厦举办活动，对接服务厦门跨境卖家，呈现出良好的跨境电商产业发展氛围。2021年共组织跨境电商宣传对接活动近百场，与境内外团体交流九场。

亚马逊与华厦学院、厦门理工学院等院校合作开设专业课程；厦门海洋职业技术学校、厦门兴才技术职业学校、厦门工学院、厦门信息学校等院校合作推进eBay“E青春人才计划”。厦门优优汇联信息科技有限公司“跨境电子商务多平台运营职业技能等级证书”入选教育部第四批“1+X”证书名单。加快人才培育，2021年厦门亿丰商学院、厦门优优汇联信息科技有限公司等机构开展培训近8000人次。

2021年，成功举办首届中国厦门国际跨境电商产业展览会，展会涉及服务体系、产业细分领域等跨境电商全产业链，同时配套二十余场高峰论坛和活动。据不完全统计，此次展会累计参观客流总量达62281人次，意向订单额超过6亿元，覆盖全国30个产业带，是目前国内跨境电商题材展会中产业最齐全的专业展会。中央电视台新闻直播间对展会进行了特别报道，展会期间设立厦门综试区展台，厦门综试办积极参加相关论坛和活动，宣传厦门综试区产业、营商环境、政策等。展会总体取得积极效果，后续将每年举办一届。

（五）国际合作

积极参与亚太示范电子口岸合作试点项目，上线出口航空电子货运平台，在全国率先实现空运出口电子“一单多报”，实现与亚太地区国家间信息传输和共享，同时积极探讨通关、物流等方面的标准和国际规则，推进区域通关一体化。

（六）探索创新

1. 建设厦台海运通道，拓宽物流渠道

积极发挥对台地缘优势，开通厦台海运快件业务，对接台湾航空运力实现“海空联运”，开辟“厦门—台湾—北美”双向物流新通道，为企业提供高效、经济、多样的物流选择。经厦台两地共同努力，分别在高雄港、台北港设立海运快件处理专区；2020年在高雄、金门两地设立“海外仓”，并对台北港处理专区进行扩容改造，扩建了“五进两出”的处理流水线；2021年积极打造推广“厦门—金门—高雄”新通路，开通中外运集货仓。目前，通道运行稳定，业务规模不断扩大，厦台海运已成为两岸跨境电商发展的有力支点。

2. 创建厦门品牌出海网站，推动区域品牌出海

为提升厦门区域优势品牌影响力，厦门着力创建“AMOY BRAND”——厦门品牌出海门户网站，助力厦门优质品牌出海。该网站围绕本地产业特色，推广服装、卫浴、运动、箱包、消费电子、工艺品、鞋、汽配等八大重点品类。已有136家品牌企业在该网站上线4800多个产品，国外用户数来自235个国家和地区，成为厦门品牌抱团出海的有效渠道。

3. 开展跨境电商综合服务业务试点，支持新业态发展

发挥厦门综试区先行先试优势，结合跨境电商出口服务实际，开展跨境电商综合服务业务试点。对具备综合服务信息平台，服务厦门及周边跨境电商卖家达一定规模，纳入跨境电商公共服务平台数据管理，并就服务收入依法纳税的跨境电商综合服务企业实行备案管理。各相关管理部门本着“支持创新、审慎包容”的原则给予业务指导及政策支持，相关金融机构给予信保、融资方面支持，支持跨综服企业不断提升平台功能、服务范围及效率、风险防控等服务能力，做大跨境电商业务规模。

4. 创新企业自主收汇模式，助力阳光收汇

此前跨境电商企业出口收汇主要通过第三方支付企业进行，收汇过程中存在清关材料不完整、真实性无法核验等问题。为解决企业结汇规范问题，依托厦门跨境电商公共服务平台，建设包含企业、外汇管理、银行等应用服务的跨境电商出口收汇业务系统。通过企业提供平台订单数据，数据与公共服务平台上的跨境电商数据进行对碰验核，将验核通过后信息形成“跨境电商出口收汇汇总清单”，提供给银行作为企业收汇业务辅助证明材料。企业通过跨境电商公共服务平台自主办理收汇业务，提升了跨境电商出口结汇便利化、规范化水平。

5. 打造厦门口岸航空电子货运平台，提升航空口岸便利化

厦门口岸航空电子货运平台是厦门与亚太示范电子口岸网络（APMEN）合作的试点示范项目，该项目的成功上线，标志着厦门走出关境、对接国际空港口岸方面取得重大突破，厦门空港口岸迎来全面电子货运时代。进口运单电子化在全国首创“单一窗口+空运物流”模式，作业效率提升了90%以上。厦门口岸航空电子货运平台于2021年上线，率先全国实现空运出口“一单多报”（减少六种纸面单证），将货代外勤工作量减少70%以上，每年可为企业节省约1000万元成本。该平台全面整合航空口岸进出口业务，降低企业成本，提升了区域货运标准化、规范化、便利化水平，为对接国际标准提供实践经验。

6. 成立跨境电商知识产权基层服务站，防控企业风险

福建省首个跨境电商知识产权基层服务站的成立，有效地化解了海外开展跨境电商业务时面临的侵权风险和知识产权纠纷。服务站引入湖里自贸法庭、北京必浩得、万晟佳音（厦门）、厦门市鹭江公证处、福建自晖律师事务所、湖里区法学会自贸区法学研究会、中国人保财险厦门分公司等七家知识产权公益辅导协同单位，为企业提供跨境电商产品知识产权侵权风险预判、国外法律及商业规范等公益服务，避免企业陷入后续侵权纠纷。服务站设立在企业密集的厦门跨境电商产业园内，作为海外拓展市场中知识产权“防未病”的尝试举措，深受企业欢迎，成为园区服务一大特色。

配套文件

厦门市人民政府办公厅关于印发加快境外航空货运高质量发展若干措施的通知

（厦府办规〔2021〕4号）

各区人民政府，各开发区管委会，市直各委、办、局：

《厦门市加快境外航空货运高质量发展的若干措施》已经第134次市政府常务会议研究同意，现印发给你们，请认真组织实施。

厦门市人民政府办公厅

2021年4月19日

厦门市加快境外航空货运高质量发展的若干措施

为推进厦门对外贸易创新发展，提升国际化水平，现就加快本市境外航空货运高质量发展制定如下措施。

一、支持开通境外货运航线

（一）对新开通洲际定期货运航线，单个运营主体年度运营达48班（含）以上的，按下列规定给予补贴：

1. 往返飞行时长在22小时（含）以上不足28小时，使用机型最大业载在40吨（含）以上不足80吨的，首个运营年度每个航班补贴72万元；使用机型最大业载在80吨（含）以上的，首个运营年度每个航班补贴108万元。往返飞行时长在28小时（含）以上的，按前述规定每班次增加10%的补贴；往返飞行时长不足22小时的，按前述规定每班次减少10%的补贴。

2. 第二个和第三个运营年度的补贴，分别按首个运营年度补贴规定的90%和80%计算。

3. 根据使用机型最大业载的不同，每个运营年度单条航线补贴最高不超过5600万元和8400万元。

（二）由第二家及以上运营主体开通的厦门机场已有洲际定期货运航线，按新开通洲际定期货运航线补贴标准的70%执行，最高不超过年度补贴上限的70%（含）。

（三）新开通亚洲（不含港澳台，下同）定期货运航线，单个运营主体年度运营达96班（含）以上的，按下列规定给予补贴：

1. 往返飞行时长不足8小时，使用机型最大业载在10吨（含）以上不足30吨的，首个运营年度每个航班补贴10万元；使用机型最大业载在30吨（含）以上不足60吨的，首个运营年度每个航班补贴15万元；使用机型最大业载在60吨（含）以上的，首个运营年度每个航班补贴20万元。往返飞行时长在8小时（含）以上的，按前述规定每班次增加10%的补贴。

2. 第二个和第三个运营年度的补贴，分别按首个运营年度补贴规定的90%和80%计算。

3. 根据使用机型最大业载的不同，每个运营年度单条航线补贴最高不超过1000万元、1600万元和2100万元。

（四）新开通港澳台地区定期货运航线的，分别按往返飞行时长不足8小时的新开通亚洲定期货运航线补贴标准的25%执行，最高不超过年度补贴上限的25%（含）。

（五）开通非定期境外货运包机航线，且厦门机场无该航点定期货运航线，洲际航线年度运营达24班（含）以上的，亚洲航线年度运营达48班（含）以上的，分别按新开通定期境外货运航线补贴标准的50%执行，最高不超过年度补贴上限的50%（含）。

（六）开通使用客机执飞不载客的境外货运航线，洲际航线年度运营达48班（含）以上的，亚洲航线年度运营达96班（含）以上的，分别按新开通境外定期货运航线补贴标准的70%执行，最高不超过年度补贴上限的70%（含）。

（七）在本措施生效前已开通且仍在营运的境外定期货运航线，洲际航线按新开通洲际定期货运航线补贴标准的5%、亚洲和港澳台航线均按新开通亚洲定期货运航线补贴标准的10%执行。单个运营主体每个运营年度补贴最高不超过500万元和300万元。

二、优化境外航空货运通关条件

（一）支持开展口岸创新业务，实施航空快件国际中转集拼业务，将境外货物经境外航班运抵厦门机场，实现中转货物“电子申报、数据核放”，根据不同国家或地区目的地中转。

（二）推进口岸保障能力建设，适时推进厦门机场货运实施“7×24小时加班制”，提升航空口岸空运服务能力，降低快件及跨境电商货物分拨转运的时间成本和物流成本。

三、服务保障

（一）市交通运输局会同市财政局根据本措施，研究制定本市境外航空货运有关补贴措施的申报指南。

（二）市财政局、市审计局等部门应当加强对补贴资金的监管，发现有提供虚假材料骗取、套取补贴资金的，依法追回已拨付的补贴资金，按照《财政违法行为处罚处分条例》（国务院令第427号）等相关规定对有关单位、相关责任人员予以处理，情节严重涉嫌构成犯罪的，依法移送司法机关处理，并按规定将相关信息推送本市信用平台。

四、其他事项

（一）本措施适用于在本市进行商事登记且具有独立法人资格运营境外货运航线的航空运输企业、货机包机企业、境外航空企业在厦常驻代表机构。

（二）本措施由市交通运输局、市财政局按职责负责解释。

（三）本措施自2021年1月1日起执行，有效期至2023年12月31日。

典型案例

搭建外贸综合服务平台
打造东南亚商贸中心

——东南亚采购集散中心发展历程

一、基本情况

东南亚采购集散中心位于“中国休闲服装名城”“商贸之都”——石狮市国际轻纺城1号楼，是由中泰（石狮）供应链管理有限公司运营的项目。在石狮市获批福建省首个国家级市场采购贸易方式试点城市、全国预包装食品出口试点城市的政策背景下，由泰国石狮同乡总会暨泰国石狮商会牵头并由政府批复成立，同时也是福建省、石狮市政府重点支持的全省共享推广平台。

东南亚采购集散中心以“让跨境贸易更简单”为使命，将东南亚地区作为主要目标市场，“以侨架桥”依托于泉州丰富的“侨”元素，充分调动侨乡、侨胞、侨商经济资源，汇集侨力发挥侨智，全力打造福建省贸易服务强、营商环境优的“实体市场+一站式服务平台”标杆，让中小企业真正做到“在家门口也能做外贸生意”，发挥东南亚采购集散中心作为福建省外贸综合服务平台的优势，辐射和带动周边市场和产业集群的入驻。

2020 年 11 月 17 日，狮城扬帆、商联全球，东南亚采购集散中心在一片欣欣向荣的蓬勃景象中正式揭牌成立。在泉州市商务局和石狮市政府的支持和指导下，东南亚采购集散中心贯彻新发展理念，主动融入双循环新发展格局，聚焦泉州“强产业、兴城市”双轮驱动，逐步形成集产品、平台对接、数据化服务、办公、仓储配套、物流配送、人才输送、孵化共创、第三方运营服务、公共服务为一体的电子商务全产业链综合服务项目。

作为向全省复制推广市场采购贸易方式试点的共享入驻平台，东南亚采购集散中心通过“线下产业馆入驻”和“线上侨易邦入驻”双窗口，链接买卖双方，搭建线下线上同步的选品中心，将福建省特色产业面向全国乃至全球推广。

东南亚采购集散中心项目发展运营至今得到了社会各界人士的广泛认可，被授予“海外华裔青年跨境电商实训基地”“世界泉州青年联谊会创新创业基地”“全球跨境直播基地”“职业技能考核鉴定机构”等荣誉称号。

二、重要活动

2019 年 12 月 14 日，“石狮市政府市场采购贸易方式试点”与“石狮市东南亚采购集散中心”推介会泰国站在曼谷举行。

2020 年 4 月 18 日，石狮市商务局主办首届中国（石狮）网上直播交易会，东南亚采购集散中心作为分会场开展直播带货活动。

2020 年 11 月 17 日，狮城扬帆、商联全球，在福建省政府侨务办公室的指导和泉州市政府外事侨务办公室、世界福建青年联合总会主办的第二期闽侨青年精英海丝情活动暨东南亚采购集散中心推介会上，东南亚采购集散中心正式揭牌成立。

2021 年 1 月 23 日，由石狮市政府主办的跨境电商石狮 GO 中国石狮跨境电商发展（线上）峰会在东南亚采购集散中心举行。

2021 年 4 月 18 日，东南亚采购集散中心作为海丝博览会分展区，进行了跨境电商培训+直播活动。

2021 年 7 月 16 日，在福建省侨联的指导和泉州市侨联、泉州市商务局等部门的支持下，东南亚采购集散中心承办了首届“亲情中华·海外华裔青年（小语种国家）跨境电商培训——寻根之旅夏（冬）令营回营日活动”。

2021 年 9 月 10 日，为促进海外华侨华人积极参与“一带一路”建设，推动海上丝绸之路电商发展，由石狮市政府侨务办公室、石狮市贸易促进委员会会联合举办的首期“RCEP 海丝商贸·青年侨商跨境电商培训班”在东南亚采购集散中心顺利举行。

2021 年 12 月 27 日，由福建省政府侨务办公室、福建省商务厅、共青团福建省委主办，泉州市政府侨务办公室、泉州市商务局、石狮市政府承办的首届“RCEP 青年侨商创新创业峰会”在石狮成功举办，东南亚采购集散中心作为分会场组织全省各地企业以“前展后厂”的形式共享石狮市场采购贸易方式试点政策红利。同时，在此次峰会上东南亚采购集散中心全球发布推出了有 23 个国家海外联络处、以 51 个国家海外侨商为代表的，首个面向全球华人、华侨的跨境贸易服务平台——侨易邦（mall. ctsss. com）。

三、服务特点

（一）侨易邦

2021 年 12 月 27 日，汇聚侨商、凝聚侨智、发挥侨智，在青年侨商创新创业峰会上，侨易邦正式上线启动。

侨易邦是东南亚采购集散中心推出的一个面向全球华人、华侨的跨境贸易服务平台，汇集了工具与运营服务功能为一体，从基础产品采集上架、采购、国内外仓储到商品履单服务，到电商精细化运营及孵化，为跨境电商从业者提供一站式服务。主要功能包括选品供货、海外仓储、物流配送、共创孵化、直播带货等，能够为不同场景需求提供优质合适的解决方案，满足不同阶段跨境电商卖家的需求。

截至 2022 年 10 月，侨易邦共入驻品牌厂家 1862 家，产品链接 7 万余个，SKU（库存量单位）总数破百万。

（二）地方特色产业馆

东南亚采购集散中心通过集群产业馆模式吸引福建各地特色产业以产业馆形式入驻，配合中心高效商选、人货匹配、一件代发的服务，链接买卖双方，助力企业跨境无忧。

截至 2022 年 10 月，德化、安溪、惠安、南安、永春、洛江、台商、武夷山（南平）、建宁（三明）、清流（三明）、宁德、连江等 12 个县（市、区）均已通过产业馆的形式入驻，为福建“名优特”商品建立海外销售渠道。

（三）共创孵化

东南亚采购集散中心开展抖音、亚马逊、虾皮、Lazada、TikTok 等多平台的跨境电商培训，精准帮助商户把握跨境电商新机遇，针对跨境电商运营、海外直播服务进行人才孵化，结合虾皮、Lazada、TikTok 为主的东南亚高市场占有率跨境平台的优势，通过系统化的理论与实操教学，深化产教融合，培养跨境电商思维与运营能力，为企业输送年轻有活力的跨境电商人才。目前，东南亚采购集散中心已与九家高校达成跨境电商实训战略合作。

（四）物流、收汇

东南亚采购集散中心提供海丝速通物流服务，与中国外运、华贸物流等知名企业就物流、报关、国际货运代理等模块展开深度合作。为跨境企业提供物流服务，涵盖整箱、拼箱、散杂货、大宗货等货物的海运、陆运、空运的代理业务。为客户提供免票出口、快速通关、安全阳光收汇等规范合法、安全高效的便捷服务。

（五）海外仓

东南亚采购集散中心引导布局海外仓，日益完善全球供应链服务。截至 2022 年 10 月，已对外开放菲律宾、泰国、印度尼西亚、马来西亚、越南等多国多仓。为贸易公司及跨境电商卖家提供海外仓储、软件管理系统、一件代发、本土资源咨询及金融等服务。发挥中心基地作用，建立了 23 个海外联络处，对接洽谈商品贸易、培训、海外仓合作意向，推动福建特色产品销往海外。

四、愿景目标

东南亚采购集散中心始终以“让跨境电商更简单”为使命，打好“侨”牌，最大限度地调用侨商资源赋能跨境电商工作，帮助中小企业拓宽海外市场，让更多国内商户直接面对全球买家，实现在家门口也能作外贸生意。充分发挥侨易邦平台优势，打造以面向华人、华侨为特色的国际贸易采购跨境电商一站式服务平台为愿景，为中国跨境电商健康发展提供可复制、可推广的经验。

大事记

2020 年 7 月，厦门获批全国首批跨境电商“9710”“9810”试点。

2020 年 10 月，“AMOY BRAND”——厦门品牌出海门户网站上线。

2021 年 2 月，厦门口岸航空电子货运平台上线。

2021 年 4 月，厦门市出台《厦门市加快境外航空货运高质量发展的若干措施》。

2021 年 6 月，成功举办首届中国厦门国际跨境电商产业展览会。

漳州地区

2020年4月，漳州市成功获批中国（漳州）跨境电子商务综合试验区（以下简称“漳州综试区”）。一年多来，漳州市着力先行先试，大胆实践，在各级各部门的共同努力下，试点试验工作总体进展顺利，并取得阶段性明显成效。2021年，全市跨境电商交易额达7.5亿元，有力推进漳州市外贸实现平稳较快增长。

发展现状

一、主要做法

（一）强化组织领导

漳州市委、市政府高度重视漳州综试区工作，成立了由市主要领导任组长、分管领导任副组长、各相关单位主要领导为成员的工作领导小组。市领导多次深入企业调研，主持召开专题会、企业家座谈会，听取跨境电商工作的意见、建议，推进相关工作的开展。2021 年 3 月，市编委批准成立漳州市电子商务服务中心，负责做好漳州综试区工作。

（二）强化工作落实

1. “一张清单”抓落实

制定印发《漳州市跨境电商综试区工作任务清单》，梳理分解出十大重点推进项目，逐一明确责任单位、责任人和完成时限，形成任务清单，实施“挂图作战”。

2. “一套机制”抓落实

建立市县协同联动机制，实行地方、海关、税务、外汇管理、金融、邮政等成员单位联席会议制度。

3. “一支队伍”抓落实

成立漳州综试区领导小组，下设办公室，同时组建市、县跨境电商工作专班，切实加强统筹协调和实施推动。

（三）强化学习创新

市、县领导及工作团队围绕漳州综试区试点，通过邀请专家、行家来漳讲座、举办沙龙、业务培训、编发工作简报、赴先进地区学习考察等多种方式，宣传跨境电商综试区政策，推广先进经验做法，并结合漳州本地实际，积极探索跨境电商新业态新模式，推进新通关模式首票业务开通，全力推动漳州市跨境电商业务的开展。

二、主要成效

（一）实现“三个率先”

1.《实施方案》率先获批

《中国（漳州）跨境电子商务综合试验区实施方案》经市政府常务会、市委常委会研究通过后，于 2020 年 7 月 15 日报请省政府办公厅正式印发。

2. 扶持政策率先出台

于 2020 年 10 月 10 日正式印发《推进中国（漳州）跨境电子商务综合试验区建设六条措施》，政策的单项奖励最高达 200 万元。

3. “业务首单”率先开展

2020 年 7 月 16 日在漳州海关申报的首票以“9710”模式货物于顺利通关。7 月 28 日，漳州东方智能仪表有限公司采用“9810”模式报关申报成功出口美国海外仓。

（二）实现“三个创新”

1. 探索“保税+新零售”模式

探索依托漳州市台商投资区保税物流中心（B 型）平台的优势，在漳州碧湖万达广场设立线上线下平台，构建跨境电商商品展示交易区，适用于高频复购、保质期较长的商品进入保税物流中心（B 型）仓储，再进行网上零售，通过快递送达，并于 2021 年 4 月 1 日顺利完成“1210”模式进口业务。

2. 创新跨境电商平台建设模式

充分发挥市、县（区）国企在跨境电商平台建设的主力军作用，突出公益和服务属性，组建漳州信息产业集团跨境电商公共服务有限公司，全程参与漳州跨境电商的线上线下重点平台建设。

3. 创新跨境电商人才培养模式

强化“政、校、企、协”合作，推进“产、学、研、用”融合，依托闽南师范大学、漳州职业技术学院等在漳州的院校，组建漳州跨境电商研究中心，从理论研究、人才培养（培训）、项目引进和社会等方面着力，建设服务地方跨境电商新型科研平台，从源头上打造本土人才队伍。

（三）实现“三个突破”

1. 通关模式覆盖有新突破

漳州市于2020年7月分别开展了“9710”“9810”首单通关，2021年4月1日完成“1210”模式进口首单业务。目前，正加快国际快件监管中心建设，投入运营后，即可开展“9610”零售进出口业务，实现跨境电商四种新通关模式全覆盖。

2. 龙头企业引育有新突破

引进跨境电商大龙网等跨境电商企业落户漳州；引导东方智能仪表、青蛙王子等多家企业通过新通关模式开展出口业务。

3. 平台建设有新突破

漳州市跨境电商线上公共服务平台于2021年3月正式投入运营。此外，还重点推进外商投资区国际快件监管中心等建设，预计将于2022年实现试运营。

三、下一步工作思路

目前，漳州综试区虽然取得了阶段性成效，但也存在一些问题。例如，基础配套薄弱，服务体系不够健全；龙头企业较少，产业链条不够完整；发展力量不足，人才政策不够完善等，在下一步的工作中将着力解决，实现漳州市跨境电商高质量发展。

（一）进一步健全服务体系

要进一步发挥政策优势，进一步加强软硬件建设，着力推动体制机制创新。

1. 做好企业辅导

及时将国家、省、市出台支持跨境电商发展的政策宣传到企业，引导本地企业拓展跨境电商业务，吸引外地企业到漳州开展跨境电商业务，鼓励企业做大做强。

2. 加快项目建设

在纳入跨境电商零售进口试点范围的基础上，加快建设国际快件监管中心，推动综试区、保税物流中心、电商零售进口试点等优惠政策叠加。

3. 强化技术支撑

进一步完善线上跨境电商公共服务平台功能，真正做到“一次注册、一网通看、一网通查、一网通办”。

（二）进一步完善产业链条

针对当前跨境电商产业薄弱环节，持续构建完整的跨境电商产业链条和生态闭环。

1. 持续招大引强

着力引进平台型龙头企业和跨境电商服务企业，为漳州市跨境电商企业提供通关、物流、仓储、融资、检验检测认证等全方位服务。

2. 推动产业融合

围绕跨境电商园区建设，辐射拓展生活服务、文化旅游等相关行业融合发展，全力打造集“平台—货源—仓储—物流—售后”于一体的跨境电商产业园，助力漳州“买全球，卖全球”。

（三）进一步补齐人才短板

针对促进跨境电商专业人才集聚出台扶持措施，在贷款贴息、场地办公和人才补助方面予以政策倾斜，落实引进高层次人才居住、落户、医疗、子女就学、创业就业、税收优惠等相关政策待遇，争取引进海内外高端的跨境电商人才和团队来漳州工作和创业。强化校企合作，推进产教融合，依托闽南师范大学、漳州职业技术学院等本地院校，从源头上打造本土人才队伍。

（四）进一步强化品牌建设

鼓励企业加大对品牌创新的资金投入，针对某一细分领域深入挖掘，做“小而美、专而深”的专业品牌。针对国际市场需求和标准，积极研发拥有企业自主知识产权的新产品，不断提高产品的技术含量和附加价值。充分挖掘漳州特色、优势产品品类，与知名平台联合开展线上直播、线上展会等活动，主动宣传推介漳州产品，打造“互联网+漳州制造+自主品牌国际化”的发展道路。

配套文件

福建省人民政府办公厅关于印发《中国（漳州）跨境电子商务综合试验区实施方案》的通知

漳州市人民政府，省商务厅：

根据《国务院关于同意在雄安新区等46个城市和地区设立跨境电子商务综合试验区的批复》（国函〔2020〕47号）要求，经省政府同意，现将《中国（漳州）跨境电子商务综合试验区实施方案》予以印发，请认真组织实施。请省商务厅牵头及时向商务部等国家部门报送实施情况。

福建省人民政府办公厅

2020年7月15日

中国（漳州）跨境电子商务综合试验区实施方案

为贯彻落实《国务院关于同意在雄安新区等46个城市和地区设立跨境电子商务综合试验区的批复》（国函〔2020〕47号）精神，全面有效推进中国（漳州）跨境电子商务综合试验区（以下简称“漳州综试区”）建设，特制定本实施方案。

一、指导思想

以习近平新时代中国特色社会主义思想为指导，以供给侧结构性改革为主线，围绕“丝路电商”“稳住外贸基本盘”，推进内外贸一体化融合，稳步提升跨境电商进口业务，做大做强跨境电商出口业务，创建跨境电商自主出口品牌，培育跨境电子商务作为新的经济增长点，为全国跨境电子商务发展提供可复制、可推广的经验，为漳州市“大抓工业、抓大工业”提供助推力。

二、基本原则

（一）坚持政府引导，市场为主

正确处理政府与市场的关系，发挥市场在资源配置中的决定性作用，更好地发挥各级政府部门和各类社会组织的积极性，不断充实和壮大跨境电子商务产业链和生态圈。坚持在发展中规范、在规范中发展，为各类市场主体公平参与市场竞争创造良好的营商环境。

（二）坚持改革创新，优化环境

在构建开放型经济新体制综合试点试验取得的成果基础上，持续深化“放管服”改革，以“两平台+八体系”为基础，推动“关”“税”“汇”“商”“物”“融”一体化发展，形成适应跨境电子商务发展的监管服务模式和制度体系。建立容错机制和试错空间，坚持循序渐进，逐步规范，在风险可控范围内为跨境电子商务放量增长提供发展空间。

（三）坚持因势利导，突出特色

充分发挥对台、海外侨胞、口岸、区位、资源等方面优势，突出漳州产业特色，提升传统优势产业，鼓励企业在“海丝”沿线国家和地区发展跨境电商业务，推动自主品牌国际化，打造适应跨境电商发展的新型外贸供应链，形成具有漳州特色的发展模式。特别要凸显对台优势，强化对台跨境电子商务的合作交流、拓展营销市场、培育产业链以及搭建两岸青年创业创新平台等，推动两岸经济融合发展。

三、发展目标

经过三年的改革试验，引进和聚集一批跨境平台服务企业，培育一批有竞争力的电商企业和自主品牌，建立上下游供应链深度融合的电子商务全产业链，大力发展企业对企业（以下简称“B2B”）和企业对消费者（以下简称“B2C”）跨境电商交易模式。到2023年底，漳州综试区跨境电商进出口交易规模突破200亿元，打造3个以上跨境电商综合园区。

四、主要建设任务与创新举措

（一）建设线上线下融合发展平台

1. 搭建线上服务平台。推动集政务、商务、服务于一体的跨境电商公共服务平台建设，从货源、网商、政策、培训、品牌、招商等多方面建立通道和模块。建设跨境电商信息共享体系，依托市数据汇聚共享服务平台，实现政务数据汇聚共享，形成跨部门、跨行业、跨地区“信息共享、监管互认、执法互助”的高效监管模式。建设跨境电商统计监测体系，以申报清单、平台数据为依据，以线上综合服务平台为媒介，探索建立自动化数据采集和统计分析系统。

责任单位：市发改委（大数据局）、商务局、财政局、市场监管局、地方金融监管局、税务局、国资委、公安局、邮政管理局，信息产业集团，人民银行漳州市中心支行（外汇管理局），漳州海关、东山海关、古雷海关，芗城区、龙文区、东山县人民政府，漳州开发区管委会，漳州台商投资区、漳州高新区管委会

2. 建设“买全球、卖全球”线下综合园区平台。结合产业功能布局以及发展现状，采取“一核两翼多园”带动发展，进而向全市各国家级、省级开发区拓展。

“一核”：围绕“漳州产·全球销”，建设中心城区产业集聚园区，发挥人才资源优势，推动电商、文旅、外贸展示业态线上线下融合发展。针对国内外骨干企业（平台）等开展精准招商活动，吸引其来漳设立区域运营（服务）中心或合作建设综合服务项目。鼓励直播、全媒体、区块链、智能平台等产业相关专业配套服务业发展，推动货源供应数字化，形成良好的跨境电商中心辐射带动效应。

责任单位：芗城区、龙文区人民政府，漳州高新区管委会，市商务局、发改委、财政局、工信局、农业农村局、国资委，信息产业集团

“两翼”：分别沿厦门湾、东山湾布局跨境电商产业集群，形成各具特点、差异发展、互动竞争的格局。其中，环厦门湾，充分发挥漳州台商投资区保税物流中心（B型）政策优势、漳州开发区芯云谷口岸优势、龙海食品博览园产业优势、漳州港开放优势，发展9710、9810出口，1210网购保税进出口，9610零售进出口业务；积极招引知名企业入区，力争建成投资贸易便利、监管高效便捷的创业创新中心和服务中心。环东山湾，突出对台优势和开放口岸优势，打造“跨境电商—对台直邮”集散中心，发挥东山—澎湖（金门）的直航和东山外地游客的优势，在金门（澎湖）等地设置海外仓，在东山设立进口商品展示交易中心，通过对台小额贸易船只快速运至东山口岸以9610零售进口模式报关入境，再进行全国物流配送，形成台湾乃至海外优质商品的输入源头；同时，推动9610零售无票免税出口模式。线上线下结合，培育跨境（台湾）商品聚集商圈，打造“跨境电商+旅游+购物”模式。

责任单位：龙海市、东山县人民政府，漳州开发区管委会，漳州台商投资区管委会，市

委台港澳办，市商务局、发改委、工信局、农业农村局、海洋渔业局、交通运输局、邮政管理局，漳州海关、东山海关、古雷海关

“多园”：以传统外贸企业转型升级、内贸电商与外贸企业结合、培育自主跨境电商品牌为着力点，推动 B2B、B2C 进出口发展，形成跨境电商上下游产业聚集的产业园。

责任单位：各县（市、区）人民政府，漳州、常山、古雷开发区管委会，漳州台商投资区、漳州高新区管委会

（二）建设跨境电商智能物流体系

1. 推动跨境电商物流一体化建设。支持物流企业构建互联互通的智能信息、衔接顺畅的仓储网络、优质高效的运营服务等物流系统。规划建设快递物流园区，配套建设快件仓配中心。鼓励快递企业开通跨境物流专线，提升物流信息化管理水平。加快漳州台商投资区保税物流中心（B 型）的物流枢纽仓储配套设施建设，主动对接厦门中欧班列以及机场、港口等丰富的国际物流资源，形成漳厦整体布局、统筹发展的海陆空物流协同发展格局。

2. 拓展对台跨境电商物流通道。推动两岸电子商务物流枢纽仓储配套设施的合作建设，提高两岸跨境物流信息化水平。探索“对台小额贸易+跨境电商直购进出口”模式，在东山配备相应监管场所和设施，打造成内地寄往台湾邮件、包裹中转站，推动建设海峡两岸快件中心。

责任单位：市邮政管理局、工信局、交通运输局、商务局、发改委（大数据局）、国资委，漳龙集团、信息产业集团，市委台港澳办，漳州海关、东山海关、古雷海关，各县（市、区）人民政府，漳州、常山、古雷开发区管委会，漳州台商投资区、漳州高新区管委会

3. 加快海外仓建设。支持共享共建海外仓，降低跨境电商物流成本；利用海外仓实现跨境电商退换货，整合海外理货、物流、通关等服务资源。创新利用海外仓资源开设线下展示中心的模式，多渠道拓展海外小额采购批量订单。

责任单位：市商务局、邮政管理局、国资委，漳州海关、东山海关、古雷海关，人民银行漳州市中心支行（外汇管理局），中信保出口信用公司漳州办事处

（三）建设跨境电商金融服务体系

1. 便利跨境电子商务收付汇。支持银行在“交易留痕、风险可控”的前提下，直联电子商务平台为企业开展融资结算业务；在满足交易信息采集、真实性审核等条件下，凭交易电子信息为跨境电商市场主体提供结售汇及相关资金收付服务。允许个人主体通过在银行开立的外汇储蓄账户办理跨境电商等货物贸易外汇结算，结汇不占用个人 5 万美元的年度便利化额度。支持支付机构通过银行为跨境电商办理收付汇和结售汇业务；年度货物贸易收汇或付汇累计金额低于 20 万美元的（不含）小微跨境电商企业可免于办理名录登记。

2. 开展金融服务创新。支持符合条件的金融机构在漳州设立分支机构，在获许可的业务范围内提供各种融资、贴现、结算、担保等金融服务。鼓励金融机构、第三方支付机构、电商平台等基于跨境电商真实交易可追溯查询的大数据，在商户及终端用户融资、有货物贸易出口背景的跨境电商国内外汇贷款结汇、电商出口信用保险、在线供应链金融、进出口商业保险等方面规范开展合作，建立一站式在线支付结算、融资、保险等金融服务体系。

责任单位：市地方金融监管局、人民银行漳州市中心支行（外汇管理局），漳州银保监分局

（四）建设跨境电商信用管理体系

1. 建设跨境电子商务信用体系。依托市社会信用信息平台和网络市场电子数据研究试点，实现信用的“分类管理、部门共享、有序公开”，完善联合激励和惩戒措施。

2. 开展质量风险监测和监督抽查。探索建立跨境电商产品质量监督新机制，规范完善网

上采样、样品确认、检测结果确认、问题查处等关键环节。通过加贴防伪溯源标识、二维码、条形码等手段，探索建立“风险监测、网上抽查、源头追溯、属地查处”的质量监测管理机制。

责任单位：市市场监管局、发改委（大数据局）、商务局、地方金融监管局、税务局，人民银行漳州市中心支行（外汇管理局），漳州银保监分局，漳州海关、东山海关、古雷海关

（五）建设跨境电商风险防范体系

1. 建设风险防控体系。强化海关、税务、外汇管理、市场监督管理等部门的监管职责，在关键流程和节点开展风险识别、评估、预防和处置，实现“安全规范、风险可控”。

2. 完善跨境电商纠纷解决机制。发挥行业协会和电商平台作用，开展质量共治，探索建立消费纠纷解决机制。完善对进口商品在国内零售的监督管理，研究制定交易纠纷解决机制。

责任单位：市委网信办，市市场监管局、发改委（大数据局）、商务局、地方金融监管局、税务局、邮政管理局，人民银行漳州市中心支行（外汇管理局），漳州银保监分局，漳州海关、东山海关、古雷海关

（六）建设品牌营销体系

1. 加快培育跨境电商自主品牌。鼓励食品、钟表、花卉等一批重点行业企业利用跨境电商进行展示、宣传、引流。鼓励企业创立自主品牌、收购境外品牌、打造海外品牌。推动内外贸一体化进程，鼓励电商企业与外贸制造企业开展技术合作开拓市场。发挥东山水产、龙文钟表等国家级外贸转型升级聚集基地，培育外贸综合服务等新业态，引导龙头企业或行业商协会建设垂直类跨境电商平台。鼓励中小企业抱团取暖，采取联合办公互助共享的形式获取资源与经验。

2. 推进“线下展·网上销·世界行”。依托“漳州味·世界行”等外贸参展活动，对接广交会等优质平台，通过线下参展线上接单、设置专区对接和跨境电商选品会等模式，进行数字化、集群式营销推广。

责任单位：市商务局、贸促会、工信局、林业局、二轻联社、市场监管局，中信保出口信用公司漳州办事处，各县（市、区）人民政府，漳州、常山、古雷开发区管委会，漳州台商投资区、漳州高新区管委会

（七）建设跨境电商人才体系

1. 建设高素质人才队伍。重点引进和培育跨境电子商务领域相关的高层次人才、领军人才和优秀团队，建立有效的人才培养、引进和奖励机制，在安家落户、出入境、医疗保障、子女就学等方面提供优质服务。

2. 建设产教学融合基地。充分发挥高等（职业）院校、市电商协会、进出口商会和社会培训机构的作用，设立人才实战孵化中心，通过创新产教融合方式，为跨境电商提供人才支撑。

3. 发挥专家智库作用。依托高校研究中心等专家智库开展规划编制、专题咨询、项目论证、事后评估等工作，承接政府购买服务，提高跨境电商创新水平。

责任单位：市委组织部（人才办），市人社局、教育局、商务局，各县（市、区）人民政府，漳州、常山、古雷开发区管委会，漳州台商投资区、漳州高新区管委会

（八）加快营造跨境电商发展氛围

1. 推进跨境贸易便利化。创新监管方式，在漳州试点试验更多的先行先试政策。研究制定B2B出口海关统计方式，推动9710、9810等出口模式发展，探索创新出口业务认定标准和申报流程，对诚实守信的B2B出口企业适用较低查验率。推进B2C出口模式发展，建立跨境电商邮包、快递专项统计体系。推动企业对企业对消费者（简称“B2B2C”）网购保税进口模式，建立交易单、支付单、物流单“三单对碰”机制和“清单核放、集中纳税、代扣代缴”的监管模式。

责任单位：漳州海关、东山海关、古雷海关，人民银行漳州市中心支行（外汇管理局），市税务局、市场监管局

2. 落实税收扶持政策。落实有关税收优惠政策，对纳入漳州综试区的跨境电商零售出口企业未取得有效进货凭证的货物，符合规定条件的，试行增值税、消费税免税政策。

责任单位：市税务局、财政局

3. 积极深化国际合作。强化与东南亚以及日韩、欧美等国大型企业（平台）的对接合作；发挥漳籍华商侨商作用，鼓励企业间开展跨境电商产品销售、标准建设以及旅游等方面合作。

责任单位：市商务局、外办，市委统战部（侨办），市侨联、贸促会

五、组织实施

（一）加强组织领导

成立综试区建设领导小组，抽调业务骨干、组建工作专班，定期研究重大问题，协调重大事项，定期开展工作督促检查。领导小组下设办公室，挂靠在市商务局。

责任单位：领导小组成员单位

（二）完善政策配套

加大产业扶持力度，由市商务局会同市财政局牵头制定跨境电商综试区扶持措施，重点支持公共服务平台和综合园区、进出口业务、海外仓等建设。支持海关监管配套建设，支持海关改善事业发展条件。

责任单位：市商务局、财政局、国资委、发改委、邮政管理局、地方金融监管局，人民银行漳州市中心分行（外汇管理局），漳州海关、东山海关、古雷海关，各县（市、区）人民政府，漳州、常山、古雷开发区管委会，漳州台商投资区、漳州高新区管委会

（三）形成推进合力

强化规划、统筹安排，制定工作计划时间表，进一步细化任务、明确分工、压实责任。强化部门协作，鼓励先行先试、大胆创新，力求形成一批可复制、可推广经验。

责任单位：领导小组成员单位

漳州市人民政府办公室关于印发推进中国（漳州）跨境电子商务综合试验区建设六条措施的通知

（漳政办〔2020〕68号）

各县（市、区）人民政府，漳州、常山、古雷开发区管委会，漳州台商投资区、漳州高新区管委会，市直有关单位：

《推进中国（漳州）跨境电子商务综合试验区建设六条措施》已经市政府同意，现印发给你们，请认真组织实施。

漳州市人民政府办公室

2020年9月30日

推进中国（漳州）跨境电子商务综合试验区建设六条措施

为加快集聚和培育跨境电子商务新业态、优化产业环境和促进创新发展，推动传统外贸行业“拓市场、降成本、创品牌、增效益”，根据我市发展的新情况和新特点，特制定以下措施。

一、发展跨境电商集聚园区

支持跨境电商集聚园区建设，对使用面积2500平方米、入驻法人企业数10家（其中跨境电商企业不少于5家）以上的跨境电子商务产业园区，经认定后，给予园区主办方一次性30万元补助（除特别指出外，均指人民币，下同）；对新入驻园区的跨境电商及其相关企业，按营业面积给予每月每平方20元的租赁费用补贴，单家每年最高不超过10万元。支持园区和企业争创品牌，对被评为省级和国家级的电商示范园区（示范企业），一次性分别给予30万元和50万元（20万元和40万元）奖励。积极发展平台经济，对上一年度国际排名前100名（国内前50名）的电子商务企业，在我市首次注册设立独立核算的省级跨境电商区域性总部，运营满一年，给予一次性50万元奖励；年交易额10亿元以上，再给予一次性100万元奖励；对首次设立市级跨境电商区域服务中心，运营满一年，年交易额5亿元以上，给予一次性50万元奖励。

二、大力培育跨境电商主体

积极推进跨境电商B2B、B2B2C、B2C业务发展，对当年度纳入海关统计且B2C（9610、1210）电商交易额超过100万元或B2B、B2B2C（9710、9810）电商交易额超过1000万元的企业，按电商交易额给予一定比例的奖励。跨境电商交易额达2000万元以上且纳入统计部门限额以上贸易业统计的，给予一次性10万元奖励；对入统跨境电商交易额比上一年度增长30%、50%、100%的企业，分别给予10万元、20万元、30万元奖励。支持跨境电商O2O线下体验店建设，对运营满一年且营业面积300平方米、年交易额5000万元以上的入统企业，给予20万元补助。鼓励企业积极转型开展跨境营销，对首次入驻重点外贸电商平台的企业，给予一次性1万元的平台服务费补助。鼓励主流媒体和高校在我市建立直播综合服务基地，对面积2500平方米、直播间数量50间、机构注册活跃主播人数30人、签约境内外品牌数量10个以上的，基地合计完税年营收达到500万元以上的（不包含货物销售金额），经认定后，给予一次性50万元奖励。

三、加大快递物流扶持力度

加快拓展跨境电商海外物流渠道，对通过海关以9610、1210模式报关的国际快递服务企业，分别给予每票4元、3元物流费用补贴，单家每年最高不超过200万元、100万元。鼓励跨境电子商务企业建设海外仓，对自主建设（租赁）经营单项面积1000平方米、服务我市企业5家、年度收发的漳州产品货值达到3000万元以上的企业，按购买或租用场所（土地）费用50%给予最高不超过100万元补助；对在台湾地区设立的，再追加10%奖励，最高不超过50万元。进一步降低企业跨境电商物流成本，对年电商交易额1000万元且实际发生邮政小包、国际EMS等专业快递公司跨境物流费用达50万元以上的企业，按物流费用20%给予补助，单家每年最高不超过50万元。

四、培育自主跨境电商品牌

支持食品、钟表、花卉、仪器、农产品等重点行业引进垂直类第三方电子商务平台（或依托第三方知名平台构建专业市场），对经行业主管部门认定的重点垂直类平台，首年度按平台建设费用的50%给予最高不超过50万元补助；平台年网络交易额突破1亿元的，给予一次性80万元奖励。对经市商务部门、贸促会认定或组织的重点跨境电商主题展会，每次按每个标准展位给予补助1万元；以特装展位形式参展的，以36平方米为基本单元，每个基本单元补助2万元，同一家企业、同一个展会获得补助最高不超过6万元，同一家企业年补助额最高不超过10万元。对经认定开展的我市跨境电商公共品牌营销推广，按活动宣传推广引流等费用的 50% 予以补助，每场最高不超过 50 万元。

五、推进人才体系建设

加强电商人才培养，对商务主管部门通过购买服务方式开展的电商人才公益培训，按照二类培训标准给予补助，市本级每年安排 3 场，每场次不低于 80 人，单个项目最高不超过 8 万元。充分借助第三方专业机构资源，每年安排 20 万元用于政府购买服务，通过开展规划制定、公共网销品牌培育、贸易对接、组织参展和政策初审等项目活动培育良好发展氛围。每年安排 10 万元，用于支持商务部门与高校建设“政校”合作跨境电商产教合作基地，开展政策研究、专题咨询、项目论证、事后评估等工作。

六、搭建公共服务体系

建设集政务、商务、服务为一体的漳州市跨境电商公共服务平台，对平台运营主体进行补助，市本级每年安排 100 万元，连续补助三年。鼓励取得中国人民银行《支付业务许可证》的第三方支付平台在我市设立全国性或区域性总部，按年度线上交易额每 5000 万美元补助 30 万元的标准予以扶持，最高不超过 100 万元。加快跨境电商监管场所建设，对经海关批准、单个设施在 1000 平方米以上的，按投入费用 50% 给予场所投资主体补贴，最高不超过 100 万元。鼓励海关、税务、外汇和邮政管理局等部门开展项目创新，对获得国务院办公厅（含多部委联合发文）或国家部委（含省级人民政府）推广的，每个项目分别给予 50 万元、30 万元工作奖励，由单位统筹使用。

本措施所涉及财政支出，按照“就高从优不重复”的原则（纳入限额以上贸易统计、公共服务平台建设、知名企业落户等可享受政策叠加），按现行财政体制承担，财政资金采取跨年度安排预算的方式兑现，各地可结合本地区实际叠加出台具体贯彻落实措施。本措施自印发之日起生效，由市商务局、财政局组织实施并制定具体的申报细则，有效期至 2023 年 12 月 31 日。

企业名录

截至 2021 年 12 月 31 日，在漳州跨境电商公共服务平台上注册并实际开展业务的企业名录见表 2-6。

表 2-6　漳州市跨境电商企业名录

序号	企业名称	企业类型
1	漳州市芗城海辉日用品有限公司	电商企业
2	漳州汉正进出口贸易有限公司	电商企业
3	漳州景森商贸有限公司	电商企业
4	漳州市庆丰电子有限公司	电商企业
5	漳州新华南国际贸易有限公司	电商企业
6	漳州市正能机电有限公司	电商企业
7	福建安麟智能科技股份有限公司	电商企业

续表1

序号	企业名称	企业类型
8	信华食品（漳州）有限公司	电商企业
9	福建漳州欧仕达国际贸易有限公司	电商企业
10	漳州鑫海工艺家具有限公司	电商企业
11	福建闽购贸易有限公司	电商企业
12	漳州市甘奎进出口贸易有限公司	电商企业
13	漳州鸾翔网络科技有限公司	电商企业
14	漳州市康潘进出口有限公司	电商企业
15	漳州台商投资区娇奇进出口贸易有限公司	电商企业
16	漳州台商投资区致远进出口贸易有限公司	电商企业
17	东方醒狮储能电池有限公司	电商企业
18	漳州优简家具有限公司	电商企业
19	漳州立兴进出口贸易有限公司	电商企业
20	漳州市沣睿商贸有限公司	电商平台、电商企业
21	漳州海阳家具有限公司	电商企业
22	漳州市超赶骄电子商务有限公司	电商企业
23	漳州市可莱电子商务有限公司	电商企业
24	漳州台商投资区迪菲进出口贸易有限公司	电商企业
25	漳州市东荣进出口有限公司	电商企业
26	漳州日盛家具有限公司	电商企业
27	漳州市钧帼进出口贸易有限公司	电商企业
28	漳州市致富电子商务有限公司	电商企业
29	漳州市乐巧电子商务有限公司	电商企业
30	漳州路腾户外用品有限公司	电商企业
31	福建东美进出口有限公司	电商企业
32	漳州市饶沣进出口贸易有限公司	电商企业
33	福建省梦娇兰日用化学品有限公司	电商企业
34	漳州市懿泷川进出口贸易有限公司	电商企业
35	康多乐有限公司	电商企业
36	漳州宏懿电子商务有限公司	电商企业
37	长泰金诺农业科技有限公司	电商企业
38	漳州联晟进出口贸易有限公司	电商企业
39	漳州中芮贸易有限公司	电商企业
40	漳州万耀贸易有限公司	电商企业
41	漳州多乐士进出口有限责任公司	电商平台、电商企业
42	漳州万晖洁具有限公司	电商企业

续表2

序号	企业名称	企业类型
43	漳州福隆凯家具有限公司	电商平台、电商企业
44	福建恒隆塑胶工业有限公司	电商企业
45	漳州市龙文区昀玖盛益进出口贸易有限公司	电商企业
46	漳州市卓越进出口贸易有限公司	电商企业
47	龙海富宏电子商务有限公司	电商企业
48	漳州海集跨境供应链管理有限公司	电商平台、电商企业
49	福建富迪塑胶有限公司	电商企业
50	漳州祥龙跨境客商贸服务有限公司	电商企业
51	福建省德元工贸有限公司	电商企业
52	福建省世同供应链管理有限公司	电商企业
53	漳州墨鸟电子商务有限公司	电商企业
54	漳州市扬晨贸易有限公司	电商企业
55	漳州佳润网络科技有限公司	电商平台
56	漳州小霞商贸有限公司	电商企业
57	漳州宇武腾电子商务有限公司	电商企业
58	漳州允实商贸有限公司	电商企业
59	漳州市冠之泽电子商务有限公司	电商企业
60	漳州荣丰悦电子商务有限公司	电商企业
61	漳州市维百佳电子商务有限公司	电商企业
62	漳州永诺胜电子商务有限公司	电商企业
63	青蛙王子（福建）婴童护理用品有限公司	电商企业
64	奥特路（漳州）光学科技有限公司	电商企业
65	漳州阿佐夫电子商务有限公司	电商平台、电商企业
66	漳州普盛嘉供应链管理有限公司	电商平台、电商企业
67	漳州千度电子商务有限公司	电商平台、电商企业
68	漳州八方电子商务有限公司	电商平台、电商企业
69	漳州橙虹网络科技有限公司	电商平台、电商企业
70	福建东山海顺供应链有限公司	电商平台、电商企业
71	漳州视瑞特光电科技股份有限公司	电商平台、电商企业
72	漳州汇立通国际贸易有限公司	电商企业
73	漳州市超耿进出口有限公司	电商企业
74	漳州市温纶进出口有限公司	电商企业
75	中港（福建）水产食品有限公司	电商企业
76	福建跨境网电子商务有限公司	电商企业
77	漳州市东方智能仪表有限公司	电商平台、电商企业

统计数据

2021 年，漳州市跨境电商进出口情况分别见表 2–7、表 2–8。

表 2–7　漳州市跨境电商出口明细表

出口方式	金额（元）	票数（票）
“9710” B2B 直接出口	724485918	1719
“9810” 出口海外仓	12851998	235
“9610” 一般出口	0	0

表 2–8　漳州市跨境电商进口明细表

进口方式	金额（元）	票数（票）
B 类快件个人物品	0	0
“1210” 保税备货进口	283761	356
“9610” 直购进口	0	0

截至 2021 年 12 月 31 日，漳州市跨境电商生态圈数量见表 2–9。

表 2–9　跨境电商生态圈数量表

跨境电商生态圈	数量（个）
电商企业	77
监管场所	1
国际快件企业	1
国内物流企业	1
配套企业（电商平台、支付企业、代理报关企业）	3
合计	83

2021 年，漳州市跨境电商 B2B 出口主要国别（地区）情况见表 2–10。

表 2–10　跨境 B2B 出口主要国别（地区）明细表

国别（地区）	金额（元）
美国	226222502
日本	69607806
荷兰	50654427
马来西亚	49688834

续表

国别（地区）	金额（元）
西班牙	31798290
德国	28670619
英国	24108585
缅甸	15202242
俄罗斯	14283394
印度尼西亚	12724195
菲律宾	12150909
加拿大	11962081
法国	11591514
越南	10955437
埃及	9685584
印度	9555330
加蓬	9043547

2021 年，漳州市跨境电商 B2B 出口主要品类情况见表 2-11。此外，跨境 B2B2C 出口主要品类是仪器及设备，共 12639527 元。

表 2-11　跨境 B2B 出口主要品类明细表

主要品类	金额（元）
食品	141365743
家居	128732188
洗护用品	110187915
节日用品	52015808
塑料制品	50546724
金属制品	49860443
家具	43369361
鞋服箱包	33923015
工艺品	25315777
仪器及设备	20507717
灯具	19353977
陶瓷制品	18784232
石制品	10001713
纸制品	6773093

典型案例

案例一:"互联网+" 拓市场
——东方科技集团积极开展跨境电商业务

漳州东方科技集团（以下简称“东方科技”）创立于1993年，是漳州一家专业从事研发、制造及销售测量测试仪器仪表的国家重点高新技术企业，产品服务全球70多个国家和地区，获得100多项国家专利，在技术和产品领域处于领先地位。借力国际知名平台开拓市场，东方科技通过亚马逊、eBay、Wish和阿里巴巴速卖通等国际知名平台从事自主品牌的跨境B2C的销售（零售出口），通过阿里巴巴国际站、环球资源和中国制造等网站进行跨境电商B2B的销售（批发出口）。批发端和零售端同时发力，企业覆盖了俄罗斯、美国、巴西和欧洲大部分地区的市场。

2019年，东方科技跨境电商交易额1115万元，2020年，跨境出口额1237万元，增速远高于传统外贸。借助“互联网+”几何倍数的传播和扩散效应，东方科技成为国外各大知名电商平台的优质卖家，享受到平台方面更多的流量和优先接入等权益。

案例二：抗击新冠疫情显担当
——奥特路公司跨境电商业务大幅增长

奥特路（漳州）光学科技有限公司（以下简称“奥特路”）成立于2014年，是主要从事光学镜片技术开发，光学镜片、眼镜、护目镜及医用隔离眼罩等生产、销售的国家高新技术企业。近年来，奥特路坚持以科技创新为导向，不断加大科研投入，现已拥有138项发明专利技术，迅速成为领跑于防蓝光纳米材料技术的应用与产业化的国际防蓝光纳米材料技术领域的前沿企业。

2020年上半年，面对新冠疫情暴发的严峻考验，奥特路全面改造生产线，投入1360万元增设三条医用隔离眼罩生产线和六条医用隔离面罩生产线。公司的产品由原来的出口转内销，转为借助跨境电商交易平台再次做大出口，推动“漳州制造”品牌出海，实现防蓝光系列产品及新冠疫情防控物资海外销售的双增长，在全球抗疫中发挥出自己的作用。

案例三：漳州综试区“引、育、留”着力破解跨境电商人才短缺问题

2021年4月漳州市获批全国第五批跨境电商综试区以来，在推动跨境电商新模式新业态方面取得明显成效，但跨境电商人才供不应求的问题也日渐凸显。据不完全统计，目前漳州高校国贸及跨境电商专业的人才输送量约250人/年，市场营销、外语等相关专业的人才输送量约为450人/年。有关企业反映现在全国都缺少跨境电商运营人才，厦门、深圳同样的岗位给的工资比较高。漳州企业平均半年才能招到一个跨境电商运营，人才流失率在30%~40%。

针对跨境电商人才短缺问题，漳州综试区注重做好人才的“引、育、留”工作。一是注重“引”。针对促进跨境电商专业人才集聚出台扶持措施，在贷款贴息、场地办公和人才补助方面予以政策倾斜，落实引进高层次人才居住、落户、医疗、子女就学、创业就业、税收优惠等相关政策待遇，争取引进一批跨境电子商务人才和团队来漳州工作和创业。二是注重

“育”。强化校企合作，推进产教融合，支持漳州职业技术学院开展“跨境电商研究中心”“京东产业学院”“电商一条街”等项目，支持漳州城市职业技术学院与市信息产业集团联办漳州跨境电商产业学院，策划“大学生直播带货大赛”，以及加强台湾青年电商人才的交流合作，依托闽南师范大学、漳州职业技术学院、漳州城市职业技术学院等在漳州的院校，培育一批理论知识扎实、实操能力过硬的电商实用型人才，从源头上打造本土人才队伍；同时引进市场化的跨境电商业务培训机构，灵活开设跨境电商相关课程，帮助企业提供创新转型的人才支持。三是注重“留”。抓紧推动台商投资区国际快件监管中心、龙文区跨境电商（数字贸易）孵化园的建成并投入使用，推进漳州市跨境电商业务模式全覆盖和产业的集聚，持续营造跨境电子商务产业发展良好氛围，宣传推介漳州跨境电商发展前景，增强外地企业和创业者来漳州发展事业的信心，让人才真正愿意来、想留下、能发展。

大事记

2020 年 4 月 27 日，国务院批复同意在原有已设立 105 个跨境电商综试区的基础上，再新设雄安新区等 46 个跨境电商综试区，漳州市位列其中。这是漳州市继 2016 年入选构建开放型经济新体制综合试点试验地区后，获批的又一个国家级对外开放平台，是漳州市外贸和电商行业发展的重大里程碑。

2020 年 7 月 15 日，省政府办公厅正式印发《中国（漳州）跨境电子商务综合试验区实施方案》，明确漳州综试区的指导思想、基本原则、发展目标、主要建设任务、创新举措和保障措施。

2020 年 8 月 14 日，市政府办公室正式印发《中国（漳州）跨境电子商务综合试验区两平台八体系建设工作方案》，并成立了由市政府主要领导任组长、市政府分管领导任副组长、各相关单位主要领导为成员的工作领导小组。

2020 年 10 月 10 日，漳州市人民政府办公室印发《推进中国（漳州）跨境电子商务综合试验区建设六条措施》。

2021 年 3 月 18 日—20 日，组织 74 家外贸电商企业参加首届“中国跨境电商交易会”，荣获“最佳组织奖”。市信产跨境公服公司在会场内搭建漳州综试区公共形象推广馆，整体展示推介漳州，荣获“最佳展台形象奖”。

2021 年 4 月 2 日，举办漳州综试区专场推介会。现场签约十个重点跨境电商项目，举行跨境电商线上公共服务平台、漳字号、阳光采购三个项目的启动仪式。

2021 年 7 月 19 日，漳州跨境电商线上公共服务平台通关货值首次突破 1 亿元。截至 2021 年 12 月 31 日，总货值约 7.51 亿元。

龙岩地区

2020 年 4 月，国务院批复同意设立中国（龙岩）跨境电子商务综合试验区（以下简称“龙岩综试区”）。2021 年 1 月 24 日，国务院印发《关于新时代支持革命老区振兴发展的意见》，明确提出“支持赣州、龙岩与粤港澳大湾区共建产业合作试验区，建设好赣州、井冈山、梅州综合保税区和龙岩、梅州跨境电商综合试验区”。在龙岩市委、市政府的高度重视和各级各部门的合力推动下，龙岩综试区建设进展顺利，态势向好。2021 年，完成“9610”“9710”“9810”跨境电商出口金额 1.7 亿美元。

发展现状

一、党政重视，建立机制

龙岩综试区获批后，龙岩市委、市政府主要领导多次关心过问龙岩综试区工作。龙岩市政府第一时间成立了以市长为组长，分管副市长为副组长，有关单位负责人为成员的跨境电商综试区建设工作领导小组，多次召开跨境电商工作专题会，研究部署龙岩综试区工作，协调解决相关问题。建立龙岩综试区工作周报、月报制度，扎实推进龙岩综试区各项事业建设。

二、政策赋能，明确目标

2020 年 9 月，省政府批复《中国（龙岩）跨境电子商务综合试验区实施方案》，明确了打造成闽粤赣边跨境电商孵化培训中心、集聚运营中心、仓储物流中心的总体目标。2020 年 12 月，市政府印发了《关于促进中国（龙岩）跨境电商综合试验区建设政策措施》，统筹资金在建设跨境电商中心、打造跨境电商公共服务平台等七个方面工作。2021 年 6 月，市政府办公室印发了《中国（龙岩）跨境电子商务综合试验区建设三年行动计划（2021—2023）》，对今后一段时期龙岩综试区建设的目标任务和重点工作进一步细化分解落实。

三、夯实基础，强化支撑

建成了龙岩综试区龙岩陆地港仓储物流中心和监管中心；开通了“9610”“9710”“9810”等各类跨境电商交易通关模式；线下跨境电商生态圈项目于 2021 年 7 月下旬投入运营，已签约入驻跨境电商企业 18 家，全年实现跨境电商交易额超 6000 万美元；线上公共服务平台（含门户网站）于 2021 年 6 月底正式上线使用，已入驻线上公共服务平台开展业务的备案企业 100 家，实现了从“0”到“1”的有效裂变。

四、营造氛围，培育人才

积极推动政校企协合作，持续开展社会化公益性培训，挖掘跨境电商人才，2021 年以来举办“乘风跨境 · 腾龙出海”跨境电商培训活动、“闽西制造 · 货通全球”主题论坛、首届闽西大卖特邀沙龙活动等。龙岩学院、闽西职业技术学院、龙岩技师学院、龙岩侨中等院校积极开展跨境领域产学研合作，开设的涉及电商（跨境电商）相关专业课程在册学生数 4000 人以上，加快推动跨境电商人才培养。

五、培育主体，加快发展

围绕市场主体培育，积极引导本土企业、外贸企业转型升级，鼓励推动竹木藤器、机械属具、运动器材等本地特色产品外销，累计培育了漳平木村、德诺林业、爱的电器、龙合智能等一批跨境电商知名企业。积极实施“龙商回归”工程，吸引了拓领环海、光速通等一批乡贤海外仓企业家返乡创业，设有美国、日本海外仓 9000 平方米，为加快推进跨境电商综试区建设打下一定基础。

配套文件

关于促进中国（龙岩）跨境电子商务综合试验区建设政策措施

为深入贯彻落实国务院关于加快推动中国（龙岩）跨境电子商务综合试验区建设的总体部署，根据商务部有关要求，结合省政府批复的《中国（龙岩）跨境电子商务综合试验区实施方案》，围绕加快推进我市跨境电商高质量发展，推动外贸转型升级，转变外贸发展方式的工作目标，结合我市实际，提出促进中国（龙岩）跨境电子商务综合试验区建设的七条政策措施如下。

一、支持建设跨境电商中心

根据《中国（龙岩）跨境电子商务综合试验区实施方案》要求，支持建设龙岩跨境电商中心。

（一）第一类电商中心判定标准：

1. 龙岩中心城区或县域主城区实际使用面积5000平方米以上、1万平方米以下的商务楼宇，电商企业入驻达15家以上，具备电商企业运营所需的配套服务设施；

2. 该电商中心入驻企业年跨境电商交易总额超过1500万美元；

3. 至少具备6种以上电子商务功能（跨境电商综合展示、战略咨询、培训孵化、技术开发、网络推广、拍摄服务、信用认证、市场开拓、信息发布、网上交易）且从业人员生活配套设施完善；

该类电商中心按其建设装修工程费用实际投入的50%给予一次性补助，补助不超过500万元人民币；对符合上述条件的跨境电商中心，第一年给予运营主体每月不超过20元人民币/平方米的场租补助，第二年、第三年给予运营主体每月不超过10元人民币/平方米的场租补助，场租补助不超过200万元人民币/年。本项涉及的补助资金不超过700万元人民币，由项目属地政府负责兑现。

（二）第二类电商中心判定标准：

1. 龙岩中心城区或县域主城区实际使用面积3000平方米以上、5000平方米以下的商务楼宇，电商企业入驻达10家以上，具备电商企业运营所需的配套服务设施；

2. 该电商中心入驻企业年跨境电商交易总额超过1200万美元；

3. 至少具备4种以上电子商务功能（跨境电商综合展示、战略咨询、培训孵化、技术开发、网络推广、拍摄服务、信用认证、市场开拓、信息发布、网上交易）且从业人员生活配套设施完善；

该类电商中心按其建设装修工程费用实际投入的50%给予一次性补助，补助不超过300万元；对符合上述条件的跨境电商中心，第一年给予运营主体每月不超过20元人民币/平方米的场租补助，第二年、第三年给予运营主体每月不超过10元人民币/平方米的场租补助，场租补助不超过100万元人民币/年。本项涉及的补助资金不超过400万元人民币，由项目属地政府负责兑现。

二、支持建设跨境电商综合服务平台

（三）支持企业积极创新综合服务平台运营模式，建设中国（龙岩）跨境电子商务综合试验区综合服务平台（以下简称龙岩跨境电商综合服务平台）和门户网站，并统一接入中国

（厦门）国际贸易单一窗口。对龙岩跨境电商综合服务平台建设予以支持，对第一年完成该平台交易额50万美元~100万美元（含）、第二年完成该平台交易额100万美元以上~300万美元（含）、第三年完成该平台交易额300万美元以上且该平台交易额年比增20%以上的，分别给予该平台运营维护费用补助不超过50万元人民币、70万元人民币、90万元人民币。

三、鼓励跨境电商企业做大做强

（四）对跨境电商企业在龙岩运营且首个整年度跨境电子商务交易额超过50万美元、100万美元、200万美元、500万美元的，分别给予一次性经营奖励不超过5万元人民币、8万元人民币、15万元人民币、30万元人民币。单个企业按可获得的最高扶持标准享受一次，不重复享受。单个企业奖励不超过30万人民币，本项涉及的奖励资金不超过500万元人民币。

（五）鼓励企业在龙岩跨境电商综合服务平台开展业务并纳入海关统计，对年出口交易额超过10万美元的跨境电商企业，按照每美元最高0.05元人民币给予奖励。单个企业奖励不超过50万元人民币。本项涉及的奖励资金不超过500万元人民币。

（六）鼓励企业开展跨境电商业务。对企业首次开展跨境电商业务年交易额超过10万美元的，一次性给予企业自营平台建设成本的50%补助，或一次性给予企业入驻第三方交易平台、委托电商服务企业产生的宣传、引流、服务等相关服务费用的50%补助，单个企业补助不超过5万元人民币。本项涉及的补助资金不超过100万元人民币。

四、培育跨境电商出口产业带

（七）支持竹木藤制品、不锈钢制品、纺织品、运动器材（玩具）、属具、名优特农副产品等产业带企业在引进经行业主管部门认定的重点垂直类第三方跨境电子商务平台（或依托第三方知名平台）开展跨境业务的，首年度平台年网络交易额超过5000万人民币的，按平台建设费用的50%给予不超过30万元人民币奖励；平台年网络交易额超过1亿元人民币的，给予不超过50万元人民币一次性奖励，本项涉及的奖励资金不超过200万元人民币。

（八）对经市商务部门认定或组织本地跨境电商企业参加的国内重点跨境电商主题展会，按每次参展给予单个企业不超过1万元人民币/标准展位补助，以特装展位形式参展的，以36平方米为基本单元，每个基本单元补助不超过2万元人民币，同一家企业参加同一个展会补助不超过6万元人民币，同一家企业年补助额不超过10万元人民币。本项涉及的补助资金不超过100万元人民币。

五、扶持跨境电商物流发展

（九）对通过海关以9610、9710、9810模式报关的国际快件运营人企业，分别给予进口3元每件、出口4元每件的综合物流费用补助。单个企业进口补助每年不超过100万元人民币、出口补助每年不超过400万元人民币（地产品出口占比50%以上）。本项涉及的补助资金不超过500万元人民币。

（十）对跨境电商监管中心仓储运营企业，年跨境电子商务包裹处理量超过50万件时，新增部分按0.25元人民币/件予以补助，单个企业补助不超过100万元人民币/年。本项涉及的补助资金不超过100万元人民币。

六、鼓励建设跨境电商海外仓

（十一）鼓励各类跨境电商企业在海外建设海外仓，对运营一年以上、总面积1000平方米及以上，拥有完善的仓储管理系统，具备全程业务查询、货物状态跟踪能力，和公共仓储、集货分销、物流配送等业务拓展能力的海外仓，服务龙岩企业5家以上并带动龙岩企业出口入仓超过20万件或500万美元的，给予不超过项目实际投资额50%补助，单个海外仓补助不超过50万元人民币。本项涉及的补助资金不超过300万元人民币。

七、支持跨境电商人才培养

（十二）支持行业协会、电子商务培训机构或高职院校开展政校企协合作，培训跨境电子商务紧缺人才，每年由市商务局确定培训人员范围、人数，组织院校或培训机构开展普惠性的电商实战培训，对培训实施机构按照每人不超过500元人民币的标准给予补助；鼓励龙岩学院、闽西职业技术学院和龙岩技师学院等院校设立电商产业学院，开设跨境电商相关专业培养人才，视其工作成效，予以一定额度的年度工作经费支持。本项涉及的补助资金不超过100万元人民币。

（十三）对在市内开展跨境电商就业创业的应届高校毕业生，参照《龙岩市一次性创业补贴使用管理实施细则》（龙人社〔2019〕24号）、《龙岩市2019—2021年就业见习工作实施方案》（龙人社〔2019〕184号）、《龙岩市就业补助资金使用管理实施细则（试行）》（龙人社〔2018〕549号）文件标准给予创业就业扶持；市金融监管局、人行龙岩市中心支行、龙岩银保监分局引导各金融机构创新金融产品，为跨境电商提供综合普惠金融服务。

（十四）支持有关行业协会每年举办跨境电商相关活动，政府有关主管部门定期不定期组织优秀跨境电商企业申报评选，授予一定荣誉。

八、附则

（十五）本政策措施所需奖励补助资金，除第一条“支持建设跨境电商中心”明确由项目属地县（市、区）政府负责全额兑现外，其他政策条款按现行财政体制，由受益财政分别承担，市级所需资金从当年市级预算安排的商务发展专项资金和争取的上级专项补助资金中统筹解决。各县（市、区）政府应结合实际情况制定各自的扶持跨境电商发展政策措施。

（十六）本政策措施由市商务局、市财政局另行发文明确申报条件组织申报，符合申报条件的项目在每季度结束后的1个月内或年度结束后的3个月内组织申报。

（十七）本政策措施所涉及的专项资金申请单位应对申报材料的真实性、准确性、有效性负责。对弄虚作假、骗取专项资金的，依法依规追回专项资金、取消申请资格，涉及犯罪的，依法追究刑事责任。

（十八）本政策措施所涉及奖励补助政策同一企业采取“就高原则”，不重复享受；同一企业同一项目不得重复享受财政奖补。

（十九）本政策试行一年（2021年1月1日—12月31日），由龙岩市商务局负责具体解释工作。

龙岩市人民政府

2020年12月28日

企业名录

截至 2021 年 12 月 31 日，在龙岩跨境电商公共服务平台上注册的企业名录见表 2–12。

表 2–12　龙岩市跨境电商企业名录

序号	企业名称	企业类型
1	龙岩市海冠淘电子商务有限公司	电商平台、电商企业
2	龙岩市易力特机械制造有限公司	电商企业
3	龙岩市惠尔捷商贸有限公司	电商平台、电商企业
4	龙岩市众川赴海信息科技有限公司	电商平台、电商企业
5	龙岩市宏顺贸易有限公司	电商企业
6	龙岩中外运物流有限公司	监管场所
7	龙岩燕飞舞贸易有限公司	电商平台、电商企业
8	龙岩市雷霆贸易有限公司	电商企业
9	优源购（龙岩）贸易有限公司	电商企业
10	龙合智能装备制造有限公司	电商企业
11	福建省得力机电有限公司	电商企业
12	福建省龙岩市进出口有限公司	电商企业
13	福建康莱宝运动用品有限公司	电商企业
14	福建源竹工贸有限公司	电商企业
15	福建玖能量贸易有限公司	电商企业
16	福建龙兴九源科技股份有限公司	电商企业
17	福建卫东新能源股份有限公司	电商企业
18	乔莫（福建）户外用品实业有限公司	电商企业
19	福建瑞森新材料股份有限公司	电商企业
20	福建优丝纺织有限公司	电商企业
21	福建新德诺进出口贸易有限公司	电商企业
22	福建漳平市德诺林业有限公司	电商企业
23	龙岩图可贸易有限公司	电商企业
24	龙岩歌数贸易有限公司	电商企业
25	龙岩市云腾电子商务有限公司	电商企业
26	龙岩市骆达电子商务有限公司	电商企业
27	龙岩市优利客电子商务有限公司	电商企业
28	龙岩世邦电子商务有限公司	电商企业
29	龙岩市宇凡电子商务有限公司	电商企业
30	龙岩富优优贸易有限公司	电商企业

续表

序号	企业名称	企业类型
31	福建富华日用品有限公司	电商企业
32	龙岩中洋日用品有限公司	电商企业
33	龙岩冠宏食品有限责任公司	电商企业
34	龙岩融创知行贸易有限公司	电商企业
35	龙岩新伊全立电子商务有限公司	电商企业
36	龙岩同鑫优昌电子商务有限公司	电商企业
37	福建鸣友新材料科技有限公司	电商企业
38	福建中云达供应链管理有限公司	电商企业
39	龙岩市华通联宇电子商务有限公司	电商企业
40	龙岩市永定区博城商贸有限公司	电商企业
41	龙岩市永定区兴德进出口贸易有限公司	电商企业
42	武平理竹贸易有限公司	电商企业
43	武平奇趣贸易有限公司	电商企业
44	龙岩市融拓贸易有限公司	电商企业
45	长汀胜桥电子商务有限公司	电商企业
46	长汀昱雪电子商务有限公司	电商企业
47	福建省漳平木村林产有限公司	电商企业
48	龙岩创迪电子商务有限公司	电商企业、电商平台
49	长汀桥腾电子商务有限公司	电商企业
50	福建爱的电器有限公司	电商企业
51	龙岩畅通机械设备有限公司	电商企业
52	龙岩市正奥电子商务有限公司	电商企业
53	龙岩市森润电子商务有限公司	电商企业
54	龙岩嘉麒生物科技有限公司	电商企业
55	龙岩旋吉电子商务有限公司	电商企业、电商平台
56	龙岩市路骏远鹏贸易有限公司	电商企业
57	龙岩市康宇机械设备有限公司	电商企业
58	福建省春晖医疗用品有限公司	电商企业
59	龙岩鹏橙海电子商务有限公司	电商企业
60	龙岩全航通电子商务有限公司	电商企业
61	龙岩诚元德电子商务有限公司	电商企业
62	龙岩锦途电子商务有限公司	电商企业
63	龙岩速达通电子商务有限公司	电商企业
64	龙岩邦远电子商务有限公司	电商企业、电商平台
65	龙岩市梦徽棠贸易有限公司	电商企业
66	龙岩市三豹贸易有限公司	电商企业

统计数据

2021 年，龙岩市跨境电商出口业务明细表 2-13。

表 2-13 龙岩市跨境电商出口业务明细表

区域	验放清单（票）	货值（万元）	上线商品种类（个）	商品种类（出口量前五位）	备案电商企业（个）	上线企业（个）
高新区	1224999	78121.25	6	家居日用、机械设备、家具用品、玩具、电子产品	29	29
新罗区	202	21528.4	4	家具用品、机械设备、家居日用、食品	16	16
漳平市	171	4829.4	1	木制品	4	4
连城县	111	2225.82	2	体育用品、家具用品	3	3
长汀县	2	74.25	1	机械设备	6	6
武平县	1	13.5	1	木制品	5	5
永定区	—	—	—	—	2	2
上杭县	—	—	—	—	1	1
龙岩	1225486	106792.62	15	家居日用、机械设备、木制品、家具用品、体育用品	66	66

大事记

2020 年 4 月 27 日，国务院批复设立龙岩综试区，龙岩成为全国 105 个跨境电商综试区之一，是福建省山区市唯一一个跨境电商综试区。

2020 年 6 月 9 日，龙岩综试区“9610”模式正式开通。龙岩市海冠淘电子商务有限公司完成本市首单跨境电商“9610”进口业务。

2020 年 9 月 25 日，福建省人民政府办公厅印发了《中国（龙岩）跨境电子商务综合试验区实施方案》。该方案围绕“三个中心”（建成闽粤赣边跨境电商孵化培训中心、集聚运营中心、仓储物流中心）的总体目标和“两个一百”（实现跨境电商线上公共服务平台备案企业 100 家、全市跨境电商年进出口货物总额达 100 亿元）的具体目标，提出建设“两平台八体系”（线上综合服务平台和线下综合园区平台，以及信息共享体系、金融服务体系、智能物流体系、品牌营销体系、信用评价体系、统计监测体系、风险防控体系和人才服务体系）的主要任务。

2020 年 11 月 20 日，举办“腾龙出海 · 乘风跨境”亚马逊全球开店 · 龙岩跨境电商论坛（培训）暨产业带品类对接会。

2020 年 12 月 18 日，举办 2020 中国（龙岩）跨境电商选品会暨出口商品展销会。率先在全国第五批 46 个跨境电商综试区中举办跨境电商展会。活动中市商务局与龙岩学院、闽西职业技术学院、龙岩技师学院、龙岩侨中等院校签订了共建电商（跨境）产业学院的战略合作协议，与雨果网、亿丰电商学院等跨境电商企业签订来岩投资发展业务意向的协议。

2020年12月28日，龙岩市人民政府印发了《促进中国（龙岩）跨境电子商务综合试验区建设政策措施》，该政策措施是龙岩综试区设立以来的首个试行政策，对建设跨境电商中心、打造跨境电商公共服务平台等七个方面工作进行扶持。

2021年1月24日，国务院《关于新时代支持革命老区振兴发展的意见》明确指出"支持建设好龙岩跨境电商综合试验区"。

2021年1月29日，龙岩综试区"9810"模式正式开通。龙岩市海冠淘电子商务有限公司完成本市首单跨境电商"9810"出口业务。

2021年3月4日，龙岩综试区"9710"出口模式正式开通。龙岩市海冠淘电子商务有限公司完成龙岩市首单跨境电商"9710"出口业务。

2021年6月5日，龙岩市政府办公室印发《中国（龙岩）跨境电子商务综合试验区三年行动计划（2021—2023）》，该计划对今后一段时期龙岩综试区建设的目标任务和重点工作进一步细化分解落实。

2021年6月8日，龙岩关区完成跨境电商首票"9710"与"0110"货物拼柜出口。龙岩市易力特机械制造有限公司的"9710"货物与厦门倍联矿山机械有限公司的"0110"货物完成拼柜，是龙岩综试区跨境电商出口与一般贸易两种模式结合的首次创新探索实践。

2021年6月23日，龙岩综试区线上公共服务平台正式上线。线上公共服务平台是龙岩跨境电商服务体系的重要组成部分，由龙岩市商务局主管、龙岩中外运物流有限公司运营，与厦门"单一窗口"，是集"关""税""汇"等为一体的综合服务平台，真正实现"一个窗口、一次接入、一次放行、无纸化通关"。

2021年7月5日，龙岩综试区"9610"模式正式开通，跨境电商监管中心正式开仓运营。龙岩市海冠淘电子商务有限公司完成龙岩市首单跨境电商"9610"出口业务。

2021年7月16日，五届市政协常委会召开第二十次会议，专题协商"加快推进我市跨境电子商务综合试验区建设"。

2021年7月20日，龙岩综试区首个跨境电商生态圈（产业园区）正式启动运营。

2021年7月20日，首届龙岩跨境电商发展论坛举办。各县（市、区）政府、龙岩经开区（龙岩高新区）分管领导、商务局局长、业务负责人，市跨境电商综试区领导小组成员单位业务负责人参加。

2021年11月5日，在龙岩综试区线上公共服务平台完成首单阿里国际站"9710"出口全程在线便利化通关。福建爱的电器有限公司在阿里巴巴国际站生成订单后，通过龙岩跨境电商线上公共服务平台，将货物订单转化成"9710"报关单，向海关"单一窗口"进行"9710"出口申报。

2021年11月29日—12月1日，龙岩市委组织部在古田干部学院举办"推动跨境电商加快发展专题培训班"，市发改委、商务局等市直有关单位、各县（市、区）参加。

2021年12月29日，首个市级跨境电商领域行业协会——龙岩市跨境电子商务协会正式成立。

赣州地区

为了推动革命老区外贸优进优出，促进消费升级，赣州市一直致力于发展跨境电商业务，2015 年开始申报跨境电商综试区。2019 年 12 月，国务院同意设立中国（赣州）跨境电子商务综合试验区（以下简称“赣州综试区”）。2020 年 5 月 16 日，赣州成功实现首单跨境电商业务并开通首趟跨境电商班列。2021 年，备案跨境电商企业 1139 家，累计验放跨境电商进出口 200 万票，跨境电商进出口额超 50 亿元。

发展现状

一、跨境电商发展概述

（一）体制机制健全

成立了以赣州市政府主要领导任组长，分管副市长、主要市直、驻市单位负责人任副组长的赣州综试区建设工作领导小组。印发了《中国（赣州）跨境电子商务综合试验区实施方案》，提出打造“一港一翼两区多集群”产业布局。出台了《中国（赣州）跨境电子商务综合试验区发展专项资金若干政策》，每年安排专项资金用于扶持跨境电商发展。成立了正科级的赣州综试区管理中心。2021 年，各县（市、区）党政主要领导、分管领导累计开展跨境电商招商超 60 次，对接超上百家跨境电商企业。

（二）通道逐步打通

由全省统一建立了江西省跨境电子商务线上综合服务平台。赣州综保区和龙南保税物流中心（B 型）建成“1210”进口海关监管场站，赣州国际陆港和龙南保税物流中心（B型）建成“9610”出口海关监管场站。赣州综保区推动建成 RCEP 东盟产业园，在全省率先开通“赣州—东盟”跨境直通车，常态化推进赣州至香港货运直通车。龙南保税物流中心（B 型）打通全省首个跨境电商“9610”陆路出口转关业务。赣州国际陆港在全省率先开展“跨境电商+中欧班列”B2B 业务试点。江西省邮政快递服务有限公司地域范围新增赣州市。

（三）开通跨境全业态

赣州已在赣州综保区和龙南保税物流中心（B 型）开通“1210”进口业务，在龙南保税物流中心（B 型）、赣州国际陆港开通“9610”出口业务，在赣州国际陆港开通全省首单“9710”和“9810”出口业务，赣州经开区、章贡区、瑞金市等十余个县区均实现了“9710”出口业务零突破。2021 年，赣州“1210”进口单量增长 8.1 倍，赣州累计实现跨境电商进出口超百亿元，推动家具、电子、服装等一批本地产品走向全球市场。赣州已成为全省首个实现跨境电商全业态开通的综试区，业务类别和业务量在全国第四批综试区中也处于前列。

（四）跨电生态完善

推动建设南康区臻顺跨境电商产业园等五个跨境电商产业园；推动中国银行赣州分行与中国进出口银行江西省分行组成银团贷款为赣州跨境电商产业园建设提供 6.42 亿元贷款项目；推动江西环境工程职业学院、赣州职业技术学院、赣南科技学院、江西应用技术职业学院、赣州师范高等专科学校设立跨境电商相关专业，赣州师范高等专科学校成立大学生电商创业中心，依托“校企合作”跨境电商人才培养理念，打造“企业化跨境电商运营”生产性实训基地；推动赣州跨境电商保税商城中创展厅、赣州市首个跨境电商选品中心、赣州港进口商品展示交易中心、第五大道跨境电商保税展示+新零售店铺顺利建成。

二、跨境电商创新措施

（一）依托中欧班列新通道，打造赣州跨境电商新高地

赣州国际陆港以获批设立跨境电商综试区为契机，围绕赣州南康区本地家具产业主线与中欧班列国际物流通道优势，积极推进全市首个跨境电商综合服务平台建设运营，打造“跨境电商+中欧班列”模式，有力推动了跨境电商班列实现常态化开行，释放赣州市跨境电商发展潜力。2021 年，赣州国际陆港开行中欧（亚）班列 277 列，同比增长 16%，占全省的 70%；“三同”铁海联运班列 1589 列，铁路集

装箱吞吐量 22.3 万标箱，占全省的 37%，保持了高增长态势。

（二）跨国合建物流园，“双区联动”促内陆变前沿

2021 年年初，赣州综试区与匈牙利中欧商贸物流合作园区签署“双区联动”合作协议，实现了国内外跨地域、跨试点平台资源整合，功能优势互补，实现了“1+1>2”效果，预计未来三年内将实现赣州至布达佩斯往返中欧班列合计 1000 列、进出口集装箱 8.8 万标箱的目标，将处于内陆的赣州综试区的特色产品打开中东欧市场。2021 年，“双区联动”机制助力赣州实现外贸进出口额增量 50 亿元。

（三）多部门出台细化文件，推动跨境电商便利化进程

海关、税务、邮政、交通、商务等多部门均出台了跨境电商综试区便利化实施细则或工作方案，例如，邮政快递业务经营范围由最初的南昌市，增设赣州市全市范围；税务局出台赣州综试区出口货物免税管理办法，明确政策实操细则；海关出台跨境电商企业对企业出口监管试点工作细化实施方案，明确分工落实责任；赣州市政府出台跨境电商物流发展和供应链创新与应用试点城市建设方案，保障跨境电商基础设施加快完善。

三、下一步工作打算

（一）加大跨境电商龙头企业引进和培育力度

继续加大跨境电商企业招商力度，推动引进国内跨境电商龙头企业、平台企业、配套服务企业，通过龙头带动跨境电商聚集，发挥综保区、赣州港、龙南保税物流中心（B 型）主体作用，开展全民招商、以商招商、专业招商，瞄准广州、深圳、宁波、杭州等地，引进一批跨境电商企业落户赣州。

（二）完善跨境电商政策和人才培育体系

对现有跨境电商政策进行调整，对标前三批跨境电商综试区，重点引进平台型或供应链型龙头企业，尤其是总部型企业，加大对海外仓、跨境电商人才培育和引进的支持力度。充分发挥本地高校优势，打造一批跨境电商人才孵化基地，引导跨境电商企业与高校对接，开展校企合作。

（三）完善跨境电商生态圈

完善赣州综保区、赣州港、龙南保税物流中心（B 型）、黄金国际机场跨境电商通道建设。推动省线上综合公共服务平台实现信息互换、监管互认、执法互助。加大跨境电商产业园区招商，依托现有跨境电商产业园建设一园多集聚区的园区布局，加大对“1+5+N”产业跨境电商出口，加快建设进口商品线下体验中心，完善跨境电商园区等公共服务平台基础设施建设，形成跨境电商的物理集聚区。通过优化营商环境和硬件设施等措施，推动跨境电商人才、企业集聚，完善生态链，打造跨境电商生态圈。

（四）积极打造辐射赣、粤、闽、湘四省的跨境电商物流中心

完善赣州港、赣州综保区、龙南保税物流中心（B 型）的功能，重点引进培育一批跨境电商综合供应链服务企业，形成扩展性、业务承受能力和综合供应链服务能力强的国际物流枢纽。改善产品和服务供给，优化消费环境，引导出境消费回流，扩大需求总量，形成稳定持久的内需支撑。积极承接粤港澳大湾区跨境电商溢出效应。在赣州主要商圈及综保区开设跨境线上线下体验店，提升线上线下消费体验，打造辐射赣、粤、闽、湘四省的跨境电商物流中心。

（五）积极打造“一带一路”倡议先行区

积极落实国家“一带一路”倡议，将跨境电商作为赣州市与“一带一路”沿线国家和地区深化经贸合作的重要内容。以赣州综保区、赣州港为依托，发挥赣州港中欧班列纽带作用，推动赣州机场升级为国际机场，重点围绕“丝绸之路经济带”沿线各国和地区，开通空铁运输线路，增设班（列）次，以物流基础设施、贸易规则为主要内容，与“丝绸之路经济带”沿途各国城市形成多个点对点电子商务合作，着力将赣州打造成为“一带一路”倡议重要节点城市。

配套文件

江西省人民政府关于印发中国（赣州）跨境电子商务综合试验区实施方案的通知

（赣府字〔2020〕41号）

各市、县（区）人民政府，省政府各部门：

现将《中国（赣州）跨境电子商务综合试验区实施方案》印发给你们，请认真贯彻落实。

江西省人民政府

2020年6月11日

中国（赣州）跨境电子商务综合试验区实施方案

为全面推进中国（赣州）跨境电子商务综合试验区建设（以下简称赣州综试区），根据《国务院关于同意在石家庄等24个城市设立跨境电子商务综合试验区的批复》（国函〔2019〕137号）精神，制定本实施方案。

一、总体要求

（一）指导思想

以习近平新时代中国特色社会主义思想为指导，全面贯彻党的十九大和十九届二中、三中、四中全会精神，坚持新发展理念，适应产业革命新趋势，充分发挥赣州产业、区位和资源优势，以跨境电子商务企业到企业（B2B）出口为主攻方向，以科技创新、制度创新、模式和业态创新赋能产业转型升级，积极探索以产业融合为主要特色的内陆地区跨境电子商务发展新模式，着力推进贸易供给侧结构性改革，实现贸易高质量发展，为建设江西内陆开放型经济试验区培育新的发展动能。

（二）基本原则

先行先试、循序渐进。按照赣州跨境电子商务产业发展需求，围绕交易、支付、物流、通关、退税、结汇等环节，在技术标准、业务流程和信息化建设等方面着手先行先试，形成适应跨境电子商务发展的监管服务模式和制度体系，加强对综合试验区试点成果的评估和应用，循序渐进、适时调整、逐步推广，有力有序有效推动综合试验区建设发展。

创新发展、有序规范。坚持在发展中规范、在规范中发展，通过制度创新、管理创新、服务创新，推动跨境电子商务自由化、便利化、规范化发展，切实保障国家安全、网络安全、交易安全和进出口商品质量安全，有效防范交易风险。

突出重点、全面推进。以木材、家具、脐橙、服装、电子、新能源汽车及零部件等重点产品为突破，带动赣州优势产业通过跨境电子商务等新型贸易模式供货全球，不断壮大跨境电子商务交易主体和市场规模；以赣州国际陆港为依托，带动陆、水、空立体集疏运及跨境电子商务综合服务配套体系加快完善，形成完整产业链和生态圈。努力扩大进口，促进进出口平衡发展；着力推动农产品跨境电子商务出口，助力革命老区脱贫攻坚。

（三）发展目标

力争用3~5年时间，培育跨境电子商务龙头企业4家以上，跨境电子商务产业园区3个以上，跨境电子商务公共服务中心2个以上，跨境电子商务营商环境明显改善，跨境电子商务贸易额快速增长，打造产业链和生态链完整的跨境电子商务产业融合创新示范基地、全球丝路电商综合服务枢纽、长珠闽跨境电子商务协同发展示范基地、内陆地区贸易便利化示范城市。到2022年，实现跨境电子商务进出口交易额50亿元以上。

（四）总体布局

赣州综试区地理范围为赣州市全域，坚持科学布局、统筹规划，打造“一港一翼两区多集群”产业布局。

“一港”，即充分发挥赣州国际陆港枢纽大港作用，稳定开行赣欧班列、铁海联运，积极主动融入“一带一路”建设，加快推动赣州综合保税区置换至赣州国际陆港，搭建公共服务平台，发展以B2B出口为主攻方向的跨境电子商务进出口业务及综合配套服务。

“一翼”，即紧抓赣州黄金机场开放发展机遇，开展跨境电子商务国际航空货运业务，加开国际货运航线，加快推进跨境电子商务国际航空枢纽建设。

“两区”，即充分发挥赣州综合保税区、龙南保税物流中心（B型）保税功能平台作用，形成“综合保税区+保税物流中心”功能叠加、南北联动的跨境电子商务发展格局，大力发展跨境电子商务集货分拨、展示交易、保税加工及增值服务、跨境金融服务、国际商务服务，承接长三角、粤港澳大湾区跨境电子商务综合试验区溢出效应。

“多集群”，结合赣州市“两城两谷两带”（新能源汽车科技城、现代家居城、中国稀金谷、青峰药谷、赣州电子信息产业带、赣州纺织服装产业带）产业发展目标，布局多个跨境电子商务产业园区，形成多极聚集产业布局。

二、主要任务

（一）建设跨境电子商务产业融合创新示范基地，促进外贸稳定增长

打造跨境电子商务数智化产业基地。推动跨境电子商务与赣州传统制造业深度融合，围绕赣州“两城两谷两带”形成生态功能完善的跨境电子商务产业集群。引导新能源汽车及上下游配套企业通过B2B跨境电子商务采购、跨境网络零售等新通道融入全球供应链体系，采用数字化手段管理企业科技研发、产品销售、原材料采购、零部件供应、远程产品监测、配套售后服务，形成采供销智慧网络体系，进一步开拓国际市场。支持现代家居产业集群大力发展跨境电子商务海外仓，探索大件物品跨境电子商务业务模式，建设集品牌推广、展示体验、交易支付、配送安装、售后服务于一体的海外本土化服务中心；通过加快智能家居产品研发、智能车间应用、定制家具生产，加强供应链金融服务创新、文化艺术设计服务提升和环保检测服务模式推广，促进众创、共享与品牌建设，打造全球最具影响力的智能化家居产销基地。鼓励新型电子材料及元器件、新型光电显示、智能终端、汽车电子等电子信息产业通过跨境电子商务融入全球供应链体系和国际终端销售市场，扩大销售增量，打造国际品牌。推动赣州纺织服装产业通过跨境电子商务直接对接全球消费者，普及大数据设计工具、柔性产业链及供应链、智能化流水线的应用，通过网络服务平台共享设计、研发、展示等生产性服务资源，形成跨境电子商务数字化产业生态圈。做大有色金属、农产品、木材等大宗商品跨境电子商务B2B进出口交易，推动钨与稀土新材料及其零配件等相关产业、制成品通过跨境电子商务扩大出口，提升出口价值链，提高外贸竞争力和话语权，促进外贸高质量发展。

（二）打造全球丝路电商综合服务枢纽，加强全球资源优化配置

形成链接陆上丝路电商与海上丝路电商的重要节点。依托赣州国际陆港全国公铁海多式联运、外贸集装箱吞吐量最大内陆港、“一带一路”多式联运战略中转港优势，继续扩大赣欧班列、“铁海联运”班列（赣州国际陆港与沿海港口合作开通“进境货物同价到港，出境货物同价起运，通关与沿海同样效率”，“同港同价同效率”）、内贸班列跨境电子商务发运规模。充分发挥赣欧班列在运输品类、成本价格、配运速度方面比较优势，大力发展跨境电子商务铁路进出口。构建智慧物流信息平台，整合货物班列资源，打造跨境电子商务赣欧班列集中组织发运枢纽。加快推进赣州综合保税区置换至赣州国际陆港，形成区港一体，为各国跨境电子商务货物提供在港保税、集货、组织、调拨、换装、拼车拼列一体化操作服务。突出赣州国际陆港枢纽作用，通过网络平台建立赣欧班列与“铁海联运”班列跨境电子商务业务的整合优化与协同对接机制，联通欧洲—中亚—中国—东南亚陆海大通道，促进丝路电商集约化发展。

建设全球丝路电商保税加工服务中心。充分发挥赣州综合保税区企业增值税一般纳税人资格试点作用，以“保税+”为核心，以“互联网+”为支撑，利用国际市场最终需求倒逼贸易主体及配套政策进行供给侧结构性改革，探索为跨境电子商务提供保税区仓储物流、加工制造、展示交易、研发设计、质量检测等综合配套服务，叠加跨境金融、国际商标注册、专利申请、知识产权保护、法律仲裁等第三方专业服务，打造全球丝路电商保税加工服务中心。探索综合保税区加工制造与跨境电子商务功能融合扩展模式，赋予承接加工贸易转移跨境电子商务新功能，发展“网上接受预定，区内加工制造，分批出区，汇总申报”的全球保税加工跨境电子商务模式，提升参与全球资源配置能力。探索推动赣州综合保税区、赣州国际陆港、龙南保税物流中心（B 型）与粤港澳大湾区口岸枢纽的深度合作，开展政策对接，创新进出口通关模式，打造对接粤港澳大湾区供应链创新与应用的节点。

（三）探索长珠闽跨境电子商务区域一体化，促进进出口平衡发展

建设中部地区跨境电子商务进口消费促进中心。利用赣粤闽湘四省通衢物流中心优势，依托赣州国际陆港木材进口、肉类进口、整车进口、进境粮谷等指定口岸，建设中南部地区跨境电子商务进口货物集散中心。努力扩大进口，通过跨境电子商务丰富线上线下商品供应，改善产品和服务供给，降低跨境电子商务进口的制度性成本，促进进出口平衡发展。沿城市中心特色商业街区或大型商业综合体开设跨境电子商务进口体验店，推进综合保税区、保税物流中心等开展网购保税进口、保税区线下自提业务，建设跨境电子商务进口商品展示交易中心，提升线上线下消费体验。

推动长珠闽跨境电子商务通关协作。探索以赣州为试点，推动长珠闽通关一体化，与长珠闽区域内合作城市之间实现口岸直通、港口协同、跨关区货物自行运输，带动区域整体跨境电子商务竞争力大幅提升。促进赣州在长三角、粤港澳大湾区及海西经济区之间形成跨境电子商务新的增长极，成为联系三大板块相互合作，向内陆渗透的重要支点。

建立区域跨境电子商务产业合作园区。利用区位优势、成本优势、产业优势、陆港优势等，大力发展与宁波、广州、深圳、厦门等周边城市的跨境电子商务业态产业合作。集聚沿海发达城市的跨境电子商务大卖家、交易平台、跨国供应链企业来赣州发展，设立区域总部、客户服务中心、物流分拨中心等，壮大上下游产业链生态链，引进和培育一批跨境电子商务创业人才，形成产业集聚效应。

（四）建设跨境电子商务促进革命老区高质量发展示范区，助力乡村振兴

推动赣州综试区与电商进农村联动，综合

利用发展资源，合力推动农产品及其加工品跨境电子商务出口。发挥赣州国家级出口食品农产品质量安全示范区品牌效应，以脐橙、富硒蔬菜等农特产品为引领，加强与跨境生鲜电商平台合作，带动全市绿色农产品、食品通过跨境电子商务“走出去”，探索为企业提供权威跨境电子商务农产品出口质量认证和检测服务，推动国内外及第三方检测机构结果互认，有效防范运营风险。加大对农村跨境电子商务人才培养力度，提升冷链等基础设施服务水平，进一步营造宽松、优越的跨境电子商务创业发展环境。

三、创新举措

（一）建设跨境电子商务线上线下综合服务平台

1. 统筹建设跨境电子商务线上综合服务平台，推动跨境电子商务全流程无纸化。深入推进跨境电子商务线上综合服务平台与海关、商务、税务、外汇管理、市场监管、邮政管理、公安等政府部门的数据交换和综合利用，为跨境电商综合试验区内企业提供网上报关等政务申报服务。推动平台与国际贸易“单一窗口”、第三方跨境电商平台、外贸综合服务平台、物流、支付、金融、保险、海外仓等各类信息平台对接，链接金融保险、物流、电商服务、品牌管理、知识产权、法律服务、海外分销、信息技术等服务资源，丰富在线应用场景，拓展线上特色服务功能。

2. 建设线下综合园区平台，布局“一港一翼两区多集群”线下园区载体。出台跨境电子商务产业园区认定办法，按照“统筹规划、分步实施”的原则，充分考虑各园区区位条件、产业发展基础与资源要素禀赋，认定一批示范园区。建设一批孵化型跨境电子商务产业园区，为小微企业创新创业提供发展条件。支持利用现有电子商务聚集区和服务体系，建设一批跨境电商线上到线下（O2O）体验店和直营店。支持跨境电子商务产业发展，加强跨境电子商务产业链项目的引进，形成功能生态完整、布局科学合理、优势互补、联动发展的“一港一翼两区多集群”线下综合园区平台。

（二）创新跨境电子商务监管方式

1. 实现跨境电子商务全业态监管。探索开展“一般出口”“特殊区域出口”“直购进口”“网购保税进口”等跨境电子商务新业态新模式，允许企业开展保税区线下自提业务。采用“入区退税、分送集报”方式开展跨境电子商务供应商到企业到消费者（B2B2C）保税出口业务。在B2B业务领域先行先试，探索制订跨境电子商务B2B业务认定标准、“三单”数据格式标准，完善业务操作和海关申报流程，实现通关作业无纸化，海关加标DS标识，区分B2B出口与一般贸易，提升通关便利化水平。指导企业将企业到消费者（B2C）直购进口模式促销方案和相关商品价格提前向海关备案，海关提前做好通关保障。

2. 实行大数据监管模式。建立电子围网，启动“货物状态分类监管”业务试点。探索跨境电子商务货物与一般贸易货物在满足监管条件下实现状态转换。

3. 推动检验便利化。推动跨部门一次性联合检查，提高口岸通关效率。对出口果蔬和进口食品、化妆品实施检验便利化。探索推进跨境电子商务境内外检验和认证官方机构、第三方机构之间标准互认。积极推动线上信息核查库建设，强化风险防控。

（三）优化跨境电子商务税收管理政策

1. 实行“简化申报、清单核放、汇总统计”。对不涉及出口征税、出口退税、许可证件管理，且单票价值在人民币5000元以内的跨境电子商务B2C出口商品，电商企业可以按照《进出口税则》四位税号申报。

2. 实行“税款担保、集中纳税、代扣代缴”。贯彻落实财政部跨境电子商务零售出口税收政策。对赣州综试区电商出口企业出口未取得有效进货凭证的货物，同时符合电商出口企业在赣州综试区注册、出口货物通过赣州综试区所在地海关办理电商出口申报手续、出口货物不属于财政部和税务总局根据国务院决定明确取消出口退（免）税的货物三项条件的，试行增值税、消费税免税政策。对符合条件的赣州综试区内的跨境电子商务零售出口企业，采用应税所得率方式核定征收企业所得税，应税所得率统一按照4%征收，赣州综试区内实行核定征收的跨境电子商务企业符合小型微利企业优惠条件的，按相关优惠政策征收。

3. 推行出口退税无纸化管理，实现出口退税申报、审核审批、退库全流程无纸化操作。加快跨境电子商务企业出口退税速度，跨境电子商务企业均可使用增值税专用发票勾选确认信息审核办理退税，正常出口退税不超过7个工作日办结。积极推广赣州综合保税区增值税一般纳税人资格试点。

（四）完善跨境电子商务金融服务体系

1. 便利跨境电子商务外汇收支。支持金融机构在政策允许范围内创新金融结算产品，为跨境电子商务企业集中办理跨境外汇收支和结售汇业务。支持个人对外贸易经营者在线上综合服务平台备案后开立外汇结算账户，允许实现“三单合一”的跨境电子商务真实交易自行收结汇。推动银行机构利用“单一窗口”接口查询企业交易、支付、物流信息，进行数字化比对，建立集约化审核体系，实现线上结算。在综合考虑业务需求、风险控制的基础上，逐步扩大支付机构跨境外汇支付业务范围与交易金额。

2. 创新跨境电子商务金融服务。支持金融机构开发多种适合跨境电子商务需求的金融产品，依托跨境电子商务平台大数据，为交易背景真实、信用条件较好的跨境电子商务企业提供信用贷款、订单融资、应收账款融资、出口退税账户质押融资、仓单质押融资、出口信保保单融资等，提高企业风险防范能力。探索建设跨境电子商务供应链金融服务平台。

3. 鼓励跨境电子商务企业在政策范围内使用人民币计价结算。支持符合条件的跨境电子商务企业在宏观审慎管理框架下开展人民币境外借款业务。

（五）优化跨境电子商务智慧物流服务体系

1. 构建丝路电商智慧枢纽港。尽快提升赣州综合保税区、赣州国际陆港、龙南保税物流中心（B型）信息化作业水平，进一步优化赣州国际陆港口岸功能，实现区港一体化，推行国际物流标准化，大力发展多式联运，建立智慧物流云服务平台，打造“绿色智慧港”。探索在赣欧班列、“铁海联运”班列、内贸班列之间打破数据壁垒，实现“信息交换、资源共享、协同作业”，推行多式联运跨境物流“一单到底、一票结算”、代理承运人模式，融入“二十一世纪海上丝绸之路”与“陆上丝绸之路经济带”，形成丝路电商完整服务体系。建立联通欧洲—中亚—中国—东南亚的陆海双向开放物流大通道，优化配置跨境电子商务监管仓库、物流产业园区、冷链基础设施等，建设丝路电商重要的枢纽站和起运站。

2. 打造优秀示范海外仓。指导企业优化全球海外仓布局，尤其注重对“一带一路”沿线新兴市场布局，促进外贸市场多元化。支持本土海外仓企业与菜鸟物流、京东国际物流、亚马逊FBA等国际物流企业开展合作，与大卖家、品牌商等开展合作共建海外仓、海外展示交易中心、海外服务站点等。推动海外仓标准化，将服务能力强、运营效果好的海外仓纳入公共海外仓服务体系，开展优秀示范海外仓建设工程，规范服务时效、收费标准等，并给予一定政策支持，降低跨境电子商务物流成本和服务费用，着力破解大件货物和生鲜产品跨境电子商务物流瓶颈。探索利用海外仓为企业提供滞销产品处理、货物退运、保税维修等跨境逆向物流服务，开展本土化数字营销推广，提升赣州跨境电子商务线上线下一体化服务水平，扩大品牌竞争优势。

（六）建立跨境电子商务信用体系

制定“跨境电子商务信用负面清单”，建

立跨境电子商务信用数据和信用评价、信用监管、信用负面清单体系，记录和积累跨境电子商务企业、平台企业、物流企业及其他综合服务企业基础数据。在保障数据安全前提下，促进企业、平台与政府部门跨境电子商务信用信息有序共享，逐步解决跨境电子商务假冒伪劣和诚信缺失问题。

（七）完善跨境电子商务统计监测体系

探索建立全口径跨境电子商务统计监测模式。建立重点企业直报、企业园区逐级报送的数据统计制度，做好邮件快件纳统工作，定期发布相关数据统计分析报告，为企业、政府提供决策咨询服务。探索跨境电子商务 B2B 认定标准，研究统计方法，完善统计制度。研究建立绩效评价和考核体系，建立健全相应的监督、评估和检查机制。

（八）强化跨境电子商务风险防控体系

引导银行、保险等金融机构有针对性地加强贸易背景真实性审核，加强信用风险、市场风险、国别风险、合规风险监察防控，建立预警机制。依托权威检验检测机构，对跨境电子商务进出境商品实施质量追溯管理，加大违法违规行为处罚力度，维护消费者合法权益。加大知识产权保护力度，加强对跨境电子商务企业电商法、广告法、知识产权法等相关法律法规的培训。

（九）构建跨境电子商务人才培养体系

推动赣州市内高等院校开设“跨境电子商务”专业，建立地方政府、高等院校、培训机构与电商企业协同合作的跨境电子商务人才培养体系，组织开展跨境电子商务高端人才培训活动，实现“按需培养”和“综合培养”。建立对口联合培养机制，加强与广州、深圳、厦门等发达地区的交流互动。对符合赣州人才计划奖励条件的跨境电子商务人才和个人按规定实施奖励。与国家级跨境电子商务智库机构合作，开展区域跨境电子商务前瞻性研究，有效增强政策优势和环境优势。

（十）积极推动跨境电子商务国际合作

利用赣州国际陆港与国内口岸、港口对接合作的优势，推动建立与俄罗斯、中亚、欧洲铁路枢纽、东南亚重要海港之间的国际电商合作，对接国外保税区优质物流资源，推动共建跨境电子商务精品物流专线、国际合作物流园区等，有效提升服务效率，缩短运送时长，节约物流成本。充分利用跨国跨境电子商务产业联盟、协会平台，加大对跨境电子商务境外注册、国际认证、专利申请和知识产权保护的支持力度。

四、保障措施

（一）完善工作机制

在国务院统一领导下，在商务部牵头协调和相关部委指导下，推动建立重点企业联系、信息直报、工作周报、统计月报等工作机制。建立赣州综试区工作目标任务考核体系，进一步细化任务，制定完善工作计划，明确分工、落实责任、加强考核。

（二）抓好组织实施

发挥市工作领导小组作用，加强组织领导、综合协调、推进实施、监督管理和风险防控，定期研究赣州综试区建设的重大问题。加快复制推广前三批综合试验区 12 方面 36 项成熟经验做法，抓紧推动全面落地实施，及时报告重大问题。做好宣传和政策引导，形成共同推进赣州综试区建设发展的合力。

（三）加强政策支持

省市相关部门要加强对赣州综试区创新举措的指导和沟通协调，促进创新举措落地。赣州综试区要大胆创新、先行先试，积极研究创新体制机制，充分发挥好外经贸发展专项资金的带动作用，出台跨境电子商务专项支持政策，重点支持技术研发、品牌建设、公共服务等关键环节投入，为跨境电子商务提供良好发展环境。

（四）强化调度报送

赣州综试区要做好摸底调研和评估工作，

定期检查工作任务完成情况，防范各类安全风险。按照要求定期调度相关数据，及时向商务部等上级主管部门汇报发展成效等。

企业名录

截至2021年12月31日，在赣州跨境电商公共服务平台上注册并实际开展业务的企业名录见表2-14。

表2-14 赣州市跨境电商企业名录

序号	企业名称	序号	企业名称
1	赣州汇明木业有限公司	6	赣州综保跨境电子商务有限公司
2	汇森家具（龙南）有限公司	7	赣州重明鸟电子商务有限公司
3	江西家有儿女家具有限公司	8	江西远业环保科技有限公司
4	江西适意家具有限公司	9	赣州陆港国际跨境数字物流有限公司
5	龙南市跨境保税在线电子商务有限公司	10	赣州陆港组合港有限公司

统计数据

2021年，赣州市跨境电商进出口业务情况见表2-15。

表2-15 赣州市跨境电商进出口业务明细表

区域	验放清单（万票）	消费者（万人）	货值（亿元）	增长率（%）	税款（万元）	上线商品种类（个）	商品种类（进口量前五位）	备案电商企业（个）	上线企业（个）
赣州	200	30	50	285.9	1000	3000	母婴、日用消费品、服装鞋帽、儿童玩具等	1139	53

典型案例

案例一："双区联动"助力赣州跨境电商加速发展

2021年1月26日，赣州国际陆港、匈牙利中欧商贸物流合作园区、阳光捷通（北京）贸易服务有限公司在赣州国际陆港共同签约《匈牙利中欧商贸物流合作园区与中国（赣州）跨境电子商务综合试验区"双区联动"合作协议》，赣州综试区与"一带一路"倡议沿线的匈牙利中欧商贸物流合作园区"双区联动"项目由此生效，该项目是2021年2月中国—中东欧国家领导人峰会重要成果之一。

根据协议，合作三方建立战略合作关系，共同推动匈牙利中欧商贸物流合作园区与赣州综试区之间开展"双区联动"，构建"丝绸之路经济带"创新合作新模式，形成优势互补、互利共赢的合作发展格局，加强"双区"之间设施联通、贸易畅通、资金融通，提升产业链供应链协作配套水平，实现数字贸易、数字物流产业集聚，打造经济发展和对外开放新高地。

自赣州获批赣州综试区以来，赣州市商务局与赣州国际陆港、海关、铁路等部门主动作为、通力合作，于2021年3月，开通了"赣州—布达佩斯"中欧班列，为"双区联动"提供了契机，创造性地打造了跨境电商中欧班列新型贸易模式，依托"跨境电商+中欧班列"融合发展，加速形成了赣州在华南地区打造跨境电商货物集散中心的新优势。目前，"双区联动"项目运营方已经实现了赣州至欧洲班列常态化运行，开通了中欧班列线路22条，主要途径蒙古国、俄罗斯、白俄罗斯、波兰、德国、荷兰、芬兰、匈牙利、瑞典、挪威、罗马尼亚等11个国家，将处于内陆的赣州综试区的特色产品源源不断地送往中东欧市场。

赣州国际陆港与赣州市商务局联合建设的跨境贸易选品中心于2021年4月28日正式上线。通过跨境贸易选品中心，挖掘赣州市各地适合进行跨境贸易的优势产品，利用大数据进行资源整合，优化产品组合，提高跨境贸易质量，经过精心设计、合理布置，提升客户体验，为外商、贸易企业、跨境电商企业提供选品平台。依托跨境贸易选品中心，直观展示当地优质跨境产品，既能吸引周边跨境电商企业进驻快速开展业务，又能快速获得物流方案支持，为跨境贸易企业依托本土产业进入外贸市场提供更多便利，加快构建"卖全球"的大格局。

案例二：空港宏远南昌公司助力南昌昌北机场跨境电商监管中心出口跨境场站建设

一、基本情况

2018年，空港宏远正式布局南昌，在省市政府的大力支持下空港宏远已在南昌发展成为以航空干线运输为纽带的跨境贸易综合服务商，并成功开通了江西省首条洲际全货运航线暨"中国南昌—比利时列日"航线，帮助南昌昌北国际机场完成数万吨货邮吞吐量的突破。近年来，空港宏远南昌公司积极配合，助力南昌昌北机场国际货邮吞吐量持续提升。

二、服务特点

在跨境电商产业发展方面，空港宏远持续发力。目前，空港宏远南昌公司与南昌昌北机场集团合作将在昌北机场一级货站内建设全新的跨境电商直邮场站。该建设项目将是南昌综试区建设和南昌昌北机场智慧空港建设的重要组成部分，以满足海关对跨境电商货物监管需求为首要目标，依托江西跨境电商综合服务平台，实现海关、场所运营企业、跨境电商企业等部门间的物流及通关信息共享，同时以海关监管区域和查验分拣流水线建设为核心，完成跨境直邮海关监管场站的基建和硬件建设。

昌北机场跨境电商直邮场站一期筹建内容包括：建设跨境电商出口场站，建设的场站区域内将两条分拣线体，并配备有出口待查区、开拆查验室、出口暂扣仓、弱电机房、展示用、海关阅览室房等设备设施。

昌北机场跨境电商直邮场站的建设以跨境电商海关监管场所建设标准为指导，将大量引入了智慧物流、人工智能 AI 和物联网技术。海关查验分拣流水线涵盖冷冻、核辐射、重量体积、X 光机等检验设备，并在原有基础同屏对比的要求上增加智能判图模块。昌北机场跨境电商直邮场站海关监管区域根据要求实现 7×24 小时全方位无死角监控，网络及视频信号接入机场海关通关中心；理货、待运抵、待上机、放行和待装车区域间由 AI 机器人实现无人运送，减少人工干预和现场人为风险；流水线上机利用机器人机械臂自动操作，大大提高效率；同时信息化平台还利用大数据对监控信息和业务数据进行智能化分析、预警。昌北机场跨境电商直邮场站是海关对跨境电商货物监管智能化的一次实物实践。

在未来，空港宏远南昌公司将继续保持与各大电商平台、电商企业的高度、紧密合作，在信息平台按照南昌海关对跨境电商通关服务平台的统一要求与“统筹规划、资源共享”的原则，结合昌北机场跨境电商监管中心建设的实际情况，利用南昌跨境电商公共服务平台资源，实现跨境电商出口的便捷通关，以信息化、电子化手段降低企业通关成本，提高通关时效，助力小额外贸出口转型升级。

大事记

2020 年 3 月 20 日，赣州市政府主要领导首次召开赣州综试区建设工作调度会。

2020 年 3 月 25 日至 27 日，赣州综试区领导小组成员单位联合调研组首次外出赴广州、深圳考察跨境电商综试区建设。

2020 年 4 月 9 日，赣州综试区建设工作领导小组成立。

2020 年 5 月 8 日，赣州综保区和中国邮政集团赣州市分公司签约跨境物流合作。

2020 年 5 月 13 日，赣州综保区、赣州国际陆港、龙南保税物流中心（B 型）建成跨境电商海关监管中心。

2020 年 5 月 16 日，赣州综试区实现首单跨境电商“1210”业务并开通首趟跨境电商班列。

2020 年 6 月 3 日，中共赣州市委机构编制委员会印发《关于设立赣州市跨境电子商务综合试验区管理中心的通知》，成立了正科级赣州综试区管理中心。

2020 年 6 月 11 日，江西省人民政府印发《中国（赣州）跨境电子商务综合试验区实施方案》。

2020 年 9 月 29 日，赣州市跨境电商培训班暨阿里巴巴国际站（赣州）峰会顺利召开。

2020 年 11 月 11 日，赣州综试区工作动态首期正式印发。

2020 年 12 月 30 日，龙南保税物流中心（B 型）内建成“9610”出口海关监管中心并开通首单跨境电商“9610”出口陆路转关业务。

2021年1月6日，联合国欧洲经济委员会正式添加赣州国际陆港临时永久对外开放口岸的铁路和公路功能，代码名称为CN GZH。

2021年1月26日，赣州国际陆港、匈牙利中欧商贸物流合作园区、阳光捷通（北京）贸易服务有限公司共同签约《匈牙利中欧商贸物流合作园区与中国（赣州）跨境电子商务综合试验区“双区联动”合作协议》

2021年2月9日，赣州综试区与“一带一路”沿线的匈牙利中欧商贸物流合作园“双区联动”项目列入中国—中东欧国家领导人峰会成果清单。

2021年3月15日，中国赣州—匈牙利布达佩斯“双区联动”跨境电商班列开通。

2021年4月7日，赣深组合港开通运营暨“双区联动”跨境电商班列开行仪式顺利举行。

2021年4月26日，中国（赣州）跨境电子商务发展峰会顺利召开。

2021年4月28日，赣州国际陆港跨境贸易选品中心正式上线，赣州国际陆港进口商品展示交易中心同期开业。

2021年5月6日，赣州综保区成功开通“9710”跨境电商B2B直接出口模式。

2021年5月20日，赣州综保区建成RCEP东盟产业园，在全省率先开通“赣州—东盟”跨境直通车。

2021年6月29日，于都县政府和阿里巴巴（中国）网络技术有限公司就阿里巴巴（中国）网络技术有限公司“跨境电商服装行业产业带”项目进行签约。

2021年7月1日，赣州国际陆港在全省开通首单“9810”跨境电商业务，赣州综试区成为全省首个实现“1210”“9610”“9710”“9810”跨境电商全业态开通的跨境电商综试区。

2021年7月3日，赣州市跨境电子商务协会召开成立大会。

2021年7月27日，江西首趟中欧班列跨境电商B2B出口专列顺利运达匈牙利布达佩斯海外仓。

2021年10月21日，赣州国际陆港管理委员会与国家税务总局江西省税务局、国家税务总局赣州市税务局举行的港税合作备忘录签约仪式暨税收服务“一带一路”政策宣讲会在赣州国际陆港举行。

2021年11月11日，赣州国际陆港首列“跨境电商B2B出口（‘9710’）+铁海联运”班列在属地赣州海关成功申报出口。

2021年11月30日，于都跨境电商综合服务中心揭牌。

2021年12月31日，赣州综试区建设工作领导小组办公室印发《关于认定首批赣州市跨境电子商务产业示范园的通知》，南康区臻顺跨境电子商务产业园、瑞金市跨境电子商务产业园、龙南市跨境电子商务产业园三个园区被认定为赣州市级首批跨境电商产业示范园区（B类）。

九江地区

2020 年 4 月 27 日，国务院同意设立中国（九江）跨境电子商务综合试验区（以下简称“九江综试区”）。在九江市委、市政府的坚强领导下，在学习先进综试区经验的基础上，持续坚定落实“六稳六保”工作任务，将跨境电商综试区建设作为应对新冠疫情危机、稳定外贸经济、推动经济发展转型升级的重要抓手。通过近两年的努力，九江综试区建设取得了明显的成效。

发展现状

一、工作成效

（一）做大外贸总量

九江市虽然是第五批获批的跨境电商综试区，但在推进跨境电商综试区建设上敢于争先，跨境电商总体规模发展迅速。2021年，九江市跨境电商持续发力，跨境电商进出口额占全市外贸进出口总量约25%，全市外贸进出口、出口、进口增幅排全省第二、第一、第三的位置，跨境电商成为稳外贸的重要力量。

（二）赢得应有地位

九江市成功复制共青城跨境电商发展经验，重点打造了江西海淘跨境电商产业园，省市各级领导莅临园区调研，充分肯定了园区建设成效。南昌、赣州、宜春、上饶、新余、景德镇，以及湖北宜昌、安徽芜湖、湖南株洲、成都新都区等多地纷纷组团来九江调研考察跨境电商工作。2021年，新华社《瞭望》、《九江日报》头版头条、《江西商务》、《人民日报》网络版、《经济日报》先后五次专题报道九江市跨境电商工作成效。

（三）缓解企业危机

面对贸易战争和新冠疫情肆虐的双重打压，传统外贸陷入严重危机，倒逼企业线上寻出路。九江市紧紧抓住危机中的一线生机，对接外贸企业的需求，及时出台跨境电商支持政策，安排专项资金，协同跨境电商综合服务企业通过建园区、搞培训、通流程、解难题等措施，让企业通过跨境电商新业态获订单、赢收益，形成跨境电商的良好氛围，九江市已经有300多家外贸企业通过线上开展业务，跨境电商出口额超亿元企业共有40多家。

（四）丰富外贸业态

通过外招内孵的方式，积极培育企业主体，在做大跨境电商综试区规模的同时，也丰富了外贸业态。一方面做大了增量，利用各种契机广泛宣传推荐九江，吸引了一大批像阿里巴巴新本服、宁波必创、发现物流、九米科技、大龙网等跨境电商行业精英企业落户九江。另一方面做强了存量，积极培育孵化本地企业，打造典型示范园区，通过园区集聚跨境电商及配套服务支撑企业，初步形成类型齐全、业态完整的跨境电商生态产业链。

二、工作举措

（一）健全工作机制

成立了九江综试区建设工作领导小组，由市长任组长、分管副市长任副组长，商务、海关、税务等20个相关部门和单位负责同志为领导小组成员，高位推动跨境电商综试区建设。建立海关、税务、外汇管理、港航等主要部门联席会议和部门间的分管领导和联络人日常联系机制。将跨境电商发展列入县（市、区）开放型经济高质量考评指标，提高了县（市、区）级政府发展跨境电商的积极性。

（二）出台支持措施

印发了《江西省人民政府关于印发中国（九江）跨境电子商务综合试验区实施方案的通知》。出台了《九江市关于促进中国（九江）跨境电子商务综合试验区发展的若干政策》，并根据市政协专题调研报告的建议，结合九江市发展实际，于2021年年底对政策进行了修订完善，形成了《九江市关于促进中国（九江）跨境电子商务综合试验区发展若干政策措施（2021年修订版）》，重点在跨境电商龙头企业引进、本地中小微企业培育、跨境电商综合服务平台建设、人才培训、物流成本降低等方面加大了支持力度，提高了支持标准，这为跨境电商综试区的未来高质量发展提供了可靠的政策保障。

（三）搭建发展平台

初步搭建了九江跨境电商线上综合服务平台，在线为企业提供跨境电商进出口“一站式”服务。目前，平台已搭建完成并正式上线，在平台注册备案企业160家，包括跨境电商生产型出口企业、跨境电商进出口贸易企业、跨境电商平台企业、仓储物流企业等。打造跨境电商示范园区，形成跨境电商产业链和生态圈。在授牌共青跨境电商产业园、九江综保区、鄱阳湖生态科技城等三家园区为跨境电商综试区产业园的基础上，新授牌了江西海淘跨境电商产业园为跨境电商综试区经开区产业园。江西海淘跨境电商产业园总面积约1.7万平方米，目前九江本地已经签约入驻跨境电商企业50多家，是九江市目前面积最大、基础条件最好、入驻企业最多的跨境电商产业园。

（四）开通进出口业务

2021年7月1日，海关总署在全国复制推广跨境电商B2B出口监管试点，为此九江市组织企业于7月1日凌晨成功申报江西首单跨境电商“9710”出口，标志着跨境电商“9710”出口业务在九江市正式落地，九江市跨境电商企业从此可从九江海关报关实现跨境电商“9710”出口。截至目前，九江市已落地跨境电商“1210”进口出口、“9610”出口、“9710”出口、“9810”出口等模式，分别在美国洛杉矶、新泽西，以及法国里昂、德国汉堡等地布局了共五个跨境电商海外仓。

（五）强化宣传培训

广泛开展了跨境电商培训、招商推介、平台推广等活动。每年均举办十多场阿里巴巴国际站、速卖通、亚马逊等主流平台的招商推广活动。深化校企合作，江西海淘产业园与九江职业大学正式合作成立了跨境电商产业学院，打造九江地区跨境电商“精英人才”的摇篮。推动九江学院、南昌航空大学科技学院两所高校正式设立了跨境电商学科。开展了大学生跨境电商创新创业活动，从大二下学期开始介入培训，确保大学生毕业即可单独创业。开展了跨境电商百企孵化培训活动，立足本地优势产业，扶持本地外贸生产型、贸易型企业从传统贸易转型升级，重点培养一批跨境电商示范企业。

（六）加强交流学习

组织海关、综保区、经开区等人员赴杭州、宁波、深圳、南昌等地学习借鉴先进经验和成熟做法。2021年，市政协召集商务、海关、外汇管理、税务等部门组成专题调研组，赴市内共青城市、九江综保区、鄱阳湖生态科技城、省内省外先行综试区开展专题调研。通过调研，基本明晰了九江综试区发展现状和困境，借鉴了先进地区的经验和做法，有针对性地提出了意见建议，并邀请九江智库专家专题研究九江跨境电商发展路径。2021年6月，召集了跨境电商园区和12家跨境电商企业代表召开了九江综试区工作分析会，集思广益研究如何加快推进九江综试区建设。

配套文件

中国（九江）跨境电子商务综合试验区实施方案

为全面推进中国（九江）跨境电子商务综合试验区（以下简称“九江综试区”）建设，根据《国务院关于同意在雄安新区等46个城市和地区设立跨境电子商务综合试验区的批复》（国函〔2020〕47号）精神，制定本方案。

一、总体要求

（一）指导思想

以习近平新时代中国特色社会主义思想为指导，深入贯彻党的十九大和十九届二中、三中、四中全会以及习近平总书记视察江西重要讲话精神，坚持新发展理念，立足九江经济技术开发区、共青城高新技术开发区等国家级平台，学习借鉴先进跨境电子商务综合试验区的成功经验，积极探索跨境电子商务全要素集成、创新，实现跨境电子商务自由化、便利化、规范化发展，培育外贸竞争新优势，增强经济发展新动力，促进传统产业转型升级和外贸提质增效，为建设江西内陆开放型经济试验区培育新的发展动能。

（二）基本原则

坚持政府推动与市场主导相结合。在加强对九江综试区建设统筹协调、规划引领和政策支持的基础上，充分发挥市场在资源配置中的决定性作用，强化企业在跨境电子商务发展中的主体地位，有效引导社会资源，合理配置公共资源，推进跨境电子商务良性发展。

坚持创新发展与有序规范相结合。通过制度创新、管理创新、服务创新，形成科学高效的跨境电子商务监管服务流程，探索符合九江实际的跨境电子商务发展模式。构建跨境电子商务生态圈，保障进出口产品质量安全，控制和防范交易风险，打造规范化、标准化、国际化的市场环境。

坚持统筹谋划与分步实施相结合。立足跨境电子商务内在需求，强化顶层设计，统筹谋划九江综试区的基础设施、服务体系和支持政策。以九江综合保税区为依托，兼顾当前任务目标与长远发展，以点带面、扎实推进。

坚持部门为主与协同发展相结合。各部门紧紧围绕跨境电子商务新业态，创新发展新举措。共同探索创新跨境电子商务B2B（企业—企业）方式在交易、支付、物流、通关、退税、结汇等环节的技术标准、业务流程、监管模式和信息化建设，积极破解体制性难题，打造九江跨境电子商务完整产业链和生态圈。

（三）发展目标

力争到2023年，培育跨境电子商务龙头平台企业3家以上，跨境电子商务示范园区5个以上，具备一定规模的跨境电子商务品牌企业200家以上，组织3家以上品牌企业海外建仓，跨境电子商务产业链和生态圈初具规模，跨境电子商务贸易额快速增长，进出口交易额累计100亿元以上，将九江打造成为辐射中部地区跨境电子商务融合创新示范基地、区域率先发展战略开放高地、区域性国际物流枢纽节点城市。

二、主要任务

建立以信息为基础、以信用为核心、以技术为支撑的跨境电子商务新型监管服务模式，通过构建信息共享体系、金融服务体系、智能物流体系、电子商务信用体系、统计监测体系和风险防控体系，以及线上综合服务平台和线下综合园区平台等“六体系两平台”，实施分类分级监管，简化优化监管流程，推进跨境电子商务信息流、资金流、货物流“三流合一”。

（一）建立信息共享体系

依托跨境电子商务线上综合服务平台，完善九江国际贸易“单一窗口”功能，建立多位一体的跨境电子商务信息合作机制和共享平台，打通“关、汇、税、商、物、融”之间的信息壁垒，实现监管部门、地方政府、金融机构、电子商务企业、物流企业之间信息互联互通，为跨境电子商务信息流、资金流、货物流“三流合一”提供数据技术支撑。

（二）建立金融服务体系

推动金融机构、第三方支付机构、信保、第三方电子商务平台、外贸综合服务企业之间开展规范合作。鼓励金融机构、信保、第三方电子商务平台等机构依据交易信用，创新贸易融资产品，为具有真实交易背景的跨境电子商务交易提供在线支付结算、在线融资、在线保险等完备便捷、风险可控的“一站式”金融服务。

（三）建立智能物流体系

围绕建设区域性航运中心目标，运用云计算、物联网、大数据等技术，构建互联互通的物流智能信息系统、衔接顺畅的物流仓储网络系统、优质高效的物流运营服务系统，实现物流供应链全程可验可测可控。探索建立高品质、标准化、规范化的跨境电子商务物流运作流程，形成布局合理、层次分明、衔接顺畅、功能齐全的跨境物流分拨配送和运营服务体系。

（四）建立电子商务信用体系

运用跨境电子商务线上综合服务平台，推进政府与企业、银行、第三方信用服务机构间信用数据信息共享。建立跨境电子商务信用数据库和信用评价系统、信用监管系统、信用负面清单系统等“一库三系统”，记录和积累跨境电子商务企业、平台企业、物流企业及其他综合服务企业基础数据，建立监管部门信用认证体系和信用服务企业评价体系，实现对电子商务信用的“分类监管、部门共享、有序公开”。

（五）建立统计监测体系

运用信息平台对商品交易、物流通关、金融支付等海量数据进行分析处理，推动跨境电子商务数据共享和统计应用。发布“跨境电子商务指数”，建立标准化统计机制，健全跨境电子商务统计监测体系，完善跨境电子商务统计方法，为政府监管和企业经营提供决策咨询服务。

（六）建立风险防控体系

建立完善风险信息采集、风险评估分析、风险预警处置、风险复查完善等机制，以流程节点风险防控为重点，开展跨境电子商务全流程专业风险分析，有效防控非真实贸易洗钱的违法风险，数据存储、支付交易、网络安全的技术风险，以及产品食品安全、贸易摩擦、主体信用的交易风险，为政府监管提供有效的技术支撑、决策辅助和服务保障。

（七）创建线上综合服务平台

建设跨境电子商务线上综合服务平台，坚持“一点接入、一次申报、数据共享”，进一步完善数据标准和认证体系，与海关、税务、外汇管理、商务、港口航运、市场监管、邮政等部门进行数据交换和互联互通，实现政府相关部门之间“信息互换、监管互认、执法互助”。实施通关全程无纸化，提高通关效率，降低通关成本。同时，通过链接金融、物流、电子商务平台、外贸综合服务企业，为跨境电子商务企业和个人提供全方位跨境供应链服务。

（八）建立线下综合园区平台

建立九江综试区线下综合园区平台，通过集聚电子商务平台企业、外贸综合服务企业、电子商务专业人才，提供通关、物流、金融、人才等“一站式”综合服务，有效承接线上综合服务平台功能，优化配套服务，促进跨境电子商务线上平台和线下园区联动发展，打造完整的跨境电子商务产业链和生态圈。选择九江综合保税区作为首批线下园区试点区域，打造以保税模式为主要特色的跨境电子商务产业园区。

三、创新举措

（一）创新监管服务方式

在“一般贸易”（0110，中国海关监管方式代码，下同）监管方式的基础上，积极探索“保税跨境贸易电子商务”（1210）、“跨境贸易电子商务”（9610）监管方式的通关措施和流程。运用九江综合保税区和特殊监管场所开展“先入区、后报关”，建立事前评估、入区申报、区内监管、出区核销、第三方监测、联合执法、事后追溯等全流程的闭环制度。探索适应跨境电子商务B2B（企业—企业）特征的支付、通关、结算等方面管理制度和措施，采用“入区退税、分送集报”方式开展跨境电子商务保税出口业务。

（二）探索高效税收服务

依托九江市综合保税区及肉类、粮食指定进口口岸，研究探索税收管理规范化、便利化。推行出口退税无纸化管理，实现出口退税申报、审核审批、退库全流程无纸化操作。进一步完善、推广对总（分）企业增值税“统一核算、汇总申报、分别纳税”、自报自缴、电子支付等新型税收征管方式。会同税务部门研究制定高效落实九江综试区内跨境电子商务零售出口货物按规定免征增值税和消费税、企业所得税核定等政策。

（三）便利外汇交易结算

引导鼓励跨境电子商务企业使用人民币计价结算，支持银行金融机构与支付机构开展业务合作，丰富电子商务跨境人民币业务产品。支持银行与电子商务交易平台、跨境电子商务公共信息平台的互联互通，开展即时跨境电子商务跨境收支结算。

（四）创新商务发展模式

以“保税跨境贸易电子商务”（1210）进口为起点，打通跨境电子商务进口渠道。积极探索发展线上“保税展示+交易”、线下“保税仓储+一般贸易进出口”的商业模式。以扩大跨境电子商务B2B出口为主攻方向，运用长江经济带、区域航运中心的通道优势，探索完善B2B一般出口与特殊区域出口业务模式融合发展，大力拓展B2B2C（企业—企业—个人）及“卖家+平台+外贸生产企业”专业化发展模式，与海外商家建立广泛直接的贸易联系，实现线上直销、末端对接。

（五）打造国际品牌企业

充分运用阿里巴巴、京东等龙头企业资源，依法加大对有自主品牌、较高知名度和较强市场拓展能力的跨境电子商务经营企业的扶持力度，助力企业做大做强。支持九江企业利用电子商务开展对外贸易，拓展国际市场，培育一批拥有自主品牌的跨境电子商务企业。扶持商品零售出口企业通过规范的海外仓、体验店和配送网点等模式，融入境外销售体系，鼓励跨境电子商务企业注册国际商标，创立国际自主品牌。

（六）培育优势产业集群

培育形成一批发展基础良好、规模结构合理、产业特色鲜明、市场潜力巨大、竞争优势明显、自主品牌过硬、跨境电子商务融合度高的产业集群。市级层面以纺织服装、绿色食品和电子信息产业为主要发展方向，县级层面结合自身首位产业和主攻产业确定重点发展方向。分批次、多途径、广渠道推动产业集群跨境电子商务发展，建立产业垂直平台，整合供应链资源，提升“九江制造”在世界的知名度、美誉度。

（七）加大招商引资力度

着眼九江产业结构转型升级和跨境电子商务产业链建设需求，有针对性地开展不同形式的跨境电子商务招商活动。落实九江招商引资和跨境电子商务相关政策，加大跨境电子商务供应链服务企业、实体品牌企业、服务平台企业、物流仓储企业等项目的招引力度。发挥跨境电子商务的信息优势、比对优势，完善产业发展链条，突破行业细分领域。发挥现有进境粮食、肉类及待批的水果等指定监管场所（地）政策优势，集聚行业龙头，吸引产业业态，实现一个口岸一个产业的目标。

（八）构建产业生态链条

鼓励有条件的企业完善全球供应链综合服务，整合有关资源，建设汇集金融、通关、物流、退（免）税、外汇等服务的在线应用平台或者线下服务体，为各类跨境电子商务企业提供外贸综合服务。支持企业开设跨境电子商务进口商品展示交易中心，通过线下体验与线上购物相结合的运营模式，实现线上线下融合发展。完善园区仓储物流、展示交易、金融服务、研发创新等服务支撑，形成布局合理、运行高效的跨境电子商务发展生态圈。

（九）创新金融服务方式

在风险可控的前提下，积极探索全方位、多形式的金融产品和服务、扩大跨境电子商务进出口企业信用保险覆盖面。支持金融机构开发多种适合跨境电子商务需求的金融产品，依托跨境电子商务平台大数据，为交易背景真实、信用条件较好的跨境电子商务企业提供订单融资、应收账款融资、出口退税账户质押融资、仓单质押融资、出口信保保单融资等服务，拓宽企业融资渠道。

（十）提升物流服务水平

充分发挥水运优势，打造区域航运中心，以“直航”促“三同”政策落实，开通“天天班”“江海直达”，吸引大型货代企业、国际物流企业在九江设立区域总部、采购中心、分拨中心、配送中心，打通九江通向各海外市场的物流渠道，拓展跨境电子商务业务范围。以九江新雪域冷链物流企业肉类进口特殊监管场所为基地，积极推进跨境冷链物流发展，推动九江及周边区域生鲜农产品跨境贸易。不断完善跨境物流组织模式，优化运输通关流程，实现运输资源高效整合和运输组织无缝对接。

（十一）稳妥推进海外仓建设

研究海外仓发展趋势及现状，结合九江产业发展实际，完善相关支持举措。依托阿里巴巴、京东等龙头企业的海外仓储资源，借助驻外商会企业创建的海外仓基地，组织九江有实力的外贸企业到海外仓开仓设点。发挥鄱阳湖生态科技城大数据中心及相关外贸综合服务机构作用，帮助企业了解相关国家法律法规，指导企业合法经营，提升海外仓智能化、信息化、本土化水平，提高企业的国际竞争力。

（十二）创新人才培养机制

充分发挥以九江学院为龙头的市区人才资源和共青城市大学城的人才集聚优势，鼓励支持高校、职业院校与跨境电子商务园区运营企业合作开设跨境电子商务相关专业和课程。通过校企合作方式建立一批创业型和应用技术型人才培训基地，建立跨境电子商务孵化基地，开展现代学徒制和订单培养，增强大学生创新精神、创业意识和创新创业活力，为跨境电子商务企业培养急需紧缺的专业人才。鼓励和支持九江智库、院校、机构、企业开展专题性研究，推动跨境电子商务理论创新、业态创新和模式创新，为九江综试区建设提供理论支撑和智力支持。

四、保障措施

（一）抓好组织实施

九江市政府要成立市级跨境电子商务综合试验区建设工作领导小组，加强综合协调，定期研究九江综试区建设的重大问题，并依据实施方案制定九江综试区具体行动计划，进一步完善制度措施，健全工作机制，明确责任分工，积极稳妥推进。九江市各县（市、区）、相关企业协会要开展联动，形成制度创新清单，持续探索可操作、可复制、可推广的创新举措。

（二）强化政策引导

九江综试区要充分吸纳国内先行跨境电子商

务综合试验区的成功经验做法，创新驱动，先行先试，制定切实可行的专项扶持政策，充分发挥扶持政策和产业引导基金的导向作用，统筹整合各级外经贸资金及跨境电子商务综试区建设专项资金，重点支持跨境电子商务领域平台、产业园区、国际物流、监管场所、人才培养和海外仓等建设，统筹各类资源，拓展发展空间。

（三）营造良好环境

省、市各相关部门要坚持放管结合，加强事中事后监管，提升服务水平，降低跨境电子商务创新创业门槛和成本。推进口岸提效降费，落实以“直航”促“三同”、打造长江经济带区域航运中心等方面的扶持政策，加强企业间的仓储、运输资源整合，降低企业进出口成本、物流成本和经营成本。引导建立跨境电子商务行业协会，加强协会对跨境电子商务相关政策、行业标准和支持体系的研究。

（四）加强宣传推广

举办新闻发布会、高峰论坛，扩大九江综试区知名度。组织各种形式的跨境电子商务培训，使企业充分认识跨境电子商务的政策优势、操作办法和发展成效，营造跨境电子商务发展氛围。依托省、市招商活动平台，加大跨境电子商务宣传力度，积极推介九江开展跨境电子商务的优势，吸引更多跨境电子商务主体进驻九江。建设九江综试区门户网站、公众号等媒体平台，拓宽九江综试区服务企业、宣传政策、互动交流渠道。

企业名录

截至 2021 年 12 月 31 日，在九江跨境电商公共服务平台上注册并实际开展业务的企业名录见表 2-16。

表 2-16　九江市跨境电商企业名录

序号	企业名称	序号	企业名称
1	九江九米穗仓科技有限公司	3	九江融易通供应链管理有限公司
2	跨境优品（江西）科技有限公司	4	九江心之怡仓储服务有限公司

典型案例

案例一：打造示范园区，构建跨境电商生态
——江西海淘跨境电商产业园建设案例

一、基本情况

江西海淘跨境电商产业园（以下简称“海淘园区”）位于九江市经开区，于 2020 年 10 月开始运营。海淘园区坚持高起点建设运营的原则，项目投资约 5 亿元，建筑面积 1.2 万平方米，配套仓储面积 5000 平方米。截至目前，海淘园区已签约跨境电商及配套企业 700 余家，九江本地签约入驻跨境电商企业 50 多家，是九江综试区建筑面积大、基础条件好、配套

服务全、入驻企业多的跨境电商产业园。2021年11月，九江综试区授牌海淘园区为九江跨境电商综试区·经开区产业园。

二、海淘园区运营模式

（一）发挥海淘园区集聚效应，构建跨境生态体系

海淘园区不断完善配套服务功能，引进龙头型跨境电商平台和生态企业进驻，开拓全球性跨境电商销售网络和构建九江跨境电商生态系统。硬件服务方面，海淘园区提供"三年免租"的精装修办公室，集进出口商品展示中心、培训孵化中心、直播中心、物流中转区、多功能会议室、党建活动中心、休息区等为一体，为落户企业提供"拎包入驻"的办公环境；软件服务方面，已配套包括电商平台、供应链、海外仓、物流、税务、金融、支付、关务、IT、海外营销、知识产权、人才培育等一站式的综合服务，帮助跨境电商企业创造更好的服务环境，让企业得到更好的成长与发展。

（二）利用平台优势资源，培育孵化传统产业

海淘园区与全球各大主流跨境电商平台如亚马逊、eBay、速卖通、Shopee、Wish、Jumia、VOVA等建立紧密合作关系，为本地企业提供全球开店的绿色服务通道，推动传统制造、外贸企业、国内电商企业触电，培育具有本地特色的跨境电商产业集群。孵化了江西发现供应链管理有限公司、九江安默尔跨境电商有限公司、九江九米穗仓信息技术有限公司、九江市幸运盒子电子商务有限公司等一批不同类型的创新创业典型企业。通过手把手、点对点的帮助企业，为企业提供拓展产品出海的渠道，满足各企业触电的需求，帮助本地企业真正实现品牌出海，货通全球。

三、打造产教融合基地，培养跨境需求人才

海淘园区联合了九江职业大学、南昌航空大学科技学院、共青技工学校等多所江西高校，创建跨境电商产业学院，共同开展跨境电商产教融合基地建设，引领外贸新业态新模式培育，助力九江综试区发展。目前，基地已培养了2000多名跨境电商应用型人才，后续将会继续深化校企合作，联动更多高校、技校，通过践行"产+学+研+创"一体化发展思路，打造出高水平的跨境电商人才教学体系，努力将跨境电商产业学院打造成为九江跨境电商"精英人才"的摇篮。

四、举办创业交流活动，搭建合作交流平台

每年举办多场大型跨境电商交流活动及会议，搭建多种形式的合作交流平台，通过活动广泛宣传推荐九江和园区，较大提升了九江综试区的关注度、知名度和影响力。先后在南昌、九江、共青城、深圳、广州、义乌、杭州、宁波等地开展多区域、多跨境电商平台招商、中部地区产业发展峰会等共20多场。"以会造势、以会聚势"，打造九江经开区海淘跨境电商产业园发展新名片，聚集全球性跨境电商龙头企业进驻九江。

五、取得成效和目标

截至目前，园区运营一年左右的时间，入驻率已达到95%，跨境电商及配套服务支撑企业类型比较齐全，初步形成了较为完整的跨境电商生态产业链。

海淘园区的目标是建设集跨境电商进出口交易、产品展示、运营管理、企业孵化、人才培养、金融服务、物流仓储于一体的全链条、全生态、特色化的跨境电商产业综合体和示范集聚区，实现全系统服务的流程化、集约化，

构建跨境电商新生态。

案例二：共青城跨境电商产业园建设

一、基本情况

2020年3月，为贯彻落实十九大报告“要以‘一带一路’建设为重点，坚持引进来和走出去并重，遵循共商共建共享原则，加强创新能力开放合作，形成陆海内外联动、东西双向互济的开放格局”要求，落实国务院批复的九江综试区建设要求，共青城跨境电商产业园（以下简称“共青城产业园”）引进宁波必创网络科技有限公司（浙江省首批跨境电子商务重点服务企业、宁波市跨境电子商务标杆企业）承建和运营共青城产业园，截至2021年11月，聚集跨境电子商务以及生态链企业260家，助推共青城纺织服装产业货通全球、转型升级、跨越发展。

二、主要特点

（一）“保姆式”孵化

为入驻团队提供办公生活、培训孵化、市场推广、资本投资、物流运输、金融支付等全方位服务，把全球40多个跨境电商平台的资源通道带给入驻商家，电商企业“拎包”即可“入驻”，降低了过去缺少产业支撑、资本支撑、渠道支撑带来的孵化失败风险。自落户以来，已为100多家企业，1000名电商人才提供孵化和培训服务，所培育的企业业务拓展至东南亚、北美、东欧等地区，实现进出口额5000多万美元。

（二）“链条式”配套

引进了必创跨境电子商务综合服务平台、澜湄航空、发现海外仓、上海易达国际物流、PayPal（贝宝）等海外支付平台、知识产权机构、海外营销机构等全链条配套企业。

（三）“裂变式”发展

立足跨境电商产业高速发展的有利契机，稳步做大产业体量、做优发展质量。计划三年内实现“1315”目标：孵化1000家本地跨境电商企业；创造3万个就业岗位；引进100家生态链配套企业；打造5万人以上的创业社区，成为百亿级跨境电商产业生态综合体。

（四）“开放式”思维

坚持开放、创新、主动、服务型发展路径，自共青城产业园成立后，组织省内外招商活动百余场，深入浙江、广东、福建产业发展优势地区招商引资，引入产业发展相关业态，建立与多国家、区域性电商平台战略合作，推动本区产业链条快速接轨跨境电商市场。

（五）“人才高地”

跨境电商高速发展，人才严重匮乏，依托共青城高校集群优势，创新人才培养模式，共青城产业园与高校建立深度合作，入园办学、产学集合、联合培养实操性、应用性跨境电商人才，为企业发展提供有力的人才保障。

三、取得成效

2021年9月，共青城产业园通过跨境电商“9710”模式实现B2B直接出口开单，12月再次通过跨境电商“9610”模式完成首批出口订单，这标志着九江市跨境电商“9610”业务正式开通运营。

大事记

2020 年 8 月 20 日，江西省人民政府印发了《江西省人民政府关于印发中国（九江）跨境电子商务综合试验区实施方案的通知》。

2020 年 8 月 26 日，九江市在浙江义乌市举行长三角地区跨境电商和航运物流专题招商推介会。

2020 年 9 月 27 日，九江市举办跨境电商综试区新闻发布会暨跨境电商综试区授牌活动。

2020 年 11 月 11 日，在九江综保区举行跨境电商“1210”业务开通运营仪式。

2020 年 12 月 2 日，共青城产业园通过跨境电商“9610”模式完成首批出口订单，这标志着九江市跨境电商“9610”业务正式开通运营。

2020 年 12 月 25 日，2020 中部地区跨境电子商务发展峰会在共青城市组织召开。

2021 年 3 月 26 日，九江综保区顺利完成首单跨境电商“1210”出口业务。

2021 年 7 月 1 日，九江市“9710”首票在省跨境电商综试平台线上申报成功，为江西省首票申报成功“9710”业务。

2021 年 11 月 22 日，九江市召开九江综试区建设工作领导小组会议，研究修订完善跨境电商政策。

2021 年 12 月，九江市跨境电商线上综合服务平台正式上线运营。

2021 年 12 月 2 日，九江市印发了《关于印发〈九江市关于促进中国（九江）跨境电子商务综合试验区发展若干政策措施（2021 年修订版）〉的通知》。

青岛地区

2016年年初，国务院同意设立中国（青岛）跨境电子商务综合试验区（以下简称“青岛综试区”）。近年来，青岛综试区不断强化“两平台六体系”顶层设计，始终坚持将发展壮大跨境电商B2B模式作为工作重点，着力在制度创新、模式创新、产业集聚上下功夫，跨境电商进出口业务规模倍增发展，跨境电商集聚效应显著，跨境电商生态圈逐步完善，跨境电商已经成为青岛市外贸发展新亮点、转型升级新动能、创业创新新渠道和区域协调发展的新平台。

发展现状

一、总体情况

据统计，2021 年，青岛市跨境电商进出口规模超 300 亿元，实现了跨越式倍增发展。2021 年 10 月，商务部首次对全国前五批共 105 个跨境电商综试区开展综合考核评估，青岛综试区评估结果为“成效明显”，综合排名位列第一档。《青岛积极拓展对德跨境电商发展》视频录播课件被商务部跨境电商零售进口监管政策培训班选为“地方经验交流”课程，供全国 105 个跨境电商综试区交流学习。

青岛综试区作为全省跨境电商发展的主阵地，在北方率先实现“直购进口”“一般出口”“网购保税进口”“特殊区域出口”“跨境电商 B2B 直接出口”“跨境电商出口海外仓”六种跨境电商监管模式全覆盖。

二、经验做法

（一）优化跨境电商综试区政策环境

2020 年以来，青岛市市区两级政府以及相关部门先后出台多项扶持政策，形成了市区两级政策配套共同推动青岛市跨境电商发展的新格局。

1. 出台市级扶持政策

2021 年，青岛市在提升市级公共服务平台效能、引导区市差异化特色化发展、培育省级主体、运营独立站等方面安排专项资金重点扶持，相关跨境电商政策已列入《关于贯彻落实省支持八大发展战略财政政策加快重点产业高质量发展若干政策》中。

2. 部门联合实现贸易便利化

联合青岛海关落实 RCEP 缔约方进境商品 6 小时放行；联合青岛市税务局落实对跨境电商出口海外仓的货物落实出口退（免）税政策，有效落实跨境电商零售出口货物试行“无票免税”和企业所得税核定征收政策，探索扩大“无票免税”和企业所得税核定征收政策覆盖面。联合外汇管理局落实《国家外汇管理局关于支持贸易新业态发展的通知》精神，推进落实跨境电商出口企业货款轧差结算和个人外汇账户办理跨境电商外汇结算等便利化措施，简化跨境电商企业收结汇流程。

3. 区级扶持政策作用显著

青岛西海岸新区、胶州市等相继出台了支持跨境电商发展的扶持政策，利用区级财政从壮大市场主体、完善物流体系、建设服务体、创新金融产品等多个维度促进跨境电商产业链发展。

（二）发展壮大跨境电商市场主体

据调研，青岛市开展跨境电商及相关各类业务主体已超 6000 家，较 2016 年跨境电商综试区获批之初主体数量翻一番。

1. 推动传统外贸企业数字化转型

青岛市借力阿里巴巴、亚马逊、eBay、中国制造网等跨境电商主流平台，联合青岛跨境电商协会、青岛进出口商会等商协会，举办优势产业带企业上线专题活动及跨境电商资源对接活动近百场，推广“跨境电商+产业带”新模式发展，引导青岛市优势产业带数字化转型，助力本土企业通过跨境电商方式开拓国际市场。

2. 加大培育本土平台

重点培育了新锦桥“易纱网”、新协航“鲜云网”、新锐化学“第一化学网”等本土跨境电商垂直平台。培育扶持中日韩消费专区电商体验中心、全时在线、指尖云商、潮集铺等本土进口交易平台。2021 年，12 家企业获评“2021 年山东省重点培育的跨境电商主体”，占省级跨境电商主体 31%。

3. 加大跨境电商新业态项目招商力度

青岛综试区始终将强化项目招引作为扩大业务规模和增强潜力的关键，建立青岛市重点跨境电商招商项目数据库和定期调度机制，先后引进唯品会、京东、天猫国际、网易考拉等主流跨境电商平台，抖音跨境电商入驻青岛保税仓；引进日本垂直跨境电商平台豌豆公主；同时引进供应链企业和服务商，亚马逊北方运营中心、速卖通华北运营服务中心等运营服务中心落地青岛，河南易通供应链、天府盛物流等供应链企业相继落户。

（三）夯实跨境电商载体平台建设

1. 提升市级跨境电商公共服务平台效能

联合海关、税务、外汇管理等部门，完善青岛市跨境电商公共服务平台的政务、金融、供应链、海外仓等服务功能，为政策制定和产业链整合提供数据支撑。

2. 建设跨境电商产业园

青岛综试区成立以来，在12个区市（经济功能区）分别设立了重点产业园，同时培育了上合跨境电商产业园、平度假睫毛产业园（美丽在线新经济产业园）等跨境电商特色产业园区。

3. 建设监管场所和配套基础设施

海关特殊监管区域数量在全国地级以上城市中居前列，现有海关特殊监管区域5个（前湾保税港区、西海岸综保区、胶州湾综保区、即墨综保区、空港综保区），海关特殊监管场所1个（西海岸保税物流中心B型），可开展跨境电商进出口业务的监管场所12个。

（四）发展跨境电商新业态新模式

青岛综试区鼓励本土企业探索业务模式创新。中国（山东）自由贸易试验区（以下简称"山东自贸区"）建设山东首家跨境电商保税直播基地，创新"跨境电商保税备货仓直播销售"发展模式，创造一次仓内直播过亿元的全国纪录，打造跨境电商直播产业生态链，扩大跨境电商零售进口规模。在西海岸保税物流中心B型建设运营中日韩消费专区电商体验中心，以"跨境电商+新零售"为发展特色，借助"前店后仓"运营模式，培育"线上线下融合新零售"场景，植入网红直播带货，打造"线上+线下"双层引流的新零售模式，让消费者享受限额内免关税的政策红利。青免国际跨境免税店"青免国际"开业运营；青岛旅游集团与韩国乐天免税店合作探索"旅游+新零售"模式，打造上合示范区高端进口商品销售板块。

（五）优化跨境电商发展环境

1. 推进跨境综合物流体系建设

青岛毗邻日韩，港口优势显著，货运航班连通全球，初步形成了集海、陆、空、铁、邮等五种交通运输方式于一体的综合物流枢纽。依托对日韩区位优势发展海运跨境电商，在全国率先设立了海运快件监管中心，定期班轮"夕发朝至"；开通"东辰青岛号"中日RCEP快线，畅通中日"海上黄金大通道"。青岛机场已开通至仁川、大阪、东京等八条国际货运航线，其中全货机六条；全省首个航空物流超级货站获批，建成后空运物流地面转运时效可提高50%以上，物流成本下降30%左右。山东省首班跨境电商货物专列"中欧班列（齐鲁号）跨境电商专列"发行，创新"中欧班列+跨境电商"物流模式。

2. 稳步推进海外仓发展

目前，青岛市30余家企业采取自建或租赁形式，在境外设立超60个公共海外仓，仓储总面积超过31万平方米，分布在美国、日本、韩国，东南亚及欧盟等近30个国家和地区。2021年度，七个公共海外仓被认定为"山东省重点培育的公共海外仓"，占省级海外仓比例达35%。创新应用"前展后仓、展仓一体"新型海外仓模式，打通对欧洲贸易门户，最大限度降低新冠疫情影响，实现供应链的高效对接。设立假发类、家居类、汽配类等专业公共海外仓，提供仓储物流、营销推广、售后维修及退换货等综合服务，以青岛市优势产业带转型升级为契机推动海外仓供应链高效运用，助力企业扩大跨境电商出口业务。

3. 强化金融保险支撑作用

引导本土银行和保险等机构不断研发设计跨境电商金融保险类产品，解决企业融资难题。与进出口银行青岛分行、青岛农商行、青岛银行等金融机构建立战略合作和日常工作机制，推出“银贸通”“电商贷”“退税 e 贷”“关保通”“银关保”等一系列创新产品。联合本地保险机构开展跨境电商供应链保险创新特色服务，降低企业在境外销售、物流环节中的不可控风险。

4. 创新人才引进和培养机制

青岛市加强跨境电商人才培养，推动“政校行企”协同育人。在国内率先完成跨境电商人才标准体系研发和本科层次课程改革，引导十余所本专科院校陆续设立跨境电商专业或跨境电商方向专业，定期开展线上实操和线下实训结合的培训班。持续举办跨境电商创新创业大赛，培养实操型人才，并将跨境电商创新创业大赛纳入市级一类大赛，同时在大赛期间还将配合本土产业带推广活动，使大赛成为推广产业带和培养人才的优质平台。借力阿里巴巴、亚马逊、eBay 等跨境电商重要平台资源，引导商协会、培训机构等开展跨境电商人才培训，2021 年组织跨境电商对接交流及行业培训活动 40 余场，培训跨境电商专业人才万余人次，持续为青岛跨境电商创业创新注入活力。

配套文件

青岛市人民政府印发关于贯彻落实省支持八大发展战略财政政策加快重点产业高质量发展若干政策的通知

各区、市人民政府，青岛西海岸新区管委，市政府各部门，市直各单位：

现将《关于贯彻落实省支持八大发展战略财政政策加快重点产业高质量发展若干政策》印发给你们，请认真贯彻执行。

青岛市人民政府

2021 年 10 月 15 日

关于贯彻落实省支持八大发展战略财政政策加快重点产业高质量发展若干政策

为贯彻落实《山东省人民政府印发关于支持八大发展战略的财政政策的通知》（鲁政字〔2020〕221 号）和省新旧动能转换有关工作要求，切实提高要素配置水平，激发创新创业活力，培育产业发展生态，持续做大做强重点产业，结合我市实际，制定以下政策。

一、提升产业链现代化水平

（一）新一代信息技术产业

1. 培育数字产业。组织 5G、人工智能应用场景年度“十佳场景示范”评选，对获评的，按软硬件投资额的 10%给予申报主体（政府投资项目除外）最高 200 万元的一次性奖励。对新认定的市级工业互联网平台、智能（互联）工厂、数字化车间或自动化生产线，分别给予 300 万元、100 万元、50 万元奖励。上述政策有效期至 2022 年 12 月 31 日。（责任单位：市工业和信息化局、市财政局，各区、

市政府；排第一位的为牵头单位，下同）

2. 做强工业互联网服务平台。对纳入市工业互联网平台服务商名录、年度服务本地企业50家以上且该部分服务收入不低于1000万元的企业，按照该部分服务收入的20%给予奖补，单个平台服务商年度补助最高不超过500万元。对在我市注册法人机构的区域性工业互联网安全应急处置平台，按照年度运营费用的20%给予补助，政策期内累计补助不超过200万元。对首次进入全国电子信息百强或互联网百强的企业，给予300万元的一次性奖励。上述政策有效期至2022年12月31日。（责任单位：市工业和信息化局、市财政局，各区、市政府）

3. 鼓励软件产业加快发展。对软件业务收入首次超过5亿元、1亿元、5000万元、1000万元且纳入软件和信息技术服务业统计范围的企业，分别给予150万元、100万元、50万元、15万元奖励；对首次获得“中国软件百强”“国家鼓励的重点软件企业”称号的企业给予300万元奖励；对获得由工业和信息化部认定的“工业互联网APP优秀解决方案”“新型信息消费示范项目”等称号的企业给予50万元奖励；对获得由省工业和信息化厅认定的“首版次高端软件”“软件产业高质量发展重点项目”称号的企业给予30万元奖励。（责任单位：市工业和信息化局、市财政局，各区、市政府）

4. 推动超高清视频示范应用。鼓励广电和电信运营商加快“双千兆”传输网络建设，选取若干住宅小区试点建设4K应用示范小区，提升4K内容和应用服务供给水平。对符合条件的应用示范小区，按照运营商建设投入的30%给予最高300万元奖补。（责任单位：市工业和信息化局、市文化和旅游局、市通信管理局、市财政局，各区、市政府）

（二）新能源产业

5. 构筑氢能产业发展优势。设立氢能产业发展基金，按市场化原则投资氢能重点项目建设。（责任单位：市发展改革委、市财政局）

（三）医养健康产业

6. 加快药械研发及成果转化。对在国内开展临床试验并在我市转化的新药，按照研发进度分阶段给予资助，单个企业年度最高资助5000万元。支持医疗器械研发，单个企业年度最高资助600万元。对取得中药经典名方复方制剂药品注册批件和特殊医学用途配方食品注册证书的，每项最高给予100万元资助，单个企业年度最高资助300万元。对创新成果转化项目、龙头企业引进项目、相关产业公共服务平台建设，给予固定资产投资等资助。上述政策有效期至2023年2月7日。（责任单位：市工业和信息化局、市市场监管局、市科技局、市财政局）

7. 支持药械产品应用。鼓励开展GLP、GCP资质认证，给予每家企业（机构）最高500万元资助。对中标国家药品集中带量采购且采购金额超过1亿元的品种，给予每个最高300万元奖励。对投产且销售首台（套）大型高端医疗器械设备的，给予最高1000万元奖励。对新获得境外上市资质的药品（含原料药）和医疗器械，给予单个企业最高500万元资助。符合条件的重大新药创制国家科技重大专项成果在我市转化的创新药物，争取纳入国家医保目录。上述政策有效期至2023年2月7日。通过国家仿制药一致性评价的品种（不同规格视为一个品种），投产后每个品种给予300万元补助。对仿制药一致性评价中人体生物等效性试验（BE）豁免、并最终通过国家仿制药一致性评价的品种，每个品种奖励100万元。（责任单位：市工业和信息化局、市市场监管局、市科技局、市医保局、市卫生健康委、市财政局，各区、市政府）

8. 鼓励社会资本办医。对社会办医机构新获批国家级、省级重点专科的，分别给予500万元和100万元的一次性奖励。（责任单位：市卫生健康委、市财政局）

9. 推动养老产业发展。对新（改）建的

养老机构及符合标准的护理型（医养结合型）养老机构，按规定给予资助。收住本市户籍老年人的养老机构，按规定给予运营补贴；为入住老年人和护理服务人员购买意外伤害综合责任保险的养老机构，按规定给予补助。（责任单位：市民政局、市卫生健康委、市财政局）

（四）现代金融服务业

10. 集聚金融机构。对新设立或新引进的法人金融机构，按照实缴注册资本的2%给予最高1亿元的一次性补助。对现有法人金融机构增资的，按其新增资本扣除政府出资的0.5%给予最高300万元的一次性补助。对新落户的外资银行、中外合资银行、全国性大型商业银行一级分行，给予500万元的一次性补助；对新落户的城市商业银行、农村商业银行一级分行，给予300万元的一次性补助；对新落户的保险公司一级分公司，给予200万元的一次性补助；对新落户的证券公司一级分公司，给予100万元的一次性补助。（责任单位：市地方金融监管局、市财政局）

11. 汇聚金融资源。对国家金融监管部门及相应的协会、附属机构在青新设立或迁入的金融科技研发、运营、测评、标准认定等法人机构，给予300万元的一次性落户补助。（责任单位：市地方金融监管局、市财政局）

12. 鼓励融资担保服务。建立健全政府性融资担保机构资本金动态补充机制，对市级融资再担保公司开展的符合条件的业务，按照再担保代偿额给予最高100%的补偿。对当年新增融资担保（再担保）发生额4亿元以上的政府性融资担保（再担保）机构，给予最高1000万元奖补。担保机构对符合条件的单户开展担保金额1000万元以下或500万元以下，且年化担保费率分别不超过1.5%或1%的融资担保业务，按规定给予年化担保费率0.5%或1%的担保费补贴。（责任单位：市民营经济局、市财政局）

13. 发展转贷和融资租赁业务。支持市级转贷引导基金开展中小微企业转贷融资工作，转贷引导基金与转贷合作机构资金比例不低于1∶2，单笔转贷资金不超过3000万元，转贷费率不高于0.04%/日，使用期限一般不超过10个工作日。民营转贷合作机构使用自有资金开展转贷业务，可参照山东省省级企业应急转贷引导基金标准执行。符合条件的融资租赁公司对我市中小企业开展融资租赁业务，给予不超过租赁额1%的奖补。（责任单位：市民营经济局、市财政局、市地方金融监管局，人民银行青岛市中心支行、青岛银保监局）

（五）现代物流业

14. 鼓励国际班列运营。完善欧亚班列支持政策，推动青岛多式联运中心建设。（责任单位：市交通运输局、市财政局）

15. 支持航空货运发展。对新开直飞亚洲（地区）定期全货机航线，第一个运营年度每班补助5万元至20万元，第二、三个运营年度补助标准依次递减，连续补助不超过3年。对新开直飞洲际及远程亚洲（含上合组织国家）定期全货机航线，按照“一事一议”原则确定补助标准。（责任单位：市交通运输局、市发展改革委、市口岸办、市财政局）

（六）商贸产业

16. 支持零售餐饮业发展。对纳统的限上零售企业，年零售额每增长1亿元奖励50万元，年度奖励上限为300万元。对纳统的限上餐饮企业，年营业额每增长1000万元奖励5万元，年度奖励上限为200万元。对纳统的限上品牌连锁便利企业，年零售额每增长2000万元奖励20万元，年度奖励上限为100万元。符合上述多项奖励标准的，按就高不重复原则执行。（责任单位：市商务局、市财政局、市统计局）

17. 支持首店经济发展。对在我市开设全国全省首店的知名国际国内品牌零售及餐饮企业，设立独立法人企业的奖励30万元，设立门店的奖励20万元。（责任单位：市商务局、市财政局、市统计局）

18. 推动跨境电商发展。市财政以股权投资方式支持市级跨境电商公共服务平台建设。鼓励区（市）结合区域特色加快跨境电商产业集聚，对经综合评定排名前三的，分别给予不超过1500万元、500万元、300万元奖补。对获评“山东省重点培育的跨境电商主体”的，给予50万元支持。扶持建设本地专业化跨境电商综合服务平台。对跨境电商出口企业投保跨境电商保险产品的，按70%比例给予保费支出扶持，最高15万元。（责任单位：市商务局、市财政局）

19. 加大外贸企业投保短期出口信用保险支持力度。对外贸企业投保短期出口信用保险的保费，给予一定支持。（责任单位：市商务局、市财政局）

20. 支持服务贸易品牌建设。对商务部新认定的国家文化出口重点企业、重点项目，给予30万元的一次性奖励，单个企业最高不超过50万元。对商务部认定的文化、数字、中医药、知识产权、语言、地理信息、农业、人力资源等特色服务出口基地，给予100万元的一次性奖励。（责任单位：市商务局、市财政局）

（七）商务服务业

21. 支持商务服务企业规模提升。鼓励纳统的商务服务机构（含人力资源服务、会计审计税务服务、法律服务、知识产权服务、广告业和会议、展览及相关服务等）壮大规模，按其每年新增地方贡献情况给予奖励，单个企业最高奖励30万元。（责任单位：市发展改革委、市人力资源社会保障局、市司法局、市市场监管局、市贸促会、市财政局）

22. 培育技术先进型商务服务企业。建立市级技术先进型商务服务业企业库，滚动遴选50个年营业收入2000万元以上、成长态势良好的企业；经综合评定排名前二十的，每年给予30万元奖励，自入库当年至获得国家技术先进型服务企业认定为止，最长不超过3年。（责任单位：市发展改革委、市商务局、市科技局、市财政局）

（八）现代海洋产业

23. 发展海水淡化产业。根据海水淡化项目产能和综合利用水平，给予每个项目最高1000万元的一次性奖补。（责任单位：市海洋发展局、市财政局）

24. 支持远洋渔业发展。对来青落户的具有远洋渔业资格的企业，拥有5000总吨以上远洋渔船的，给予300万元的一次性奖励。对我市远洋渔船更新改造的，给予改造费用20%的补助，视船型最高补助500万元。我市远洋渔业企业自捕运回青岛的超低温金枪鱼，给予每吨1000元的运输费用补助。（责任单位：市海洋发展局、市财政局）

（九）高端化工及传统制造业

25. 推动化工产业转型升级。对企业依据《山东省化工投资项目管理规定》，搬迁进入省级化工园区实现改造升级的化工投资项目，按照设备（化工装置和设施）投资不超过10%的比例给予奖补，单个企业通过财政奖补或股权投资等方式给予最高2000万元支持；将全市未列入山东省政府确定关闭退出名单的所有化工生产企业、危险化学品道路运输和仓储经营企业作为一个整体，探索由政府出资购买安全环保公众责任保险，降低化工产业安全环保风险。（责任单位：市工业和信息化局、市财政局，各区、市政府）

26. 提升企业工业设计能力。推动工业设计合作创新，鼓励制造业企业通过采购工业设计服务，加快发展定制设计、网络协同设计、云设计和体验交互设计，对设计费用超过30万元的重点工业设计采购项目，在项目合同执行完毕后，按照企业实际支付设计费用的40%给予最高100万元奖补。（责任单位：市工业和信息化局、市财政局，各区、市政府）

（十）文化创意产业

27. 支持文旅企业做大做强。对首次进入全国文化企业30强或中国旅游集团20强的文化旅游企业，给予200万元的一次性奖励。对主营业务收入首次突破10亿元、5亿元的文化

和旅游类企业，分别给予 50 万元、30 万元的一次性奖励。（责任单位：市文化和旅游局、市统计局、市财政局）

28. 加快文旅消费集聚区和产业载体建设。对新获评的国家级、省级夜间文化和旅游消费集聚区，分别给予运营主体 200 万元、50 万元的一次性奖励；对新入选国家级、省级文化产业示范园区（基地）的，分别给予 200 万元、50 万元的一次性奖励。（责任单位：市文化和旅游局、市财政局）

（十一）精品旅游产业

29. 打造世界级旅游景区。对新评定的 5A 级景区，给予 1000 万元奖励（市与区、市各承担 50%）；对新评定的 4A 级景区，给予 200 万元的一次性奖励（市与区、市各承担 50%）。（责任单位：市文化和旅游局、市财政局，各区、市政府）

30. 培育文化和旅游发展新业态。鼓励发展研学旅游、工业旅游、康养旅游、房车旅游等文化旅游新业态及产业融合项目，对新投资超过 500 万元的，给予 50 万元的一次性补助。（责任单位：市文化和旅游局、市财政局）

（十二）现代高效农业

31. 支持现代农业园区建设。对经批准创建并认定的省级、市级现代农业产业园，市级财政给予政策奖补，其中省级现代农业产业园参照省级奖补标准执行。（责任单位：市农业农村局、市财政局）

32. 支持工商资本下乡。对工商资本年实际新增投资 1 亿元以上的乡村振兴项目，由市与区（市）财政按实际新增投资额的 1% 给予奖补。（责任单位：市农业农村局、市财政局，各区、市政府）

（十三）高端装备产业

33. 支持机器人产业发展。对总投资 5000 万元及以上、5 亿元以下的机器人整机、机器人系统集成新建项目，按固定资产投资额（不含土地费用）的 20% 给予一次性补助，最高 2000 万元。对总投资 1 亿元及以上的机器人关键零部件（高精密减速器、高性能伺服电机和驱动器、高性能控制器、传感器和末端执行器）新建项目，按设备投资额的 20% 给予一次性补助，最高 2000 万元。上述政策有效期至 2022 年 12 月 31 日。对年度内投入 50 万元以上购置使用工业机器人产品的制造业企业，按照机器人设备投资的 20% 给予最高 100 万元奖补。（责任单位：市工业和信息化局、市财政局，各区、市政府）

二、实施科技创新支撑行动

34. 支持重大创新平台建设。前瞻性谋划国家重点实验室、技术创新中心、临床医学研究中心，对新获批的，给予最高 1000 万元补助。上述政策有效期至 2022 年 12 月 31 日。（责任单位：市科技局、市卫生健康委、市财政局）获评国家认定的工程研究中心、企业技术中心的，分别给予 1000 万元、500 万元奖励；获批国家地方联合工程研究中心、省级工程研究中心、省级企业技术中心、省级服务业创新中心的，给予 50 万元的一次性奖励；获准建设国家级产业创新中心、省级产业创新中心的，分别给予不超过 3000 万元、500 万元的一次性奖励。（责任单位：市发展改革委、市财政局）对注册为企业独立法人并获准建设的国家级、省级制造业创新中心，分别给予 3000 万元、500 万元的一次性奖励；认定为国家级、省级工业设计中心、技术创新示范企业的，分别给予 100 万元、50 万元的一次性奖励。（责任单位：市工业和信息化局、市财政局，各区、市政府）对市级创新创业共同体，给予最高 2000 万元补助。上述政策有效期至 2022 年 12 月 31 日。（责任单位：市科技局、市财政局）获批市级临床医学研究中心的，最高给予 200 万元补助。（责任单位：市科技局、市卫生健康委、市财政局）

35. 鼓励科技成果转移转化。鼓励专业化、市场化技术转移转化机构发展，支持技术合同服务点深化产学研对接服务，按上年度登记技术合同成交额给予技术合同服务点最高50万元补助。上述政策有效期至2022年12月31日。(责任单位：市科技局、市财政局)

36. 推广应用首台（套）创新产品。加强产品技术集成和功能创新，推动重大技术装备首台（套）突破，对通过省级认定首台（套）技术装备及关键核心零部件的企业，按照认定年度产品销售额的5%给予奖补，成套设备最高奖补150万元，单台设备（关键核心零部件）最高奖补100万元。(责任单位：市工业和信息化局、市财政局，各区、市)

37. 加快创新应用及场景应用实验。支持企业独立或联合申建市级创新应用实验室和场景应用实验室，鼓励政府引导基金、参股基金按市场化方式投资实验室建设。对新认定的实验室牵头申报单位，市财政择优以股权投资方式给予支持，最高500万元。(责任单位：市发展改革委、市财政局)

38. 推动科技孵化平台建设。打造国内一流的标杆孵化器，以奖补、股权投资等方式，给予最高1000万元支持。新认定的国家孵化器，给予最高100万元奖励。上述政策有效期至2022年12月31日。(责任单位：市科技局、市财政局) 获评国家小型微型企业创业创新示范基地、国家中小企业公共服务示范平台、国家中小企业创新创业特色载体的，给予最高100万元的一次性奖励。(责任单位：市民营经济局、市财政局)

39. 鼓励高价值知识产权创造。对年度授权发明专利（含国防专利）10件及以上的，给予5万元-30万元的一次性奖励。获得中国专利奖、山东省专利奖的单位和个人，给予10万元-50万元的一次性奖励。开展主营产品关键技术专利导航的，择优给予每个导航项目30万元的一次性奖励。(责任单位：市市场监管局、市财政局)

40. 强化知识产权保护。建立市级关键核心技术专利组合（专利池），对入围专利所在企业最高奖励100万元。在国内外重大专利诉讼纠纷案件中胜诉的，按实际发生费用的20%，分别给予企业最高5万元、10万元资助。支持企业投保知识产权侵权责任险、执行险、被侵权损失险，按实际支出保费的50%给予最高20万元资助。入选山东省高价值专利培育中心项目的，给予每项最高30万元奖励。对纳入国家地理标志运用促进工程、国家地理标志产品保护示范区建设的承担主体进行补助，每项最高50万元。(责任单位：市市场监管局、市财政局)

41. 支持开展离岸孵化。支持头部企业在域外设立离岸创新创业基地，对就地集聚人才、促进项目输入等方面成效突出的，给予最高2000万元奖补。创业类离岸基地将域外优质产业项目导入青岛加速孵化的，根据落地项目前3年地方贡献情况给予奖励，由市、区（市）两级按照财政体制承担。上述政策有效期至2022年12月31日。(责任单位：市科技局、市财政局，市委组织部，市税务局，各区、市政府)

三、实施产才融合支撑行动

42. 激励顶尖人才（团队）创业。聚焦13个重点产业，引进掌握关键核心技术、创新商业模式等顶尖人才（团队）。对全职引进的，给予500万元安家费；对团队产业化项目，给予股权投资等综合资助。(责任单位：13个产业专班牵头部门，市委组织部，市人力资源社会保障局、市科技局、市财政局) 对企业委托猎头机构引进年薪50万以上的产业高端人才（金融产业年薪100万元以上）的，给予企业最高50万元猎聘补贴。(责任单位：市人力资源社会保障局、市财政局)

43. 加快青年人才集聚。对在青首次就业创业，并在青购买唯一商品住宅的博士、硕士研究生，分别给予15万元、10万元的一次性安家费。(责任单位：市人力资源社会保障局、市财政局) 在校硕、博研究生来青在企业实习，经主管部门认定，按每人每月3000元标

准给予实习生活补贴。（责任单位：市人力资源社会保障局、市财政局，市委组织部）

44. 加大人才引育扶持力度。鼓励头部企业面向社会培养“急需紧缺”专业实用人才、驻青高校增设“急需紧缺”专业、重点企业与高校科研院所联合培养应用型硕、博研究生，对成效突出的，可给予最高300万元奖补。（责任单位：市人力资源社会保障局、市教育局、市财政局）我市用人主体引进世界大学排名前200高校和自然指数前100名高校、科研院所及“双一流”建设高校优秀毕业生的，给予培养经费补贴。（责任单位：市委组织部，市人力资源社会保障局、市财政局）

45. 鼓励多元化创业。通过“平台+创客”、技术合伙人、股权投资等多元化模式创业的各类人才，纳入各级人才工程评审，并予以奖励支持。企业、社会机构举办项目路演、展示推介、交易洽谈等活动，促进人才项目对接落地且成效突出的，给予最高50万元的一次性奖励。（责任单位：市委组织部，市财政局）

四、实施新经济发展支撑行动

46. 开展新经济园区（集群区）示范。组织认定一批市级新经济示范园区（集聚区），对新认定的，给予其所在区（市）50万元的一次性奖励，用于园区（集聚区）建设、运营与管理。（责任单位：市发展改革委、市财政局）

47. 加快新经济新锐企业培育。建立新经济潜力企业库，开展年度新经济新锐企业评选，对新获评企业，根据新增地方贡献情况给予最高100万元的一次性奖励。（责任单位：市发展改革委、市财政局）

48. 开展重点产业数字化诊断。开展青岛市产业数字化转型赋能中心认定，对赋能中心开展重点产业数字化诊断服务产生的费用，给予不高于实际费用50%的补助。（责任单位：市发展改革委、市财政局，13个产业专班牵头单位）

49. 加强企业技改支持。对实施技术改造并达到一定标准的规模以上制造业企业，按照企业年度设备投资不超过16%的比例给予奖补，单个企业当年获得奖补资金总额不超过600万元；新一代信息技术、新能源汽车、生物医药、智能家电、高端装备、新材料、高端化工等产业领域实施重大技术改造项目的企业，可视情按上述比例通过财政奖补或股权投资等方式给予最高2000万元支持。（责任单位：市工业和信息化局、市财政局，各区、市政府）鼓励符合条件的“专精特新”小微企业技改，对新上设备投资额达到100万元以上的，按设备投资额的20%予以奖补，最高100万元。（责任单位：市民营经济局、市财政局）

五、实施聚核强链支撑行动

50. 加强科技型企业培育。对首次通过高新技术企业认定的，给予15万元奖励，并按其认定当年加计扣除研发费用的10%给予最高30万元奖励；再次通过认定的，给予10万元奖励。上述政策有效期至2022年12月31日。（责任单位：市科技局、市财政局，市税务局）新认定为市隐形冠军、省“专精特新”及省瞪羚、独角兽的我市企业，分别给予50万元、30万元、50万元、300万元的一次性奖励。（责任单位：市民营经济局、市财政局）

51. 支持高新技术企业上市发展。建立高新技术企业上市培育库，支持入库企业建设市级技术创新中心，并给予20万元市科技计划项目支持；对入库企业，按其可加计扣除研发费用较上年度新增部分的20%给予奖励，每年最高奖励300万元。上述政策有效期至2022年12月31日。（责任单位：市科技局、市财政局，市税务局）

52. 鼓励服务业企业创新示范。在我市现代服务业重点产业领域，上年度营业收入1000万元及以上并纳统且上年度营业收入增长20%以上的企业中，每年择优评选50家市级服务业创新型示范企业，给予每家20万元资金支持。入选国家级、省级先进制造业和现代服务业融合发展试点的区域和企业，分别给予100万元、50万元奖励。获批市级生产性服务业领军企业的，按其每年新增地方贡献情况给予奖励，单个企业最高200万元。（责任单位：市发展改革委、市财政局）

53. 激励龙头企业引领发展。首次入选中国民营企业500强的我市企业，给予200万元奖励；首次入选山东民营企业100强的我市企业，给予100万元奖励。（责任单位：市民营经济局、市财政局）对新认定的全国制造业单项冠军示范企业、单项冠军产品企业，分别给予200万元、150万元一次性奖励；对新认定的国家级、省级服务型制造示范企业（项目、平台），分别给予100万元、50万元一次性奖励。（责任单位：市工业和信息化局、市财政局，各区、市政府）

54. 鼓励配套企业协同发展。支持智能家电、轨道交通装备等入选国家先进制造业集群的产业补链强链，对新设立的关键零部件独立法人企业首次投资建设项目，单个项目固定资产总投资1000万元以上的，竣工投产后按照设备投资的20%给予最高1000万元的一次性奖补。（责任单位：市工业和信息化局、市财政局，各区、市政府）用自主研发的“专精特新”产品（技术）为我市家电、机械装备、橡胶、汽车、轨道交通装备、船舶海工、电子信息等产业重点骨干企业配套的小微企业，按其年度新增配套额的5%给予最高50万元资金补助。（责任单位：市民营经济局、市财政局）

55. 加快优势产业集聚。入选省“十强”产业“雁阵形”集群的，按要求给予集群申报区（市）奖励。新获评的各领域综合评定得分前两名的市级现代服务业集聚区，给予50万元一次性奖励。（责任单位：市发展改革委、市财政局）入选省级外贸高质量发展区、进口贸易促进创新区的，按省级政策标准给予支持。（责任单位：市商务局、市财政局）

56. 实施地方贡献综合奖补。对符合13条产业链发展方向且地方贡献达到一定标准、增幅高于当年全市经济发展目标的企业，按其地方贡献情况给予最高5000万元综合奖补。按照新引进企业年度地方贡献情况对相关区给予分档综合奖补。（责任单位：市财政局，各区、市政府）

六、实施金融赋能支撑行动

57. 支持区域性股权交易。对企业在区域性股权交易市场挂牌并实现直接融资，年度累计直接融资额100万元（含）至500万元的，给予20万元奖励；年度累计直接融资额500万元（含）至2000万元的，给予30万元奖励；年度累计直接融资额2000万元及以上的，给予50万元奖励。经区域性股权交易市场培育，实现新三板挂牌、沪深交易所或境外主要交易所上市的，分别按30万元/户、50万元/户标准给予培育机构奖励。企业通过区域性股权交易市场直接融资且年度融资总额增长超过5%的，按该部分融资额的1%给予股权交易运营机构奖励，最高200万元。（责任单位：市民营经济局、市财政局）

58. 加快科技与金融深度融合。探索科技信贷综合风险补偿新模式，建立科技信贷“白名单”，引导商业银行加大信贷投放力度，推广“投（保）贷”等各类科技金融产品。上述政策有效期至2022年12月31日。（责任单位：市科技局、市财政局、市地方金融监管局，人民银行青岛市中心支行、青岛银保监局）

59. 加大贷款风险补偿力度。设立贷款风险补偿资金池，每年按照各银行机构对青岛辖区内企业发放的普惠型小微企业贷款净增量的1.5%，为银行机构计提风险补偿金，用于不良贷款置换或财政补助。（责任单位：市民营经济局、市财政局、市农业农村局，人民银行青岛市中心支行、青岛银保监局）

60. 支持知识产权融资。对以专利权质押保险贷款额度不超过500万元的科技型中小微企业，给予60%的保险费资助、50%的贴息资助。探索知识产权证券化，采取“一事一议”方式给予知识产权证券化试点单位奖励。（责任单位：市市场监管局、市财政局）

61. 加大企业上市支持力度。对拟在国内主板、创业板、科创板上市的企业，根据上市进程分阶段给予补助，累计补助金额最高400万元。（责任单位：市地方金融监管局、市财政局）对在全国中小企业股份转让系统挂牌的企业，给予120万元的一次性补助。对全国中小企业股份转让系统精选层企业实现境内主板市场转板的，参照上市补助给予累计不超过400万元的一次性补助。（责任单位：市地方金融监管局、市财政局，青岛证监局）

62. 用实政府引导基金。聚焦重点产业发展，政府引导基金设立重大项目专项子基金，不受“子基金对单个企业的投资总额，原则上不超过子基金规模20%”限制。对市级引导基金参股基金引入注册外地企业且实现正常经营的，按基金对该企业股权投资额的1%给予基金管理机构一次性奖励。市级引导基金参股基金清算退出时，整体年化收益率超出清算年度一年期贷款市场报价利率（LPR）的，引导基金对基金投资我市辖区内企业相应额度超额收益的50%给予让利，若基金在工商注册一年内投资我市辖区内企业，引导基金让渡相应额度的全部收益，其中不少于50%用于奖励基金管理机构；基金投资我市市级以上重点项目的，引导基金可让渡该项目相应额度超额收益的60%；对主投我市初创期、早中期科技型、创新型企业的基金，可让渡投资企业相应额度超额收益的70%。上述政策有效期至2022年12月31日。（责任单位：市财政局、市地方金融监管局）

七、实施招商引资支撑行动

63. 支持总部企业落户。对新注册或新引进的总部企业，根据其地方贡献情况给予补助。（责任单位：市商务局、市财政局）在我市新注册且实缴资本1亿元以上的总部企业，分档给予最高4000万元的一次性补助，3年内兑现到位。（责任单位：市商务局、市财政局）

64. 聚焦产业链精准招商。总部企业聚焦13个重点产业发展，引进总投资超过1亿元、5亿元、10亿元的产业链上下游关键配套项目，或当年增资超过1亿元、5亿元、10亿元的，分别给予30万元、50万元、100万元奖励。（责任单位：市商务局、市财政局）

65. 加大外商投资支持。对外商投资项目，按其当年实际到账外资金额实施分档奖励，最高1亿元。其中，年实际到账外资5000万美元及以上的新项目、3000万美元及以上的增资项目、1000万美元及以上的跨国公司总部或地区总部项目，按不低于其当年实际到账外资金额的3%给予奖励，由市与区（市）两级负担。世界500强企业、全球行业龙头企业新设（或增资）年实际外资金额超过1亿美元的制造业项目，以及新设年实际外资金额不低于3000万美元的新一代信息技术、智能装备、生物医药、新能源、新材料等先进制造业项目，按“一项目一议”方式给予奖励。上述政策有效期至2022年12月31日。（责任单位：市商务局、市财政局，各区、市政府）

66. 鼓励社会化招商。新引进合同外资额1000万美元及以上外资项目的，按年实际到账外资额分档奖励引荐方，最高2000万元；引进境外世界500强企业直投项目的，按年实际到账资金的2倍系数奖励引荐方。引进总投资额1亿元人民币及以上，且年实际固定资产投资达到5000万元人民币及以上内资项目的，以固定资产投资额的0.6%奖励引荐方；没有形成固定资产投资，年注册资本金实际到账资金达到5000万元人民币及以上的（金融项目无注册资本的，年实际到账资金需达到1亿元及以上），按实际到账资金的0.1%奖励引荐方；引进境内世界500强企业投资项目的，按年实际到账资金的1.5倍系数奖励引荐方，最

高500万元。（责任单位：市商务局、市财政局、市统计局）

本政策自2021年1月1日起施行，其他相关政策与本政策不一致的，按照“就高不重复”原则执行；相关企业（园区、集聚区）获得同类评选奖励的，按照“就高不重复”原则执行。其中，已注明有效期的条款，按注明期限执行；未注明有效期的条款，有效期至2023年12月31日。各责任单位要在本政策印发之日起2个月内，制定相关实施细则和具体兑现流程，不折不扣抓好政策落地。

青岛西海岸新区管委办公室印发《关于支持跨境电商产业发展的实施办法》的通知

（青西新管办发〔2020〕47号）

各大功能区管委

各镇人民政府，各街道办事处，灵山岛省级自然保护区管委，管委各部门，区直各单位，驻区各单位，区直属企业：

《青岛西海岸新区关于支持跨境电商产业发展的实施办法》已经管委研究同意，现印发给你们，请认真贯彻执行。

青岛西海岸新区管委办公室

2020年5月5日

青岛西海岸新区关于支持跨境电商产业发展的实施办法

为支持新区跨境电子商务（以下简称跨境电商）企业发展，加强跨境电商服务体系建设，实现新区跨境电商产业跨越式发展，打造经济发展新引擎，根据国家、省、市关于加快跨境电商发展相关要求，结合新区实际制定本办法。

第一条 设立跨境电商发展专项资金

跨境电商发展专项资金用于引导、扶持企业利用各类电商交易平台实现零售进出口商品交易，用于支持跨境电商平台建设、仓储物流、园区发展、人才培育、金融服务等服务体系建设，促进跨境电商全产业链发展。

第二条 培育壮大跨境电商企业主体

（一）支持发展跨境电商业务。对当年通过跨境电商1210、9610等方式通关的企业，年进出口总额1000万美元以下（含，下同）的，按照1美元给予0.04元标准奖励，超过1000万美元、5000万美元、1亿美元的，分别按照0.05元、0.06元、0.07元标准给予奖励，其中存量企业较上年增加部分，按照每增加100万美元再给予1万元的标准奖励，每个企业最高奖励不超过1000万元。

（二）支持租赁监管仓库。企业租赁新区海关监管仓库，按照0.5元/平方米/天标准给予补助。

（三）支持建设和使用海外仓。企业建设跨境电商海外仓，面积在1000平方米以上的，按照实际投资额的10%给予补贴，最高不超过200万元。企业租赁海外仓面积在200平方米以上的，按照实际租赁费用的30%给予补贴，每家企业补贴资金不超过50万元。

（四）支持发展跨境新零售业务。鼓励青岛自贸全球新消费体验中心发展，每入驻一家新零售企业，年营业额达到300万元的，按照租赁面积给予体验中心1元/平方米/天的补助，全年扶持资金不超过300万元。在新区其他区域开展跨境新零售业务，年营业额达到

500万元的，按照营业额的1%给予奖励，最高不超过100万元。

第三条　建设跨境电商服务体系

（五）支持建设跨境电商综合服务平台。对全面支持1210、9610业务，提供关、税、汇和信息流、物流、资金流等一体化服务的综合服务平台，按照平台每年新增通关100万单给予100万元标准进行奖励，最高不超过500万元。

（六）支持引进培育跨境电商交易平台。为新区企业提供第三方电子商务服务的跨境电商交易平台，年交易额50万美元以上，或年服务收入10万元以上的，按照服务收入额5%给予奖励，每个平台不超过100万元。

（七）支持建设跨境电商海关监管场所。企业投资建设并投入使用的跨境电商海关监管查验场所，对其配备的查验等通关公用设备，按照实际投资额的50%给予补助，最高补助300万元。企业支付的第三方公民身份认证费等通关费用，按照每票实际支出额的50%给予补助，最高补助300万元。

第四条　建设跨境电商物流

（八）支持发展国内现代物流。鼓励企业开展9610出口业务，对货物陆运距离超过400公里、600公里、800公里的，分别按照0.55元/公里/标准柜、0.65元/公里/标准柜、0.75元/公里/标准柜，给予陆运费扶持，每个企业年扶持资金不超过200万元。鼓励企业在新区设立中心仓，对其通过陆运调拨至其他口岸的陆运费给予全额补贴。

（九）支持开展国际物流业务。鼓励企业以9610方式出口，对年出口额500万美元以上的，按照每单邮费实际费用25%的标准给予补助，每家企业最高不超过200万元。

第五条　发展跨境电商园区及培养人才

（十）支持发展跨境电商园区。鼓励跨境电商园争创省、市示范园区，经认定的一次性给予50万元奖励。鼓励外地跨境电商企业向园区聚集，新入园企业年交易额达到50万美元的，给予引进单位1万元奖励。对入驻保税物流中心的企业和创客的办公用房租金给予全额补贴，最高不超过200万元。

（十一）支持培养跨境电商人才。鼓励新区高校设立电子商务、国际贸易等专业培养跨境电商从业人员，每年毕业学生在新区就业30人以上的高校，给予10万元奖励。鼓励高校在新区企业设立教学和实训基地，对高校派到跨境电商园进行跟岗实习的学生、教师分别给予30元/人/天、50元/人/天补贴；进行顶岗实习的，每派一名学生给予高校600元奖励。鼓励新区经认定的社会培训机构开展跨境电商人才培训，面向个人开展培训的，培训班次30课时以上，且每班次50人以上，给予每人200元的补助，最高不超过10万元；面向企业开展培训的，培训班次10课时以上，且每班次30人以上，按年培训费的30%给予补助，每次最高不超过10万元。每个机构年累计补助不超过50万元。

第六条　发展电子商务金融服务

（十二）支持引进跨境电商供应链金融服务机构。对新设或迁入新区，主要从事跨境电商供应链金融服务的小额贷款公司、融资担保公司、融资租赁公司、商业保理公司，按实缴资本的5‰给予奖励，最高不超过500万元。

（十三）支持金融机构开展供应链创新服务。对开展跨境电商供应链创新服务的金融机构，按贷款额的5‰给予奖励，每家机构年度奖励总额不超过100万元。

（十四）支持跨境电商供应链企业开展融资业务。为跨境电商企业提供应收账款融资支持的供应链企业，按照企业实际融资额的5‰给予奖励，每家企业年度累计奖励不超过50万元。

（十五）支持开展跨境电商贷款业务。对企业用于开展跨境电商业务的区内贷款利息支出，按同期基准贷款利率给予40%的补助，每家企业累计补助最高50万元。

第七条　附则

本办法所称企业是指注册在西海岸新区、

从事跨境电商业务的独立法人企业。

企业同时符合西海岸新区多个扶持政策的，按照就高不重复的原则执行。

本办法自2020年6月5日起施行，有效期至2022年12月31日，2020年1月1日起至本办法实施前可参照本政策执行。本办法由区商务局负责制定细则并组织实施。《关于印发促进相关产业发展系列政策的通知》（青西新管发〔2019〕44号）中关于促进现代商务产业发展若干政策中支持跨境电子商务发展四条意见同时废止。

典型案例

案例一：假发制品特色产业带载体
——青岛上合跨境电商产业园

青岛胶州以新发展理念为引领，全面探索跨境电商新业态新模式与传统优势制造业融合发展的道路，打造青岛上合跨境电商产业园(以下简称“上合产业园”)，成为全市跨境电商发展的新平台，践行新发展理念的新载体。上合产业园集聚生产制造、快递物流、运营服务、设计开发、品牌孵化等全链条资源，搭建跨境电商B2C增值服务平台。目前，年入住企业超100家，带动进出口4.8亿元，入园企业年销售额增长30%以上。预计2023年入驻企业达330家，实现贸易额6.5亿美元。

一是围绕优势产业做实体园区，让新业态能落地。青岛胶州是知名的中国制帽之乡、全球高端真人假发基地、仿真饰品基地，具备雄厚的产业基础、先进的生产工艺和完善的产业配套，但又具有出口贸易多、企业规模小、产业布局分散的特点，这也导致了在中美贸易摩擦和新冠疫情冲击下，产业面临着巨大生存危机和挑战。胶州市政府坚持以新业态践行新发展理念，立足制帽、发制品和饰品生产等传统产业特点，打造跨境电商实体园区，构筑新业态平台载体，助推企业借助跨境电商实现转型升级。政府投资盘活优势产业集聚地的1.5万平方米闲置楼宇和2600平方米闲置厂房，进行投资改造提升，建设上合产业园。园区具备展示大厅、共享网红直播间、共享会议室、共享报告厅、免费办公场所等实体功能，跨境电商企业贸易额达到200万元均可免费入驻。自2020年9月份开园以来，已经相继落户100余家外贸企业，吸引上下游产业链资源集聚，洼地集聚效应显现。

二是围绕业态布局聚优质资源，让新模式饮活水。政府每年投入300万元，与相关跨境电商联合运营服务平台达成合作协议，组建专业运营团队，免费为上合产业园企业提供工商注册、买家对接、产品展示、电商培训、创客培养、物流集散、技术支持、跨境电商等一站式服务。上合产业园签约国际一线贸易服务商20家，涵盖测试认证机构、跨境电商平台、外贸推广平台、出口保险机构。上合产业园与青岛青年时尚产业发展促进会、青岛纺织服装行业协会、青岛时装联盟等设计协会达成战略合作，共同推动制帽、假发和流行饰品行业向附加设计、品牌创建转型升级。与青岛大学纺织服装学院、青岛职业技术学院合作，艺术设计专业学生入驻上合产业园设计流行饰品、运动帽等50个系列共500个产品，提供给上合产业园企业，共节约设计成本500余万元。

三是围绕发展需求出政策措施，让新理念有支撑。充分的政策引导带动作用，通过政策加持引导上合产业园和企业发展进入快车道。

设置专项支持跨境电商产业发展和上合产业园建设的政策条款，打通海关、税务、企业多个关键节点，使跨境电商企业无票免税、不征不退、核定征收等政策成功在上合产业园企业试点。将上合产业园入驻企业整合为同一政策主体，克服传统方式下跨境电商小包裹礼品出口、样品形式出口占比较高，无法实现有效纳统和奖励政策申请的瓶颈。上合产业园与亚马逊、敦煌网、速卖通等主流跨境电商平台达成合作，进行优先推广扶持。与阿里巴巴国际站、谷歌、Facebook 等一流海外推广机构签订协议，为上合产业园内企业降低国外推广、代运营费用 10%～15%。与 UPS 、DHL、FedEx 等国际快递服务商达成协议，在确保快递运营区域覆盖全球、服务方式选择多样的基础上，上合产业园内企业以“团购”方式进行费用结算，保障同级别快递量“费用全省最低”，为上合产业园企业节省快递费用 10%以上。

四是围绕生态体系建周边设施，让转型升级可持续。上合产业园成为企业集聚、要素聚合、资源整合、产业升级的重要平台和载体，成为构筑良好跨境电商生态体系的核心一环。胶州市围绕完善生态体系，不断加强周边设施建设布局。成功引进跨境电商海关监管作业场所落户胶州，本市及周边跨境电商企业能够在家门口实现通关查验，跨境电商硬件基础环境得到改善。引入上海弘平网络科技打造跨境电商综合服务平台，实现通关、结汇、物流一体化，跨境电商软性服务环境得到提升。强化数字赋能，促进智慧共享。上合产业园引进全国首个智能共享工场，与中国科学院合作研发全流程智能生产线，目前已在制帽行业成功试点，效率较传统人工提高两倍以上。共享工场实现了部分生产环节的线上接单、平台支付和物料采购、仓储运输、人员管理的标准化运行，降低加工成本 30%以上。200 余家企业通过此方式进行订单生产，逐渐向柔性化生产转变，实现更高质量、更有效率、更可持续的发展。

案例二：中德区域经贸合作典范
——青岛中德商通商贸有限公司

青岛与德国在经贸、投资、文化等各领域开展了广泛合作，中德两国政府在青岛共同建设青岛中德生态园，成为中德合作的典范。青岛综试区发展“特色产业园+跨境电商”模式，依托青岛中德生态园，对德国开展特色跨境电商进口业务，为有意进入中国市场的德国企业、商会等打造集展示、推介、路演、接洽、交易等功能为一体的平台，使青岛成为德国跨境电商企业进入中国市场的“桥头堡”。青岛中德生态园运营企业青岛中德商通商贸有限公司（以下简称“中德商通”）成立于 2013 年，是专门致力于对德国际贸易合作交流的平台，主要从事德国（欧洲）商品进口及国内销售业务。

一、经营模式

2016 年，中德商通开展跨境电商业务，先后与德国大型日用品连锁超市 Rossmann、德国健康护肤品牌 Sebamed 达成战略合作。企业销售产品涵盖啤酒、葡萄酒、蜂蜜、麦片、牙膏、洗护用品、锅具等千余种，拥有诸多的跨境电商行业资源。中德商通致力于全方位的打造对德跨境电商服务平台。一是通过天猫、淘宝、京东、唯品会等第三方平台开拓线上销售渠道。二是重点打造垂直平台和 App，树立整体的线上品牌形象，配合线下已有渠道客户，形成线上线下统一的有机整体，打造集物流供应链、线下 O2O 展示店和线上销售于一体的德系进口产品批发供货平台。

二、服务特点

（一）合作知名商超，吸引国际品牌集聚

中德商通吸引德国知名商场入驻自建平台，与百余家德国百年知名厂家建立了紧密的合作关系，解决了诸多欧洲日化品牌进入中国

市场市场开拓难、推广成本高的痛点，畅通了更多德国品牌通过跨境电商的方式进入中国市场的渠道，进而带动更多的欧洲品牌进入中国市场。2016 年，通过青岛德国工商中心积极对接，Rossmann 与中德商通建立合作关系，中德商通获得 Rossmann 天猫国际的首个线上旗舰店独家授权，帮助企业开拓中国市场。Rossmann 入驻中国线上平台，一方面汇集自身供应链体系中更多的德国本土知名品牌通过跨境电商方式进入中国市场，另一方面也带动诸如 DM、ALDI、Lidl 等德国知名大型商超相继进驻中国跨境电商线上平台，使跨境电商成为对德贸易合作的新模式，拓展了两国经贸合作的新途径。

（二）整合海外物流，加强集货仓配能力

中德商通整合海外仓渠道资源，在德国法兰克福、汉堡设立海外仓，提供海外供应链及仓储服务，打通保税备货和海外直邮两种跨境物流供应链模式，提升备货能力，满足国内消费者更加快捷购买德国优质产品的需求。此外，中德商通依托海外仓和国内仓信息化建设开展溯源服务，通过其德国子公司，直接与德国供货商签订合同，保障货源渠道，利用自有条形码等技术手段，提升追溯处理能力，保障货源质量安全。

三、取得成效

随着对德跨境进口领域经验的不断积累，中德商通一方面从单纯的进口商向国际贸易服务商的全面转型与升级，为客户提供电商运营服务、电商平台服务以及跨境电商供应链服务等一条龙服务。另一方面，重点打造垂直平台和 App，树立整体的线上品牌形象，配合线下已有渠道客户，形成线上线下统一的有机整体。通过精准对焦核心客户，深耕跨境群体需求，整合私域流量，打造集物流供应链、线下 O2O 展示店和线上销售于一体的跨境贸易服务平台，实现与项目合作伙伴的货源共享、仓储共享、信息共享、政策共享，打造全国知名的德系进口产品批发供货平台。

在山东自贸区青岛片区发展大背景下，青岛综试区将引导跨境电商相关企业进一步构建跨境电商物流供应链、金融创新服务，支持青岛中德生态园完善“一仓一店一平台”的综合服务体系，建设德国商品青岛跨境中心仓，打造对德国进口商品跨境贸易服务平台，加快跨境产业集聚，促进青岛对德跨境电商业务健康、繁荣发展，开创对德业务新纪元。

案例三：以通关为核心的一站式公共服务平台

——山东自贸区青岛片区跨境电商公共服务平台

山东自贸区青岛片区跨境电商公共服务平台（以下简称“青岛公服平台”）是原青岛前湾保税港区管理委员会于 2018 年出资建设，2019 年 2 月正式上线运营的“青岛市跨境电商线上公共基础设施”，青岛公服平台运营和保障服务由管委国有公司青岛青保跨境电商综合服务有限公司负责。

一、企业经营模式

青岛公服平台依托中国电子口岸青岛数据分中心，作为海关的三级数据申报节点，为进出口跨境电商、支付、物流、仓储等企业提供通关数据申报和数据交换服务，同时提供产业招商、监管协调、业务咨询、孵化培训、资源对接等公益性一站式跨境电商综合服务，为商务、海关、税务、外汇管理等政府部门提供数据信息共享平台。青岛公服平台利用大数据系统推动智慧政务建设，致力于提高口岸监管便利化，简化企业申报办理流程，满足跨境电商高质量发展要求和企业业务发展需求。

二、服务特点

（一）实现跨境电商全模式通关服务

青岛公服平台自投入运营以来，积极拓展

各类跨境电商业务。自2019年2月以来，在原先“1210”跨境零售保税进口业务基础上，积极创新工作思路，进一步拓宽业务范围，相继开通“9610”跨境电商零售进出口业务和“9710”“9810”跨境电商B2B出口业务。

（二）具备先进的技术保障能力

青岛公服平台依托国内先进的技术、经验和资源，根据青岛跨境电商业态实际特点，深度研究技术保障，不断增强技术支撑。在历年“6·18”“双11”等电商购物节活动的保障工作中，以高效的通关速度，全面的系统服务，零差错故障率，保障了各大电商平台购物节活动的顺利进行。

（三）提供一站式跨境电商综合服务

目前，青岛公服平台在全模式通关服务的基础上，通过门户网站平台实现了信息发布、政策宣传，业务咨询、注册备案、流程指导、信息查询等服务。同时，青岛公服平台通过产业链上下游数据信息资源整合，为客户量身定制跨境电商进出口业务综合解决方案，共同营造跨境电商产业优质生态系统。

三、取得成就

青岛公服平台自2019年投入运营以来，已吸引入驻的跨境电商相关企业近百家，包括中国知名大型进口跨境电商平台企业天猫国际、淘宝全球购、考拉海购、波罗蜜、拼多多、云集、有赞、抖音、快手等平台。已协助超300家一般贸易、海淘代购、货运代理等传统贸易类企业完成跨境电商业务转型。

大事记

2020年2月11日，青岛综试区联合高校、商协会、培训机构及跨境电商平台等，首次推出跨境电商系列公益直播课，为企业赋能，共克时艰，有效抵御了新冠疫情对外贸企业和跨境电商企业的影响。2020年全年累计推出60场公益直播课程。

2020年4月24日，由青岛综试区服务中心主办，青岛市进出口企业商会、eBay平台承办的网络直播“青岛市跨境电商线上推介会暨eBay专场招商会”成功举办。青岛综试区持续开展了五场线上直接选品对接活动，宣传推介了青岛市手推车、家具、汽配等优势产业带，帮助生产企业与境内外大卖家合作，线上开拓国际市场，实现跨境电商转型升级。

2020年8月8日，由青岛市商务局、青岛前湾保税港区管委主办，青岛百盛云通跨境供应链管理有限公司承办的“青岛跨境进口电商发展峰会暨东北亚跨境电商中心仓开仓仪式”在山东自贸区青岛片区成功举办。本次活动共吸引来自国内知名跨境电商平台企业、国内外知名品牌、国际物流企业等200余名嘉宾参会，东北亚跨境电商中心仓正式开仓运营。

2020年8月13日，青岛市商务局与eBay战略合作备忘录签约仪式暨2020青岛市跨境电商创新发展论坛在青岛香格里拉大酒店举行。双方将深化“青岛跨境零售出口生态圈”建设，联合跨境电商平台、物流、金融、人才等资源，推动青岛市企业的跨境电商业务加速发展。同时，“青岛市（首届）高校跨境电商创新创业大赛”正式启动，旨在通过产教融合，为青岛培养更多跨境电商实操专业人才。

2020年9月1日，山东自贸区青岛片区完成山东首票跨境电商企业对企业出口业务。山东自贸区青岛片区辖区内企业青岛联合恒通国际贸易有限公司的胶带、封箱器，以及菲尔斯特国际贸易有限公司的高尔夫球杆、T恤、纸箱等货品，在青岛前湾保税港区招商局跨境电商监管中心经黄岛海关查验后放行，分别被运往日本以及泰国的客户手中。此举标志“跨境电商 B2B 直接出口”（“9710”出口）和“跨境电商出口海外仓”（“9810”出口）监管模式正式在青岛落地。

2020 年 12 月 28 日，山东省内首个集跨境电商保税模式、跨境电商直购模式和国际快件业务监管于一体的跨境电商快件监管中心在青岛胶州湾综保区正式落成。这是胶州湾综保区继全省首单“保税研发”、青岛关区首单“保税维修”后的第三个“首单”业务，将进一步满足进出口多元化的需求，实现园区企业集聚化发展。

2021 年 1 月，中国民用航空局发布全国首批提升航空物流综合保障能力试点项目，青岛西海岸新区保税物流中心参与申报建设的提升机场货运设施项目——山东自贸区青岛片区航空物流超级货站一期成功获批，成为全省首个、也是唯一一个航空物流超级货站项目。超级货站出口业务以通过“9610”“9710”“9810”模式出口的跨境电商包裹和货物为主；进口业务以跨境电商“1210”保税进口货物和快件进口包裹为主。通过流程优化，空运物流地面转运时效可提高 50% 以上，物流成本下降 30% 左右。

2021 年 3 月 4 日，一架航班编号为 YG9127 波音 737 全货运飞机从青岛流亭机场起飞，飞往日本大阪机场，这是山东省首条以跨境电商货物为主的青岛—大阪定期全货运包机。全货运包机的开通，将实现日韩空中航线“公交化”，进一步提高山东本土企业出口货物周转效率，促进本地货物出口。

2021 年 4 月 28 日，青岛即墨综保区举行开关仪式，进入业务实质性操作阶段。即墨综保区开关运行后，将充分发挥区位优势和政策优势，重点发展跨境电商、物流仓储、通用航空等行业项目，建设外向型重点项目聚集区。

2021 年 6 月 22 日，青岛综试区与阿里巴巴全球速卖通签署战略合作框架协议。根据合作框架协议，双方将共同搭建速卖通青岛运营服务中心，通过共同认可的第三方服务商推动“青岛跨境电商专区”假发、假睫毛、饰品、男女装、童装、汽摩配等产业优势转型，以运营服务中心为载体开展卖家招商、卖家培育、政策传达，以及围绕全球速卖通平台的“外综服”资源整合线下工作。

2021 年 6 月 25 日，山东省首班跨境电商货物专列出发。这趟班列是由山东高速集团统筹运营的“齐鲁号”欧亚班列“上合快线”跨境电商专列，装载着出口跨境电商货物的 100 个标准集装箱，最终将抵达白俄罗斯首都明斯克，也是山东省首班跨境电商货物专列。跨境电商专列的发出，也标志着上合产业园跨境电商监管中心正式投入运营，上合产业园的跨境电商产业发展迈入新阶段。

2021 年 6 月 28 日，中荷双向贸易促进项目“前展后仓”（青岛—海牙）启动仪式在青岛顺利举办。中荷“前展后仓”项目旨在培育“前展后仓”中荷双向贸易新模式，打造跨境撮合新平台，力促中欧经贸繁荣。“前展后仓”，即在兼顾现有一般贸易和跨境电商两大国际贸易形式的基础上，融合线上线下撮合、直播推介、海外仓展销一体化等新趋势，创新出的一种双向贸易促进新模式。

2021 年 7 月 15 日—7 月 17 日，“2021 中国（青岛）跨境电商博览会暨华北跨境贸易选品对接会”在青岛国际会展中心成功举办，这是青岛综试区举办的首届高规格跨境电商博览会，也是华北地区首届跨境电商选品对接会。本次展会面积 1 万多平方米，汇聚了来自山东、河北、天津、河南、吉林、北京等省市的 300 家外贸供货企业、超 100 家服务商及 20 多个跨境电商主流平台。展会设置了跨境电商平台展区、跨境电商品牌商展区、跨境优质服务商展区等主题展区、论坛及活动，涉及跨境电商全产业链。现场超 3 万余名专业观众参观，展期三天达成跨境电商意向成交额约 1 亿元，现场选品成交额约 3000 万元。

2021 年 9 月 8 日，山东首家跨境电商保税直播基地在青岛综试区正式启用。直播基地由青岛百盛云通跨境供应链管理有限公司和青岛公服平台合作共建，将目前火爆的直播带货与跨境电商保税备货创新融合发展，让消费者通过各类新媒体平台直接接触到保税仓库内的第一线跨境商品，有效提高了消费者对于跨境电商产品渠道保真性的信任度，以及追求新鲜的个性消费购买欲。

2021 年 11 月 25 日，上合产业园海关监管作业场所揭牌暨启用仪式在中国传化（上合）国际物流港举行，上合产业园海关监管作业场所正式启用，标志着上合产业园可为区内各生产销售企业、电商企业、进出口企业提供通关查验、货物监管、物流仓储等全方位、一体化服务，为国际多式联运、国际贸易、跨境电商等相关业务的开展提供必备条件。

2021 年 12 月 23 日，青岛综试区举办“青岛市 2021 年度跨境电商创新创业职业技能大赛闭幕式暨跨境电商双创高峰论坛”。此次大赛得到青岛市商务局、青岛市人力资源和社会保障局、青岛市总工会的指导，历时 5 个多月，设有企业和高校双赛道。企业赛道共 40 多家跨境电商企业、100 多位跨境电商人才共同参与；高校赛道有七所高校的 39 支队伍、195 名在校大学生参赛。

威海地区

2020年至2021年，中国（威海）跨境电子商务综合试验区（以下简称“威海综试区”）依托“四港联动”国际物流通道，以及日韩经贸“桥头堡”区位优势，研究落实商务部跨境电商综试区12方面36项成熟经验做法，以“两平台六体系”为支撑，聚焦跨境电商产业生态圈建设，加强监管创新、完善主体培育，助力企业应对新冠疫情危机，推动全市打造对外开放的新高地。

发展现状

一、工作成效和亮点

（一）增量扩面，跨境电商屡创新高

2018 年 7 月，威海获批第三批国家级跨境电商综试区城市，是山东省继青岛后第二个获批该试点的城市。获批以来，全市持续推动传统企业触网上线，拓展跨境电商经营主体规模，激活全市中小企业触网跨境电商活力。跨境电商交易额年均增幅保持 50%以上，总量持续位居全省前列。据测算，2021 年，全市跨境电商进出口超过 270 亿元，同比增长近 7 倍，其中，跨境电商出口连续五年居山东省首位。2020 年对韩跨境电商占全国对韩的 14.7%，对韩零售出口占对韩的 31.7%。威海自 2020 年 9 月开通“9710”“9810”业务，威海综试区主要的发展方向以 B2B 为主，B2B 出口占到威海综试区跨境电商交易额的 77%以上。跨境电商以新业态新模式助力外贸攻坚克难，促进威海市对外贸易打造新引擎、塑造新优势。

（二）夯基垒台，推动跨境电商管理创新和机制优化

充分发挥威海综试区建设工作领导小组的作用，不定期召开推进工作会议。高效推动市交通运输局、市税务局、威海海关、人民银行、威海港集团等跨境电商领导工作小组成员，在建设便捷的跨境物流、规范的出口退税、优质的通关环境等企业重点关注领域，强化部门协作，推动跨境电商快速发展。市商务局强化统筹布局，优化全市跨境电商考核办法，引导各区市聚焦跨境电商发展；联合海关、税务、外汇管理等监管部门组成政策研讨小组，共同研究解决企业发展的堵点、难点问题。威海海关积极对接海关总署，加快“5034”转口电商与“1210”进口电商系统调整，推动综保区泛韩物流公司转口电商创出国内亮点；市税务局大胆创新，推动速卖通平台“统购统销统退税”业务早日试运行。

（三）创新竞进，探索跨境电商供应链服务

1. 延伸外贸供应链，创新“外贸+跨境电商”全链条一站式服务体系

依托威海外贸综合服务平台、皇朝马汉外贸综合服务平台、云悠外贸综合服务平台等，培育威海泓信、安速达、鑫华泰等一批跨境供应链综合服务企业，延伸中小企业供应链服务，整合跨境电商进出口各环节资源。

2. 保障国际物流供应链畅通，打造威海——全球跨境物流圈

受新冠疫情影响，全球海运物流价格飙升，缺箱、缺舱位情况严重。威海石岛新港创新探索“包船出口”新模式，集散韩国冷藏散货，首次开航“荣成—圣地亚哥”直航航线，拓展美国东海岸包船直航航线，全力承接积压的海运、空运，转移货源。威海以“四港联动”为依托，整合韩国、日本等周边的港口资源及欧亚班列优势，全面增强威海跨境物流通达能力和核心竞争力，推动形成覆盖“一带一路”沿线国家和地区、欧美等更多国家和地区的跨境电商物流圈。

（四）靶向发力，培育跨境电商新载体。

1. 融合“新媒体营销+直播”跨境营销新模式

建设创梦直播、汉鼎抖音直播等网红孵化基地，引导企业借助网红经济和直播带货等新媒体模式，用好威海综保区跨境秀场、直播平台，持续深化与抖音、快手、京东等全国知名国内电商平台合作，为企业提供主播培训、内容运营、直播带货等综合服务。先后举办拼多多国际招商推介会、威海口岸跨境分销与代购交流沙龙等多场活动，累计吸引近千家企业合

作对接。

2. 融合“线上平台+线下展示”跨境电商零售新模式

威海综保区采用“线上外贸综合服务平台+线下展示体验中心”模式，整合韩国免税店、奥特莱斯资源，首创在省封关区内开展跨境电商线下保税展示交易业务，启动运营区外区内两个跨境新零售直购店，区内2500平方米保税展示购物中心和区外玖罗免税店10000平方米。同时，拓展区外体验展示功能，在市中心建设跨境电商新零售线下体验店，进一步拓展跨境电商线下旅游购物等业务，打造威海市海外免税品购物旅游点。建设艾韩蔻保税展示交易中心，实体面积约1000平方米，对接快手、抖音平台，进行跨境商品线上网红直播，展示展销商品1000余种，结合线上“艾韩蔻”平台，为全球进口优质优价产品开展线上线下展示销售。

3. 持续增强对跨境电商主体的孵化培育

联动威海市跨境电商协会，立足威海综保区便捷的仓储平台、物流配送、政策支持等全链条服务，搭建全市首家专注于跨境电商行业企业培育、跨境直播服务的威海综保跨境电子商务产业园有限公司。搭建威海综保区商学院学习平台，在全国首创对韩国零售电商市场开展公共培训和集中孵化服务，在全市建设市场引领、校企合作、区区联动的跨境电商人才孵化体系。与韩国Coupang等电商平台开展合作，培训孵化超过400家电商企业。

（五）积厚成势，完善跨境电商产业链

发挥威海对韩日物流服务体系的优势，结合产业推介会及上门招商等多种方式，面向日韩及国内重点地区，开展专业包装策划、推动专业对接推介，大力招龙头、引配套，引进中韩跨境电商重点企业、重点项目、知名快递、物流企业来威海设立分拨中心。通过阿里巴巴、速卖通对韩国跨境电商出口仓，建设菜鸟官方华北唯一优选仓，是菜鸟全国四个优选仓之一，累计服务1000余家中小企业，年带动跨境电商业务量10亿元，探索研究“出口韩国电商货物首尔2日达和韩国全境3日达”的快速服务模式；落地洋码头中韩跨境电商总部基地；抖音、拼多多、小红书等通过第三方在威海综保区开展业务，并不断扩大范围合作。顺丰国际在威海投资一级分拨中心的基础上，又在威海开通了全国首条“中国—韩国”海运电商专递。每年举办“中韩跨境电商大会”，联合韩国中小企业振兴公团等机构，坚定中韩企业在威海开展跨境电商业务的信心，放大威海对韩跨境电商优势。

二、探索跨境电商新标准新模式

（一）探索化妆品进口检测

为进一步提高威海口岸进出口化妆品的检验检疫工作质量，威海海关设立地方海关全国首个化妆品检测机构，简化威海口岸进口化妆品样品的审核批准工作，进一步提高威海口岸进出口化妆品的检验检疫效率。对于符合《中华人民共和国进出口商品检验法实施条例》和《进出口化妆品检验检疫监督管理办法》的进口化妆品样品，免于检疫。

（二）创新“区块链+跨境电商”监管新模式

对接合作eWTP项目，在全国率先试点开展海运快件区块链项目研究。通过数字清关，引导跨境流程多点上链，探索跨境全链条数字化监管防控，提高通关效率，推动跨境电商行业健康发展。

三、创新经验和做法

（一）探索高效便捷的口岸合作模式

威海口岸的跨境电商通关流程非常便利快捷，通关环节由49个压缩到24个，业务单证由132种减少至40种。威海口岸进口整体通关时间为18.75小时，出口整体通关时间为1.39小时，在省内和全国都名列前茅，口岸费用普遍低于周边口岸。推行跨境电商零售出口“清单核放、汇总申报”通关模式。支持跨境电商

网购保税进口商品实行交易单、支付单、物流单“三单对碰”机制，建立“先入区后报关”和“清单核放、集中纳税、代扣代缴”的监管模式。对跨境电商货物、物品查验实施“同屏比对、一次放行”，对跨境电商货物海运实行“后装先卸”的优先模式。进一步加强了与仁川口岸执法机构的合作，在双方口岸实现AEO企业、原产地证、检验检疫证书等信用认证互认的基础上，建立监管部门信用信息共享和信用互认机制，积极推进往来货物“一国查验、两国互认”，全面推行“一次申报、一次查验、一次放行”的“三个一”通关作业模式。

（二）培育产业链条，加快建设韩日跨境电商双向集散中心

一是依托渔具、韩国食品、日用品进口等外贸特色优势，建设跨境电商特色园区，积极培育物流服务类、监管服务类、外贸产业类跨境电商产业园区三类十个跨境电商产业园。二是统筹威海物流服务体系健全的优质资源，打造以经济技术开发区为核心，形成“一核多区”的韩日化妆品、日化及欧美保健品集散中心和分拨基地，完善中韩日跨境电商供应链体系。立足威海海洋资源、对韩日区位等特色，吸引经威海口岸出口日韩的小商品、跨境电商生产企业在威海投资，以贸易促产业，以产业带招商。阿里巴巴将威海渔具及户外用品作为在全国遴选的十大产业带之一在全球推广，并在威海成立了本地化服务中心。三是依托威海外贸综合服务平台、云悠天下外贸综合服务平台等，推动威海泓信、蓝创进出口等外贸综合服务企业创新转型，延伸中小企业供应链服务，提供“外贸+跨境电商”全链条一站式服务。

（三）依托“四港联动”，畅通中韩跨境电商新通道

完善中韩电商快速通道建设，作为中韩间海上运输时间短、航线密度大、运输成本低的开放口岸，威海充分发挥“海运价格、空运速度、运力稳定”优势，充分利用仁川机场通达世界便捷的空运优势、威海与仁川港口高效的海运优势、威海与欧洲国家稳定的陆运优势，积极探索打造威海对韩、对日、对欧美国家多条特色物流通道。

（四）建设全球跨境备货中心仓，打造威海对韩日优选口岸

依托威海综保区载体功能，将威海对韩日口岸资源与韩国仁川和日本东京、大阪、福冈公共海外仓线下仓储物流功能相结合，创新“线上综合服务平台+威海公共口岸仓”模式，建设多元化物流仓储中心，吸引更多跨境电商平台企业将欧美和中国香港分拨中心迁至威海，让威海成为韩日化妆品、日化用品及欧美保健品辐射国内腹地的海外仓，成为欧美保健品、国内生活及日用品辐射韩日的口岸仓。

配套文件

威海市人民政府办公室关于印发威海市促进外贸稳增长政策措施的通知

(威政办字〔2020〕9号)

各区市人民政府，国家级开发区管委，综保区管委，南海新区管委，市政府各部门、单位：

《威海市促进外贸稳增长政策措施》已经市政府同意，现印发给你们，请认真组织实施。

威海市人民政府办公室
2020年2月23日

威海市促进外贸稳增长政策措施

为贯彻落实国家、省“稳外贸”政策措施，有效应对经贸摩擦，积极应对新冠肺炎疫情影响，推动全市外贸稳中提质，根据市委、市政府推动“六稳”工作的系列决策部署，特制定以下政策措施。

一、支持企业扩大进口

推进日韩进口商品交易集散地建设，鼓励建设各类进口商品展示交易中心，促进进口企业与国内流通企业对接，降低消费者采购成本。加大远洋渔业自捕水产品及其加工制品回运力度，增加水海产品进口，打造东北亚水产品加工及贸易中心。支持企业与国内外知名电商平台合作，扩大跨境电商零售进口规模。鼓励企业进口应对新冠肺炎疫情的紧缺物资，提供境外紧缺物资货源信息，对进口紧缺物资实施通关“零延时”验放，按进口额给予贴息支持，对以捐赠形式进口的紧缺物资免征进口环节税。对进口先进技术设备、关键零部件给予贴息支持。积极争取原油、羊毛、棉花等进口配额。培育大宗商品进口企业，对大宗商品进口重点企业给予奖励。(责任单位：市发展改革委、市海洋发展局、市商务局、市财政局、威海海关、荣成海关、中国信保山东分公司威海营业部)

二、支持企业多元化开拓国际市场

制定国际市场开拓计划，确定出口潜力较大的6个重点市场，实行“一国一策”，深耕日韩欧盟市场，力保美国市场，开拓“一带一路”市场。加大国际市场开拓支持力度，支持企业开展经贸促进活动、建设国际营销服务网络等，在对展位费补贴、出口信用保险保费补贴的基础上，研究对参展人员国际交通费用给予补贴。协调国内外组展机构，帮助因新冠肺炎疫情无法出国参展的企业妥善处理已付费用等相关问题，对无法参展企业继续实施展位费补贴。支持企业建设境外展示交易中心、海外仓等国际营销体系公共服务平台，延长贸易供应链。引导企业运用网上广交会、华交会等线上展会，维持并扩大国际市场客户和销售渠道。对企业注册境外商标、开展体系认证给予支持。(责任单位：市商务局、市财政局、市贸促会、中国信保山东分公司威海营业部)

三、支持企业应对经贸摩擦和纠纷

加强涉外法律服务工作，组织引导法律服

务行业为企业及时提供精准、优质、高效的法律服务，防范涉外经营法律风险。完善国际贸易摩擦预警工作机制，指导受中美互相加征关税双重影响的企业申请关税排除，把对美依存度50%以上及其他受经贸摩擦影响大的企业作为重点进行跟踪调度。指导企业申请因新冠肺炎疫情未能按时履约交货的不可抗力事实性证明，争取减少贸易损失。（责任单位：市司法局、市商务局、市财政局、市贸促会、威海海关、荣成海关）

四、加强对外贸企业的运行监测和分析

完善市县两级外贸预警响应、协调应对工作机制，加强重点外贸企业运行动态监测，逐步扩大样本企业数量，对200家重点骨干企业订单情况、经营困难、政策诉求等进行动态跟踪监测。探索建立商务、海关、税务、金融、口岸、信保等单位信息共享机制，定期召开联席会议，及时发现问题、研判走势、建立预案。（责任单位：市商务局、市地方金融监管局、市口岸事务中心、市大数据中心、市税务局、威海海关、荣成海关、人民银行威海市中心支行、威海银保监分局、中国信保山东分公司威海营业部）

五、推动服务贸易创新发展

深入推进服务贸易创新发展试点工作，重点培育数字贸易、中医药等服务贸易新业态、新模式，推动威海市服务贸易产业园等载体建设，加快软件应用与开发、服务外包等创新性产业聚集。积极探索中韩双边自贸区框架下的服务贸易合作。拓展离岸服务外包贴息范围至23个重点领域。对认定的技术先进型服务企业减按15%的税率征收企业所得税。（责任单位：市服务贸易创新发展试点工作联席会议成员单位）

六、推进跨境电商综试区建设

加快综保区跨境电商“五中心一平台”建设，争取多模式监管中心尽快投入运行，争取跨境电商“1210”保税进口业务取得突破。落实跨境电商综试区零售出口企业税收政策，实行增值税和消费税无票免税，按收入的4%应税所得率确定应纳税所得额，并享受小微企业所得税优惠政策和免税收入优惠政策。将跨境电商企业纳入海关信用管理，实施差异化的通关措施。支持各跨境电商监管作业场所增加查验、分拣等设施，提升查验及配送能力。支持跨境电商物流企业建设跨境电商物流产业园区，开展跨境电商综合服务，引进境内外跨境电商企业。对跨境电商零售进出口重点企业给予奖励，对引进重点项目给予支持。举办中韩跨境电商大会，提升威海对韩跨境电商知名度。（责任单位：威海市跨境电商综试区建设领导小组成员单位）

七、推进国际产能合作带动出口

充分利用对外承包工程、境外投资、援外合作大项目带动大型成套设备及技术、标准和服务出口。支持外贸企业对接境外经贸合作区，合理布局产业链，利用原产地规则，开展境外加工组装，拓展海外市场。加强境外经贸合作区建设规划引导，创新建设运营模式，鼓励企业与央企、跨国公司以联合投资、第三方市场合作等方式建设境外经贸合作区，汇聚资源做大做强，提升产业内外协同发展和出口带动效应。（责任单位：市发展改革委、市商务局、中国信保山东分公司威海营业部）

八、推动综保区创新发展

支持综保区复制推广“仓储货物按状态分类监管”“四自一简”“先出区、后报关”“集中汇总纳税”等贸易便利化措施，争取保税研发、全球维修及再制造等政策试点。支持综保区内企业申请增值税一般纳税人资格试点，促进“委内加工”和内销业务发展。支持综保区招商引贸工作，引进商贸物流类项目，发展保税物流业务，鼓励各区市、开发区外贸企业在

综保区开展业务，争取进出口突破100亿元。（责任单位：市商务局、市财政局、市税务局、威海海关、综保区管委）

九、提高跨境贸易便利化水平

落实口岸收费清单公示制度，深入开展口岸涉企收费监督检查，防止口岸收费反弹。公开口岸经营服务企业作业时限，推进海运口岸作业各环节无纸化，不断巩固压缩整体通关时间成果。深化海关通关一体化改革，推进“两步申报、提前申报、汇总申报、担保放行”等作业模式。发挥威海审像分中心作用，提升查验效能。推广主动披露制度和容错机制，进出口企业、单位主动披露涉税违规行为，对符合条件的，不予行政处罚。在新冠肺炎疫情防控期间，全力保障紧缺物资快速通关，满足国内市场需求。（责任单位：市口岸事务中心、市发展改革委、市交通运输局、市市场监管局、市商务局、市财政局、威海海关、荣成海关）

十、深化中韩自贸区地方经济合作示范区建设

完善“四港联动”合作机制，推动将“四港联动”工作上升至省级以上层面，探索中韩信息互换、跨境电商、外检内放、AEO互认等创新合作，提升口岸通关便利化水平。促进国际物流组织协同化、陆海空运输模式多样化，探索中韩海运整车运输，争取常态化运行。研究推进中韩自贸区地方经济合作示范区实体产业园区建设。（责任单位：市发展改革委、市交通运输局、市商务局、市口岸事务中心、威海海关、荣成海关、经区管委）

十一、加快出口退税速度

采取多渠道、少环节、全方位服务，进一步压缩退税办理时间。全面实行出口退（免）税电子化，对于提出无纸化申报申请的企业，按照无纸化退（免）税申报管理。执行一类出口企业和新旧动能转换企业2个工作日、出口企业经营确有困难的优先进行退税审批。持续优化退税便利化举措，实行出口企业电子退库，引导企业诚信申报，对于符合一类出口企业评定标准的企业，及时进行动态调整。（责任单位：市税务局、人民银行威海市中心支行）

十二、加大金融服务力度

举办各类银企对接活动，引导外贸企业利用各类融资服务信息平台开展融资对接，支持金融机构开展出口信用保险保单融资业务。引导企业用好各类融资服务平台，通过信用保险、风险补偿等手段，降低和化解银行贷款风险。对在新冠肺炎疫情防控期间发放的贷款，按照相关政策规定给予风险补偿。引导企业开展跨境人民币结算，推进货物及服务贸易外汇收支便利化试点，简化小微跨境电商企业办理有关贸易资金收付手续，优化货物贸易外汇业务报告方式，简化出口收入入账手续。（责任单位：市商务局、市地方金融监管局、市财政局、人民银行威海市中心支行、中国信保山东分公司威海营业部）

十三、加大对出口信保的支持力度

提高对外贸企业投保出口信用保险的补贴比例，对小微外贸企业在省出口信用保险统保平台项下，投保短期出口信用保险保费给予全额支持。增加涉美涉税重点地区的信用额度，在风险对价合理的前提下，降低保险费率。支持企业购买海外买方资信报告，帮助企业甄别国别风险、市场动向、买家资质，防范贸易风险。提高重点市场风险容忍度，扩大国别承保金额。支持引导企业利用国际贸易“单一窗口”中“出口信用”服务和特色金融服务项下“信保贷”等金融产品。创新开展银行+出口保险合作模式，为信贷客户提供便捷信用保险服务，投保出口信用保险的小微企业申请授信额度不需要另外提供保证、抵押担保，扩大保单融资规模。在新冠肺炎疫情防控期间，开辟定损核赔绿色通道，适当放宽理赔条件，优先受理受影响的出险理赔，对企业进口应对新冠肺炎疫情的紧缺物资提供进口预付款保险服务。（责任单位：市商务局、市财政局、市口岸事务中心、威海银保监分局、中国信保山东分公司威海营业部）

十四、防范化解失业风险

积极帮助企业解决因新冠肺炎疫情带来的复工难、用工难问题，落实阶段性减免企业养老、失业、工伤保险单位缴费政策。加强对经贸摩擦受影响企业就业监测，建立失业风险预警机制，对符合条件的企业按规定返还失业保险费。支持困难企业与工会开展集体协商，采取调整薪酬、在岗培训、弹性工时、轮岗轮休等方式，稳定就业岗位和劳动关系。面向企业职工、失业人员等各类重点群体，开展大规模职业技能培训，提升劳动者职业技能水平。通过组织企业内部挖潜、企业间用工余缺调剂、组织相近行业工种岗位招聘等方式，促进下岗失业人员转岗就业。稳步提升失业保险金标准，对符合条件的失业人员及时发放失业保险金。（责任单位：市人力资源社会保障局、市财政局、市商务局、市税务局）

威海市人民政府办公室关于落实鲁政办字〔2021〕32号文件精神深入优化口岸营商环境促进跨境贸易便利化的通知

（威政办字〔2021〕34号）

各区市人民政府，国家级开发区管委，综保区管委，南海新区管委，市政府各部门、单位：

为深入优化口岸营商环境，推进跨境贸易便利化水平不断提升，根据《山东省人民政府办公厅关于进一步优化口岸营商环境促进跨境贸易便利化的通知》（鲁政办字〔2021〕32号）精神，经市政府同意，结合我市实际，现就有关工作通知如下。

一、深化通关业务改革创新，进一步放大口岸通关效率优势

1. 稳步推进“提前申报”“两步申报”“两段准入”等改革。根据市场需求和企业意愿，加大宣传引导力度，采取有效措施，全面推广“两段准入”信息化监管，鼓励和便利企业选用“提前申报”“两步申报”模式，不断提升申报比率。逐步扩大适用范围，根据海关总署部署开展进口大宗商品、转关货物“两步申报”。（责任单位：威海海关、荣成海关）

2. 进一步简化单证要求。精简海关申报随附单证，进口申报环节免予提交合同、装箱单，出口申报环节免予提交合同等商业单证。优化原产地证办理方式，推广应用原产地证书自助打印和智能审核，切实提高原产地证书审签效率。除特殊需要外，所有监管证件全部实现网上办理和联网核查。（责任单位：威海海关、荣成海关）

3. 切实提高检验监管效率。优化大宗商品检验监管，对铅精矿、锌精矿实施“先放后检”，探索对铜精矿等大宗资源性商品实施智能化采样。推进第三方检验结果采信应用，持续做好对免予办理强制性产品认证的进口企业零部件实施“先声明、后验证”的便利化措施。探索建立鲜活海产品等特殊货物快速验放机制。（责任单位：威海海关、荣成海关）

4. 推行灵活通关查验。采取预约查验、下厂查验、入库查验等方式，减少货物搬倒和企业等待时间。鼓励企业选择“货主可不到场”

查验。对海关高级认证企业进出口的重点民生保障货物实施优先查验。开展快件、跨境电商“集中审单”，统一执法尺度，指导企业用好“直接出口”“出口海外仓”等跨境电商监管新政策。（牵头单位：威海海关、荣成海关，责任单位：威海港集团、威海机场集团）

5. 继续实施“汇总征税”。加大宣传推广力度，积极引导更多企业应用“汇总征税”模式申报纳税，充分发挥其简化操作流程、压缩通关时间、盘活资金运作、减轻人力成本的优势。（责任单位：威海海关、荣成海关）

6. 抢抓RCEP优惠政策落地机遇。根据RCEP生效实施安排，对企业开展原产地累积规则等政策辅导，不断提升企业RCEP享惠利用率；对易腐货物优先安排检查，实现在货物抵达并提交放行所要求的信息后6小时内放行；对运输方式为空运，由快件运营人承揽承运，具备RCEP区域或缔约方原产资格的货物，以及来自于RCEP缔约方的物品，在海关正常工作时间内，相关货物、物品已抵达海关监管作业场所并且企业已向海关完整提交放行所需信息的情况下，实施6小时内放行措施。（责任单位：威海海关、荣成海关）

7. 创新“四港联动”通关模式。根据中韩整车运输业务特点，创新入境车辆、货物以及驾驶人员的口岸监管方式，优化海、空港口岸一体化通关作业流程，为“四港联动”业务发展创造良好口岸条件。（责任单位：市口岸事务中心、威海海关、威海边检站、威海海事局、威海港集团、威海机场集团）

二、优化口岸作业模式，进一步提升口岸信息化智能化水平

8. 扩大“直装直提”作业比率。根据货物提离和装船需求，为企业提供更多可选择作业模式，对符合作业条件的货物更多地实施进口“船边直提”和出口“抵港直装”，免去集港、堆存、港内搬倒等作业环节，提高集装箱集疏港效率。（责任单位：威海海关、荣成海关、市交通运输局、威海港集团，各口岸所在区市政府）

9. 推进“智慧口岸”建设。加大非侵入式检查力度，提升“智能审图”识别能力，充分发挥青岛海关联网集中审像威海分中心作用，提高集装箱验放效率。加强区块链、大数据、5G等新技术在通关查验、港口作业以及口岸物流环节的应用，加快智能卡口、自动化轨道吊、智能理货系统、场桥自动化远程操控等智能项目建设，通过科技赋能口岸通关便利化。（责任单位：威海海关、荣成海关、市交通运输局、威海港集团、威海机场集团，各口岸所在区市政府）

10. 提升船舶通关效率。推广以海事“云登轮”为代表的“互联网+”远程信用监管机制，优化国际航行船舶进出口岸手续办理流程，落实上级关于便利危险品申报管理的措施，提高海事监管效能。（责任单位：威海海事局）

11. 推进关港信息共享共用。强化船舶进港、海关查验、货物提离等各个作业环节的数据协同，继续推进集装箱设备交接单、提货单等单证电子化，鼓励船公司推进提单电子化，全面提升物流作业无纸化水平，增强口岸物流及时性与便利性。（责任单位：威海海关、荣成海关、威海港集团，各口岸所在区市政府）

三、深化“单一窗口”建设应用，打造高水平跨境贸易综合服务平台

12. 进一步优化系统功能。围绕推进“单一窗口”系统平台操作便利化智能化，增加智能录入、自动比对、追溯查询等便捷功能，实时展示船舶到港、货物申报、查验放行环节信息，实现进出口通关状态全程可视化，增强口岸服务透明度。（牵头单位：市口岸事务中心，责任单位：威海海关、荣成海关、威海港集团）

13. 进一步拓展应用领域。创新“单一窗口+信保”“单一窗口+税务”“单一窗口+金融”等应用模式，推动服务范围由口岸执法向

口岸物流、金融服务、税费办理等领域扩展，提高跨境贸易全链条业务服务能力。（牵头单位：市口岸事务中心，责任单位：市税务局、威海银保监分局）

14. 进一步强化业务推广。坚持线下培训辅导与线上技术服务相结合，推动企业常态化使用“单一窗口”，稳定报关、舱单、运输工具等核心业务覆盖率，提高出口信用、关务平台、出口退税、金融服务等新增业务使用率。（牵头单位：市口岸事务中心，责任单位：威海海关、荣成海关、威海海事局、市税务局、威海银保监分局）

四、持续规范口岸收费，进一步降低进出口环节合规成本

15. 严格落实国家降费政策。严格执行停征港口建设费、减并港口收费项目等政策措施，严谨规范实施免除查验无问题外贸企业吊装移位仓储费用措施，切实减轻企业负担。（责任单位：市交通运输局、威海海事局、市口岸事务中心，各口岸所在区市政府）

16. 实行口岸收费公示动态管理。严格落实口岸收费公示制度，依托“单一窗口”口岸收费公示系统，加强收费清单管理，推动口岸服务企业自主动态更新收费项目，做到清单与实际相符、清单外无收费。（牵头单位：市口岸事务中心，责任单位：市发展改革委、市市场监管局、市交通运输局、市商务局，各口岸所在区市政府）

17. 降低港口物流成本。实行港口收费“阳光价格清单”，发挥重点港口企业引领示范作用，主动降低集装箱港口装卸费率，提高堆存费优惠幅度，执行作业包干费阶梯价格，优化拖轮费计费方式，不断降低港口及相关物流环节成本。（责任单位：市交通运输局、威海港集团，各口岸所在区市政府）

18. 加强口岸收费监督检查。开展港口、铁路、机场以及口岸中介服务领域价格专项检查，畅通投诉举报渠道，依法查处不执行政府定价和指导价、不按规定明码标价、只收费不服务、对明令取消的收费项目继续收费等违规违法行为。（牵头单位：市市场监管局，责任单位：市发展改革委、市交通运输局、市口岸事务中心，各口岸所在区市政府）

19. 持续优化办税流程。提升出口退税无纸化申报水平，便利企业办理出口退税业务，确保2021年全市出口退税平均办理时间压缩到4个工作日以内。积极参与全省综合保税区税收业务统一集中服务和管理，落实好综合保税区增值税一般纳税人试点工作。（责任单位：市税务局）

20. 加大金融支持力度。积极参与国家外汇局区块链平台中信保应用场景试运行工作，支持企业更好获得资金支持，降低汇率波动损失。用足用好短期信用保险优惠政策，增强中小微外贸企业抵御出口风险能力。（责任单位：市商务局、国家外汇管理局威海市中心支局）

五、提升口岸服务质效，进一步增强企业获得感满意度

21. 公开海运口岸作业流程时限。进一步梳理优化海运口岸进出口集装箱通关流程，细化引航、拖轮、靠泊、装卸、理货、换单、查验、装箱、抵运、提箱等环节作业流程及时限标准，规范经营单位公开公示行为，推动口岸作业更加公开透明、规范高效。（牵头单位：市口岸事务中心，责任单位：市交通运输局、威海海关、荣成海关、威海港集团，各口岸所在区市政府）

22. 规范口岸中介服务。依托“单一窗口”系统平台，集成口岸中介服务企业相关信息，建立进出口企业对口岸中介服务点评制度，发挥正向激励引导作用，促进信息公开和良性竞争，推动口岸中介服务向专业化、市场化、透明化方向发展。（牵头单位：市口岸事务中心，责任单位：市商务局、市交通运输局、威海海关、荣成海关）

23. 提高为企服务实效。深入开展作风大

改进行动，进一步优化服务理念和工作流程，落实“5+2”“7×24 小时”“预约制”等服务承诺，发挥“单一窗口”95198 客户服务热线、海关 12360 服务热线、12367 出入境管理服务平台作用，切实解决口岸领域堵点难点痛点问题，不断增强企业获得感和满意度。（责任单位：威海海关、荣成海关、威海边检站、威海海事局、市口岸事务中心、威海港集团、威海机场集团，各口岸所在区市政府）

威海市人民政府办公室

2021 年 6 月 24 日

典型案例

案例一：中海川公共海外仓株式会社

中海川公共海外仓株式会社（以下简称“中海川”）成立于 2016 年 3 月 1 日，是威海市南海新区政府为促进跨境电商在韩投资注册的外商直接投资企业，是山东省首个经正式备案并评为省级的公共海外仓，也是中韩自贸区地方经济合作示范区——威海、仁川的首家示范企业。

一、经营模式

中海川致力于打造中韩两国商品共享中心，汇集做韩国商品的中国电商及企业，为进出口物流发挥枢纽作用。公司主要从事国际货物运输代理、代理报关报检、普通货物的仓储仓配服务等业务，计划逐步将业务范围拓展至跨境电商。

为打造中韩两端的对外开放交流“桥头堡”，中海川将海外仓设立在韩国仁川市西区梧柳洞，邻近仁川机场、仁川港，以及青萝大巴物流中心；还在威海投资设立子公司——山东中海川国际物流服务有限公司，设立威海转运仓，威海总部基地面积 6 万多平方米。

二、服务特点

（一）多客户端上架及采购

对采购需求分源，让 App 端、供应商系统端、后台系统端，对产品的上架和采购并行展开，产品上架更灵活，采购更及时，调动更便利。

（二）物流服务价格低，速度快

上午将货物入库至中海川公共海外仓，当天下午即可装船离港，实现“海运的价格，空运的速度”。

（三）拓展多模式跨境电商

基于精品 B2C 业务基础，开展 B2B 业务，创新跨境 O2O 模式。聚焦大健康、储能、时尚、轻奢品行业，推动产业电商和模式电商战略布局。

三、取得成效

累计服务 200 余家海外企业，与洋码头、大韩家、（威海）仁川馆等多家平台合作对接，为有意发展中国市场的海外企业提供跨境物流、销售和流通渠道，将世界各地货物空运至仁川机场后通过海运发至威海港进行清关、派送。

2020 年 10 月，中海川与菜鸟陆续展开业务合作。2021 年 2 月，中海川与韩国乐天达成战略合作协议，由中海川进行存储、打包、国际物流发运、清关、配送等一站式服务。2021 年实现营业收入 2285 万元。

案例二：威海华坦供应链管理有限公司

威海华坦供应链管理有限公司（以下简称“威海华坦公司”）在坦桑尼亚桑给巴尔机场保税物流园区的海外仓，是东非商贸物流中心产业园重点配套项目。海外仓于2019年投入运营，面积8000平方米。该海外仓已被认定为威海市外贸新业态主体、省级跨境电商主体，是威海市外贸企业建设国际营销体系、培育境外展示交易与仓储物流中心的重点项目。

一、经营模式

坦桑尼亚跨境电商公共海外仓通过“跨境电商海外仓+平台”联动运营模式，联动东非商贸物流中心跨境电商平台，促进中非经贸发展与经贸往来，帮助更多中国企业开拓海外市场。海外仓加跨境电商平台联动发展、配套运营这一模式，对卖家、买家、平台方都能体现出巨大的优势。

二、服务特点

（一）海外仓与平台数据互联互通

威海华坦公司打造东非商贸物流中心跨境电商平台（以下简称“东非平台”），作为东非商贸物流中心产业园境外综合服务平台的重要组成部分之一，于2020年5月正式投入运营。该平台创新完善多模式仓储物流服务，除了具备跨境产品展示与销售的功能，还与海外仓仓储系统进行了对接和匹配。将东非平台上的发货信息和当地清关进展与海外仓系统对接，可以实现数据共享，买卖双方随时调出查看。此外，卖家也可以通过东非平台上的销售数据，结合海外仓的清关时间等信息来分析准备下一批发货情况，提高海外库存配置的准确率。

（二）线上综合服务+海外仓进出口链条式服务

整合非洲多元化物流仓储供应链服务体系，利用东非平台，可在线上展示与售卖东非商贸物流中心经营的全部品类，根据东非平台的订单信息海外仓系统将自动发货。利用海外仓可为国内企业出口非洲市场提供海外分拨服务，为进口提供海外集货服务，具备为外贸易企业提供“头程运输+海外仓储+物流+通关+当地配送”的一站式服务功能。主要包括卖家备货与发货→仓储信息系统备案→货物清关→入库坦桑尼亚海外仓→非洲本地配送与售后等系列跟踪服务。

三、取得成效

联合东非平台功能后，海外仓不仅可作为仓储载体，提供的服务也不断拓展，涵盖节点日益增加，为卖卖双方打通了双向信息渠道，极大地提高了交易效率与交易量。已为境内外40多家企业提供仓储、通关、物流配送等一站式服务。2020年报关金额突破1000万美元，2021年完成2100万美元，累计为坦桑尼亚政府创造400多个就业岗位，有效带动了当地经济的发展稳定。

案例三：威韩购跨境电子商务有限公司

威韩购跨境电子商务有限公司（以下简称“威韩购”）是由威海两大龙头企业——威高集团、迪尚集团联合“省级外贸综合服务平台”——易华通供应链管理有限公司于2015年6月共同投资5000万元成立，是集“电商交易、贸易服务、通关监管”为一体的第三方跨境电商综合服务平台，旨在新贸易环境下依托产业优势，更好地服务于国内外电商外贸企业及消费者。

一、经营模式

威韩购通过对跨境电商交易平台与跨境电商综合平台两大平台的建设，为跨境电商企业提供集展示、交易、支付、通关、仓储、物流、金融等于一体的综合服务。跨境电商交易平台分为出口展示交易区和进口展示交易区。出口展示交易区搭建国内企业对韩国产品展示销售网上基地；进口展示交易区与韩国知名品牌供应商合作打造网上韩国产品集散地。综合服务平台实现了与外部部门间信息的互联互通，为政府监管和企业经营提供决策咨询服务。

二、服务特点

（一）采用“直采直营+代采经销”模式

为鲁货提供跨境出口、国内销售两种渠道，帮助带动鲁货销售及品牌推广。直采直营即通过威韩购平台进行独家品牌自采，自主开发渠道进行直接销售。代采经销即通过威韩购平台帮助服务客户自鲁货供应商处采购商品或由鲁货供应商直接提供商品，代其进行销售。

（二）通过建设海外仓拓展业务

为了能够更好地立足国内，面向全球，企业布局海外业务，建设位于韩国仁川的跨境电商公共海外仓储中心约2500平方米，使其具备集货功能，主要为国内外企业提供贸易销售、电子商务、仓储物流及配送服务等业务。

三、取得成效

直采直营品包括威海海产品、母婴用品、消杀用品、烟台大樱桃等产品，代采经销品包括威海钓具、服装、成人纸尿裤等产品，通过跨境出口、国内销售等渠道实现销售额超1000万元。海外仓是威韩购平台供应链条的整合环节，实现了集货功能，兼顾了进出口货物的海外分拣、退换货等功能，仓内已为国内出口企业产品实现分拨销售金额近1亿元。通过海外仓的运作，经测算运费价格可做到原来跨境快递的三分之二。

案例四：荣成皇朝马汉外贸综合服务有限公司

荣成皇朝马汉外贸综合服务有限公司（以下简称“皇朝马汉公司”）于2014年3月成立，平台于2015年10月正式上线运营，2015年10月被评为山东省省级外贸综合服务企业，2015年12月获得海关高级认证企业。

一、经营模式

荣成皇朝马汉外贸综合服务平台（以下简称“皇朝马汉平台”）应用信息化手段，推进线上线下相结合，多方联动创新外贸服务模式，致力于为中小微企业提供市场渠道开拓、高效通关、保税仓储物流、产品检测、金融、收汇退税、认证指导、信保及其他供应链服务，努力当好中小微企业贴身保姆。

二、服务特点

（一）提供线上咨询及集约化的一站式服务

外贸业务环节多，专业化程度高。中小微企业将业务交由皇朝马汉平台办理，不必再设专人，降低了企业管理和运营成本。皇朝马汉公司还不定期为平台内企业提供政策、信保，以及法律宣讲，让企业了解目标市场，保障货款安全。

（二）提供保税仓储和检测等便利服务

通过海关总署备案的公用型保税库，企业进口商品可以缓交关税，缓解企业资金压力。皇朝马汉公司内设经中国合格评定国家认可委员会（CNAS）及中国计量认证（CMA）认证的检测服务机构，获得的检测报告得到国际认可，具有国际公信力，皇朝马汉平台内企业也可享受优惠价格，节省成本和时间。

（三）打造原材料供应链服务

皇朝马汉平台归集了中小微企业的原料需求，结合中小微食品生产企业需求与供应商谈判，以获取较低“团购价格”，直接降低了企业经营成本，同时也帮助原料供应商解决原料滞销问题。

（四）打造供应链金融服务

积极与银行等部门合作，协助中小微企业

办理抵押、授信、融资贷款等供应链融资业务，成为山东省首家与中国人民银行应收账款融资服务平台签约的企业，从根本上解决了中小企业融资难的问题。皇朝马汉平台对食品行业的企业专业程度要求高，并对企业资金流进行全程监控，可以有效规避坏账风险。

三、取得成效

皇朝马汉平台已经服务企业 200 余家，进出口额连续多年超过 1 亿美元，通过平台集中采购，大豆油和白糖的成本分别降低了 7%和 25%。皇朝马汉公司着力搭建政府、企业与市场沟通的桥梁，不断提高外贸公共服务质量和水平，实现经济效益与社会效益的统一。

案例五：荣成康派斯新能源车辆股份有限公司

荣成康派斯新能源车辆股份有限公司（以下简称“康派斯”）成立于 2014 年 5 月，注册资本 6613. 35 万元，建筑面积 10 余万平方米，现有员工 800 余人。康派斯主要从事自行式房车、拖挂式房车、露营地房车和其他改装车型产品及零部件的设计、研发、生产、销售及售后服务，在产品设计、材料研发、零部件生产、整车组装、售后服务等方面实现全产业链覆盖。公司产品除国内销售外，远销澳大利亚、美国、欧洲、韩国、南非等国家和地区，获得国内外客户一致好评。2016 年以来连续多年出口量和产值蝉联全国第一，是房车行业唯一新三板上市公司。

一、经营模式

房车整车业务推出独立品牌设计产品，通过阿里巴巴平台来完成跨境买卖业务；房车配件及户外用品业务打造一站式房车配件供应链，为各大房车企业降本增效，实现互利共赢。

二、配套服务特点

（一）物流——海外仓储

康派斯为了更好地服务跨境电商板块业务，深度打造与之相配套的供应链体系，目前已先后在韩国和澳大利亚的分公司申请“9810”海外仓储注册备案，为公司跨境业务的腾飞助力。康派斯韩国海外仓的成立，极大缓解了供货方以及韩国房车生产企业的进货压力，通过海外仓集中供货，优化进货、供货渠道，打通中韩贸易通道，实现共同发展。

（二）产业园区生态链服务商

康派斯致力于打造房车配件一站式服务平台，通过整合国内分散的单一品种的优质房车配件、户外用品生产企业、自主创办外协企业等，打造房车制造生产一站式供货及售后平台，借助阿里巴巴国际站面向各个国家，将传统制造企业打造成全球化的电子商务企业，完善下游供应体系，进一步打造产业园区生态链。

三、取得成效

使用康派斯仓储物流中心的企业，能快速响应客户需求，迅速实现商品的发货，缩短订单周期且准时率高。康派斯将产品预先运送到目的地，有效地避免了物流高峰，降低了房车零部件以及房车跨境运输的物流成本。仓储物流中心的使用能让卖家缩短商品的头程运输时间，做到本地运输。

案例六：山东双创人孵化园跨境电商聚集区

一、园区孵化服务模式

山东双创人孵化器有限公司公共配套面积 5000 平方米园区，打造以“人才+商务孵化、资本+产业孵化、创业+生态孵化”为体系的可持续孵化服务模式。在企业孵化的同时与产业深度融合，充分发挥产业优势，推动区域跨境电商发展。园区整合各方资源，在政府与企业、企业与专业服务机构、企业与人才、项目与资本之间搭建了一个多维度、多层次的交流合作平台，先后荣获“国家级众创空间”“山东省级科技企业孵化器”“山东省青年创业示范基地”“威海市跨境电商聚集区”等荣誉称号。

二、孵化服务特点

（一）打造外贸综合服务平台

与山东源橙供应链有限公司深入合作，打造双创人跨境电商外贸综合服务平台，为中小微跨境电商企业提供报关、退税、租船订舱、国际物流、中国出口信用保险、外贸单据制作、政策法规等一站式跨境电商综合服务。

（二）对接国际金融支付机构

2019年，双创人与iPayLinks达成战略合作，帮助园区跨境电商企业通过iPayLinks实现全球一站式跨境支付与资金清结算，为跨境企业解决全球业务拓展中的资金收付痛点。

（三）开展跨境孵化服务

与威海市电子商务行业协会、渔具协会、跨境电商协会等机构深入合作，在阿里巴巴国际站实训基地签约入驻，定期为园区企业举办专场培训。每年组织30余场培训活动，累计服务1500多人。

（四）行业大数据平台支持

建立渔具产业大数据平台，平台以全球渔具和户外用品买家数据和出口数据为基础，利用新信息、新技术、大数据建模分析，帮助渔具产业实现信息化和产业化的深入融合。

（五）塑造国际化跨境品牌

与领聚数字LinkJoint达成战略合作协议，为跨境电商企业建立自主品牌，进行精准的内容创建、广告投放和在线推广，建立“塑造—传播—转化”三位一体的全链条海外营销系统。

三、取得成效

园区入驻跨境电商企业59家，产业类别主要为户外装备、服装产业、日用百货等。通过阿里巴巴国际站、速卖通、亚马逊、eBay，以及韩国Coupang和东南亚Shopee、Lazada等电商平台，销往美国、欧洲、俄罗斯、日本、韩国、东南亚等50多个国家和地区。2021年全年进出口总额5400万美元。

案例七：威海云盟电子商务集团有限公司

威海云盟电子商务集团有限公司（以下简称“云盟集团”）拥有专业的综合性跨境电商全链条服务体系，是山东省内第一批专注于供应链整合的跨境电商基地，也是国内对日韩、欧美进出口电商领军企业，区域性的跨境电商领导品牌。云盟集团线上拥有网之桥服务平台，线下配有云盟跨境产业园。

一、经营模式

云盟集团采用让海外电商卖家实现“0库存”“0人工”的轻资产运营模式。云盟跨境产业园将B2B、B2C模式与中外线上商家结合，打破传统的商家囤货模式，为中外线上商家提供产品开发、集采、货物仓储、产品包装、展示推广、自动化分拣、物流通关等一站式专业化服务。

二、服务特点

（一）深耕韩国市场

云盟集团入驻韩国仁川·威海馆，为中国企业在韩国各大电商平台的销售提供推广方案，为韩国的电商卖家提供优质的线上线下服务和优质的产品，通过一站式服务帮助他们成长。与中韩高校合作，培养储备电商人才，成立推广团队和代理运营团队，为中国企业在韩国各大电商平台的入驻和运营提供技术支持。

（二）完善的跨境货物调配中心

拥有广州、上海、义乌、青岛等货运仓库，凭借20年国际货代经验，实现了对韩国今天发明天到的速度优势。云盟集团未来计划在全球“一带一路”沿线国家和地区建立若干个国家仓库，解决跨境物流之忧。

（三）精准品控管理

云盟集团品控是从货物集采、产品检测到货物入库、仓储物流以及售后质量等全过程的跟踪解决，包括完整的质量控制和管理链。打通了制造商和在线商家的无缝对接，提高了厂家与卖家综合的竞争力。

（四）搭建“网之桥外贸综合服务平台”

以“云仓产品库”为核心，以整合全球不同国家和地区的各环节资源为基础，为入驻企业的发展提供线上线下全方位的支持，并结合平台数据推演消费趋势和销售策略，为产业发展提供数据支撑。

三、取得成效

云盟跨境产业园致力于打造区域跨境电子商务聚集中心，通过构建成熟的跨境电子商务发展环境，吸引跨境电商企业前来聚集。2021年，入驻园区跨境电商企业达到56家，园区内企业进出口总额达到26.14亿元，是网商数量、业务规模领先的跨境电商聚集区。

大事记

2020年1月1日，威海被确定为更高水平贸易投资便利化政策试点地市。在全省率先试行跨境人民币便利化试点，精准支持外资外贸企业发展。

2020年2月23日，威海市人民政府办公室制定《威海市促进外贸稳增长政策措施》，提出加快综保区跨境电商“五中心一平台”建设，支持各跨境电商监管作业场所提升查验及配送能力等八条政策措施。

2020年4月21日，威海海关成功办理青岛关区首票跨境电商出口商品退货业务。一批因取消订单而退货的零售商品经威海海关办理，顺利退回威海综保区内。威海综保区率先落实海关总署全面推广跨境电子商务出口商品退货监管措施，解决跨境电商出口商品“退货难”的问题，使跨境电商商品出得去、退得回，推动跨境电商出口业务快速发展。

2020年7月1日，推出“零售一般出口简化申报模式”。威海海关对不涉及出口征退税及许可证件管理的小额电商商品，从申报十位商品编码简化到四位，为众多规模较小的电商企业提供了一种简单易用的申报方式。

2020年9月1日，开通“9710”“9810”出口业务。一批女士防寒服装通过系统申报顺利通关，威海市首单“9710”“9810”业务顺利开通并实施。

2020年9月25日，2020中韩（威海）跨境电商大会在威海举办。180多名中韩政商界嘉宾、跨境电商领域知名企业负责人、行业专家学者参会，会议旨在深化中韩跨境电商领域交流合作，推进威海—仁川“四港联动”物流一体化国际大通道建设，共商共建中韩跨境电商产业链和生态圈。

2020年12月21日，威海综试区建设物流通道、人才培育等五条经验，被山东省商务厅作为跨境电商综试区创新突破经验做法，发文在全省推广。

2020年12月28日，威海综保区落地“仓储货物按状态分类监管”业务，允许非保税货物以非报关方式进入封关区内企业仓库，与保税货物集拼、分拨后，实际离境出口或出区返回境内。通过政策企业可集中仓储场地，便利企业管理，并节省仓储费用。

2021 年 2 月 3 日，在全省率先试行跨境人民币便利化试点，精准支持外资外贸企业发展。

2021 年 4 月 15 日，开通全国首条顺丰“中国—韩国”海运电商专递。该航线可实现每周六班对韩海运班次，为两岸跨境电商企业提供国内至韩国仁川等主要港口双向直航的海运干线物流服务，进一步畅通了威海对韩国海运“夕发朝至、航线密集、运力稳定、空运速度、海运价格”的黄金通道。

2021 年 5 月 11 日，“聚焦威海·放眼全球”2021 跨境电商主流平台政策推介会在威海综保区举办，会议邀请了东南亚和欧美市场重点跨境电商平台来威海交流最新政策，100 多家外贸企业参会。

2021 年 6 月 24 日，威海市人民政府办公室出台《关于落实鲁政办字〔2021〕32 号文件精神深入优化口岸营商环境促进跨境贸易便利化的通知》，指导企业用好“直接出口”“出口海外仓”等跨境电商监管新政策，深入优化口岸营商环境，推进跨境贸易便利化水平不断提升。

2021 年 9 月 11 日，第三届中韩（威海）跨境电商大会举办。洋码头日韩跨境电商总部、顺丰（威海）跨境口岸中心等八个跨境电商项目签约，速卖通菜鸟华北优选仓等五个项目启动。

2021 年 9 月 18 日，威海综保区发挥区位优势大力发展跨境电商新业态经验，被山东省推动开发区改革创新领导小组办公室作为全省开发区改革典型案例发文推广。

2021 年 9 月 24 日，青岛关区内首个跨境电商零售进口退货中心仓在综保区正式运营，完成首批 129 票退货商品业务。

郑州地区

近年来，郑州市始终牢记习近平总书记的嘱托，以“买全球，卖全球”为目标，紧抓跨境电商创新赋能，以制度创新激发活力，以模式创新增添动力，以跨境电商为依托的“网上丝绸之路”建设不断迈出坚实步伐。在商务部开展的“2021 年跨境电子商务综合试验区评估”中，中国（郑州）跨境电子商务综合试验区（以下简称“郑州综试区”）综合排名处于第一档。

发展现状

一、发展概述

（一）业务规模快速增长

2021年，全市跨境电商交易规模达1092.47亿元，同比增长17.35%。天猫国际、淘宝全球购、京东国际、唯品会、字节跳动、苏宁国际、eBay等知名跨境电商平台均已入区开展业务，成为跨境电商零售产业发展的主要推动力。易通跨境、云速通、全速通、集成、港人等已成长为本土知名跨境电商外贸综合服务企业，为跨境电商企业快速扩大业务规模提供了服务保障。致欧家居、江之源、大汇恒兴等本土企业业绩持续高速增长。

（二）示范体系不断完善

全市培育创建国家级电子商务示范基地和示范企业九个，省级电子商务示范基地和示范企业126个，省级跨境电商示范园区11个、跨境电商人才培养暨企业孵化平台六家、跨境电商海外仓示范企业十家，形成了比较完备的电子商务示范体系，示范带动作用不断增强。

（三）通关服务高效便捷

跨境商品从申报到放行时效提升至5分钟，“9710”“9810”清单、报关单四种通关作业模式顺畅运行。申报清单、批次理货、业务系统互联等便利化措施，压缩出口包裹通关时间40%。“7×24”小时通关机制全面实施，电子口岸入网办理实现“零跑腿”，各类政务通关实现“零接触”“一网通办”，跨境电商零售进口退货中心仓保障跨境商品“出得去、退得回”。快件通关辅助系统推广至郑州邮政口岸，助力口岸实现跨境电商、快件、邮件“三关合一”。

（四）物流体系更加完备

“网上丝绸之路”和“空中丝绸之路”“陆上丝绸之路”持续保持高效联动，创新开通全货机跨境电商包机，提高国际物流服务效率30%以上，货品投放误差率为零，降低企业物流成本20%。首创跨境电商班列，率先开通菜鸟号跨境电商班列，推出全国首个跨境电商国际铁路门到门线路产品“郑欧宝”，解决跨境电商小包大件货物、液体、带电物品运输难题，探索出一条可复制、可推广的跨境电商出口陆路运输的新通道。2021年，累计飞行跨境电商包机超过826班次，货物运输量超过5.92万吨。中欧班列（郑州）运输跨境电商货物累计448.26万单，货值1854.24万美元。

（五）开放平台成效显著

连续成功举办五届全球跨境电商大会，邀请境内外嘉宾共5800人次参会，推动各国政府部门、国际组织、跨境电商产业链企业等加强政策研讨、协商沟通和经验分享，达成了《郑州共识》，发布了《中国跨境电商发展报告》《中国跨境电商系列教材核心内容》等系列研究成果，成为全球跨境电商合作交流的重要新渠道。2021年5月10日晚，中央电视台第一套节目《新闻联播》播出《第五届全球跨境电子商务大会在郑州开幕》，郑州再度成为全国关注的焦点。

（六）跨境电商零售进口药品试点正式运营

2021年5月8日，国务院批复同意开展跨境电商零售进口药品试点，试点期三年，对纳入试点目录的药品适用跨境电商零售进口商品相关规定。在交易限制内，关税税率暂设为零，进口消费税按70%征收。2022年4月11日，跨境电商零售进口药品试点完成首单交易，郑州跨境电商零售进口药品试点正式运营。

二、园区情况

全市目前拥有省级跨境电商示范园区11个，相关重点园区情况如下。

（一）金水“一带一路”经贸产业园

金水“一带一路”经贸产业园位于郑州市经三路与广电南路交汇处金印现代城，总运营面积2万平方米。截至2022年6月，园区已与123家外贸进出口企业、外贸服务类企业签约，实际入驻园区企业68家，招商入驻率达100%。其中，国家级电子商务示范企业一家，省级电子商务示范企业四家，市级电子商务示范企业十家。园区目前校企合作院校七所，产教融合项目一个，大学生实训基地项目五个。

（二）中国中部电子商务港（总部基地）

中国中部电商港（总部基地）为河南省首批跨境电商示范基地及河南省电子商务示范园区，位于二七区大学路南三环，共3.5万平方米，于2016年建设完成并投入使用，是典型的产业转型升级类跨境电商园区。截至目前，园区入驻不同类别的电商企业120多家，从事跨境贸易的企业有55家。

（三）河南保税物流中心

河南保税物流中心位于郑州经济技术开发区东北部，占地面积55万平方米，中心建成规模包括38万平方米多功能立体智能化保税仓库和7.8万平方米国内一流的高标准查验中心，服务企业1200余家。自2013年7月15日开始实货测试至2022年5月底，河南保税物流中心累计验放进出境商品包裹共计5.95亿单，货值839.85亿元。中心内企业员工约5000人，累计带动周边行业就业约8万人，中心入驻的跨境电商企业共缴税约41.89亿元，带动空铁公海物流共计68.24万吨，境外辐射200个国家和地区。

（四）中国邮政郑州跨境电商产业园

中国邮政郑州跨境电商产业园位于管城区紫荆山路与二里岗南街交叉口，园区占地50亩，建筑面积4万平方米，其中仓储面积2万平方米，办公面积0.7万平方米。目前，入驻企业42家，带动创业就业近千人，运营店铺超过3000个，在售的河南制造商品超过1000种。园区与郑州大学、河南大学等16所院校建立了合作关系，累计开展跨境电商活动百场，培训跨境电商卖家近5000人次，3000多名河南跨境电商卖家受益。

（五）中美国际（郑州）创业港

中美国际（郑州）创业港位于郑州经济技术开发区第八大街经北一路，占地面积9万平方米，主要为跨境电商企业提供跨境电商市场营销、创意推广、代运营、人才培训、数据分析、支付、金融等综合交互一体的全方位服务支持。目前，入驻企业96家，2021年度园区应税产值89亿，跨境电商交易额约2亿美元。

配套文件

关于印发2021年中国（郑州）跨境电子商务综合试验区工作要点的通知

（郑综试办〔2021〕1号）

各开发区管委会、区县（市）人民政府：

根据《商务部办公厅关于印发2021年跨境电子商务综合试验区工作要点的函》（商办贸函〔2021〕32号）要求，现将《2021年中国（郑州）跨境电子商务综合试验区工作要点》印发给你们，请结合辖区实际，夯实产业基础，持续创新推进，推动跨境电商综试区建设高质量发展。

中国（郑州）跨境电子商务综合试验区
郑州市建设工作领导小组办公室
2021年2月26日

2021年中国（郑州）跨境电子商务综合试验区工作要点

为深入推进中国（郑州）跨境电子商务综合试验区建设，培育外贸发展新动能，促进产业转型升级，根据《商务部办公厅关于印发2021年跨境电子商务综合试验区工作要点的函》（商办贸函〔2021〕32号）要求，结合我市实际，制定本工作要点。

一、总体要求

以习近平新时代中国特色社会主义思想为指导，全面贯彻党的十九大和十九届二中、三中、四中、五中全会精神，坚持稳中求进工作总基调，立足新发展阶段，贯彻新发展理念，持续发挥跨境电商在提高对外开放水平，推进贸易创新发展，增强对外贸易综合竞争力等方面的重要作用，深化制度、管理和服务创新，不断完善适应行业发展的产业链和生态圈，促进外贸稳中提质和高质量发展。

二、工作目标

到2021年底，全市跨境电子商务交易额保持快速增长，培育10家以上知名跨境电商企业，创建5家省级跨境电商海外仓示范企业，举办30场以上对接交流活动，开展专题培训1000人次以上。

三、工作任务

（一）推进跨境电商综试区高质量发展

1. 助推外贸高质量发展。充分发挥跨境电商在拓展外贸发展空间、提高外贸运行效率、丰富国内市场等方面的积极作用，以跨境电商B2B和出口为重点，以数字化贸易融合发展为抓手，支持企业充分运用5G、大数据、区块链等新技术，开展AR、VR等跨境直播新方式，精准快速响应市场需求，拓展产品境外营销渠道，推动“电商+外贸+郑州制造”深度融合，促进传统外贸转型升级。

2. 提升“网上丝绸之路”发展能效。持续推进跨境电商科技、制度、模式和业态创新，加快推进跨境电商进口药品和医疗器械试点业务开展，推动高质量、高技术、高附加值产品出口，打造郑州跨境电商发展新优势。支持企业深度融入国内国外双循环体系，深耕传统市场，支持产品出口转内销，拓展新兴市场，深化“网上丝绸之路”同共建“一带一路”国家合作。

3. 进一步健全“三平台七体系”。不断拓展完善线上综合信息服务平台和线下产业园区平台、跨境电商人才培养和企业孵化平台功能，加快推进线上综合信息服务平台同线下产业园区平台无缝对接，充分发挥跨境电商人才培养和企业孵化平台的校企联动培训孵化作用。继续构建完善智能物流、信息共享、金融服务、信用管理、质量安全、风险防控和统计监测七个体系，为跨境电商发展营造良好的软硬件环境。

（二）营造优质跨境电商产业发展环境

1. 推进制度、管理和服务创新。全面落实国家、省各项改革措施，进一步提升跨境贸易通关便利化水平。指导企业用好“出口退税资金池”和“外贸贷”，支持银企联动，依法合规开发在线支付结算、融资、保险等金融产品，推动跨境电商包机常态化开行。

2. 营造公平竞争秩序。预防和制止垄断，支持企业开展商标和专利的国内外注册保护。强化行政处罚案件公示和失信行为惩戒，提高侵权违法成本，促进企业规范经营。

3. 加强国际交流合作。办好第五届全球跨境电子商务大会，增强跨境电商全流程各领域国际合作，持续探索“郑州模式”在共建“一带一路”国家的复制推广。积极参与跨境电商营销、洽商、物流、支付、统计等各领域的标准建设。

4. 充分发挥行业力量。发挥郑州市电子商务专家委员会作用，聚集和调动电子商务专家人才资源，发挥政策研究、决策咨询等“外脑”作用。发挥行业组织的桥梁作用，加强对外沟通交流、对内引导服务，提升行业组织制定行业标准、加强行业自律、开展宣传推介、应对贸易摩擦等方面的能力。

5. 举办对接交流活动。全面开展跨境电商对接交流活动，培育跨境电商对接交流活动载体。航空港经济综合实验区、郑州经济技术开发区要开展 4 场以上对接交流活动，郑东新区、高新区、二七区、金水区、管城区要开展 3 场以上对接交流活动，中原区、惠济区要开展 2 场以上对接交流活动，上街区和各县（市）要开展 1 场以上对接交流活动。

6. 加大跨境电商人才培育力度。持续举办郑州电商大讲堂等各类跨境电子商务培训活动。各开发区、区县（市）要充分运用重点企业、院校和合作资源，开展形式多样的跨境电商培训。航空港经济综合实验区、郑州经济技术开发区要开展 2 场以上跨境电商培训活动，其他各开发区、区县（市）要开展 1 场以上跨境电商培训活动。

（三）强化跨境电商产业主体培育

1. 提升跨境电商企业国际市场竞争能力。以汽车和装备制造、现代食品、新型材料、铝加工制品等产业为重点，探索打造区域和行业公共品牌，提高产业国际竞争力。鼓励企业加大研发投入，提升产品质量，建设产品溯源体系，提高企业品牌国际化知名度。

2. 推进跨境电商产业集聚发展。提升现有跨境电商产业园区综合服务能力，加快郑投科技创新园项目建设招商进度，再创建培育一批跨境电商产业园区。鼓励以跨境电商产业园区为主体开展跨境电商产业链上下游企业招商，支持有条件的跨境电商企业启动 IP0，引导传统外贸企业运用跨境电子商务拓宽业务，培育 10 家以上跨境电商知名企业。

3. 推动海外仓建设发展。支持海外仓企业丰富功能，优化布局，创建一批省级跨境电商海外仓示范企业。引导海外仓企业对接跨境电商线上综合信息服务平台和线下园区平台，提高数据管理水平，向产业链供应链上下游延伸服务，逐步构建覆盖全球、布局合理的海外仓智慧化服务网络。

（四）强化工作机制

1. 强化政策支持。切实发挥财政资金的导向作用，做好企业政策申报指导，对符合项目申报条件的企业不得另行增设条件，支持跨境电商企业用足用好省、市各类资金。有条件的开发区、区县（市）要结合辖区产业发展实际，出台产业支持发展政策。

2. 做好跨境电商交易额统计。各开发区、区县（市）要按照跨境电子商务统计报表制度要求，积极拓展样本企业范围，按时报送数据，配合做好各项统计调查工作。

3. 及时对标改进提升。各开发区、区县（市）要加强交流，进步提升管理和服务能力，有力有序有效推进综试区建设，推动跨境电商持续健康发展，为培育贸易新业态新模式、推进贸易高质量发展提供更多可复制、可推广的典型案例和经验做法。

4. 做好案例选送和宣传工作。各开发区、区县（市）要定期梳理归纳本地跨境电商发展的典型案例和新的经验做法，及时上报。要积极利用主流媒体和新媒体等渠道宣传综试区建设新举措、新成效。每季度首月 15 日前，报送上季度本辖区跨境电商建设发展情况和典型案例。

郑州市商务局　郑州市财政局关于支持跨境电商企业纾困的通知

（郑商联〔2021〕31 号）

各开发区、区县（市）商务、财政主管部门：

为尽可能减少灾情疫情对我市跨境电商企业的影响，着力纾解企业困难，现就相关事项通知如下：

一、支持内容

对 1~6 月期间，企业借助社交媒体、搜索引擎、直播平台、第三方电商平台等开展线上推广，发生费用在 3 万元以上，且上半年有跨境电商经营业绩的企业，按照一定比例给予补贴，补贴比例最高不超过 50%，单个企业补贴最高不超过 3 万元。

二、支持对象

支持对象须具备以下条件：

（一）郑州市境内依法登记注册、具有独立法人资格的企业；

（二）未拖欠应缴还的财政性资金，未纳入财政资金负面清单；

（三）积极配合相关部门完成行业统计监测、行业预警、信息咨询、宣传培训等。

三、时间要求

政策支持时间：2021 年 1 月 1 日至 2021 年 6 月 30 日；政策申报时间：2021 年 8 月 26 日至 2021 年 9 月 2 日。

四、申报程序

（一）申报单位向其所在辖区的商务、财政主管部门进行申报。辖区商务、财政部门进行审核后，于 9 月 7 日前联合行文报至市商务局、市财政局。联合行文需将企业申报汇总表（附 3）附后，连同申报单位纸质申报材料（胶装，一式两份）、PDF 文档资料（同纸质材料必须完全一致）共同报送；

（二）市商务局对辖区商务、财政部门报送文件审核后，市财政局办理资金划拨手续。

五、申报材料

（一）企业简介、跨境电商业务情况；

（二）申请单位法定代表人签字盖章的承诺书（附件2）；

（三）企业营业执照、进出口备案表、海关报关单位注册登记证书，平台类企业另需提供增值电信业务许可证；

（四）开展跨境电商推广支出费用的合同、记账凭证、银行转账凭证和发票；

（五）上半年跨境电商经营业绩佐证材料（企业第三方店铺后台交易截图、跨境电商线上综合信息服务平台申报截图或跨境电商询盘记录截图等，企业根据实际运营模式择一提供）。

六、工作要求

（一）各申报单位须按要求如实申报，提供完整、真实、有效的申报材料。如存在弄虚作假、骗取财政资金行为，将依法依规追缴拨付资金，并严肃查处。

（二）各开发区、区县（市）商务、财政主管部门要高度重视，密切配合，加强政策的宣传力度，提升政策知晓率，确保政策宣传到位，应知尽知。对申报企业一视同仁，不得另行设置条件。要严格审核把关，确保申报材料真实有效、完整规范、按时上报。

（三）各开发区、区县（市）商务、财政主管部门加强对申报企业的指导、帮助，按节点完成申报，确保尽快将扶持资金拨付企业，最大限度降低灾情疫情不利影响。

联系电话：市商务局 0371-67170298；市财政局 0371-67181207。

附件：1. 申报材料封面格式（略）

2. 郑州市支持跨境电商企业纾困资金申报承诺书（略）

3. 郑州市支持跨境电商企业纾困资金申报汇总表（略）

郑州市商务局

郑州市财政局

2021 年 8 月 25 日

统计数据

2021 年，郑州市跨境电商交易情况见表 2-17。

表 2-17　郑州市跨境电商交易明细表

出口					进口					进出口	
货物贸易（亿元）		服务贸易（亿元）	合计（亿元）	同比（%）	货物贸易（亿元）		服务贸易（亿元）	合计（亿元）	同比（%）	合计（亿元）	同比（%）
B2B	B2C				B2B	B2C					
343.61	252.67	135.76	732.04	19.73	158.34	176.46	25.63	360.43	12.72	1092.47	17.35%

典型案例

案例一：金水“一带一路”经贸产业园产教融合创新模式

一、基本情况

为发挥企业在深化产教融合中的重要主体作用，完善以应用型人才为主的培养体系，金水“一带一路”经贸产业园（以下简称“金水产业园”）积极探索基于“产教融合”的校企协同育人新模式，打造校企协同育人新平台，推动校企深度合作，践行引企驻校、引校进企的模式创新。

二、具体措施

根据《国家发展改革委　教育部关于印发〈建设产教融合型企业实施办法（试行）〉的通知》《河南省人民政府办公厅关于深化产教融合的实施意见》精神，金水产业园实施产教融合创新模式的具体措施有以下两个方面。

（一）开展生产性实习实训

与郑州大学、郑州商学院、河南工业大学等六所高校签订校企合作协议，针对在校大学生、应届毕业生开展就业、创业指导培训，并联合学校及园区入驻企业开展校企招聘会。通过在各合作院校开设跨境电商实训课程、外贸实操课程等专业程度高、实践效果强的专业培训课程，并利用园区资源提供创业孵化服务，建立学校与园区企业间的双向交流渠道，从而实现跨境人才的精准培养，解决学校人才输出和企业人才导入对接问题。

（二）实施产教融合发展工程

为推进产教协同育人，2019 年 11 月 30 日“一带一路”经贸产业学院正式揭牌，金水产业园与郑州商学院共同开启产教融合、以产定教的校企合作模式，共建“一带一路”经贸产业学院，为企业搭建了一个深化校企合作的重要平台，将金水产业园的优势资源与学院对接。学院下设跨境电商分院、物流分院、投资金融分院、保险分院，分院院长及培训讲师由金水产业园企业高管担任。通过引入专业社会讲师及外贸企业高层业务人员，为学员提供实战业务培训、创业辅导、信息交流等服务。

三、实践效果

在金水产业园内规划建设了可容纳 400 人的大型会议室和多个可容纳 50～100 人的中型会议室，作为实训培训中心；每月举办八场以上培训活动，每年开展各种培训活动不低于 200 场、培训人数不低于 8000 人、培训覆盖企业数量不低于 1000 家；联合校方共计举办了五次校企招聘会、人才对接会等活动，为企业输送人才 100 余人。

四、下一步工作思路

进一步发挥金水产业园和龙头企业的引领作用，引导带动各类企业积极参与校企合作，优化人才培养结构水平，力争到 2022 年年底，引入 30 家以上重点企业参与到产教融合工作中。

通过企业大学等形式，面向社会开展技术技能培训服务，每年对外开展培训覆盖 2000 人以上，并与有关职业院校或高等学校开展有实质内容、具体项目的校企合作。

案例二：探索以网红直播新零售为载体的新型跨境电商业态创新模式

近年来，河南集成供应链管理有限公司

（以下简称“集成公司”）积极响应《郑州市关于促消费增活力稳增长的若干举措》中“积极培育在线消费新热点”“开展末端配送服务合作，满足群众‘宅经济’新需求，发展健康‘网红经济’”的号召，充分利用航空港区成熟的跨境电商生态、强大的国际航空货运能力以及特有的区位优势，结合公司跨境电商行业运营经验，打通跨境电商企业备货、运营及融资痛点，探索出了一套多元化的以网红直播新零售为载体的新型跨境电商业态创新模式。

一、基本情况

集成公司作为航空港区首家跨境电商平台配套服务企业，自2015年6月完成新郑综保区内第一票“1210”“9610”跨境电商进出口申报手续以来，经过多年的发展，历经“4·8”“3·30”跨境电商行业政策变革，以及航空港区跨境电商“1210”“9610”业务从首单申报成功，到进出口申报清单总量位居航空港区前列的整个发展历程。

集成公司一直坚守在航空港区跨境电商行业发展一线，经过长期不断加大投入人才、研发、资金力度，不断拓展业务类型，已成为一家同时拥有国际国内物流、国际品牌个护货品资源、采销平台、分销平台、技术研发、供应链金融资源，具备国际航运、国内物流、货运代理、境内外保税仓储及运营、国际品牌分销运营、跨境电商平台整体方案等全链条功能的外贸综合服务企业。为抖音、京东国际、天猫国际、拼多多等国内大、中型跨境电商平台提供了一站式的跨境电商解决方案。

在此期间，集成公司先后获评“河南省电子商务示范企业”“河南省优秀电子商务平台企业”“郑州市电子商务示范企业”“郑州航空港经济综合实验区跨境电商先进企业”“国家高新认证企业”“郑州市服务贸易重点企业”（2021年全市排名前十）荣誉称号。

二、以跨境电商直播为契机，助力跨境电商供需精准对接

2021年，为有效抵御新冠疫情冲击、助推国内市场消费回暖，集成公司以“企业引平台、平台带商家”的新发展理念为指导，充分利用作为抖音直播电商平台全国首批保税服务商优势，结合自身跨境资源及行业影响力，主动联系协调公司香港境外仓在仓的各类国际品牌供应商、跨境电商平台商家在上述平台开店驻仓。

通过宣传航空港区跨境电商成熟生态模式，以补助运保操作费、降低服务费等方式，使其改变原B2B备货境外仓为备货集成综保保税仓的模式，将旗下在国内美妆个护市场一线大牌热卖爆品不断引入综保区，通过公司云仓分销系统实现“一单发全网”“一件发全国”的全覆盖新兴业务营销模式。

帮助京东国际、拼多多、抖音等跨境电商平台、企业、消费者供需精准对接，向上游平台企业提供云仓、中心仓、经济协同仓等业内特有的仓储运营方案，向下游平台商家提供多仓、多区、多平台“一盘货”的操作运营方案和供应链金融方案，向消费者提供网络直播试穿、试吃、试用等环节的直接消费互动体验，使消费者了解到更多的决策信息。

通过以上创新模式，实现了对“人”“场”“仓”的重新配合，有效地解决了跨境电商企业获客成本高、跨境电商渠道物流时效慢、消费者体验感不足等严重阻碍跨境电商行业发展的共性问题。

2021年，为力促京东国际、拼多多、抖音等跨境电商平台和平台商家能够在航空港区发挥平台带动作用，集成公司相继引入中国国药集团、香港物产通有限公司（浙江物产集团）、泽成控股、香港领购、環宇佰盈等十余家国际品牌供应商、平台商家，共完成备货至保税仓周转商品达500余万件，货值达7.5亿元，涉及雅诗兰黛、纪梵希、迪奥、阿玛尼、谜尚、

圣罗兰等十余个国际知名品牌。以上入区商品为跨境电商直播带货提供了强有力的货源保障。

集成公司通过开展跨境电商直播营销的业务方式，直接推动客户環宇佰盈在2021年抖音“8·18”电商购物节期间创下平台Top3的销售记录，全年进口货值更是达到2.34亿元。

目前，集成公司已联合义乌、宁波等跨境电商综试区的分销资源，逐步形成以新郑综保区为核心的云仓、中心仓分销体系，扩大云仓、中心仓分销覆盖范围。同时，也将逐步联动杭州、广州等跨境电商综试区分销资源引入综保区，形成并建立起以跨境电商直播推动航空港区跨境电商行业向纵深发展的新型经济业务模式。

三、以供应链金融创新，推动跨境电商平台融合创新

近几年，受新冠疫情影响传统外贸行业遭遇前所未有的冲击，普遍面临订单减少、物流不畅、供应链资金紧张等实际困境。跨境电商以独特的在线营销、在线交易优势，以新业态、新模式、保订单、保市场、保份额助力外贸发展的作用日益凸显。

集成公司作为郑州新郑综保区内跨境电商企业，以高度的责任感和强烈的行业使命感，通过对接行业协会及国内跨境电商平台Top商家等企业和组织，利用大数据、人工智能分析等创新技术，深挖行业痛点，从平台方案、客群构建、服务流程等方面对企业内部进行重塑升级。

2021年，集成公司与河南电子口岸深度协作，依托电子口岸平台线上信息服务优势，以保税区内仓储服务为基础、以各大电商平台自营跨境电商销售为利润增长点、以大数据为未来业务研发方向的稳定三角型发展模式，摸索出了一套全新的以货盘、资金盘数据流程监管为风控措施的、适合跨境电商行业发展的本土化供应链金融创新方案。

目前，集成公司与河南电子口岸合作的跨境电商供应链金融方案单笔授信金额已达1000万元，通过该方案将有效盘活国企自有资金，打通跨境电商企业融资难、融资贵的痛点，推动航空港区跨境电商行业稳中向好发展。

案例三：提供一站式政务服务、全类目商务服务及完善的生活服务

一、基本情况

中国中部电子商务港（总部基地）（以下简称“中部商务港”）位于郑州市南三环大学路东南角，占地面积约2.35万平方米，由豫发集团全资子公司河南电商港科技有限公司负责运营，于2017年年初获得“河南省首批电子商务示范基地”“河南省跨境电商示范园区”荣誉称号。中部商务港围绕出口电商提供一站式政务服务，全类目商务服务及完善的生活服务，竭力降低企业运营成本、提升企业销售水平。

二、具体举措

（一）租金减免

中部电商港在运营初期，对首次入驻企业实施两年免租的政策，对重点引进的跨境电商企业实施“一事一议”制度，扶持跨境电商企业发展。新冠疫情期间，为扶持企业开拓新的跨境贸易平台（TikTok），中部商务港提供黄金位置免租来孵化扶持企业尝试多业态发展。

（二）人才强企

中部商务港开园以来，投入了大量的培训经费，定期邀请国内知名电商大咖来园区现场授课，积极推动河南省跨境电商企业应用水平提升。举办交流培训活动80余次，服务人数6000人次，有力地促进了河南跨境电商产业快速发展；校企合作的大学生实习点十个，接纳大学生实习800人次；带动就业1200多人。

（三）优化环境

中部商务港于2017年成立党支部，打造一个适合青年人思维的党建联盟，并出资建造集咖啡吧、书吧、运动健身区为一体的多功能活动沙龙区，丰富的党建活动提升了企业职工幸福感和归属感。定期举办廉洁教育活动，与企业签订清廉承诺书，设立党员先锋岗，充分发挥党员的模范带头作用，让党建赋能企业，优化营商环境。

三、发挥作用

经过七年的用心经营，中部商务港目前入驻跨境企业13家（国立集团、荣盛集团、威顺游乐设备、大汇网络等），2021年出口交易额近15亿元，相比园区建立初期达到10倍增长，出口市场遍布世界各地。带动就业1200多人，青年人才占83%，新增高学历人才（硕士研究生）51人。

中部商务港的成功运营促使企业开拓创新、凝心聚力、抱团发展，力争成为河南省及全国性最具影响力的跨境电商示范园区，助力河南省外向型经济发展。

案例四：跨境电商人才培养
——郑州航空工业管理学院

近年来，郑州航空工业管理学院（以下简称“郑航学院”）成立了中国（郑州）跨境电商研究院、电子商务研究中心等相关研究机构，已经建立起比较完善的人才培养体系，并与相关职能部门和企业建立了良好的合作关系，拥有一批长期从事跨境电商教学与研究工作的高素质师资队伍。2018年7月，经河南省电子商务产业技术创新战略联盟同意，郑航学院航空经济发展河南省协同创新中心协同商学院、众创空间、虚拟仿真实验中心等相关学院和部门，成立了河南省电子商务产业技术创新战略联盟郑航电子商务双创孵化基地（以下简称“郑航电商培训孵化基地”）。此后，郑航学院先后投入多笔资金、多批次师资，培训跨境电商人才，培育大学生的创新创业精神，积极鼓励和帮助在校学生利用电子商务创新创业，并取得了一定成效。

一、人才培养

（一）人才培训

1. 大力开展跨境电商人才培训

自2018年7月成立以来，郑航电商培训孵化基地共举办跨境电商相关培训50场次，累计培养跨境电商人才3602人次，其中2021年度举办跨境电商培训12场次，培训995人次。值得一提的是，2018年12月航空经济发展河南省协同创新中心与河南省电子商务协会签署联合培养跨境电商人才合作协议。2019年至2021年，郑航电商培训孵化基地共培养跨境电商人才2528人次。

2. 联合开展职业院校师资培训

郑航电商培训孵化基地从理论、实践和教学角度出发，以跨境电商实践人才培养和创业就业为主题，与河南省电子商务协会联合开展河南省职业院校“双师型”电子商务师资队伍培养培训，引导职业院校培养跨境电商人才，提升受训教师实践水平与创新能力，推动全省职业教育院校跨境电商理论实践教学体系建设完善。

3. 新冠疫情期间坚持线上培训

新冠疫情期间郑航电商培训孵化基地培训工作不停，采用线上直播教学的授课方式，教师在课表原定的时间进行线上授课。积极组织学生观看教育部经贸教指委抗疫公益大讲堂网络直播，《疫情冲击下的全球产业链重构与中国的新“双循环”战略》学习次数达到5353次，《疫情背景下的国际贸易发展》学习次数达到8365次，《新冠肺炎疫情对国际贸易的影响及我国的对策》学习次数达到5951次，《从跨境电商到数字贸易：企业转型与贸易增长新机遇》学习次数达到5620次。

（二）教材编写

跨境电商专业教育的发展离不开专业教材的编写。航空经济发展河南省协同创新中心主任常广庶教授主编的《跨境电子商务理论与实务》成为河南省第一部、也是唯一一部入选“河南省本科高等学校‘十四五’规划教材”的跨境电商专业教材。此外，经济学院涂玉华教授等人也编写了《跨境电商：政策与实务》。这些教材在郑航电商培训孵化基地的跨境电商人才培训工作中发挥了重要作用。

（三）学科竞赛

积极组织学生团队参加各类电子商务、互联网+、创新创业等相关学科竞赛活动，承办了第十届全国大学生电子商务“创新、创意及创业”大赛河南省赛，获得了多项国家级和省级奖项，例如，“学创杯”全国大学生创业综合模拟大赛一等奖、河南省一等奖、河南省二等奖，第十届全国大学生电子商务“创新、创意及创业”大赛全国总决赛二等奖、河南省赛特等奖，全国首届翻译技术教学大赛（BTI组）全国决赛二等奖，中国“互联网+”大学生创新创业大赛河南省赛一、二等奖，等等。

（四）创新创业项目

积极组织广大师生组建项目组开展各级各类创新创业项目的征集、申报、遴选、辅导等工作。通过线上线下等多种形式进行创新创业项目指导与项目申报，并做好新冠疫情防控工作下的创新创业教育研究工作。通过创新创业项目的研究和实施，达到持续培养学生创新创业意识的目的，鼓励同学们在新冠疫情期间关注时事政治，了解创业相关的国家政策，学习市场、经济的相关知识，掌握市场发展方向，取得了良好的效果。2018 年以来，郑航学院获批国家级、省级大学生创新创业项目 15 项。

二、人才培养举措

（一）加强校企合作

郑航电商培训孵化基地成立以来，高度重视建立政府、高校、企业长期合作交流的机制，深入推进产教深度融合、校企协同育人机制。航空经济发展河南省协同创新中心先后与河南省电子商务协会、河南保税物流中心、郑州万国优品保税进出口有限公司、郑州正博跨境电商产业园、河南泽宝鲸创教育科技有限公司、河南中捷供应链管理有限公司、中国中部国际电子商务港、中国邮政集团有限公司河南省国际业务分公司等跨境电子商务园区和企业开展合作，导入院校优势和协会资源，与电子商务人才培养体系相结合，努力将基地打造成为集电子商务人才培养、实训、创新创业为一体的孵化区和集聚区。

（二）组建专业导师队伍

郑航电商培训孵化基地成立后，创建了一支包括郑航学院商学院、经济学院、管理工程学院等相关学院教授、副教授、博士在内的专职导师队伍，并聘请了 24 名拥有丰富跨境电商从业经验的兼职职业导师，大多数拥有硕士、博士学位，多位导师获得全国技术能手、国家高级电子商务师、全国万名优秀创新创业导师人才、阿里巴巴全球速卖通大学院校讲师资格或百年橙师认证、郑州电子商务创新人物、河南省青年创业导师等称号，多人获得科技企业孵化器从业资格证书。通过建设校内校外双导师制，加强在专业技术、项目融资、工商注册、法务、税务咨询等方面的服务。

（三）创新人才培养模式

突出郑航学院的航空专业特色，以促进创新创业能力发展为核心，以创业教育与专业教育深度融合为主线，充分挖掘创业者的创业精神，积极推进航空特色与创业资源融合发展，探索创新人才培养模式、优化创新创业课程体系、突出创新创业人才培养重点，构建“突出特色、分类推进、深度融合、协同培养”的创新创业教育生态体系。开办创业精英班、创业先锋班、大学生村官创业班等多个创业人才培养项目，作为对跨境电商人才培养的有益补充，还面向跨境电商类企业开设管理培训班、运营技能培训班等，注重理论和实践的融合培养。此外，还注重收集和整理与跨境电商知识、跨境电商技能相关的文字、视频、语音资料，建设跨境电商教学资源库。

案例五：中大门国际物流服务有限公司

中大门国际物流服务有限公司（以下简称“中大门”）由创始人徐平女士联合河南保税集团于2013年11月在郑州成立，是一家物流产业运营服务商，立足于跨境电商产业园，打造商贸、物流、金融、数字贸易全产业链，为政府、市场、消费者提供服务。业务范围涵盖跨境电商产业园运营、国际快运、国际快递、数字贸易、金融服务及跨境O2O商贸业务等方面，着力打造产业园运营、物流服务、商贸、数字贸易、金融服务“1+4”商业模式，全力推进跨境医药、农业小额贸易、征信体系三大试点工作，形成规模化经营。

一、跨境电商产业园运营

中大门涵盖的跨境电商产业园的运营主要服务于政府、企业、市场，为地方政府提供外向型招商运营服务平台，为企业和市场提供综合供应链服务体系。服务内容包含产业规划、产业园招商与代运营管理、政策创新、教育培训、人才孵化等。布局上，中大门的国际物流以郑州为中心基点，在“一带一路”沿线国家（地区）、南向通道、自贸区、东北亚中心布局，已代运营郑州、驻马店、南阳、塔城、沈阳、银川、南宁、呼和浩特、乌鲁木齐等多个产业园区，目前中大门运营的跨境电商产业园规模全国排名第一。

二、物流

物流板块以中大门货航、中大门卡航、中大门海外仓公司为运营主体，主要服务于企业和个人，为跨境电商平台和卖家提供干、仓、配一体化的综合物流供应链服务。

基于现有的干线以及计划开通的航线，中大门开发以下三种产品。一是优先产品，做到24小时国际港到港加3天终端派送，覆盖全球30个重要国家和城市；二是标准产品，48小时国际港到港加3天终端派送，覆盖全球60个重要国家和城市；三是经济产品，72小时国际港到港加5天终端派送，覆盖全球120个国家和城市。

（一）空运

中大门空运中心目前已开通郑州—列日、郑州—纽约、郑州—洛杉矶、沈阳—旧金山、沈阳—伦敦、沈阳—洛杉矶、北京—埃德蒙顿等多条航空货运包机专线。计划增加郑州至阿姆斯特丹、伦敦、芝加哥等包机专线。其中，明星线路为纽约线路，采用747、400全货机机型，此线路的密度、服务质量和时效均是全国第一。形成了一张有效覆盖欧美的物流供应链网络，带动河南跨境电商进出口贸易实现跨越式发展，为河南省保持贸易通道畅通、促进河南省外向型经济发展做出了积极贡献。

（二）卡航

2020年11月，中大门在国内率先开通跨境电商国际卡车航班，首发“银川—阿拉山口—欧洲”、宁夏“一带一路”跨境电商卡车班列。目前，中大门卡航已在西向通道、北向陆道、南向通道上开通了卡班线路。西向通道，经阿拉山口、巴克图、吉木乃、红其拉甫、卡拉苏、霍尔果斯至中亚、欧洲；北向陆道，经过沈阳、满洲里、黑河至中亚和欧洲；南向通道，经广西、云南至东南亚。

（三）仓储（海外仓+国内仓）

随着跨境电商走出去的步伐，中大门的海外业务不断蓬勃发展，分别在北美、欧洲等地建立中大门海外仓网络，持续延伸现有产品链形成新业态培育。目前，在境外已合作运营海外仓六个，覆盖加拿大、卢森堡、美国、俄罗斯、越南、澳大利亚六个国家。

中大门国内的仓储业务，以郑州为中心点，辐射西北、东北、华东、西南及华南地区，业务范围覆盖前置仓、中心集结仓及口岸仓。其中包含深圳、广州、义乌三个前置仓，驻马店、郑州、南阳、沈阳、银川、乌鲁木齐、呼和浩特、贵阳八个集结仓，以及阿拉山口、吉木乃、巴克图、卡拉苏四个口岸仓。

三、商贸

中大门商贸，线上以全球汇商城、线下以万店互联公司为服务主体，通过线上线下的销售体系，为企业搭建平台，拓展渠道，在全国有36万平方米展览展示区，8000万个终端消费者，为客户挑选全球优质产品，真正实现足不出户买遍全球。

（一）线上一张网

全球汇商城是批零兼顾、产供销一体化、国际有影响力的电商平台，是全国首个也是唯一一个“国家跨境电商零售药品试点”第一单交易完成平台、试点唯一指定平台。

（二）线下万家店

中大门是国内首个跨境O2O现场自提商业模式的探路者与实践者，提出的跨境电商O2O自提模式，是在跨境电商零售进口项下对交易环节的突破。

四、数字贸易服务

中大门依托一个平台“信平网”，为政府、企业、个人提供查询、信用、增值等服务。

（一）查询服务

基于市场监督管理总局权威数据，利用AI和大数据技术，整合全网市场主体数据，提供信用查询（企业、人才、政府），并发布信用指数和报告。

（二）信用服务

借鉴世界货运联盟（WCA）会员制模式和艾可菲（Equifax）信用服务模式，为会员提供信用报告、担保交易、保险、信用修复等服务。

（三）增值服务

基于海量信用数据赋能企业发展，为企业提供工商、财税、知识产权、法律等服务；为个人提供招聘、灵工、薪税、工伤等服务。

五、金融服务

中大门引入的第三方金融服务机构为平台入驻企业提供投资、支付结算、信贷业务、投行业务和保险业务，具有企业上市扶持和金融综合服务业务为一体的综合性金融服务功能。

六、持续创新优势

首创的“郑州模式”，被海关总署赋予“1210”代码并在全国132个跨境电商综试区推广，“1210”创新方案在世界贸易组织、世界海关组织等国际组织发布，得到高度关注和认可。

未来，中大门国际物流仍将以郑州为主，沈阳为辅，实行国内双基地运营，加密现有的美国、欧洲等航线航班，同时拓展东南亚、南美、俄罗斯新开航线，实现空运日均1000万吨，卡车日均增量从100到1000辆，铁路日均1000个集装箱。

中大门国际物流将继续探索在商业专线、进口快线、包机资源、海运与卡航业务、班列FBA与海外仓合作、物流创新与人才孵化等领域业务的拓展合作，不断搭建完善的“买全球、卖全球”国际运输网络布局，为政府提供创新解决方案，为企业提供物流解决方案和全供应链服务。

大事记

2020年2月13日，成功创建四家省级跨境电商示范园区，一家省级跨境电商人才培训暨企业孵化平台。

2020年6月12日，获批跨境电商企业对企业出口试点。

2020年9月21日至23日，郑州市成功举办第四届全球跨境电子商务大会，大会以“全球疫情下跨境电商发展的机遇与挑战”为主题，采用线上线下结合方式，邀请了境内外嘉宾共600多人参会，共同探讨全球跨境电商行业发展趋势。同期举办了高峰会、“丝路电商”国际合作（郑州）高峰论坛、中国跨境电商50人论坛两场平行论坛和知名跨境电子商务平台线上直播等活动。

2020年11月23日至30日，联合阿里巴巴集团举办“百企跨境直播”活动，面向全球开设郑州优商优品线上直播展。

2020年11月26日，联合中国邮政速递物流股份有限公司河南省分公司共同开展跨境电商企业国际快递费用降费活动，以降低企业运营成本，支持郑州市跨境电商企业发展。

2021年3月3日，中国政府网发布《优化营商环境条例》实施情况第三方评估发现的部分创新举措，河南省郑州市创新跨境电商零售进口“退货中心仓”模式榜上有名。郑州市针对跨境电商进口商品退货处理难的问题，创新“退货中心仓”模式，打通退货“最后一公里”，将跨境商品退货周期缩短五天以上，大幅提升消费者跨境购物体验。

2021年3月30日，“河南自贸试验区优化营商环境助力跨境电商逆势增长”被国务院自贸区工作部际联席会议印发简报作为创新事项在全国进行推广。

2021年5月8日，郑州市获批跨境电子商务零售进口药品试点。

2021年5月9日至11日，郑州市成功举办第五届全球跨境电子商务大会，邀请到国外政要、驻华使领馆官员、国际组织负责人、跨境电商领域专家学者和境内外知名跨境电商企业代表共1200余人参会，会期内还同步举办了跨境电商高峰会、高峰论坛和展览展示等专项活动。

2021年6月，“郑州‘网上丝绸之路’的领跑者”入选河南省全面深化改革优秀成果，并被省委宣传部、省委改革办宣传推广。

2021年11月18日，《河南省开展跨境电子商务零售进口药品试点工作实施方案》印发，跨境电商零售进口药品试点真正进入实施阶段。

2021年12月3日，郑州市电子商务协会成立，协会集聚“政企校会园”多方资源，构筑了信息共享、合作共赢的发展平台。

洛阳地区

“十三五”期间，面对复杂严峻的国际环境和新冠肺炎疫情的冲击影响，洛阳市积极探索跨境电商外贸交易新模式。自2019年12月24日，国务院批复设立中国（洛阳）跨境电子商务综合试验区（以下简称“洛阳综试区”）以来，洛阳市委、市政府将高水平建设跨境电商综试区作为主要工作安排部署，通过强化措施、跟踪落实，促进跨境电商综试区建设取得明显成效，为“十四五”时期外贸高质量发展奠定了坚实基础。

发展现状

一、发展概述

近年来，洛阳市跨境电商发展较为迅速，交易规模不断扩大，洛阳铁皮柜、布鞋、文化产品、家居用品、装备机械、新材料等特色产品独具优势。全市跨境电商进出口已由2017年的31.02亿元增长到2021年的61.7亿元，年均增长18.75%，跨境电商交易额已相当于全市外贸进出口总额的26.9%。跨境电商已经成为全市外贸发展的重要新业态，助力“洛阳制造”产品出口到美国、俄罗斯、法国、英国、澳大利亚等60余个国家和地区。

二、发展成效

（一）跨境电商载体建设成效显著

洛阳以载体建设为抓手，引导跨境电商企业集聚发展和完善产业配套服务，拥有洛阳国家大学科技园、洛阳信息科技城等10个省级电商示范基地，21家省级电商示范企业，2个省级跨境电商示范园区，2个省级跨境电商人才培训暨企业孵化平台，6个国家级、3个省级电商进农村综合示范县。全市拥有各类跨境电商经营主体及服务企业800余家，其中高新技术企业118家，洛阳信息科技城、五洲跨境电子商务产业园相继被认定为河南省跨境电子商务示范园区，洛阳ITC培训孵化平台、洛阳863创智广场被认定为河南省跨境电子商务人才培训暨企业孵化平台。涧西中弘跨境电商产业园、洛阳国家大学科技园、中浩德电子商务产业园、洛阳863创智广场、洛阳ITC培训孵化平台等电商类园区积极开展跨境电商人才培训、企业孵化等服务，87个海外商标注册获批、参与编制11项国家国际标准。此外，洛阳跨境电商综试区内高校（职业院校）均设置跨境电商专业，推动政校企合作，营造了浓厚的跨境电商创新创业氛围。

（二）跨境电商市场主体不断扩大

近年来，洛阳市跨境电商各类企业不断涌现，有康搏特钨钼材料、信成精密、铭辰工贸、天久科技、铭诺国际贸易、合胜光伏等一批本土跨境电商出口企业，玖运国际、河南众创、彤润信息等若干本土跨境电商服务企业，邮政、顺丰、中储、联邦、敦豪等跨境电商物流企业，跨境电商企业类型不断丰富，市场主体不断扩大，产业生态不断完善。洛阳跨境电商出口企业主要出口钢制办公家具、新材料、机电产品、布鞋、陶瓷、泳镜、假发、无纺布袋、铝锅、艾草、香菇、花椒等产品，其中，跨境电商B2B出口主要通过阿里巴巴国际站、中国制造、谷歌搜索等跨境电商平台完成，跨境电商B2C主要通过亚马逊、速卖通等跨境电商平台完成，全市跨境电商出口应用企业队伍逐渐壮大。

（三）跨境电商监管创新有效推进

洛阳高度重视进出口领域营商环境的改善，把全领域便利化通关作为提升洛阳外贸竞争力的重要手段。洛阳市相关政府部门相继在企业开办、金融服务、支持涉外经济发展、零售货物税收、进口正面监管等方面，制定了13项便利化政策举措，形成了一批在全省可复制推广的制度创新成果。洛阳海关围绕贸易便利化，形成了“出口危险货物包装监管创新”“海关检验检疫证单邮寄服务”“报关单位注销便利化”“优化口岸卫生许可审批”“关银一KEY通”“两步申报”模式等改革创新成果。市场监管局围绕涉企经营、企业投资等方面，形成“7”减“4”优化兽用医药制品生产许可审批流程、进口食品化妆品进口商现场备案、优化食品生产许可证办理模式、“一照通行、多证集成”等改革创新成果。其中，全国首创的“一照通行、多证集成”，成功入选国家发改委《中国营商环境报告 2020》，受到省政府集中督查通报表扬。2020 年 7 月，洛阳跨境电商 B2B 模式“9710”“9810”业务正式申报通关，标志着洛阳跨境电商 B2B 出口试点业务正式启动，洛阳跨境电商迈入出口业务全模式、简化申报秒通关的新时代。

（四）跨境电商配套服务基础良好

洛阳市拥有一类航空口岸和二类铁路、公路口岸，开通了中亚班列和洛阳到宁波、青岛铁海联运班列，现有 10 家企业在 19 个国家和地区设立了 43 个海外仓，有 10 家企业在美国、欧洲、东南亚及非洲等 16 个国家和地区设立 39 个公共海外仓，仓储总面积超过 51.716 万平方米。在人才保障方面，2019 年以来，洛阳市相继组织阿里巴巴国际站和市跨境电商协会等机构，举办第二届（洛阳）跨境电商高峰论坛暨 2021 全球速卖通“质造家出海计划”洛阳专场活动、2021“十八城联动 中原崛起”亚马逊跨境电商巡回大会洛等七场跨境电商论坛或峰会，为本地跨境电商企业构筑了交流平台，畅通了企业与主流跨境电商平台的交通通道。同时加大培训力度，组织 50 余家企业培训专业人才 609 人次，并引导社会力量多形式开展跨境电商人才培训。

（五）副中心建设有利于集聚跨境电商产业资源

随着推动中部地区崛起战略的深入实施、黄河流域生态保护和高质量发展上升为重大国家战略，洛阳迎来了特殊的历史机遇。省委省政府支持洛阳以开放为引领，加快建设中原城市群副中心城市，形成辐射豫西北、联动晋东南、支撑中原城市群高质量发展的新增长极。副中心城市建设的全面展开，将为洛阳发展跨境电商提供全方位支撑，尤其是在聚合产业服务资源、激发创业创新活力、增强进口消费需求、挖掘产业出口潜力等方面创造良好环境。同时，洛阳聚集了河南科技大学、洛阳师范学院、洛阳理工学院等一批高等院校和洛阳职业技术学院等职业院校，相对人才储备优势明显，加之城市综合成本较低，有利于吸引跨境电商产业运营资源聚集发展。洛阳跨境电商产业的聚集发展也将助力副中心城市建设跨境商品消费中心、跨境电商创新创业中心，形成对周边区域的带动作用。

（六）优势特色产业跨境电商应用潜力巨大

1. 外贸出口实力领先

2021 年，全市外贸进出口额 232.4 亿元，同比增长 20.4%。相继获批工程机械、复合材料、摩托车及零部件、钢制办公家具四个国家级外贸转型升级基地，拥有装备制造业、新材料、太阳能光伏三个省级出口基地。

2. 制造业产业基础雄厚

洛阳作为老工业基地，铜铝、轴承、装备制造等产业具有较为雄厚的发展基础，集聚一拖、中信重工、洛轴等知名制造企业，拥有“中国制造业名城”美誉，“洛阳制造”誉满全球。其中，洛阳拥有工程机械、复合材料、摩托车及零部件、钢制家具四个国家级外贸转型升级基地，装备制造业、新材料、太阳能光伏三个省级出口基地，布鞋、陶瓷、泳镜等一批特色优势产品，依托特色产业带和优势产品，跨境电商带动产业出口潜力较大。

3. 文化旅游资源得天独厚

洛阳是华夏文明的发祥地之一、丝绸之路的东方起点，有着深厚的文化积淀和丰富的旅游资源，其中，牡丹瓷、牡丹画等文创产品层出不穷，出口潜力有待深挖，跨境电商与文化旅游融合发展具有广阔的空间。

（七）创新资源丰富赋能跨境电商突破发展

洛阳现有国家级高新技术企业 755 家，国家重点实验室 6 个，国家工程（技术）研究中心 3 个，国家企业技术中心 17 个，国家质量监督检测中心 8 个，省级重点实验室 22 个，省级工程技术研究中心 281 个，省级企业技术中心 117 个，省级质量监督检测中心 9 个，市级企业研发中心 1420 个，在新材料、航空航天、电子信息等高科技领域位居全国先进水平，已成为我国重要的科技研发基地。作为郑洛新国家自主创新示范区片区之一，洛阳集聚科技企业和创新人才，自主创新能力显著增强，为跨境电商创新发展提供了技术和人才保障。

（八）“五区融合”政策创新保障跨境电商创新发展

郑洛新国家自主创新示范区、中国（河南）自由贸易试验区洛阳片区、国家高新技术开发区、国家跨境电商综试区、综保区五个国家级重大创新载体为洛阳跨境电商下一步发展提供了独具优势的政策创新机制。跨境电商可发挥龙头带动作用，依托跨境电商综试区的载体平台，结合自创区的创新资源和自贸区的开放条件，联动高新区的产业主体，走出一条“五区融合”的独特发展道路。

三、平台建设

（一）加快推进洛阳跨境电商线上综合服务平台建设

依托河南国际贸易“单一窗口”平台，建设洛阳市跨境电商线上综合服务平台。该平台包括通关服务、物流仓储、金融服务、出口退税、信用保障、风险监测、数据分析等功能，建成集政府各职能部门的公共服务与企业跨境电商业务服务为一体的一站式综合服务平台，打造跨境电商数据中枢。

（二）洛阳跨境电商通关一体化平台初见成效

依托洛阳五洲跨境电商产业园建设的“通关一体化平台”，集保税仓储、保税商品展示、保税物流、通关通检等功能于一体，提供物流仓储、便捷通关等一站式外贸综合服务，实现“9610”“9710”“9810”模式累计通关103万单，联合阿里巴巴国际站出口到美国、俄罗斯、法国、英国、澳大利亚等61个国家和地区，出口产品主要有钢制办公家具、新材料、机电产品、布鞋、陶瓷、泳镜、假发、无纺布袋、铝锅、艾草、香菇、花椒等，初步形成了跨境电商与传统产业融合发展的新格局。

配套文件

河南省人民政府关于印发中国（洛阳）跨境电子商务综合试验区实施方案的通知

（豫政〔2020〕24号）

各省辖市人民政府、济源示范区管委会、各省直管县（市）人民政府，省人民政府各部门：

现将《中国（洛阳）跨境电子商务综合试验区实施方案》印发给你们，请认真贯彻执行。

河南省人民政府

2020年8月13日

中国（洛阳）跨境电子商务综合试验区实施方案

建设中国（洛阳）跨境电子商务综合试验区（以下简称洛阳跨境电商综试区），是顺应世界经济和国际贸易全球化、信息化发展趋势，深化内陆地区改革开放、构建全方位开放发展新格局、推动洛阳副中心城市建设的重大举措。为加快推进洛阳跨境电商综试区建设，根据《国务院关于同意在石家庄等 24 个城市设立跨境电子商务综合试验区的批复》（国函〔2019〕137 号）精神，制定本实施方案。

一、总体要求

（一）指导思想

以习近平新时代中国特色社会主义思想为指导，抢抓促进中部地区崛起、黄河流域生态保护和高质量发展两大国家战略机遇，发挥洛阳跨境电商综试区、洛阳综合保税区、中国（河南）自由贸易试验区洛阳片区、郑洛新国家自主创新示范区洛阳片区、洛阳国家高新技术产业开发区等平台和政策叠加优势，以跨境电商 B2B（企业对企业）出口业务为重点，强化制度创新、管理创新、服务创新、业态创新和协同创新，构建完善的跨境电商生态圈，全面提升对外贸易发展水平，为全国跨境电商发展探索可复制、可推广的经验。

（二）基本原则

1. 积极借鉴、突出特色。发挥洛阳产业基础雄厚、科技实力突出、区位优越、交通便利等优势，通过复制推广成熟经验做法和业务模式，推动洛阳跨境电商快速发展。

2. 先行先试、创新驱动。在跨境电商技术标准、业务流程、监管模式和信息化建设等方面先行先试，加快发展跨境电商新业态、新模式，构建有利于跨境电商创新发展的体制机制。

3. 多方联动、协同发展。加强海关、税务、外汇管理、商务、市场监管、邮政等部门协同，推进“部门联动、业务联通”；加强与洛阳综合保税区、中国（河南）自由贸易试验区洛阳片区、郑洛新国家自主创新示范区洛阳片区、洛阳国家高新技术产业开发区在政策衔接、平台共享、资本运作、人才培养、科技创新等方面的合作，实现“多区融合、协同发展”。

4. 稳步推进、规范有序。分阶段、分步骤推进洛阳跨境电商综试区建设，建立包容审慎的管理体系，加强事中事后监管，在发展中规范、在规范中发展，为各类市场主体公平竞争创造良好的营商环境。

（三）发展定位

1. 内陆地区外贸发展新高地。统筹利用国内国际两个市场、两种资源，优化贸易结构，推动进口与出口、贸易与产业协调发展，培育贸易竞争新优势。拓展跨境电商出口领域，支持装备制造、摩托车及零部件、钢制办公家具、新材料等特色产品通过跨境电商渠道出口，扩大出口业务规模。持续释放内需潜力，优化进口商品结构，扩大与人民群众生活密切相关的优质日用消费品进口，满足市场多元化需求。

2. 全国制造业转型升级新样板。立足洛阳产业基础和科技实力，发挥跨境电商模式优势，引导制造业企业更好地适应全球市场变化，逐步巩固海外营销渠道和掌握市场话语权，推动产业链与创新链对接、制造业与服务业融合，加快推动制造业转型升级。

3. 中西部地区跨境电商创新创业新基地。高标准建设一批跨境电商产业园区，制定出台支持政策，吸引中西部地区跨境电商企业和人才集聚，着力培育一批本土跨境电商企业。营造支持创新创业的氛围，激发企业创新活力和人才创业动力，着力建设中西部地区跨境电商创新高地和创业基地。

（四）发展目标

建立以信息为基础、以信用为核心、以技术为支撑的跨境电商监管模式，探索具有洛阳特色的内陆地区跨境电商发展新路径，推动跨境电商自由化、便利化、规范化发展。到 2025 年，引进 1~2 家跨境电商龙头企业，培育 5 个跨境电商产业集群，建设 5 个跨境电商产业园区，重点支持 100 家跨境电商企业发展，出口企业中通过跨境电商渠道开展业务的企业达到 50%以上。

二、主要任务

（一）建设两个平台

1. 线上综合服务平台。依托中国（河南）国际贸易“单一窗口”，建设线上综合服务平台，实现海关、税务、外汇管理、商务、市场监管、邮政等部门数据信息互联互通，对接电商平台、金融机构和物流、外贸综合服务企业，为跨境电商企业提供“关、检、税、汇”① 以及金融、供应链等全方位线上服务。

2. 线下综合园区平台。发挥洛阳综合保税区政策优势，建设跨境电商综合园区，集聚跨境电商、物流、仓储等平台企业和国际贸易、设计研发、供应链、金融等领域专业人才，完善基础设施，优化公共服务，高效承接线上综合服务平台功能，促进线上线下联动发展，为跨境电商企业提供“一站式”线下服务。

（二）构建六大体系

1. 信息共享体系。依托线上综合服务平台，统一跨境电商数据标准和使用规则，建立监管部门、跨境电商企业、物流企业、金融机构等相关方之间的数据信息共享体系，打破数据信息壁垒，推动跨境电商信息流、资金流、货物流“三流合一”，实现数据信息高效传输、开放共享。

2. 金融服务体系。鼓励金融机构、线上支付机构、第三方跨境电商服务平台、外贸综合服务企业协同创新，针对跨境电商业务特点完善线上金融产品服务，为跨境电商企业提供融资、支付、跨境结算、结售汇、保险等“一站式”金融服务，提升服务质量和效率。

3. 智能物流体系。加强航空、铁路、公路等物流通道建设，完善口岸物流服务，提升物流组织和货运保障能力。选择有条件的区域建设一批跨境电商仓储物流中心，积极引进大型物流、货代企业。综合运用云计算、物联网、大数据、区块链等先进技术，建立物流智能信息系统、仓储网络系统和运营服务系统，形成布局合理、运转高效、衔接紧密、功能完善的跨境物流分拨配送和运营服务体系。

4. 电商信用体系。综合各类跨境电商企业基础信用数据，建立监管部门信用认证和第三方信用服务评价相结合的综合信用评价体系，加强与海关、税务、市场监管、外汇管理等部门的信息共享，探索建立跨部门的信用激励和惩戒机制，引导企业诚信经营。

5. 统计监测体系。明确跨境电商统计标准，重点探索跨境电商 B2B 业务认定方法，综合运用跨境电商通关、交易、物流、支付等平台数据和企业自主申报数据，建立规范、全面的跨境电商统计制度和监测体系。

6. 风险防控体系。建立风险信息采集、评估分析、预警处置、复查完善机制，以节点风险防控为重点，开展跨境电商全流程风险分

① 根据《深化党和国家机构改革方案》，出入境检验检疫管理职责与队伍划入海关总署。

析，有效防控各类风险。

三、创新举措

（一）跨境电商监管方面

1. 推进通关便利化。跨境电商出口实行“简化申报、清单核放、汇总统计”，对不涉及出口征税、出口退税、许可证件管理，且单票价值在限额内的跨境电商 B2C（企业对消费者）出口商品，可按照进出口税则 4 位税号简化申报。建设跨境电商通关服务平台，实现企业备案、申报、征税、查验、转关等环节全流程无纸化作业，提升通关效率。探索建立基于企业诚信评价和商品风险评估的通关便利制度，对关区高资信企业和重点跨境电商企业实行优先办理、简化审核和降低查验率等通关便利措施。

2. 支持业务模式创新。鼓励跨境电商各类进出口业务模式创新，积极开展跨境电商 B2B 出口监管试点，支持企业开展跨境电商企业对企业直接出口和跨境电商出口海外仓业务，做大洛阳跨境电商综试区跨境电商出口业务规模。

3. 畅通出口商品退货渠道。严格落实跨境电商出口商品退货监管措施，建立退货流程监控体系，开展跨境电商零售出口、跨境电商特殊区域出口、跨境电商出口海外仓商品退货业务，着力解决跨境电商出口商品“退货难”问题。

4. 落实零售出口税收政策。对符合条件的跨境电商零售出口企业出口未取得有效进货凭证的货物，试行增值税、消费税免税政策。对符合条件的跨境电商零售出口企业，按照应税所得率 4%统一征收企业所得税。

（二）跨境电商与制造业融合发展方面

1. 壮大出口企业集群，提升跨境电商应用水平。加快工程机械、复合材料、摩托车及零部件、有色金属、钢制办公家具、太阳能光伏等六大外贸转型升级基地建设，着力打造 100 个进出口规模超亿元的企业集群、1000 个进出口规模超千万元的企业集群，形成新的出口增长支柱。深入开展“互联网+产业带”行动，择优培育跨境电商品类，深耕重点新兴市场，做大做强跨境电商垂直平台，促进制造业转型升级。

2. 培育出口电商企业，提升跨境电商主体水平。重点推动本地优势制造企业在开展跨境电商出口 B2B、B2B2C（企业对企业，企业对消费者）、C2B2F（消费者对企业，企业对工厂）等业务方面先行先试，推动制造企业上网交易。对首次办理跨境电商海关、税务、外汇业务的制造业企业开展专项辅导，增强制造业企业发展跨境电商业务的能力。

3. 加强出口品牌建设，提升跨境电商品牌影响力。加快建立“政府推动、市场导向、企业主体、产业融合”的跨境电商品牌建设培育和激励机制，积极推动“洛阳制造”向“洛阳创造”发展、“洛阳商品”向“洛阳品牌”转变、“区域品牌”向“国际品牌”跃升，不断提高产品的品种丰富度、品质满意度和品牌认可度。加大对企业办理国际认证、商标注册等业务的支持力度，着力培育跨境电商出口商品国际知名品牌，发挥自主品牌的引领带动作用。

4. 建设工业设计服务平台，提升跨境电商价值链水平。依托洛阳制造业产业优势，突出重点、错位发展，把提升工业设计能力作为制造业转型升级的重要突破口，积极探索再制造业务发展，培育一批工业设计骨干企业，打造一批工业设计知名品牌和产品，推动建设工业设计服务平台。建设跨境电商产品工业设计中心，研发适合跨境电商渠道销售的产品，着力向全球价值链中高端攀升。

（三）跨境电商与服务贸易融合发展方面

1. 培育各类服务贸易企业主体。引导和支持服务业企业强化品牌意识、提升服务质量、扩大品牌国际影响。鼓励规模以上服务业企业走国际化发展道路，利用跨境电商渠道开拓海外市场。着力建设具有重要国际影响力的研发服务中心和大数据服务创新中心，积极推动软件和信息技术服务出口。

2. 积极构建促进服务贸易创新发展的体制机制。探索适合“跨境电商+服务贸易”发展的新型监管方式，推动跨境电商从以货物贸易为主向货物贸易与服务贸易双轮驱动转变。结合“跨境电商+服务贸易”业务特点，在企业开户、跨境结算、结售汇等方面加强政策创新，开发符合企业需求的服务产品，提升服务便利化水平。

3. 挖掘中原文化特色服务出口潜力。深入挖掘河洛文化丰富内涵和姓氏文化、客家文化等根亲祖地文化资源，实施一批文化旅游工程，擦亮“千年古都”“牡丹花城”“华夏之源”“丝路起点”四张名片。积极创建国家文化旅游融合示范区、国家级文化产业示范园区，大力促进文化创意、数字出版、动漫游戏等新兴文化服务出口。

（四）建设跨境电商智能物流体系方面

1. 畅通开放物流通道。依托洛阳机场、洛阳陆港多式联运物流中心、洛阳综合保税区等平台，加快空中、陆上、海上、网上丝绸之路建设。拓展洛阳机场集疏功能，增开国内外航线，争取开通全货运航班，增强货运集疏能力。依托航空口岸优势，开展跨境电商直购进口和一般出口业务，着力打造区域航空货运中心。拓展洛阳—中亚地区国际集装箱班列运营范围，积极承接中欧班列洛阳甩挂点等业务。设立国际邮件互换站，积极建设国际铁路货运枢纽和铁路货运多式联运中心。稳定开行洛阳至舟山港、青岛港等港口铁海联运班列，加强与国内各港口的协调联动，打造“内陆无水港”。着力构建通江达海、联通全球的物流大通道，形成布局合理、运转高效、衔接紧密、功能完善的跨境物流分拨配送和运营服务体系。

2. 构建多式联运物流体系。着力构建以“一单制”为核心的多式联运物流体系，加强模式和制度创新，制定适应跨境多式联运的统一单证标准，建设“一单制”公共服务平台，探索实行“一站托运、一次收费、一单到底”的多式联运服务模式，实现不同运输方式、不同企业间多式联运信息以及政府公共信息的开放共享和互联互通。

3. 建设跨境电商仓储物流中心。在洛阳综合保税区等具备条件的区域建设跨境电商仓储物流中心，积极对接国际物流体系，为跨境电商企业提供高效仓储物流服务，提升国际货运保障能力。

（五）跨境电商海外仓建设方面

1. 合理布局海外仓，优化仓储物流网络。结合跨境电商进出口业务发展需求，优先支持在东盟、欧盟等重点进出口贸易地区和“一带一路”沿线国家（地区）建设海外仓，逐步构建覆盖全球的仓储物流体系。

2. 丰富海外仓功能，提升专业化服务水平。采取数据化、可视化运营方式，提升海外仓专业化、智能化、信息化服务水平。扩大服务范围，依托海外仓开展国际货运代理、境外通关、营销推广、退换货、售后维修、简易加工、金融保险服务对接等增值服务，为跨境电商企业在拓展国际市场、增强品牌影响力、降低海外物流仓储成本等方面提供一站式、全方位服务，全面提升出口产品竞争力。

3. 制定海外仓建设标准，有序开展示范工作。制定跨境电商公共海外仓建设规范标准，启动洛阳跨境电商综试区公共海外仓建设与认定工作。鼓励符合条件的海外仓储物流企业建设跨境电商公共海外仓，扎实推进与跨境电商平台、企业对接融合。认定一批运营情况好、信息化程度高、带动作用强的公共海外仓典型，引导海外仓有序规范发展。

（六）跨境电商金融服务方面

1. 推动跨境电商收支便利化。推进第三方支付机构、银行与跨境电商交易平台和公共服务平台的互联互通，为跨境电商企业办理跨境外汇支付和结售汇业务。简化跨境电商收结汇手续，在洛阳跨境电商综试区备案的从事跨境电商业务的对外贸易经营者或个体工商户可开立外汇结算账户。按照“小额便利、大额规范”原则，从事跨境电商业务的境内个人可通过个人外汇储蓄账户办理小额跨境电商贸易收付汇业务。支持本地外贸综合服务企业发展，鼓励有条件的企业申请第三方支付机构牌照，支持银行与跨境电商企业合作开展支付业务。探索将第三方支付机构跨境支付、结算业务范围拓展至跨境电商进出口及 B2B、B2C 等交易形态。

2. 探索跨境电商供应链金融。鼓励金融机构创新跨境电商融资产品，依托大数据、区块链等技术，为跨境电商企业提供出口信用保险保单、出口退税账户质押、应收账款抵押、出口订单抵押、信用证抵押、知识产权质押、股权抵押等贸易融资服务，有效解决跨境电商企业融资难问题。支持保险机构为跨境电商企业提供个性化、场景化的保险业务，不断创新和丰富保险服务品种。探索开展基于多式联运单证的融资业务，鼓励银行、担保机构、供应链金融机构等各类金融主体参与，构建多方协同、风险分担的贸易融资新机制。推动设立洛阳跨境电商出口退税资金池，有效帮助跨境电商出口企业缩短出口退税周期，缓解资金压力。

3. 积极扩大人民币跨境结算。支持金融机构与支付机构合作，在政策允许范围内为企业和个人跨境货物贸易、服务贸易提供人民币结算服务。实施“引金入洛”工程，探索引入外资金融机构，提供跨境金融服务。

（七）跨境电商人才培养方面

1. 建立跨境电商人才培训体系。以市场需求为导向，建设跨境电商实用型人才培训基地，重点对优势产业、骨干企业相关人员开展专项业务培训。支持跨境电商平台、企业建立线上线下相结合的数字化培训体系。

2. 建立跨境电商人才服务体系。健全人才吸引、培养、使用、流动和激励机制。结合“河洛英才”计划，出台引进跨境电商人才专项政策，积极引进跨境电商行业精英和领军人才，吸引一批跨境电商高层次人才和高端创业创新团队到洛阳发展。

3. 建立跨境电商“双创”支持体系。建立跨境电商创业企业孵化平台和机制，制定专项支持政策，为创业人员提供场地、人才、技术、资金等支持和创业平台孵化服务。建立完善“创业苗圃+孵化器+加速器”的全链条创业孵化服务体系，打造具有国际竞争力的中西部跨境电商创新中心。

4. 组建洛阳跨境电商研究机构。发挥研究机构平台优势，引进一批国内外知名跨境电商专业人才，加强对洛阳跨境电商综试区建设发展的政策研究和业务指导。

四、组织实施

（一）完善工作机制

优化省级跨境电商综试区建设工作领导机制，加强工作统筹协调。洛阳市要成立工作专班，明确责任、细化措施，扎实推进洛阳跨境电商综试区建设。

（二）加大支持力度

围绕关键领域，突出工作重点，制定完善

相关配套政策措施，统筹使用各级专项资金，用足用好支持政策，发挥导向带动作用，推动洛阳跨境电商综试区健康快速发展。

（三）优化营商环境

贯彻落实新发展理念，加大简政放权力度，大力提升跨境贸易便利化水平，为跨境电商各类市场主体提供高效便利服务。推动建立跨境电商行业社会组织，引导跨境电商企业公平竞争、规范经营。

（四）强化跟踪评估

省、洛阳市有关部门要按照职责及时对工作情况进行跟踪分析，开展综合评估，加强督促指导，确保洛阳跨境电商综试区建设有序推进。

企业名录

截至 2021 年 12 月 31 日，在洛阳跨境电商公共服务平台上注册并实际开展业务的企业名录见表 2-18。

表 2-18　洛阳市跨境电商企业名录

序号	企业名称	序号	企业名称
1	洛阳五邦电子商务有限公司	21	洛阳九邑家居用品有限公司
2	洛阳鄂琅电子商务有限公司	22	洛阳枇杷汇电子商务有限公司
3	洛阳朵米电子商务有限公司	23	洛阳豪云商贸有限公司
4	洛阳网创电子商务有限公司	24	洛阳以琳商贸有限公司
5	洛阳大水牛电子商务有限公司	25	洛阳晨荣商贸有限公司
6	河南塔特电子商务有限公司	26	洛阳圣创电子商务产业园有限公司
7	洛阳体贴电子商务有限公司	27	洛阳中创网络技术服务有限公司
8	洛阳佳卓电子商务产业园有限公司	28	洛阳中创食品有限公司
9	洛阳良策商贸有限公司	29	洛阳凌福商贸有限公司
10	河南京昔电子商务有限公司	30	洛阳平天商贸有限公司
11	河南好货满仓供应链管理有限公司	31	洛阳上五商贸有限公司
12	河南跨贸通供应链管理有限公司	32	洛阳司能商贸有限公司
13	河南园小二产业园管理有限公司	33	洛阳照途商贸有限公司
14	洛阳言韬文化传播有限公司	34	洛阳蓝日商贸有限公司
15	河南欧辰塑料制品有限公司	35	洛阳沐唐商贸有限公司
16	洛阳市沪宝商贸有限公司	36	河南全东商贸有限公司
17	洛阳双十自动化科技有限公司	37	洛阳纳新进出口贸易有限公司
18	洛阳锴锐商贸有限公司	38	洛阳启章商贸有限公司
19	洛阳安之宝劳保用品有限公司	39	洛阳中科人工智能研究院有限公司
20	洛阳嘿哟电子商务有限公司	40	河南亨运电子科技有限公司

续表1

序号	企业名称	序号	企业名称
41	河南月振商贸有限公司	76	洛阳正元医疗器械有限公司
42	洛阳卓祚商贸有限公司	77	洛阳高斯智能科技有限公司
43	洛阳木造堂商贸有限公司	78	南阳玉之神韵商贸有限公司
44	洛阳奥成电子商务有限公司	79	洛阳月朗商贸有限公司
45	洛阳克达电子商务有限公司	80	洛阳傲宁商贸有限公司
46	河南屹卓商贸有限公司	81	洛阳朋月优品网络科技有限公司
47	洛阳骆康商贸有限公司	82	河南物桥实业有限公司
48	洛阳市洽苹商贸有限公司	83	洛阳市西工区麦皮百货商行
49	洛阳小果商贸有限公司	84	洛阳世纪草本医药连锁有限公司
50	洛阳娇颜商贸有限公司	85	洛阳群瑞装饰工程有限公司
51	洛阳永路商贸有限公司	86	洛阳臻泰网络科技有限公司
52	洛阳旭阔商贸有限公司	87	洛阳微诺电子商务有限公司
53	洛阳炫行商贸有限公司	88	洛阳陆桥航进出口贸易公司
54	洛阳璐璐商贸有限公司	89	洛阳联航网络科技有限公司
55	洛阳讯吟商贸有限公司	90	河南省梦创生物科技有限公司
56	洛阳汉江数控刀具技术开发有限公司	91	洛阳康淘科技有限公司
57	洛阳市筑道商贸有限公司	92	洛阳天聪商贸有限公司
58	河南扩胜商贸有限公司	93	洛阳易购网络科技有限公司
59	邦达优速运有限公司	94	洛阳惠高商贸有限公司
60	洛阳天通精工有限公司	95	河南诺一网络科技有限公司
61	河南今阳谷电缆有限公司	96	河南紫冥网络科技有限公司
62	洛阳梓哲管材科技有限公司	97	河南省京东家电网络
63	河南焱焰节能环保设备有限公司	98	洛阳梦迈电子商务有限公司
64	河南省伦度电子商务有限公司	99	洛阳三集积木电子商务有限公司
65	洛阳绵合跨境电商有限公司	100	洛阳鲜见科技有限公司
66	河南哲鸣航空科技有限公司	101	重庆有牛电子商务有限公司
67	洛阳联加创客空间创业服务有限公司	102	洛阳鑫方盛端木豪电子商务有限公司
68	洛阳致朗进出口贸易有限公司	103	洛阳玖运电子商务有限公司
69	洛阳冠力国际贸易有限公司	104	洛阳择兴实业有限公司
70	河南万殊进出口贸易有限公司	105	洛阳千鸣办公科技有限公司
71	洛阳奥拉进出口贸易有限公司	106	河南省赛福德医疗科技有限公司
72	河南儒典进出口贸易有限公司	107	洛阳盛商电子商务有限公司
73	洛阳赫捷进出口贸易有限公司	108	洛阳红奇机械科技有限公司
74	洛阳卡西进出口贸易有限公司	109	河南民生特种装备有限公司
75	洛阳易存进出口贸易有限公司	110	洛阳冠杰软轴控制器有限公司

续表2

序号	企业名称	序号	企业名称
111	洛阳炬星窑炉有限公司	146	洛阳鑫凯轴承科技有限公司
112	洛阳市耕云文化发展有限公司	147	洛阳力宇窑炉有限公司
113	洛阳市鑫乐机械科技股份有限公司	148	洛阳博智自动控制技术有限公司
114	洛阳佰工工业密封有限公司	149	洛阳彤润信息科技有限公司
115	洛阳金合耐磨材料有限公司	150	河南三特炉业科技有限公司
116	洛阳顺易钛业有限公司	151	洛阳点维电子科技有限公司
117	洛阳爱普特光能科技有限公司	152	洛阳松导感应加热科技有限公司
118	洛阳市星合特种变压器有限公司	153	洛阳极致匠心贴膜技术有限公司
119	洛阳隆达轴承有限公司	154	洛阳焱华加热科技有限公司
120	洛阳超越机械有限公司	155	洛阳市建园模具制造有限公司
121	洛阳源华冶金高温材料有限公司	156	河南丝绸之宝卫生用品有限公司
122	洛阳高铭塑料有限公司	157	春宾电缆集团有限公司
123	洛阳瑞光影视光电技术有限公司	158	洛阳新强联回转支承股份有限公司
124	洛阳市黄河软轴控制器股份有限公司	159	洛阳爱科麦钨钼科技股份有限公司
125	洛阳开远智能精机有限公司	160	洛阳王力重型机械有限公司
126	洛阳鸿泰半导体有限公司	161	洛阳新能轴承制造有限公司
127	中航锂电（洛阳）有限公司	162	洛阳市大资塑业有限公司
128	洛阳秦汉精工股份有限公司	163	洛阳美迪雅瓷业有限公司
129	洛阳双瑞精铸钛业有限公司	164	洛阳普瑞森精密轴承有限公司
130	洛阳嘉盛电源科技有限公司	165	河南海鑫毛毯纺织有限公司
131	洛阳市锐创电气设备有限公司	166	洛阳鹏飞耐磨材料股份有限公司
132	洛阳神佳窑业有限公司	167	洛阳市兴荣工业有限公司
133	洛阳特重轴承有限公司	168	洛阳福格森机械装备有限公司
134	洛阳广盈机械设备有限公司	169	洛阳鸿元轴承科技有限公司
135	洛阳建材建筑设计研究院有限公司	170	洛阳刘氏模具有限公司
136	洛阳普瑞曼自动控制技术有限公司	171	洛阳耿力工程机械有限公司
137	洛阳冰岩激光设备有限公司	172	洛阳大洋高性能材料有限公司
138	洛阳诚创耐磨材料有限公司	173	洛阳铜一金属材料发展有限公司
139	洛阳高科钼钨材料有限公司	174	洛阳路通重工机械有限公司
140	洛阳高新四丰电子材料有限公司	175	洛阳峥洁科工贸有限公司
141	洛阳德平科技股份有限公司	176	洛阳隆中重工机械有限公司
142	洛阳金鹭硬质合金工具有限公司	177	洛阳赛罗帕陶瓷科技有限公司
143	洛阳高新技术开发区华海电器有限公司	178	洛阳嘉盛新能源科技有限公司
144	洛阳泰盟机械制造有限公司	179	洛阳汇工轴承科技有限公司
145	洛阳凯林铸材有限公司	180	洛阳中集凌宇汽车有限公司

续表3

序号	企业名称	序号	企业名称
181	洛阳晨诺电气有限公司	202	中实洛阳机械工程科技有限公司
182	洛阳天久科技有限公司	203	洛阳龙鼎铝业有限公司
183	洛阳大华重工科技股份有限公司	204	洛阳中鼎重型机械有限公司
184	洛阳多维丝环保科技股份有限公司	205	洛阳兴瑞新材料科技有限公司
185	洛阳恒诺锚固技术有限公司	206	洛阳润成石化设备有限公司
186	洛阳莱普生信息科技有限公司	207	洛阳帝然特医药包装材料有限公司
187	河南通达电缆股份有限公司	208	洛阳金裕新材料科技有限公司
188	中钢洛耐新材料科技有限公司	209	洛阳一缆电器有限公司
189	黎明化工研究设计院有限责任公司	210	洛阳众悦精密轴承有限公司
190	河南柴油机重工有限责任公司	211	洛阳合胜光伏科技有限公司
191	洛阳 LYC 轴承有限公司	212	洛阳嘉维轴承制造有限公司
192	洛阳信成精密机械有限公司	213	河南鹏熙玻璃有限公司
193	河南英开电气股份有限公司	214	洛阳申耐电力设备有限公司
194	洛阳科威钨钼有限公司	215	双洎能源（洛阳）有限公司
195	洛阳科创新材料股份有限公司	216	洛阳三五电缆有限公司
196	洛阳港信玻璃技术有限公司	217	洛阳北苑新材料技术有限公司
197	洛阳市浪潮消防科技股份有限公司	218	洛阳凯宾耐特钢柜有限公司
198	洛阳风动工具有限公司	219	洛阳花都家具集团有限公司
199	洛阳启明超硬材料有限公司	220	洛阳巨亚钢构工程有限公司
200	洛阳卓格哈斯机械有限公司	221	河南龙键电力装备有限公司
201	洛阳兰迪玻璃机器股份有限公司	222	洛阳工匠软轴控制器有限公司

统计数据

2021 年，洛阳市跨境电商进出口业务明细见表 2-19。

表 2-19 洛阳市跨境电商进出口业务明细表

验放清单（万票）	消费者（人）	货值（万元）	增长率（%）	税款（万元）	上线商品种类（个）	商品种类（进口量前五位）	备案电商企业（个）	上线企业（个）
103	—	617216	18.7	—	—	—	90	—

典型案例

案例一：外贸综合服务企业创新跨境结算新模式

——创设虚拟子账户　破解外综服企业集中收汇难题

近年来，以外贸综合服务企业（以下简称“外综服企业”）等为代表的外贸新业态蓬勃发展，为小微外贸企业降低贸易成本、开拓国际市场提供了较大支持。但外综服企业在为小微外贸企业办理集中收付汇过程中，存在小微外贸企业不愿更改收款方账户的难题，外汇管理局河南省分局从服务小微实体经济，支持外贸新业态发展的角度，指导银行积极创设虚拟子账户，有效提升了外综服企业对中小企业出口的带动作用。

一、创新背景

外综服企业作为贸易新业态的一种形式，主要面向中小微企业，通过提供代办通关、物流、退税、结算、信保、融资等外贸相关服务，运用互联网、大数据为中小微企业降低贸易成本、开拓国际市场。但由于其服务客户众多，外汇收支具有海量、小额、个性化等特点，以自贸区外综服企业河南众创企业服务集团有限公司（以下简称“河南众创”）为例，该企业目前服务进出口企业900余家。一是从客户角度看，小微企业希望通过出口代理方河南众创的账户收汇，以享受综合服务平台提供的结算便利、垫资退税、贸易融资等优惠；二是从外综服企业看，河南众创作为代理方并未实际参与委托方与外方客户的商务合同，外方往往拒绝向其账户汇款，而在国际贸易中临时更换收款方账户也是作为委托方的中小微企业难以接受的“大忌”（存在欺诈、影响客户关系稳定等风险）；三是从外汇监管看，外综服企业报关、小微企业收汇，会导致资金流与货物流不匹配。外综服企业在代理小微外贸企业集中收付的便利化措施方面，需求强烈。

二、主要做法

（一）突破瓶颈，确立创新性解决方案

为推动外贸新业态发展，洛阳市中心支局在河南省分局的指导下，按照“小额便利、大额规范”的原则积极回应市场诉求，创新性提出了在外综服企业主账户下为小微外贸企业开立虚拟子账户的解决方案。小微外贸企业对外签订外贸合同提供以其自身命名的虚拟子账户，外方可直接对该账户发报汇款；同时，虚拟子账户仅是银行内部账务处理方式，不得对外支付，实际对外账户仍是外综服企业名下的主账户。

（二）协调银企，落实方案具体操作

按照方案思路，外汇管理局协调外汇指定银行与河南众创对接并建立合作关系，在做好真实性审核、保障中小企业合法权益的基础上，支持银行开展产品和服务创新，为外综服企业量身定制结算产品。建设银行通过其总行向河南众创提供标准化数据接口，便利河南众创代理客户查询其资金收付情况；中原银行开发外币一户通系统，在河南众创主账户下为其代理的各中小微企业开立虚拟子账户。同时逐一解决风险防范、单证审核、涉外收入申报等具体操作问题，保障外综服业务健康发展。

三、实践效果

（一）理顺跨境结算渠道，解决企业收汇难题

从实际效果来看，小微外贸企业对外签订外贸合同提供以其自身命名的虚拟子账户，外方可直接对该账户发报汇款，避免了商业纠纷，稳定了商业合作关系；而虚拟子账户仅是银行内部账务处理方式，不得对外支付，实际对外账户仍是河南众创名下的主账户，符合货物贸易外汇管理原则。洛阳市中心支局指导银行按照“委托—代理”关系进行涉外收入申报，实现了资金流与货物流匹配。经个案突破后，已有三家银行复制了这一方案，通过虚拟账户方式为外综服企业解决收汇难题。

（二）外综服业务量大大提升，有力带动涉外经济发展

2020年，面对新冠疫情的不利影响，以河南众创为代表的外综服平台带动省内小微外贸企业累计出口482万美元，收汇993万美元，业务量较2019年增长数十倍，为地方涉外经济发展，特别是小微外贸企业开拓国外市场发挥了重要作用，也为防疫物资进出口、抗击疫情做出了突出贡献。

四、下一步工作思路

一是继续支持外综服企业等外贸新业态发展壮大，为小微外贸企业提供整体性配套服务，服务实体经济发展。二是进一步促进银企合作，鼓励银企系统平台对接，推动电子单证审核，提高外汇收支便利化水平。三是加强监测分析，充分利用外综服企业大数据，关注小微外贸企业发展，同时加强分析预警，防范资金集中收付风险。

案例二：跨境产业园区集聚资源，跨境电商企业创新发展

洛阳五洲跨境电商产业园（以下简称“五洲产业园”）是洛阳第一家专业化运营的跨境电商园区，于2016年挂牌运营。设立之初，五洲产业园就以构建跨境电商园区生态圈为方向，以助力跨境电商企业全生命成长期为使命，搭建了三大核心平台（跨境电商创业孵化平台、跨境电商供应链平台、跨境电商通关一体化平台）。

五洲产业园集聚产业链企业、资源、服务商等要素，通过集中对接、链接、引入跨境企业经营者所必需的服务，利用信息化手段实现园区运营、物流交通、电商企业、出口业务的联通，吸引各类跨境电商、外贸企业入驻园区，培育孵化跨境电商创业团队，通过规模效应，降低跨境电商企业经营成本，同时也能得到政策的优惠。

五洲产业园之所以能够集聚跨境企业，是其已成为一个集平台、资源、仓储、物流为一体的跨境电商聚集生态圈，为跨境电商企业和跨境创业者提供基础服务、人才培训、海外营销、仓储物流、供应链金融、孵化投资等服务。

五洲产业园为跨境电商企业提供办公场地、网络和通信等硬件环境，充分发挥商务办公、仓储物流、公共服务、人才培训、创业孵化等功能，整合跨境电商产业链和供应链的各个环节的服务资源，为跨境企业提供一站式跨境电商综合服务，最终的目的就是要降低园区卖家的运营成本和交易成本，形成价值洼地，产生聚集效应，培育造血功能，产生规模效应。只有这样，才能充分发挥园区在地方经济当中的孵化器、催化剂和助力器的作用。

洛阳五邦电子商务有限公司（以下简称

“五邦公司”）原是在义乌从事跨境电商服装出口业务，其负责人通过了解五洲产业园的五洲汇跨境众创空间的政策支持和资源优势后，决定带领团队入驻创业。入驻园区后，五邦公司充分利用跨境电商公共服务集聚服务商的优势，获得创业培训辅导、员工培训、人员招聘及通关平台等服务。

创业培训方面，五洲产业园配备创业导师和第三方培训机构，从创业、企业管理、管理咨询等角度，定期或不定期地为企业提供经营管理、财务、税务，以及市场营销等方面的培训与讲解。尽心帮助企业少走弯路，减少创业失败的几率。

跨境电商专项技能培训方面，五洲产业园邀请行业专家，以及通过学校举办的学术交流会和讲座等方式，提供跨境电商专业技术知识培训，提供技术服务支持。

政策培训方面，五洲产业园提供产品认定、企业认定、项目申报、政策动态、法律法规等方面的培训，接受随时随地的各种政策咨询。

金融服务方面，五洲产业园积极对接银行和金融机构，帮助企业进行融资及贷款。

通关服务方面，五洲产业园充分利用园区“通关一体化平台”、海关查验设备，以及报关公司等的服务优势，帮助企业出口商品快速过检。

经过五洲产业园的扶持和培育，五邦公司从开始的两三名员工、年单量不足万单，发展到30人的团队、年发单量达到20万单，年交易额达2000万左右。

五邦公司是由一家种子企业，通过阿米巴式裂变孵化出五家针对不同层次和不同地区进行服装定制化销售的小微创业企业群的方式发展至今，形成了良好的内部裂变孵化机制，增加了跨境企业的集聚效应，也增强了小微创业企业创新创业的信心。创业的成功也引起了政府和媒体的关注和重视，作为创业成功案例洛阳日报做了专题采访报道，学习强国平台也转载了相关报道。

案例三：融资业务创新模式
——跨境金融区块链服务平台

跨境金融区块链服务平台是国家外汇管理局以区块链技术为支撑，充分利用现有跨境金融数据，促进技术与业务充分融合的跨境融资平台，着力解决中小微企业和银行间由于信息不对称造成的跨境融资难、效率低等问题；是目前唯一一个中央国家机关在国家互联网信息办公室进行备案的区块链平台。2020年4月底，河南省获批相关业务试点资格，外汇管理局洛阳市中心支局积极争取，洛阳银行试点资格率先获批，中国银行洛阳分行等一批银行分支机构陆续加入试点。同年5月25日，河南省首次成功实现省内跨境金融区块链服务平台跨境融资放款上链业务2笔、金额37.1万美元，其中，河南自贸区洛阳片区企业洛凌轴承科技股份有限公司通过洛阳银行洛阳自贸区支行完成1笔、金额12.8万美元的应收账款融资业务。这是河南自贸区企业基于区块链技术的首单跨境金融贸易融资业务，也是首个河南省辖内法人银行办理的首单业务。

中小微外贸企业对贸易融资的需求具有金额小、频次高的特点，洛阳银行作为地方性法人银行，信息来源少、事中风险控制难度大、融资效率低是制约其融资业务快速办理的主要痛点。以往，银行基于风险控制、真实性审核要求，需要对企业纸质报关单进行真实性核验，通过尽职调查了解企业的报关单使用情况，办理跨境贸易融资周期通常需要五天左右，对企业回款、持续生产经营带来不利影响。以跨境金融区块链服务平台提供的报关单真实性核验、重复（超额）融资核验、监管信息查验为参照，银行仅需十分钟便可完成融资受理、登记放款全过程，大大缩短融资审批周期，加速企业资金周转，提高资金使用效率，使外贸企业，尤其是中小微企业受益匪浅。

据初步估算，洛阳市每年单笔资金在1万美元至50万美元的小额出口业务约有1.4万笔，金额共约9.2亿美元。此类业务作为试点平台的主要标的业务，对改善相关中小微外贸企业的融资困境具有重要意义。河南省自贸区洛阳片区将联合外汇管理局洛阳市中心支局在试点基础上，围绕外贸企业需求，持续推动区内更多金融机构跨境融资业务上链，不断丰富、优化线上金融服务内容，逐步实现“货物报关、融资到账”的业务模式。

案例四：一站式跨境贸易综合服务平台
——河南博玖供应链管理有限公司

一、公司简介

河南博玖供应链管理有限公司（以下简称“博玖供应链”）是隶属于河南玖运国际贸易集团有限公司的下属全资二级子公司，注册地址位于河南自贸区洛阳片区中科科技园，注册资金1000万元。公司业务实现全程电子化，是目前洛阳市首家全数字化跨境贸易综合服务平台，可面向行业提供代理通关、报关、结汇、退税、信保、国际物流、海外推广、国内外仓储、供应链金融、品牌营销、市场研究、技术研发、跨境电商服务对接、跨境电商战略咨询、跨境电商培训（线上+线下）等业务，目前正在申报国家高新技术企业程序中。

二、一站式数智化跨境贸易综合服务平台

博玖供应链数智化综合服务平台为跨境贸易企业提供从传统贸易企业转型为跨境电商企业、第三方平台订单转化、代理通关、结汇、退税、信保、国家物流、海外仓等一站式跨境贸易专业服务。

针对传统贸易企业转型为跨境电商企业，普遍存在资质不全、缺乏专业人员、出错率高、无法自主实现订单管理及海关数据推送对接、无法自主完成申报、无法自主完成物流通关流程等问题，对这一系列问题，博玖供应链研发的跨境贸易综合服务平台可以全方位提供一站式解决方案，实现第三方平台、自建独立站全流程数智化服务。

博玖供应链数智化通关一站式跨境供应链服务体系架构见图2-1。

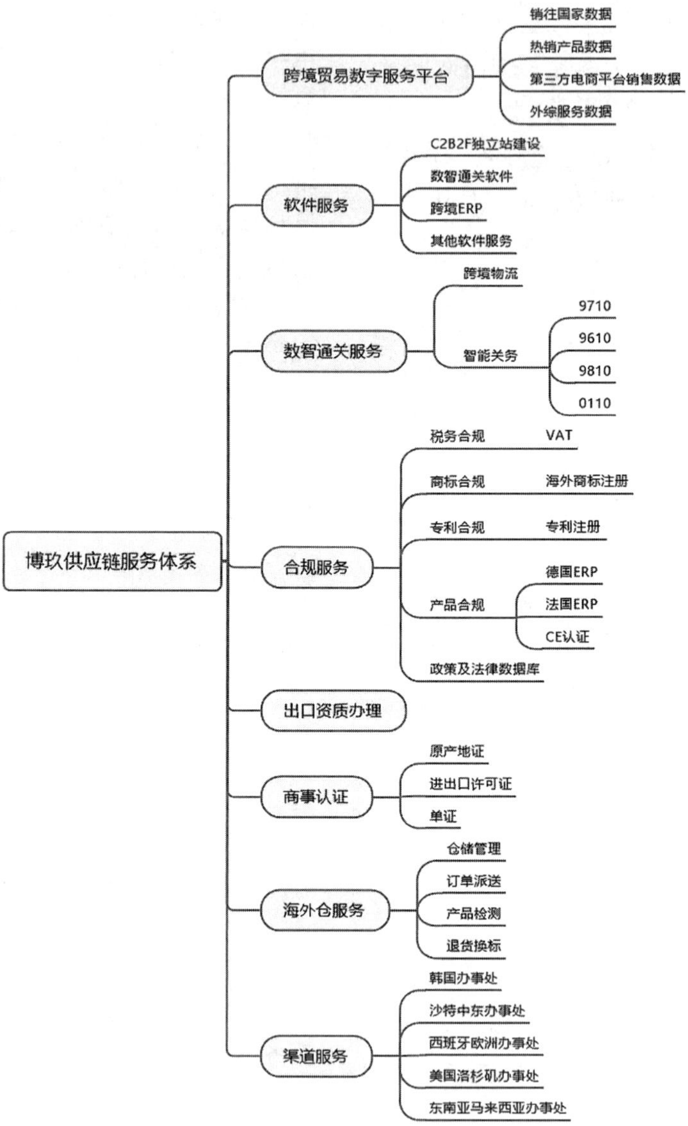

图 2-1　博玖供应链服务体系架构图

博玖供应链自主研发的数智通关系统（已申报知识产权软著）可实现一键申报，智能逻辑校验，有效提高录单效率和准确性，节省工时和通关时间，减少申报差错，助力广大跨境贸易企业更简便、更有效、更便捷通关，省时高效智能。

博玖供应链数智化通关系统已服务洛阳地区跨境贸易企业 20 余家，累计出口额 1000 多万美元。所服务的企业通关数据，博玖供应链数智化综合服务平台汇总后会自动更新到洛阳市跨境贸易数字化综合服务平台。通过博玖供应链数智化综合服务平台直接查阅全球销售数据分布，随着平台服务的企业数量增加，交易通关数据也会不断叠加，平台沉淀的跨境贸易数据流将会成为洛阳综试区宝贵的跨境贸易数字资源，为洛阳综试区的健康良性发展赋予新动能。

博玖供应链的数字化跨境贸易新服务模式，以全链路交易通关平台服务为核心，通过专业高效的通关一体化综合服务，以及信息化、数据化、智能化的新型服务模式，可以为跨境电商卖家、传统外贸企业、品牌供应商提供一站式跨境电商服务平台，通过快捷高效专业的服务帮助更多品牌跨境出海，促进洛阳综试区更多制造型企业跨境出海转型升级。

大事记

2020年6月，国务院批复同意设立洛阳综保区。洛阳综保区结合本地产业特点，确定了“两中心一基地”的发展定位，建设“跨境电子商务+保税农产品”为特色的区域保税物流分拨中心和以创新驱动保税研发为特色的研发设计维修检测中心，支持建设先进装备制造为特色的保税加工基地。

2020年8月14日，省政府研究通过并印发了《中国（洛阳）跨境电子商务综合试验区实施方案》，标志着洛阳综试区建设有了总纲领和发展目标。

2020年11月9日，洛阳综试区建设工作领导小组办公室下发的《关于印发〈洛阳市跨境电子商务示范园区认定和管理办法（试行）〉的通知》，明确了跨境电商集聚发展，发挥规模效应，同时开发建设跨境电商公共配套服务设施，进一步推动跨境电商综试区的建设。

2021年4月9日，洛阳综试区体验中心开工仪式在洛阳隆重举行，这标志着洛阳综试区“一中心、四园区”发展格局正式形成。

2021年12月14日，中国（洛阳）跨境电子商务综合试验区门户网（http：//www.ly-gec.com/）正式上线。门户网的上线标志着洛阳市跨境电商综合服务平台正式运行的前期准备工作基本完成，为将来顺利打通“关”“税”“汇”“商”“物”“融”之间的信息壁垒，实现跨境电商“一次注册、一网通看、一网通查、一网通办”，以及为跨境电商企业与政府部门的监管提供基础的单一信息展示窗口。

南阳地区

南阳古称“宛”，位于河南省西南部、豫鄂陕三省交界，郑州、武汉和西安三大都市圈的几何中心，是河南省面积最大的省辖市。南阳是河南省支持建设的副中心城市，河南省新兴区域经济中心，全国性综合交通枢纽、商贸服务型国家物流枢纽，国家发改委定位的战略连续成长城市。作为全国第五批跨境电商综合试验区城市，南阳着力发挥自身优势，全面复制推广先发跨境电商综试区成熟经验做法，大力推进制度创新、管理创新、服务创新，促进南阳跨境电商迅速发展。目前，南阳市跨境电商市场主体和进出口规模增长迅速，产业集聚度持续提升，生态体系日臻完善，已进入高质量发展的快车道。

南阳市着力贯彻落实党中央、国务院和省委、省政府关于支持跨境电商发展的工作部署，将中国（南阳）跨境电子商务综合试验区（以下简称“南阳综试区”）建设工作作为顺应国际贸易发展趋势、融入新发展格局、推动经济社会高质量发展的重要举措。全市从事跨境电商的企业超过 2000 家，跨境电商就业人数达到 6.7 万人，产业链带动就业人数多达 18 万人。在 2021 年商务部对全国 105 个跨境电商综试区的考核评估中，南阳综试区取得了第二档“成效较好”的佳绩。

发展现状

一、服务体系日益健全

（一）通关平台建设运行

依托“单一窗口”平台，推动卧龙综保区与河南电子口岸公司合作建设跨境电商通关一体化平台。目前，该平台已陆续实现跨境电商“1210”“9610”“9710”“9810”全模式的通关监管，并建成集通关报检、数据统计、物流跟踪、金融支付等服务功能于一体的综合性服务平台，可为跨境电商企业提供一站式服务。

（二）完善信息共享体系

依托线上综合服务平台，与海关、税务、外汇管理等相关部门“一点接入”，打通信息交流通道，实现企业“一次备案、多主体共享、全流程使用”，全程无纸化办理，有效提升了信息化服务水平。

（三）畅通国际物流通道

发展“四路协同”，打通陆上、空中、海上、网上丝绸之路，全方位开通国际物流通道。依托南阳国际陆港，开行“宛西欧”“宛渝欧”，以及南阳与欧洲（俄罗斯）、中亚间双向中欧班列，开行南阳至青岛、宁波舟山港铁海联运线路。目前，中欧班列开行 17 列，其中，南阳—青岛港快线是国内首列农副产品（西峡香菇）铁海联运专列。

（四）推进金融服务便利化

建立了便利化的跨境电商金融服务体系，对企业提供融资、结汇、保险等服务。开展外贸贷、退税周转金试点，为企业提供便利化融资和退税服务。支持外贸综合服务企业积极为跨境电商企业提供订单融资等金融服务类产品。联合河南中信保公司出台信保扶持政策，为跨境电商企业提供优质的出口信保服务。

（五）建设跨境电商海外仓

出台了《南阳市跨境电商海外仓示范企业认定办法》等政策，洽谈引进香港广发集装箱物流有限公司等海外仓企业。支持南阳乾源食业、花冠工艺品等企业在东南亚、欧洲、北美等地租赁海外仓超 10 万平方米，有力提升了物流配送效率。

二、园区建设更加坚实

（一）合理安排园区布局

以卧龙综保区为核心，以镇平、西峡等地多个跨境电商园区为支撑的“一核多园”体系，有效促进线上线下联动融合发展。在南阳中心城区建设南阳新经济产业园、装备制造产业园等跨境电商专业园区，在镇平、西峡、邓州、内乡、新野等县市打造与当地产业结合的跨境电商特色园区，形成专业园区与特色园区相结合、定位鲜明、错位发展的跨境电商产业园区集群，为跨境电商企业提供集聚平台。

（二）强化园区服务能力

引进专业运营服务企业，为园区入驻企业提供优质的进出口手续代办、代理报关、培训孵化、品牌营销、物流转运等服务。建设通关监管中心、政务服务中心、展示体验中心、仓储等配套设施，打造完善的跨境电商生态链，为跨境电商企业提供办公、培训、孵化、金融、物流等一站式服务。

（三）开展示范园区创建

支持跨境电商园区提档升级，创建示范园区，卧龙跨境电商产业园、南阳理工学院培训基地等 11 个园区被省商务厅认定为示范园区。制订市级跨境电商园区认定办法，多次开展市级跨境电商园区认定。

三、市场主体逐步壮大

（一）大力培育跨境电商知名企业

建立健全全市跨境电商品牌培育、发展和

保护机制，全面提升跨境电商企业品牌建设的服务和支撑能力。支持跨境电商企业品牌化发展，对企业国际商标注册、品牌海外推广、开展国际质量体系认证等投入给予支持，持续推动南阳产品质量提升，提高南阳品牌的国际影响力。鼓励跨境电商相关主体加大研发投入力度，提高出口产品附加，支持具备条件的企业申建高新技术企业、科技型中小企业、科技小巨人企业。

（二）促进传统企业转型跨境电商

依托南阳资源优势，围绕优势特色主导产业，引导传统外贸企业积极转型跨境电商业务。组织实施产业发展培育行动，推动产业与跨境电商融合应用，鼓励企业与跨境电商平台企业、服务企业合作，拓展产品境外营销渠道。包装打造特色优势产业带，形成了光学、胶片、装备制造、艾草、中医药、月季、食品农产品、工艺品、纺织服装、仿真花等多产业带的跨境电商产业格局。

（三）打造跨境电商孵化平台

依托南阳理工学院、河南工院等高校和职业院校资源，大力推进跨境电商专业人才培育。目前，南阳综试区设置跨境电商专业的院校和职业学校共有21所，在读人数约3500人。南阳理工学院跨境电商培训基地被省商务厅认定为省级跨境电商人才培养和企业孵化平台。

（四）吸引龙头平台企业入驻

阿里巴巴、敦煌网均与南阳市签订合作协议并落户。目前，阿里巴巴国际站在南阳已进驻渠道商，已孵化跨境电商企业200余家，培训跨境电商人才2000多人，年销售额突破30亿元；敦煌网跨境电商项目入驻镇平新经济产业园，培训跨境电商人才1000多人，年销售额突破15亿元。河南数字丝路科技集团有限公司投资建设的数字丝路电商项目，已入驻高新区中关村信息谷。阿里巴巴集团客户体验服务中心等项目正在积极推进中。

（五）自主平台迅速发展

牧原集团聚爱优选电商平台和防爆行业供应链平台云防爆、爆团猫年交易额均超10亿元，钢材交易平台钢易网、生鲜供应链平台香菜网、线上云商城南阳云商等平台示范带动效应已显现。

四、对外交流丰富多彩

（一）参会参展扩大影响

先后参加了中国（义乌）国际电子商务博览会、首届国际消费品博览会、深圳跨境电商大会、西安丝绸之路国际博览会、厦门国际投资洽谈会、中国国际服务贸易交易会和线上中国进出口商品交易会等活动，集中展示了南阳综试区发展情况和特色产业情况，扩大南阳综试区影响力。在第五届全球跨境电商大会上，南阳市设立跨境电商展示专区，跨境电商与仿真花、艾草、香菇、光电等特色产业结合的做法得到了省政府领导的充分肯定。

（二）峰会论坛营造氛围

南阳综试区大力开展电子商务大讲堂系列活动，举办了县域电商发展论坛、阿里巴巴跨境电商峰会、北京院士专家南阳行电商论坛等大型活动，多渠道开展跨境电商推介、宣传活动。郑州大学管理工程学院电子商务系主任、硕士生导师赵亮教授等16位业内知名专家成为南阳市电商智库专家。

（三）广泛报道加大宣传

积极扩大宣传，炒热叫响浓厚氛围，南阳综试区的经验做法在学习强国、《河南日报》、南阳网等平台进行了广泛宣传报道。南阳发展跨境电商热潮空前高涨，已形成企业踊跃参与的良好氛围。2021年5月，南阳市商务局报送的《南阳跨境电商综试区发展面临的困难及意见建议》被国务院办公厅采纳并获国务院领导批示。2021年7月，南阳综试区建设跨境电商综合服务平台和线下电商园区的做法入选了商务部编印的2021年第三期《跨境电商综合试验区工作动态》。

配套文件

河南省人民政府关于印发中国（南阳）跨境电子商务综合试验区实施方案的通知

（豫政〔2020〕39号）

各省辖市人民政府、济源示范区管委会、各省直管县（市）人民政府，省人民政府各部门：

现将《中国（南阳）跨境电子商务综合试验区实施方案》印发给你们，请认真贯彻执行。

河南省人民政府

2020年12月29日

中国（南阳）跨境电子商务综合试验区实施方案

建设中国（南阳）跨境电子商务综合试验区（以下简称南阳跨境电商综试区），是顺应国际贸易发展趋势，融入新发展格局，推动经济社会高质量发展的重要举措。根据《国务院关于同意在雄安新区等46个城市和地区设立跨境电子商务综合试验区的批复》（国函〔2020〕47号）要求，制定本实施方案。

一、总体要求

（一）指导思想

以习近平新时代中国特色社会主义思想为指导，认真落实国家关于支持跨境电商发展的工作部署，在全面复制推广先行跨境电商综试区成熟经验做法的基础上，以促进产业发展为重点，发挥南阳跨境电商综试区、南阳卧龙综合保税区、南阳国家高新技术产业开发区等开放平台政策叠加优势，健全跨境电商发展体制机制，着力在跨境电商技术标准、业务流程、监管模式和信息化建设等方面探索创新，培育发展跨境电商新业态、新模式，为全省对外贸易高质量发展作出贡献。

（二）基本原则

1. 开放引领。积极利用国际国内两个市场、两种资源，立足特色产业、整合优势要素，培育跨境电商发展的内生动力。深化与欧盟、东盟、日韩等重点市场区域的合作，拓展“一带一路”沿线国家（地区）贸易网络，推动形成全方位、多层次、宽领域的开放新局面。

2. 创新驱动。按照在发展中规范、在规范中发展的要求，持续在跨境电商交易、支付、物流、通关、退税、结汇等环节优化流程，强化跨境电商制度创新、管理创新、服务创新、技术创新和模式创新，推动跨境电商自由化、便利化、规范化发展。

3. 协同发展。加强部门协同合作和政策衔接，推动监管与服务、线上与线下、政府与市场有机融合。坚持进口和出口并重，引导B2B（企业对企业）、B2C（企业对个人）、O2O（线上线下融合）多业务模式共同发展，带动生产制造、物流仓储、金融支付等上下游产业链协同发展。

（三）发展目标

力争通过5年左右的探索实践，建成体制机制健全、产业特色鲜明、配套服务和监管制度完善的跨境电商综试区，引进3至5家跨境电商龙头企业，培育5个以上跨境电商特色产业集群，建成6至8个跨境电商产业园区，重点支持100家以上跨境电商企业发展，外贸企业中开展跨境电商业务的企业达到50%以上，跨境电商产业链和生态圈日益完善，建成区域进出口商品分拨集散和消费中心、跨境电商产业集聚区、对外贸易发展新高地。

二、主要任务

（一）建设两大平台

1. 线上综合服务平台。依托中国（河南）国际贸易“单一窗口”，建设跨境电商线上综合服务平台，完善通关报检、数据统计、物流跟踪、金融支付等服务功能，实现与海关、税务、外汇管理等部门数据信息互联互通。提升数据管理服务能力，为政府决策和企业经营提供大数据支持。

2. 线下综合园区平台。发挥南阳卧龙综合保税区政策优势，合理规划、科学布局，建设一批跨境电商园区，形成以南阳卧龙综合保税区为核心，以南阳新经济产业园、装备制造电商产业园和镇平、西峡等地多个跨境电商园区为支撑的“一核多园”布局，高效承接线上综合服务平台功能，促进线上线下联动融合发展，为跨境电商企业提供“一站式”服务。

（二）实施四大行动

1. 跨境电商产业提升行动。支持高端装备制造、食品医药、农产品加工、纺织服装等特色产业与跨境电商深度融合，做大做强跨境电商产业。强化与沿海地区对接，积极承接跨境电商相关产业转移，拓展跨境电商产业链。加强与国内外知名跨境电商平台合作，积极打造线上特色产业带。

2. 跨境电商市场主体培育行动。引导传统外贸企业、制造企业积极开展跨境电商业务，加大跨境电商市场主体培育支持力度。积极引进国内外知名跨境电商平台企业和配套服务企业，提升跨境电商综合服务水平。支持各类市场主体在跨境电商领域创业，盘活现有厂房设施资源，建设一批跨境电商创业孵化基地和众创空间。

3. 跨境电商品牌塑造行动。建立跨境电商品牌培育、发展和保护机制，全面提升品牌建设能力。强化企业知识产权保护意识，指导跨境电商平台建立健全知识产权保护规则，建设知识产权快速维权平台，严厉打击专利商标侵权违法行为。支持企业依托本地名优特产品注册国际商标，培育一批适合跨境电商贸易方式的“南阳制造”品牌。鼓励企业主动开展品牌海外推广，积极参加国际质量体系认证，持续提升产品质量和品牌形象。

4. 跨境电商人才培养行动。整合政府、高校、企业和行业协会教育培训资源，创新人才培养模式，建设一批复合型、实用型人才培养基地。依托南阳理工学院、河南工业职业技术学院等高校特色专业，开设跨境电商课程，培养跨境电商专业人才。引进和汇聚高端领军型人才，加快吸引跨境电商企业在南阳设立运营总部、研发中心和培训基地。

（三）完善六大体系

1. 信息共享体系。利用跨境电商线上综合服务平台，推进政府、监管部门、金融机构及跨境电商企业间的信息共享，打通“关、税、汇、商、物、融、信”信息交流通道，为跨境电商信息流、资金流、货物流联通共享提供数据和技术支撑。

2. 物流支撑体系。加强航空、铁路、公路等物流通道建设，推动南阳卧龙综合保税区、南阳机场、南阳火车西站等区域物流网络高效衔接。积极建设物流智能信息系统、物流仓储网络系统、物流运营服务系统，形成功能完善的物流服务支撑体系。

3. 金融服务体系。在合法合规、风险可控的前提下，鼓励各类金融机构、第三方支付机构、跨境电商平台、外贸综合服务企业等开展合作、协同创新，为跨境电商企业提供支付、结算、融资、保险、退税等“一站式”金融服务，提升服务质量和效率。

4. 信用监管体系。加强海关、税务、市场监管、外汇管理等部门数据共享，不断完善跨境电商企业信用评价标准，构建以真实交易为基础的跨境电商综合评价体系，探索建立跨部门的信用激励和联合惩戒机制。

5. 统计监测体系。综合运用跨境电商通关、交易、物流、支付等平台数据和企业自主申报数据，做好数据信息分类工作，加强系统监测，完善统计制度，探索建立绩效评价和考核体系。

6. 风险防控体系。建立健全部门联动的风险防控机制，实现对跨境电商领域风险的预警、监测和评估，及时采取相应举措，有效防范质量安全、知识产权保护等领域风险。建设跨境电商商品追溯系统，完善商品质量安全监测机制，实现商品质量安全可控。

三、主要举措

（一）跨境电商监管方面

1. 推进通关便利化。全面落实跨境电商通关便利化政策，加强南阳卧龙综合保税区基础设施建设，持续完善跨境电商线上综合服务平台功能，实现企业备案、申报、纳税、查验、转关等环节全程线上办理，提升通关效率。创新跨境电商监管流程，实现一般出口、特殊区域出口、直购进口、网购保税进口、企业对企业出口等跨境电商全业态同区作业。

2. 实行企业分类监管。对接国家企业信用信息公示系统，建立跨境电商企业分类监管制度。对高信用等级企业和重点跨境电商企业实行优先办理、简化审核和降低查验率等通关便利措施。

3. 畅通出口商品退货渠道。严格落实跨境电商出口商品退货监管措施，建立退货流程监管体系，开展一般出口、特殊区域出口、企业对企业出口退货业务，着力解决跨境电商出口商品退货难问题。

4. 落实零售出口税收政策。对跨境电商综试区内符合条件的跨境电商零售出口企业出口未取得有效进货凭证的货物，试行增值税、消费税免税政策。对跨境电商综试区内采用应税所得率方式核定征收企业所得税的跨境电商零售出口企业，按照应税所得率4%征收企业所得税。

（二）跨境电商与特色产业融合发展方面

1. 发展“跨境电商+农产品”。发挥国家级出口食品农产品质量安全示范市和全国粮食生产基地的优势，重点推动食用菌、艾制品、茶叶等优质农产品通过跨境电商渠道拓展国际市场，积极推进农产品质量认证和标准化建设，培育有机绿色农产品跨境电商出口品牌，打造适合农产品出口的跨境电商全产业链。

2. 发展“跨境电商+制造业”。培育壮大防爆电机、光电信息、生物医药、汽车配件、感光材料等特色优势产业集群，提升跨境电商应用水平。支持企业通过跨境电商渠道开拓“一带一路”沿线国家（地区）市场，积极建设跨境电商垂直平台，整合上下游产业链，促进制造业转型升级。

3. 发展“跨境电商+家居用品”。支持餐厨用品、地毯、丝制品、仿真花等特色产业企业建设跨境电商产品设计中心，研发设计数字化、智能化家居用品，实施柔性化生产，丰富跨境电商家居用品品类，打造跨境电商家居产业特色集群。

4. 发展“跨境电商+服务贸易”。积极培育各类服务贸易主体，依托南阳理工学院、南阳中关村科技产业园等高校和平台，推动软件和信息技术服务出口。积极扩大文化服务出口，深入开发中医药、赊店等特色文化资源相关的文创产品，推动玉雕、烙画等文化产品走向国际市场。

（三）跨境电商服务支撑方面

1. 构建高效物流网络。积极扩大与航空公司合作，加密南阳机场航线，完善南阳机场客货运功能。充分利用南阳卧龙综合保税区政策优势，推动中欧班列在南阳增加开行班次，争取设立国际邮件互换站，加快南阳国际陆港建设。加强智能物流和冷链物流建设，布局建设一批跨境电商仓储物流中心。

2. 建设跨境电商海外仓。优先支持跨境电商企业在东盟、欧盟、日韩等重点市场建设海外仓，降低运营成本、提升配送效率，逐步形成完善的跨境电商海外仓网络。积极开展市级海外仓认定工作，提升海外仓建设水平。

3. 推进跨境电商收支便利化。支持金融机构在政策允许范围内创新金融结算产品，为跨境电商企业集中办理跨境外汇收支和结售汇业务。支持个人对外贸易经营者在线上综合服务平台备案后开立外汇结算账户，允许实现“三单合一”（订单、支付单、运单三单比对一致）的跨境电商真实合法交易自行收结汇。推动银行机构利用中国（河南）国际贸易“单一窗口”接口查询企业交易、支付、物流信息，进行数字化比对，建立集约化审核体系，实现线上结算。支持符合条件的跨境电商企业参与贸易外汇收支便利化试点，进一步提高跨境电商资金结算效率。

4. 创新跨境电商金融服务。支持金融机构开发适合跨境电商需求的金融产品，依托跨境电商大数据平台，为交易背景真实、信用条件较好的跨境电商企业提供信用贷款、应收账款融资、出口退税账户质押融资、仓单质押融资、信保保单融资等，提高企业风险防范能力。鼓励跨境电商园区、外贸综合服务企业等共建跨境电商 B2B 信保资金池、进口商风险资金池等，提高中小微跨境电商企业交易能力。

5. 鼓励跨境电商企业在政策允许范围内使用人民币计价结算。支持金融机构和支付机构合作，在政策允许范围内为企业和个人跨境货物贸易、服务贸易提供人民币结算服务。支持符合条件的跨境电商企业在全口径跨境融资宏观审慎管理框架下开展人民币境外借款业务。

四、组织实施

（一）完善工作机制

南阳市成立由政府主要负责人任组长的南阳跨境电商综试区建设工作领导小组，进一步完善机制、细化举措，加快推进跨境电商综试区建设。省直有关部门要密切协作配合、加强业务指导。

（二）强化政策支持

制定完善相关政策和配套措施，加大财政支持跨境电商力度，统筹使用各级专项发展资金，用足用好扶持政策，发挥导向带动作用。南阳市政府、省直有关部门要按照职责及时对工作情况进行跟踪分析，加强督促指导，不断提升南阳跨境电商综试区建设水平。

（三）优化营商环境

加大简政放权力度，持续优化营商环境，大力提升跨境电商贸易便利化水平，为各类跨境电商市场主体提供高效服务。推动建立跨境电商行业社会组织，引导跨境电商企业公平竞争、规范经营。

南阳市人民政府关于印发《中国（南阳）跨境电子商务综合试验区建设行动计划（2021—2025年）》的通知

（宛政〔2021〕21号）

各县（市、区）人民政府，城乡一体化示范区、高新区、鸭河工区、官庄工区、卧龙综合保税区管委会，市人民政府各部门：

《中国（南阳）跨境电子商务综合试验区建设行动计划（2021—2025年）》已经市政府研究通过，现印发给你们，请认真贯彻执行。

南阳市人民政府

2021年10月18日

中国（南阳）跨境电子商务综合试验区建设行动计划（2021—2025年）

为认真贯彻落实省政府《关于印发中国（南阳）跨境电子商务综合试验区实施方案的通知》（豫政〔2020〕39号）精神，结合我市实际，制定本行动计划。

一、发展目标

以促进产业发展为重点，健全跨境电子商务（以下简称跨境电商）发展体制机制，不断完善跨境电商产业链和生态圈，初步完成“两平台六体系”建设，建成在全国有一定影响力的新兴区域跨境电商中心，初步形成跨境电商“南阳模式”。

（一）扩大跨境电商交易规模

到2021年底，力争实现跨境电商年交易额超90亿元；到2023年底，力争实现跨境电商年交易额超130亿元；到2025年底，力争实现跨境电商年交易额超160亿元。

（二）引导跨境电商产业集聚发展

在中心城区和各县市建设跨境电商集聚平台。到2021年底，培育跨境电商产业园区1个以上；到2023年底，培育跨境电商产业园区3个以上；到2025年底，培育跨境电商产业园区6个以上。

（三）完善跨境电商产业链和生态链

建设跨境电商通关服务平台、物流分拨集散中心、展示交易中心和特色产业带，打通全流程服务通道。到2021年底，培育跨境电商知名企业2个以上；到2023年底，培育跨境电商知名企业4个以上；到2025年底，培育跨境电商知名企业6个以上。

（四）加强跨境电商人才培育引进

到2021年底，培育引进跨境电商人才1000名以上；到2023年底，培育引进跨境电商人才2000名以上；到2025年底，培育引进跨境电商人才3000名以上。

二、主要任务

（一）建设“两大平台”

1. 线上综合服务平台。依托中国（河南）国际贸易“单一窗口”，建设跨境电商线上综合服务平台，完善通关报检、数据统计、物流跟踪、金融支付等服务功能，实现与海关、税务、外汇管理等部门数据信息的互联互通。（牵头单位：市政务服务和大数据管理局，责任单位：市发展改革委、市财政局、市商务局、南阳海关、市税务局、人行南阳市中心支行、市市场监督管理局、市邮政管理局、卧龙综保区管委会）

2. 线下综合园区平台。发挥南阳卧龙综合保税区政策优势，合理规划、科学布局，建设一批跨境电商园区，形成以南阳卧龙综合保税区为核心，以南阳新经济产业园、装备制造电商产业园和镇平、西峡等地多个跨境电商园区为支撑的“一核多园”布局，高效承接线上综合服务平台功能，促进线上线下联动融合发展，为跨境电商企业提供“一站式”服务。［牵头单位：市商务局，责任单位：各县市区政府（管委会）］

（二）实施“四大行动”

3. 跨境电商产业提升行动。

（1）发展“跨境电商+农产品”。积极开展农产品质量认证和标准化建设，培育农产品国际品牌。推动农产品生产加工企业根据国际市场需求调整或转变产品种植、加工、包装等方式，提升产品竞争力。［牵头单位：市农业农村局，责任单位：市商务局、市市场监督管理局、市中医药发展局、各县市区政府（管委会）］

食用菌产业带。以西峡县为龙头，引导食用菌企业构建集“研发—种植—包装—储存加工—销售”为一体的全产业链，扩大产品出口，提高品牌知名度和市场占有率。

艾草产业带。以卧龙区、宛城区为龙头，引导艾制品企业组织标准化、规范化发展，应用跨境电商，探索中医药出海新通道。

月季产业带。引导种植企业强化研发创新，培育龙头企业，打造知名品牌，开发适合跨境电商的产品、包装，促进出口。

（2）发展“跨境电商+制造业”。加强工业互联网与跨境电商深度融合，在渠道、品牌、研发、物流、仓储等全链条完善行业跨境电商公共服务体系，促进工业产品跨境电商出口。［牵头单位：市工业和信息化局，责任单位：市商务局、各县市区政府（管委会）］

光学元件产业带。以高新区、卧龙区光电产业园区为重点，开展跨境电商培训孵化，建设国内外有较大影响力的光学元件跨境电商产业集群。

食品产业带。以粮油制品、特色食品、调味品为重点，引导想念食品、仲景食品等企业打造具有特色资源优势和领先技术优势的创新型产品，创建国际品牌，开拓海外市场。

纺织服装产业带。以新纺集团、南纺集团纺织品，邓州市、新野县、镇平县、内乡县服装鞋帽产品为重点，引导纺织服装企业向跨境电商转型。

装备制造产业带。指导防爆电机、汽车配件、筑路机械等制造企业拓展网销渠道，发展跨境电商 B2B（企业对企业）出口。

印刷胶片产业带。以乐凯华光为龙头，转型开展跨境电商业务，带动产业链企业发展，形成跨境电商集群。

（3）发展“跨境电商+家居产业”。研发设计数字化、智能化家居用品，实施柔性化生产，丰富跨境电商家居用品品类，打造跨境电商家居产业特色集群。［牵头单位：市工业和信息化局，责任单位：市商务局、各县市区政府（管委会）］

仿真花产业带。以社旗县文鑫花业、花冠工艺品等企业为重点，加大研发力度，扩大跨境电商销售，壮大产业规模。

玉雕工艺品产业带。以玉雕、藤编家具、工艺品、假发为重点，开展创意设计，提升产品档次和附加值，扩大产品出口，进一步延伸玉雕工艺品精深加工产业链。

4. 跨境电商市场主体培育行动。

（1）引进跨境电商平台和外贸综合服务企业。以北、上、广、深、杭等 11 个务工创业招才引智工作组常驻城市为重点，加大跨境电商招引力度。重点引进跨境电商平台和外贸综合服务企业、总部经济企业。各县市区分别引进 1 家以上知名跨境电商平台和服务企业在南阳开展业务。［牵头单位：市招商投资促进局，责任单位：各县市区政府（管委会）］

（2）培育跨境电商自主平台。引导聚爱优选、香菜网等本土电商平台开通跨境电商业务，鼓励大型跨境电商企业面向主要海外市场建设自主平台和独立站。（牵头单位：市商务局，责任单位：市工业和信息化局，南阳海关）

（3）促进传统外贸企业转型发展。引导传统外贸企业积极转型开展跨境电商业务，鼓励企业与跨境电商平台企业、服务企业合作，拓展产品境外营销渠道。［牵头单位：市商务局，责任单位：各县市区政府（管委会）］

（4）打造跨境电商培训孵化基地。新建或升级改造一批跨境电商培训孵化基地，引进跨境电商平台、国际快递物流、直播基地、培训中心、进出口产品展示等多种资源，开展企业孵化和人才培训，形成产业特色鲜明、功能配套完善的跨境电商产业集聚区。［牵头单位：各县市区政府（管委会），责任单位：市商务局、市邮政管理局］

5. 跨境电商品牌塑造行动。

加大自主品牌保护力度，严厉打击专利商标侵权违法行为。支持企业依托本地名优特产品注册国际商标，积极参加国际质量体系等相关认证，培育适合跨境电商贸易方式的"南阳制造"品牌。［牵头单位：市市场监督管理局，责任单位：市公安局、市商务局、各县市区政府（管委会）］

6. 跨境电商人才培养行动。

（1）建立跨境电商专家人才智库，吸纳知名跨境电商专家，为跨境电商综合试验区建设出谋划策。利用全省招才引智大会、京宛对口合作等平台，引进一批高端领军型跨境电商人才。（牵头单位：市商务局，责任单位：市委组织部、市人力资源和社会保障局、京宛合作中心）

（2）推动南阳大中专院校开设跨境电商专业，通过校企合作方式建立一批创业型和实用技能型人才培训基地，形成跨境电商人才定制化培养机制。［牵头单位：市教育局，责任单位：市人力资源和社会保障局、市科技局、市商务局、各县市区政府（管委会）］

（3）制定具体有效举措，吸引我市跨境电商专业毕业生留在本地创业就业。制定跨境电商人才认定标准，降低门槛，对跨境电商优秀企业的高管、高级技术人才、跨境电商主播等群体纳入"诸葛英才"计划，落实人才政策。（牵头单位：市委组织部，责任单位：市教育局、市科技局、市商务局）

（4）开展南阳电商大讲堂活动，每年举办跨境电商专场讲座，邀请知名跨境电商专家为我市企业传授跨境电商知识。［牵头单位：市商务局，责任单位：各县市区政府（管委会）］

（三）完善"六大体系"

7. 信息共享体系。

（1）打通信息交流通道。依托线上综合信息服务平台，打通"关、税、汇、商、物、融、信"信息交流通道，实现企业"一次备案、多主体共享、全流程使用"，推动跨境电商企业与政府部门间信息交换共享，提升跨境电商信息服务水平。（牵头单位：市政务服务和大数据管理局，责任单位：市发展改革委、市财政局、市商务局、南阳海关、市税务局、人行南阳市中心支行、市市场监督管理局、市邮政管理局、卧龙综保区管委会）

（2）建设跨境电商大数据中心。提升数据管理服务能力，为政府决策和企业经营提供大数据支持。（牵头单位：市政务服务和大数据管理局，责任单位：市发展改革委、市财政局、市商务局、南阳海关、市税务局、人行南阳市中心支行、市市场监督管理局、市邮政管理局、卧龙综保区管委会）

8. 物流支撑体系。

（1）高标准建设大型物流园区和分拨中心。结合中心城区市场外迁工作，规划建设大型物流园区，吸引物流企业集聚发展，提升物流现代化发展水平。［牵头单位：市商务局，责任单位：市自然资源和规划局、市发展改革委、市交通运输局、市邮政管理局、各县市区政府（管委会）］

（2）引进物流企业。引进培育一批具有较大规模和先进管理水平的AAA级以上物流企业。招引一批国内外知名的第三方物流企业、总部型物流企业、物流采购、配送中心落户南阳。营造良好的发展环境，形成洼地效应，吸引外地物流企业到我市注册落地。[牵头单位：市商务局，责任单位：市发展改革委、市交通运输局、市邮政管理局、各县市区政府（管委会）]

（3）畅通国际铁路物流通道。常态化加密开行“宛西欧”“宛渝欧”中欧班列。鼓励支持企业利用中欧班列开展跨境电商进出口业务，争取1年内跨境电商货量达到每月1个专列，3年内跨境电商货量达到每周1个专列。（牵头单位：卧龙综保区管委会，责任单位：南阳海关、市商务局、市交通运输局、市邮政管理局、南阳车务段）

（4）打通多口岸至南阳的海陆空转关通道。开通南阳机场与北京、上海、广州、深圳等周边国际机场及青岛、宁波等海港海关之间的空运、海运、陆运直转业务，支持跨境电商业务开展。（牵头单位：市交通运输局，责任单位：南阳海关、市商务局、市交通局、卧龙综保区管委会、市邮政管理局、南航南阳基地、南阳车务段）

（5）建设跨境电商海外仓。引进专业海外仓服务企业，在东南亚、欧盟等我市重点出口方向建设跨境电商公共海外仓。（牵头单位：市商务局，责任单位：南阳海关）

（6）积极引导快递企业在南阳设立供应链中心、快运中心、云仓中心，推进“快递出海”。（牵头单位：市邮政管理局）

9. 金融服务体系。

（1）促进跨境电商融资便利化。通过设立基金、创新金融产品、积极推广“三单”融资等方式，解决跨境电商企业“融资难、融资贵”问题。（牵头单位：市金融工作局，责任单位：市财政局、人行南阳市中心支行、南阳银保监分局）

（2）建立金融服务体系。鼓励金融机构、第三方支付机构、电商平台规范开展合作，基于跨境电商真实交易可追溯查询的大数据，建立一站式在线支付结算、在线融资、在线保险等跨境电商金融服务体系，对商户及终端用户提供融资、结汇、保险、供应链金融等服务。（牵头单位：人行南阳市中心支行，责任单位：南阳银保监分局、市金融工作局）

（3）探索解决B2C（企业对个人）零售出口收汇管理问题。引导银行、支付机构在有效开展贸易背景真实性审核的基础上，为跨境电商提供安全高效的收结汇服务。（牵头单位：人行南阳市中心支行）

10. 信用监管体系。

（1）加强信用信息交换共享。依托国际贸易“单一窗口”，推动政府有关部门协作，实现监管部门间的“信息互换、监管互认、执法互助”。依托国际贸易“单一窗口”和跨境电商综合服务平台，推进政府部门与企业、银行、第三方信用服务机构间的信息交换共享，促进企业和消费者信用数据交换与共享，建立跨境电商信用数据库。（牵头单位：市政务服务和大数据管理局，责任单位：市发展改革委、市财政局、市商务局、南阳海关、市税务局、市市场监督管理局、人行南阳市中心支行、市邮政管理局、卧龙综保区管委会）

（2）实施联合激励和联合惩戒措施。加强违法失信行为信息在线披露和共享，采取限制经营、限制融资授信等联合惩戒措施，提升违规违法成本。实行进出口信用分类监管，在通关、退税、结汇、物流仓储和金融等方面给予信用级别较高的企业更多便利和优惠支持。对于信用级别较低的企业，加大审核和查验力度，解决逃税、制假售假、虚假贸易、服务违约、侵犯知识产权以及未如实申报等问题。（牵头单位：市发展改革委，责任单位：市工业和信息化局、市交通运输局、市金融工作局、市商务局、市科技局、市市场监督管理局、南阳海关、市税务局、市邮政管理局）

11. 统计监测体系。

（1）探索制定统计指标体系。明确跨境电商B2B和B2C的统计范围，探索跨境电商B2B和B2C各自适用的统计标准，以申报清单、平台数据等为基本依据，完善跨境电商交易主体信息、电子合同、电子订单等标准格式及跨境电商进出口商品的简化分类标准，建立跨境电商统计制度和监测制度。（牵头单位：南阳海关，责任单位：市商务局、市统计局、人行南阳市中心支行、市税务局、市邮政管理局）

（2）探索建立多渠道统计分析方式。利用大数据、云计算技术，对海关、邮政、物流快递企业、跨境电商平台和公共服务平台等多渠道的数据进行交换汇聚和分析处理，科学、真实地反映跨境电商发展情况。（牵头单位：南阳海关，责任单位：市商务局、市统计局、人行南阳市中心支行、市税务局、市邮政管理局）

12. 风险防控体系。

（1）建立风险联合预判和协作执法机制。加强部门间信息交换，建设跨境商品溯源数据库。充分应用信息化手段，开展跨境电商质量安全网络舆情监控，实现跨境电商商品源头可溯、去向可查、风险可控、责任可究。建立风险联合预判和协作执法机制，实现跨境电商风险防控联动运行。（牵头单位：南阳海关，责任单位：市发展改革委、市公安局、市市场监督管理局、市金融工作局、市商务局）

（2）探索多样化的风险管控方式。针对跨境电商不同业务模式，合理设定差异化抽样查验比例，统筹协调风险处置措施。建立“制度+科技+人工”三位一体的风险管控机制和“事前、事中、事后”的监管体系，高效预估风险、预警风险和处置风险。（牵头单位：南阳海关，责任单位：市发展改革委、市公安局、市市场监督管理局、市金融工作局、市商务局、市税务局、市邮政管理局）

三、创新举措

（一）制定“三个清单”

13. 制定《中国（南阳）跨境电子商务综合试验区税务监管制度创新清单》，创新适应跨境电商小金额、小批量、多批次、短周期、个性化特点的税收监管模式。（牵头单位：市税务局，责任单位：南阳海关、卧龙综保区管委会）

14. 制定《中国（南阳）跨境电子商务综合试验区金融支持工作清单》，鼓励金融、保险机构创新适应跨境电商的新型服务模式，在融资、出口信保、外汇监管等方面加大支持力度。（牵头单位：市金融工作局，责任单位：人行南阳市中心支行、南阳银保监分局、中信保河南分公司）

15. 制定《中国（南阳）跨境电子商务综合试验区市场监督管理制度创新清单》，建立跨境电商进口商品追溯体系，支持跨境电商零售进口快速发展。（牵头单位：市市场监督管理局，责任单位：南阳海关、市商务局、卧龙综保区管委会）

（二）推进跨境电商便利化通关

16. 发展网购保税进口。建立交易订单、支付单、物流单“三单对碰”机制和“清单核放、集中纳税、代扣代缴”的通关监管模式，保税商品“先进区、后报关”。（牵头单位：卧龙综保区管委会，责任单位：南阳海关）

17. 简化零售出口申报程序。对不涉及出口征税、出口退税、许可证件管理，且单票价值在人民币 5000 元以内的跨境电商 B2C 出口商品，电商企业可以按照进出口税则 4 位税号简化申报；符合以上条件的跨境电商出口商品，按申报清单汇总统计。（牵头单位：南阳海关，责任单位：卧龙综保区管委会）

18. 推动跨境电商 B2B 出口。探索推进跨境电商 B2B 出口（9710、9810 模式）监管方式便利化，引导传统外贸出口向跨境电商 B2B 出口转变。（牵头单位：南阳海关，责任单位：市商务局、市税务局、人行南阳市中心支行）

19. 创新发展 B2B2C（供应商对经销商对消费者）保税出口模式。借助海关特殊监管区政策，探索采用“入区退税、分送集报”模式开展 B2B2C 保税出口业务。探索在重点出口地区反向复制 1210 网购保税模式。（牵头单位：

南阳海关，责任单位：市税务局、卧龙综保区管委会）

（三）发展新业态新模式

20. 发展“跨境电商+直播”。在全市打造一批跨境电商直播基地，引进培育优质主播，开展直播销售和分销，形成立足南阳、面向全国、辐射全球的跨境电商进出口商品直播中心。鼓励企业通过直播、短视频、云展会等新模式展示推介产品，扩大销售规模。［牵头单位：市商务局，责任单位：各县市区政府（管委会）］

21. 发展“跨境电商+新零售”。建设区域性跨境电商进口商品消费中心，在南阳中心城区、各县市主要消费街区和景区景点开设跨境线上线下（O2O）体验店，提升线上线下消费体验。［牵头单位：市商务局，责任单位：市文化广电和旅游局、各县市区政府（管委会）］

22. 发展“跨境电商+服务贸易”。依托南阳理工学院、南阳中关村科技产业园等高校和平台，推动软件和信息技术服务出口。积极扩大中医药健康服务、特色文化服务出口，深入开发与中医药、南阳四圣、官署文化等特色文化资源相关的文创产品，推动玉雕等文化产品走向国际市场。［牵头单位：市商务局，责任单位：市科技局、市文化广电和旅游局、市中医药发展局、各县市区政府（管委会）］

（四）开展示范创建

23. 试点先行，打造示范。将镇平县打造成跨境电商零售出口试点县，西峡县打造成跨境电商B2B出口试点县。对试点县加大支持力度，定期总结试点经验向全市推广，形成示范效应。（责任单位：镇平县政府、西峡县政府）

24. 开展跨境电商示范园区和培训孵化基地创建。鼓励我市跨境电商园区和培训孵化基地创建省级示范园区和培训孵化基地。制定市级跨境电商示范园区和培训孵化基地认定和扶持办法，每年开展认定工作。（牵头单位：市商务局，责任单位：市财政局）

25. 开展海外仓示范企业创建。鼓励我市海外仓企业创建省级海外仓示范企业。制定市级跨境电商海外仓示范企业认定标准和扶持办法，每年开展认定工作。（牵头单位：市商务局，责任单位：市财政局、南阳海关）

四、保障机制

（一）加强组织领导

成立由市委副书记、市长王智慧任组长，市委常委、常务副市长薄学斌，市委常委、市委组织部部长李永，市委常委、副市长范勇任副组长，市政府办、市商务局、南阳海关等部门及各县（市、区）政府主要负责同志为成员的中国（南阳）跨境电商综合试验区建设工作领导小组，加强宏观指导、统筹协调和督促推动，研究解决重大问题。（领导小组名单见附件1，领导小组工作机制见附件2）

（二）强化政策支持

出台《南阳市鼓励跨境电子商务发展暂行办法》《南阳市关于支持跨境电商总部经济发展的实施意见》，全力支持跨境电商业务做大做强。设立跨境电商专项资金，重点支持跨境电商领域平台建设、综合园区建设、人才培训、海外仓和境外服务网点建设。（牵头单位：市商务局，责任单位：市财政局、市税务局）

（三）优化发展环境

1. 提高通关便利化水平，持续优化发展环境。优化监管模式，提高通关效率，缩短通关时长，降低通关成本。（牵头单位：南阳海关，责任单位：市发展改革委、卧龙综保区管委会）

2. 探索实施“地址托管、一址多照、异地注册、批量审核、发放电子执照”的全流程电子化集群注册新模式，全程线上办理，实现“一键注册”“一次都不用跑”。（牵头单位：市市场监督管理局，责任单位：南阳海关、市税务局、市商务局、市政务服务和大数据管理局）

3. 建立跨境电商行业协会，充分发挥协会

作用，加强行业自律，引导跨境电商企业公平竞争、规范经营。（牵头单位：市民政局，责任单位：市商务局）

（四）营造宣传氛围。支持协会、高校等机构通过举办跨境电商相关经贸促进活动等方式，吸引集聚国内外优质资源要素，提升南阳跨境电商产业的影响力和知名度。充分利用报纸、广播、电视、网络、手机客户端等载体，加强政策宣传引导，营造促进南阳跨境电商发展的良好氛围。（牵头单位：市委宣传部，责任单位：市文化广电和旅游局）

附件：1. 中国（南阳）跨境电子商务综合试验区建设工作领导小组名单（略）

2. 中国（南阳）跨境电子商务综合试验区建设领导小组工作机制（略）

南阳市人民政府办公室关于印发南阳市鼓励跨境电子商务发展暂行办法的通知

（宛政办〔2021〕33 号）

各县（市、区）人民政府，城乡一体化示范区、高新区、鸭河工区、官庄工区、卧龙综合保税区管委会，市人民政府各部门：

《南阳市鼓励跨境电子商务发展暂行办法》已经市政府第 45 次常务会议研究通过，现印发给你们，请认真贯彻执行。

南阳市人民政府
2021 年 9 月 6 日

南阳市鼓励跨境电子商务发展暂行办法

为加快推进中国（南阳）跨境电子商务（以下简称“跨境电商”）综合试验区建设，打造新兴区域跨境电商中心，根据商务部等 14 部委《关于复制推广跨境电子商务综合试验区探索形成的成熟经验做法的函》（商贸函〔2017〕840 号）及《河南省人民政府关于印发中国（南阳）跨境电子商务综合试验区实施方案的通知》（豫政〔2020〕39 号）等文件精神，结合我市实际，特制定本办法。

一、培育跨境电商经营主体

（一）鼓励龙头企业引进。对在南阳市设立全国性或区域性总部的平台或服务型跨境电商企业，落户后首个整年度在南阳实现跨境电商进出口额超过 5000 万美元、3000 万美元、1000 万美元的，分别给予 300 万元人民币、200 万元人民币、100 万元人民币的一次性资金扶持。

（二）支持中小企业做大做强。对当年在南阳海关申报业务的电商企业，年进出口总额超过 800 万美元、1500 万美元、3000 万美元、5000 万美元的，分别按照 1 美元补助 0. 03 元人民币、0. 05 元人民币、0. 06 元人民币、0. 07 元人民币标准给予扶持，其中存量企业除享受上述政策外，其年进出口额较上年增加部分，按照每增加 100 万美元再给予 1 万元人民币的标准予以奖励。每个企业累计扶持不超过 1000 万元人民币。

（三）促进跨境电商应用。对在我市注册且在我市申报跨境电商进出口业务的跨境电商企业，年跨境电商交易额达到 15 万美元以上的，每10万美元按1万元人民币的标准给予扶持。单个企业资金扶持累计不超过100万元人民币。

（四）支持跨境电商企业注册自主品牌。对在我市注册的跨境电商企业，在境外注册自有商标、知识产权、通过国际认证或具有联合国标准产品与服务分类代码的，给予相关注册、认证服务费用80%的一次性资金扶持。单个企业扶持总额不超过50万元人民币。

（五）降低跨境电商企业运营推广成本。对开展跨境电商、年进出口交易额达到200万美元以上的我市企业，按跨境电商的网络推广费、第三方电商平台服务费、网站建设等支出费用的30%给予资金扶持。每家企业资金扶持不超过100万元人民币。

（六）支持设立海外分公司或展销中心。对在我市注册的跨境电商企业设立海外分公司或展销中心，且单个海外分公司或展销中心线上年交易额超过300万美元的，每设立一个分公司或展销中心给予30万元人民币的一次性奖励。单个企业扶持总额不超过300万元人民币。

（七）支持建设跨境电商商品展示交易中心。支持跨境电商企业线上线下联动发展，对在我市建立跨境电商O2O（线上线下融合）线下体验店，经营满一年，累计营业面积超过1000平方米，年交易额超过50万美元的，给予实际装修费用20%的资金扶持。单个企业扶持资金总额不超过100万元人民币。

（八）支持引进战略投资者。世界500强、中国500强、民营企业500强企业入驻我市，固定资产投资2亿元人民币以上或年进出口额5000万美元以上的，均可视为重大项目给予重点扶持，扶持办法一事一议。

二、支持跨境电商园区和培训孵化基地建设

（九）发展跨境电商园区。鼓励各县（市、区）结合自身发展特点，通过改造、新建等方式，聚合优势资源，打造一批具有一定规模、产业配套齐全、多功能、多业态的电商产业集聚园区。对经市级商务主管部门认定，经营满一年、园区办公面积在10000平方米以上、入驻跨境电商企业达到30家以上，且年交易额达到1500万美元以上的跨境电商产业园区，按照建筑面积给予园区主办方100元人民币/平方米的一次性资金扶持。每个园区资金扶持不超过300万元人民币。

（十）发展跨境电商培训孵化基地。对经市级商务主管部门认定，经营满一年以上、办公面积在2000平方米以上、孵化跨境电商企业不少于6家，且年培训跨境电商人才600人以上的培训孵化基地，按照建筑面积给予基地主办方100元人民币/平方米的一次性资金扶持。每个基地资金扶持不超过100万元人民币。

（十一）支持跨境电商产业园区或基地开展示范创建。对获批国家级电子商务示范的园区或基地，一次性奖励300万元人民币；对获批省级跨境电商示范的园区或基地，一次性奖励100万元人民币；对获批市级跨境电商示范的园区或基地，一次性奖励10万元人民币。同一主体，获批上述三项荣誉的，按就高原则给予奖励。

三、完善跨境电商服务体系

（十二）支持跨境电商通关一体化平台建设。支持跨境电商通关一体化平台建设和升级，按照平台建设和升级费用（软硬件购置、系统开发）的50%给予补助。每个通关一体化平台资金扶持累计不超过200万元人民币。

（十三）支持跨境电商公共服务平台建设。对服务我市跨境电商进出口企业50家以上、年在线交易额达到1500万美元以上的公共服务平台，按在线交易额的0.5%给予资金扶持。每家公共服务平台资金扶持累计不超过300万元人民币。

（十四）支持跨境电商企业融资发展。对年跨境电商交易额达到500万元人民币以上的

跨境电商企业，为开展业务而进行融资的，按融资实付利息的50%给予扶持。每家企业扶持金额不超过50万元人民币。

（十五）加强出口信保扶持力度。支持跨境电商企业积极利用政策性信用保险开拓国际市场。对跨境电商企业投保信用保险产生的保险费，在省财政扶持的基础上再给予不高于20%的资金扶持（投保小微企业政府统保平台、300万-600万美元政府统保平台的企业除外），每家跨境电商企业扶持金额不超过100万元人民币；对跨境电商企业在海外投资建设海外仓并投保海外投资保险产生的保险费，在省财政扶持的基础之上再给予不高于20%的资金扶持，每家跨境电商企业扶持金额不超过50万元人民币。

四、支持跨境电商仓储物流建设

（十六）鼓励公共海外仓建设及使用。对我市跨境电商企业自建跨境电商公共海外仓，单个公共海外仓面积在5000平方米以上、经营满一年，且服务不少于3家我市跨境电商企业的，按照仓储场地、软件、设备投入额的30%给予补助，最高不超过300万元人民币；对我市跨境电商企业整体租赁海外仓，且使用满一年的，按照实际租赁费用的30%给予补助，最高不超过50万元人民币；对我市跨境电商企业购买公共海外仓服务（包含头程、清关、操作费、仓租、尾程、派送），且年使用操作费用超过50万元人民币的，按照实际费用的30%给予补助，最高不超过50万元人民币。

（十七）鼓励建立境内出口监管仓。对在我市建立，并被海关批准为出口监管仓的跨境电商企业，年出口额达到100万美元、300万美元、500万美元的，分别给予10万元人民币、20万元人民币、30万元人民币资金扶持。

（十八）支持建设和使用跨境电商公共保税仓。支持企业自建跨境电商公共保税仓库，建设实际投入额（仅限软件开发和硬件设备投入）达100万元人民币以上的，经海关验收并投入运营后，按实际投入额的20%给予补助。支持跨境电商企业、平台、物流企业等市场主体使用我市本地公共集货仓储服务，开展保税进口业务。对租赁面积300平方米以上的，按照实际租赁费用的30%给予补助，最高不超过10万元人民币。单家企业累计扶持金额不超过100万元人民币。

（十九）加大快递物流扶持力度。对通过南阳海关申报的年支付快递物流费用达200万元人民币以上的跨境电商企业，给予不超过其快递物流费用20%的补助，单家企业每年补助金额不超过100万元人民币。为我市跨境电商企业服务且在我市纳税的仓储物流企业，年服务包裹量达80万单的给予0. 3元人民币/单的补助，年服务包裹量达50万单的给予0. 2元人民币/单的补助，单个企业补助资金不超过100万元人民币。对在我市注册开设南阳始发国际物流专线服务的企业（包含中欧班列、铁海联运专线、航空货运专线等），年开通专线服务20次以上的（单次运输货物达到一个20尺标准集装箱以上或一个空运集装板以上为一次），给予运营企业实际成本（包括软件开发、运输成本、清关服务等项目）50%的补助，最高不超过100万元人民币。

五、推进跨境电商人才体系建设

（二十）支持跨境电商人才培养。鼓励具备相关资质的培训机构面向我市培训跨境电商实用人才，年培训人数达到300人以上、人员结业后50%以上在南阳跨境电商综合试验区从事电商业务1年以上的，每培训1人给予培训机构500元人民币的补助，每家企业每年享受补助原则上不超过30万元人民币，同一参训对象政策期内只补助一次。

（二十一）支持跨境电商专业人才引进。对跨境电商企业引进的高端人才，可在创业扶持、安居保障、医疗保健、子女就学等方面按照市“诸葛英才计划”的相关规定享受优惠待遇。

六、优化电商发展环境

（二十二）加大跨境电商用地支持。按照“集中统筹、分级保障”原则，对于具备用地报批条件的跨境电商项目，优先安排新增建设用地计划指标。

（二十三）支持跨境电商产品本地化生产供应。鼓励跨境电商企业在我市开设生产加工工厂，研发、生产、供应跨境电商产品，给予开通建设、审批等绿色通道，支持企业快速投产。

（二十四）简化办事程序。研究简化优化跨境电商经营者商事登记手续。在跨境电商领域持续推行增值税电子普通发票，提高纳税服务效率。在跨境电商领域推行电子合同应用，提高电子商务合同的订立与履行效率。

（二十五）推进跨境电商收支便利化。支持金融机构在政策允许范围内创新金融结算产品，为跨境电商企业集中办理跨境外汇收支和结售汇业务。支持个人对外贸易经营者在线上综合服务平台备案后开立外汇结算账户，允许实现“三单合一”（订单、支付单、运单三单比对一致）的跨境电商真实合法交易自行收结汇。

（二十六）加强宣传引导与交流合作。支持电子商务宣传推广、普及应用、产业引导、交流合作等工作，围绕跨境电商重点领域打造和组织开展“电子商务大讲堂”、峰会、论坛、博览会、大赛等品牌系列活动，根据实际需要安排工作经费。

（二十七）加强跨境电商产业研究。探索联合第三方成立南阳市跨境电商研究院或发展研究中心，为跨境电商发展提供研究咨询服务；我市集体或个人在跨境电商领域取得具有前瞻性、原创性的研究成果，获得国家、省级、市级以上荣誉的，分别按照10000元人民币、8000元人民币、5000元人民币的标准给予奖励，并优先聘请为南阳电商智库专家。

七、附则

（二十八）享受上述扶持政策的企业必须具备以下条件：在我市依法注册并在税务部门登记纳税，具备独立法人资格；企业依法依规经营，无重大违法违规事件；纳入我市跨境电商统计体系，并按时报送跨境电商统计数据。

（二十九）本办法涉及的奖励或补助资金由市、县（区）两级财政各承担50%。

（三十）本办法中各企业跨境电商交易额以南阳海关或南阳跨境电商通关一体化平台统计数据为准。

企业名录

南阳综试区积极引导传统外贸企业、生产企业转型开展跨境电商业务，引进国内外知名跨境电商平台企业和配套服务企业，加大跨境电商市场主体培育支持力度。现有跨境电商企业2000多家，其中跨境电商服务企业400多家，跨境电商就业人数达到6.7万人，产业链带动就业人数多达18万人，因企业过多，在此不能一一列举，部分企业名录见表2-20。

表 2-20　南阳市跨境电商企业名录

序号	企业名称	企业类型
1	南阳市旗凯贸易有限公司	平台类，仓储物流类
2	河南省麦考瑞国际贸易有限公司	仓储类
3	南阳魏领网络科技有限公司	平台类
4	河南骅丁进出口贸易有限公司	仓储物流类
5	南阳普利跨境电商有限公司	平台类
6	南阳翊海跨境电商有限公司	平台类
7	南阳华富源供应链管理有限公司	物流类
8	南阳市启盛供应链管理有限公司	物流类
9	南阳国际陆港科技有限公司	平台类
10	河南全都通供应链有限公司	物流类

统计数据

2021 年，南阳市跨境电商交易额达到 134.2 亿元，同比增长 57.2%。其中，出口 117 亿元，同比增长 51.7%。

典型案例

案例一：河南省秦巴供应链有限公司
——助力南阳卖家插上跨境的翅膀

河南省秦巴供应链有限公司（以下简称“秦巴公司”）成立于 2018 年，属于从北京返乡创业企业。秦巴公司位于南阳市镇平县航天大道 23 号梧桐树新经济产业园跨境电商总部基地，办公面积 1100 余平方米，注册资金 1000 万，是一家主营假发、箱包、宠物用品、居家用品等产品的跨境电商销售企业，同时也是一家跨境电商综合服务平台，自有跨境物流服务体系和关检申报服务。

一、经营模式

秦巴公司在南阳市镇平县成立了河南秦巴跨境电商培训孵化基地，签约成为敦煌网和 eBay 平台南阳区域服务商，并承接了敦煌大学河南分校培训业务，通过亚马逊、eBay、敦煌网等第三方平台渠道和自营独立站 Shopify，线上零售业务覆盖欧美 50 余个国家。

二、服务特点

一是示范带动跨境电商创业。秦巴公司借助在北京、许昌和南阳本土团队的电商成功销售经验，为南阳本地卖家提供创业培训指导，从注册账户、选品、运营、店铺诊断、物流服务、国际法务服务等方面为卖家提供专业的服务和指导，让卖家创业路上有参考也更有信心。

二是利用引进的跨境电商平台资源，助力本地自有商标品牌走向世界。秦巴公司引进敦煌网和 eBay 的平台资源，帮助有商标和品牌的企业进驻跨境平台，申请平台流量扶持和品牌推广。

三是加强引进平台仓储物流服务，合作共建南阳本地物流服务和海外仓体系。秦巴公司积极推动敦煌网线上仓储物流南阳服务中心落地，并已测试南阳出国的跨境物流线路成本，以此吸引中西部跨境卖家货物从南阳集散出国。

四是借助敦煌大学和平台培训资源，扎根南阳做好市场孵化和高校跨境人才培养合作。秦巴公司为敦煌大学河南省分部的主办单位，在南阳本地多频次、有计划的开展跨境电商培训和组织跨境交流会议活动，营造跨境学习氛围，为南阳跨境电商人才的培育做出自己的贡献，为南阳跨境生态发展提供人才支撑。

三、取得成效

2020 年，秦巴公司跨境电商销售额达 2200 万美元，服务南阳本地卖家 200 多个，年物流服务包裹近 400 万个，累计跨境电商培训达 1200 人次，并在 2020 年成功配合完成南阳市跨境电商出口“9610”“9710”“9810”的测试工作，成为南阳首家享受新通关模式的企业。

案例二：南阳市晶亮光电科技有限公司

南阳市晶亮光电科技有限公司（以下简称“南阳晶亮光电”）成立于 2014 年，是南阳市一家专业生产光学元件、棱镜、透镜及光学相关成品的工贸一体的跨境电商企业。公司厂房面积占地 3000 平方米，日产能超过 2000，在职员工 106 人，工厂通过 SGS 实地验厂，并且是当地龙头企业。

一、经营模式

南阳晶亮光电是一家专注于光学玻璃产品棱镜和透镜的加工及定制，企业拥有 15 年光学行业加工经验，主要产品有光学球面透镜、柱面镜、反射镜、胶合透镜、胶合棱镜、分光棱镜，其中标准件仓库拥有数千种，光学透镜种类齐全。工厂是阿里巴巴工业品牌站的 Top 商家，也是作为阿里巴巴 SKA 战略合作标杆商家。截至 2020 年年底，公司在第三方外贸平台上开设店铺 20 余家，主要平台有速卖通、eBay、亚马逊等。

二、服务特点

一是打造企业文化。南阳晶亮光电打造军队、学校、家人一体的文化氛围，让每个员工在公司内部能够体会到军队严格的工作要求，不断学习的文化氛围和不同业务间相亲相爱的环境，提升了人员的稳定性，增加了销售团队的狼性竞争力。

二是打造精品团队。南阳晶亮光电探索出以师傅带队员的方式去发展业务和裂变团队，团队内部各人做好分工，这样提高了每个团队的积极性，单小队业务能力和拓展能力也得到加强，以榜样和标杆的方式促进整个团队和公司的业绩不断增长。

三是不断开拓新的平台和市场。海外平台市场风云变幻，新的平台不断崛起，各地区主体市场也在不断变化，南阳晶亮光电以自身产品的特性为基础，不断增加新的平台，如虾皮、Lanzada 等来开拓新的市场。

四是实行商品品牌化战略。在市场开拓与产品销售中，南阳晶亮光电注册其他国家的商标，重点突出自身产品优势，利用国内外各种形式的线上和线下展会或洽谈会进行广泛的宣传，提高产品品牌的知名度，建立与客户的信赖度。

三、取得成效

2020 年 1 月至 12 月，实现营业收入 600 万元，同比增长 100%以上，团队和人员稳定业绩持续增长。

案例三：南阳文鑫工艺品有限公司

南阳文鑫工艺品有限公司（以下简称“文鑫公司”）成立于 2014 年，位于南阳市社旗县东环路年庄工商园区，占地 5000 平方米，注册资金 500 万元，以仿真花卉产品为主。

一、经营模式

文鑫公司于 2017 年成立了南阳文鑫物流公司，开设南阳—义乌专线、南阳—广州—深圳专线、南阳—南京—上海专线。2018 年成立进出口有限公司，在阿里巴巴、亚马逊开通国际站，成立电商销售部，通过互联网平台扩大销售规模，找到了一条“公司+电商+扶贫车间”的经营模式。

文鑫公司现有扶贫车间 20 个，加工分厂 35 个，配套产业铁丝厂 1 个，丝印厂 1 个，纸箱厂 1 个；研发团队 15 人，先后开发出 50 个产品系列，200 多个仿真花卉品种，产品热销上海、广州、北京、义乌、深圳等城市，外销美国、日本、韩国、迪拜等国家和地区。

二、服务特点

一是核心的转型从原有铺货模式向品牌化方向发展。随着市场发展的深入，高质量的产品越来越被市场所需要。文鑫公司逐步认识到互联网营销的作用，走跨境电商的发展路子，从亚马逊开始推广品牌、工厂直接开店，提高工厂综合竞争力。

二是“FBA+自有海外仓”策略。跨境电商行业本质是围绕产品、人员和供应链效率这三方面，所以“FBA+自有海外仓”是文鑫公司比较注重的解决方案。它可以较好地控制物流风险，提升运营的稳定性，使工厂利润最大化。

三是注重于数据分析。节约成本，合理规范店铺推广预算，争取用最少的钱达到最好的推广效果。

三、取得成效

文鑫公司产品采用“国内工厂直营店+跨境电商多平台”的方式运营。自销是工厂直营店至上海直营店、义乌直营店、广州直营店、成都直营店；跨境电商是以亚马逊为主，速卖通、虾皮为辅，多平台运营。

经过不断的努力，文鑫公司 2020 年每个工厂直营店均实现月营业额 50 万元，5 个直营店年销售额达 3000 多万元。跨境电商月均销售额 720 万元，年销售额 8640 万元，实现利税 1200 万元，带动本地贫困人口 600 余人实现脱贫致富，取得了较好的社会效益。

大事记

2020 年 1 月 17 日，商务部、发展改革委、财政部、海关总署、税务总局、市场监管总局五个部委联合下发《关于扩大跨境电商零售进口试点的通知》，批准全国 50 个城市和地区纳入跨境电商零售进口试点范围，南阳市是其中之一，从此可以开展网购保税进口（海关监管方式代码1210）业务。

2020年4月27日，国务院下发《国务院关于同意在雄安新区等46个城市和地区设立跨境电子商务综合试验区的批复》，批准全国设立第五批跨境电子商务综合试验区，南阳是本批次河南省唯一入选城市。南阳综试区的设立，是南阳市顺应国际贸易发展趋势，融入新发展格局，推动经济社会高质量发展的重要举措，也使南阳市跨境电子商务产业的发展真正驶入快车道。

2020年10月29日，南阳卧龙综保区建成跨境电商通关平台，南阳综试区综合服务平台上线运行，并成功进行了“9610”模式通关试单。南阳综试区综合服务平台上线，与海关、税务、外汇管理等相关部门“一点接入”，打通信息交流通道，为跨境电商企业提供一站式通关服务。

2020年11月24日，南阳跨境电商“9810”业务出口模式在南阳卧龙综保区顺利通关放行。这是继10月29日“9610”模式成功试单后，南阳市在跨境通关方面取得的又一次重大突破，标志着南阳市跨境电商B2B出口试点业务正式启动。

2021年3月26日，中欧班列（南阳）“宛渝欧”首趟户外家具专列正式开行，专列的47个集装箱满载总值1000万元的本地多款户外家具，经过15天的运行后将直达德国汉堡市。“宛渝欧”专列的开行，是将重庆的“通道优势”与南阳的“货源优势”转换为服务两地经济社会发展的“共同优势”，更是南阳响应国家“一带一路”建设、构建对外开放大通道的具体行动。

2021年12月，南阳市跨境电商进口商品展示中心在南阳卧龙综保区正式开馆营业，欧美日韩一线化妆品和红酒、食品、保健品、母婴用品等千余种进口商品供南阳市民现场采购。由于采用源头进口并享受减免关税政策，商品售价普遍要比商场专柜和国内商业购物平台低20%左右。南阳卧龙综保区采用“秒通关”技术，将现场下单到现场提货的时间压缩到20分钟之内，为消费者提供更多的便利。同步建立南阳跨境电商免税网上商城，消费者通过关注卧龙综保区公众号或者微信搜索南阳陆港商城小程序，直接在线上下单购买中意的产品，随后产品经海关查验后由境外直接发到卧龙综保区保税仓内，再直接从保税仓内发货，约1~2天可邮寄至消费者家中，南阳市民足不出户，就可以享受到最优惠的线上跨境购物服务。

商务部对外贸易司公布2021年全国跨境电商综试区评估结果，南阳综试区在商务部2021年全国考核评估中综合排名处于第二档“成效较好”。

长沙地区

2018 年 7 月 24 日，中国（长沙）跨境电子商务综合试验区（以下简称“长沙综试区”）获批。获批后，省、市、区三级高度重视，全面铺开跨境电商综试区建设各项工作。长沙综试区历经 2018—2019 年基础夯实期，2020—2021 年实现了跨境电商产业飞跃发展。

发展现状

一、产业基础

（一）产业规模稳步增长，产业布局逐步扩大

2020年，在传统外贸受新冠疫情冲击叠加中美贸易摩擦影响受阻的形势下，跨境电商凭借线上交易、非接触式交货、交易链条短等优势，实现逆势增长。跨境电商进出口额2020年、2021年分别突破24.5亿美元和35亿美元。

全市跨境电商重点区域发展稳定，已形成由长沙高新区、黄花综保区、金霞保税物流中心三大核心园区向全市延伸拓展的良好局面，三大园区实现跨境电商进出口额占全市进出口额90%以上。其他区、县、园区开始起步，实现破零和增长。

（二）完善顶层设计，营商环境逐年优化

为做好顶层设计，2018—2019年间，湖南省政府出台《中国（长沙）跨境电子商务综合试验区实施方案》，长沙市政府出台《长沙市跨境电商工作推进方案》；为加大对产业资金支持力度，长沙市政府出台《长沙市跨境电商产业专项资金管理办法（试行）》。2020年4月，《长沙市跨境电商产业专项资金管理办法（试行）》修订为《长沙市开放型经济发展专项资金管理办法（跨境电商部分）》，重点对平台建设、物流体系建设、海外品牌培育、龙头企业引进等六大方向二十个具体项目给予支持。同年7月，长沙市政府出台了《长沙市跨境电商数据认定暂行办法》，完善跨境电商进出口数据统计，进一步推动跨境电商规范有序发展。

（三）实现全模式覆盖，发展质量逐步提升

随着2020年9月1日长沙海关开通跨境电商B2B出口监管试点，黄花综保区和金霞保税物流中心均在当天凌晨取得试单成功，长沙综试区已实现“9610”“1210”“9710”“9810”跨境电商业务模式全覆盖。通过政策引导，大量传统外贸企业转型线上，阿里巴巴一达通新上线企业增速40%以上，三一、中联、山河智能等工业龙头企业借助互联网拓展海外业务。亚马逊平台长沙卖家销售额增速80%以上，新卖家账号数量增长30%以上，全市跨境电商质量得到大幅提升。

（四）采取招培并举，产业链条逐步形成

一是突出“招大引强”，积蓄发展动能。2018年、2019年连续两年以长沙市政府名义举办或承办省、市跨境电商专项招商推介会，各园区招商小分队频繁南下或东进，大力招商。通邮跨境物流运营中心、天泽信息、环金、百事泰等一批优质项目落地金霞保税物流中心；58科创集团、井贝跨境电商产业园、云茂跨境综合服务平台等项目签约黄花综保区。芙蓉区依托佳兆业广场联合多家企业，打造“中国（长沙）跨境电子商务综合试验区跨境电商企业联合运营中心”，带动产业聚集，推动“湘商回归、湘品出海”。二是培育本地企业，对接特色产业。高新区安克创新、水羊股份、三诺生物、联科等一批本地企业跨境电商业务保持高速增长，其中安克创新已于2020年7月份在创业板正式上市；引进的新臻橙公司成为本地小微卖家的摇篮；可孚医疗公司成为医疗用品领导跨境出海领头羊。三是逐步延长跨境电商产业链。以长沙电商物流企业为支撑，鼓励企业向电商产业链上下游不断拓展和延伸，如金友公司对接上游产业，探索与前端加工制造相结合，打造“加贸+跨境电商”产业园；合寿公司整合东南亚电商平台，积极选址落户长

沙；飞石依托长沙至日本货运专线建设独立站和海外仓，推动进出口双向增长。

（五）鼓励多式联运，国际物流集散中心逐见蓝图

2020年受新冠疫情影响包机航线停飞、国际物流运力不足，市商务局出台的《关于支持外经贸企业抗击新型冠状病毒肺炎疫情共渡难关的若干政策措施》中，鼓励跨境电商企业采用公路、铁路、航空、海运等多种联运物流方式，确保了长沙跨境电商国际物流通道顺畅。顺丰、高朋、世联等长沙市内电商出口物流龙头企业依托长沙至欧洲列日、美国纽约和洛杉矶等国际货运航线，长沙至俄罗斯、东南亚等地货运卡班，以及中欧班列货运通道，纷纷设立区域跨境集货仓，逐渐发展成为集包机、卡班、班列等多种物流通道为一体的国际物流集散中心。

（六）创新人才供给，发展后劲逐步夯实

长沙市委人才办与长沙市商务局共认定五所高校为跨境电商人才孵化基地。2020年，长沙学院、长沙商贸旅游职业技术学院两所跨境电商人才孵化基地培训学生超1300人，毕业留长率超40%。2021年11月，新增湖南农业大学、湖南工商大学、湖南财政经济学院三所孵化基地，进一步扩大了跨境电商培训覆盖范围，缓解了长沙市跨境电商企业用人压力。同时在市委人才办的支持下，市人社局与市商务局快速推进长沙跨境电商人才培训及评价规范建设，出台全国首个专业人才评价规范。该项目将为全市跨境电商企业发展提供人才保证，也力争成为全国跨境电商人才培养评价规范工作的标杆。2020年，在全国率先将跨境电商纳入专业技能培训体系并由人社部门考核发证，长沙跨境电商人才评价体系新模式入选《中国（湖南）自由贸易试验区长沙片区一周年制度创新成果选编》。新增校企实训基地七个、举办五场跨境电商专场招聘会，为产学研一体化搭建平台，形成了“高校基地培养+政府考核认证+企业选人用人+人才择业反哺产业”的完整闭环。

二、已开展的工作

（一）聚焦政策生态实根基

注重顶层设计，强化政策支持，研究出台《中国（长沙）跨境电子商务综合试验区实施方案》，细化制定《长沙市跨境电商工作推进方案》《长沙市跨境电商产业专项资金管理办法》《长沙市跨境电商数据认定暂行办法》等一揽子配套文件，健全完善跨境电商“1+N”政策体系，从产业布局、平台建设、企业引进、品牌培育、物流配套、金融支持等方面协同发力，为全市跨境电商产业发展进一步明确方向、找准路径、提供支撑。近四年共安排拨付跨境电商各类奖补资金超4亿元，在做强市场主体、引导转型升级及强链、延链、补链等方面发挥了重要作用。

（二）聚焦产业生态优空间

依托园区功能定位，合理优化产业分布，加快构建以金霞保税物流中心、黄花综保区、长沙高新区三大“核心园”为依托，以中心城区五大“应用园”以及周边县市四大“特色园”和在长高校“孵化园”为延伸的空间布局，为跨境电商产业集聚、错位发展打好基础。近年来，长沙综试区成功实现跨境电商业务模式全覆盖，初步形成以电器、电子信息及计算机、医疗防疫、家居、汽车配件等为主导的跨境电商出口产业，进出口市场遍及美国、欧盟、日本等发达国家和地区以及东南亚、中东、非洲等“一带一路”沿线百余个国家和地区。

（三）聚焦市场生态强主体

突出招大引强，注重本土培育，着力打造一批具有规模效益和品牌效应、引领带动作用强的跨境电商龙头企业。近年来，长沙市多次举办跨境电商专场招商推介会，南下东进积极开展小分队招商，精心打造“跨境湘商回归”联合运营中心，全力推动“湘商回归、湘品出海”，天泽信息（有棵树）、一达通、美迈、棒谷、泽宝等一批跨境电商龙头企业相继落户。同时，认真做好政策引导、联企帮扶、“一事一议”等全过程跟进服务，鼓励引导本土企业做大做强。安克创新连续五年上榜“BrandZ 中国全球化品牌 50 强”，入选“十大实力全球化领军企业”和“福布斯中国 AIoT 百强企业”；水羊股份领跑全国美妆电商领域，三诺生物、友阿跨境、联科等一批龙头企业飞速发展。

（四）聚焦物流生态提速度

充分发挥省会长沙“航、铁、水、路”交通枢纽基础优势，创新探索跨境电商“9610”零售出口包机、“跨境电商+中欧班列”新模式、卡班转关线路等多式联运，加快打造跨境电商中西部地区区域性集散中心。2021 年，在飞国际货运航线达 14 条，国际货邮首次突破 9 万吨；中欧班列（长沙）年开行量首次突破 1000 列，连续三年稳居全国第一方阵。同时，持续优化通关环境，“7×24”小时保障跨境电商申报通道畅通，大力推广提前申报、两步申报等通关新模式，成功实现铁路快速通关、出口直装试点，大幅压缩通关时间，“邮快跨”集约发展模式成为湖南自贸区首个国家推广案例。

（五）聚焦人才生态添后劲

持续释放“人才政策 45 条”、“芙蓉人才行动计划”、自贸区人才政策等多重“利好”，先后引导二十余名跨境电商高层次、海外人才回长沙创业。精心制定《长沙市跨境电商人才孵化基地试点单位认定条件及流程》，联合株洲、湘潭在七所高校设立产业人才培训基地，年培训超 3000 人，留长率达 40%。率先全国出台《长沙综试区技能人才培训及评价规范》，充分发挥长沙综试区产教融合产业联盟作用，成功举办“百校千人”跨境电商人才双选会，有效形成“高校基地培养+政府考核认证+企业选人用人+人才反哺产业”完整闭环。

三、下一步工作计划

下一步，将紧紧围绕服务构建新发展格局，以畅通国内大循环和国内国际双循环为主线，推进数字商务发展和传统产业转型，为促进外贸高质量发展打造新引擎、集聚新动能、增创新优势，推动电子商务高质量发展。

（一）锚定目标完善政策

根据中央、省、市电子商务发展重点，完善顶层设计，明确工作目标、健全工作机制、细化各项任务，推动电子商务稳步发展。用好用活用足中央、省、市各级政策，实现上下联动、政策互补，修订出台跨境电商专项资金管理办法，在跨境电商产业园区建设、招商引资、平台搭建、主体培育、品牌建设等方面给予重点支持，推动跨境电商集聚发展。

（二）招大引强培育主体

继续推进“湘商回归工程”，利用湘籍跨境电商企业家占比高的优势，开展专项招商活动，借助粤港澳、长三角等招商活动加大宣传，打好“人才+产业”政策组合拳，吸引珠三角、长三角以及海外跨境电商出口型大卖家、平台型企业回湘创业，在长沙市设立全国性总部或区域运营中心。建设培育跨境电商产业园，集聚经营主体，开展孵化培育，在应用、物流、仓储、金融和境外营销服务等方面打造完善的跨境电商生态圈，建议省商务厅开展跨境电商产业园区的认定工作。加快推进传统企业触网上线，深化与亚马逊、阿里巴巴、Lazada、虾皮等大型电商平台的合作，支持国家级外贸转型升级基地应用跨境电商加快数字化转型，发展“产业带+跨境电商”模式，省、市、区三级共建跨境电商综合服务中心，为传统外贸、电商企业提供全方位培育服务。

（三）稳步推进人才培养

广泛搭建高校院所、企业、人才之间的交流合作平台，通过人才双选会、专场招聘会、跨境电商职业技能竞赛等方式，为长沙跨境电商企业培养和输送优秀人才。继续推广跨境电商专项职业考核体系建设，扩大覆盖和影响，加快推进长沙株潭高校跨境电高人才培养孵化基地建设，为自贸区、综试区发展提供专业的人才考核评价服务。

典型案例

案例一：湖南安克电子科技有限公司

湖南安克电子科技股份有限公司（以下简称“安克创新”）创办于2011年，总部位于湖南长沙，专注于中高端智能消费电子产品的自主设计、研发和销售，是目前国内民营科技型跨境出口品牌企业之一。

一、经营模式

安克创新产品为终端消费品，主要销售渠道有亚马逊、eBay、天猫、京东等海内外线上平台，电商平台的收入占全部收入近75%；同时在北美、欧洲、日本和中东等发达国家和地区，通过与沃尔玛、百思买以及与贸易商合作，线下收入快速增长。

二、业务特点

（一）打造链接人心的品牌

安克创新重视品牌建设和用户体验，致力于通过提供品质高、功能新颖、设计出色的简约产品，形成Anker品牌独有的产品风格，已成功打造智速充电品牌Anker，智能家居品牌Eufy、智能声学品牌Soundcore三个年营收超过15亿的自主品牌。目前，企业业务遍及全球100多个国家与地区，拥有超过8000万品牌用户。

（二）铺排全球化运营销售渠道

安克创新从创立之初就坚持深耕电商平台亚马逊市场，在其全球八大主力市场均开设了站点，并在美国、日本、西欧、中东、澳大利亚等地设立了办事处，销售覆盖全球主流线上市场。根据不同国家（地区）、不同销售渠道的具体特点，分别组建了专业化的营销队伍与渠道管理团队，在产品定位、产品定价、推广以及售后服务方面根据本地市场、本土渠道的特点进行优化，能够更好地满足不同地区消费者的差异化需求，提高用户口碑。2020年安克创新跨境电商销售收入超过62亿元，同比增长超过30%。

（三）开发全价值链的数智化能力

一方面，安克创新把内外部开发的关键软件结合起来，通过数据管道完成链接和打通，开发了一套能够面向未来5~10年、支撑公司百亿甚至千亿级业务的IT系统。另一方面，安克创新致力于打造数据驾驶舱赋能业务创新，把以跨境电商为首各类的商业原则系统化。通过数据和智能赋能团队，实现更高的价值创造。

三、取得成效

安克创新一直致力于在全球市场塑造中国智能消费电子品牌，通过不断创新，将富有科技魅力的领先产品带向全球消费者，弘扬中国智造之美。2020年，企业营收达93.53亿元，同比增长40.54%，2020年7月，安克创新于深交所创业板首次公开发行股票申请获证监会审批通过，8月股票正式上市发行。

案例二：水羊集团股份有限公司

水羊集团股份有限公司（以下简称“水羊股份”）成立于2012年11月，是一家以科技赋能品牌，数字赋能组织的科技型企业，以自主品牌为核心、自有品牌与代理品牌双业务驱动的美妆企业。2018 年 2 月 8 日正式登陆 A 股，被媒体誉为“中国 IPO 电商第一股”。

一、经营模式

2018 年 6 月，水羊股份正式对外发布独立的开放平台“水羊国际”，开放积累 10 余年的电商运营、物流与传媒经验，链接全球优秀品牌与中国消费者，为全球优秀品牌提供中国市场的全套解决方案，帮助中国消费者足不出户享受世界各地多元文化背景的高品质产品与服务。2019 年，水羊股份与强生集团建立战略合作关系，全面承接强生消费品在中国的电商业务。同时成功引入了 KIKO、Evidens de Beaute、Amouage Natasha、Denona 等 30 多个海外品牌，业务遍布护肤、彩妆、个护、香水、保健品等多个领域，覆盖亚洲、欧洲、美洲、澳大利亚以及中东地区的多个国家（地区），为中国消费者带来了丰富、多样的海外优质美妆品牌。

二、业务特点

（一）完善的线上线下立体化销售渠道

线上渠道 100%覆盖，在天猫国际、京东等平台销售位列第五；线下入驻 6000 多个网点，与屈臣氏、沃尔玛、丝芙兰、SKP 等线下渠道建立良好的合作关系，且在上海设立高端品牌体验综合馆，多渠道满足中国消费者的需求。水羊股份还建立了立体的渠道传播矩阵，在社交渠道、垂直渠道、传统媒体渠道、新兴视频渠道、直播渠道等实现 100%覆盖，在主流内容平台，全年吸引超 1 亿人次阅读浏览；与 30 多位顶级明星艺人、200 多位美妆博主建立深度合作关系。

（二）自建 B2B 分销直供平台

自主搭建 B2B 平台“水羊潮妆”。水羊潮妆是基于社交电商渠道的发展趋势，打造的自有官方销售平台。其中，水羊直供是整合公司的自主品牌和代理品牌，直接面向分销商搭建全国的分销运营体系，打造品牌官方直供平台。水羊潮妆商城是面向品牌会员的私域运营平台，直接服务所有的消费者，打造和消费者 1V1 服务的官方平台。

（三）数字化服务提升效率

水羊股份整合所有的自有和代理品牌，目前已为 15 多家海外品牌搭建中国区官方小程序商城，平均一天即可上线一个小程序商城。同时以社交电商为依托，根据跨境会员的行为数据，构建标签画像体系，在抖音、快手、微信等平台做 KOL 投放，ROI 转化效率实现最大化；并使用一套核心订单中心，多端呈现，让用户无论是在支付宝、微信，还是百度、抖音等平台下单，都可以通过跨境 ERP 统一申报，实现用户端的极致体验。

三、取得成效

2020 年，水羊股份跨境电商实现销售收入近 15 亿元，且代理品牌进入多个细分类目的 Top 榜，如城野医生 377 精华排名天猫国际精华销售额第一位、大宝 SOD 蜜排名天猫乳液销量第一位、李施德林冰蓝漱口水排名天猫漱口水品类第一位等。未来三年，水羊股份将为全球优质美妆品牌链接 3 亿+核心消费人群，服务好 5800 万+中国美妆消费者。

案例三：长沙世碁电子商务有限公司

长沙世碁电子商务有限公司（以下简称“世碁电子”）成立于 2016 年，是一家集研发设计、品牌运营、网络销售、海外仓储及生产制造为一体的综合性跨境电商企业。公司运营总部设在湖南长沙，涵盖运营、推广、客服、设计等十个部门，在德国、日本、美国、中国香港均设有分公司，其中在德国和日本拥有海外仓。

一、经营模式

世碁电子主营产品包括3C电子、灯具、户外休闲、家居和运动类等，主要目标市场为欧美地区和日本。世碁电子秉承“多市场、多平台、多品牌”的经营策略，海外销售以亚马逊、eBay等跨境电商平台为主。

二、业务特点

（一）品牌路线

世碁电子始终坚持自有品牌路线，在新品开发上保持敏锐的市场嗅觉，在产品质量上严格把关，配合精细化的产品运营，合理的价格定位，为客户提供周到贴心的售后服务。

（二）高精尖人才

世碁电子致力于打造学习型的组织，在保障现有员工的学习和交流外，在新人引进方面，坚持精选严进的招聘理念，运用科学的甄选方法，力求吸纳与公司价值观、经营理念相匹配的优秀人才。

（三）海外仓

自2016年成立至今，海外仓面积由3000平方米拓展至15000平方米，在满足内部需求的同时，可承载更多的跨境电商第三方仓储需求。

（四）自有独立站

2018年，世碁电子着手创建自有的品牌独立站，独立站访客量和成交量保持稳步增长。

（五）工贸一体化

世碁电子于2020年在常德汉寿经开区开设工厂，利用当地的人力资源优势为自有品牌做户外产品的配套生产。2020年当年完成产值600万元。

三、取得成效

自2016年成立以来，世碁电子年营业收入基本保持45%的增长率，2020年总销售额突破3亿元。2018—2020年，自主设计的推车、灯具等产品，获得了欧美产品外观专利17项，境外商标7个。世碁电子从最初的数十个产品拓展到2000多个产品，涵盖近40条产品线，众多产品线在全球畅销。

案例四：三诺生物传感股份有限公司

三诺生物传感股份有限公司（以下简称“三诺生物”）成立于2002年，公司总部位于湖南省长沙高新技术产业开发区，是一家致力于利用生物传感技术研发、生产、销售快速检测慢性疾病产品的高新技术企业。2012年在深圳证券交易所创业板上市，成为全国生物传感器上市第一股。

一、经营模式

三诺生物致力于利用生物传感技术研发、生产、销售快速检测慢性疾病的产品，是全国最大的血糖仪及试条生产基地，拥有全国最大规模的智慧健康项目。三诺生物在中国拥有10万个终端，产品覆盖血糖、血脂、尿酸等多项指标检测。截至2019年12月30日，三诺生物获得授权专利228项（含18项国际专利授权），拥有81项医疗器械注册证；THI获得专利259项，拥有75项许可证书；PTS获得专利130项，拥有195项许可证书；并在2016年成立了三诺健康管理有限公司（以下简称“三诺健康”），将传统业务同时推向线上。

二、业务特点

（一）进军跨境电商

为了更好的发展海外电商业务市场，三诺健康于2019年年底成立跨境电商部门，并在eBay、亚马逊、速卖通、虾皮等第三方国际平台开设店铺，业务范围覆盖德国、英国、俄罗斯、美国等150多个国家和地区。

（二）全球健康管理专家

自2020年以来，以健康为中心，打造多元化产品矩阵。品类涵盖医疗检测、健康运动、健康个护、健康理疗等系列，并已经在全球各大跨境平台进行全面上线，致力于打造三诺健康全球健康管理专家。

（三）搭建智慧互动体系

为打造更好的体验式多元化购物平台，推出了“PC 商城+Wap 商城+App 商城”，并且在第三方平台、自建站或自建 App、Facebook、YouTube、INS 等官方账号上面建立自己了的私域流量。

三、取得成效

2020 年，三诺健康全年销售额破 4700 万。三诺健康 eBay 店铺被评为 eBay KA 卖家，阿里巴巴国际站店铺被评为 SKA 卖家，亚马逊店铺被评为亚马逊明星卖家；三诺生物品牌在亚马逊部分站点的血糖类目的市场份额占比超 50%，在速卖通血糖类目占比超 70%，在 eBay 英国血糖类目占比超 30%，并且在东南亚市场品牌市场份额占比超 40%。2021 年第一季度销售额超 2500 万元，完成了 2020 年销售总额的 53%。

案例五：湖南数魔网络科技有限公司

湖南数魔网络科技有限公司（以下简称“数魔网络科技”）是由“中国长江学者”杨沙教授带领的团队于 2017 年创立的一家科技型服务企业，公司总部位于长沙高新区，在深圳、杭州以及北美设有分公司，并在美国洛杉矶设立大数据研发中心。

一、经营模式

数魔网络科技是全球技术领先的跨境电商数据一体化系统服务提供商，为跨境电商企业提供 SaaS 云服务及服务，解决“卖什么”和“怎么卖”两大难题，消除企业出海信息差，为品牌企业、电商园区、孵化器提供一体化整合出海孵化方案。

二、服务特点

（一）产品数字化，服务全面化

数魔网络科技主营业务是为跨境电商大数据及云计算服务，主要产品有基于大数据及 SaaS 云计算的跨境电商数据软件产品，如跨境电商 AI 数据营销综合服务系统、跨境电商人才培养一体化系统、跨境电商智慧大数据系统等，分别服务于企业、高校及政府、机构，以大数据、AI、云计算等现代信息技术为支撑，以 PB 级数据为基础，通过国际领先核心算法及技术对海量数据进行分析、整合后，构建“人、品、货”一体化的数字智能决策新模式 SaaS 软件。

（二）产品核心技术及算法国际领先

开发的产品重用于处理跨境电商行业大数据模型参数估计的迭代算法，解决了行业应用中的一个难题，使得大型运算可以分解成若干小型模块，进行分布式迭代推进。例如，在最优竞价决策中，可通过分析目标客户与同行业商家之间的异同，并利用相关核心技术与算法提升对某一个广告主最优竞价的预测精准度。产品核心技术及算法应用在产品中效果验证属于国际顶尖水平，预测准确率高达 85%以上，实实在在帮助跨境电商企业运营降本提质。

三、取得成效

近几年，数魔网络科技始终围绕“用数据赋能跨境电商，让优质产品卖遍全球”这一企业核心使命，在商业模式、人才培养、技术革新等三方面，全方位赋能跨境电商行业相关企业、院校及政府部门。截至 2020 年底，累计服务全球企业客户近二十万家，服务政府机构及院校客户近五十家。

案例六：湖南万成云商科技有限公司

湖南万成云商科技有限公司（原深圳市万

成云商科技有限公司，以下简称“万成云商”）成立于2012年，是一家专注于服务湖南出口跨境B2B企业的平台型公司。公司立足于为出海企业提升海外品牌竞争力、为国际贸易成长型企业和品牌制造商提供营销服务，是Google、Facebook、LinkedIn、Shopify等国际一线品牌湖南区授权服务商。

一、经营模式

万成云商基于沿海先进的运营技术和优秀人才，为湖南的传统制造业及跨境B2B出海企业提供建站、营销及培训服务，帮助企业打造线上海外全网营销品牌和布局。

二、服务特点

（一）专业、迅速、定制化提供跨境推广服务，解决企业后顾之忧

万成云商助力传统制造业企业迅速搭建线上全网推广平台，建立企业品牌流量矩阵。基于企业自有独立站，做全渠道推广，包涵社交媒体、搜索引擎、小语种自然流量、小语种本土化平台等，降低企业时间、人力、试错成本，快速获取流量，支持企业迅速出单，并建立出海信心。

（二）全年定制化跨境培训，提升企业跨境人才软实力

在湖南跨境运营人才缺乏的情况下，根据企业实际需求，为企业量身定制全年培训。万成云商每年开展50多场线上线下培训活动，给出海制造企业不断灌输跨境全网布局思维，有效促使企业形成成熟的跨境运营体系，并强化跨境贸易能力。

（三）多渠道搭建培训平台，为企业顺利出海保驾护航

在当下抖音、微信视频号等流媒体盛行的时代，万成云商不断输出原创短视频，精心制作跨境相关知识短视频进行免费分享；联合湖南省众多跨境服务机构及跨境行业大咖，进行视频号、抖音直播，现有粉丝量已过万。。

三、取得成效

截至2020年底，万成云商已举办线下培训超300场，覆盖培训跨境人才2万多，服务湖南省半数以上跨境企业，并助力300多家出海企业业务有数倍突破式增长，其中，国企、上市公司、亿级以上企业占比达12%。

案例七：湖南至美通供应链管理有限公司

湖南至美通供应链管理有限公司（以下简称“至美通”）成立于2015年，是一家致力于为中国跨境电商卖家提供电商基础设施服务的企业。公司在美国、德国、法国、英国、加拿大等国家有常设机构和海外仓，全球仓储面积35万平方米。至美通现有员工1000余人，其中，海外员工900余人，高管团队平均年龄在35岁以下，80%拥有海外留学、工作背景。

一、经营模式

自2015年成立以来，至美通形成了以海外仓储、终端配送、跨境物流业务为核心，知识产权保护和信息资讯相配套的五维一体服务体系。其中自有知识产权的仓储管理系统、自营高质量的海外仓储及终端配送能力、领先行业的法律合规机制、完善的海外信息收集网络构成了至美通的核心竞争力。

二、服务特点

（一）自营海外终端配送网络

至美通积极布局北美终端配送网络。卡车方面，至美通在继续采购第三方运力的同时，累计开通了136条自营卡车专线。其中，海运码头54条、机场6条、内陆港5条、亚马逊仓库71条。干线卡车配送自营化率达到65%。自新冠疫情在美国大流行以来，在港口拥堵、卡车运力紧缺的困难环境下，至美通调动自营

卡车运力，帮助我国电商卖家在港口免堆期内抢运货柜 9800 余条，快速填补供应链缺口，节约物流成本 490 余万美元。快递方面，至美通与美国本地企业合作，取得美国邮政集团代理权，为我国卖家开发了多条兼顾时效和成本的轻小件快递专线。至美通在美国已设立五处分拣中心，拥有七组大型自动分拣设备，日均处理能力达 80 万件。

（二）海外售后本土化基础服务网络

至美通通过云仓体系向我国卖家提供标准化售后外包服务，包括维修检测、退换货处理、尾货销售、人工客服在内的标准化售后服务，提升了卖家的综合服务水平和品牌竞争力。至美通在海外设有八处维修检测仓，其中，美国六处、加拿大和英国各一处。2020 年，至美通售后本土化项目共为我国卖家额外创收 2000 余万美元，将家用电器、数码 3C、自行车等产品的退货报废率压低 90%。

（三）跨境知识产权保障体系

至美通通过自营知识产权事务所向我国卖家提供包括知识产权注册、售前合规咨询、海外市场准入许可、海外知识产权诉讼援助等在内的一整套法律合规保障体系。自成立以来，至美通累计为我国卖家减少 5000 余万美元知识产权赔偿并协助一批户外用品制造企业、汽车配件批发企业完成海外知识产权纠纷和解。

（四）全球电商信息网络建设

至美通于 2020 年创建“至美通研究院”信息共享平台，向跨境电商从业者发布跨境电商日报、月刊、行业研报共计 600 余篇。新冠疫情在海外大流行以来，至美通美国团队走访拍摄了 20 余家实体零售、2 个港口码头和 1 个内陆港，以短视频的形式向我国卖家呈现海外市场和消费趋势。

三、取得成效

截至 2021 年 5 月，至美通在全球先后设立 15 个海外仓和物流中转中心，日订单处理量超过 80 万件，累计为我国 7000 余家进出口企业及 100 余家货运代理机构、区域性供应链管理企业提供包括海外仓储、终端配送、跨境物流、知识产权保护和信息资讯在内的五维一体电商基础设施服务。至美通过去七年的年化复合增长率始终保持在 200% 以上，其中 90% 以上的增长来源于对我国企业的服务。

湘潭地区

2020年4月，中国（湘潭）跨境电子商务综合试验区（以下简称“湘潭综试区”）成功获批。根据商务部要求，在湖南省商务厅的悉心指导，湘潭市委、市政府的高度重视以及全市商务战线的共同努力下，湘潭综试区不断夯实基础工作，积极构建跨境电商产业发展生态。通过聚焦跨境电商线上公共服务平台建设、政策支撑、园区发展、主体培育、海外仓建设及人才培养等重点领域及环节，跨境业绩增长迅猛，湘潭综试区建设取得了积极进展并呈现良好发展态势。

发展现状

2021年，湘潭综试区累计完成跨境电商进出口业绩16294.32万美元，同比增长13709.68%，其中，出口15905.09万美元，较上年同期实现了零的突破；进口389.23万美元，同比增长229.88%。2021年跨境电商企业185家，跨境电商服务企业25家，其中，进出口额超2000万元以上规模的企业4家，高新技术企业20家，在境外注册商标企业4家，注册商标共计39个。全市在境外自建、合作、租赁海外仓共13个，面积约8万平方米，其中，公共海外仓1个，面积为1000平方米，服务企业超20家。全市设置跨境电商专业（或开设跨境电商课程）高校共计9所、11个专业。开展跨境电商综试区招商、交流对接活动37次，参加对接活动400余人次。组织开展跨境电商人才培训20次，参加培训人员达900余人。被商务部跨境电商综试区工作动态期刊采纳推介工作举措共5条。在商务部“2021年跨境电子商务综合试验区评估”中，湘潭综试区建设获商务部肯定，位全国第二档获“成效较好”评定。

一、聚焦新发展要求，构建全方位工作推进体系

（一）强化组织领导

湘潭综试区获批后，湘潭市委、市政府高度重视，成立了由市委书记任顾问、市长任组长，市委副书记、常务副市长、分管商务工作的副市长任副组长，商务、发改委、财政、工信、人社、教育、市场监管、海关、税务、邮政、外汇管理、人民银行等部门和各县市区、园区主要负责人为成员的湘潭综试区推进工作领导小组。领导小组下设办公室，办公地点设在市商务局，市商务局局长兼任办公室主任，明确了湘潭综试区建设发展目标及各相关单位工作职责。按照“坚持辐射集约、城乡统筹，突出创新管理模式、培扶优企优品，构建内陆特色、湘潭元素的跨境电商促进体系，推动内外贸融合发展”的总体要求，建立并实施了“一月一调度、一季一讲评、半年一评定、全年一考核”的推进落实机制。

（二）做实顶层设计

2020年8月，呈报省政府常务会议审议通过了《中国（湘潭）跨境电子商务综合试验区实施方案》并以省人民政府名义下发。2020年10月，提交市政府常务会议、市委常委会议审议通过了《中国（湘潭）跨境电子商务综合试验区建设行动计划（2020—2021年）》，并以市委、市政府两办名义发文。联合湖南省跨境电商协会等第三方专业机构，开展全市跨境电商产业发展调研，形成了《湘潭综试区建设调研报告》《中国（湘潭）跨境电子商务综试区生态链、产业链发展建议书》《湘潭市跨境电商综试区国际物流通道建设与规划》《湘潭跨境电商综试区跨境电商人才工作思路与规划》等专题报告。同时，将“全面推进跨境电商综试区建设”作为工作重点纳入湘潭市“十四五”发展规划并写入中共湘潭市委第十三次党代会报告。

（三）积极出台政策

2020年10月，按照中央、省、市支持跨境电商产业发展专项资金使用要求，结合湘潭实际和企业需求，以市推动开放型经济高质量发展领导小组办公室名义制定下发了《湘潭市跨境电子商务产业扶持专项资金管理暂行办法》，用于支持跨境电商园区建设、平台引进、企业数字化转型、国际物流通道建设、金融服务、人才培养等六大方面。2021年11月，根据海关总署增列的海关监管模式、鼓励企业通

过跨境电商方式加大出口，制定下发了《湘潭市跨境电子商务产业扶持专项资金管理暂行办法的补充规定》，用于支持企业开展“9710”“9810”“1210”等跨境电商业务及O2O等跨境新零售模式发展。湘乡市、韶山市、岳塘区、湘潭综保区等县市区、园区也相应制定了支持跨境电商产业发展的若干政策，助推跨境电商产业健康发展。

二、聚焦平台建设，构建多维度公共服务体系

（一）完成跨境电商线上公共服务平台建设

2021年1月，按照“两平台六体系”建设要求，依规依程序并通过公开招投标方式选取第三方专业公司启动了跨境电商线上公共服务平台项目建设。2021年6月，全面完成跨境电商线上公共服务平台项目建设并投入运行。平台对接长沙海关二级节点并与税务、外汇管理、市场监管、公民身份信息核查等平台实现端口对接，通过向跨境电商关联企业开放数据传输接口，实现了企业、服务机构、监管部门等信息互联互通，为跨境电商各类市场主体提供了安全交易、便利通关、全程物流、供应链金融等“一站式”综合服务。

（二）加快推进跨境电商监管场站建设

2021年1月，完成了湘潭综保区“9610”监管场站硬件改造和软件升级，通过长沙海关验收并获批“经营海关监管作业场所企业注册登记证书”，实现了与长沙海关数据联通，并于1月29日跑通“9610”第一单。加快推进湘潭综保区“1210”保税备货监管场站建设，2021年8月完成查验场站建设，保税仓项目开发部署了智能化的“申报系统”“WMS管理系统”，与海关金关二期系统对接联调并于2021年10月建成投入使用。同时，支持韶山海关采取5G+VR技术，通过场景应用，不断创新监管模式，提高通关效率。

（三）跨境电商综合服务中心建成运行

按照“注册在综保区，运营孵化在飞地”思路，创新以“飞地模式”建成了湖南省首家跨境电商综合服务中心并于2021年6月26日正式揭牌运行。中心面积1944平方米，集跨境电商综合服务、生态体系支撑、要素资源保障等功能于一体，围绕“平台+商户+人才+物流+金融+海外仓”六大板块，通过聚集全球跨境电商资源、构建孵化培育平台、招引跨境电商领域头部企业、引进跨境电商专业人才等方式，切实服务湘潭及周边城市重点企业“扬帆出海”。自成立以来，中心已引进注册20家跨境电商企业，累计实现跨境电商进出口贸易额超1亿美元。

三、聚焦主体培育，构建高质量发展产业体系

（一）全面实施“一区一策”战略

发挥湘潭综保区主阵地作用，跨境商品物流分拨中心、仓储中心、转口贸易中心和跨境电商创新发展区建设初具雏形。聚焦县域经济创新产业、农业农村生产、涉农类产品开发、农技服务等领域，叠加湘潭县、湘乡市、韶山市作为全国电子商务进农村综合示范县优势，分阶段指导搭建跨境电商服务城乡融合发展服务平台。依托韶山市红色旅游资源，探索跨境电商新零售模式，加快推进中国（韶山）进出口商品展示交易中心项目建设。全力支持京东（湘潭）电商产业园发展，成功引进云度供应链、宇隆贸易等26家跨境电商及服务企业。中部（岳塘）国际商贸城岳塘·星域森林直播生态小镇、电商大楼等项目已完成建设，按照“线上+线下”融合发展的思路，全力打造跨境电商企业集聚区。

（二）跨境电商企业量质提升

2021年年初，实施“百企融网闯国际”行动，对全市所有外贸企业、规工企业、限上企业进行了摸底调研，梳理出A、B、C三类重点转型突破企业名单，通过“点对点”上门宣讲政策，提供“菜单式”服务等方式，成功助推电化科技、新向维、丹诺电子等38家本

地传统外贸企业转型开展跨境电商业务。持续深化与阿里巴巴国际站等跨境电商平台企业的合作，鼓励并支持本地生产型企业运用跨境电商B2B模式开拓国际市场，重点培育了厨具、玩具、文创、医用物资等本地跨境电商特色产品，新增金河计算机、海泡石科技、恒润汽车等30家企业上线开展跨境电商业务。全力推进海外仓建设，目前全市在境外自建、合作、租赁海外仓共13个，面积达8.1万平方米，覆盖美国、马来西亚、阿尔及利亚、迪拜、比利时等13个国家和地区。积极复制自贸区改革创新试点经验，采取“市场采购贸易试点+跨境电商”模式，利用第二届中非经贸博览会的契机，在长沙高桥市场建设湘潭馆并于2021年9月26日正式开馆，为湘潭特色产品跨境“走出去”搭建平台。

（三）开展跨境电商产业招商

组织县市区、园区组成招商“小分队”，先后赴杭州、广州、深圳、义乌等重点区域开展跨境电商产业招商对接。2020年10月30日，在深圳成功举办了湘潭综试区招商推介会暨签约仪式，成功引进了包括跨境电商平台企业、产品制造与跨境贸易企业、供应链金融服务企业、物流企业、跨境产品保税运营企业等17个项目。

四、聚焦高标准建设，构建全链路生态体系

（一）着力破解国际物流通道短板

邀请物流专家、物流企业负责人组织座谈。聘请第三方专业机构，编制了《湘潭市跨境电商综试区国际物流通道建设与规划》。在“长株潭城市群一体化”加快推进的背景下，以“开放同步”为目标，全面对接省会长沙的国际物流体系。积极推进与广州南沙港、深圳盐田港等沿海港口建立“无水港”合作模式，实现“空、铁、水、陆”多式联运，打通跨境电商国际物流通道。

（二）着力破解金融服务短板

学习复制经验，积极推进跨境电商产业发展基金设立，通过引进供应链金融公司、创新金融产品、推广“三单”融资等方式，解决跨境电商企业“融资难、融资贵”问题。鼓励金融机构、第三方支付机构、电商平台等建立一站式在线支付结算、在线融资、在线保险、跨境人民币结算等跨境电商金融服务体系。目前，湘潭市已出台跨境电商企业名录登记网上办理等便利化措施，企业通过网上办理的方式向属地外汇局申请办理名录登记后可开展贸易外汇收支业务，缩短了企业业务办理流程，提升了企业业务办理便利程度。

（三）着力破解人才支撑短板

挖掘湘潭市高校资源，实施“跨境电商+产教融合”工程，推动湘潭市高职及有条件的高校开设跨境电商相关专业和学科。湘潭理工学院申报教育部并获批实现跨境电商产教融合的创新型教学师资队伍建设研究、虚拟仿真实验工具在高校经济学专业实践教学中的应用研究两个产学协同育人重大项目。鼓励跨境电商企业、人才服务机构及相关教育机构合作开展跨境电商人才培训，建立创业孵化基地，为跨境电商企业输送实用型、技能型和创新型人才，已与省跨境电商协会、市人社局初步建立了跨境电商人才培训、认定工作体系和机制。

配套文件

湖南省人民政府关于印发《中国（湘潭）跨境电子商务综合试验区实施方案》《中国（郴州）跨境电子商务综合试验区实施方案》的通知

（湘政发〔2020〕14号）

各市州人民政府，省政府各厅委、各直属机构：

现将《中国（湘潭）跨境电子商务综合试验区实施方案》《中国（郴州）跨境电子商务综合试验区实施方案》[①] 印发给你们，请认真组织实施。

湖南省人民政府

2020年8月13日

中国（湘潭）跨境电子商务综合试验区实施方案

为全面推进中国（湘潭）跨境电子商务综合试验区（以下简称湘潭综试区）建设，根据《国务院关于同意在雄安新区等46个城市和地区设立跨境电子商务综合试验区的批复》（国函〔2020〕47号）精神，结合工作实际，制定本实施方案。

一、总体要求

（一）指导思想

以习近平新时代中国特色社会主义思想为指导，顺应“互联网+新经济”发展趋势，结合湘潭市发展定位和基础优势，坚持“辐射集约、城乡统筹”，突出“创新管理模式、培扶优企优品”，构建“内陆特色、湘潭元素”的跨境电商促进体系，推动内外贸融合发展。

（二）基本原则

——政府引导，市场主导。充分发挥政府在统筹协调、政策支持、环境优化等方面的作用，突出市场在资源配置中的决定性作用和企业的主体作用。

——突出重点，创新发展。实施“互联网+农业现代化生产”“互联网+农产品贸易”“互联网+农村消费升级”三大涉农工程，推动跨境电商向农村辐射。探索符合内陆特点的跨境电商新业务模式和新监管服务方式，完善监管服务流程。

——服务带动，融合发展。引入和培育跨境电商服务型、资源型企业，完善跨境电商配套服务体系，支持制造业、高新技术产业、涉农产业做大做强。鼓励和支持传统电商企业、贸易企业发展跨境电商，推动内外贸融合发展。

（三）发展目标

通过3~5年努力，将湘潭综试区打造成具有中国内陆特色的跨境电商综合试验区，成为全省跨境电商新的增长极。

---

① 《中国（郴州）跨境电子商务综合试验区实施方案》见“跨境电商城市发展篇·郴州地区”的配套文件。

1. 将湘潭综合保税区打造成面向湖南中西部地区重要的跨境商品物流分拨中心、仓储中心、转口贸易中心和跨境电商创新发展先行区；将湘潭高新技术产业开发区、湘潭经济技术开发区打造成跨境电商零售企业集聚区；将湘潭天易经济开发区、湘乡经济开发区打造成跨境电商服务农村发展示范区；在韶山市建设中国（韶山）跨境电商进出口展示交易中心。

2. 力争用3年时间，引进和培育3个以上具备B2B2C能力的跨境电商供应链综合服务平台，引进和培育一批跨境电商龙头企业。

3. 2020年完成跨境电商进出口额2亿美元。力争到2025年，实现跨境电商年进出口额10亿美元以上，外贸企业应用跨境电商比例达到30%以上，培养跨境电商人才5000名以上。

二、重点任务

（一）搭建三平台

1. 跨境电商公共服务平台。建设跨境电商综合服务平台，与海关、税务、外汇、市场监管、公民身份信息核查等平台对接，实施“单一窗口”服务，实现一点接入、一次申报、一站式服务。

2. 跨境电商产业集聚园区平台。建设跨境电商产业园，打造特色跨境电商产业生态链。建设一批跨境电商出口园区和创业孵化园区。探索分区打造特色产业跨境电商产业集群。鼓励企业应用工业互联网、物联网、大数据、云计算、区块链、人工智能等技术提升跨境电商产业集群竞争力和企业竞争力。

3. 跨境电商服务农村发展示范平台。立足湘潭市城市发展定位，结合农村电子商务发展基础，鼓励企业打造垂直类涉农跨境电商B2B供应链平台，发挥湘潭综试区对周边区域农村发展的辐射带动作用，推进城乡统筹协调发展。畅通国际国内市场渠道，引入国外高科技农业机械和先进农业种植技术，推动优质农产品和农业机械产品走出国门。

（二）构建七体系

1. 跨境电商信息共享体系。建立跨境电商信息合作与共享体系，打通与海关、税务、外汇、市场监管等部门的数据接口，实现政府监管部门、金融机构、跨境电商企业、国际物流企业之间的信息互通互认，为跨境电商信息流、资金流、货物流“三流合一”提供数据支撑。

2. 跨境电商金融服务体系。鼓励和支持金融机构、第三方支付机构、跨境电商平台、保险机构等在跨境电商领域开展合作，建立高效的金融服务体系。创新融资模式，拓展跨境电商安全高效融资渠道。落实跨境电商外汇业务便利化办理举措。

3. 跨境电商智能物流体系。推动建立区域跨境电商仓储物流中心，打造“无港物流+仓储集散中心”新模式。利用航空包机、湘欧班列、港澳直通车等物流通道和资源，建立海陆空“多式联运”物流体系。引进国际大型、优质货代物流企业，形成布局合理、层次分明、衔接顺畅、功能齐全的跨境物流分拨配送和运营服务体系，逐步建立流程规范、大数据驱动的跨境电商智能物流体系。

4. 跨境电商信用评价体系。建设跨境电商信用信息数据库，提供跨境电商主体身份识别、信用记录查询等信用服务。建立监管部门信用认证和第三方信用服务评价相结合的综合评价体系。实施信用负面清单管理，维护跨境电商良好的发展环境。

5. 跨境电商统计监测体系。完善跨境电商交易主体信息、电子合同、电子订单等标准及跨境电商进出口商品分类标准，建立规范、全面的跨境电商统计制度和监测制度。利用大数据、云计算、区块链技术，对各类平台商品交易、物流通关、金融支付、税收征管等数据进行交换汇聚和分析处理，逐步建立多层面、多维度反映跨境电商运行状况的综合指标体系。

6. 跨境电商风险防控体系。建立跨境电商风险信息采集、风险评估、风险预警处置、风险控制机制，建设完善网络安全防护、数据资源安全管理和网络安全应急处置体系，保障网络安全、交易安全、国门生物安全、进出口商品质量安全，有效防范交易风险。预防和打击跨境电商领域违法犯罪行为，有效防控非真实贸易“洗钱”的经济风险。加强跨境电商平台知识产权保护，探索建立海外知识产权维权援助机制。

7. 跨境电商人才培养体系。依托湘潭高等院校优势资源，推动高校、行业协会、企业的产教融合，促进跨境电商相关专业和学科建设，推动跨境电商产学研领域深化发展。建设人才培养基地、实训基地、创业孵化基地。引进高层次人才，完善湘潭综试区跨境电商人才体系，集聚跨境电商产业发展人才资源。

三、主要举措

（一）培育“跨境电商+优势产业”优企优品

在产业资源集中的区域，建设集供应链上下游、产品研发、出口销售、品牌设计包装、知识产权、物流等于一体的跨境电商特色产业带。引进跨境电商服务商，鼓励和支持企业开展国际认证，应用跨境电商平台拓宽出口渠道，培育一批跨境电商优质企业和品牌。

（二）形成“跨境电商+农村电商”联动发展新模式

建立和完善冷链物流体系。结合湘潭特色，聚焦农机设备、茶叶、湘莲、茶油、竹制品、精品果蔬、食品等涉农产品，打造农产品跨境电商出口供应链体系。搭建集跨境涉农产品品牌培育、出口认证、标准制定、“身份证”管理溯源等功能于一体的第三方综合服务平台。鼓励县市区结合实际自建跨境电商供应链平台。

（三）探索开展“跨境电商+红色旅游”融合业务

依托韶山红色旅游资源，建设进出口商品展示交易中心，开展保税商品线下展示、线上交易模式。探索具有内陆特色的免税交易模式，拓展跨境业务，打造韶山旅游新亮点，推动文旅商融合发展。

（四）推进“跨境电商+垂直生态”建设

营造优质营商环境，吸引跨境电商湘商回归，吸引国内外知名跨境电商平台和供应链企业落户湘潭综试区。支持商贸物流企业发展跨境贸易，重点打造跨境进口电商细分垂直类目供应链和平台，推动垂直类 B2B 跨境电商交易平台规模化发展。

（五）培养跨境电商人才

实施“跨境电商+产教融合”工程，推动湘潭市中职、有条件的高校开设跨境电商相关专业和学科；鼓励跨境电商企业、人才服务机构及相关教育机构合作开展跨境电商人才培训，建立创业孵化基地。运用优质教学资源、实训基地，为跨境电商企业输送实用型、技能型和创新型人才。鼓励跨境电商高端人才落户湘潭综试区就业、创业和发展。

（六）创新跨境电商通关模式

创新跨境电商出口 B2B 和 B2B2C 通关模式，探索海外仓 B2B2C 业务发展，提升跨境进口商品特色类目的通关便利化水平。

四、组织实施

湘潭市要发挥建设主体作用，建立健全湘潭综试区工作推进机制；要做好顶层设计，形成工作责任清单，着重抓好战略规划、考核评估等工作；要围绕湘潭综试区建设目标，加快制定和出台支持政策和措施，加大支持力度。从 2020 年起湘潭市设立跨境电商发展专项资金，省财政予以适当支持。相关部门单位要大力支持，积极做好协调配合、指导评估等工作，共同推进湘潭跨境电商高质量发展。

关于印发《湘潭市跨境电子商务产业扶持专项资金管理暂行办法》的通知

（潭开办发〔2020〕25号）

各县市区人民政府，园区管委会：

《湘潭市跨境电子商务产业扶持专项资金管理暂行办法》已经市开放型经济高质量发展领导小组同意，现予印发，请认真贯彻执行。

湘潭市开放型经济高质量
发展领导小组办公室
2020年10月27日

湘潭市跨境电子商务产业扶持专项资金管理暂行办法

第一章　总　则

第一条　为贯彻落实《国务院关于同意在雄安新区等46个城市设立跨境电子商务综合试验区的批复》（国函〔2020〕47号）、《湖南省人民政府关于印发〈中国（湘潭）跨境电子商务综合试验区建设实施方案〉》（湘政发〔2020〕14号）等文件精神，推进我市跨境电子商务外贸新业态实现跨越式发展，结合我市跨境电子商务发展实际，特制定本管理办法。

第二条　本办法所提出的跨境电商产业扶持专项资金，是指所争取国、省的专项资金及部分湘潭市财政保障的发展跨境电子商务、支持综试区建设的专项资金。各县（市）区、园区可按本《暂行办法》制定本区域支持跨境电子商务产业发展的专项政策。

第三条　专项资金的管理和使用遵循科学管理、规范使用、加强监督的原则，确保资金的使用效能。

第二章　资金使用范围、对象和标准

第四条　支持跨境电子商务产业园区建设

（一）对经国、省、市商务主管部门认定的跨境电子商务产业园区，且入驻跨境电子商务业绩达500万美元的企业20家或达5000万美元的企业2家，给予园区不超过100万的一次性奖励。由园区用于对业绩突出的跨境电商平台企业和跨境电商企业进行奖励。

（二）支持跨境电子商务线上综合服务平台建设。支持建设中国（湘潭）跨境电子商务综合服务平台，承担建设所需硬件、通用性软件购置，以及综合服务平台开发、维护等费用。

（三）支持园区建设跨境电子商务产业集聚中心及综合服务中心，每年根据园区租赁场地面积及引进跨境电商企业情况，给予相关资金支持。

第五条　支持跨境电子商务平台企业引进与运营

（一）支持引进跨境电子商务平台龙头企业。根据引进的跨境电子商务平台龙头企业企业规模、经营实绩、税收贡献、发展潜力和企业信用等综合因素以专题研究方式给予支持。

（二）鼓励跨境电子商务平台企业及培训中心、孵化中心支持本地传统企业转型开展跨境电商业务。对每年培育10家以上本地企业且促成本地产品年出口交易额达5000万美元、1亿美元的跨境电子商务平台企业及培训中心、孵化中心，分别给予不超过50万元、100万元的奖励扶持。

（三）支持跨境电子商务平台企业针对特定国家和地区开设子网站或独立页面。对面向

全球多地区开设子网站或独立页面且与目的地区年成交额超过3000万美元以上的跨境电子商务平台企业一次性给予不超过50万元奖励扶持。

第六条 支持培育跨境电子商务经营主体

（一）支持本地传统企业开展跨境电子商务。对在亚马逊、eBay、全球速卖通、Shopee、Lazada等全球知名跨境电商平台开店，且在本地产生跨境电商业绩、年交易额突破50万美元的企业，每开一家店铺给予2000元的奖励扶持，单个企业最高不超过2万元。对当年入驻上述平台且纳入湘潭跨境电商统计额突破100万美元的，一次性奖励5万元。

（二）支持企业在湘潭市跨境电子商务线上公共综合服务平台备案。经海关确认的在线上公共服务平台统计跨境电子商务业务销售额首次达10万美元的前30家企业，一次性给予不超过2万元的奖励扶持。

（三）鼓励建立境内外020线下体验店。对在湘潭综试区内及境外设立的跨境电子商务O2O线下体验店，累计营业面积超过300平方米，经营满一年，实现年交易额100万美元、300万美元、1000万美元的企业，一次性给予不超过10万元、30万元、50万元的奖励扶持。对开办社区跨境电商O2O体验店且单店线上营业额超过20万美元的企业，每新增1家体验店一次性给予1万元奖励扶持，单个企业年度最高支持金额不超过20万元。

（四）对在境外注册自有商标或对产品通过国际认证、具有联合国标准产品与服务分类代码，并真实交易额1000万美元的本地注册的外贸企业，按相关注册费用、认证服务费用的70%给予一次性奖励扶持，单个企业奖励扶持总额不超过30万元。

第七条 支持跨境电子商务国际物流体系建设

（一）支持在湘潭综试区建设跨境电商快递物流分拨中心。支持物流供应链企业在湘潭综试区内租赁仓库构建跨境电子商务快递分拨中心，根据实际租赁费及年度产生的实际业绩每年给予30%的租金奖励扶持，最高不超过50万元；按跨境电子商务快递物流分拨中心实际设备投入及年度产生的实际业绩给予50%的设备资金投入奖励扶持，单个企业最高不超过100万元。

（二）对本地跨境电商企业（本地报关且数据留在本地的企业）以湘潭为始发站或目的站产生的内陆物流运输费用，按照其综合运费的30%给予奖励扶持，单个企业最高不超过50万元。

（三）对采购市外省内跨境电商产品、在湘潭报关且在湘潭综试区设立集货仓的本地跨境电商企业，按照其在省内产生综合运费的30%给予奖励扶持，单个企业最高不超过50万元。

（四）打通对接长沙的国际物流通道，对开通湘潭-长沙黄花机场、湘潭-湘欧班列、湘潭-长沙金霞港转关监管车的物流企业，单个企业根据年度实际开通班次给予每年不超过50万元的奖励扶持。

（五）支持本地企业使用海外仓。对本地企业租赁海外仓在1000平方米以上且年交易额达到1000万美元，按照实际租赁费用的20%给予奖励扶持，单个企业最高不超过20万元。

第八条 支持跨境电子商务金融服务体系建设

（一）支持引进供应链金融平台企业服务本地跨境电子商务企业。对供应链金融平台为本地企业引进1亿人民币、3亿人民币、5亿人民币融资，给予不超过10万元、30万元、50万元奖励扶持。

（二）支持跨境电子商务企业进行融资。对在湘潭跨境电子商务线上公共综合服务平台备案且有跨境电子商务实绩的企业，在跨境电子商务交易过程中使用跨境金融产品按同期一年期贷款基准利率的20%给予贴息，单个企业每年奖励扶持最高不超过50万元。

（三）支持跨境电子商务企业投保出口信用保险。对跨境电子商务企业投保发生的保险费用，每户企业按照实际缴纳保险费用金额的40%进行扶持，每户企业每年奖励扶持资金总额最高不超过50万元。

（四）支持发展第三方跨境支付平台。对取得中国人民银行《支付业务许可证》的跨境第三方支付企业，在湘潭市设立全国性或区域性总部开展跨境电子商务支付业务，年度线上交易额突破1亿美元的，按照1亿美元给予50万元奖励扶持的标准，每家企业奖励扶持总金额不超过100万元。

第九条 支持跨境电子商务人才培育体系建设

（一）鼓励跨境电子商务企业引进跨境电子商务专业人才。

对引进的中高端人才，参照《湘潭市产业科技领军人才团队引进认定和奖励实施细则（试行）》、《湘潭市急需紧缺人才引进认定和奖励实施办法》执行。

（二）支持湘潭院校开设跨境电子商务专业，建立跨境电子商务人才培养体系。对开设跨境电子商务学科且每年培养跨境电商人才200人以上的院校，每年给予20万元的奖励扶持。

（三）支持跨境电子商务人才培训。积极推进跨境电子商务人才培养、实习、实训，跨境电子商务“双创”工程。对投建跨境电子商务人才实习实训真实应用场景并且场地面积不小于300、1000平方米、年度开展跨境电子商务培训人数在500人、1000人以上且通过相关职业技能鉴定考试（评）300人、800人以上（本地企业录用率达30%以上）的企业或社会培训机构，给予不超过30、50万元奖励扶持。

第十条 上述奖励条款符合国省专项资金奖励方向的，优先安排国省专项资金支持，市级层面不再重复奖励。

第十一条 本办法有效时限为2020年—2021年，自2022年起，市本级奖励扶持资金将根据跨境电商产业发展逐年增加。

第十二条 本办法依据《中国（湘潭）跨境电子商务综合试验区实施方案》制定，由中国（湘潭）跨境电子商务综合试验区推进工作领导小组办公室负责解释。

关于印发《中国（湘潭）跨境电子商务综合试验区建设行动计划（2020—2021年）》的通知

（潭办发〔2020〕9号）

各县市区党委和人民政府，各大型企业、高等院校，市直机关各单位、各人民团体：

《中国（湘潭）跨境电子商务综合试验区建设行动计划（2020—2021年）》已经市委、市人民政府同意，现印发给你们，请认真贯彻执行。

中共湘潭市委办公室
湘潭市人民政府办公室
2020年10月26日

中国（湘潭）跨境电子商务综合试验区建设行动计划（2020—2021年）

为全面推进中国（湘潭）跨境电子商务综合试验区（以下简称湘潭综试区）建设，加快将其打造成为具有中国内陆特色的跨境电商综合试验区和全省跨境电商新的增长极，根据《国务院关于同意在雄安新区等46个城市和地区设立跨境电子商务综合试验区的批复》（国函〔2020〕47号）和《湖南省人民政府关于印发〈中国（湘潭）跨境电子商务综合试验区建设实施方案〉〈中国（郴州）跨境电子商务综合试验区建设实施方案〉的通知》（湘政发〔2020〕14号）精神，结合我市实际，制定本行动计划。

一、工作思路

为贯彻落实习近平总书记考察湖南重要讲话指示精神，顺应“互联网+新经济”发展趋势，适应新型商业和进出口贸易转型发展要求，结合湘潭市发展定位和基础优势，坚持“政府引导、市场主导，服务创新、协同发展”的原则，以“一年内初步构建我市跨境电商全产业链、生态链，近期着力于公共服务建设以实现高效运转”为工作主线，积极探索跨境电商新途径新模式，着力推动我市内外贸融合发展，努力构建“内陆特色、湘潭元素”的跨境电商促进体系。

二、工作目标

通过一年多的努力，初步完成跨境电商公共服务体系建设，完善通关便利举措，积极出台政策，扶培市场主体，形成以“数字化监管+数字化贸易+数字化服务”为特征的跨境企业集聚、出口进口并举、线上线下融合、服务体系健全、运转高效的跨境电商基本格局。

（一）扩大跨境电商交易规模

力争实现跨境电商进出口额2.2亿美元。其中，湘潭综保区完成1.2亿美元，湘潭高新区完成0.5亿美元，其他县市区和园区完成0.5亿美元。

（二）引导跨境电商产业集聚发展

努力将湘潭综保区和湘潭经开区打造成为面向湖南中西部地区重要的跨境商品物流分拨中心、仓储中心、转口贸易中心和跨境电商创新发展区，将湘潭高新区、岳塘经开区打造成为跨境电商企业特色发展集聚区。积极推动湘潭天易经开区、湘乡经开区跨境电商服务城乡融合发展示范区建设。在韶山市谋划建设中国（韶山）跨境电商进出口展示交易中心。

（三）完善跨境电商产业链和生态链

力争引进2家以上知名跨境电商全供应链综合服务平台企业，引进和培育一批线上线下融合发展的跨境电商重点企业和跨境电商第三方服务平台企业，打通跨境电商从区域集货、出口退税、国际物流和清关、海外仓储等全流程服务通道。促进本地外贸企业应用跨境电商比例达到20%以上，在全市探索实现跨境电商B2B进出口模式。

（四）加强全市跨境电商人才培育

培育跨境电商人才1000名以上，初步形成跨境电商人才定制化培养的校企合作机制，鼓励市内高校开设跨境电商专业；鼓励社会专业机构和产业协会开展跨境电商人才培训，构建专业化、社会化、国际化的跨境电商人才培养体系。

三、工作举措

（一）统筹推动，夯实基础

1. 加强组织领导。成立由市委书记任顾问、市人民政府市长任组长，市委副书记、市人民政府常务副市长、市人民政府分管副市长任副组长，商务、发改、财政、工信、人社、教育、市场监管、海关、税务、邮政、外汇、人民银行等部门，以及各县市区（园区）人民政府（管委会）主要负责人为成员的中国（湘潭）跨境电子商务综合试验区推进工作领导小组。各成员单位要履职尽责、主动作为，形成支持湘潭综试区建设的强大工作合力。（详见附件）

2. 强化资金保障。开展争资争项工作，积极争取国、省政策资金支持。同时，市、县两级将湘潭综试区建设专项资金纳入年度财政预算，并视情逐年增加。[责任单位：市财政局、市商务局，各县市区（园区）人民政府（管委会）；排名第一为牵头单位，下同]

3. 建设湘潭综试区跨境电商线上公共服务平台。开发“湘潭跨境电商线上公共服务平台”并对接长沙海关二级节点，向跨境电商关联企业开放数据传输接口，实现企业、服务机构、监管部门等信息互联互通。分步实施线上公共服务平台多功能一站式办理（含电商企业、物流企业以及海外仓备案申请、出口退税申报、认证认可、市场主体信息对接、物流信息查询、跨境金融、企业信用等级评估、大数据分析等业务）。（责任单位：市商务局、韶山海关、湘潭综保区、市发改委、市财政局、市交通运输局、市市场监管局、市经研金融办、产业集团、市税务局、市邮政管理局；完成时限：2020 年 12 月底前）

4. 加快海关监管场站建设。优化湘潭综保区“9610”监管场站，升级改造“场站申报系统”“场站管理系统”，实现“9610”进口以及“9610”“9710”“9810”出口一站式快速通关服务。新建符合海关要求的保税备货通关查验平台。创新业务模式和通关模式，引进跨境电商供应链及跨境仓储企业，开发部署智能化的“申报系统”“WMS 管理系统”，与海关金二系统对接、联调，实现跨境保税备货业务“1210”进口、出口双流向。协调落实商务部、海关总署、税务总局关于跨境电商综试区的各项优惠政策。（责任单位：湘潭综保区，韶山海关、市商务局；完成时限：2020 年 11 月底前）

（二）培引主体，提升产业

1. 着力培育本地传统企业开展跨境电商业务。全面梳理我市优势产业链，深入研究适合发展跨境电商的企业及产品，打造 2 条以上跨境电商特色产业链，培育本地跨境电商特色产品。引导新增 30 家以上本地外贸企业开展跨境电商业务。重点培育迅达厨具、永霏医疗、臻和亦康、新韶光电器、振添光学、埃普特医疗等生产贸易型企业开展跨境电商业务。发挥中部（岳塘）国际商贸城线下商品资源优势，重点支持申报市场采购贸易试点，加快打造国际商品馆和进出口商品批零基地，争创国家进口贸易促进示范区，推动“线上+线下”跨境电商融合发展。［责任单位：市商务局，各县市区（园区）人民政府（管委会）］

2. 深入开展招商活动。制定招商引资工作计划，组建跨境电商产业招商小分队并开展专业培训，聚焦粤港澳、长三角、京津冀等重点区域，对接省内外跨境电商协会及异地湘商资源，开展点对点招商活动。积极参加进博会、广交会等重点活动，宣传推介湘潭优势资源。［责任单位：市商务局、市发改委、市财政局，各县市区（园区）人民政府（管委会）］

3. 积极引进培育跨境电商企业、跨境电商物流企业和跨境电商供应链企业。深化与阿里、京东等电商领军企业的合作，加快推动跨境电商项下业务开展。策划包装跨境电商小镇等一批重大招商引资项目，建立重点招商企业目录库，主动对接速卖通、环球易购、敦煌网、有棵树等跨境电商头部平台企业跟进招商，力争引进 2 家以上跨境电商头部企业区域总部及集货中心、结算中心落户湘潭。着力引进知名供应链金融平台、物流供应链平台、出口保险机构等，形成我市跨境电商产业全链条。［责任单位：市商务局、市发改委、产业集团，各县市区（园区）人民政府（管委会）］

（三）创新发展，打造特色

1. 实施“一区一策”战略，结合我市国家级园区功能定位和产业特色，重点支持将湘潭综保区和湘潭经开区打造成为面向湖南中西部地区重要的跨境商品物流分拨中心、仓储中心、转口贸易中心，依托湘潭高新区、岳塘经开区线下产业支撑及综合服务基础，将其打造成为跨境电商零售企业集聚区。（责任单位：市商务局，湘潭高新区、湘潭经开区、湘潭综保区）

2. 充分发挥跨境电商服务城乡融合发展的作用，借助韶山市、湘潭县作为电子商务进农村综合示范县的基础优势和岳塘经开区作为湖南省特色农产品展示展销平台的线下优势，聚焦县域经济创新产业、农业农村生产、涉农类产品开发、农技服务等领域，搭建跨境电商服务城乡融合发展服务平台。通过引进跨境电商平台企业及第三方专业机构，开展品牌培育、出口认证及市场开拓，率先打造服务城乡融合发展的跨境电商进出口供应链体系。（责任单位：湘潭县、湘乡市、韶山市和岳塘区人民政府，市商务局、市农业农村局、市财政局、韶山海关；完成时限：2021 年 12 月底前）

3. 依托韶山红色旅游资源，引进有免税经营资格和运营能力的知名公司，建设中国（韶山）进出口商品展示交易中心，开展保税商品线下展示、线上交易模式，探索具有内陆特色的免税交易模式，推动“跨境电商+全域旅游”融合发展。（责任单位：韶山市人民政府，韶山海关、市商务局、市财政局、市文旅广体局；完成时限：2021 年 12 月底前）

（四）内外融合，构建生态

1. 打通跨境电商国际物流通道。积极融入长株潭一体化，积极争取省口岸办、长沙海关支持，全面对接省会长沙的国际物流体系，力争开通湘潭综保区—长沙黄花国际机场、湘潭综保区—湘欧班列（长沙）的转关监管车，开通 1 ~ 2 条公路转关出境口岸，实现“空、铁、水、陆”多层级联通，打通跨境电商国际物流通道。（责任单位：市商务局，湘潭综保区、韶山海关；完成时限：2020 年 12 月底前）

2. 加强跨境电商人才引进和培养。加强与省内外跨境电商协会及第三方专业机构合作，聘请跨境电商相关领域专家组建湘潭综试区建设专家库，围绕我市跨境电商综试区建设重点任务及重要环节，提供决策咨询和参考，全程指导并参与我市跨境电商综试区建设。（责任单位：市商务局；完成时限：2020 年 9 月底前）实施“跨境电商+产教融合”工程，推动我市中职及有条件的高校开设跨境电商相关专业和学科；鼓励跨境电商企业、人才服务机构及相关教育机构合作开展跨境电商人才培训，建立创业孵化基地，为跨境电商企业输送实用型、技能型和创新型人才。［责任单位：市教育局、市人力资源社会保障局、市商务局，各县市区（园区）人民政府（管委会）］

3. 加强服务体系建设。通过设立基金、创新金融产品、积极推广“三单”融资等方式，解决跨境电商企业“融资难、融资贵”问题。鼓励金融机构、第三方支付机构、电商平台等建立一站式在线支付结算、在线融资、在线保险、跨境人民币结算等跨境电商金融服务体系。（责任单位：市经研金融办、人民银行湘潭中心支行）建立跨境电商业务全流程的风险管理和防控体系，发挥外汇、海关、税务等部门的监管职责和跨境电商平台的主体责任，实现跨境电商安全规范、风险可控。（责任单位：市商务局、韶山海关、市税务局、人民银行湘潭中心支行）联合开展跨境电商统计监测试点，建立并完善跨境电商统计方法，创新统计数据应用，发布跨境电商发展指数。（责任单位：韶山海关、市商务局）

企业名录

截至 2021 年 12 月 31 日，在湘潭跨境电商公共服务平台上注册并实际开展业务的企业名录见表 2-21。

表 2-21　湘潭市跨境电商类企业名录

序号	企业名称	企业类型
1	湖南双环纤维成型设备有限公司	跨境电商卖家
2	湘潭市宏锋机械设备制造厂	跨境电商卖家
3	湖南振华分析仪器有限公司	跨境电商卖家
4	湘潭市电机车厂有限公司	跨境电商卖家
5	湘潭中威重工有限公司	跨境电商卖家
6	湘潭神舟特种电缆有限公司	跨境电商卖家
7	湘潭和鑫盛新材料有限公司	跨境电商卖家
8	湘潭银燕化工有限公司	跨境电商卖家
9	湘潭汉瑞得家庭用品有限公司	跨境电商卖家
10	湖南森泰生物科技有限公司	跨境电商卖家
11	湖南华鑫电子科技有限公司	跨境电商卖家
12	湖南畅想彩色玻璃有限公司	跨境电商卖家
13	湘潭中环纸浆模塑科技有限公司	跨境电商卖家
14	湖南江冶机电科技股份有限公司	跨境电商卖家
15	湖南新向维包装有限公司	跨境电商卖家
16	湖南泽晨健身用品有限公司	跨境电商卖家
17	湖南众一离心机股份有限公司	跨境电商卖家
18	湘潭新阳光农化有限公司	跨境电商卖家
19	湖南康达生物科技有限公司	跨境电商卖家
20	可菲生物科技有限公司	跨境电商卖家
21	湘潭丹诺电子科技有限公司	跨境电商卖家
22	湖南莲港紧固件有限公司	跨境电商卖家
23	湘潭新阳光贸易有限公司	跨境电商卖家
24	湖南速湃体育用品有限公司	跨境电商卖家
25	湖南精正设备制造有限公司	跨境电商卖家
26	湘潭外野户外用品有限公司	跨境电商卖家
27	湖南国雅彩印有限公司	跨境电商卖家
28	湖南豪杰包装制品有限公司	跨境电商卖家
29	湖南双银进出口贸易有限责任公司	跨境电商卖家
30	湖南彩汇科技有限公司	跨境电商卖家
31	湖南信达丰新材料有限公司	跨境电商卖家
32	湖南永霏特种防护用品有限公司	跨境电商卖家
33	迅达科技集团股份有限公司	跨境电商卖家
34	韶山优谱电器厂	跨境电商卖家

续表1

序号	企业名称	企业类型
35	湖南比目鱼商贸有限公司	跨境电商卖家
36	湘潭沐辰电子商务有限公司	跨境电商卖家
37	湘潭丰禾生物科技有限公司	跨境电商卖家
38	湘潭浩通国际物流有限公司	服务商
39	湖南一点购供应链有限公司	服务商
40	湘潭海泡石科技有限公司	跨境电商卖家
41	湘潭祥木阁贸易有限公司	跨境电商卖家
42	湖南森威新能源有限公司	跨境电商卖家
43	湘潭市春玉户外用品有限公司	跨境电商卖家
44	湖南科通电气设备制造有限公司	跨境电商卖家
45	湖南省金河计算机科技有限公司	跨境电商卖家
46	湖南锦恒电力物资有限责任公司	跨境电商卖家
47	湖南英麦克机械制造有限公司	跨境电商卖家
48	湘潭市新峰金属科技有限公司	跨境电商卖家
49	湖南花石陶瓷玻璃机械有限公司	跨境电商卖家
50	湖南超宇科技有限公司	跨境电商卖家
51	湖南宏久硅业有限公司	跨境电商卖家
52	湘潭环亚实业有限公司	跨境电商卖家
53	湘潭电化科技股份有限公司	跨境电商卖家
54	湖南翡乐尔智能科技有限责任公司	跨境电商卖家
55	湖南恒润汽车有限公司	跨境电商卖家
56	韶山市四通钢模机械制造有限责任公司	跨境电商卖家
57	湘潭市福兮纺织品有限公司	跨境电商卖家
58	湖南湘宝竹木制品有限公司	跨境电商卖家
59	金梦圆（湖南）农机销售有限责任公司	跨境电商卖家
60	湖南省矿宝精钻机械有限公司	跨境电商卖家
61	湖南科立亚马逊家居有限公司	跨境电商卖家
62	湖南立发釉彩新材料有限公司	跨境电商卖家
63	湘潭牧乐生物科技有限责任公司	跨境电商卖家
64	湘潭皓康生态材料有限公司	跨境电商卖家
65	湘潭县花石镇湘莲好怡购销部	跨境电商卖家
66	湘潭市冶金设备制造有限公司	跨境电商卖家
67	湘潭神州龙实业有限公司	海外仓
68	湖南省云度供应链管理有限公司	海外仓
69	湘潭东信棉业	海外仓

续表2

序号	企业名称	企业类型
70	湘潭图冠五金制品有限公司	跨境电商卖家
71	湘潭乐豪科技有限公司	跨境电商卖家
72	湘潭尚达信息科技有限公司	跨境电商卖家
73	湘潭盛捷供应链管理有限公司	跨境电商卖家
74	湖南众连康医疗科技有限公司	跨境电商卖家
75	湖南巨发科技有限公司	跨境电商卖家
76	湘潭驰东进出口贸易有限公司	跨境电商卖家
77	湘潭庆志进出口贸易有限公司	跨境电商卖家
78	湘潭达贸晶进出口贸易有限公司	跨境电商卖家
79	湖南誉森供应链管理有限责任公司	服务商
80	湘潭乐高信息科技有限公司	服务商
81	湘潭综合保税区发展投资有限公司	服务商
82	湘潭聚洋信息科技有限公司	服务商
83	湘潭侠客岛企业管理合伙企业	服务商
84	湖南辰锦供应链有限公司	服务商
85	湘潭云畅网络科技有限公司	服务商
86	湖南华海报关贸易有限公司	服务商
87	湘潭帝都光电科技	跨境电商卖家
88	湘电集团有限公司	跨境电商卖家
89	湘潭红星公路材料有限公司	跨境电商卖家
90	湖南山水节能科技股份有限公司	跨境电商卖家
91	湖南伟力汽车零部件有限公司	跨境电商卖家
92	湘潭炜达机电制造有限公司	跨境电商卖家
93	湘潭县瑞珑文体用品有限公司	跨境电商卖家
94	湖南亨瑞全健体育产业有限公司	跨境电商卖家
95	韶山市九和模具制造有限公司	跨境电商卖家
96	湖南深思电工实业有限公司	跨境电商卖家
97	湖南波比工艺品制造有限公司	跨境电商卖家
98	湖南斯珀特家居用品有限公司	跨境电商卖家
99	湖南波比木业有限责任公司	跨境电商卖家
100	湘乡市星祥网络科技有限公司	跨境电商卖家
101	湘乡市三耳农产品有限公司	跨境电商卖家
102	湘潭市蛋糕花物流责任有限公司	跨境电商卖家
103	湖南省湘大王农业科技发展有限公司	跨境电商卖家
104	湖南省增佳贸易有限责任公司	跨境电商卖家

续表3

序号	企业名称	企业类型
105	湘潭铭思数码科技有限公司	跨境电商卖家
106	湘潭青源轩贸易有限公司	跨境电商卖家
107	湘乡市富隆兴电子商务有限公司	跨境电商卖家
108	湘乡市毛田镇诚信服装店	跨境电商卖家
109	湘潭市雨湖区腾威超市	跨境电商卖家
110	湘潭恒特电子商务有限公司	跨境电商卖家
111	湘潭云呈翔贸易有限公司	跨境电商卖家
112	湘潭骄楚科技有限公司	跨境电商卖家
113	湘潭鼎智贸易有限公司	跨境电商卖家
114	湘潭县石潭镇昌盛经营部	跨境电商卖家
115	湖南瑞骑塔户外运动用品有限公司	跨境电商卖家
116	湘潭高新区艺宁日用百货店	跨境电商卖家
117	湘潭市岳塘区涵润贸易有限责任公司	跨境电商卖家
118	湘潭市岳塘区衣一服饰店	跨境电商卖家
119	湘潭永盈商贸有限公司	跨境电商卖家
120	湘潭市岳塘区有家有爱工艺品店	跨境电商卖家
121	湖南鼎力汇网络科技有限公司	跨境电商卖家
122	湘潭拓思进出口有限公司	跨境电商卖家
123	湘潭市壹键达贸易有限公司	跨境电商卖家
124	湘潭市岳塘区旺心工艺品店	跨境电商卖家
125	湖南贝骑体育用品有限公司	跨境电商卖家
126	湘潭质纯商贸有限公司	跨境电商卖家
127	湖南宏球灯饰有限公司	跨境电商卖家
128	湖南立程五金有限公司	跨境电商卖家
129	湘潭梵丽服饰有限公司	跨境电商卖家
130	湘潭三鹰贸易有限公司	跨境电商卖家
131	湘潭市岳塘区向日葵工艺品店	跨境电商卖家
132	湘潭颖轩贸易有限责任公司	跨境电商卖家
133	湘潭岳塘区颖赛电子商务有限责任公司	跨境电商卖家
134	湘潭信行商贸有限公司	跨境电商卖家
135	湘乡市星辰体育用品有限公司	跨境电商卖家
136	湖南楚旺林贸易有限公司	跨境电商卖家
137	湘潭市速骑户外用品有限公司	跨境电商卖家
138	湖南辉凡网络科技有限公司	跨境电商卖家
139	湖南腾速体育用品有限公司	跨境电商卖家

续表4

序号	企业名称	企业类型
140	湘潭县石潭镇昌盛电动工具经营部	跨境电商卖家
141	湖南春和祥电子商务有限公司	跨境电商卖家
142	湖南乐泽栖信息科技有限公司	跨境电商卖家
143	湖南思思电子商务有限公司	跨境电商卖家
144	湖南醒沐商贸有限公司	跨境电商卖家
145	湘潭海豹电子商务有限责任公司	跨境电商卖家
146	湘潭市裕融商务信息咨询有限公司	跨境电商卖家
147	湘潭市岳塘区欣菲商行	跨境电商卖家
148	湘潭兕帝汽车配件有限公司	跨境电商卖家
149	湘潭易宝康医疗器械有限公司	跨境电商卖家
150	湘乡市澜霖跨境电子商务有限责任公司	跨境电商卖家
151	湘乡市老周养蜂专业合作社	跨境电商卖家
152	湘潭为盛进出口贸易有限公司	跨境电商卖家
153	湘潭麓峰机械有限公司	跨境电商卖家
154	迅达科技集团湖南进出口有限公司	跨境电商卖家
155	湖南麦克斯搅拌捏合设备有限公司	跨境电商卖家
156	湖南景辰臻品商贸有限公司	跨境电商卖家
157	湖南蓝像网络科技有限公司	跨境电商卖家
158	湘潭美加医疗器械科技有限公司	跨境电商卖家
159	湘潭市畅和贸易有限责任公司	跨境电商卖家
160	湖南开悦资讯有限公司	服务商
161	湖南悦盟时代进出口有限公司	跨境电商卖家
162	湖南养和医疗设备有限公司	跨境电商卖家
163	湘潭云逸电子商务有限公司	跨境电商卖家
164	湖南康丁香医疗器械有限公司	跨境电商卖家
165	湖南海邻进出口贸易有限公司	服务商
166	湘潭百科网络科技有限公司	服务商
167	湘潭宇隆贸易有限公司	跨境电商卖家
168	湖南景博机电科技有限公司	跨境电商卖家
169	湘潭市晏畅贸易有限公司	跨境电商卖家
170	湘潭思柯特电子商务有限公司	跨境电商卖家
171	湘潭航源贸易有限公司	跨境电商卖家
172	湘潭润威贸易有限公司	跨境电商卖家
173	湘潭庆杨供应链管理有限公司	服务商
174	湖南道吴供应链管理有限公司	服务商

续表5

序号	企业名称	企业类型
175	湘潭顺康杨供应链管理有限公司	服务商
176	湘潭本凡供应链管理有限公司	服务企业
177	湘潭飞迈生物科技有限公司	跨境电商卖家
178	湘潭市深海机械科技有限公司	服务企业
179	湘潭志港盛供应链有限公司	服务企业
180	湖南鼎顺工程机械设备有限公司	跨境电商卖家
181	湖南省长城铭泰新材料科技有限公司	跨境电商卖家
182	湖南维尔嘉科技有限公司	跨境电商卖家
183	湖南中弘童汇实业有限公司	跨境电商卖家
184	湘潭计然进出口贸易有限责任公司	跨境电商卖家
185	湘潭市诚挚鑫达配件销售有限公司	跨境电商卖家
186	湖南博荣国际货运代理有限公司	跨境电商服务企业
187	湖南易众程国际物流有限公司	跨境电商服务企业
188	湖南脉丰科技有限公司	跨境电商服务企业
189	长沙恒越信息科技有限公司	跨境电商服务企业
190	湖南领聚数字技术服务有限公司	跨境电商服务企业
191	湖南世成国际文化艺术有限公司	跨境电商服务企业
192	湖南道吴供应链管理有限公司	跨境电商服务企业

注：

1. 以市监部门企业注册登记信息为准；
2. 统计时间截止为2021年12月31日。

统计数据

2021年，湘潭市跨境电商进出口情况见表2-22。

表2-22　湘潭市跨境电商进出口明细表

贸易方式	进出口		出口		进口	
	美元值（万）	美元值同比（%）	美元值（万）	美元值同比（%）	美元值（万）	美元值同比（%）
合计	16294.32	13709.68	15905.09	—	389.23	229.88
跨境电商（“9610”）	6405.59	5328.84	6016.36	—	389.23	229.88
跨境电商B2B直接出口（“9710”）	9888.73	—	9888.73	—	0	—

大事记

2020年4月27日，湘潭市获国务院批准成为第五批跨境电商综试区城市。

2020年8月，湘潭连续五年入围海关总署评选的“2019年中国外贸百强城市”名单，位列全国第49位。

2020年8月13日，湖南省人民政府正式印发《中国（湘潭）跨境电子商务综合试验区实施方案》，明确湘潭市突出发展“跨境电商+优势产业”“跨境电商+农村电商”“跨境电商+红色旅游”“跨境电商+垂直生态”的工作举措，力争通过3~5年的努力，将湘潭综试区打造成为有中国内陆特色的跨境电商综试区，成为全省跨境电商新的增长极。

2020年9月30日，湘潭市人民政府第91次常务会议顺利通过《中国（湘潭）跨境电子商务综合试验区建设行动计划（2020—2021年）》和《湘潭市跨境电子商务产业扶持专项资金管理暂行办法》。

2020年10月30日，在深圳举办湘潭综试区招商推介会暨项目签约仪式，共有17个项目现场签约。

2020年11月20日，湘潭市商务局和阿里巴巴国际站中西部大区在盘龙山庄举行“2020湘潭市跨境电商发展峰会暨春雷计划2.0发布会”。

2020年11月21日至24日，湘潭市10家重点企业参与阿里巴巴杭州总部游学活动。

2021年1月，湘潭综保区完成了“9610”监管场站硬件改造和软件升级，通过长沙海关验收并获批“经营海关监管作业场所企业注册登记证书”，实现了与长沙海关数据联通，并于1月29日跑通“9610”第一单。

2021年2月1日，湘潭综保区举办跨境电商BC直购第一单开通仪式。

2021年3月25日，湘潭市政府口岸办邀请湖南新航路、湖南邦达天原、长沙斑鹿供应链、顺丰国际快运、湖南万成云商、省跨境电商协会举办湘潭跨境电商综试区物流体系建设研讨活动，就湘潭综试区物流体系建设规划等内容进行探讨交流。

2021年4月~5月，2021年中国国际电子商务博览会暨数字贸易博览会、首届中国国际消费品博览会举办，全市重点企业参加。

2021年6月，湘潭丹诺电子科技有限公司走通“9710”跨境电商第一单。

2021年6月26日，在跨境电商综合服务中心举办湘潭综保区跨境电商综合服务中心揭牌暨湘潭跨境电商线上公共服务平台上线仪式。

2021年8月，湘潭综保区完成跨境电商“1210”查验监管中心信息化项目建设。

2021年8月25日，湘潭市商务局组织湘潭籍深圳跨境电商企业家参加在深圳举办的跨境电子商务产业发展座谈交流会，新蛋中国、胜道乐知、鼎盛互联等30家跨境电商企业参加。

2021年11月，根据海关总署增列的海关监管模式、鼓励企业通过跨境电商方式加大出口，湘潭市开放型经济高质量发展领导小组办公室制定下发了《湘潭市跨境电子商务产业扶持专项资金管理暂行办法的补充规定》。

郴州地区

2020 年 4 月 27 日，国务院批复同意设立中国（郴州）跨境电子商务综合试验区（以下简称“郴州综试区”）。2020 年 8 月，湖南省人民政府下发了《中国（郴州）跨境电子商务综合试验区实施方案》，实施方案包括总体要求、主要任务、工作举措、组织实施等四个部分的内容及责任清单，在发展目标方面，力争通过 3 到 5 年改革试验，打造以郴州综试区为核心的粤港澳大湾区跨境电商副中心物流基地、分拨中心、总部基地和创业基地；2021 年 2 月，制定了《2021 年郴州跨境电子商务综合试验区工作要点》，明确成立中国（郴州）跨境电子商务综合试验区工作领导小组，领导小组办公室（以下简称“郴州综试办”）设在郴州市商务局。郴州综试办统筹协调推进郴州综试区建设各项工作。

发展现状

一、工作举措

郴州市为大力发展跨境电商推行了一系列工作举措，为跨境电商行业进一步发展提供了一些有利的条件。

（一）加大政策支持力度，为跨境电商高质量发展提供政策保障

出台了《郴州市支持跨境电子商务产业高质量发展的若干措施（试行）》，重点支持跨境电商园区和孵化体系建设、跨境电商平台建设、跨境电商支撑服务体系建设和跨境电商人才培养及物流建设等。郴州市商务局、郴州市财政局下发了《关于做好2021年中国（郴州）跨境电子商务综合试验区扶持资金申报工作的通知》。

（二）加大力度推动跨境电商平台建设

一是建设以“一点接入”为原则，集多种贸易方式为一体的一站式跨境电商综合服务平台。实现与海关、税务、外汇管理、市场监管等政府部门之间信息互换、监管互认、执法互助、数据共享。完善信息共享、电商信用、智能物流、金融服务、风险防控、统计监测等体系，链接金融、物流、电商平台、外贸综合服务，切实提升贸易便利化水平。二是以现有的国际快件中心和跨境电商海关查验场为主体，由北湖区政府平台公司（郴州市百福投资集团有限公司）收购，提质升级现有铁路货栈，建设高效率的国际快件、跨境电商和一般贸易的清关服务平台。打造“一中心、两平台”，即跨境电商综合服务中心（含孵化基地）、跨境电商数据平台和通关服务平台。三是利用郴州综保区跨境电商零售进口试点的政策优势，搭建“1210”保税备货监管中心，配备查验分拣线及信息化系统，建设保税备货监管中心。

（三）整合资源，发挥优势，错位建设跨境电商产业园区

一方面在原有电子产业园区的基础上叠加跨境电商功能，另一方面引进新的跨境电商产业园经营者。目前，郴州市已建成和在建的跨境电商产业园区有6个。2021年5月20日，桂阳县云创电商（跨境）产业园正式投入运营。

（四）依托“品质郴州”平台，大力开展“郴品出海”活动

推动郴州上百家传统企业转型升级为跨境电商企业，成为外贸新的增长点，提升全市整体外贸行业的全球竞争力。

（五）产教融合开展跨境电商培训工作

联合湘南学院、郴州职业技术学院两所高校通过产教融合，共建“跨境电商人才培养输出及创业孵化基地”，大力开展跨境电商培训工作，为数十家本地跨境电商企业输送人才上百人。

（六）多措并举，推动郴州综试区全面发展

积极支持企业建设和利用海外仓资源，海外仓建设取得突破。推动郴州综试区内智权平台建设。按照国家“全链条保护”新要求，探索建立对接长三角知识产权联盟、国家级知识产权交易中心、世界知识产权组织，持续推动研发设计、中介咨询、法律服务、远程医疗、教育培训等行业标准落地，建立全新的数字知识产权生态。依托“1210”模式优势，大力发展跨境电商新零售，推出盛开朵朵、保证购等本地跨境新零售购物平台，发展电商进口贸易业务。完善国际物流体系，包括国际快件中心地提质改造、开通中欧班列、建设内陆港等。

二、主要做法

通过持续强力的招商动作和颁发一系列招商引资政策，吸引到大量跨境电商项目落地与跨境电商企业入驻。

郴州市通过招商分别与珠海宏桥高科技有限公司达成建设跨境电商公共服务平台项目合作意向，并于2020年11月完成一期建设；与杭州幂链科技有限公司达成建设郴州外贸（品质郴州）数字贸易平台合作意向，计划于2022年8月上线；与达成念集信息技术咨询（广州）有限公司签订协议，引进深圳四方网络科技等企业建设盛邦达跨境电商产业园。该园区于2021年7月正式运营，入驻跨境电商企业20余家，年跨境电商交易突破5000万美元；依托“1210”保税备货监管中心，鼓励与支持建设跨境电商新零售（出口）购物平台盛开朵朵，于2021年12月正式上线；与兴义物流、亿达物流达成合作意向，共建北湖区国际物流通道及集散分拨中心项目，计划于2022年8月完成一期建设等。围绕跨境电商主题组织跨境电商招商专场等数十场招商活动。

郴州市通过政策引导以及大力招商新建或改造跨境电商相关的平台或支撑服务项目，引进跨境电商企业，鼓励传统加工贸易企业、外贸企业跨境电商转型升级，培育和孵化本土跨境电商企业。

三、发展的不利因素

（一）跨境电商产业基础薄弱，品牌建设不够，供应链缺乏

郴州市开展跨境电商业务的企业以采购和集货模式为主，郴州本地产品以跨境电商模式出口的量非常少，几乎没有供应链企业。一直以来郴州的对外贸易以有色金属产品为主，适合开展跨境电商进出口的产品如电子、家居、服装、鞋帽等，郴州市虽有生产，但多数以代加工为主，缺乏自有品牌。

（二）跨境物流成本高，制约郴州综试区发展

郴州市物流业存在成本高、效率低的现状，尤其是跨境物流成本更高。据统计，郴州市跨境物流成本是沿海发达地区的两倍多，严重制约郴州跨境电商产业的发展。

（三）跨境电商人才短缺

通过调查发现，郴州市在跨境电商人才培养方面虽然有一定的基础和储备，但仍然不能满足郴州外贸企业对复合人才和高级人才的需求。郴州市各外贸企业具备综合能力类的跨境电商人才太少，既懂得外贸知识，又对跨境电商十分熟悉的人才则少之又少。郴州市对综合性人才方面投入的还不够，人才培训和人才引进工作迫在眉睫，仍是当前工作的重中之重。

四、工作对策

总体来说，郴州市跨境电商行业发展的利好因素大于不利因素，根据郴州市跨境电商发展的实际情况，结合郴州市自身情况和已有的产业政策，为推动郴州市跨境电商行业发展采取以下工作对策。

（一）持续大力培养相关专业人才

首先，进一步深化产教融合，深化共建“郴州跨境电商人才培养输出及创业孵化基地”项目，例如，通过建设网站和直播间，线上线下相结合的方式让培训方式更立体、更全面，更具有人性化。其次，鼓励高等院校开设跨境电商专业课程，例如，跨境电商实务、跨境电商平台运营等。再次，建设跨境电商进出口业务实践基地。企业可以为高校跨境电商进出口业务实践基地提供设计思路，提供开展跨境电商进出口业务的相关产品，提供跨境电商进出口业务实践的指导，高校也可以直接邀请企业进入校园进行实践方面的培训授课和人才对接等。

（二）扶持品牌企业，加快培育跨境电商主体

郴州市政府将品牌建设纳入政府的工作计划中，通过并且将其列入各个部门的目标责任书中，在规定的期限内，进行实时的考核。设立品牌奖励基金，对于获得企业品牌、市级品牌、中国品牌、国际品牌的企业，给予不同的奖励，鼓励企业积极主动的争创品牌产品。

（三）促进市场多元化发展

一方面，郴州市跨境电商积极向东盟国家迈进，加强对这些国家的出口，同时应继续进一步拓展非洲和东南亚市场；另一方面，注重出口业务的同时，进口业务也需要同步进行，继续深化推动跨境新零售进口业务的发展，进一步探索跨境新零售的试点工作，推动郴州市跨境电商市场多元化发展。

配套文件

中国（郴州）跨境电子商务综合试验区实施方案

为全面推进中国（郴州）跨境电子商务综合试验区（以下简称郴州综试区）建设，根据《国务院关于同意在雄安新区等46个城市和地区设立跨境电子商务综合试验区的批复》（国函〔2020〕47号）精神，结合工作实际，制定本实施方案。

一、总体要求

（一）指导思想

以习近平新时代中国特色社会主义思想为指导，按照党中央、国务院决策部署，坚持新发展理念，紧抓粤港澳大湾区建设、长江经济带协同发展等重大历史机遇，发挥湘南湘西承接产业转移示范作用，建设粤港澳大湾区跨境电商副中心，形成全面开放、面向全球的对外贸易新格局。

（二）基本原则

——政府引导、市场主导。强化产业规划，注重突出优势，坚持错位发展。引导各种要素向跨境电商相关产业集聚，培育一批本土跨境电商龙头企业，汇聚形成跨境电商产业集聚区。

——优化服务、创新发展。深化“放管服”改革，进一步优化流程，完善配套政策和措施，创新服务和监管模式，构建良好的跨境电商发展环境。

——发挥优势、突出重点。发挥毗邻粤港澳大湾区的区位优势和便利的公路、铁路运输优势，畅通跨境电商“粤港澳新通道”，将郴州建设成湖南对接粤港澳大湾区的“桥头堡”和湖南开放崛起的新增长极。

（三）发展目标

力争通过3~5年的改革试验，打造以郴州综试区为核心的粤港澳大湾区跨境电商副中心物流基地、分拨中心、总部基地和创业基地。至2023年，实现“6510”跨境电商发展目标，即完成跨境电商6大创新模式试点，引导跨境电商各类市场主体向郴州集聚，引进和培育5家跨境电商龙头企业，实现跨境电商年进出口额10亿美元以上，进一步提升跨境电商对全省经济发展的贡献率。

二、主要任务

（一）建设两平台

1. 跨境电商线上综合服务平台。依托郴州综合保税区和郴州电子口岸公共服务平台资源，建设线上综合服务平台，为跨境电商企业提供市场推广、通关报检、金融服务、智慧物流、供应链、培训、信用保险、结汇退税、资信评估等服务。引导跨境电商企业对接综合服务平台，形成线上跨境电商综合服务体系。

2. 跨境电商线下园区平台。以郴州高新技术产业开发区（郴州综合保税区）、郴州经济开发区为核心，高标准创建各具特色的跨境电商园区。加快郴州综合保税区跨境电商特色园区建设，推动开展跨境电商直购、保税备货、进口商品展示体验等业务模式。支持在县市区规划、建设跨境电商特色产业园，形成错位发展、优势互补的跨境电商产业格局。

（二）构建八体系

1. 跨境电商信息共享体系。依托跨境电商线上综合服务平台，建立备案企业信息共享库，统一信息标准规范、备案认证和管理服务，实现政府监管部门、金融机构、跨境电商企业、国际物流企业之间信息互联互通，为跨境电商信息流、资金流和货物流“三流合一”提供数据技术支撑。

2. 跨境电商智能物流体系。以建设生产服务型国家物流枢纽承载城市为契机，促进国际快件业务和跨境电商发展。充分利用港澳直通车，畅通郴州至香港、澳门的跨境电商便捷物流通道。发挥毗邻粤港澳大湾区的地理优势，发展“多式联运”，建立“内陆港+海运口岸”国际物流货运通道，形成流程规范的跨境电商智能物流体系。

3. 跨境电商金融服务体系。鼓励金融机构与跨境电商企业开展合作，建立多元化、多渠道的投融资渠道。利用跨境电商信息可查询、可追溯的特点，对具有真实交易背景的跨境电商交易提供支付结算、信用保险、融资、担保等风险可控的在线金融服务。鼓励跨境电商活动使用人民币计价结算。

4. 跨境电商信用管理体系。建立跨境电商信用数据库和信用评价系统、信用监管系统、信用负面清单系统。记录和积累跨境电商综合服务、交易平台、物流仓储企业及其他企业基础数据，建立监管部门信用认证与第三方信用服务评价相结合的综合评价体系。

5. 跨境电商统计监测体系。利用大数据、区块链技术，建立跨境电商大数据中心，链接线上综合服务平台，完善跨境电商统计方法。建立健全跨境电商统计管理体系，发布跨境电商发展指数，为政府监管和企业经营提供决策咨询服务。

6. 跨境电商风险防控体系。建立健全风险信息采集、评估分析、预警处置、复查完善等机制。建立完善网络安全防护体系、数据资源安全管理体系和网络安全应急处置体系。有效防控资金流动、数据存储、支付交易、网络安全的技术风险和产品安全、贸易摩擦、主体信用的交易风险。加强跨境电商平台知识产权保护，探索建立海外知识产权维权援助机制。

7. 跨境电商品牌营销体系。建立跨境电商出口品牌培育、发展和保护机制，鼓励企业创立自主品牌。促进与跨境电商品牌营销相关的第三方服务发展。大力发展短视频、搜索引擎、社交媒体、广告推广等数字营销服务，举办跨境电商行业峰会和对接会。建立线上线下联动的产销对接机制，推动形成辐射湖南全省及周边地区，对接“一带一路”、面向全球的跨境电商品牌营销网络。

8. 跨境电商人才服务体系。依托科研院所、高等院校等优势科研教育资源，积极开展与国际贸易、电子商务、快递运营管理、物流管理、商务数据分析与应用等相关的实习、培训和科研活动。引进和培育高端领军人才，汇聚人才资源。

三、工作举措

（一）创新发展模式

1. 拓展“跨境电商+优势产业”出口渠道。鼓励工业企业开展跨境电商业务，支持重点企业与跨境电商平台、企业合作，拓展国际营销渠道。鼓励和支持加工贸易与互联网的深度融合。

2. 探索“跨境电商+高端消费品”进口模式。积极推进“1210”进口、进口商品展示展销和线下O2O业务，打造具有郴州特色的“网购保税+线下自提”模式。鼓励和支持重点企业利用全球跨境电商供应链优势，扩大高端消费品进口试点。

3. 通过“跨境电商+精准扶贫”推动农产品上行。依托宜章县、永兴县、临武县、汝城县、桂东县创建国家电子商务进农村示范项目形成的农产品上行电商标准化优势，支持郴州农业特色产业利用跨境电商方式出口。建设农产品线上交易平台和线下集配中心，进一步加强服务粤港澳大湾区的农产品上行能力，助力郴州市跨境电商精准扶贫。

4. 构建“跨境电商+批发市场”新生态。依托郴州综试区，打造集聚新零售产业、跨境电商展示、智能仓储物流配送、跨境电商产品供应链基地、电商企业孵化为一体的跨境电商示范园区。支持各类市场主体在饰品、服装和手机配件等产品出口方面发挥跨境电商优势，多渠道、多方式开拓国际市场，形成批发市场与跨境电商融合发展的外贸新生态。

5. 培育“跨境电商+大数据”新产业。依托东江湖大数据产业园，推动形成湖南省跨境电商大数据中心，争创国家跨境电商数据云灾备基地，形成覆盖我国华南地区、辐射粤港澳及东南亚、南亚等周边地区的华南大数据应用和产业集聚区。

6. 打造“跨境电商+文化旅游”新品牌。依托郴州“一核两极多点”的旅游产业空间布局，探索开展跨境电商“线上平台+线下自提”模式。在郴州综合保税区进出口商品展示交易中心开展前店后仓的跨境电商“秒通关”业务，推行“跨境电商+文化旅游+旅游商品”试点，助推文化旅游产业与跨境电商产业协同发展。

（二）优化监管措施

7. 探索“六体合一”监管新模式。在郴州高新技术产业开发区（郴州综合保税区）、湘南国际物流园探索建设集国际邮件、国际快件、“9610”跨境直购、“1210”保税备货、“9710”跨境电商B2B直接出口、“9810”跨境电商出口海外仓的“六位一体”跨境电商综合服务平台。

8. 优化跨境电商B2B出口监管服务。制定跨境电商B2B出口业务技术标准、申报流程、监管标准和便利化举措，增加跨境电商B2B出口模块，建立适应跨境电商B2B出口的海关统计方法，实现跨境电商B2B出口通关作业无纸化。

9. 创新跨境电商B2C进出口监管流程。创新跨境直购进出口“9610”模式监管方案，积极创新保税备货进口“1210”监管方式，支持跨境电商网购保税进口商品进入海关特殊监管区域时先理货后报关。

10. 探索国际邮件、快件包裹流通监管方式。鼓励建设国际邮件互换局，创新邮政快递包裹流通监管，通过跨境电商综合服务平台汇总联通，探索形成比对互联执法的邮政快递监管方式。

11. 探索“一区多功能”监管方式。建设跨境电商清关中心和转口分拨中心，实现一般出口、特殊区域出口、直购进口、网购保税进口等全业态跨境电商监管功能。建立电子围网和全球中心仓，启动货物状态分类监管业务试点，设立保税区“非保账册”，实现大数据监管、“一区多功能、一仓多形态”和不同贸易方式互转。

（三）强化综合服务

12. 创新外汇管理模式。支持银行和支付机构为跨境电商市场主体提供结售汇和相关资金收付服务。跨境电商企业可通过线上综合服务平台链接“国家外汇管理数字外管平台”办理贸易外汇收支企业名录登记。年度货物贸易收汇或付汇累计金额低于20万美元的小微跨境电商企业可免于办理贸易外汇收支企业名录登记。

13. 提升金融服务水平。鼓励银行创新金融产品和服务，加大政策性金融机构参与力度。鼓励保险机构创新研发适应跨境电商的新型险种，开展出口信用保险保单融资业务。

14. 大力招商引智。开展形式多样的招商活动，争取大型电商平台、供应链服务企业、仓储物流企业等区域中心项目入驻，以点带面形成虹吸效应。实施“郴商回归”工程，动员和吸引郴籍跨境电商高层次人才回郴州发展。

四、保障措施

郴州市要建立健全跨境电商工作推进机制，精心组织实施，完善工作机制，落实工作责任，突出重点、先行先试，并在推进过程中认真研究新情况、解决新问题，抓紧形成制度创新清单，推进创新政策落地。有关部门单位要大力支持，积极做好协调配合、指导评估等工作，共同推进相关体制机制和政策创新，加快形成可复制可推广的经验。

郴州市人民政府办公室关于印发《郴州市支持跨境电子商务产业高质量发展的若干措施（试行）》的通知

（郴政办发〔2021〕3号）

各县市区人民政府，市政府各工作部门，中省驻郴各单位：

《郴州市支持跨境电子商务产业高质量发展的若干措施（试行）》已经市人民政府同意，现印发给你们，请认真组织实施。

郴州市人民政府办公室

2021年2月23日

郴州市支持跨境电子商务产业高质量发展的若干措施（试行）

为认真贯彻落实《国务院关于同意在雄安新区等46个城市和地区设立跨境电子商务综合试验区的批复》（国函〔2020〕47号）、《中国（郴州）跨境电子商务综合试验区实施方案》（湘政发〔2020〕14号）等文件精神，扎实推进中国（郴州）跨境电子商务综合试验区（以下简称郴州综试区）建设，结合郴州实际，制定如下措施。

一、支持范围

在郴州市依法注册、纳税的具有独立法人资质，有跨境电商进出口业绩且纳入郴州海关跨境贸易电商统计体系的跨境电子商务企业、跨境电商配套服务企业、园区、相关公共服务机构（组织）以及政府批准的支持机构。

二、支持跨境电子商务园区和孵化体系建设

（一）对经省或市商务部门认定的跨境电子商务产业园区或已被评定的省级电子商务示

范基地，当年新入驻有跨境电子商务业绩的企业超过10家且跨境电商进出口总额达到3000万美元，给予园区建设单位300万元（人民币，下同）的一次性奖励；当年新入驻有跨境电子商务业绩的企业超过20家且跨境电商进出口总额达到5000万美元的，给予园区建设单位500万元的一次性奖励。

（二）鼓励跨境电商企业向中国（湖南）自贸试验区郴州片区、湘南国际物流园集聚，对新入驻经省级或市级商务部门认定的跨境电子商务产业园区或已被评定的省级电子商务示范基地的跨境电商企业（含设立全资子公司），实际租赁面积（办公、仓储等场所）100平方米以上，且跨境电商进出口总额达到10万美元的，给予每家30%的租金补贴，最高不超过20万元，同时给予最高不超过5万元的一次性开办费补贴。

三、支持跨境电子商务平台建设

（一）支持郴州综试区线上综合服务平台和线下园区配套建设。对平台建设所需硬件、通用性软件购置、综合服务平台开发及维护和园区配套基础建设等费用给予适当支持。

（二）支持跨境电子商务业务性公共服务平台建设。对当年入驻的通过海关特殊监管区域或场所认证、与郴州综试区线上综合服务平台对接且当年跨境电商进出口总额超过2000万美元（含）、5000万美元（含）、1亿美元（含）的第三方公共服务平台，分别给予不超过50万元、100万元、150万元扶持资金。

（三）支持建设跨境电子商务监管中心。对跨境电子商务查验设备采购、辅助设备采购、管理信息系统、全球质量溯源系统及软件系统开发等，按当年投入费用的50%给予补贴，最高不超过100万元。

四、大力引进培育跨境电子商务经营主体

（一）鼓励郴品出海，支持传统企业转型，利用跨境电商拓展国际市场。对当年跨境电商出口总额破零的，给予一次性奖励10万元；达到20万美元（含）的，给予一次性奖励20万元；达到50万美元（含）的，给予一次性奖励50万元。对应用阿里巴巴国际站、速卖通、亚马逊、eBay、Wish等第三方交易平台开展跨境电商业务的，按其入驻交易平台年度推广费用的50%予以补助；对在第三方平台上新注册店铺的企业，按平台入驻年费的50%予以补助。以上两项补助单个企业最高不超过50万元。

（二）鼓励引进跨境电商龙头企业。对当年跨境电商进出口总额3000万美元以上的跨境电子商务企业，每家企业给予不超过100万元资金支持；进出口总额1亿美元以上的，每家企业给予不超过200万元资金支持。

（三）鼓励跨境电子商务平台企业针对特定国家和地区开设子网站或独立页面。对面向“一带一路”国家与地区开设子网站或独立页面且与目的地区年跨境电商成交额超过500万美元的跨境电子商务平台型企业，一次性给予不超过30万元扶持资金。

（四）鼓励建立境内跨境商品O2O线下体验店。对在郴州市建立的跨境电子商务O2O线下体验店，营业面积超过100平方米、500平方米、1000平方米的，一次性给予不超过20万元、50万元、100万元的资金扶持。对开办社区跨境电商O2O体验店的每新增1家体验店，一次性给予5万元资金扶持，单个企业年度最高支持金额不超过30万元。

五、支持跨境电子商务物流建设

（一）支持建设跨境电商公共分拨中心。对跨境电商公共分拨中心的主体建设单位或企业，给予一次性不超过100万元的资金支持。

（二）鼓励跨境电商企业建设或改造升级公共海外仓。对被部、省、市商务部门列入公共海外仓建设试点的企业，除享受国家、省扶

持资金外，一次性给予不超过100万元的扶持资金。对企业租赁海外仓在1000平方米以上的，按照实际租赁费用的50%给予奖励，每个仓库每年最高奖励金额不超过50万元。

（三）支持跨境电商物流企业发展。对与郴州综试区线上综合服务平台对接、且年度物流订单量达到1000单以上的跨境电商国内物流（含快递）配送企业，给予每单0.5元的补贴，每个企业最高补贴不超过30万元。

（四）支持国际快件运营企业发展。以国际快件方式开展进出口业务的，按照郴办发〔2019〕5号文件规定享受一般贸易奖励政策，每家企业最高奖励金额不超过100万元。

六、支持跨境电子商务支撑服务体系建设

（一）支持企业、机构或协会承接跨境电子商务企业产品展览、展示、宣传和课题研究等服务。成立中国（郴州）跨境电子商务综合试验区工作领导小组（成员名单详见附件），对经领导小组办公室批准的展览、展示、宣传、行业峰会论坛和课题研究等服务，给予一定支持。

（二）为跨境电商企业提供贷款贴息。对在郴州综试区线上综合服务平台备案且有跨境电商进出口业绩的企业，在跨境电商交易过程中使用跨境金融产品按同期一年期贷款市场报价利率的20%给予贴息，给予单个企业每年补贴最高不超过30万元。

七、支持跨境电子商务人才培养

（一）鼓励企业对本企业员工开展跨境电子商务相关业务在职培训，按年度培训费用的30%予以支持，最高不超过20万元。

（二）支持建设跨境电商人才培养输出基地，对符合条件经市商务部门认定的可授牌“郴州市跨境电商综试区人才培养输出基地”，并按照基地基础建设与实际运营投入的50%给予最高不超过100万元的补贴。

（三）鼓励跨境电子商务企业引进跨境电子商务专业人才。对跨境电子商务企业引进签订3年以上服务合同，年薪达30万元以上的电子商务高级人才，落实“林邑聚才”激励措施，对高级人才落实个人所得税减免或等额奖励措施。

（四）加大专业培训力度。鼓励具备培训资质并经商务部门认定的社会培训机构和取得培训资质的跨境电子商务企业培训中心开展跨境电子商务专业培训。鼓励企业、行业协会、社会机构承办跨境电子商务行业培训活动。对经中国（郴州）跨境电子商务综合试验区工作领导小组办公室同意举办且活动规模在100人以上的给予补助，每场活动分别给予不超过10万元的资金支持，同一家培训机构最高不超过100万元。

以上措施所需扶持奖励资金按现行财税体制由税收申报缴纳地财政分级负责。扶持奖励资金分配方案由市商务局拟定，经市财政局、中国（郴州）跨境电子商务综合试验区工作领导小组办公室审核，按程序报市人民政府批准执行。具体实施细则由郴州市商务局制定。各县市区及园区可参照本措施出台实施细则。

以上措施与本市其他有关奖补政策发生重叠的，按照从优不重复原则执行。

附件：中国（郴州）跨境电子商务综合试验区工作领导小组成员名单（略）

企业名录

截至2021年12月31日，在郴州跨境电商公共服务平台上注册并实际开展业务的企业名录见表2-23。

表2-23 郴州市跨境电商类企业名录

序号	企业名称	序号	企业名称
1	郴州盛邦达产业园发展有限责任公司	29	湖南热途国际贸易有限公司
2	郴州市恒志供应链有限公司	30	湖南东谷云商集团有限公司
3	湖南维德网络科技有限公司	31	湖南东谷优选电子商务有限公司
4	郴州洣磊科技有限公司	32	郴州维特敏生物科技有限公司
5	郴州野望科技有限公司	33	湖南自由贸易试验区东谷跨境电子商务有限公司
6	郴州繁盛科技有限公司	34	郴州专鑫竹森科贸有限公司
7	郴州蔚盟科技有限公司	35	郴州博易电子商务有限公司
8	郴州达咩平方电子商务有限公司	36	湖南埃瓦新能源科技有限公司
9	郴州荣贝供应链管理有限公司	37	湖南自由贸易试验区郴州片区凯腾电子商务有限公司
10	郴州市梵典贸易有限公司	38	湖南自由贸易试验区郴州片区左探电子商务有限公司
11	郴州睿翔科技有限公司	39	湖南自由贸易试验区郴州片区佳致亿电子商务有限公司
12	郴州诚摄泛维传媒有限公司	40	湖南自由贸易试验区郴州片区探发电子商务有限公司
13	郴州祉言电子商务有限公司	41	永兴县阳光体育用品有限责任公司
14	郴州市得库电子商务有限公司	42	威王打火机（郴州）有限公司
15	郴州缇客科技有限公司	43	永兴迪创科技发展有限公司
16	郴州登达普贸易有限公司	44	永兴泰安银业有限公司
17	郴州市康帕斯科技有限公司	45	湖南旅生科技有限公司
18	郴州市盈捷跨境电子商务有限公司	46	资兴市和顺科技印材有限公司
19	郴州市展超贸易有限公司	47	郴州百氏特工艺制品有限公司
20	郴州市鸿千电子商务有限公司	48	郴州鑫业供应链有限公司
21	湖南东上贸易有限公司	49	汝城硒峰清茶开发有限公司
22	郴州东百贸易有限公司	50	郴州登达普贸易有限公司
23	郴州市佰策跨境电子商务有限公司	51	郴州炊功夫贸易有限公司
24	湖南班尼进出口贸易有限公司	52	郴州繁盛科技有限公司
25	郴州市泰祺国际贸易有限公司	53	郴州千扬网络科技有限公司
26	郴州湘港物流有限公司	54	郴州市恒志供应链有限公司
27	郴州飞越科技有限公司	55	郴州市泰祺国际贸易有限公司
28	郴州是汇洲通跨境电子商务有限公司	56	郴州市特宇电子商务有限公司

续表

序号	企业名称	序号	企业名称
57	郴州市亿聚跨境电子商务有限公司	81	湖南傲基科技有限公司
58	郴州宋正网络科技有限公司	82	湖南辰京贸易有限公司
59	郴州万扬网络科技有限公司	83	湖南锦正跨境电子商务有限公司
60	郴州章界网络科技有限公司	84	湖南康尔贸易有限公司
61	郴州哲雅网络科技有限公司	85	湖南圣基跨境电子商务有限公司
62	郴州周末网络科技有限公司	86	湖南西佑电子商务有限公司
63	湖南保证购电子商务有限公司	87	湖南玥美荟科技有限公司
64	郴州大燕跨境电子商务有限公司	88	湖南自贸试验区郴州片区采洲电子商务有限公司
65	郴州丰颖跨境电子商务有限公司	89	湖南自贸试验区郴州片区格雄跨境电子商务有限公司
66	郴州何润贸易有限公司	90	湖南自贸试验区郴州片区趣展电子商务有限公司
67	郴州领诚电子商务有限公司	91	湖南自由贸易试验区千川跨境项目管理有限公司
68	郴州秦宏贸易有限公司	92	湖南农夫机电有限公司
70	郴州秋秋贸易有限公司	93	郴州鸿捷供应链有限公司
71	郴州榕凌贸易有限公司	94	郴州星一汇电子商务有限公司
72	郴州市傲伟电子商务有限公司	95	湖南老一队茶业有限公司
73	郴州市锋火金属材料有限公司	96	郴州市伟丰实业有限公司
74	郴州市乐宇跨境电子商务有限公司	97	郴州鑫业供应链有限公司
75	郴州市鸣正跨境电子商务有限公司	98	资兴市沫墨贸易有限公司
76	郴州市毅刚贸易有限公司	99	郴州锦耀供应链有限公司
77	郴州市泽安进出口有限公司	100	郴州聚方电子商务有限公司
78	郴州市智宗贸易有限公司	101	郴州盛源供应链有限公司
79	郴州市卓宇电子商务有限公司	102	郴州市航帆贸易有限公司
80	郴州萱代贸易有限公司	103	郴州星展供应链管理有限公司

统计数据

2021年，郴州市跨境电商进出口情况见表2-24。

表2-24 郴州市跨境电商进出口业务明细表

验放清关（万票）	消费者（人）	货值（万元）	增长率（%）	税款（万元）	上线商品种类（个）	商品种类（进口量前五位）	备案电商企业（个）	上线企业（个）
7095.35	35327	212860.62	789.29	3514.42	235	珠宝、红酒、化妆品、贵金属及制品、日化品	23384	159

典型案例

“品质郴州” 数字贸易平台
——跨境电商业态下专注“郴品出海”数字交易平台的打造

“品质郴州”数字贸易平台，利用先进的互联网技术和信息技术，以数字贸易为驱动，为郴州企业提供一体化、全球化和数字化的企业展示、商品展销服务，帮助郴州本地企业转型升级，是中非经贸博览会和中非经贸深度合作先行区两大国家级平台下的数字贸易平台，以跨境电商的方式来建设和推广对非数字贸易平台，在“一带一路”建设和 RCEP 协议签订的现下，顺应市场需求，将郴州数字贸易平台拓展到东南亚、中东等地区和“一带一路”沿线国家（地区），达到推进郴州自贸区和跨境电商综试区高质量发展的目标。未来将建设成为立足郴州，服务湖南，面向非洲、东南亚，连通“一带一路”，成为“买全球、卖全球”的平台通道。

“品质郴州”数字贸易平台具备以下五大功能。

一是线上展会。装修发布线上展销会，结合线上线下推广，推动郴州跨境电商产业的聚集与发展，带动本地产业、传统商贸业借助电子商务转型与升级。

二是品牌培育。培育郴州的企业和产品，使其适应国外市场，达到优质出口企业标准，提高郴州产品在国际市场上的竞争力，扩大郴州市进出口规模。

三是质检保障。严选当地的产业带、工厂、品牌，通过大数据分析企业画像，进入“品质郴州”数字贸易平台。通过审核的企业，其出口商品均带有质量保障险，打造“品质郴州”的品牌效应。

四是综合服务。打造成为郴州有影响力的外综服龙头企业，为郴州地区出口业务提供通关、物流、外汇管理、退税等一站式服务。

五是孵化培训。通过跨境电商培训与实训基地，培养一批本地化的跨境电商人才，形成本地化的跨境电商运营团队和人才洼地效应，建设完善的跨境电商运营服务体系。

在郴州市商务部门的指导下，通过“品质郴州”数字贸易平台，金松汽车与非洲坦桑尼亚签订订单，历时一个月，首单出口汽车成功发车，实现了郴州专用汽车出口非洲“零”的突破。

“品质郴州”数字贸易平台具有商品展销、品牌培育、质检保障、数据统计、综合服务及孵化培训等功能，能有效解决中非贸易支付问题，帮助郴州本地企业转型升级，拓展中非市场。

大事记

2020 年 5 月 6 日，郴州市正式获批成为国家跨境电商综试区。

2020 年 8 月 13 日，湖南省人民政府正式印发《中国（郴州）跨境电子商务综合试验区实施方案》。

2020 年 10 月 15 日，郴州湘港物流有限公司实现跨境电商“9610”出口破零。

2020年10月26日，郴州“1210”保税备货监管中心项目立项并投入建设。

2020年11月30日，郴州综试区综合服务平台（一期）试运行版上线。

2021年2月23日，郴州市人民政府办公室印发《郴州市支持跨境电子商务产业高质量发展的若干措施（试行）》，并制定了《2021年郴州跨境电子商务综合试验区工作要点》。

2021年3月17日，郴州市举办“郴品出海”首届跨境电商峰会暨跨境电商政策新闻发布会。

2021年3月5日，中欧（郴州—马拉）跨境电商班列实现试运行。

2021年4月21日，资兴市和顺科技印材有限公司实现跨境电商“9710”出口破零。

2021年5月31日，郴州市首个县级电子商务（跨境）产业园在桂阳开园。

2021年7月22日，由郴州市商务局牵头举办全市跨境电商培训，是郴州市历史以来培训面最广、培训人数最多的一次跨境电商专业培训。

2021年10月10日，郴州市委常委、副市长梁成谷一行赴中国铁路广州局集团有限公司对接中欧班列图定有关事宜，并就建设郴州国际内陆港达成战略合作。

2021年10月15日，郴州开出首趟中欧卡班，从郴州到比利时只需13天。此次开行标志着郴州市中欧卡班常态化的开始。

2021年10月21日，中欧班列X8186首趟发行，标志着图定中欧班列（郴州）运行进入常态化。

2021年10月30日，郴州市跨境电商出口总额达到2.29亿美元，突破了2亿美元大关。

2021年12月，郴州市首个“1210”跨境电商新零售体验中心上线，首个跨境电商新零售购物平台“盛开朵朵”同步上线。

2021年12月31日，郴州市跨境电商进出口总额达到3.18亿美元，跨境电商出口总额突破3亿美元。

广州地区

自2016年获批成为国家跨境电商综试区以来，广州全面贯彻落实习近平总书记对广东重要讲话和重要指示批示精神，积极应对外部环境变化，加快培育贸易竞争新优势，推动跨境电商高质量发展，现已建成国内齐全的跨境电商公共服务平台，打造各具特色的线下跨境电商园区，形成了海、陆、空、邮齐头并进的协同发展局面。商务部“2021年跨境电子商务综合试验区评估”结果出炉，中国（广州）跨境电子商务综合试验区（以下简称“广州综试区”）位列第一档。第三方机构数据显示，全国105个跨境电商综试区城市中，广州位列先导城市首位，发展总指数、发展规模指数两个指数全国第一。

2021年，广州市深入贯彻党的十九届五中全会和中央经济工作会议精神，全面落实《国务院办公厅发布关于加快发展外贸新业态新模式的意见》要求，充分发挥广州综试区领导小组统筹协同优势，抢抓RCEP新机遇，持续优化跨境电商生态环境，推动跨境电商高质量发展，助力国际消费中心城市建设，为加快构建“双循环”新发展格局提供源源不断动能。

发展现状

一、加强政策引领，抢抓发展机遇

（一）出台全国首个 RCEP 专项政策

2021 年 3 月，广州市认真贯彻落实 RCEP 精神，抢抓 RCEP 对推动跨境电商产业发展的重大机遇，率先出台全国首个跨境电商专项政策——《广州市把握 RCEP 机遇促进跨境电子商务创新发展的若干措施》，从优化口岸营商环境、培育创新主体、加强自主创新能力、拓展国际营销网络和强化专业人才培训五个方面提出 25 条措施。方案一经发布，引起了社会各界强烈反响。为确保方案落地生根、开花结果，广州市接续发布政策汇编指引，引导跨境电商企业抢抓 RCEP 发展机遇，用好用足政策，扩大 RCEP 国家进出口，促进国内国际双循环。

（二）打造市区联动跨境电商政策矩阵

充分发挥广州综试区领导小组统筹协调作用，指导各区结合辖区实际，加大对跨境电商产业支持力度，先后出台配套资金政策支持跨境电商发展。2021 年 2 月，番禺区出台《促进企业使用云服务建站工具开展跨境电商业务扶持办法》，对企业用于云服务工具及海外独立站建设进行支持；2021 年 5 月，南沙区出台《促进跨境电商、国际集拼分拨业务发展的若干措施》，对开展跨境电商、国际集拼等业务的企业给予奖励等。市区联动，全力打造“1+N”跨境电商政策矩阵。同时，在广州商务微信公众号开设“电商政策”专栏，及时向社会公布市、区两级跨境电商政策，鼓励支持企业做大做强跨境电商业务。

二、推动业务创新，提升发展模式

（一）打造全国首个跨境电商公共分拨中心

针对“夜包裹”处理时效不高的问题，通过应用数字技术，联合海关升级数字关务系统打造全国首个跨境公共分拨中心，采取共场地、共系统、共设备和共人员的“四共”创新模式，首次实现多个保税仓发出的进口包裹统一申报、统一集包分拨，每天可节省 4 小时调拨时效。晚间 8 点 30 分到 12 点期间下单的“夜包裹”当日处理，提速 24 小时，大大提升了消费者的消费体验。

（二）创新实践“海陆空联运”模式

一是在机场和中欧班列车站实施融合通关监管操作，拓展商品跨国运输渠道，开创“空铁联运”跨境电商出口模式，破解新冠疫情背景下跨国市场资源紧缺困局，将货物出口到欧洲的物流时间减少至 15 天。二是建成白云机场南沙自贸区空运中心，打造以南沙为集散枢纽、大湾区各大机场空运作业协调联运合作平台，推出“海空联运”模式，实现“一、二、十二”（一站式完成预安检和海关查验、实现货物安全性和符合海关监管要求两个确定性、航班起飞 12 个小时内完成货物在南沙的操作）功能。

（三）首创出口货站运营出口跨境电商业务新模式

在粤港澳地区空港口岸首创出口货站运营出口跨境电商业务新模式，试通首票机场—大朗—阿拉山口—波兰的中欧班列业务。建成粤港澳大湾区机场共享国际货运中心，打造以南沙为集散枢纽、大湾区各大机场空运作业协调联运的合作平台。

（四）推广“跨境电商+直播”新模式

一是结合举办的第二届直播电商节（中国·广州），探索实践“跨境电商+直播”新模式，引导跨境电商企业利用直播开拓“云上业务”，邀请相关国家驻穗领事、国际友城代表、跨境品牌企业负责人、外国主播参与跨境直播互动，推荐外国好货和广货品牌，推动跨境电商产业链、供应链优化整合，助力构建融合全球消费资源的集聚地。二是在南沙综保区建立抖音跨境电商直播基地，支持洋葱、天猫国际等企业开展常态化保税仓沉浸式直播。

（五）开展“外综服+跨境电商零售出口”模式

联合跨境电商出口龙头卖家探索开展“外综服+跨境电商零售出口”模式，拟推动由卖家成立外综服企业，由该外综服企业向其上游供应商提供报关、物流、外汇、退税等零售出口的外贸综合服务，以此还原其真实供应商情况及出口数据。

三、做好企业服务，优化发展环境

（一）持续优化公共服务平台建设

打造全国业务总量大、服务面广、商品品类齐全的跨境电商地方公共服务平台。目前平台共建成出口退货、无票免税企业申报、所得税核定征收管理等26个功能板块，备案企业超3000家，进出口单量日均100多万票，为全市所有口岸及周边地区44个口岸提供跨境电商通关便利化服务，进口商品基本覆盖所有省市，出口货物覆盖208个国家和地区。

（二）协调解决制约企业的痛点问题

一是解决跨境电商进出口“退货难”的痛点。在全国率先开展出口退货试点，广州关区、黄埔关区均实现电商出口退货常态化运行，首创跨境电商出口退货“合包”新模式。2021年，累计监管出口退货商品货值14.8亿元。进口方面对不征收税款、不累计年度个人交易金额的退货商品，延长退货运抵期限至45天。创新跨境电商个人额度前置审核功能，避免因订购人年度额度不足造成退货，降低企业运输成本，这一点得到亚马逊、天猫国际、京东等企业的高度认可。二是解决跨境电商卖家出口“结汇难”的痛点。指导兴业银行在广州首发“跨境电商卡”，可收取来自亚马逊、eBay等多个平台的货款，并提供最优结算通道，为企业节约交易成本，提升结算效率。三是解决跨境电商企业“融资难”的痛点。推动Skyee“跨融易”平台上线，并与多家银行签订100亿元授信额度，实现业务线上申请，流程透明，为支付金融机构、平台企业、服务商等跨境电商参与者打造一站式跨境资金综合管理服务。四是解决跨境电商企业“免税难”的痛点。夯实税收政策管理，开展多次税收政策宣讲会，制作跨境电商零售出口企业核定征收业务指引，推动跨境电商出口海外仓货物出口退（免）税政策落地。2021年，广州市跨境电商企业享受“无票免税”政策出口额逾527亿元，同比增长185%。

（三）完善跨境电商发展配套服务

一是优化物流配套服务。累计已开通148条外贸航线，与世界100多个国家和地区的400多个港口有海运贸易往来，为跨境电商进出口提供发达便利的物流通道。二是加强仓储配套服务。南沙综保区和机场综保区分别建成125.5万和25.9万平方米保税仓库，为跨境电商产业发展提供充足承载空间。三是完善法律配套服务。成立“一带一路”倡议律师联盟广州中心，支持南沙区建立跨境电商人民调解委员会，推动市律师协会专门成立电子商务与物流专业委员会，加强跨境电商法律服务的研究和交流。四是深入推进“互联网+公证”服务，有效解决“面对面”公证难题，实现线上跨境公证服务“零跑动”。

四、构建良好生态，激发产业活力

（一）加强人才培养

推出全国首创“广州跨境电商综试区”云课堂，联合省市行业协会、eBay、亚马逊、虾皮等电商平台、职业培训机构等，为广州外贸企业开设免费跨境电商实用培训课程，课程包括基础业务知识、实操技能、风险防范等各方面内容。建党100周年期间，结合“我为群众办实事”活动，商务、海关、税务、外汇管理等部门通过线上线下的方式开展跨境电商业务培训、政策讲解。

（二）加强宣传推介

一是加强媒体宣传。在全国主流媒体宣传推介广州综试区建设经验做法及成效，扩大影响力。广州市跨境电商经验做法被广东省深化改革办采用，并以信息专报《广州市以“五个率先”破解跨境电商五大难题》予以宣传推广。二是加强跨境电商政策宣传。海关、税务、外汇管理等部门及各区积极宣传通关、退税、收结汇等贸易便利化措施及扶持政策。三是加强招商推介。在中国（广东）—RCEP成员国跨境电商交流会、中国跨境电商综试区创新发展高峰论坛、广州跨境电商发展新趋势研讨峰会等重大活动中推介广州综试区建设经验及政策，吸引意向投资方。

（三）加强行业交流

一是支持行业商协会、龙头企业等举办跨境电商人才培训、论坛、展会等交流活动，激发市场活力。每月均有数场不同类型跨境电商行业交流活动在广州举办。例如，规模超10万平方米、参展商超2000家的2021中国跨境电商交易会（秋季）、阿里巴巴跨境电商生态大会等行业盛会相继在广州召开。二是支持企业、院校、行业协会等积极参与编制跨境电商相关行业标准，包括《跨境电商进口商品信息发布规范》《跨境电商电子运单规范》《跨境电商产教融合建设规范》等相关标准。

配套文件

广州市商务局关于印发《广州市推动跨境电子商务高质量发展若干措施》的通知

（穗商务函〔2020〕731号）

各区人民政府，各有关单位：

《广州市推动跨境电子商务高质量发展若干措施》已经市人民政府同意，现印发给你们，请认真执行组织实施。实施过程中遇到的问题，请径向市商务局反映。

广州市商务局

2020年9月4日

广州市推动跨境电子商务高质量发展若干措施

为深入推进中国（广州）跨境电子商务综合试验区建设，强化我市跨境电子商务发展优势，做大做强数字贸易规模，推动我市跨境电商高质量发展，加快培育贸易竞争新优势，特制定如下措施。

一、优化口岸营商环境促进跨境贸易便利化，研究制定跨境电商统一监管操作规程，实现跨境电商监管执法协同一致。进一步优化跨境电商监管模式，实现海关监管区域“四个同仓”，即对符合货物按状态分类监管资质企业允许保税货物与非保税货物同仓存储、同仓运行，对政策允许范围内的跨境电商进口商品，允许其与出口货物同仓调拨，允许跨境电子商务商品和一般贸易方式货物同仓交割。（广州海关、黄埔海关负责）

二、进一步降低跨境电商进出口查验率，提高通关效率。完善跨境电商零售出口退货机制，优化退货流程，对于符合条件的跨境电商零售出口商品，准予不征税复运进境（已办理出口退税的除外），减轻跨境电商企业负担。积极向海关总署争取支持推进广州市辖区内跨关区进出境快件运营人资格实现互认。（广州

海关、黄埔海关负责)

三、加快制定我市跨境电商B2B出口试点方案，积极推进跨境电商B2B出口试点工作。研究出台跨境电商B2B出口扶持政策，支持企业开展跨境电商B2B出口。(市商务局，广州海关、黄埔海关负责)

四、根据《国家税务总局关于跨境电子商务综合试验区零售出口企业所得税核定征收有关问题的公告》(国家税务总局公告2019年第36号)规定，抓好政策落实，对符合条件的综试区内跨境电商企业实行所得税核定征收政策。(市税务局负责)

五、进一步简化小微跨境电商企业货物贸易收支手续，根据《国家外汇管理局关于印发〈支付机构外汇业务管理办法〉的通知》(汇发〔2019〕13号)，年度货物贸易收汇或付汇累计金额低于20万美元(不含)的小微跨境电商企业在支付机构或银行办理货物贸易收结汇时，可免于办理“贸易外汇收支企业名录”登记。(人民银行广州分行负责)

六、积极向国家药品监督管理局争取配套政策，支持广州开展跨境电商正面商品清单框架内的医药产品跨境电商零售进口试点，在有效控制风险的前提下，简化药品入境程序和流程。(市市场监督管理局、商务局，广州海关、黄埔海关负责)

七、积极向农业农村部、海关总署争取支持广州开展宠物食品跨境电商零售进口试点，在有效控制风险的前提下，简化宠物食品入境程序和流程。(市农业农村局、商务局，广州海关、黄埔海关负责)

八、优化跨境电子商务出口安检方式，协调广州航空货站向中国邮政广州国际邮件互换局派驻安检人员，支持将跨境电子商务货物航空安检环节由广州航空货站前置至中国邮政广州国际邮件互换局。(广东邮政邮件快件服务有限公司，广东省机场集团，中国南方航空股份有限公司负责)

九、清理涉及跨境电商企业直购进口、零售出口货物处理费的收费依据，规范相关收费行为，降低收费标准。在海关的监管下，允许物流企业自行对直购进口的跨境电商商品进行理货，进一步提高通关效率。(市发展改革委、市场监管局、商务局，黄埔区、南沙区政府，广州空港委，广州海关、黄埔海关负责)

十、依托我市海港、空港、陆港等交通枢纽，结合各区域产业集聚现状和发展规划，强化跨境电商与专业传统市场、制造业、服务业的产业融合，把跨境电商物流基地、中心城区海关特殊监管场所用地纳入我市产业用地规划，支持中心城区创建海关特殊监管区域或保税物流中心，满足跨境电商产业发展需求。(市规划和自然资源局、商务局，各区政府，广州空港委，广州海关、黄埔海关负责)

十一、引导跨境电子商务企业集聚发展，建设跨境电商产业园区。发挥园区辐射带动效应，园区新引进世界500强企业中的电子商务交易服务平台企业、国家级电子商务示范企业、中国互联网100强企业以及商务部认定的线上线下融合发展数字商务企业，并以独立法人实质性开展跨境电商业务的，给予园区主办方奖励。对经认定的广州市跨境电子商务产业园区，正常开展跨境电商业务的，给予园区主办方奖励。(市商务局、财政局，各区政府，广州空港委负责)

十二、对广州国际贸易单一窗口跨境电商公共服务平台开发给予支持，优化拓展跨境电商公共服务平台各项服务功能，加强监管信息系统和企业信息管理系统对接，推动跨境电商审批、备案、缴费等功能集成到平台中，实现企业业务一站式办理，增强各部门协同监管和服务能力。进一步优化和完善广州国际贸易单一窗口的跨境电商B2B业务申报及税收、外汇管理等功能，为跨境电商业务量持续增长提供平稳高效的服务。(市商务局、财政局，广州电子口岸管理有限公司负责)

十三、推动区块链技术在溯源、信用、风险防控等领域应用。推进南沙全球溯源中心建设，探索利用区块链技术提升数字贸易服务及数据化监管水平。支持广州国际贸易单一窗口跨境电商公共服务平台应用区块链技术，建设广州跨境电商信用体系和风险防控体系。(南

沙区政府，广州电子口岸管理有限公司，市商务局、财政局负责）

十四、对于向特殊区域或保税物流中心（B型）内仓库业主单位直接租赁仓库从事跨境电商业务的，根据租赁面积给予补助，区补助额由各区自行决定。（市商务局、财政局，黄埔区、南沙区政府，广州空港委负责）

十五、推进“丝路电商”工程，建立与“一带一路”沿线国家（地区）的跨境电子商务合作机制，在通关、支付结算、知识产权等方面加强协作，助力中国制造、中国品牌开拓“一带一路”沿线国家市场。（市商务局，广州海关、黄埔海关、人民银行广州分行负责）

十六、引导企业建设跨境电商海外仓，依托信息化系统管理，帮助跨境电商经营主体完成从国内集货、出口退税、国际运输和清关、海外仓储管理及目的国（地区）配送的全程跨境物流，组织符合条件的企业申报省级公共海外仓和国家级优秀海外仓实践案例。（市商务局，各区政府负责）

十七、企业引进跨境电子商务专业人才，符合条件的可以申请办理广州市人才绿卡、优粤卡，享受相关政策。支持阿里巴巴、eBay、亚马逊、Wish 等国内外跨境电商平台与广州市属高职院校开展多层次的跨境电子商务人才培养培训合作，为行业培养运营人才。组织跨境电商行业专家分享实战经验，培养与市场契合度较高的跨境电子商务实操型人才。（市人力资源和社会保障局、教育局、商务局负责）

十八、积极举办以跨境电子商务为主题的各类活动，营造跨境电子商务创新发展氛围，引导全球跨境电子商务优势资源在广州集聚，引导广州产业集群加强与国内外知名电子商务企业合作。（市商务局负责）

十九、各区结合实际，建设各具特色的跨境电子商务产业园区，加大对跨境电商的支持力度，从跨境电商主体培育、品牌培育、人才培育、产业园区建设、仓储物流建设、公共服务建设等方面出台本地区跨境电商扶持政策。促进跨境电商业态多元化发展，发挥广州跨境电子商务国际枢纽的全球辐射作用。（各区政府，广州空港委负责）

本措施自印发之日起施行，有效期 3 年。此前我市制定的跨境电商扶持措施与本措施不一致的，以本措施为准。

中国（广州）跨境电子商务综合试验区工作领导小组关于印发《广州市把握 RCEP 机遇促进跨境电子商务创新发展的若干措施》的通知

各成员单位，各有关单位：

现将《广州市把握 RCEP 机遇促进跨境电子商务创新发展的若干措施》印发给你们，请认真执行组织实施。实施过程中遇到的问题，请径向领导小组办公室（市商务局）反映。

中国（广州）跨境电子商务综合试验区工作领导小组
2021 年 3 月 29 日

广州市把握 RCEP 机遇促进跨境电子商务创新发展的若干措施

为深入推进中国（广州）跨境电子商务综合试验区建设，抢抓《区域全面经济伙伴关系协定》（以下简称 RCEP）机遇，加快推动跨境电商创新发展，培育外贸新动能，特制定如下措施：

一、把握 RCEP 机遇，优化口岸营商环境

（一）促进跨境 B2B 出口

进一步优化跨境电商企业对企业（以下简称跨境电商 B2B）出口通关服务，对跨境电商 B2B 出口货物优先安排查验，支持符合条件的跨境电商 B2B 出口货物通过申报清单办理通关手续，简化申报要素，用好出口退货政策。（广州海关、黄埔海关负责）

（二）加快 RCEP 国家跨境货物通关

深化广州跨境电商综合试验区改革创新，进一步简化通关流程、缩减通关时限，研究推动 RCEP 国家跨境电商货物，在已运抵海关监管作业场所和企业提交所有海关所需信息且符合正常放行条件的 24 小时内放行，其中易腐货物争取 6 小时内放行。（广州海关、黄埔海关负责）

（三）优化税务服务

对出口退（免）税管理类别为一类、二类和三类的跨境电商出口企业，全面推行出口退（免）税无纸化申报。进一步压缩出口退税办理时间，将正常出口退税平均办理时间压缩至 5 个工作日内。坚持包容审慎原则，对跨境电商出口海外仓的货物落实出口退（免）税政策，推进落实跨境电商零售出口货物试行“无票免税”和企业所得税核定征收政策。（广州市税务局负责）

（四）简化跨境贸易资金收付

在满足交易信息采集、真实性审核的条件下，支持银行按照《国家外汇管理局关于印发〈支付机构外汇业务管理办法〉的通知》（汇发〔2019〕13 号）和《关于进一步优化跨境人民币政策支持稳外贸稳外资的通知》（银发〔2020〕330 号），为跨境电商市场主体提供跨境结算便利化服务。（人民银行广州分行负责）

（五）货款轧差结算

从事跨境电商的企业可将出口货物在境外发生的仓储、物流、税收等费用与出口货款轧差结算，并按规定办理实际收付汇数据和还原数据申报。跨境电商企业出口至海外仓销售的货物，汇回的实际销售收入可与相应货物的出口报关金额不一致。跨境电商企业按现行货物贸易外汇管理规定报送外汇业务报告。（人民银行广州分行负责）

（六）简化纸质单证

对已在线上综合服务平台备案的跨境电商经营者，支持银行按照展业三原则和有关规定要求，审核其货物贸易相关交易真实性和合规性。对能够确认交易真实合规、符合条件的，银行可凭平台推送的电子单证直接为其办理货物贸易外汇收支结算业务和经常项目下跨境人民币结算业务，市场主体可免于提交纸质单证。（人民银行广州分行负责）

（七）加大融资支持

依托广州市科技型中小企业信贷风险补偿资金池，鼓励金融机构结合科技型跨境电商企业“轻资产”特点，提供适宜的金融产品和服务，在风险可控的前提下对自建海外仓的跨境电商企业加大贷款支持。银行机构应切实应用科技手段提高风险控制水平，及时核验供应链信息流、物流、资金流等信息的真实性和有效性，规范开展供应链金融业务。（人民银行广州分行牵头，市科技局、地方金融监管局，广东银保监局配合）

（八）建立跨境商事争议在线解决（ODR）平台

依照《亚太经合组织（APEC）企业间（B2B）跨境商事争议在线解决（ODR）合作框架》及《示范程序规则》设置平台解纷流程，实现谈判、调解、仲裁全流程在线完成，并提供线上提交材料、线上审核、线上沟通及文书智能生成、在线签署等多项功能，运用信息化技术赋能，为跨境、跨语言、不同法律管辖权的争议提供快速电子解决方案和执行机制。（广州仲裁委牵头，市司法局、商务局、市场监督管理局、政务服务数据管理局，各区政府、广州空港委、广州市税务局、广州海关、黄埔海关配合）

（九）支持跨境电商集聚发展

鼓励社会资本利用各区现有产业载体、旧工业区、旧厂房等建设跨境电商产业园（集聚区），吸引国内外优质跨境电商企业及其上下游供应链企业入驻园区集聚发展，对入园企业提供投资融资、工商税务等公共服务。（各区

政府负责）

二、把握 RCEP 机遇，培育创新发展主体

（十）引进资本助力

引进全球优质投融资资源，探索建立政府引导基金或融资平台，借助资本力量促进跨境电商行业发展。搭建跨境电商企业与证券公司、会计师事务所、律师事务所等中介机构，境内外证券交易所、全国股转公司、广东股权交易中心以及证券监管部门的沟通、交流、互动机制。（市地方金融监管局牵头，市商务局、各区政府配合）

（十一）加强上市指导

加强对跨境电商企业违法行为的预防指导和管理，理顺企业守法证明协调办理机制，指导上市申报企业解决证券公司等中介机构以及交易所、证券监管部门反馈的有关问题。（市地方金融监管局牵头，市商务局、各区政府配合）

（十二）建立服务制度

联合优质上市保荐团队、资深创业投资专家、专业中介团队，打造企业上市顾问专家库，为拟上市跨境电商企业提供个性化指导，增强企业上市信心。（市地方金融监管局牵头，市商务局、各区政府配合）

（十三）企业上市奖励

鼓励广州跨境电商企业在境内外资本市场上市，支持符合条件的广州上市公司通过兼并重组等方式收购跨境电商企业。对在境内外证券市场新上市的跨境电商企业以及已在境内外证券上市并明确将国内运营总部设在广州的跨境电商企业，按照相关政策给予奖励补贴。（市地方金融监管局牵头，市财政局、商务局，各区政府配合）

三、把握 RCEP 机遇，加强自主创新能力

（十四）加大创新投入

支持跨境电商企业加大创新要素投入，申请高新技术企业认定，以“品牌升级+设计创新+科技输出”模式，强化供应链上下游整合，形成原始创新、集成创新，进一步开拓日本、韩国、澳大利亚、新西兰和东盟十国等 RCEP 国家市场。相关研发投入、高新技术企业认定扶持参照现行高新技术企业扶持政策执行。（市科技局牵头，市工业和信息化局、商务局、市场监督管理局，各区政府配合）

（十五）创建自主品牌

鼓励跨境电商企业在境外注册自有商标，加大对后续转化运用和公共服务的支持。（市商务局牵头，市场监督管理局、各区政府配合）

（十六）支持标准制定

推动跨境电商整体向数字经济高层次发展，为全球跨境电商规则制定贡献“广州智慧”。对主导制定跨境电商国际标准、国家标准、行业标准的，按照现行政策给予资金扶持。（市场监督管理局牵头，市财政局、商务局配合）

四、把握 RCEP 机遇，拓展国际营销网络

（十七）支持海外仓建设。

支持企业加快发展面向 RCEP 市场的跨境电商出口海外仓业务，为广州外贸发展提供新空间、新动能。（市商务局牵头，市财政局、国资委、市场监督管理局，各区政府配合）

（十八）开设国际物流航线

在广州白云机场新开通国际或地区货运航线的航空公司，按照广州市现行航线补贴文件的补贴标准和要求给予航线补贴资金。（广州空港委牵头，市交通运输局配合）

（十九）支持建设独立站

各区结合产业发展实际，自行制定相关扶持政策，支持跨境电商企业自建海外独立站，支持传统生产型企业和商贸企业使用云服务建站工具拓展海外市场。（各区政府、广州空港委负责）

（二十）支持直播带货

打造 RCEP 大区域直播之都，支持各类 MCN（多渠道网络）机构和电商平台开展面向 RCEP 国家和地区的各类跨境电商直播带货活动，推动广货出海、好货入粤。（市商务局牵头，市工业和信息化局、市场监督管理局，各区政府配合）

（二十一）搭建产业对接平台

支持行业协会、产业联盟、学术机构等社会组织与 RCEP 国家地区相关机构开展交流合作，邀请 RCEP 国家地区相关机构参加世界跨境电商大会等国际高端峰会，促进多边贸易发展。（市商务局负责）

五、把握 RCEP 机遇，强化专业人才培训

（二十二）开设跨境电商专业

鼓励有条件的普通高校、职业院校，结合产业发展实际需求开设跨境电商专业或课程。（市教育局、人力资源社会保障局负责）

（二十三）加强专业人才培训

鼓励跨境电商企业通过在穗高校及经认定的社会培训机构（含跨境电商平台），为员工开展跨境电商专业培训。对在人社部门进行适岗培训备案的企业，按照广州市现行职业技能培训补贴政策的补贴标准和要求给予培训补贴资金。（市商务局、人力资源社会保障局牵头，市教育局配合）

（二十四）引进专业人才

支持跨境电商企业引进产业高端人才和急需人才，对跨境电商企业高端、急需紧缺人才按现行规定给予补贴。（市商务局、人力资源社会保障局牵头，市教育局、各区政府、广州市税务局配合）

（二十五）鼓励创业创新。鼓励行业商协会、跨境电商平台组织 RCEP 跨境电商创新创业大赛，鼓励广州大学生参与到 RCEP 国家市场创新创业，增添新生力量推动广州与 RCEP 国家合作，拓展广州外贸发展国际新空间。（市教育局牵头，市人力资源社会保障局、市商务局配合）

本措施自印发之日起施行，有效期三年。

企业名录

截至 2021 年 12 月 31 日，在广州跨境电商公共服务平台上注册并实际开展业务的企业名录见表 2-25。

表 2-25 广州市跨境电商企业名录

序号	企业名称	序号	企业名称
1	唯品会（中国）有限公司	13	广州煊静贸易有限公司
2	广州市华丰电子商贸有限公司	14	广州惠购供应链有限公司
3	广州无尾熊电子商务有限公司	15	广州高升跨境电商有限公司
4	广州汇达国际贸易有限公司	16	广州文锋商贸有限公司
5	广州米利恩供应链管理有限公司	17	广州市源新电子商务有限公司
6	广州顺盈谷信息科技有限公司	18	广州汇凯供应链管理有限公司
7	广州和信供应链管理有限公司	19	广州洋葱时尚集团有限公司
8	广州桃芝信息科技有限公司	20	广州市万威供应链有限公司
9	广州市铭阁贸易有限公司	21	广州市盈翔供应链有限公司
10	广州晶东贸易有限公司	22	广州浩鑫达国际贸易有限公司
11	广州市傅銮贸易有限公司	23	广州永岐电子商务有限公司
12	中威商贸（广州）有限公司	24	广州和凯供应链管理有限公司

续表1

序号	企业名称	序号	企业名称
25	广州云鲲贸易有限公司	60	安利（中国）电子商务有限公司
26	广州南坤贸易有限公司	61	广州市亿华国际电子商务有限公司
27	恒泰（广州）供应链管理有限公司	62	广州乐品汇进出口贸易有限公司
28	广州市欧于美贸易有限公司	63	广州博恩供应链有限公司
29	广州市润丰合德贸易有限公司	64	广州宏安电子商务有限公司
30	广州市两棵树网络科技有限公司	65	广州百润捷供应链管理有限公司
31	广州鸿帆捷贸易有限公司	66	广州鲲豪贸易有限公司
32	广州新多国际贸易有限公司	67	广州荟星电子商务有限公司
33	广州鸿杰跨境电商有限公司	68	广州市花玄木里生物科技有限公司
34	广州市钊财猫电子商务有限公司	69	广州诚联鑫货运代理有限公司
35	广州市小鹿快跑电子商务科技有限公司	70	广州腾享贸易有限公司
36	广州市四铭贸易有限公司	71	广州市展灏物流有限公司
37	广州毅凡电子商务有限公司	72	广州淳再贸易有限公司
38	广州霖波电子商务有限公司	73	广州运鸿供应链有限公司
39	广州市安利悦享荟电子商务有限公司	74	广州乐宜购进出口贸易有限公司
40	广州市润茗贸易有限公司	75	广州顺原正网络科技有限公司
41	广州厚森科技有限公司	76	广州迦仕誉贸易有限公司
42	广州沁烽贸易有限公司	77	广州宝盛网数据服务有限公司
43	广州圣钦贸易有限公司	78	广州市从齐跨境电子商务有限公司
44	广州市智秀贸易有限公司	79	广州麦酷计算机科技有限公司
45	广州聚合跨境供应链有限公司	80	广州慕诗电子商务有限公司
46	广州辉鸿跨境电商有限公司	81	广州市海恒电子商务有限公司
47	广州捷满贸易有限公司	82	广州市亿维国际电子商务有限公司
48	广州恒秀隆电子商务有限公司	83	广州乐趣多科技有限公司
49	广州跨境通电子商务有限公司	84	广州凯东电子商务有限公司
50	广州昊隽贸易有限公司	85	广州赛诚物流有限公司
51	广州亿鸿国际货运代理有限公司	86	广州市昊星电子商务有限公司
52	广州益全恒电子商务有限公司	87	广州一米熊电商贸易有限公司
53	广州格林捷国际货运代理有限公司	88	广州市嘉诚国际物流股份有限公司
54	广州米仓供应链管理有限公司	89	广州品佳电子商务有限公司
55	广州京猫电子商务有限公司	90	广州众鑫国际电子商务有限公司
56	广州市威云供应链管理有限公司	91	广州国创供应链管理有限公司
57	广州中嘉旺电子商务有限公司	92	广州市立泰国际电子商务有限公司
58	智海物流发展（广州）有限公司	93	广州市科美电商科技有限公司
59	广州恒雅供应链有限公司	94	广州仁荣电子商务有限公司

续表2

序号	企业名称	序号	企业名称
95	广州天之讯网络科技有限公司	130	广州市福昇电子商务有限公司
96	广州圣地林贰林电子商务有限公司	131	广州盈戌沣贸易有限公司
97	广州市雅晟源电子商务有限公司	132	广州骏洲电子商务有限公司
98	广州市鹏翔国际电子商务有限公司	133	广州花瀛贸易有限公司
99	广州宝恒通电子商务有限公司	134	广州化之贸易有限公司
100	广州香里发电子商务有限公司	135	广州润益电子商务有限公司
101	广州市刚烈贸易有限公司	136	广州通利鑫供应链管理有限公司
102	广州市泰福电商科技有限公司	137	广州合恒德跨境电商有限公司
103	广州旭昶贸易有限公司	138	广州市易顺电子商务有限公司
104	广州同光国际电子商务有限公司	139	广州市庞鸿盛电子商务有限公司
105	广州丰华国际电子商务有限公司	140	广州新饶成贸易有限公司
106	广州建霖进出口贸易有限公司	141	中吉佳（广州）跨境电商有限公司
107	广州二零一七电子商务有限公司	142	广州市盛庆电子商务有限公司
108	广州建霖供应链服务有限公司	143	广州华丰泰跨境电商有限公司
109	广州市胜群国际电子商务有限公司	144	广州市盛世跨境电子商务有限公司
110	广州旺立发电子商务有限公司	145	广州梦源网络科技有限公司
111	广州市艺喜跨境电子商务有限公司	146	广州市品维电子商务有限公司
112	广州多乐多网络科技有限公司	147	广东万宁连锁商业有限公司
113	广州市笙亦电子商务有限公司	148	广东奥园奥买家电子商务有限公司
114	广州市创慧跨境电子商务有限公司	149	广东好望谷电子商务有限公司
115	广州昇通跨境电子商务有限公司	150	广州购德喜进出口贸易有限公司
116	广州市锦华国际电子商务有限公司	151	广州市盈富电子商务有限公司
117	广州信顺跨境电商贸易有限公司	152	广州晨起贸易有限公司
118	广州市欣胜国际电子商务有限公司	153	广州喆威贸易有限公司
119	广州越洋无界信息科技有限公司	154	广州睿蜂贸易有限公司
120	广州市嘉达国际电子商务有限公司	155	广州比比西跨境电子商务有限公司
121	广州市嘉通国际电子商务有限公司	156	广州盛郝跨境电商贸易有限公司
122	广州市迦杰电商科技有限公司	157	广州市佳盛达电子商务有限公司
123	广州明煦贸易有限公司	158	广东沃天下供应链管理有限公司
124	广州市立信国际电子商务有限公司	159	广东邮政邮件快件服务有限公司
125	广州市嘉晟国际电子商务有限公司	160	广州国为电子商务有限公司
126	广州市灵晟电子商务有限公司	161	广州积神进出口贸易有限公司
127	广州星图跨境电子商务有限公司	162	乐米（广州）电子商务有限公司
128	广州市耀晟电子商务有限公司	163	广州畅迎进出口贸易有限公司
129	广州市钰辉电子商务有限公司	164	广州瞄一眼电子商务有限公司

续表3

序号	企业名称	序号	企业名称
165	广州笙宁国际供应链管理有限公司	200	广州科铄软件科技有限公司
166	广州市耶乐游贸易有限公司	201	广州市佳耀电子商务有限公司
167	广州市八叶龙供应链管理有限公司	202	易享（广州）跨境电商有限公司
168	广州瑞藏进出口贸易有限公司	203	广州五色灵芝健康产品有限公司
169	广州市好米德电子商务有限公司	204	广州荟俪捷进出口有限公司
170	一关通（广州）国际供应链有限公司	205	广州市琳创贸易有限公司
171	广州市贸通天下跨境电商供应链服务有限公司	206	广州市妈妈一百电子商务有限公司
172	广州新饶成贸易有限公司	207	广州可悦科技有限公司
173	广州顺御贸易有限公司	208	广东海购仓跨境电商有限公司
174	广州美快软件开发有限公司	209	广州西洋汇信息技术有限公司
175	广州凯瑟琳健康咨询有限公司	210	广州享购电子商务有限公司
176	广州货之家仓储服务有限公司	211	广州瑞思卡贸易有限公司
177	广州奇思信息科技有限公司	212	广东狮子进出口贸易有限公司
178	广州银浠汇电子商务有限公司	213	广州峰文贸易有限公司
179	广州银盟信息科技有限公司	214	广州市惠德丰贸易有限公司
180	广东潮臻电子商务有限公司	215	广州萃宝商贸有限公司
181	广州闰丰电子商务有限公司	216	广州奇略网络科技有限公司
182	广东豪致电子商务有限公司	217	广州市承祖锦贸易有限公司
183	德丰国际贸易发展（广州）有限公司	218	广东美悦优选电子商务有限公司
184	广东禾谷国际供应链有限公司	219	广州帕约贸易有限公司
185	广州邑诚相进出口贸易有限公司	220	广州晟典运供应链管理有限公司
186	广州鼎鸿报关有限公司	221	广州市蓓健贸易有限公司
187	广州八铿贸易有限公司	222	广州繁枝贸易有限公司
188	广州货之家电商供应链管理有限公司	223	广州市佰斯网络科技有限公司
189	广州科爱箱包设计有限公司	224	广州亿山贸易有限公司
190	广州优宜趣供应链管理有限公司	225	广州海象电子商务有限公司
191	广州盛龙电子商务有限公司	226	广州得博物流供应链有限公司
192	广州云养邦互联科技有限公司	227	广州蒂萝美品牌管理有限公司
193	广州市小绿帽网络科技有限公司	228	广州宏澈鞋业有限公司
194	广州澳猫供应链管理有限公司	229	大海国际电子商务（广州）有限公司
195	广州华粤电子商务有限公司	230	广州康莉柯生物科技有限公司
196	广州火星龙商贸有限公司	231	广州拉拉米信息科技股份有限公司
197	广州哩喔电子科技有限公司	232	广州敏斯贸易有限公司
198	广州广德供应链管理有限公司	233	广州帅傲贸易有限公司
199	广州环朝科技有限公司	234	广东壹健康科技有限公司

续表4

序号	企业名称	序号	企业名称
235	广州市拉拉米信息科技有限公司	270	广州力坪贸易有限公司
236	广州新妮商贸有限公司	271	广州万物国际货运代理有限公司
237	广州市和创电子商务有限公司	272	广州粤境通供应链管理有限公司
238	广州璐噜化妆品有限公司	273	广州仁好健康科技有限公司
239	广东风信子网络科技有限公司	274	广州米国名品电子商务有限公司
240	广州市伊萌美汐贸易有限公司	275	广州鑫尼网络科技有限公司
241	广州雅拉源健康产业有限公司	276	广州大学城一卡通有限公司
242	广州得博贸易有限公司	277	广州亚晋国际货运代理有限公司
243	广东一关通信息科技有限公司	278	广州建信网络科技有限公司
244	广州环朝商贸有限公司	279	广州市创尚电子商贸有限公司
245	广州顺晋供应链管理有限公司	280	广州港新易购贸易有限公司
246	广州吾蜜贸易有限责任公司	281	广州市粤秀进出口有限公司
247	广州市迅传电子商务有限公司	282	广州市英时贸易有限公司
248	广州贤聚投资管理有限公司	283	广州金兑商贸有限公司
249	广州市天行健生物科技有限公司	284	普优健（广州）科技有限公司
250	广州市妈妈一百电子商务有限公司	285	广州市海淘资产管理有限公司
251	广州凛骑体育发展有限公司	286	广州格瑞莱贸易有限公司
252	广州乐落电子商务有限公司	287	广州兴联汇贸易有限公司
253	广州融和采购代理有限公司	288	馥蕾诗（广州）贸易有限公司
254	广州市启邦国际物流有限公司	289	亚链通国际物流（广州）有限公司
255	广州叁赢国际贸易有限公司	290	微米电子商务（广州）有限公司
256	广州华迅捷通电子商务有限公司	291	广州市新明通电子商务有限公司
257	广州市佰沃贸易有限公司	292	广州市星空电子商贸有限公司
258	广州嘉里辉捷贸易有限公司	293	广州全视智能科技发展有限公司
259	广州市海线群淘贸易有限公司	294	广东塞万提斯进出口贸易有限公司
260	广州聚合电子商务有限公司	295	广州市利伟保健品有限公司
261	广州启投电子商务有限公司	296	广州泉翼国际贸易有限公司
262	广州畅忻世俊贸易有限公司	297	广州市于诺贸易有限公司
263	广州嘉灏网络科技有限公司	298	广州笠丰贸易有限公司
264	广州安麦信息科技有限公司	299	广东代言十科技有限公司
265	广州伦润商贸有限公司	300	广州宾宝贸易有限公司
266	广州健乐商贸发展有限公司	301	广州穗宏国际物流有限公司
267	广州粤派运动服饰有限公司	302	广州澳悠康贸易有限公司
268	广州恒宝电商有限公司	303	新银河世纪投资有限公司
269	广州海淘家电子商务有限公司	304	广州火峰龙贸易有限公司

续表5

序号	企业名称	序号	企业名称
305	广州鼎球生物科技有限公司	340	广州市泓淇源贸易有限公司
306	广州鼎建电子商务有限公司	341	广州艺尚坊进出口贸易有限公司
307	广州泽尔电子商务有限公司	342	广州市宏远电子商务有限公司
308	广州臻锋电子商务有限公司	343	广州蓝幄生物科技有限公司
309	巴巴宝贝（广州）电子商务有限公司	344	广州捷思经济发展有限公司
310	宝丽美容电子商务（广州）有限公司	345	广州骏诚贸易发展有限公司
311	广州骏越进出口贸易有限公司	346	广州佳业科技有限公司
312	善知营养科技（广东）有限公司	347	广州市澳日岚贸易有限公司
313	广州昊链物流供应链有限公司	348	广州市汇点贸易有限公司
314	广州纳茨科技有限公司	349	广州创曦玩具有限公司
315	广州大旗通贸易有限公司	350	广州市量品进出口贸易有限公司
316	广州海星网络科技有限公司	351	广州盛讯信息技术有限公司
317	广州爱适贝贸易有限公司	352	美嘉大健康（广州）科技有限公司
318	广州市和苑贸易有限公司	353	广东山姆冷链食品有限公司
319	广州海货电子商务有限公司	354	广州捷迅通网络科技有限公司
320	广州业恒运输代理有限公司	355	佩可（广州）国际货运代理有限公司
321	广州市烹海堂信息科技有限公司	356	广州嘉壹电子商务有限公司
322	广州健民医药连锁有限公司	357	广州市臻于至电子商务有限公司
323	广州市泓淇源贸易有限公司	358	广州栢藤贸易有限公司
324	广州艺尚坊进出口贸易有限公司	359	广州尚品电商贸易有限公司
325	广州市宏远电子商务有限公司	360	广州她来了生物科技有限公司
326	广州蓝幄生物科技有限公司	361	广州国潮网络科技有限公司
327	广州捷思经济发展有限公司	362	广州洋桃网络科技有限公司
328	广州骏诚贸易发展有限公司	363	广州巴音商贸有限公司
329	广州佳业科技有限公司	364	广州市海淘家供应链有限公司
330	广州市澳日岚贸易有限公司	365	广州市瀚昇行进出口贸易有限公司
331	广州市汇点贸易有限公司	366	广州旭美生物科技有限公司
332	广州创曦玩具有限公司	367	广州赛施电子科技有限公司
333	广州市量品进出口贸易有限公司	368	广州运通天下信息科技有限公司
334	广州巴米进出口贸易有限公司	369	广州市大金供应链管理有限公司
335	广州市和苑贸易有限公司	370	广州速递有限公司
336	广州海货电子商务有限公司	371	广州艺驰进出口贸易有限公司
337	广州业恒运输代理有限公司	372	广州海蕴生物科技有限公司
338	广州市烹海堂信息科技有限公司	373	广州熙跃电子商务有限公司
339	广州健民医药连锁有限公司	374	广州市贝法易信息科技有限公司

续表6

序号	企业名称	序号	企业名称
375	广州胡萝卜村网络科技有限公司	410	广州番禺区有米有宝电商贸易有限公司
376	广州贝尔乐贸易有限公司	411	广州不莱没网络科技有限公司
377	广州尤妮玛姬互联网有限公司	412	广州睿福澳贸易有限公司
378	广州市辰华国际货运代理有限公司	413	广州泰丫迪贸易有限公司
379	广州市卓悦化妆品贸易有限公司	414	广州冠倬嘉丽贸易有限公司
380	广州市云翔健康咨询管理有限公司	415	广州易跨境科技信息有限公司
381	广州智端商贸有限公司	416	广州杏兰化妆品科技有限公司
382	广州锟鹏科技有限公司	417	西朝进出口贸易（广州）有限公司
383	广州从加贸易有限公司	418	广州碧哎迪贸易有限公司
384	广东暨创硒源纳米研究院有限公司	419	广州家颐乐国际商贸有限公司
385	广州苏雅贸易有限公司	420	广州融泰信息科技有限公司
386	广州市爱苑燕食品进出口有限公司	421	广州耀宸电子科技有限公司
387	广州邑新广告传媒有限公司	422	澳健科技（广州）有限公司
388	广州转达进出口有限公司	423	广州恒丰电子商务有限公司
389	广东曲速信息科技有限公司	424	广州莎莎经典国际贸易有限公司
390	广东中昊伟业跨境贸易有限公司	425	广州康瑞商贸有限公司
391	广州市众上日化有限公司	426	大参林医药集团股份有限公司
392	广州星通商贸有限公司	427	广州澳湖贸易有限责任公司
393	广州锦添科技有限公司	428	广州味吉友恋贸易有限公司
394	广州智创云链信息科技有限公司	429	广州玛莱卡生物科技有限公司
395	阿尔法（广州）远程医疗科技有限公司	430	涅生科技（广州）股份有限公司
396	广州拾叁贸易有限公司	431	沛丽（广州）贸易有限公司
397	广州彦龙网络科技有限公司	432	广州元森泰商务有限公司
398	广州市港货街进出口贸易有限公司	433	广州枕边游戏生活用品有限公司
399	广州澳舜美商贸有限公司	434	广州浩定欣贸易有限公司
400	广东济民投资有限公司	435	广州番禺区有米有宝电商贸易有限公司
401	广州众赢电子商务有限公司	436	广州不莱没网络科技有限公司
402	广州康虹信息技术有限公司	437	广州睿福澳贸易有限公司
403	广州胡萝卜村网络科技有限公司	438	广州泰丫迪贸易有限公司
404	广州万赢电子商务有限公司	439	广州冠倬嘉丽贸易有限公司
405	广州金特丝美发用品有限公司	440	广州易跨境科技信息有限公司
406	广州昱为网络科技有限公司	441	广州杏兰化妆品科技有限公司
407	广州飞诺达科技有限公司	442	西朝进出口贸易（广州）有限公司
408	广东白鹭天湖电子商务有限公司	443	广州碧哎迪贸易有限公司
409	广州浩定欣贸易有限公司	444	广州家颐乐国际商贸有限公司

续表7

序号	企业名称	序号	企业名称
445	广州融泰信息科技有限公司	466	广州杏兰化妆品科技有限公司
446	广州耀宸电子科技有限公司	467	西朝进出口贸易（广州）有限公司
447	澳健科技（广州）有限公司	468	广州碧哎迪贸易有限公司
448	广州恒丰电子商务有限公司	469	广州家颐乐国际商贸有限公司
449	广州莎莎经典国际贸易有限公司	470	广州融泰信息科技有限公司
450	广州康瑞商贸有限公司	471	广州耀宸电子科技有限公司
451	大参林医药集团股份有限公司	472	澳健科技（广州）有限公司
452	广州澳湖贸易有限责任公司	473	广州恒丰电子商务有限公司
453	广州味吉友恋贸易有限公司	474	广州莎莎经典国际贸易有限公司
454	广州玛莱卡生物科技有限公司	475	广州康瑞商贸有限公司
455	涅生科技（广州）股份有限公司	476	大参林医药集团股份有限公司
456	沛丽（广州）贸易有限公司	477	广州澳湖贸易有限责任公司
457	广州元森泰商务有限公司	478	广州味吉友恋贸易有限公司
458	广州枕边游戏生活用品有限公司	479	广州玛莱卡生物科技有限公司
459	广州浩定欣贸易有限公司	480	涅生科技（广州）股份有限公司
460	广州番禺区有米有宝电商贸易有限公司	481	沛丽（广州）贸易有限公司
461	广州不莱没网络科技有限公司	482	广州元森泰商务有限公司
462	广州睿福澳贸易有限公司	483	广州枕边游戏生活用品有限公司
463	广州泰丫迪贸易有限公司	484	广州市海捷德联国际运输代理有限公司
464	广州冠倬嘉丽贸易有限公司	485	广州百伦供应链科技有限公司
465	广州易跨境科技信息有限公司	486	上海威盛报关有限公司广州分公司

统计数据

2020年、2021年广州市跨境电商进出口情况见表2-26。

表2-26　广州市跨境电商进出口业务明细表

年份	验放清单（万票）	货值（万元）	增长率（%）	税款（万元）	上线商品种类（个）	商品种类（进口量前五位）	商品种类（出口量前五位）	备案电商企业（个）	上线企业（个）
2020	13050.77	3573281.42	78.55	—	93	化妆盥洗品、糕饼点心、杂项食品、电机设备、杂项制品	非针织服装、针织服装、贵金属及其制品、塑料及其制品、皮革制品	868	

续表

年份	验放清单（万票）	货值（万元）	增长率（%）	税款（万元）	上线商品种类（个）	商品种类（进口量前五位）	商品种类（出口量前五位）	备案电商企业（个）	上线企业（个）
2021	22246.81	6683305.86	87.04	—	88	化妆盥洗品、糕饼点心、杂项食品、电机设备、杂项制品	非针织服装、针织服装、贵金属及其制品、塑料及其制品、皮革制品	1001	—

典型案例

案例一：中东地区领先的全品类综合电商，助力中国企业跨境出海——Fordeal

广州哆啦科技有限公司，是一家面向全球市场的全品类综合电商企业。公司创始人兼CEO为吕皓，旗下主营中东地区领先的综合电商平台Fordeal，为当地用户链接中国优质商品。

吕皓是早期蘑菇街的算法团队负责人，在关注到传统外贸往往通过广交会等线下形式进行、与海外用户之间存在多重贸易链路，且海外电商市场长期被外国企业占据后，作为中国的青年企业家，希望能够打造便捷高效的出海新方式，帮助外贸企业连通消费者与品牌，构建属于中国自己的产品出海渠道，推动国货广销全球。

2017年8月，吕皓来到广东，成立广州哆啦科技有限公司，公司旗下主营中东地区的跨境电商平台Fordeal。依托广东高效通畅的物流基础和服装3C等供应链的天然优势，在政策环境和产业氛围下，凭借突出的技术运营能力，公司业务发展迅速，作为电商购物App迅速切入中东市场。

目前，公司业务主要布局在沙特、阿联酋、科威特、卡塔尔等多个“一带一路”沿线国家，为当地用户链接中国优质商品，助力4万多家中小企业将商品畅销海外。凭借中国与中东地区国家之间良好的国家关系，在沙特、阿联酋、科威特、卡塔尔等多个国家自建海外仓，通过入股当地物流企业等举措聚力推动公司电商及关联业务高质量发展，获得了中东地区用户的普遍好评。

成立4年多，Fordeal已发展成为中东地区领先的中国电商企业，获元璟、顺为、高瓴等知名资本投资，连续获得中国互联网成长型前20家企业（唯一出海电商企业）、新经济独角兽企业150强之49强、中国高科技高成长企业50强等荣誉。

领先的跨境供应链服务企业——卓志集团

卓志集团（以下简称“卓志”）成立于1997年，是国内领先的数字化跨境供应链服务商。作为国家级高新技术企业，卓志深耕行业25年，拥有丰富的服务贸易实战经验，通过不断探索外贸新技术和创新服务模式，已形成全链路、全渠道和全品类的服务体系，具备一仓发全网的渠道服务能力、一平台多口岸的数字通关能力、一盘货全球分拨的货源管理能力以及一站式国际物流履约能力。

凭借从研发设计、合规、交易贯穿至履约交付的全链条业务能力和经验，卓志为客户提供了一体化的跨境供应链集成解决方案，通过“海外品牌入华直通车”及“中国优品出海一站通”为客户带来安全可靠、成本优、全程在线可视可控、可预测的服务体验，让跨境贸易更加便利。卓志携手多个世界500强品牌长期合作发展，在跨境供应链服务领域打造了众多成功案例。

一、服务模式：深耕大消费、服务多行业，以数字化引领提升客户体验

卓志深耕大消费行业，为全球知名日用消费、大健康、食品和母婴等品牌客户提供从研发设计、贸易管理、跨境电商到全程物流履约的服务解决方案。利用“更懂跨境”的业务洞察和大数据、云计算等技术应用，将跨境供应链中的合规咨询、商品交易、物流供应链、资金结算和信息决策管理等服务要素贯通，为客户提供全链路服务。卓志自主研发的四流合一数字供应链管理平台拉通了企业与企业、产业与产业、生态与生态之间的信息系统，实现交易供应链、生产供应链以及流通供应链无缝链接，让供应链全过程可视可控和可预测，提升运营管理效率和敏捷性，为客户带来全程在线、安全可靠及成本更优的服务体验。

二、服务领域：以全链路服务，助力品牌布局全球

基于数字化的跨境供应链管理体系，卓志以新方式整合了人员、流程、技术基础架构和数据，为客户提供端到端的商流及物流双核驱动的跨境供应链集成解决方案，目前已涵盖数字供应链、数字通关、跨境电商、国际物流、数字技术五大服务领域。

（一）数字供应链

依托四流合一的数字供应链管理平台，卓志打通生产端、流通端、消费端，通过数据驱动为客户提供涵盖品牌、渠道、营销、采购以及供应链的研发、设计和交付的一体化解决方案。

（二）数字通关

通过直连各监管对外服务系统，构建与客户、平台、服务商系统对接的高效服务体系，以专业的关务能力为客户提供在线可视和智能化的全球关、仓、干、配服务。

（三）跨境电商

卓志为品牌方提供以跨境电商为核心的贸易解决方案，以数字营销和全渠道分销能力体系，帮助品牌高效触达终端消费者，实现品牌业绩增长。

（四）国际物流

卓志已构建覆盖全球海、陆、空、铁的物流服务网络，与上下游服务商系统打通，为客户提供全程在线、端对端的国际供应链履约服务。

（五）数字技术

卓志自研跨境 SaaS 供应链运营管理系统，开放多维接口和技术咨询方案定订，使客户实现在线化管理和中心化管控，让供应链管理更高效。

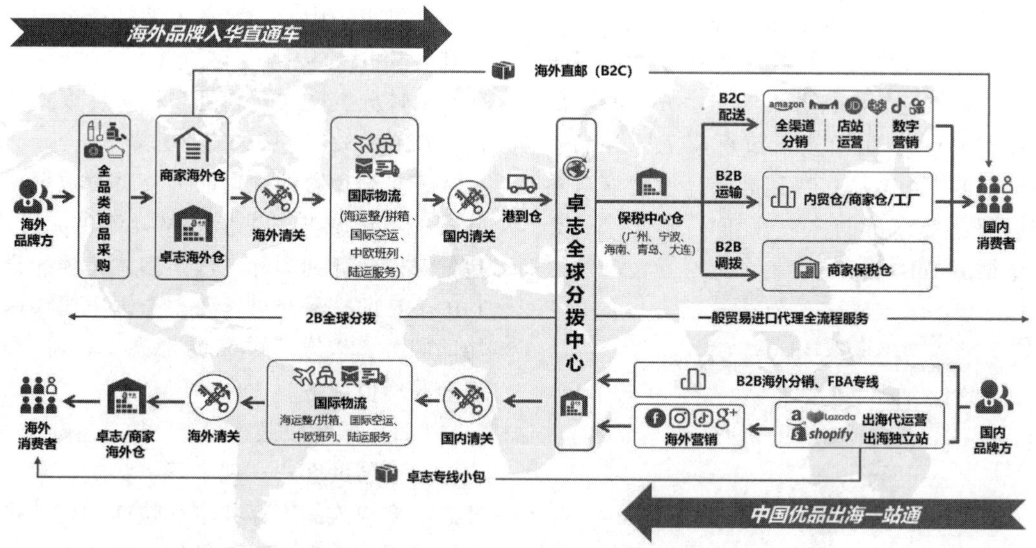

图 2-2　卓志跨境供应链服务全景图

三、服务优势：发挥“四个一”跨境供应链服务优势，实力领跑

经过多年的发展，卓志打造了一仓发全网、一平台多口岸、一盘货全球分拨、一站式国际物流的“四个一”的数字化供应链服务，能高效保障和把控跨境供应链中的各个环节，构建敏捷、韧性的供应链。

（一）一仓发全网

分销网络支持跨境品牌和贸易商多元渠道服务，连接200多家平台渠道，满足多种交易方式，高效实现供需适配。

（二）一平台多口岸

数字通关平台直连海关总署并连通国内32个通关口岸，凭借专业的通关能力和丰富的海内外口岸关仓配资源，可实现数字化、可视化供应链全球履约。

（三）一盘货全球分拨

分拨中心仓灵活高效调拨货物，满足多种贸易方式融合互转，进出口双向的供应链服务网络让商品的流通和交付更便利。

（四）一站式国际物流

海、陆、空、铁端对端的多式联运国际物流解决方案，让客户享受更快、更安全的服务。

四、服务案例：携手500强消费品牌，共建跨境供应链控制塔

（一）客户背景

所服务的客户有全球知名消费品集团，其旗下拥有数百个品牌，制造工厂遍布全球。

（二）客户痛点

涉及进出口环节多，国外工厂发货运输时效长、操作及物流成本高，协调复杂的问题；拥有的全球商品可引进中国市场，但新品的渠道推广时间长、复杂的经销商和商品库存体系，以及货物周转效率受贸易方式和渠道类型的影响，多地区业务需求无法统一；国内外供应链涉及大量的供应商、合作伙伴和工厂的协同，需建立更高效、集中的物流供应链管理和决策模式。

（三）解决方案

一是创新跨境商流+物流协作形成供应链控制塔，将全链路物流管理、各大经销商信息、不同贸易方式下的信息和商品库存进行有效整合，首先是形成一个包含关键指标及考核点的仪表盘为管理人员提供快速了解整体业务概览及做出决策的指引；其次，供应链控制塔

支持对指标所反映的根本原因做风险预警，对某些考核维度提供仿真模拟场景搭建以便多角度分析。该供应链控制塔相当于“一个共享的追踪调度中心”，指引旗下数百家工厂和品牌提升全渠道履约效率、快速周转，敏捷应对不确定因素，最终帮助客户真正实现全球一盘货，全渠道 ToB+ToC 的交易。

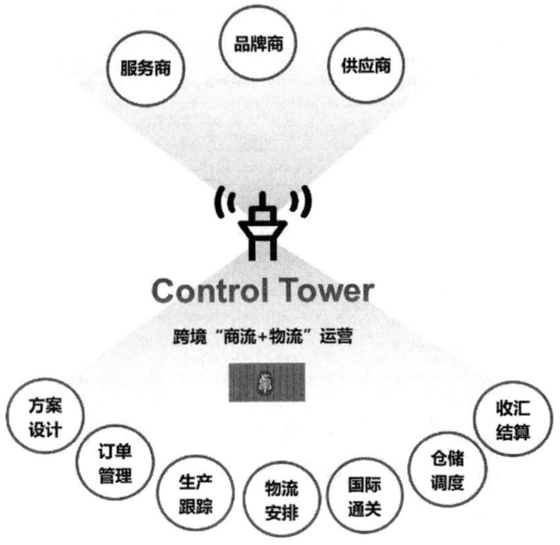

图 2-3　跨境供应链控制塔模式图

二是卓志中心仓服务方案，通过通关便利化和各口岸的服务和网仓资源，为品牌构建 Hub 中转分拨模式，满足多种贸易模式和多形态（B2B、B2C）货物的业务需求。

三是全程履约交付能力支持，根据客户国际贸易实际需求提供全链路物流供应链服务，包括海外服务到国际、国内多式运输、全渠道 ToB+ToC 的交易交付运营、全国主要口岸仓关协同服务，以及不同贸易形态下标签、溯源、组套等增值服务。

（四）服务成效

真正帮助客户实现全球一盘货，实现了多业态、多模式的库存共享和快速响应，提升了全渠道履约效率，降低了供应链成本；构建了商流上下游渠道和物流数字化管理的协同；基于业务管理实行供应链计划，让品牌商的生产制造计划与供应商、合作伙伴进行更全面实时的协作，有效地支持了品牌决策。

大事记

2020 年 1 月，广州“单一窗口”跨境贸易电子商务公共服务平台全国率先正式上线跨境出口退货功能。

2020 年 2 月，召开防疫物资保障专题工作会议，研究跨境电商企业海外采购防护物资和对接国内收储事宜。

2020 年 3 月，首期广州综试区云课堂开讲。

2020 年 4 月，联合中国国际贸易促进委员会、服务贸易协会举办“2020 外贸企业出海暨跨境电商发展论坛”。

2020 年 5 月，按照商务部要求做好第 127 届网上广交会广州跨境电商专区建设工作。

2020 年 6 月，起草《广州市推动跨境电商高质量发展二十条措施（送审稿）》报市政府审定。

2020 年 7 月，在全国率先成功试点跨境电商 B2B 出口业务。

2020 年 8 月，广州市政府批复《广州市推动跨境电商高质量发展若干措施》。9 月，印发该措施。

2020 年 11 月，“2020 世界跨境电子商务大会”在广州召开。

2021 年 1 月，启动 2021 广州市跨境电子商务产业园区认定申报工作。

2021年1月，起草《广州市把握RCEP机遇促进跨境电子商务创新发展若干措施（征求意见稿）》征求各部门意见。

2021年3月，正式发布《广州市把握RCEP机遇促进跨境电子商务创新发展若干措施》。

2021年7月29日，广东省省长马兴瑞、广州市市长温国辉市长视察广州哆啦科技有限公司、唯品会（中国）有限公司。

2021年10月20日，“2021广州互联网+新经济峰会”在广州举行。

2021年11月30日，“第二届羊城外贸金融节高峰论坛”在广州举行。

2021年12月29日，“2021中国直播电商年度盛典”在广州越秀国际会议中心隆重开幕。

东莞地区

2018 年 7 月，国务院批复设立中国（东莞）跨境电子商务综合试验区（以下简称“东莞综试区”）。东莞是广东省乃至全国跨境电商重要的货源地之一，培育了涉及 34 个行业 6 万多种产品的完整制造体系。近年来，东莞跨境电商发展总体上呈现快速发展态势，跨境电商进出口额连续排名全国前列，取得了较好成绩。2021 年全年东莞跨境电商进出口总额为 730 亿元，同比增长 91. 8%，位居全省第一、全国前列。2017 年—2021 年，跨境电商进出口从 2017 年的 159 亿元增长至 2021 年的 730 亿元，年均增长率达 46. 38%。

发展现状

一、基本情况

东莞跨境电商起步于2013年，经过多年的快速发展，在体制创新、通关监管、市场培育、园区建设等方面打下了坚实基础，一批国际知名的第三方电商平台如阿里巴巴、京东、亚马逊、虾皮等集团均已在东莞布局重大项目，特别是阿里巴巴跨境零售出口全球服务中心、菜鸟网络大进口华南（东莞）区域中心以及阿里东莞中心项目，将为东莞的跨境电商进出口业务提供优质的服务。

（一）东莞创造了全国跨境电商领域多个“第一”

2014年7月1日，东莞以“一链式”合作完成海关总署监管平台线上“全国第一票”跨境电商货物通关。同年8月25日，东莞完成了全国首笔通过海关总署通关平台以“9610”监管代码下申报的跨境电商出口退税。

（二）跨境电商建设获得上级部门充分肯定

东莞获批多项国家级、省级电子商务荣誉称号。2014年，东莞获批“国家电子商务示范城市”，评分居于当时30个创建国家电子商务示范城市之首。2015年，东莞虎门电商产业园被评为“国家电子商务示范基地”，2016年被评为“国家电子商务示范园区”，并于2020年在商务部国家电子商务示范基地评价中，被评为广东省唯一A级国家电子商务示范基地。2016年，东莞被评为“开放型经济综合试点试验城市”。2020年，东莞跨境电商企业——广东尚睿网络技术有限公司荣获“国家电子商务示范企业”。2021年，东莞市宝涵国际物流有限公司泰国仓、菲律宾仓获得省级公共海外仓认定。另外，东莞19家企业曾获评省级及省级以上电子商务示范企业。其中，1家获得国家级电商示范企业，10家获得省级电商示范企业，8家园区获得省级电商示范基地。

（三）跨境电商进出口额累计突破两千亿大关

2018年7月，东莞获批国家第三批跨境电商综合试验区，跨境电商发展迈上新台阶、新征程。2018年，全市跨境电商进出口总值370.1亿元，同比增长133%，排名全国第一。2019年，全市跨境电商进出口总值419.2亿元，其中，出口399.0亿元，均居全国首位。2020年，全市跨境电商进出口总值380.56亿元，其中，出口362.18亿元，进口18.38亿元。2021年，全年东莞跨境电商进出口总额730亿元，同比增长91.8%，位居全省第一、全国前列，占全市外贸进出口总额的4.8%。

（四）东莞独创了系列改革创新经验

东莞综试区不断摸索总结，形成一系列创新经验和做法，包括：电商孵化产销分离，以“制造业‘触电’”促进中国制造货通全球；产业集聚示范带动，打造线下跨境电商集聚园区引领行业发展；积极参与标准建设，突出标准引领跨境电商发展；简化手续便利通关，以“简化申报、清单核放、汇总统计”护航新业态发展；大力改革破解难题，推动跨境电商进出口退货多渠道贯通；精准辅导服务实体，将税收优惠转化为企业优势；24小时在线申报，以线上公共服务平台提供业务办理信息化支撑；拥抱风口，开拓市场，以“直播电商”模式构建内外循环相互促进新格局；政银合作优化收支，多渠道畅通跨境电商外汇阳光回流；企业注册一个工作日结办，创新跨境电商便利化登记模式加速行业发展。特别是在“9610”出口方面的经验，已经在全国各综试区城市复制广泛运用。

二、平台建设

为做好全市电子商务线上综合服务水平，东莞重点打造了三大平台，包括2015年建成的东莞跨境贸易电子商务公共服务平台，该平台将跨境电商监管服务延伸到线上，实现跨境电商在线申报、监管、物流、支付等全流程跟踪功能，实现通关、结汇、退税等便捷服务；2016年建成的东莞市开放型经济大数据平台，该平台由东莞市商务局联合中科院云计算中心共同开发，主要是将外贸进出口、电子商务（含跨境电商）、社消零等商务领域指标数据进行集成、共享、分析，通过商务信息融合、科学分析研判、信息共享协同、数据社会服务、数据安全保障等五方面的能力提升，提高政府的科学决策能力、提高商务部门的行业监管水平和对企业、社会的公共服务能力；2018年建成的东莞市电子商务统计监测系统，该系统应用大数据、云计算等新兴技术手段，整合东莞市国民经济数据和电子商务行业运行数据，同时动态采集和整理各大电商平台上的商品交易数据、跨境电商公共服务平台备案信息、企业征信等实时信息，开展东莞市电子商务数据统计和监测预警工作。

三、招商引资

东莞综试区紧紧围绕“让东莞制造插上电子商务的翅膀”的目标，聚焦数字化转型新思路、新模式，发挥跨境电商龙头企业示范带动作用，着力推动传统制造企业应用电子商务加快转型升级，引导传统制造企业开展工贸分离、研发设计、创建品牌、拓展市场。充分利用制造业发达和产业配套完善的优势，开展针对性招商引资，瞄准阿里巴巴菜鸟网络、考拉、亚马逊等优质平台企业，搭建龙头企业与制造业对接平台，有效地促进了东莞跨境电商出口近年来实现放量式增长。目前，菜鸟网络大进口华南（东莞）区域中心项目已正式落地东莞，2020年已实现545.9万单、13.54亿元的跨境电商进口业绩。阿里巴巴跨境零售出口全球服务中心项目全面落成，并投入运营。国家智慧物流骨干网华南核心节点项目稳步推进，预计2023年上半年建成投产。成功引进Access集团VTN亚太中心仓（东莞），加速推进内外贸一体化。

配套文件

关于印发《东莞市跨境电商新业务专项资金管理暂行办法》的通知

（东商务〔2021〕103号）

各镇街（园区）商务主管部门、各有关企业：

《东莞市跨境电商新业务专项资金管理暂行办法》业经市人民政府同意，现印发给你们，请认真贯彻执行。

附件：东莞市跨境电商新业务专项资金管理暂行办法

东莞市商务局

2021年8月24日

附件

东莞市跨境电商新业务专项资金管理暂行办法

第一章　总　则

第一条　为积极推广跨境电商B2B业务及跨境电商保税进口展销业务，进一步扩大我市跨境电商进出口规模，推进跨境电商综试区高质量、高水平建设，结合东莞实际，制定本办法。

第二条　本办法所称“跨境电商B2B业务”是指“跨境电商企业对企业出口”，包括海关监管方式代码“9710”（全称“跨境电子商务企业对企业直接出口”）和海关监管方式代码“9810”（全称“跨境电子商务出口海外仓”）。本办法所称“跨境电商保税进口展销业务”具体模式是指“实体店展示+线上下单+海关特殊监管区域和保税物流中心（B型）寄出”。

第三条　专项资金的管理和使用遵循以下原则：

（一）公开透明。专项资金使用必须公开透明，遵守国家有关法律、行政法规和财务规章制度。

（二）引导带动。专项资金的使用必须充分发挥引导和激励作用，稳外贸稳外资促消费，推动全市商务稳定高质量发展。

（三）加强监督。确保专项资金的使用公开、公平、公正，广泛接受监督。

第四条　申请支持、奖励的企业（单位）须是在我市办理工商税务登记，具有独立法人资格，守法诚信经营的企业和机构，以及符合本办法和相应资金申报指南规定的其他机构。

第五条　申报单位有下列情形之一，专项资金不予支持：

（一）在申报过程中提供虚假资料的；

（二）违反有关专项资金管理规定被取消申请资格的；

（三）被相关部门列入经营异常名录或严重违法失信企业名单的；

（四）根据本市财政专项资金不予资助政策规定不应予以支持的其他情形。

第六条　专项资金使用单位的法定代表人或主要负责人负责本单位项目的具体实施，对申报材料的合法性和真实性、资金使用等负责。

第二章　部门职责

第七条　市商务局负责制定、修订专项资金管理办法；编报资金预算，提出资金使用计划和绩效目标，组织资金实施与管理，提出跨年度支出项目资金结转申请，开展资金绩效自评、监督检查和信息公开等。当年申报资金超出年度预算总金额时，以预算余额按比例进行支持。

第八条　市财政局负责预算管理、组织专项资金预算编制及执行；审核专项资金目录清单、绩效目标等；落实跨年度支出项目资金结转；组织实施专项资金财政监督检查和重点绩效评价等。

第九条　各镇街（园区）商务主管部门负责做好辖内企业的资金申报发动工作，协助市有关部门做好政策宣传，推动符合条件企业申报专项资金；负责协助市商务局组织项目申报、审核、跟踪管理、验收认定和绩效自评等监督管理工作。

第三章　扶持奖励政策

第十条　鼓励企业开展跨境电商B2B业务。

（一）支持对象

对应用跨境电商平台进行线上销售，自主申报或使用经市商务局认可的外贸综合服务企业相关服务申报跨境电商B2B业务的东莞企业，符合规定条件的，给予支持。

（二）支持标准

企业当年纳入统计的跨境电商B2B实际经

营规模折合人民币超过400万元，予以2万元一次性资金扶持；超过850万元的，予以5万元一次性资金扶持；超过1500万元的，予以10万元一次性资金扶持；超过3000万元的，予以20万元一次性资金扶持。如当年企业申报资助金额超过当年预算限额，则按比例折算资助。

第十一条 鼓励企业开展跨境电商保税进口展销业务。

（一）支持对象

在东莞市海关特殊监管区域和保税物流中心（B型）外设立跨境电商展销实体店的东莞企业。

（二）支持标准

实际展销面积达1000平方米及以上 且纳入我市统计的年度跨境电商进口额达到500万元（以海关数据为准）及以上的，按每100万元跨境电商进口额奖励1万元的标准给予支持。每家跨境电商保税进口展销实体店每年资助不超过500万元。

第四章 项目申报和资金拨付

第十二条 市商务局公布专项资金申报指南，组织申报专项资金，每年可根据需要对申报指南进行修订。申报单位按照申报指南的相关规定进行申请。

第十三条 市商务局负责审核申报单位提出的项目支持申请，拟定项目支持计划。经审定的支持项目，通过市商务局网站向社会公示，公示期为3个自然日；经公示无异议的申报单位及项目，经批准同意后，由市商务局拨付。

第十四条 符合条件的单位向市商务局提出申请支持或奖励，同一项目不得重复申请，市财政不重复给予支持或奖励。

第十五条 单位收到项目支持资金后，按照现行会计制度进行账务处理。

第五章 监督检查和法律责任

第十六条 严禁截留、挪用专项资金。对弄虚作假骗取专项资金，截留、挪用专项资金，不按规定使用专项资金等行为，可视情节轻重采取撤销支持项目、追缴项目支持资金和5年内取消申请资格的处理，并按照《财政违法行为处罚处分条例》的规定予以处罚；构成犯罪的，移交司法机关依法追究有关责任人员的法律责任。

第十七条 有关行政主管部门及其工作人员在专项资金监督管理工作中滥用职权、玩忽职守、徇私舞弊，有关单位和个人有权举报，查证属实的，依法给予行政处分；构成犯罪的，依法追究刑事责任。

第十八条 申报单位申请支持应符合如下规定：

（一）申报单位申报专项资金须对申报材料的准确性、真实性、合法性和有效性负责，不得弄虚作假。如果在审核过程中发现申报单位存在弄虚作假行为，一经查实即列入不良名单，五年内取消其申请支持的资格；如构成违法犯罪的，依法移交司法机关追究有关责任人员的法律责任。

（二）申报单位需建立申报资料审核机制。申报资料需由申报单位现任工作人员报送。

（三）申报单位应具有健全的财务制度，接受有关部门的检查监督。

（四）严格项目费用支出管理。每个纳入支持范围的项目，费用支出超过1万元的（含1万元），须通过单位银行账户付款。以货款抵扣、折让等方式支付费用的，以及资助金额在1000元以下的项目，不予纳入支持范围。

（五）财政全额拨款的事业单位不纳入支持范围。

第六章 附 则

第十九条 本办法与我市其他优惠政策存在交叉的，由申报单位择优申请，不重复奖励。

第二十条 本办法自印发之日起实施，有效期至2023年12月31日，适用于2021年1

月1日至2023年12月31日发生的项目。本办法在实施过程中可根据实施情况进行评估修订，由市商务局负责修订解释。

企业名录

截至2021年12月31日，在东莞跨境电商公共服务平台上注册的重点企业名称见表2-27。

表2-27 东莞市跨境电商重点企业名录

序号	企业名称	序号	企业名称
1	东莞市邮速通电子商务服务有限公司	27	东莞市极速佳供应链管理有限公司
2	东莞市天益电子商务有限公司	28	东莞市山水盛贸易有限公司
3	东莞市橙光电子商务有限公司	29	东莞市欣阳商贸有限公司
4	东莞市易通致远电子商务有限公司	30	广东尚睿科技股份有限公司
5	东莞市宏圣电子商务有限公司	31	东莞市上锐电子商务有限公司
6	东莞空港跨境电商供应链有限公司	32	东莞市汇晨商贸有限公司
7	东莞市鹿鹿通供应链管理有限公司	33	卓比（东莞）包装有限公司
8	东莞市米汇多跨境电子商务有限公司	34	东莞市正懿跨境电商有限公司
9	东莞市倍星供应链管理有限公司	35	广东联宇物流有限公司
10	东莞市中熹电子商务有限公司	36	东莞市捷茂电子商务有限公司
11	东莞市六方供应链管理有限公司	37	东莞市嘉众电子商务有限公司
12	东莞市倍赞电子商务有限公司	38	广东海新智能厨房股份有限公司
13	东莞市翔盈电子商务有限公司	39	广东格瑞斯精密五金科技有限公司
14	广东牛犇电子商务服务有限公司	40	东莞河边竹子贸易有限公司
15	东莞九漾进出口贸易有限公司	41	阿里巴巴一达通企业服务（东莞）有限公司
16	东莞易达易通电子商务有限公司	42	广东联宇商贸有限公司
17	东莞七洋跨境电商服务有限公司	43	东莞市朝胜盟电子有限公司
18	东莞市安利威电子商务有限公司	44	东莞市布迪科技有限公司
19	东莞市泓凯电子商务有限公司	45	广东唯客路供应链物流有限公司
20	东莞宇丰电子商务有限公司	46	东莞市富晟国际供应链管理有限公司
21	广东货多多供应链管理有限公司	47	东莞市迪泰龙家居用品有限公司
22	东莞市实通跨境供应链服务有限公司	48	东莞市欧蒙家居用品有限公司
23	九州里电商（东莞）有限公司	49	东莞盈广跨境电子商务有限公司
24	东莞贸弘跨境电子商务有限公司	50	东莞万政电子商务有限公司
25	广东云徒网络科技有限公司	51	东莞市诚和电子商务有限公司
26	东莞市快达亚供应链管理有限公司		

统计数据

2020—2021 年，东莞市跨境电商进出口情况见表 2-28。

表 2-28　东莞市跨境电商进出口明细表

年份	跨境电商进出口额（亿元）	同比（%）
2020	380.56	-9.17
2021	730	91.8

典型案例

案例一：以技术驱动为核心的一站式跨境供应链服务
——东莞市宝涵国际物流有限公司

东莞市宝涵国际物流有限公司（以下简称“宝涵国际物流”），是一家综合性的国际物流供应链公司，总部位于东莞市。经过多年运营发展，目前公司员工超 400 人，先后在国内外设立分公司，并在广州、义乌、深圳等多个地区设立仓库，与各大航线优势公司达成长期战略合作关系，专业致力于为进出口客户提供专业、高效的全套物流供应链服务。

一、经营情况

宝涵国际物流泰国仓、菲律宾和印度尼西亚公共海外仓分别于 2015 年、2018 年、2021 年正式投入运营，业务范围包括中国到泰国、菲律宾的海运通关物流和陆运通关物流、本地配送、入库分拣、入库质检、一件代发、贴标换标、仓储、售后检测维修、退换货管理等本土化服务。目前，泰国仓日均处理电商件 8000~15000 单，菲律宾仓日均处理电商件为 5000~8000 单，印度尼西亚仓日均处理电商件 5000~6000 单，仓储货物 SKU 接近 20000 个，涉及 3C、服装、母婴等多个品类。泰国仓、菲律宾仓、印度尼西亚仓都实行精细化组织架构管理，旨在保持公共海外仓长期稳定的服务输出。

2021 年，泰国海外仓的总发单量为 420 万单，同比增长 20.6%，仓库面积扩大至 1.8 万平方米，面积同比增长 38%。

2021 年，菲律宾海外仓的总发单量为 336 万单，同比增长 26.1%，仓库面积扩大至 1.5 万平方米，面积同比增长 18%。

2021 年，宝涵国际物流推进海外仓业务进一步发展，在印度尼西亚新设立海外仓。

二、经营特点

（一）用技术驱动业务发展

为了推进公司业务管理，把握公司新业态发展，宝函国际物流在 2018 年正式成立技术部门。目前，宝涵国际物流有自研的运输系统、仓库管理 WMS 系统，倡导用技术服务客户，简化服务业务流程，让国际运输更便捷。宝涵国际物流成功地扩大海外仓的服务功能，打造其成为客户服务中心，推出组装、售后维修等定制化服务，为有需要的客户提供商品认证、仓储等服务，促使客户以产品为核心，不断提升质量，推动客户商品合规化发展。

（二）积极打造公司的海外仓品牌

宝涵国际物流联合泰国贸促机关和 Lazada 推出“阳光下的海外仓”行动，吸引更多知名品牌入驻，打造商品合规化品牌仓，形成品牌效应。同时积极参与到当地政府的爱心捐款、扶贫项目等各项活动中，建立良好政企关系，为公司发展打好基础。

（三）具备泰国、菲律宾、印度尼西亚等国家各大关口直接清关的绿色通道

目前宝涵国际物流专注运输清关服务，同时为各类型客户处理解决海外政策、本土法律法规辅助等问题，全链路为客户解决在海外经商遇到的各类壁垒；专业为跨境电商企业落实仓储、分拣及“最后一公里”的终端配送服务，真正协助跨境电商企业在国外实现 B2C 服务。

三、成功经验

（一）提前做好业务的发展规划

宝涵国际物流根据客户增长量预测未来业务量的上涨趋势，提前做好仓库扩展规划，以应对扩仓难题，降低扩仓问题对业务的影响，保持海外仓体量稳步提升，实现可持续发展，增强客户信任度。

（二）落实海外仓新冠疫情防控措施

宝涵国际物流严抓新冠疫情下的防控措施，优先聘请海外管理人员，提高工作效率，增强沟通，提升培训效果；为降低新冠疫情对海外仓业务的影响，推出各项新冠疫情期间补贴福利。每位员工严格遵循新冠疫情防控措施，积极做好自身防护，仓库业务没有因为新冠疫情而受到影响。

（三）建立完善的意见反馈机制

宝涵国际物流为了有迹可循的落实好制度的优化，建立了客户对仓库服务的反馈机制，客服人员收集完客户的建议，经过仓库各部门商讨后，会马上制订解决方案，进行落地执行，做到每周都有进步，给客户提供更好地体验。

（四）业务服务专业化

宝涵国际物流本着诚信、负责的态度，凭着多年的扎根和积累，借着优秀的国内外团队、专业的咨询服务、高效的工作流程、先进的现代物流系统操作，先后为雷士照明、中南万象、环球易购等 30 多家国企、民企在海外的大项目、子项目提供并成功完成了进出口物流供应链解决方案，多次得到了客户的好评与赞赏。

案例二：仓、干、清、拆、派全链条打通，提升跨境物流可控性

——广东联宇物流有限公司

广东联宇物流有限公司（以下简称“联宇物流”）成立于 2010 年 11 月，总部设在东莞，是集研发、销售、物流服务为一体的综合型品牌企业，其主营集货仓库业务在深圳，海内外服务人员超 600 人。

一、经营情况

2020 年，联宇物流发货量超 6000 个货柜，对应出口货值超 60 亿元，服务客户数超 3000 家，同比增长超 50%。2021 年，发货量达 10000 个货柜，对应出口货值超 100 亿元，服务客户超过 5000 家，同比增长超过 50%。联宇物流成长迅速，在行业内处于大幅领先地位，成为全国跨境电商出口物流美线货量最大的物流服务商之一。

二、经营特点

（一）仓、干、清、拆、派全链条打通

“仓”是指国内的收货网点和出口申报。

联宇物流在国内设立16个分公司和仓库，国内仓网总面积为4万平方米，收货网点遍布全国，在深圳、广州、青岛、上海、苏州等15个城市均有收货网点。“干”是指各大船公司的优质订舱服务。联宇物流有优质的干线合作资源，例如，COSCO、CULines、ZIM/MATSON、EMC等各大船司直接提供订舱服务，舱位稳定。“清”是指国外的清关服务。联宇物流实行在线客服实时跟踪和反馈货物最新动态、专业清关团队助力货物高效通关、华人服务团队无缝对接，为客户的货物保驾护航。“拆”是指国外的海外仓建设。国外设立5个海外仓，分布在美国、日本、墨西哥等国家，总面积超5万平方米，月均处理货物超10万立方米，目前已初步构建起出口供货体系。“派”是指国外的自营车队公司。2021年，联宇物流投资国外码头车队，搭建末端卡车派送体系。自有拖车15台、卡车45台，同时在国内外成立2支亚马逊预约送仓团队，24小时在线客服确保货物及时送仓预约，平均提柜效率为2天，当月最高提柜车次接近500条柜，可覆盖本地区域仓以及全美亚马逊主要大仓干线运输，为客户的货物快速到达提供保障，实现一站式订单全程自营，提升跨境物流可控性。

（二）企业数字科技化水平突出

2015年起，联宇物流开始建立自主物流系统IT团队；2020年，实现国内外仓库仓仓联动及库内管理软硬件结合。2021年，已实现自营可视化物流系统国内外全链路跟踪。智能化物流系统包括实时更新、自动抓取、路由轨迹自动化功能。企业自研智能物流系统（跨境电商FBA头程操作系统、WMS海外仓系统），专业针对跨境电商物流仓储，可以有效控制库内的作业流程，对成本进行全面的掌控，实现高效管理货物、快捷处理订单、缩短订单时间、提高工作效率，为企业管理提供相应的便利。

（三）企业秉承社会责任感，自发成立民间经纬微公益项目

联宇物流承诺每承运一票货物捐赠一元钱，每年举办两次大型公益活动。自2018年成立经纬微公益项目起，举办过多场活动。2018年11月，与东莞市牵牛花儿童潜能开发中心携手，关爱自闭症儿童，举办了“与动物零距离接触”公益活动；2019年4月，走进麻涌泗安医院，关爱麻风病康复患者；2019年11月，联合广东狮子会和信服务队发起“扶志助飞”助学公益活动，走进英德为身处“困境”的孩子们，送去助学金及慰问物资；2020年，新冠疫情期间，筹集资金向疫区捐赠紧缺防护衣物资。2020年11月，联合寮步社会工作服务中心发起关爱独居老人关爱活动。2021年4月，在广州、深圳、中山、义乌同步举行“关爱货车司机”公益活动。2022年3月，首个经纬梦想室在河源市和平县阳明填第五小学成立。联宇物流以造福社会为己任，用正能量影响世界，使经纬微公益项目得以延续。

三、发展愿景

联宇物流作为跨境物流代表企业之一，充分发挥新型实体企业优势，依托自身优势，在高效运转供应链基础设施与国内外仓仓联动中，让更多中国制造、中国品牌与联宇物流服务同步加速“走出去”，全球好货、海外商家加速“走进来”，努力提升跨境物流和跨境电商产业活力。

案例三：为国内先进制造业孵化国际品牌

——尚睿科技股份有限公司

尚睿科技股份有份公司（以下简称“尚睿”）成立于2011年，是一家从事跨境电商运营，为国内先进制造业孵化国际品牌的互联网企业，已获得“国家高新技术企业”“广东省高成长中小企业”“广东省电子商务示范企业”“广东省工业和信息化领域电子商务第二批示范单位”“东莞市倍增计划名誉试点企业”等数十项认定和社会荣誉。

尚睿总部位于广东东莞松山湖高新区，于美国、德国、中国香港等地设有分公司，于北美、欧洲等地设有海外仓，于深圳、成都、苏州等地设有工作室，员工总数约300人。2021年，尚睿电商销售额约13亿元。

一、国内优质产品赋能品牌出海

目前，尚睿的主要市场为北美、欧洲等地区，运营品牌30余个，涵盖功能服装、家用电器、创客产品、家居宠物、消费电子、电竞、玩具、运动、办公等九大消费领域，其中包含ororo、Sain Smart、Airthereal、iPettie、TURBRO等知名自营品牌。同时，尚睿已助力格力电器、得力文具、北鼎电器、宝锋电子、博力威等百余家国内知名制造业企业，实现面向海外终端消费者的直接销售，并在消费者心中塑造了中国品牌的良好形象。

二、珍视产品的创新性和独特性

成立之初，尚睿即重视研发的投入，在创新性、超前性上做尝试。例如，组建小型CNC产品研发团队，从零打造自主品牌Sain Smart，至今已发展11年。率先研发功能服装，创造头部品牌ororo，并为此专门建设低温环境实验室，确保产品测试的完整性、研发的专业性，现该品牌累计销量超百万件，年销售额达亿元。发展至今，尚睿已拥有18项商标、15项专利、31项软件著作权，未来将更深入探索品牌孵化和产品研发互融互促的模式。

全面提供跨境电商综合服务。2013年，尚睿成为亚马逊云科技AWS的亚太区咨询合作伙伴；2017年，成为全球领先的跨境独立站建站平台Shopify在中国地区的首家合作伙伴，获得Shopify和Shopify plus双认证；2018年，成为PayPal、Google的合作伙伴。与此同时，尚睿自主开发一系列跨境电商IT产品，如跨境电商进销存管理系统SAIN3 ERP以及数十款的云平台开源应用实例，已打造出为先进制造业和跨境电商同行提供全链条增值服务的雄厚实力。目前，通过与尚睿合作，完美日记、韶音、云鲸等多个国内知名互联网品牌均成功构建海外线上销售平台，拓展了海外市场。

大事记

2020年10月，菜鸟网络大进口华南（东莞）区域中心项目正式落地东莞。截至2020年12月，该项目已实现545.9万单，13.54亿元的跨境电商进口业绩。

2020年10月30日至31日东莞市举办先进制造链创新发展大会暨东莞跨境电商采购峰会。本届大会共有300家东莞制造企业携产品参与对接，并吸引了亚马逊、速卖通、eBay、Wish、虾皮等跨境电商平台及5000余名来自全国各地的跨境电商采购商参会。现场达成合作意向金额4100万元，同比增长20%。

2021年，东莞市积极贯彻落实广东省政府办公厅《关于推进跨境电商高质量发展的若干政策措施》文件精神，大力改革为企业提供便利，在全国率先实现跨境电商进出口退货多渠道贯通。2021年，东莞市跨境电商企业广东尚睿网络技术有限公司与唯品会等全国知名企业共同获批国家级电子商务示范企业。2021年，东莞市企业东莞市宝涵国际物流有限公司泰国仓、菲律宾仓获批省级第二批公共海外仓（全省仅 10 个海外仓获此殊荣)，实现省级公共海外仓从 0 到 1 的突破。

2021 年 8 月，在原有跨境电商“1+5”政策体系的基础下，东莞市出台《东莞市跨境电商新业务专项资金管理暂行办法》，推动跨境电商 B2B 出口业务及保税区外展销业务的发展。

2021 年 10 月 22 日，东莞市举办“东莞跨境电商采购峰会”。本届大会共有 300 家制造企业超千款东莞制造优品参展，邀请阿里巴巴、亚马逊、eBay、indiegogo 等国内外知名平台共 12 家，举办 18 场次论坛主题活动，与国外包括沃尔玛在内的四大商超达成战略合作，成交额超 1.5 亿元。

湛江地区

自2020年5月中国（湛江）跨境电子商务综合试验区（以下简称"湛江综试区"）获批以来，湛江市将跨境电商综试区建设工作作为贯彻中央做好"六稳"工作、落实"六保"任务决策部署的重点工作抓落实，按照《中国（湛江）跨境电子商务综合试验区实施方案》要求，稳步推进综试区建设各项工作，推动湛江跨境电商高质量发展。

湛江综试区以推动"两平台六体系"建设、企业与知名跨境电商平台合作、跨境电商业务发展、重点项目建设为着力点，大力促进全市跨境电商提质增效，不断培育外贸新增长点和贸易高质量发展新动能，取得积极成效。2020年，湛江市实现跨境电商进出口额27.12亿元，同比增长44.9倍，占全市外贸进出口额的6.1%，成为稳外贸的新动能。2021年，湛江市跨境电商进出口额35.82亿元，同比增长32%。

发展现状

一、加强领导，建立工作联动机制

（一）加强组织领导

成立湛江综试区建设领导小组。市长任领导小组组长，分管副市长、湛江海关分管副关长为副组长，领导小组办公室设在市商务局。

（二）建立工作联动机制

湛江市商务局作为牵头部门，召开专题会议研究促进跨境电商公共服务平台建设、跨境电商业务开展等事项。与海关、税务、外汇管理等监管部门保持沟通联系、互通信息、密切合作，及时协调解决跨境电商企业在业务开展中遇到的实际问题。

（三）坚持新冠疫情防控和安全生产两手抓

在加强新冠疫情防控常态化条件下要求各县（市、区）、各有关部门和企业抓细抓实安全生产各项工作，坚决遏制重特大事故发生。2020—2021年，湛江综试区没有发生被国务院安全生产委员会通报的重大生产安全事故。

二、政策引导，有效推进业务开展

（一）落实跨境电商相关便利化政策

为持续深入推进“放管服”改革，进一步优化湛江市口岸营商环境，实施更高水平跨境贸易便利化措施，湛江市商务局制订了《湛江市优化口岸营商环境促进跨境贸易便利化工作方案》，力争实现湛江市货物进口整体通关时间优于全省平均水平，出口整体通关时间压缩至2.5个小时，持续清理规范口岸收费，初步实现口岸治理体系和治理能力现代化。湛江海关出台《湛江海关支持跨境电商新业态发展 促进外贸稳增长的九项措施》，从简化企业申报、便利企业通关、服务企业发展等三个方面精准施策，优化湛江跨境电商营商环境，加快湛江跨境电商新业态发展。

（二）出台促进跨境电商发展政策措施

为加快湛江综试区建设，促进外贸转型升级，培育跨境电商产业链，湛江市商务局出台了《湛江市商务局关于促进中国（湛江）跨境电子商务综合试验区发展的扶持办法》，通过支持跨境电商公共服务体系、引导跨境电商产业规模化集群化发展、鼓励企业做大做强、鼓励企业转型升级开展跨境电商业务、支持创新发展跨境电子商务、支持企业建立物流服务体系、鼓励企业海外营销渠道、优化配套跨境电子商务通关监管场所、支持跨境电商人才培训、支持跨境电子商务企业参加专题展会、鼓励企业加快品牌培育等11条措施，推动湛江综试区加快发展。

（三）复制推广跨境电商综试区建设经验做法

为贯彻落实《商务部等14部门关于复制推广跨境电子商务综合试验区探索形成的成熟经验做法的函》要求，高度重视复制推广“两平台六体系”工作，湛江市商务局制订了湛江综试区11项制度创新措施，推动建设线上综合服务平台、线下产业园区、创新金融支持模式、简化通关手续、提升出口退税效率、建立统计监测体系等方面的工作。目前，11项制度创新措施已全部落实。

三、加大扶持，培育跨境电商主体

湛江市商务局大力推动跨境电商提质增效，全力支持外贸新业态、新模式加速发展。

（一）利用跨境电商综试区政策拓展进出口全模式业务

2020年8月20日，跨境电商“9610”出口业务以“清单核放、汇总统计”的通关模式正式开通；9月1日，首票跨境电商B2B直接出口（“9710”）业务成功落地。2021年3月

5日，跨境电商网购保税进口（“1239”）首票业务正式开通；5月7日，首票跨境电商网购保税进口（“1210”）包裹在湛江保税物流中心（B型）跨境电商监管中心内完成通关验放。推动特色产业+跨境电商融合发展，支持引导湛江传统特色产品电饭锅、菠萝等成功通过跨境电商贸易方式出口，远销海外。2021年9月，湛江市首家跨境电商海外仓企业完成备案登记，下一步拟开展在秘鲁利马的海外仓业务。

（二）开辟跨境电商物流新通道

湛江海关、湛江市商务局等部门联合指导支持企业打通“珠三角—湛江—友谊关—越南”跨境电商陆路出口新通道，发挥邻近越南的地域优势，吸引珠三角跨境电商零售出口货源到湛江口岸通关。

四、群策群力，加快推进“两平台”建设

（一）推进线上公共服务平台建设

为减少资源重复投入和降低成本，更好更快地适应跨境电商各种类型业务发展要求，湛江市商务局与海关、税务等监管部门多次研究探讨，制订跨境电商公共服务平台建设工作方案，通过集成广东省跨境电商公共服务平台功能，建设满足湛江本地特色应用需要的湛江市跨境电商公共服务平台。2021年4月29日，湛江市跨境电商公共服务平台正式上线。依托广东“单一窗口”基础运行环境，湛江市跨境电商公共服务平台已实现跨境电商相关申报服务、物流服务、大数据统计分析等基础服务，助力跨境电商、物流、报关等相关企业与海关等部门之间的数据交换，实现有效监管和快速通关。同时，结合湛江跨境电商发展实际，为跨境电商企业提供标准化的接入接口功能以及个性化应用功能，更好地发掘本地业务服务形态，减少重复建设和降低企业信息化投资成本，为湛江企业能够快速开展跨境电商业务提供平台支撑。

（二）推进线下产业园区平台建设

湛江市商务局印发实施《湛江市跨境电商产业园区认定管理办法》，2022年内争取认定湛江市首批跨境电商产业园，加快跨境电商集聚发展。2021年1月，湛江保税物流中心（B型）按照湛江海关指导意见完成了跨境电商监管中心建设和业务全流程数据测试工作，在跨境电商网购保税试点城市未批复的情况下，于3月5日开通跨境电商网购保税进口（“1239”）首票业务，为湛江市下步开展跨境电商网购保税进口（“1210”）业务奠定基础。

五、宣传贯彻政策，加强行业交流对接

（一）加大宣传力度，优化跨境电商营商环境

湛江市商务局、湛江市教育局、湛江海关、湛江市税务局、湛江市外汇管理局等相关部门结合各自职能积极开展宣传工作，2021年度共开展了12场跨境电商宣传活动，参与人员约2250人次。湛江市政府联合湛江海关于2020年9月1日举办“中国（湛江）跨境电子商务综合试验区新闻发布会暨政策宣讲会”，宣传商务、海关、外汇、税务等跨境电商相关政策及业务实操流程。2021年4月29日，湛江市商务局举办湛江市跨境电商公共服务平台上线培训会，邀请了相关职能部门、商协会代表、外贸进出口企业代表进行宣讲培训。通过培训让企业熟悉跨境电商公共服务平台操作和相关业务流程，用好用足各项政策红利，抢抓跨境电商发展机遇。湛江市商务局联合湛江海关、税务局等部门，通过上门调研、业务协调会、现场办公会等多种方式广泛宣传政策，为有意开展跨境电商业务的企业解答疑问。对拟开展业务的跨境电商企业进行一对一的精准服务，指导和帮助企业充分享受政策红利，引导企业及时办理出口退税备案、完善企业会计核算等，促进湛江市跨境电商企业又好又快发展。

（二）加大招商力度，开展跨境电商交流合作

2021年，开展国内跨境电商交流合作共5项。湛江市政府与阿里巴巴华南技术有限公司签订全面合作框架协议，合力打造“湛江造，卖全球”，通过引导和宣传方式，鼓励湛江企业与阿里巴巴平台对接，开展跨境贸易合作，通过阿里国际站为湛江外向型及制造业企业提供供应链和对外综合服务，实现产业带、商品内容、源头产地信息的线上整体展示。在跨境B2C领域依托速卖通、Lazada、天猫淘宝海外等平台，为湛江制造业企业提供物流、金融推广等方面服务和解决方案。湛江市政府分管领导带队到重庆大龙网科技集团有限公司（以下简称“大龙网”）考察，湛江市商务局多次就湛江市人民政府与大龙网关于本地数字贸易产业发展合作进行研讨，形成初步合作方案，近期重点推进大龙网进驻湛江建设龙工场（粤西）跨境电商区域总部中心项目。为壮大跨境电商网购零售进口规模，湛江市商务局邀请珠海宏桥高科技有限公司到湛江考察交流，双方就共同推进建设运营跨境电商平台、智慧城市等领域，形成了初步合作框架协议。湛江市商务局与广东跨境时代网络科技有限公司进行项目合作交流，拟在定向招商、高峰论坛举办、人才培养等多方面打造跨境电商生态服务体系。

2021年，组织湛江市跨境电商企业参加各类论坛、交流会等共5场，分别是第六届ICBE深圳跨境电商交易博览会暨中国跨境电商综试区发展高峰论坛、2021中国跨境电商交易会（秋季）行业交流活动、中国（广东）—RCEP成员国跨境电商交流会、第130届广交会采购活动和第十届金交会活动。

（三）加强行业交流，搭建跨境电商行业组织

由湛江百事佳电器有限公司等企业共同发起成立的湛江市跨境电商行业协会，积极发挥政府和企业沟通的桥梁和纽带作用，为会员提供相关的跨境电商行业信息资源和政策信息，带领会员开拓国际市场，加强行业自律，维护市场秩序，为会员积极争取合法权益等。

配套文件

湛江市商务局关于印发《湛江市商务局关于促进中国（湛江）跨境电子商务综合试验区发展的扶持办法》的通知

（湛商务〔2021〕76号）

中国（湛江）跨境电子商务综合试验区建设领导小组各成员单位、各县（市、区）商务主管部门：

为了全面提升湛江跨境电子商务产业承载力和竞争力，推动中国（湛江）跨境电子商务综合试验区高质量发展，经市司法局审查，《关于促进中国（湛江）跨境电子商务综合试验区发展的扶持办法》以湛江市商务局名义印发。实施过程中遇到的问题，请径向我局反映。

附件：1. 湛江市商务局关于促进中国（湛江）跨境电子商务综合试验区发展的扶持办法

2. 湛江市司法局关于《湛江市商务局关于促进中国（湛江）跨

境电子商务综合试验区发展的扶持办法》审查意见的函（略）

3. 成员单位名单（略）

湛江市商务局

2021年4月30日

附件1

湛江市商务局关于促进中国（湛江）跨境电子商务综合试验区发展的扶持办法

为加快推进中国（湛江）跨境电子商务综合试验区建设，促进对外贸转型升级，培育跨境电子商务产业链，打造跨境电子商务集聚区，根据《国务院办公厅关于促进跨境电子商务健康快速发展的指导意见》（国办发〔2015〕46号）、《国务院关于同意在雄安新区等46个城市和地区设立跨境电子商务综合试验区的批复》（国函〔2020〕47号）和《广东省人民政府关于印发中国（梅州）等7个跨境电子商务中合试验区实施方案的通知》（粤府函〔2020〕123号）精神，结合我市实际，特制定如下扶持办法。

一、健全完善跨境电商公共服务体系。支持湛江市跨境电商公共服务平台升级改造。支持通关申报、产品溯源、海外仓、金融机构、邮政、快递物流、外贸综合服务等跨境电商服务企业应用平台与湛江市跨境电商公共服务平台对接，对每个跨境电商服务企业按应用平台系统建设费的50%给予不超过100万元的一次性扶持资金。

二、引导跨境电商产业规模化、集群化发展。对使用面积达到2500平方米、入驻跨境电商法人企业数10家以上且跨境电商交易额超过5亿元的跨境电子商务产业园区，给予园区运营方不超过30万元的一次性扶持资金。对入驻跨境电子商务产业园区的跨境电商企业，按年租赁费用的30%给予每家企业每年不超过10万元的扶持资金。

三、鼓励企业做大做强。对年度跨境电商交易额超过1000万元的企业，按每美元0.025元的标准给予每家企业每年不超过250万元的扶持资金。

四、鼓励企业转型升级开展跨境电商业务。对入驻重点跨境电商平台且年交易额超过100万元的，按企业缴纳平台服务费的50%给予每家企业每年不超过2万元的扶持资金。

五、支持创新发展跨境电子商务。对开设面积达到200平方米的跨境电商展示交易中心，按每平方米300元的标准给予每家企业不超过10万元的一次性扶持资金。

六、支持企业建立物流服务体系。对年度跨境电商交易额亿元以上且实际发生跨境电商物流费用100万元以上的企业，按物流费用的20%给予每家企业每年不超过200万元的扶持金。

七、鼓励企业拓展海外营销渠道。对自主建设经营面1000平方米、服务湛江企业5家以上的海外仓，按照建设、租赁购置设备等费用的50%给予每家企业每年不超过25万元的扶持资金。对列入省级及以上跨境电子商务公共海外仓建设项目的企业，给予不超过50万元的一次性扶持资金。

八、优化配套跨境电子商务通关监管场所。对经海关批准开展跨境电商业务且面积达到1000平方米的监管场所，按设备投入费用的50%给予每个场所投资主体每年不超过200万元的扶持资金。

九、支持跨境电商人才培训。对企业、商协会或培训机构开展经行业主管部门认可的跨境电子商务培训，参照市财政培训费标准给予主办方每年不超过10万元的扶持资金。

十、支持跨境电子商务企业参加跨境电商专题展会（含云展会）。对参与展会的企业，按标准展位费（云展会平台推广费）的50%给予扶持，给予不超过1万元的扶持资金，每家企业每年累计扶持资金不超过5万元。

十一、鼓励企业加快品牌培育。对经市政府批准开展的跨境电商公共品牌营销推广，按活动宣传推广引流等费用的50%给予承办方每场活动不超过50万元的扶持资金。

十二、本办法所称“达到”、“以上”、“超过”、“不超过”均包含本数。本办法自2021年5月1日施行，有效期至2023年12月31日。本办法由湛江市商务局负责解释。

湛江市商务局关于印发《湛江市跨境电子商务产业园区认定管理办法》的通知

（湛商务〔2021〕146号）

各县（市、区、湛江开发区）商务主管部门、有关单位：

为规范和引导我市跨境电子商务园区的规划、建设和管 理，推动中国（湛江）跨境电子商务综合试验区高质量发展，经市司法局审查，《湛江市跨境电子商务园区认定管理办法》以湛江市商务局名义印发。实施过程中遇到的问题，请径向我局反映。

附件：1. 湛江市跨境电子商务园区认定管理办法

2. 湛江市司法局关于《湛江市跨境电子商务园区认 定管理办法》审查意见的函（略）

3. 有关单位名单（略）

湛江市商务局

2021年8月3日

附件1

湛江市跨境电子商务园区认定管理办法

第一章　总　则

第一条　为加快中国（湛江）跨境电子商务综合试验区建设，规范和引导我市跨境电子商务园区的规划、建设和管理，根据《广东省人民政府关于印发中国（梅州）等7个跨境电子商务综合试验区实施方案的通知》（粤府函〔2020〕123号）等有关文件精神，制定本办法。

第二条　湛江市跨境电子商务园区应主营跨境电子商务产业，在行业中具有一定专业特色和产业规模，有明确的经营管理机构，能够提供与产业相适应的基础设施保障和公共服务，并达到本办法认定条件的产业集聚区，其表现形式可以为园区、商务楼宇、专业市场等产业载体。

本办法所称跨境电子商务园区分为功能型与产业型两类。

第三条　湛江市跨境电子商务园区应坚持科学规划、合理布局、规模适宜的总体原则。同时，各园区应做好产业规划，把握产业定位，鼓励跨境电子商务企业同本地优势产业相结合，形成产业特色，避免重复和雷同。

第二章　园区的申报与认定

第四条　按照自愿申报和公开、公平、公正的原则，每一年组织一次湛江市跨境电子商务园区申报、命名工作。跨境电子商务园申报认定工作由市商务局牵头组织实施，各县（市、区）商务主管部门进行预审及提出推荐。

第五条　申请跨境电子商务园区的应先符合以下基础条件：

（一）规划科学合理。园区有中长期发展规划，功能定位准确、建设主体明确、业务方向合理。园区运营主体必须是在湛江市注册登记的企业法人。

（二）基础设施先进。具备与跨境电商业务相配套的基础设施。建筑面积不少于 5000 平方米。

（三）公共服务完善。具有明确的服务于本园区企业的专门区域和服务内容。园区定期向市商务局报送统计数据和资料，配合市商务局的各项管理工作；

（四）辐射能力突出。在本地区具有明显的辐射带动或示范效应。

第六条 申请认定为功能型跨境电子商务园区除符合本办法第五条所列条件外，还应当同时符合下列条件：

（一）海关部门已进驻；

（二）年度跨境电商进出口总额不低于 2 亿元人民币。

第七条 申请认定为产业型跨境电子商务园区除符合本办法第五条所列条件外，还应当同时符合下列条件：

（一）符合跨境电子商务产业发展与配套服务要求，入驻的跨境电商企业园内跨境电商企业（包括但不限于平台企业、运营企业及物流、支付、金融、翻译、培训等服务型企业）不少于 20 家（以企业登记注册地址为准）；

（二）园内企业年度跨境电商进出口总额不低于 1 亿元人民币。

第八条 申报管理及认定工作遵循“各级负责、公开公正、动态管理、择优支持”的原则。具备认定条件的园区，按以下程序申报和认定：

（一）园区申报。园区向所在地县（市、区）商务主管部门提交申报资料及相应证明材料，包括园区申报表、园区登记表、园区数计表、园区申报书等。

（二）县区推荐。县（市、区）商务主管部门核实相关申报资料后，出具推荐意见报请市商务局。

（三）组织评审。市商务局在收到园区申报材料后，按相关程序委托第三方组织评审，由第三方组织在材料评审和实地走访评审基础上出具评审意见。

（四）征求意见。市商务局审核第三方组织提交的评审结果后，征求跨境电子商务综合试验区建设工作领导小组各成员单位意见；同时在政务网站进行公示，公开征集社会意见。

（五）正式认定。公示期间无异议或意见处理完毕，通过评审后，由市商务局正式公布评审结果，并在政务网站或其他网络媒体公布名单。园区正式认定后由市商务局出具认定通知书。园区须向市商务局定期报送经营数据。

第三章　冠名机制

第九条 园区经认定后，名称冠以“中国（湛江）跨境电子商务综合试验区·××县（市、区）××园区”字样，具体冠名规则为：

（一）冠名规则：各县（市、区）获得认定的产业园区，可冠名为“中国（湛江）跨境电子商务综合试验区·××县（市区）××（企业商号简称）园区”。“××”经相关园区的县（市、区）政府同意，可优先使用园区所在地行政区划名称，也可使用企业商号简称。功能园区也可选择“中国（湛江）跨境电子商务综合试验区·××（企业商号简称）园区”。

（二）园区牌匾材质为不锈钢，规矩为（长）60×（宽）40×（厚）1.5cm，名称统一使用“黑体”字体，颜色统一为黑色，字体大小 150 号。园区可自主选择是否使用背景。

第四章　管理与考核

第十条 市商务局负责全市范围内跨境电子商务园区的统筹规划、业务指导及考核工作。各县（市、区商务主管部门负责本区域内跨境电子商务园区建设和发展的具体指导与协调。

第十一条 市商务局对已认定的各类跨境电子商务园区实行动态管理和复审制度，建立准入和退出机制。

（一）被认定园区每年 1 月 15 日前将园区

上一年度的统计表、建设情况报告（包括园区的建设发展进度、跨境电子商务企业进驻动态情况、跨境电子商务交易额度、创新管理机制等）等复审资料递交市商务局，并抄送所属县（市、区）商务主管部门。

（二）市商务局收到复审资料后，委托评审小组在第一季度内组织审核汇报材料，并以组织园区入驻企业代表座谈、实地回访考察等形式进行复审。

（三）对于复审不通过的园区，取消园区资格称号，并在市、县区商务主管部门政务网站或其他网络媒体公示。

（四）对已经授牌的市跨境电子商务园区，如发生特、重大安全生产事故、发现弄虚作假、严重违法违规或年度、季度统计数据逾期不报且经督促后仍不上报的，予以摘牌。

（五）已经取消资格称号的园区，不得再以市跨境电子商务园区的名义开展招商引资活动和享受相应的政策扶持。

（六）对于已认定的园区其经营主体、主导产业、园区产权发生变更，应在变更之日起1个月内及时将情况书面告知市商务局。

第五章　附　则

第十二条　本办法自2021年10月1日起实施，有效期三年。

第十三条　本办法由湛江市商务局负责解释。

企业名录

截至2021年12月31日，在湛江跨境电商公共服务平台上注册并实际开展业务的企业名录见表2-29。

表2-29　湛江市跨境电商企业名录

序号	企业名称	名称	企业名称
1	遂溪县百事佳电器有限公司	13	广东良无限实业有限公司
2	湛江乐博电子商务有限公司	14	广东龙集电器有限公司
3	湛江市鑫远供应链管理有限公司	15	湛江星阳实业有限公司
4	广东南美安第斯网络科技有限责任公司	16	湛江市华博电子商务有限公司
5	湛江市跨境云电子商务有限公司	17	湛江市路飞冲供应链管理有限公司
6	佳润国际物流（广东）有限公司	18	湛江市云鸿峻供应链管理有限公司
7	景顺国际物流（广东）有限公司	19	广东固狮电器有限公司
8	湛江宝威建材有限公司	20	湛江市鸿祺贸易有限公司
9	湛江启泰工贸发展有限公司	21	广东康汇盈健康管理有限公司
10	湛江宝瑞新材料科技有限公司	22	广东威王集团有限公司
11	湛江兴宏贸易有限公司	23	广东沃尔雅电器有限公司
12	湛江振大贸易有限公司	24	湛江宏腊贸易有限公司

统计数据

2020年、2021年，湛江市跨境电商进出口情况见表2-30。

表2-30　湛江市跨境电商进出口业务明细表

年份	进出口额（亿元）	商品种类详情（前五个）	备案跨境电商企业数（个）
2020	27.2	小家电、家居家具、日用品、服装、美妆	2
2021	35.82	小家电、家居家具、日用品、服装、美妆	20

大事记

2020年5月6日，国务院发布《关于同意在雄安新区等46个城市和地区设立跨境电子商务综合试验区的批复》，批复同意在湛江市设立跨境电商综试区。跨境电商综试区将复制推广前四批综试区成熟经验做法，推动产业转型升级，开展品牌建设，引导跨境电商全面发展，全力以赴稳住外贸外资基本盘，推进贸易高质量发展。

2020年8月20日，经湛江市跨境电商公共服务平台申报的小家电包裹，由湛江市跨境电子商务公共产业中心验放出境。这标志着在湛江市商务局的积极推动和湛江海关的大力支持下，湛江综试区跨境电商“9610”出口业务以“清单核放、汇总统计”的通关模式正式开通。该票业务是基于跨境电商综试区适用“无票免税”的特定政策下，创新集成广东省跨境电商公共服务平台的申报功能，在湛江综试区获批后的跨境电商“9610”出口首票业务。

2020年9月1日，由湛江市政府和湛江海关联合举办的“中国（湛江）跨境电子商务综合试验区新闻发布暨政策宣讲会”在市政府一号会议室举行。同日，湛江市跨境电商B2B出口监管模式下首票货物在湛江海关现场关员监管下顺利验放，这标志着跨境电商B2B出口业务在湛江市成功落地，湛江市跨境电商新业态发展迎来全新换挡升级，稳外贸再添新动能。

茂名地区

自2020年5月国务院批复设立中国（茂名）跨境电子商务综合试验区（以下简称“茂名综试区”）以来，在上级部门特别是在省商务厅的大力指导和支持下，在茂名市委、市政府的高度重视和正确领导下，茂名市紧紧围绕国家、省、市关于加快跨境电商发展的决策部署，将跨境电商综试区建设作为助力经济发展的重要抓手，以地方优质资源为基础，以扩大跨境电商进出口、培育电商人才为重点，切实推进跨境电子商务与实体经济融合发展。

发展现状

一、基本情况概述

2020年6月，为加强茂名综试区组织领导，茂名市政府成立了由市长担任组长的茂名综试区建设工作领导小组（以下简称“茂名综试办”），其办公室设在市商务局，承担领导小组日常工作。同年7月，第一次召开茂名综试区建设工作领导小组会议，统筹研究综试区建设工作。2020年9月初，茂名市完成《关于促进中国（茂名）跨境电子商务综合试验区建设的若干措施（试行）》（草案）（以下简称《若干措施草案》）编制，并于2021年内完成三次对有关单位的征求意见。

2020年9月，茂名综试区首票跨境电商零售出口（“9610”）和B2B出口（“9710”）商品在电白区外星人跨境电商快件清关监管中心成功验放。根据省政府印发的实施方案，茂名综试区以农产品跨境电商先行先试，积极推动茂名市优势农副产品跨境电商出口，其中，茂名荔枝及信宜竹编制品通过“9710”跨境电商B2B模式出口分别于2021年5月和9月获得突破。

在跨境电商进口方面，2021年3月，根据《商务部　发展改革委　财政部　海关总署　税务总局　市场监管总局关于扩大跨境电商零售进口试点、严格落实监管要求的通知》，茂名市作为跨境电商综试区城市可开展“保税+新零售”业务，目前茂名综试区正组织企业积极与湛江海关接触，争取“保税+新零售”企业早日落地茂名。

二、主要工作情况

（一）扎实推进跨境电商“两平台六体系”建设

根据2020年7月省政府印发的《广东省人民政府关于印发中国（梅州）等7个跨境电子商务综合试验区实施方案的通知》等文件要求，茂名市积极推进跨境电商线上公共服务平台和线下综合示范园区建设。

在跨境电商线上公共服务平台建设上，茂名市积极探索利用区块链技术，推进部门资源信息整合，以实现部门与部门、部门与企业直接信息互换、监管互认，建立集通关、税务、外汇管理、市场监管、信用、物流、金融等服务于一体为目标，扎实推进跨境电商线上公共服务平台的建设。结合茂名市正在申报中的化州保税物流中心（B型）的未来业务需求、现有快件清关中心企业的快件申报需求和海关部门对业务监管需求，茂名综试区跨境电商综合服务平台在项目建设立项方案中创新性增加跨境电商园区运营系统、快件申报系统及关企联网监管辅助系统功能，建成后将可满足茂名综试区未来园区及企业的业务需求，实现跨境电商综试区六体系中的风险防控体系和统计监测体系的建立。茂名综试区跨境电商综合服务平台于2021年完成招投标工作，正式启动项目建设工作。

在跨境电商线下综合示范园区建设上，茂名综试办以组织实地调研、座谈交流方式，开展相关工作，结合茂名综试区实际情况，推动创建智能化、园林式的跨境电子商务园区。截至2021年12月31日，茂名市已完成多次选址论证工作，并与多家园区运营主体对接建设和运营方案。

（二）谋划跨境电商高质量发展

为高质量谋划茂名综试区建设，茂名市通过聘请第三方专业机构组织根据茂名本地情况开展跨境电商综试区建设规划调研，编制了茂名综试区发展规划系列文件。茂名综试办同时积极推动综试区内各有关单位出台落实国家、省有关促进跨境电商发展和企业便利化措施政策，草拟了综试区跨境电商扶持政策，并完成三次有关单位意见征求。

（三）湛江海关全力支持茂名综试区高质量发展

湛江海关出台《湛江海关支持跨境电商新业态发展　促进外贸稳增长的九项措施》，简化企业备案手续，优化监管方式，进一步便利了企业开展业务。多次联合茂名市商务部门召开政策宣讲、企业座谈、新闻发布会，深入本地特色产业开展调研，帮助企业理顺通关流程，引导传统生产企业向跨境电商贸易转型升级。推动特色产业+跨境电商融合发展，支持引导茂名传统特色产品竹木草制品、荔枝等成功通过跨境电商贸易方式出口，远销海外。支持茂名跨境电商公服平台建设，主动对接茂名公服平台项目建设，协助做好平台业务功能需求设计规划。

（四）推动跨境电商业务多样化发展

2021 年 5 月，为加快推动“保税+新零售”模式在茂名市落地，为茂名市企业与湛江保税区牵线搭桥，促进双方业务洽谈，茂名市商务局会同相关部门做好对涉农企业的跨境电商出口指导服务，促成广东泽丰园农产品有限公司通过跨境电商方式出口生鲜荔枝。2021 年 9 月，信宜市启动“2021 年信宜市跨境电商带头人计划”，短短四个月竹编跨境电商贸易额实现一个亿。茂名市积极发挥行业协会、茂名乡贤沟通桥梁作用，对接了一批有产业园投资意愿或产业转移意愿的珠三角跨境电商企业，逐步推进产业链招商。

（五）加强电子商务配套基础设施建设

茂名市建有跨境电商快件清关监管场所 1 个，场所占地 5500 平方米，内设有含 CT 机在内的全自动分拣流水线 4 条，日处理包裹能力达 1.5 万件，正在逐步完善查验平台、仓储仓库、智能分拣线、智慧管理系统等软硬件设施建设。茂名空港物流产业园建设正在有序推进中，化州市申报建设保税物流中心（B 型）已经获得省批复建设，正在积极向海关总署申请支持建设。电白区已依托粤西农批打造世界荔枝交易集散中心。截至 2021 年年底，茂名市已建成 1 个国际荔枝产业电商平台和 3 个荔枝电商服务中心（高州市根子镇、分界镇和电白区旦场镇）。

（六）营造跨境电商发展良好氛围

全市已经组织举办 1 场集中式跨境电商培训班和 5 场下沉至各区、县级市的大型分布式跨境电商培训，超 200 人次接受了跨境电商专业培训。课程内容涵盖跨境电商政策宣讲、基础实务、平台实操、行业分析、资源对接等多个方面，来自各区、县级市的相关企业及创业青年共 237 人参加。全市组织开展一定规模的论坛沙龙、资源推介活动 16 场，开展跨境电商宣传次数 8 场。2021 年 4 月 21 日，茂名市商务局召开茂名跨境电商业务交流座谈会，邀请相关部门业务负责同志、商务部专家咨询委员会专家及珠三角跨境电商运营专家、企业代表为茂名市企业进行跨境电商业务指导；2021 年 9 月 28 日，信宜市举办跨境电商政策宣讲会暨信宜跨境电商领跑者计划启动大会。信宜市科工商务局、税务局、海关相关负责人亲临现场，为全市有意愿转型跨境电商的企业进行政策宣讲、答疑，并深入核心外贸企业进行跨境电商转型实地指导。此外，茂名综试办协同市电子商务协会借助电商行业协会联盟资源渠道，组织企业到珠三角相关企业对接交流，以及到 ICBE 国际跨境电商交易博览会等大型展会考察学习。

配套文件

茂名市人民政府办公室关于印发《茂名市电子商务发展三年行动计划（2020—2022年）》的通知

（茂府办〔2020〕12号）

各区、县级市人民政府，广东茂名滨海新区、茂名高新区、水东湾新城管委会，市政府直属各部门，中央、省驻茂有关单位：

《茂名市电子商务发展三年行动计划（2020—2022年）》已经市人民政府同意，现印发给你们，请认真组织实施。实施过程中遇到的问题，请向市商务局反映。

茂名市人民政府办公室
2020年3月18日

茂名市电子商务发展三年行动计划（2020—2022年）

根据《广东省人民政府关于大力发展电子商务加快培育经济新动力实施方案的通知》（粤府〔2016〕41号）、《广东省人民政府办公厅关于印发广东省促进农村电子商务发展实施方案的通知》（粤府办〔2016〕12号）等文件精神，为培育新业态，促进电子商务推广应用，进一步提升我市电子商务发展水平，促进经济增长方式转变，结合我市实际，制定本行动计划。

一、指导思想

以习近平新时代中国特色社会主义思想为指导，全面贯彻党的十九大和十九届二中、三中、四中全会精神，进一步深化电子商务应用，培育壮大电子商务经营主体，完善支撑服务体系，强化政策支持，优化发展环境，推动传统产业升级，助力脱贫攻坚，实现全市电子商务高质量发展。

二、发展目标

到2022年底，全市电子商务发展环境更加优越、支撑体系更加完善、电子商务应用不断深化，电子商务成为茂名经济社会发展新动能、新引擎。

2022年底，实现电子商务公共服务平台县、镇、村三级全覆盖，力争创建1至2个国家级电子商务进农村综合示范县，创建一批“电子商务示范村”以及“电商服务示范点”；新增省级电子商务示范企业至少5家，培育至少3家年交易规模1亿元以上电子商务企业及至少20家年交易规模1000万元以上电子商务企业；全市培育至少30个知名度较高的农产品电商品牌；跨境电子商务进出口货值占外贸进出口总额比重超过10%；全市每年培训电子商务人才1万人次以上。

三、主要任务

（一）实施电子商务应用拓展行动

1. 进一步推进工业企业电子商务发展。推动工业企业利用电商拓展市场，支持规模以上企业自建电商平台或应用第三方平台，基于互联网开展线上购销、客户管理和创新服务等环节电子商务应用。支持企业利用互联网采集并对接个性化需求，发展“以销定产”“个性化定制”生产方式。（责任单位：市工业和信息化局、市商务局、市发展改革局、市市场监督管理局，各单位按职责分工分别负责，下同。以下任务均需各区、县级市政府以及广东茂名滨海新区、茂名高新区、水东湾新城管委会落实，不再逐一列出）

2. 鼓励商贸流通企业应用电子商务。鼓励粤西农批以及县域传统商品市场依托产品资源优势，加强与电商经营主体、物流快递对接，实现由商品批发向供应链运营的转变。支持大型百货、购物中心、商业综合体等零售企业深化电子商务应用，建设创新模式网络购物平台，推动传统商场线上线下融合发展。鼓励中小商贸企业利用第三方平台开展网络营销。支持新零售发展。（责任单位：市商务局、市发展改革局、市工业和信息化局、市供销社）

3. 支持电子商务进社区。鼓励发展社区购物和服务应用软件，搭建云端平台，整合社区商业资源，打通电子商务、社区网点和配送平台信息链，提供现场体验、线上下单、便捷支付、网订店取、配送到家、服务上门的“一站式”服务。支持社区智能快递投递箱等终端建设。推进社区电商服务由城市向县、镇社区扩展，方便百姓生活。（责任单位：市商务局、市住房城乡建设局、市民政局、市邮政管理局）

4. 推动旅游业深化电子商务应用。整合旅游消费信息资源，推动旅游景区无线网络（WI-FI）覆盖，普及二维码导览，推动智慧旅游景区建设，提升旅游消费体验。鼓励旅游景区、旅行社、宾馆、餐饮娱乐等企业与旅游类知名第三方电商平台合作，开展景区门票、住宿、餐饮、交通、旅游线路的在线预订。推动旅游景区与商贸流通、物流快递、生活服务企业合作，提高线上和线下各项服务的协同能力，带动我市农产品、民俗工艺品等特色产品销售和餐饮、娱乐服务的消费，促进旅游综合效益的持续增长。（责任单位：市文化广电旅游体育局、市工业和信息化局、市商务局）

（二）实施电子商务市场主体培育行动

鼓励有实力的企业自建电子商务平台，重点支持惠龙邦、万讯七子、明湖云购等本土电商平台发展壮大。支持各地借助知名电商平台开设地方馆，搭建区域性电商服务平台。支持我市行业龙头企业应用电子商务。鼓励企业借助第三方电子商务平台开设网店。引导现有电子商务企业继续加快发展，支持个体网商向电子商务企业转型，鼓励企业内部的电子商务部门分设成立电子商务公司。（责任单位：市商务局、市工业和信息化局、市发展改革局、市农业农村局）

（三）实施农村电商增效行动

1. 推动农村电子商务全覆盖。支持国联惠民、惠龙邦、万讯七子、明湖文鳐等本土电商平台以及知名电商平台向农村延伸，支持各地与电商平台合作，推动农产品上行和消费品下乡双向流通，促进农村消费。开展农商互联，促进电商企业与农产品生产加工企业开展合作。引导农业企业、农副产品加工企业以及农家乐、休闲旅游等农村新业态电子商务深化应用。加快县、镇、村三级电子商务公共服务体系建设。到 2021 年，实现电商公共服务平台县、镇、村三级全覆盖、全市市级以上农业龙头企业实现电子商务应用全覆盖。（责任单位：市商务局、市农业农村局、市国资委、市供销社）

2. 加强特色农产品标准化和品牌建设。鼓励行业协会、龙头企业开展农产品电子商务领域地方标准的制定，建立健全适应网络销售的农产品质量分级、采后处理、包装配送等标准体系。以茂名荔枝、茂名龙眼、化橘红、三华李等本地优势产品为突破口，加大农产品电商品牌培育力度，加强标准推广应用，开展茂名“名优特”网上行系列活动，打造茂名特色农产品的电商品牌，提高品牌知名度，实现茂名特色农产品溢价。到 2022 年，全市培育至少 30 个知名度较高的农产品电商品牌。（责任单

位：市农业农村局、市市场监督管理局、市商务局）

3. 支持农产品电商化。依托“一村一品、一镇一业”工程，鼓励电商企业与种养企业、农民专业合作社等合作，建设农产品电商基地。筛选有特色、有市场、有规模的产品作为网络销售龙头产品，推动农产品电商化。鼓励各类企业和新型经营主体依托我市丰富的农产品资源，大力发展农产品加工业，开发适合网络销售的特色农产品。支持有实力的企业建设农产品供应链，支持批发市场实现商品批发向供应链管理转变。（责任单位：市农业农村局、市商务局、市市场监督管理局）

4. 加大电子商务精准扶贫力度。进一步建立健全市电商扶贫工作机制。重点加强省定相对贫困村电商服务点建设。加强与知名电商平台企业开展扶贫合作，推广“万讯七子”电商扶贫模式。举办贫困地区农产品产销对接活动。支持和鼓励农产品批发市场、零售企业和农产品电商企业设立贫困地区农产品销售专档、销售专柜和扶贫频道。推行消费扶贫模式，推动贫困地区农产品进学校、进企业、进机关、进社区，构建全社会参与脱贫攻坚大格局。加大对贫困村电子商务人才培训力度，提升贫困人口利用电商创业、就业能力，确保每个贫困村至少培育1名电商带头人。加强与我市对口帮扶地区在电子商务领域协作。开展电商精准扶贫先进企业认定工作。（责任单位：市商务局、市扶贫办）

（四）实施电子商务要素支撑行动

1. 加快快递物流体系建设。积极推进电子商务与快递物流协同发展，解决快递营运车辆规范通行和末端配送等难题。完善县、镇、村三级快递物流网络体系建设。鼓励支持相关企业在社区、高等院校周边等设置智能快件箱等终端投递设施，以及建设快递投送场所。支持“快递下乡”，打通农村电子商务“最后一公里”，方便工业品下乡、农产品进城。重点支持初级农产品田头预冷库、移动冷库、储备冷库等基础设施建设，支持邮政企业、民营物流快递企业在重点农产品产区加强基层网点设置，完善农产品冷链物流网络体系。支持化州空港物流园顺丰物流项目建设以及其他大型快递企业在我市建设分拨中心。到2022年，全市快递物流产业布局进一步优化，基础设施信息化水平显著提升，电商物流末端服务能力明显提高。（责任单位：市商务局、市邮政管理局、市教育局、市公安局、市农业农村局）

2. 创新开展电商人才培育。市级层面的电商培训面向社会专业机构进行公开招标，通过与高等院校、专业培训机构、电商服务企业或行业协会合作，举办“电商实战训练营”活动，组织重点电商企业专业人才开展电商实操技能提升培训，每年培训不少于500人次。区、县级市以及功能区层面的培训由各区、县级市以及功能区自行组织“电商人才培训下乡”活动，深入农村一线，对农村基层干部、电商创业人员和农村青年，巡回开展农村电子商务专业知识培训，各区、县级市每年培训不少于2000人次。各地利用春节、中秋节等节日前后时间，举办电商宣讲活动，促进外出电商人才回归，参与家乡电商发展。（责任单位：市商务局、市教育局、市人力资源社会保障局）

3. 加强农产品电商供应链建设。支持企业建设具有集中采购和跨区域配送能力的农产品冷链物流集散中心，配备预冷、低温分拣加工、冷藏运输等冷链设施设备，提高农产品商品化处理能力。鼓励供应链企业通过快递、干线、落地配等多种物流资源的组合运用，降低我市农产品电商化物流成本，提升配送效率。支持行业协会、企业开发我市特色农产品电商化物流标准化包装，减少物流损耗，降低农产品包装成本。（责任单位：市商务局、市农业农村局、市邮政管理局）

（五）实施电子商务集聚发展行动

各地根据实际，利用当地特色的块状经济、专业市场和产业集群，合理规划、有序引导电商产业集聚发展。支持钱排镇电商物流园、信宜电商街、高州根子柏桥电商街、高州东岸方桐村电商中心等小型电商集聚区发展。支持高州市、信宜市、化州市电子商务产业园以及其他县域电子商务产业园建设。规划建设粤西农产品电商集聚区，努力打造覆盖粤西、广西、海南等地的农产品电商集散地。（责任单位：市商务局、市财政局、市农业农村局）

（六）实施农产品电商营销推广行动

进一步整合营销资源，策划实施我市农产品电商营销推广活动，对入选我市电商营销服务的农产品进行互联网形象设计和电商化包装开发，已有视觉体系的区域公共品牌、地理标志产品进行互联网化、品牌优化和电商化包装开发。通过各类媒体，多渠道、全方位广泛宣传，扩大品牌知名度。组织引导涉农企业、电商企业与电商平台对接，开展群体策划、品牌塑造及网络营销，打造一批“网红”产品。持续举办“茂名荔枝网上行”及相关特色农产品电商活动，将其打造成为省内外有较大影响力的品牌电商活动。鼓励各区、县级市依托本地特色产品资源优势举办电商资源对接活动。建立市级电子商务公共服务中心，完善产品展示、智能场景体验、电商培训、咨询服务、宣传推广等功能。（责任单位：市商务局、市财政局、市农业农村局）

（七）实施电子商务示范创建行动

指导高州市、信宜市、化州市加快省级电子商务进农村综合示范创建工作，推广示范县发展模式，促进我市农村电子商务发展上新台阶。支持各区、县级市积极申报省级或国家级电子商务进农村综合示范县。支持我市电商企业申报省级或国家级电子商务示范企业，鼓励和支持一批特色明显、基础较好的镇村大力发展农村电子商务。到2022年，力争创建1至2个国家级电子商务进农村综合示范县，新增省级电子商务示范企业至少5家，创建一批“电子商务示范村”以及“电商服务示范点”。开展特色电商小镇创建工作。加大宣传力度，扩大电子商务领域的示范带动效应。（责任单位：市商务局、市财政局、市扶贫办）

（八）实施跨境电子商务带动行动

复制跨境电子商务综合试验区成熟经验做法，加强部门协同，优化服务，培育对外贸易新模式。充分利用国际贸易“单一窗口”跨境电商综合服务平台，实现跨境电商通关业务智能化、便利化。支持电白区外星人跨境电商分拣清关监管中心发展，加快化州跨境电商产业园建设，努力构建我市跨境电商综合园区发展平台。加大跨境电商培训和人才培育力度。推动传统外贸企业转变观念，支持企业利用亚马逊、eBay、阿里速卖通等知名第三方电子商务平台开展跨境电子商务。争取申报设立国家跨境电子商务综合试验区。（责任单位：市商务局、市公安局、市邮政管理局、茂名海关、市税务局、人民银行茂名市中心支行）

（九）实施行业发展壮大行动

支持我市电子商务相关协会等开展行业自律、统计监测、技术推广、交流合作等工作。支持协会整合优势资源，举办电子商务培训、资源对接等专题活动。支持协会组织企业抱团参加省内外有关电子商务展销活动，支持协会组织开展电子商务创业大赛、创业沙龙、宣传推广等活动。发挥电子商务相关协会参谋、助手作用，共同推动全市电子商务发展。（责任单位：市商务局）

四、保障措施

（一）加强组织领导

进一步完善落实市电子商务工作联席会议制度，负责统筹协调全市电子商务发展工作，联席会议办公室调整设在市商务局，负责研究制定电子商务发展规划、政策，统筹、协调具体工作的开展。通过政府购买服务方式，建立电子商务统计监测体系，及时了解电子商务发展状况，为政府决策提供依据。各地要进一步强化电子商务工作，配足配强人员，专门负责电子商务工作，制定具体的政策措施，加大资

金投入，强化工作举措，全力推动本地区电子商务发展。（责任单位：市商务局）

（二）强化资金支持

积极争取中央、省级相关支持资金，推动全市电子商务发展上新台阶。创新财政资金使用模式，探索建立以财政资金为引导、社会资本为主的电子商务产业投资基金。2020 年至 2022 年，市级财政每年安排专项资金 500 万元，支持引导电子商务发展，具体使用由市商务局按“一事一请”原则申请。专项资金重点扶持农村电商发展、跨境电商发展、公共服务体系建设、支撑体系建设、示范创建、电商扶贫以及行业协会发展等。各区、县级市政府要建立相应的电子商务联席会议制度，同时相应配套设立本级电子商务发展专项资金，促进本地区电子商务发展。（责任单位：市商务局、市财政局）

（三）落实税收支持政策

落实国家支持电子商务以及与电子商务密切相关的高科技产业、以电子商务为载体的新型服务行业的税收优惠政策。从事电子商务活动的企业，经认定为高新技术企业的依法享受相关优惠政策，小微企业依法享受税收优惠政策。对旅游和生活服务类电子商务等相关行业，落实“营改增”政策。（责任单位：市科技局、市税务局、市财政局）

（四）营造诚信发展环境

贯彻落实《关于印发〈关于全面加强电子商务领域诚信建设的实施意见〉的通知》（粤发改信用〔2017〕584 号）精神，建立健全电子商务领域诚信体系，推进电子商务领域可信交易环境建设，营造电子商务良好规范的市场秩序。（责任单位：市商务局、市发展改革局）

（五）扩大宣传推广

积极宣传推介我市电子商务发展环境、重点电商企业以及农产品电商品牌，不断增强电商企业、产品的认知度。充分发挥各类媒体作用，重视宣传普及电子商务知识、政策等，努力在全市形成全社会关注、参与和促进电子商务发展的浓厚氛围。（责任单位：市商务局、市委宣传部）

附件：茂名市电子商务三年计划重点任务责任分工（略）

企业名录

截至 2012 年 12 月 31 日，在茂名跨境电商公共服务平台上注册并实际开展业务的企业名录见表 2-31。

表 2-31　茂名市跨境电商企业名录

序号	企业名称	序号	企业名称
1	茂名市润达恒电子商务有限公司	7	茂名市茂南区辰宏贸易有限公司
2	茂名市迈辉泰电子商务有限公司	8	茂名市茂南区星筑贸易有限公司
3	茂名市隆瑞商贸有限公司	9	茂名市茂南区品华贸易有限公司
4	茂名祥益物流有限公司	10	茂名市茂南区三众贸易有限公司
5	茂名市茂南区冠盈贸易有限公司	11	茂名市电白区海拉星电子商务有限公司
6	茂名市茂南区道恒贸易有限公司	12	茂名市茂南区星诺贸易有限公司

续表1

序号	企业名称	序号	企业名称
13	茂名市电白区德扬贸易有限公司	32	高州市合本宏电子商务有限公司
14	高州市永升电子商务有限公司	33	茂名瀚舜通贸易有限公司
15	广东鸿树贸易有限公司	34	信宜市利拉德电子商务有限公司
16	茂名市丽美熊电子商务有限公司	35	信宜市粤丰工艺有限公司
17	茂名市星际电子商务有限公司	36	茂名市永誉钟表贸易有限公司
18	茂名市盛益恒贸易有限公司	37	茂名鑫彩贸易有限公司
19	茂名环星新材料股份有限公司	38	茂名市跨境通电子商务有限公司
20	茂名市电白区外星人跨境电商服务有限公司	39	信宜市海源工艺制品有限公司
21	茂名市电白区达通跨境电商服务有限公司	40	信宜市佳贤工艺品有限公司
22	茂名市茂南区好美庭日用制品厂	41	信宜市宏兴工艺制品厂有限公司
23	广东泽丰园农产品有限公司	42	信宜市民兴竹藤铁制品有限公司
24	茂名仑者电子商务有限公司	43	信宜市凯达工艺制品有限公司
25	茂名市辉汇永电子商务有限公司	44	信宜市港源工艺制品有限公司
26	广东盏钱生物科技有限公司	45	信宜市旺利工艺制品有限公司
27	茂名市乐淘贸易有限公司	46	信宜市运莹工艺制品有限公司
28	茂名市先有田电子商务有限公司	47	信宜市华盈工艺制品有限公司
29	茂名市电白区里里外外贸易有限公司	48	广东鹰金钱海宝食品有限公司
30	化州市星澜信息科技有限公司	49	茂名市里奥奇电子商务有限公司
31	高州市正源电子商务有限公司		

统计数据

2020年、2021年，茂名市跨境电商进出口情况见表2-32。

表2-32 茂名市跨境电商进出口业务明细表

年度	进出口额（亿元）	商品种类详情（前五个）	备案跨境电商企业数（个）
2020	3.77	服装、家居家具、日用品、五金产品、劳保用品	5
2021	9.39	服装、日用品、电子产品、家用电器、五金产品	49

典型案例

案例一：跨境电商助力茂名荔枝香飘海外

2021 年 5 月 10 日上午，2021 年广东荔枝出口发车暨跨境电商启动仪式在电白区岭门镇正式举行。当天有 5 条货柜满载 100 吨、货值 300 多万元的广东荔枝，将通过空运、海运，跨越山海运往加拿大。本次广东荔枝在传递“520 我爱荔”甜蜜的同时，实现了跨境电商出口“零突破”，对拓宽荔枝销售渠道、宣传广东荔枝和茂名荔枝品牌具有重大意义。

据广东泽丰园农产品有限公司总经理林波介绍，本次首批通过跨境电商出口的荔枝有 290 箱，接下来企业会对出口荔枝有意向的法国巴黎、欧盟国家继续洽谈跟进跨境电商销售工作。利用跨境电商出口模式，荔枝在销售价格上比以传统贸易方式出口翻了两番，除了在价格上具有优势外，跨境电商出口以空运为主，送达时间快，外加一站式全程冷链运输物流体系，能让国外消费者更快地享用到新鲜、优质的荔枝。

茂名市目前明确以农产品跨境电子商务为突破口，以跨境电商 B2B 出口为主攻方向，通过农产品跨境电商全流程新模式先行先试。通过跨境电商出口模式，能更快地把荔枝运到国外，既缩短了荔枝出口的时间，也极大地提高了荔枝出口的效率，切实助力荔枝产业提升加工增值水平，对荔枝产业的发展将起到很大的促进作用。

案例二：跨境电商助力竹编产业外贸转型发展驶入“快车道”

2021 年 9 月 27 日，信宜市首单跨境电商 B2B 出口“9710”业务成功申报并顺利放行，标志着跨境电商出口新政在信宜市顺利落地实施，至此信宜市跨境电商迈入新的发展阶段。

此次出口货物为信宜本地生产的一万余件竹编工艺品，货值约 41 万元，由信宜粤丰工艺有限公司申报出口，销往美国。为帮助企业快速了解开展跨境电商 B2B 出口（“9710”）及出口海外仓（“9810”）业务，信宜市积极对接横琴粤澳深度合作区，引进跨境电商服务商——珠海横琴跨境说网络科技有限公司，就加快竹编产业由传统外贸向跨境电商转型升级展开深度合作。同时携手海关、税务等部门形成联动机制，共同研究落实举措。通过政策解读、业务实操培训、企业座谈、一对一上门指导等方式，推动信宜跨境电商出口业务快速落地见效。跨境电商 B2B 出口模式下，企业既能享受海关优先查验、简化申报、便捷转关等跨境电商优惠政策，又能享受全国海关通关一体化便利通关，通关更便捷，成本更低。

信宜是中国竹编之乡，竹编产品备受海外市场欢迎，但受新冠疫情影响，竹编产业传统外贸发展面临严峻挑战。跨境电商 B2B 出口，为传统外贸竹编企业转型升级打开了新通道，注入了新动能，是对外贸易“逆势突围”高质量发展的重要新路径。

大事记

2020年9月2日，茂名市政府联合湛江海关在茂名市区举行跨境电商综试区建设新闻发布暨跨境电商出口业务开通仪式，茂名综试区首票跨境电商零售出口（“9610”）和B2B出口（“9710”）商品在电白区外星人跨境电商快件清关监管中心成功验放，这标志着跨境电商新业态引领茂名外向型经济由线下向线上成功转型升级，跨境电商B2B出口新模式、零售出口“无票免征”“清单申报、汇总统计”等优惠政策顺利在茂名市落地实施。茂名市商务局、湛江海关、茂名市税务局、国家外汇管理局茂名中心支局分别就促进跨境电商发展措施、跨境电商进出口通关监管、税收、外汇管理等相关政策进行了宣讲。

2021年1月7日，茂名市商务局组织举行RCEP协议下茂名对相关国家外经贸机遇与挑战座谈会，就RCEP协议下茂名对相关国家外经贸机遇与挑战进行交流座谈。

2021年1月11日，茂名市商务局组织举行海外仓储布局、数字经济产业探讨会，就跨境电商产业园建设、物流供应链体系建设、电子商务人才培训等进行务实交流，同时积极探讨海外仓储布局、数字经济产业等合作方向可行性。

2021年2月14日，信宜市电商协会协同深圳市信宜商会于信宜市举行“情系电商、雏鹰展翅”首届信宜市电商论坛“雏鹰论坛”。

2021年3月16日，茂名市商务局组织多个相关部门举行茂名跨境电商公共服务平台立项方案征询意见会议，广泛听取各相关单位对立项方案的意见建议，加快推进了平台立项建设。

2021年4月21日，茂名市商务局于市商务局八楼会议室举办了跨境电商业务交流座谈会。国家发改委、商务部、国家标准委电子商务专家咨询委员会等专家，以及深圳前海数字贸易科技服务有限公司跨境电商产业运营专家应邀参加会议。全市商务主管部门、电子商务行业协会以及十余家生产制造、电商、外贸、运营服务企业参加会议。

2021年5月10日，2021年广东荔枝出口发车暨跨境电商启动仪式在广东茂名市电白区举行，首票共100吨三月红荔枝，当天运往加拿大。本次生鲜荔枝通过跨境电商形式出口是茂名市深入贯彻落实茂名综试区“以农产品跨境电子商务为突破口，以跨境电子商务企业对企业（B2B）出口为主攻方向，通过农产品的跨境电商全流程、全模式先行先试，促进跨境电子商务全产业链、全业态的发展”建设目标的有力证明。

2021年5月13日，由茂名市商务局主办，茂名市市电子商务协会协办的2021年茂名跨境电子商务培训班正式开班。来自全市各地的65名企业代表进行为期两天半的培训，进一步学习跨境电商业务知识和技能，为茂名市电商产业发展快速腾飞助力加油。

成都地区

从2015年至2018年10月的战略研究，到2018年10月至2020年的战略实施，中国（成都）跨境电子商务综合试验区（以下简称“成都综试区”）形成了颇具参考价值的跨境电商产业的“成都模式”。

“成都模式”的核心是产业公共服务体系驱动。区别于单一的公共服务技术平台和产业园区，成都综试区采用了宽视角、体系化构建跨境电子商务公共服务的思路，通过产业公共服务体系，精准激活城市产业要素。

发展现状

一、搭建以“三驾马车”为核心架构的产业公共服务体系

（一）第一驾马车：产业地标——全球跨境电商服务资源中心

依托专业智库跟踪新模式新业态，形成咨询及产业运营一体化服务，打造全球跨境电子商务服务资源中心。成都综试区建立了常态传播机制，海内外各类媒体平台累计宣传覆盖量达1亿人次。实施了“跨境电商人才计划”，截至2020年8月底，累计开展跨境电商各类专业培训140余场，共计1万余人次。陆续组织100余家成都企业参加中国—巴西国际贸易展、西班牙电子商务展、中国国际电子消费品（印度）品牌展。

新经济产业地标效应明显，成都全球跨境电子商务服务资源中心（以下简称“成都全球跨境中心”）基本构建了跨境电商招商引资、城市产业品牌推广、双创孵化、产业大数据展示、人才培训交流、国外商协会业务联络等系统的产业公共服务，成为成都跨境电商产业的“城市会客厅”。俄罗斯商会、法货商会、西班牙商协会等十余个国外代表团到成都全球跨境中心参观调研。截至2020年8月底，成都全球跨境中心累计接待海内外到访企业及调研观摩人员5000余人次，重庆市、武汉市、泉州市、天水市、唐山市、青岛市等政府相关部门也先后来调研考察。

（二）第二驾马车：公服平台——跨境电商务公共服务平台

用混合所有制破解技术研发与数据安全的两难问题，搭建成都综试区跨境电商公共服务平台。该平台具有很强的第三方公共服务属性，对平台数据安全性要求高，既需要市场化的技术研发力量，又需要安全稳定的运营保障。对此，成都市政府、成都市委、成都海关等相关政府和监管部门，支持引导成都产业集团和技术解决方案公司软通动力集团合资成立成都信通信息技术有限公司（以下简称“信通公司”），承担成都跨境电商公共服务平台的建设及运营任务。

作为成都综试区跨境电商公共服务的统一入口，该平台实现了与海关、公安联合监管，外汇管理、税务协同管理的体系，是最早一批无缝对接海关总署跨境电商进出口统一版的平台。平台的公共服务功能除提供企业备案服务、多平台专业客户服务、API技术对接服务以外，信通公司通过自主研发海量报文交换、公安个人身份验证、企业集群加密加签等专业技术成果，已逐步实施银行外汇结算系统、跨境B2B出口报关系统等新型信息化建设，并重点打造新一代融合大数据等技术的跨境电商公共服务平台产品。基于平台目前已形成的真实全面的贸易数据，现与中国银行、中国工商银行、中国建设银行等建立战略合作，共同为企业提供跨境金融服务支撑。截至2021年12月底，企业通过平台申报的跨境电商进出口共计4065.65万单，货值76.78亿元。

（三）第三驾马车：行业组织——成都市跨境电商协会

由专业团队组建行业协会，凝聚各方资源，共建行业生态。2017年1月，成都市商务局指导组建了成都市跨境电商协会，用三年时间，逐步形成“党建引领、资源对接、人才服务、交流推广、政策参谋”等多方面的行业服务功能。协会秘书处全部由专职人员组成，由行业专家担任专职秘书长，与服务资源中心和公共服务平台形成密切协作，为企业及经营者提供“接地气”的贴合服务。2019年获得成都市委市政府给予的“国际化营商环境建设先

进集体”表彰。

立足本地，成都市跨境电商协会累计组织了300余场线上线下培训活动；举办了50余场跨境电商进社区、进机关、进楼宇活动；联合了20余所大专院校共同发起成立跨境电商人才培育联盟；联合了100余家跨境电商企业参加成都大学、西华大学等数十所高校的校园双选会；推荐了20家会员企业参加线上广交会。面向全国，建立跨区域行业协会联动机制，与广州、深圳、厦门、泉州、宁波、杭州、青岛、南京、湖南等跨境电商发达地区的跨境电商协会紧密合作，收集并分析最新行业信息，捕捉行业发展动向，深入开展行业研究，对产业支持政策给予专业建议，带动行业合规、快速发展。

2020年，成都市跨境电商协会在成都市商务局指导下，协同服务资源中心与公共服务平台，赴深圳、广州、厦门、泉州、宁波、上海等沿海外贸发达城市举办“机会之城、开放之都”外贸招商推介会系列活动，全面广泛宣传成都的国际化营商环境，助推全球跨境电商优势资源在成都集聚。2021年，成功举办首届中国西部跨境电商博览会。

二、契合城市发展整体战略，深度融入现代商贸产业生态圈

自2017年成都市国家中心城市产业发展大会召开以来，成都市明确提出以产业生态圈为引领规划建设66个功能区。经过几年的建设，成都产业生态圈和产业功能区建设成效逐渐成型起势，有力地支撑了成都加快构建“5+5+1”开放型现代化产业体系。目前，全市共推进建设14个产业生态圈，现代商贸产业生态圈是其中之一。

成都现代商贸产业生态圈是指现代商贸产业在成都地域范围内逐步形成（或按规划将要形成）的国际贸易、国内贸易等产业为核心的具有较强市场竞争力和产业可持续发展特征的地域产业多维网络体系，体现了一种新的产业发展模式和一种新的产业布局形式。

成都跨境电商行业作成为都市“8+5”现代商贸产业体系的重要组成部分，将依托跨境电商商贸总部企业、平台企业、供应链龙头企业等，引领带动跨境电商上下游产业加速融合，形成以跨境电商企业生态推动相关产业协同发展的生产服务体系。

三、联动构建产业护航“四大体系”

（一）政策体系

制定出台《中国（成都）跨境电子商务综合试验区零售出口货物免税管理办法（试行）》，并加快推进《关于跨境电子商务综合试验区零售出口企业所得税核定征收有关问题的公告》落地落实，积极引导跨境电商零售出口企业合规、阳光发展。

（二）金融体系

协同外汇管理部门简化跨境电商企业货物贸易收支手续，鼓励银行和支付机构利用金融科技为跨境电商企业提供更加便捷、高效、低成本的跨境结算服务。

（三）信用体系

搭建成都市跨境电商出口信用保险统保服务平台，建立集约化、普惠性的跨境电商出口信用风险防范体系；推动跨境电商公共服务平台数据实现金融价值化，与中国工商银行、中国建设银行等金融机构完成基于平台申报数据的跨境电商进出口收付汇试点和跨境电商普惠金融产品开发。

（四）统计体系

探索推进跨境电商全口径统计体系建设，积极推动邮快件电商包裹纳统，在现有跨境电商零售进出口监管统计模式的基础上，按照行业引导、企业自报的方式，探索构建增加B2B、B2B2C统计内容的全口径统计体系。目前，全口径统计模型已基本建成并试运行。同时，基本建成“买全川，卖全球”大数据全景展示系统。

配套文件

成都市人民政府办公厅关于印发成都市促进外资外贸稳定发展行动方案（2020—2022年）的通知

各区（市）县政府（管委会），市级有关部门，有关单位：

《成都市促进外资外贸稳定发展行动方案（2020—2022年）》已经市政府同意，现印发你们，请结合实际，认真组织实施。

成都市人民政府办公厅
2020年5月29日

成都市促进外资外贸稳定发展行动方案（2020—2022年）

为深入贯彻党中央、国务院关于“六稳”“六保”工作的决策部署，进一步扩大对外开放，持续营造国际化、法治化、便利化的营商环境，全力稳住我市外资外贸基本盘，加快推动全市对外经贸高质量发展，结合成都实际，制定本行动方案。

一、总体要求

以习近平新时代中国特色社会主义思想为指导，全面贯彻党的十九大和十九届二中、三中、四中全会精神，坚持新发展理念，坚持推动高质量发展，确保全市外资外贸稳中向好势头进一步巩固，对外经贸结构进一步优化，协调发展进一步夯实，稳外资稳外贸能力进一步提升。

二、工作目标

力争到2022年，全市实际利用外资达580亿元以上，外商直接投资24亿美元，货物贸易进出口额突破7000亿元。高新技术产品进出口占全市进出口总额的比重60%以上，一般贸易占全市进出口总额的比重40%以上。进出口实绩企业突破6000家、进出口上5亿元的企业达到100家。

三、主要任务

（一）落实国家对外开放政策

1. 贯彻国家贸易高质量发展指导意见。贯彻《中共中央国务院关于推进贸易高质量发展的指导意见》，依托产业功能区，加快建设产业优势明显、创新驱动突出、公共服务体系完善的外贸转型升级基地。（牵头单位：市商务局；责任单位：市发改委）

2. 做好稳外贸稳外资支持政策组织实施。按照《商务部关于应对新冠肺炎疫情做好稳外贸稳外资促消费工作的通知》（商综发〔2020〕30号）精神，抓紧安排使用提前下达的2020年中央财政专项资金，加大结存资金统筹使用力度，用好地方配套资金，带动社会资本，全力支持稳外贸稳外资。（牵头单位：市商务局；责任单位：市财政局、市投促局）

3. 贯彻落实外资法律法规。全面贯彻落实《中华人民共和国外商投资法》及其《中华人民共和国外商投资法实施条例》（国务院令第

723号)、《国务院关于进一步做好利用外资工作的意见》、(国发〔2019〕23号)等法律法规文件。执行《外商投资信息报告办法》(商务部 市场监管总局令2019年第2号),优化外资准入管理程序。加大宣传解读和培训力度,确保外商投资促进、保护和管理的各项制度有效实施。(牵头单位:市投促局:责任单位 市场监管局及各 产业部门)

4. 支持外商投资新开放领域。落实全国和自由贸易试验区外商投资准入特别管理措施(负面清单)负面清单之外的领域,任何部门和单位不得对外商投资准入进行限制。加大对外商投资企业享有准入后国民待遇的保障力度。落实《鼓励外商投资产业目录》,鼓励和支持外商投资我市"5+5+1"重点产业领域,重点落实银行、保险、证券、融资租赁、商业保理等领域的进一步开放政策。(牵头单位:市发改委;责任单位:市投促局、市经信局、市商务局、市金融监管局)

(二)拓展主要目标市场

5. 重点支持我市外贸企业大力开拓东盟、欧洲、日韩等我市进出口主要市场,针对企业参加上述目标市场的大型综合性和专业展会,对参展企业的展位费给予90%支持,按照展位数给予1个标准展位2人的人员补贴每家企业最多给予6人的人员补贴对展品运输费用、通关及检验检疫费用全额补贴。推广数字展会,指导外贸企业积极参加网上广交会,对企业开展数字化营销给予支持。(牵头单位:市商务局;责任单位:市财政局)

6. 加快推进线上营销网络建设,支持搭建国际营销公共服务平台,为全市企业提供优质便捷国际营销通道。支持企业通过国际知名搜索引擎、社交媒体、视频网站、国际主流电商平台等互联网工具开展品牌推广和国际营销,给予推广及营销费补贴。(牵头单位:市商务局;责任单位:市财政局)

(三)壮大对外贸易企业主体

7. 聚焦产业功能区建设,加快明确一批跟产业结合紧密、强链补链作用明显的目标企业精准招引,推动具有公共创新赋能功能的国际研发机构等创新平台在蓉落地建设 。[牵头单位;市商务局;责任单位:市科技局、市经信局,各区(市)县政府(管委会)]

8. 全面执行国家出台的税收优惠政策和援企稳岗政策,稳定现有存量外贸企业主体,推动传统生产制造企业、内贸企业自主开展外贸业务并尽快实现进出口实绩。持续开展"送政策、帮企业、送服务、解难题"专项行动,加快外经贸专项资金审批拨付,支持企业共克时艰。[牵头单位 :市商务局;责任单位:市投促局、市发改委、市经信局,各区(市)县政府(管委会)]

(四)增强金融财税服务外贸水平

9. 搭建全市出口信用保险统保平台,扩大保单融资规模,创新保单融资模式,鼓励企业通过投保进口预付款保险,识别和化解风险。进一步优化出口退税服务,外贸企业一个月可多次申报退税,加强政策和管理服务,开展事前退税辅导。(牵头单位:市商务局;责任单位:市金融监管局、市财政局、国家税务总局成都市税务局)

10. 依托成都中西部航空物流枢纽优势,加快发展航空金融、物流金融、支持"蓉欧"班列跨境融资服务创新,推动物流、资金流和信息流在蓉欧沿线跨境供应链上的有效整合与提升。加快推动互联网和移动金融架构下跨境电商供应链融资,探索支付模式创新发展。(牵头单位:市金融监管局;责任单位:市商务局、市财政局、市口岸物流办、人行成都分行营管部、青白江区政府)

(五)推动新业态新模式发展

11. 加快推进跨境电商、平行进口汽车试点深入开展,促进国际消费流程扁平化、简单化和规范化,拉动消费回流,带动消费升级,助力国际消费中心城市建设,对开展新模式新业态的企业按照相关产业政策给予建设、房租、人员等相关补助。对于海外仓和线上线下

一体化外贸综合服务平台建设，给予建设费50%补贴。［牵头单位：市商务局；责任单位：各区（市）县政府（管委会）］

12. 加快推动形成稳定高效全球供应链服务体系。支持成都国际航空港、铁路港向供应链营运中心转型，加快提升供应链载体支撑保障能力。鼓励传统物流企业向现代物流集成商、供应链企业发展，支持融入国际化企业质量标准体系，提升服务国际知名生产制造、加工贸易、采购分销企业能力。（牵头单位：市口岸物流办；责任单位：市商务局，青白江区、双流区政府）

（六）开展外商投资促进工作

13. 完善外资招引激励机制。加大对重大外资项目支持力度，对在我市设立的符合本市产业发展导向的外商投资新设或增资项目，各区（市）县可按照其对本区域的经济社会综合贡献度给予奖励。用好国际中小企业招引专项资金，对新引进符合我市产业发展方向的国际中小企业，符合项 目申报条件的，按照政策规定，给予最高 500 万元的资金奖励，对成功引进项目的中介机构，给予最高 150 万元的资金奖励。［牵头单位：市投促局；责任单位：市财政局，各区（市）县政府（管委会）］

14. 支持初创团体来蓉创业。支持外籍人士初创团队和外资企业来蓉创办的创新型企业和服务机构，入驻我市高品质科创空间；支持外资企业高新技术成果转化与产业化，同等享受科技型中小企业技术创新资金、科技创新券，以及高新技术成果转化项目认定等科技创新政策。（牵头单位：市科技局）

（七）提升外商投资便利化水平

15. 支持跨境资本投资便利化。在全市范围内推广资本项目 收入支付便利化改革，支持外资企业扩大人民币跨境使用，简化部分资本项目业务登记管理。支持外资企业自主选择借用外债模式，降低融资成本。鼓励外资企业资本金依法用于境内股权投资。鼓励符合条件的企业参与跨国公司跨境资金集中运营管理。（支持单位：国家外汇管理局四川省分局）

16. 提升涉外服务能力。全面落实外国人来华工作各项便利政策，对办理企业注册、税务服务、签证服务、外国专家服务等业务，探索推广涉外一站式政务服务模式，提供法律、海关、涉外金融服务等特色中介服务。［牵头单位：市网络理政办；责任单位：市科技局（市外国专家局）、市公安局］

（八）加强外商投资保护

17. 保障外商投资企业依法平等获取人力资源、资金、土地使用权和自然资源等生产要素，公平参与市场竞争；依法保障外商投资企业在政府资金投向、土地供应、税收优惠、费用减免、资质许可、标准制定、项目申报、政府采购等方面的公平待遇。［责任单位：市级有关部门、各区（市）县政府（管委会）］

18. 健全外国投资者和外商投资企业知识产权保护体系，加大行政司法保护力度，完善知识产权快速维权机制，提升外商投资相关知识产权纠纷多元化解效率，依法保障外国投资者和外商投资企业与本市各类市场主体、科研主体开展技术合作，不得利用行政手段强制外国投资者和外商投资企业转让技术。（牵头单位：市知识产权局；责任单位：市科技局、市司法局）

19. 切实履行向外国投资者、外商投资企业依法作出的政策承诺以及依法签订的各类合同，不得以政府换届、部门或者人员更替、政策调整等为由违约。确因国家利益、社会公共利益需要改变的，依法对外国投资者、外商投资企业的损失予以公平合理的补偿。［责任单位：市级有关部门，各区（市）县政府（管委会）］

（九）拓展国际贸易物流通道

20. 持续完善货运骨干航线网络。支持航空公司分类有序做好国际（地区）定期直飞航线复飞有关工作；对按“48+14+30”国际客货运战略大通道布局规划，新开行或加密以成都为枢纽的国际（地区）全货机航线给予政策扶持，加快构建覆盖全球重要物流节点城市的干支结合的货运航线网络体系；支持航空公司利用闲置运能开展“客改货”业务，全力降低航空物流成本。（牵头单位：市口岸物流办；责任单位：成都高新区管委会、双流区政府）

21. 持续优化完善泛欧泛亚“干支结合、多点布局”的物流节点网络体系。推动亚蓉欧国际班列网络优化、质效提升，增强服务效能、综合效益和产业集成带动能力。（牵头单位：市口岸物流办；责任单位：青白江区政府）

（十）加强对外开放平台载体建设

22. 发挥利用外资平台优势。推进四川自贸试验区成都片区投资自由化便利化，进一步在电信、金融、科研和技术服务、教育、卫生等重点领域加大对外开放力度。支持成都天府新区、成都东部新区、成都高新区、成都经开区发挥产业优势和制度优势，深化开放领域制度创新探索，优化开发建设主体和运营主体管理机制，提高吸引外资质量。（牵头单位：市自贸办、市发改委；责任单位：市投促局、市经信局、市科技局、市文广旅局）

23. 推动海关特殊监管区域（场所）发展。加快成都国际铁路港经济开发区和内陆自由贸易港的科学规划和申建工作，着力提升已投运的海关特殊监管区域（场所）运营效益：推动成都高新西园、成都国际铁路港综合保税区尽快验收投运和实体项目落地发展；积极申报成都天府国际机场综合保税物流。（牵头单位：市商务局；责任单位：市口岸物流办，成都天府新区、成都东部新区、成都高新区管委会，青白江区、双流区政府）

（十一）保障重点项目

24. 服务重大外资项目落地和建设。做好在建重大外资项目服务保障，加强用地、用能、资金等方面要素保障，加快建设进度；密切跟踪在谈重大外资项目进展，通过“一对一”服务，实施“直通车”等方式，持续推动项目尽快落地；完善重大外资项目跟踪服务机制，动态更新重大项目库，谋划储备一批影响大、带动强、质量高、效益好的重大外资项目。（牵头单位：市发改委；责任单位：市投促局、市经信局、市商务局）

（十二）提升政府专业化服务水平

25. 市、区（市）县两级定期举办与外商投资促进、管理、保护以及进出口贸易规则、法律、统计等有关培训活动，培养外资外贸专业队伍，提高全市外向型经济促进服务人员业务水平。［牵头单位：市投促局；责任单位：市商务局，各区（市）县政府（管委会）］

26. 及时为外贸企业提供有效的法律咨询服务，帮助企业妥善应对潜在风险，定期发布经贸摩擦预警信息，加强经贸风险防范和贸易摩擦应对工作，提升企业应对经贸摩擦的意识和能力。［牵头单位：市博览局（市贸促会）；责任单位：市商务局、市投促局］

四、组织保障

（一）加强组织领导

进一步强化全市对外开放领导小组统筹领导作用，指导各区（市）县政府（管委会）、市级相关部门认真抓好对外开放各项工作的细化落实，坚持同向用力，推动工作任务保质保量按时完成，确保每一项任务有着落、每一个目标有支撑。

（二）健全体制机制

健全市、区（市）县、功能区三级企业联系服务专员机制，及时掌握全市外资外贸企业遇到的具体困难和诉求，并按职能职责由相关单位负责及时解决。

（三）强化责任落实

加强督促检查，切实抓好外资外贸工作综合考核，落实好末位管理制度，定期督查并按季度通报预警目标完成情况，确保完成既定目标任务。

本行动方案自 2020 年 6 月 29 日起施行，有效期至 2022 年 1 月 31 日。

企业名录

截至2021年12月31日，在成都跨境电商公共服务平台注册并实际开展业务的企业名录见表2-33。

表2-33 成都市跨境电商企业名录

序号	公司名称	企业类型
1	中国邮政速递物流股份有限公司成都市分公司	物流企业
2	中外运空运发展股份有限公司西南分公司	物流企业
3	四川顺丰速运有限公司	物流企业
4	天津群航国际货运代理有限公司成都分公司	物流企业
5	四川圆通速递有限公司	物流企业
6	中外运-敦豪国际航空快件有限公司四川分公司	物流企业
7	北京群航国际货运代理有限公司成都分公司	物流企业
8	成都鹏展汇供应链管理有限公司	物流企业
9	四川省邮政速递服务有限公司	物流企业
10	四川澳速通国际物流有限公司	物流企业
11	深圳市汇通天下物流有限公司成都分公司	物流企业
12	重庆安捷国际运输代理有限公司成都分公司	物流企业
13	深圳棋洋国际物流有限公司成都分公司	物流企业
14	现代金融控股（成都）有限公司	支付企业
15	上海汇付数据服务有限公司	支付企业
16	迅付信息科技有限公司	支付企业
17	上海银联电子支付服务有限公司	支付企业
18	广州合利宝支付科技有限公司	支付企业
19	北京爱农驿站科技服务有限公司	支付企业
20	成都摩宝网络科技有限公司	支付企业
21	开联通支付服务有限	支付企业
22	杉德支付网络服务发展有限公司	支付企业
23	易票联支付有限公司	支付企业
24	易联支付有限公司	支付企业
25	深圳市快付通金融网络科技服务有限公司	支付企业
26	上海银生宝电子支付服务有限公司	支付企业
27	成都海晗跨境电子商务有限公司	电商平台
28	中服臻贝（成都）网络科技有限公司	电商企业

续表1

序号	公司名称	企业类型
29	青岛合众昌国际物流有限公司	电商平台
30	马赛玛拉科技（成都）有限公司	电商平台
31	东易华盛跨境电子商务（宁波）有限公司	电商平台
32	四川双禹淘淘科技有限公司	电商平台
33	成都易通蓉欧供应链有限公司	电商平台
34	成都诚聆网络技术有限公司	电商平台
35	海南商桥供应链管理有限公司	电商企业
36	海南椰免实业有限公司	电商企业
37	海南海成际供应链管理有限公司	电商企业
38	海南省港通达国际贸易有限公司	电商企业
39	海南陆海通联科技有限公司	电商平台
40	花之冠（海南）跨境电商有限公司	电商平台
41	厚普创优（成都）网络科技有限公司	电商平台
42	成都易云供应链管理有限公司	电商企业
43	四川国加电子商务有限公司	电商平台
44	成都百安优品网络科技有限公司	电商平台
45	捷邦（广州）电子商务有限公司	电商平台
46	缤德企业管理咨询（上海）有限公司	电商平台
47	重庆太昊嘉网络科技有限公司	电商平台
48	上海创莱优选电子商务有限公司	电商企业
49	上海品得电子商务有限公司	电商企业
50	上海怡合进出口贸易有限公司	电商企业
51	上海泷溢工贸有限公司	电商企业
52	上海爱欢喜生物科技有限公司	电商企业
53	上海科骋生物科技有限公司	电商企业
54	上海蓝果医疗科技有限公司	电商企业
55	上海蓝枫生物科技有限公司	电商企业
56	上海跨境通国际贸易有限公司	电商平台
57	上海路长实业有限公司	电商企业
58	上海锦趣生物科技有限公司	电商企业
59	东方营养科技（苏州）有限公司	电商平台
60	乾盛数贸科技（成都）有限公司	电商企业
61	北京中雍精准生物科技有限公司	电商企业
62	北京人和禄泰商贸有限公司	电商企业
63	北京惠买荟健康科技有限公司	电商企业
64	南京中生联合股份有限公司	电商企业
65	厦门津辉进出口有限公司	电商企业

续表2

序号	公司名称	企业类型
66	四川奥银电子商务有限公司	电商企业
67	四川广安承平港务有限公司	电商企业
68	四川承平供应链管理有限公司	电商企业
69	四川渡美堂文化传播有限公司	电商企业
70	四川蓉欧智联科技有限公司	电商企业
71	四川迪索国际贸易有限公司	电商企业
72	国药（上海）电子商务有限公司	电商企业
73	宁波澳杰国际贸易有限公司	电商企业
74	常州诺海华欣国际贸易有限公司	电商企业
75	广州宇鑫电子商务有限公司	电商企业
76	惟哇（上海）健康科技发展有限公司	电商企业
77	成都卢丝普贸易有限责任公司	电商企业
78	成都双流维珍绿新零售有限公司	电商企业
79	成都奥特罗拉贸易有限公司	电商企业
80	成都奶巷企业服务有限公司	电商企业
81	成都小橘袋健康科技有限公司	电商企业
82	成都岳赢天电子商务有限责任公司	电商企业
83	成都市丸天科技有限责任公司	电商企业
84	成都市易倍特电子商务有限公司	电商企业
85	成都欧健荟进出口贸易有限公司	电商企业
86	成都澳亚网络科技有限公司	电商企业
87	成都澳亚跨境电商有限公司	电商企业
88	成都澳蓉荟都进出口贸易有限公司	电商企业
89	成都爱逍品国际贸易有限公司	电商企业
90	成都特友海购电子商务有限公司	电商企业
91	成都金丘香贝丹贸易有限公司	电商企业
92	成都黛梦妃医学科技有限公司	电商企业
93	新沂汇通供应链有限公司	电商企业
94	杭州兆桥贸易有限公司	电商企业
95	杭州德钇通电子商务有限公司	电商平台
96	泸州临港自贸投资有限公司	电商企业
97	深圳奥通顺达商贸有限公司	电商企业
98	深圳市奥立国际贸易有限公司	电商企业
99	深圳市斐婴宝网络科技有限公司	电商企业
100	深圳市格顺电子商务有限公司	电商企业
101	深圳镁锦优视股份有限公司	电商企业
102	澳斯拿商贸（深圳）有限公司	电商企业

续表3

序号	公司名称	企业类型
103	环球云仓国际贸易（成都）有限公司	电商企业
104	石家庄欧购电子科技有限公司	电商企业
105	苏州隽德生物科技有限公司	电商企业
106	若伊碧欧兰商贸（北京）有限公司	电商企业
107	诺健康城国际健康管理（海南）有限公司	电商企业
108	诺思诺德（北京）科技有限公司	电商企业
109	重庆娜梵俪电子商务有限公司	电商企业
110	鼎桥供应链管理成都有限公司	电商企业
111	四川归途进出口贸易有限公司	电商企业
112	三起（成都）贸易有限公司	电商企业
113	中石化（深圳）电子商务有限公司	电商企业
114	四川依莱舒光学科技有限公司	电商企业
115	四川康为健康产业有限公司	电商企业
116	四川新希望营养制品有限公司	电商企业
117	四川自由贸易试验区新华全球购供应链有限公司	电商企业
118	四川致爱母婴产品有限公司	电商企业
119	四川萃趣在线国际贸易股份有限公司	电商企业
120	宁波泰一健康产业有限公司	电商企业
121	弘郁贸易（成都）有限公司	电商企业
122	成都丝路众友电子商务有限责任公司	电商企业
123	成都中欧灵科国际贸易有限公司	电商企业
124	成都中欧通达跨境电子商务有限责任公司	电商企业
125	成都乐加通国际贸易有限公司	电商企业
126	成都九棵松科技有限公司	电商企业
127	成都优时通进出口贸易有限公司	电商平台
128	成都宝妈乐购电子商务有限公司	电商企业
129	成都强乐乐跨境电子商务有限公司	电商企业
130	成都海萌宝贝电子商务有限公司	电商企业
131	成都澳康川优国际贸易有限公司	电商企业
132	成都澳爱电子商务有限公司	电商企业
133	成都环美易购电子商务有限公司	电商企业
134	成都田瑞福国际贸易有限公司	电商企业
135	成都西洋购贸易有限公司	电商企业
136	成都金舶来电子商务有限公司	电商企业
137	成都龙鹏供应链管理有限公司	电商企业
138	上海康蔻园电子科技有限公司	电商企业
139	上海德锌通电子商务有限公司	电商平台

续表4

序号	公司名称	企业类型
140	上海爱奕生物科技有限公司	电商企业
141	上海翔佑实业有限公司	电商企业
142	上海钛为实业有限公司	电商企业
143	南京森萃国际贸易有限公司	电商企业
144	博莱康（北京）国际贸易有限公司	电商企业
145	哈尔滨市健怡生物科技有限公司	电商企业
146	四川欧城记跨境电子商务有限公司	电商企业
147	四川自由贸易试验区青马跨境电子商务有限公司	电商企业
148	好嗨购国际贸易（成都）有限公司	电商企业
149	宁波诚淘电子商务有限公司	电商企业
150	广州市北欧之约贸易有限公司	电商企业
151	广州诺美嘉健康产品有限公司	电商企业
152	成都万锦汇供应链管理有限公司	电商企业
153	成都亿时光跨境电子商务有限公司	电商企业
154	成都倍思德国际贸易有限责任公司	电商企业
155	成都品德品质商贸有限公司	电商企业
156	成都品质宝供应链管理有限公司	电商企业
157	成都易欧达供应链管理服务有限公司	电商企业
158	成都海要供应链管理有限公司	电商企业
159	成都贝喜贸易有限责任公司	电商企业
160	成都青铁国际贸易有限公司	电商企业
161	成都静漪实业有限公司	电商企业
162	成都麦帮电子商务有限公司	电商企业
163	杭州挪购科技有限公司	电商企业
164	江苏唐尚贸易有限公司	电商企业
165	青岛赞美生物科技有限公司	电商企业
166	四川云贸国际供应链有限公司	电商企业
167	四川欧芬极地健康管理有限公司	电商企业
168	天府慧能跨境电商数据（四川）有限公司	电商企业
169	宁波众鑫环球供应链管理有限公司	电商企业
170	成都中蓉自通供应链有限公司	电商企业
171	成都伊藤洋华堂电子商务有限公司	电商企业
172	成都嘉达华利贸易有限公司	电商企业
173	成都弘聆电子商务有限公司	电商企业
174	成都毅峰联合电子商务有限公司	电商企业
175	成都澳云供应链管理有限公司	电商企业
176	成都澳蓉供应链管理有限公司	电商企业

续表5

序号	公司名称	企业类型
177	成都糖蜜科技有限公司	电商企业
178	成都麦帮供应链管理有限公司	电商企业
179	澳新云集国际贸易（成都）有限公司	电商企业
180	上海吉目家生物科技有限公司	电商企业
181	上海圣定链电子商务有限公司	电商企业
182	上海宇遒供应链有限公司	电商企业
183	上海时赛网络科技有限公司	电商企业
184	北京康奥智能科技有限公司	电商企业
185	南昌行星供应链管理有限公司	电商企业
186	厦门市博瑞工贸有限公司	电商企业
187	墨虹（上海）电子商务有限公司	电商企业
188	富地滋（海南）健康产业有限公司	电商企业
189	广州卓普贸易有限公司	电商企业
190	广州拾壹号商贸有限公司	电商企业
191	成都太美供应链管理有限公司	电商企业
192	成都蓉贸通贸易有限公司	电商企业
193	深圳市百佳优品商贸有限公司	电商企业
194	诺思诺德（北京）科技有限公司	电商企业
195	迪马森斯（上海）国际贸易有限公司	电商企业
196	重庆丰趣网络科技有限公司	电商企业
197	长沙宏萃堂贸易有限公司	电商企业
198	上海寻梦信息技术有限公司	电商平台
199	上海洋码头网络技术有限公司	电商平台
200	海南格洛利跨境贸易科技有限公司	电商企业
201	成都自贸通供应链服务有限公司	电商企业
202	上海萌店信息科技有限公司	电商平台
203	四川海宝荟国际贸易有限公司	电商企业
204	山西三恩商贸有限公司	电商企业
205	有品信息科技有限公司	电商企业
206	杭州捷为科技有限公司	电商平台
207	杭州洋驼网络科技有限公司	电商平台
208	杭州起码科技有限公司	电商平台
209	杭州门店帮电子商务有限公司	电商平台
210	深圳市前海开心购跨境商务有限公司	电商企业
211	郑州百宝供应链管理有限公司	电商企业
212	重庆伊晟利合企业管理有限公司	电商企业
213	重庆博联利合贸易有限公司	电商企业

续表6

序号	公司名称	企业类型
214	重庆双击科技有限公司	电商企业
215	重庆大手拉小手科技有限公司	电商企业
216	重庆天对贸易有限公司	电商企业
217	重庆崇名达科技有限公司	电商企业
218	重庆扬玛科技有限公司	电商企业
219	重庆拉维贝儿科技有限公司	电商企业
220	重庆欧品家科技有限公司	电商企业
221	重庆洛远正昊电子商务有限公司	电商企业
222	重庆淘略科技有限公司	电商企业
223	重庆渝欧跨境电子商务股份有限公司	电商企业
224	重庆澳淼科技有限公司	电商企业
225	重庆爱酷之星科技有限公司	电商企业
226	重庆翔生达科技有限公司	电商企业
227	重庆聚鑫吉科技有限公司	电商企业
228	重庆谖草电子商务有限公司	电商企业
229	重庆辛莫拉贝科技有限公司	电商企业
230	上海童渠信息技术有限公司	电商企业
231	四川丝路里供应链管理有限公司	电商企业
232	云南乐购前沿电子商务有限公司	电商企业
233	北京口袋时尚科技有限公司	电商企业
234	四川省纺织品进出口集团有限公司	电商企业
235	大连可以有网络科技有限公司	电商企业
236	常州易康萌思网络科技有限公司	电商企业
237	广州晟泰跨境电子商务有限公司	电商企业
238	成都低调科技有限公司	电商企业
239	成都尚品云翔网络科技有限公司	电商企业
240	成都明盛永利商贸有限公司	电商企业
241	成都麦帮信息科技有限公司	电商企业
242	武汉上禾购贸易有限公司	电商企业
243	武汉甄汇淘科技有限公司	电商企业
244	河南一选供应链管理有限公司	电商企业
245	泰立逊（重庆）科技有限公司	电商企业
246	浙江捷拍档电子商务有限公司	电商企业
247	海南省跨境电商科技有限公司	电商企业
248	深圳惠卓安科技有限公司	电商企业
249	湖南澳创文化传媒有限公司	电商企业
250	绵阳兰玥商贸有限公司	电商企业

续表7

序号	公司名称	企业类型
251	贵州美联美购网络科技有限公司	电商企业
252	重庆利威尔科技有限公司	电商企业
253	重庆宝妈会选电子商务有限公司	电商企业
254	鹰潭沃德嘉科技有限公司	电商企业
255	上海京东才奥电子商务有限公司	电商平台
256	广州澳新国际供应链管理有限公司	电商企业
257	成都企贸通贸易有限公司	电商企业
258	无锡诺亚方舟跨境电子商务有限公司	电商企业
259	江苏苏宁易购电子商务有限公司	电商平台
260	深圳市品质宝供应链管理有限公司	电商企业
261	四川交投跨境宝电子商务有限公司	电商企业
262	四川景铭达科技有限公司	电商企业
263	成都快购科技有限公司	电商企业
264	成都瑞奈贝儿科技有限公司	电商企业
265	杭州亲宝科技有限责任公司	电商企业
266	杭州优卖网络科技有限公司	电商企业
267	杭州天猫进出口有限公司	电商企业
268	杭州淘宝营销管理有限公司	电商企业
269	杭州米友圈科技有限公司	电商企业
270	永辉云创科技有限公司	电商企业
271	江油阿尔卡迪亚科技有限公司	电商企业
272	深圳市天行云供应链有限公司	电商企业
273	重庆东企科技有限公司	电商企业
274	重庆伊亲贝科技有限公司	电商企业
275	重庆升态美科技有限公司	电商企业
276	重庆单双科技有限公司	电商企业
277	重庆商社电子商务有限公司	电商企业
278	成都万达美供应链管理有限公司	电商企业
279	成都富乐吉跨境电子商务有限公司	电商企业
280	成都福瑞萃贸易有限公司	电商企业
281	成都集优加国际货运代理有限公司	电商企业
282	四川唯美易电子商务有限公司	电商企业
283	四川海贸通网络科技有限公司	电商企业
284	四川天合六辰国际贸易有限公司	电商企业
285	成都哈帝斯电子商务有限公司	电商企业
286	成都唯博天下电子商务有限公司	电商企业
287	成都玖盟电子商务有限公司	电商企业

续表8

序号	公司名称	企业类型
288	成都蓉易邮科技有限公司	电商企业
289	成都觅瑞科技有限公司	电商企业
290	成都十一维电子商务有限公司	电商企业
291	成都市梵尚电子商务有限公司	电商企业
292	成都格罗西贸易有限公司	电商企业
293	成都欧魅时尚科技有限责任公司	电商企业
294	成都磐达电子商务有限公司	电商企业
295	成都美购儿电子商务有限公司	电商企业
296	世易达供应链管理（成都）有限公司	电商企业
297	四川东方华达国际贸易有限公司	电商企业
298	四川丝路易购科技有限公司	电商企业
299	四川兴天利科技有限公司	电商企业
300	四川加元素国际贸易有限公司	电商企业
301	四川川欧通国际贸易有限公司	电商企业
302	四川憬睿信息技术有限公司	电商企业
303	四川翔展供应链管理有限公司	电商企业
304	成都万羽国际贸易有限公司	电商企业
305	成都万达美电子商务有限公司	电商企业
306	成都九州御魂商贸有限公司	电商企业
307	成都云之诚电子商务有限公司	电商企业
308	成都仁行国际贸易有限公司	电商企业
309	成都全境通电子商务有限公司	电商企业
310	成都几何科技有限公司	电商企业
311	成都吉喆投资管理有限公司	电商企业
312	成都吉步仕鞋业有限公司	电商企业
313	成都天科安讯信息技术有限公司	电商企业
314	成都天羽高科科技有限公司	电商企业
315	成都市伍洋科华电子商务有限公司	电商企业
316	成都市加禾华供应链有限公司	电商企业
317	成都市洋贸深电子商务有限公司	电商企业
318	成都康斯通科技有限公司	电商企业
319	成都拓普森科技有限公司	电商企业
320	成都捷欧路供应链管理有限公司	电商企业
321	成都柏莱雅电子商务有限公司	电商企业
322	成都棋洋彗丰供应链管理有限公司	电商企业
323	成都森罗万象科技有限公司	电商企业
324	成都泛亚科锐硬质合金科技有限公司	电商企业

续表9

序号	公司名称	企业类型
325	成都洛德岛科技有限公司	电商企业
326	成都海拓通电子商务有限公司	电商企业
327	成都潮派元素科技有限公司	电商企业
328	成都环世盛通电子商务有限公司	电商企业
329	成都盛德永福国际贸易有限公司	电商企业
330	成都米米喵电子商务有限公司	电商企业
331	成都经开外贸基地运营有限公司	电商企业
332	成都英卓安智科技有限公司	电商企业
333	成都蓉易速通供应链管理有限公司	电商企业
334	成都蓉欧环球电子商务有限公司	电商企业
335	湖南高朋供应链管理有限责任公司	电商企业
336	跨境优品（江西）科技有限公司	电商企业
337	成都速龙电子商务有限公司	电商企业
338	成都贵合万盈商贸有限公司	电商企业
339	成都易逊跨境电子商务有限公司	电商企业
340	四川泸通电子商务有限公司	电商企业
341	海南省洋妈妈国际贸易有限公司	电商企业
342	四川运启盛科技有限公司	电商企业
343	四川予观商务服务有限公司	电商企业
344	四川环球名品商业管理有限公司	电商企业
345	四川皇免电子商务有限公司	电商企业
346	成都澳蓉奉进出口贸易有限公司	电商企业
347	成都川宇健维生物科技有限公司	电商企业
348	重庆觅创电子商务有限公司	电商企业
349	成都贝赛商贸有限公司	电商企业
350	四川三季天贸易有限公司	电商企业

统计数据

2020 年、2021 年，成都市跨境电商进出口情况见表 2-34。

表 2-34　成都市跨境电商进出口业务明细表

区域	时间	验放清单（万票）	消费者（人）	货值（万元）	增长率（%）	税款（万元）	上线商品种类（个）	商品种类（进口量前五位）	备案电商企业（个）	上线企业（个）
进口	2020 年 1 月 1 日—2021 年 12 月 31 日	506.33	1984058	237396.93	514.77	20857.62	477	供婴幼儿食用的零售包装配方奶粉、供婴幼儿食用的零售包装配方奶粉（早产/低出生体重婴儿配方、母乳营养补充剂特殊婴幼儿配方食品除外）、其他编号未列名的食品、包装标注含量以体积计的其他美容品或化妆品及护肤品、麦精，粮食粉等制食品及乳制食品	519	289
出口	2020 年 1 月 1 日—2021 年 12 月 31 日	3022.24	—	343051.09	787.98	—	3417	塑料制品、金属饰品配件、女士套装、短裤	479	93

典型案例

案例一：外贸企业出海营销首选
——全球搜正帮助企业在线快速拿下订单

成都谷道科技有限公司（以下简称“全球搜”），这家从成都走出来的外贸服务企业，不仅在大数据技术、搜索算法、数字营销和社交营销技术方面处于行业领先，而且是唯一一家总部位于中西部地区的跨境出口 SaaS 服务领军企业。其为中国 20000 多家外贸企业提供了外贸网站建设、外贸品牌整合营销推广、外贸商城建站、国外社交网络推广、社媒营销获客等多项服务。

在四川跨境贸易体系的不断优化以及政策红利下，全球搜已经帮助四川地区 500 多家外贸企业在线上获得了高效曝光以及订单增长，作为Google大中华区在西南地区唯一的官方合作伙伴，凭借在搜索引擎算法方面累积的数十年经验，帮助外贸企业在Google、Bing、Yahoo等全球20大主流搜索引擎上获取精准曝光。

109种语言独立站建设服务，为行业中语种涵盖面广、功能全、灵活度高的产品，是建立品牌护城河，以及触达海外新兴市场的首要选择。

同时全球搜还帮助企业在Facebook、LinkedIn、YouTube等15大海外社交平台中提升企业品牌知名度，获取有效采购商订单。

成都耐斯特科技有限公司（以下简称“耐斯特”）是一家专注做巧克力机械设备的外贸企业。在新冠疫情影响下，企业在转型过程中存在不少问题：巧克力设备寻找优质大客户难，机械设备成单周期长，复购周期长，线下展会无望等。从长远考虑，整个食品机械行业对于品牌价值的敏感度较高，一般要求外贸企业拥有完整的生产基地以及各类指标证书，以及成品样品展示，而传统的线下获客方式无法同时满足快速获客与品牌包装的双向需求。因此，耐斯特急需在线上找到快速获客的方式。

2019年，耐斯特选择全球搜进行外贸整合营销推广，建立了一个完全由企业自主掌控的外贸营销型独立站。通过双方不断沟通调整，一个包含109语言且24小时线上展示的平台顺利上线。

该独立站前期通过Google Ads广告，将高精准的潜在采购商直接导入独立站，促使采购商对企业留下专业、可靠的大品牌形象。同时，全球搜为耐斯特的独立站进行了Google SEO优化，在不需要投入资金的情况下，保证企业的产品在搜索引擎中排名更高、曝光率更高、信任度更强。

耐斯特通过独立站+Google的全方案营销和展示方式，不仅在品牌知名度方面获得提升，其销量每年也保持成倍增长，而近期也在独立站上拿下了一个来自澳大利亚客户的165万订单。

在海外市场中做营销，必须深刻洞察海外用户的消费习惯。据麦肯锡报告，新冠疫情已经永久改变了人们了解认知新品牌的途径，而网络社交媒体红利正在蓬勃发展。耐斯特也稳稳地抓住了这把红利，借助全球搜开展Facebook主页运营以及广告业务。

品牌出海是一个长期过程，既要快也要稳，要做到快速的找到客群，稳稳地抓住品牌的潜力。中国外贸企业需要经营自己的客群，拥有稳定的流量，通过数字化构建私域流量，自主的高频触达、吸引用户，将是中国品牌出海的未来。

案例二：探求跨境进口新模式

——成都澳亚网络科技有限公司

成都澳亚网络科技有限公司（以下简称“成都澳亚”）成立于2019年5月，主营澳大利亚、新西兰、德国等跨境电商进出口贸易业务。依托垂直电商平台聚好物、第三方平台如拼多多、海拍客、海带等和自有供应链，主要开展“1210”跨境电商业务，也与澳大利亚、新西兰境外企业合作，开展代理品牌运营服务。线上线下销售进口母婴、美妆和生活类用品，并致力于发展跨境电商的体验式购物模式。

成都澳亚定位为跨境电商综合服务提供商，以为国内外商家提供跨境保税进口一站式落地解决方案为基础，提供国际物流、入区报关和提货入区等基础物流服务，以及自动化的商品管理、订单收集、跨境清单申报、分拣打包、交付快递公司进行末端派送的一条龙综合性服务，旨在为跨境电商等外向型企业提供综合跨境物流服务。

成都澳亚主营业务为跨境保税仓储服务。跨境保税仓储服务是以物流服务切入到商流的对接，聚集仓储内客户资源，链接全国优质的分销商，提供一站式跨境分销代发服务，延长跨境业务的链条，构建品牌进入国内市场的代理运营以及品牌孵化等附加服务。

2020年10月，在成都空港保税物流中心（B型）3号仓建设了约3000平方米公用保税仓库，年近30万单的清关出区订单处理量，使其成为了成都两大公用型保税仓库之一，日均单量居四川省前三。2021年年底，菜鸟入驻，在成都空港保税物流中心（B型）1号仓建设并投入使用3000平方米的菜鸟中心仓。

成都澳亚与四川邮政合作在成都空港保税物流中心（B型）综合业务楼落地了1500平方米的跨境电商新业态体验店——空港一号，实现了集“保税仓和实体店”相结合的跨境电商“前店后仓+快速配送”展销体验新零售运营。

2021年年初，成都澳亚与全外资企业——维珍绿农业有限公司合资成立四川维珍绿供应链管理有限公司，在成都市双流区东航中心建设了约700平方米纯跨境电商“前店后仓+快速配送”体验店，并于2022年1月1日正式开店营业。

成都澳亚不断在跨境电商细分层面上探索创新，寻找新路径、新模式，充分应用消费市场的腹地优势，逐步建立覆盖整个西南地区的销售网络，并在已有的创新模式上向规模化发展，同时传递给消费者正向、合规的经营理念，打消市场终端消费疑虑，进一步优化升级、做大做强进口商品市场。

案例三：中国制造扎根欧洲
——成都柯恩斯科技有限公司

成都柯恩斯科技有限公司（以下简称“柯恩斯”）起步于2012年，十年来一直致力于新能源电动汽车充电设备这个行业，从一个微不足道的外贸公司一步一步成长为科工贸一体的企业；从一个只是单纯卖产品的公司，成为一个卖需求的企业。十年磨一剑，树立起新能源行业里，一个响当当的品牌。在让电动汽车没有充电难的光荣使命驱动下，柯恩斯创造出多个业界第一，是中国首家，全球第四家研发并生产出符合欧洲三相电标准的新能源充电设备企业。

2012年，柯恩斯踏准欧洲新能源兴起的趋势，入局外贸B端市场，并创立KHONS品牌，相继和国际多个车企合作，例如，尼桑、雷诺、大众等，同时又为海外大客户提供定制化服务。根据客户的需求，可以提供基础的外观Logo定制，也可以做软件的二次开发，从卖产品到卖需求，极大大地增强了客户的黏性。2017年，紧跟中国跨境电商发展的热潮，果断破局线上。先后入住亚马逊、速卖通、eBay等平台。如今凭借着研发实力、品牌影响力、完善的供应链以及源头工厂等优势，兼顾海外市场B端、C端双渠道，业务足迹遍及全球。

海外仓、全球物流及支付系统不断发展完善，为跨境电商发展提供了保障。跨境电商的发展，使整个外贸环境更加自由，跨境电商在以一种肉眼可见的速度快速发展。它是抓住国际客户需求最经济高效的一种方式，也是中小企业走出国门的重要渠道之一。2022年，柯恩斯继续增加对跨境平台的布局与投入。过去平台上稳定的业务量以及数据沉淀，将使柯恩斯更加有信心在海外市场上能走的更稳更远。在B端和C端双轮驱动下，形成双循环的良性互动。

在国际国内大环境不理想的2022年，柯恩斯逆流而上，开启下一个十年的征程。回顾过去，不惧将来。未来十年，柯恩斯将会朝着全球化、智慧城市、绿色能源综合管理解决方案集成商的愿景继续努力。期待更多的中国制造能够走向世界。

案例四：畅通双循环，空港宏远成都公司助推“空中丝绸之路”建设

依托四川省航空产业发展政策优势，宏远控股集团以此为契机，在成都市全面布局进出口航空货运服务业务。根据集团战略部署，空

港宏远成都区域公司将国际航空货运地面服务作为业务的主要发展方向，打造航空货运地面标杆型企业，为跨境贸易伙伴提供更加优质的全链路航空货运服务。

在省、市、区三级政府及海关等各级政府部门和四川省机场集团的大力支持下，空港宏远成都公司顺利启用自有运力 B747-8F 型飞机完成“成都—布鲁塞尔”国际货运航线首航任务。

一、服务范围及运行情况

目前，空港宏远成都公司以成都双流国际机场为主要运营基地，可以完成包括普货、电商货及特种货物的出口货物集货、航班预配、货物运抵、货物鉴定代办、货物卸车、货物整理、出口报关、货物查验、货物交运、货物组板、异常处理；进口货物拆板、货物核对、货物整理、进口清关、异常处理、进口转关空空联运及空陆联运等进出口航空货物全链条、门到门的一站式服务。

二、保障优势

空港宏远成都公司在双流国际机场国际货运站快件中心内拥有独立的出口货物操作场地和货物安检通道，在货物安全、保障时效方面具有大的优势和操作空间。在日常的货物操作及航班运行中，有专业的保障团队确保各个环节顺利运行，尤其是在保障时效上，具有其他企业不可比拟的操作优势。

三、运力优势

在运力方面，空港宏远成都公司采用了目前国际上业务运行载量大和经济性好的 B747-8F 全货机作为航空运行主力机型，每班可做到满载货物 134 吨，并能操作各类特种货物。该机型在运行安全、单航班飞行载量以及经济效益方面具有较大优势，为公司客户在同等时期带来市场竞争优势。空港宏远成都公司第二架自有 B747-8F 机型即将投入成都，相较于当前，未来每周航班量将是倍数增长，将为当地口岸货运吞吐量和当地经济增长带来更大贡献。

空港宏远成都公司将依托于成都口岸的地面操作优势，按照宏远控股集团在跨境电商产业方面的整体部署，以中国（四川）自由贸易试验区、四川省商务厅编制的《外贸新业态政策汇编》为政策指引，以双流区政府推进双流机场向“客货枢纽机场”转型升级为目标，积极参与成都航空货运及跨境电商产业发展，力争将空港宏远全球各口岸在进出口货物和地面操作保障方面的先进经验同成都当地政策环境相融合，助力成都航空地面服务及跨境电商产业跨越式发展，为成都泛欧泛亚国际门户枢纽建设贡献力量。

大事记

2020 年 7 月 17 日，由成都市商务局主办的“开放之城·机会之都”——成都外贸招商推介会暨西部跨境电商高峰论坛在深圳会展中心开展。

2020 年 11 月 3 日，“四川首批电商（跨境）产业带”发布会在成都举办。

2020 年 11 月 12 日，“西部跨境　先跨为敬”——中国西部跨境电商行业峰会在成都举办。

2021 年 6 月 1 日，韩国—成都跨境电子商务合作签约仪式在成都举行。

2021 年 9 月 9 日，“2021 首届中国西部跨境电商博览会”在成都举办。

2021 年 12 月 04 日，中老铁路（成渝—万象）国际班列首发。

2021 年 12 月 15 日，成都市人民政府新闻办公室举行新闻发布会，解读《成都市强化创新突破建设稳定公平可及营商环境标杆城市实施方案》。该实施方案的出台，标志着成都国际化营商环境 4.0 政策体系建设正式开启。

兰州地区

2018 年 7 月，兰州市获批中国（兰州）跨境电子商务综合试验区（以下简称“兰州综试区”）。2019 年 1 月，省政府办公厅印发《中国（兰州）跨境电子商务综合试验区实施方案》。2019 年 7 月，兰州市成立了以市政府主要领导为组长，分管副市长，兰州海关、省外汇管理局、兰州新区管委会分管领导和兰州国际陆港主要领导为副组长，各县区政府、市直相关部门、金城海关、机场海关主要负责人为成员的兰州综试区领导小组，领导小组办公室设在市商务局，全力推进兰州综试区建设。

发展现状

一、建立健全“六体系两平台”

“六体系两平台”是跨境电商综试区建设的重要工作内容。“六体系”即信息共享体系、金融服务体系、智能物流体系、电商诚信体系、统计监测体系、风险防控体系。“两平台”即线上和线下平台。

信息共享体系：通过跨境电商公服平台与海关、税务、外汇管理等监管部门及相关企业实现了信息互联互通。

金融服务体系：引进拉卡拉、通联支付等跨境电商第三方支付企业；对接浙商银行出台流水贷业务，对接中国建设银行开展“跨境快贷出口贷及退税贷”业务，对接兰州银行等金融机构加快开发在线小额融资、在线金融借贷、在线保险等业务，为跨境电商企业提供金融服务。2021 年，为五家企业贷款 500 多万元。

智能物流体系：对接 EMS、顺丰等物流企业为用户提供邮包、快件等相关物流服务，实现物流运作各环节全程可验可测可控。

电商诚信体系：与兰州市发改委、兰州市大数据局协调联动，对接信用中国网站、兰州市信用查询系统、海关信用查询体系，建立兰州跨境电商企业信用查询体系，实现了跨境电商企业信用信息公开。

统计监测体系：2019 年 7 月，制定印发了《中国（兰州）跨境电子商务综合试验区统计制度（试行）》，建立了跨境电商综试区全口径统计监测体系；2020 年 4 月，对统计制度进行修订，完善跨境电商综试区全口径统计监测体系，更好地实现跨境电商数据与海关数据交叉验证。

风险防控体系：对接中国出口信用保险公司建立国别风险预警机制，每周发布风险咨询，帮助企业及时应对国外风险变化。2020 年 6 月，兰州跨境电商公共服务平台配合国家信息安全中心完成网站等级测评定级工作，达到“三级”等保要求，为网站正常运营及后台数据安全提供保障。

线上平台主要是打造了兰州跨境电商公共服务平台，目前已注册备案企业 195 家。该平台为政府部门和企业提供了报关、信息共享、金融、统计等多方面的服务。线下平台主要是打造了两个跨境电商产业园。兰州高新区跨境电商产业园是以阿里巴巴国际站甘青宁服务公司为主体打造的企业聚集发展的产业园，被省商务厅认定为省级跨境电商产业园，现已入驻企业 40 家；兰州职业技术学院跨境电商大学生（双创）产业园是以培训孵化为主的产业园，目前已培育创业企业 20 家。

二、跨境电商+外贸综合服务有效结合

引进阿里巴巴丝路天下、陇贸通等知名外贸综合服务企业，帮助兰州市外贸企业触网上线，为企业提供一站式跨境电商服务，服务企业超过 100 家。甘肃亚盛、甘肃金宝、龙昌石化等本地外贸企业利用阿里巴巴国际站等跨境电商平台拓展国际市场，扩大跨境电商 B2B 出口。2021 年，11 家企业通过阿里巴巴国际站实现跨境电商出口 4.38 亿元。2021 年 5 月 20 日，兰州市外贸骨干企业甘肃金宝实业有限公司通过阿里巴巴国际站与外商签约，将 25 吨柠檬酸通过“9710”方式在青岛报关出口至南非，完成了兰州市传统外贸企业首单跨境电商 B2B（“9710”）出口业务。截至 2021 年 12 月，兰州市企业利用“9710”模式实现出口额 3.63 亿元，占跨境电商总额的 63.9%。

三、用好政策支持企业发展

指导企业用足用好国家、省级跨境电商资金支持，充分发挥跨境电商专项资金的引导作用，进一步优化跨境电商发展环境。2019 年 8 月《中国（兰州）跨境电子商务综合试验区扶持政策（试行）》印发，从七个方面支持跨境电商发展。2021 年，省商务厅出台稳外贸及外贸转型升级项目实施方案，其中《支持外贸新业态发展项目》从支持跨境电商主体培育、支持跨境电商平台发展、支持“六体系两平台”建设、支持跨境电商海外仓发展、支持跨境电商人才培养、支持外贸综合服务企业发展等 6 个方面 15 项具体内容支持兰州市跨境电商发展。

四、加强专业人才培养和企业孵化

积极对接高校、职业学院、培训服务机构举办跨境电商专业人才培训，邀请业界运营专家及成功企业家代表授课，帮助本地企业更好地布局国外市场线上线下渠道，实现转型升级，在线开拓国际市场新发展，获取全球新商机。2019 年 3 月，兰州市商务局与兰州交通大学经济管理学院合作签约，成立了兰州首家跨境电商人才孵化中心，加快推进兰州综试区政校企合作和跨境电商人才培育，初步实现了“政校企”合作培养跨境电商人才的模式。2020 年 12 月，兰州市商务局与兰州职业技术学院、兰州兰职苑跨境电商产业发展有限公司签署合作协议，认定兰职院跨境电商公共实训基地为兰州市跨境电商人才孵化中心，发挥学院和企业各自优势，开展产学研结合，提高跨境电商专业的教研成果转化效能，扶持有能力、有想法的大学生在校创业，形成全新的人才培养体系，孵化跨境电子商务创业企业。

同时，兰州市已有四所院校设立跨境电商专业，2020 年，兰州职业技术学院和甘肃财贸职业学院两所职业院校成功设立跨境电子商务专业（三年制全国普通高考招生专业）；2021 年，兰州财经大学新设立跨境电子商务四年制本科专业，兰州现代职业学院设立跨境电子商务三年制专业。

配套文件

甘肃省跨境电子商务综合试验区零售出口货物免税管理办法

第一条 为规范我省跨境电子商务综合试验区零售出口货物免税管理，根据有关法律、法规规定，按照《财政部 税务总局 商务部 海关总署关于跨境电子商务综合试验区零售出口货物税收政策的通知》（财税〔2018〕103 号）要求，制定本办法。

第二条 本办法适用于甘肃省范围内跨境电子商务综合试验区（以下简称“综试区”）电子商务出口企业零售出口货物免税管理。

第三条 本办法所称综试区，是指经国务院批准的跨境电子商务综合试验区。

本办法所称电子商务出口企业是指自建跨境电子商务销售平台或利用第三方跨境电子商务平台开展电子商务出口的单位和个体工商户。

第四条 各级财政、税务、商务和海关应统筹推进部门之间的沟通协作和相关政策落实，加快建立电子商务出口统计监测体系，促进跨境电子商务健康快速发展。

第五条 综试区电子商务出口企业应在取得海关电子商务企业注册登记后，提供相关资料到主管税务机关办理出口货物退（免）税备案。

第六条 综试区电子商务出口企业在出口货物退（免）税备案之前出口的零售货物，在办理出口货物退（免）税备案后，可以按规定申报免税。

第七条 对综试区电子商务出口企业出口未取得有效进货凭证的货物，符合《财政部 税务总局 商务部 海关总署关于跨境电子商务综合试验区零售出口货物税收政策的通知》（财税〔2018〕103号）规定条件的，试行增值税、消费税免税政策。

第八条 综试区电子商务出口企业出口并按会计规定做销售的零售货物，须在做销售的次月进行增值税和消费税免税申报（按季度进行增值税纳税申报的为次季度首月），并将有关出口凭证按出口日期装订成册，留存企业备查。

第九条 主管税务机关应根据国家税务总局清分的出口商品申报清单电子信息，结合实际情况，加强对综试区电子商务出口企业申报的免税零售出口货物的管理。

第十条 综试区电子商务出口企业未按本办法规定办理免税申报的，主管税务机关按照《中华人民共和国税收征收管理法》及其实施细则规定进行处理。

第十一条 国家对综试区零售出口货物免税政策另有规定的，按照相关规定执行。

第十二条 本办法由国家税务总局甘肃省税务局、甘肃省财政厅、甘肃省商务厅、兰州海关负责解释。

第十三条 本办法自2021年10月1日起施行。《国家税务总局甘肃省税务局 甘肃省财政厅 甘肃省商务厅 兰州海关关于发布〈中国（兰州）跨境电子商务综合试验区零售出口货物免税管理办法〉的公告》（2018年第17号）同时废止。

企业名录

截至2021年12月31日，在兰州跨境电商公共服务平台上注册并实际开展业务的企业名录见表2-35。

表2-35 兰州市跨境电商企业名录

序号	企业名称	序号	企业名称
1	兰州新区欧速跨境电子商务有限公司	3	兰州新区综合保税区国际贸易有限公司
2	兰州新区众聚电子商务有限公司	4	兰州原锐森进出口贸易有限公司

续表

序号	企业名称	序号	企业名称
5	甘肃丽景琪进出口贸易有限公司	27	甘肃迈峰乐电子商务有限责任公司
6	兰州欧蕙进出口贸易有限公司	28	甘肃千众世纪进出口贸易有限责任公司
7	兰州瑞翃进出口有限责任公司	29	甘肃荣江酒店用品有限公司
8	兰州兰职苑跨境电商产业发展有限公司	30	甘肃瑞博尔贸易有限公司
9	兰州宁沫跨境电子商务有限公司	31	甘肃商赢佰联商业管理有限责任公司
10	兰州奇小芽跨境电子商务有限公司	32	甘肃四维高欣贸易有限责任公司
11	兰州千玖璃跨境电子商务有限公司	33	甘肃天一祥和贸易有限责任公司
12	兰州儒沫跨境电商有限公司	34	甘肃图优贸易有限公司
13	兰州圣铭汇跨境电子商务有限公司	35	甘肃亚盛国际贸易有限公司
14	兰州谓创智跨境电子商务有限公司	36	甘肃亚盛好食邦食品集团有限公司
15	兰州兴韵星跨境电商有限公司	37	甘肃易贸通数字科技有限公司
16	兰州意优优跨境电商有限公司	38	甘肃宇盛农产品开发有限公司
17	兰州悦美斯跨境电子商务有限公司	39	甘肃正合白安贸易有限责任公司
18	兰州云集创跨境电商有限公司	40	甘肃中宝厨房设备有限公司
19	甘肃赑屃国际贸易有限公司	41	捷时特物流有限公司
20	甘肃大风维业贸易有限责任公司	42	兰州艾特唯进出口贸易有限公司
21	甘肃阜林机电设备成套有限公司	43	兰州安澳电子商务有限公司
22	甘肃国合技术经贸进出口有限公司	44	兰州佳信易通电子商务有限责任公司
23	甘肃金宝实业有限公司	45	兰州林美克机械制造有限公司
24	甘肃康源美通进出口贸易有限公司	46	兰州泰特贸易有限公司
25	甘肃龙昌石化集团有限公司	47	兰州雅轩远洋商贸有限公司
26	甘肃陇贸通供应链管理有限公司	48	天华化工机械及自动化研究设计院有限公司

统计数据

2020年、2021年，兰州市跨境电商进出口情况见表2-36。

表2-36　2020年、2021年兰州市跨境电商进出口业务明细表

年度	进出口额（亿元）	同比增长（%）	出口额（亿元）	同比增长（%）	进口额（亿元）	同比增长（%）
2020	4.02	37	3.87	31.9	0.15	4500
2021	5.81	44.5	5.58	44.2	0.23	50

典型案例

案例：甘肃亚盛国际贸易有限公司

甘肃亚盛国际贸易有限公司（以下简称“亚盛国贸公司”）成立于1998年，注册资本8000万元，隶属于甘肃亚盛实业（集团）股份有限公司（以下简称“亚盛集团”）。亚盛集团是中国西北部一家大型的现代化农业企业，拥有先进的农业设备和丰富的土地资源，有权属的土地面积达342万亩，其中耕地47.51万亩。亚盛国贸公司依托亚盛集团雄厚的土地资源，不断建立绿色食品生产基地、无公害农产品生产基地，建设农产品可追溯体系，全面提高基地建设的质量，实现了统一品种、统一标准、统一收购、统一销售的规模化、标准化的经营模式，不断提高深加工产品的安全生产及高质量水平，不断升级改造设备和工艺水平，加强品牌建设，为企业参与国际竞争打下了坚实良好的基础。公司主要产品有葵花子、葵花子仁、孜然、小茴香、辣椒干、红枣、食用辣椒粉、红枣、盐渍辣椒等农副产品。

2017年，亚盛国贸公司把自营出口作为外贸出口的重点工作，以公司自有商品为突破，积极开拓国际市场。为了主动应对全球贸易发展新变化，抢抓跨境电商发展新机遇，加快企业“走出去”的步伐，拓展特色农产品的对外销售渠道，着力打造本地区特色产品洋葱、土豆、辣椒、葵花子的出口，2018年5月，亚盛集团与阿里巴巴签订了战略协议，正式入驻阿里巴巴国际站。企业关键信息通过第三方国际权威认证机构进行认证，再通过阿里巴巴国际站多渠道的曝光，真实、全面地展现了企业实力，提升企业被买家选择的机率，帮助企业快速赢得买家信任，促成交易。2018年，通过阿里巴巴国际站发展了以色列、日本客户，订单从无到有，出口以色列洋葱130吨、创汇88462美元元，出口日本洋葱26吨、创汇5980美元，通过阿里巴巴跨境电商出口额为63万元。

跨境电商作为一种新型的国际贸易发展方式，正逐渐成为新常态下稳外贸增长、促经济发展的新动力、新引擎。国家对跨境电商领域的政策扶持力度也在不断加大。亚盛国贸公司紧抓发展契机，快速搭建运营团队。2019年12月2日，亚盛国贸公司在阿里巴巴国际站上线，当年实现跨境电商出口560.51万元。

目前，亚盛国贸公司为双平台运营模式，平台效果一路走高，每月的询盘量都在快速增长。2020年底询盘量达到615条，TM咨询量达到1296条，同时商家力、营销力和保障力都达到90分以上，平台跃升至五星店铺。亚盛国贸也成为了甘肃首家食品农业板块的五星商家。

2021年，亚盛国贸公司实现跨境电商出口6400余万元，实现了跨境电商出口额翻番，其中，出口葵花子857吨，冷冻辣椒5985吨，洋葱609吨，红枣22.2吨。

大事记

2020年4月，兰州高新区跨境电商产业园区建成运营。

2020年5月，兰州市商务局印发《关于开展2020年兰州市跨境电子商务产业园区认定工作的通知》。

2020年9月，全国消费促进月甘肃促消费行动第三届“畅享兰州·乐购金城”活动暨进出口商品展销会活动在兰州举办，设有跨境电商进口商品专区。

2020年9月，兰州高新区跨境电商产业园区被认定为兰州市跨境电子商务产业园区。

2020年12月，兰职院跨境电商公共实训基地被认定为兰州市跨境电商人才孵化中心。

2021年1月，马来西亚—中国（兰州）农产品线上贸易交流对接会在兰州举办。

2021年5月，兰州市成功举办“2021云上中韩美容产业对接洽谈会”。

2021年7月，“第27届中国兰州投资贸易洽谈会”在兰州举办，兰州新区分会场设立跨境电商展区。

2021年8月，“北海道物产（食品）线上推介会交流会”在兰州举办。

2021年9月，兰州职业技术学院跨境电商大学生（双创）产业园区完成区内企业首单“9610”出口业务报关。

跨境电商专题研究篇

畅通资源要素 完善跨境电商生态圈

泉州市电子商务中心 陈瑞英

一、总体发展情况

泉州是民营传统工业产业大市，也是国家级电子商务示范城市、跨境电商综试区和跨境电商零售进口试点城市。近年来电子商务发展迅猛，电子商务服务产业带转型提升、化解库存压力、创造消费需求、开辟就业渠道、推品牌出海稳外贸等各领域发挥的作用愈加明显，电子商务发展多项指标均位居全省首位、全国前列。

2021年，泉州市在省商务厅指导下，围绕国家“海丝先行区”“丝路电商”发展战略，发挥泉州产业优势，助力国内国际双循环，积极推动电子商务产业健康发展。根据浪潮提供的数据信息，2021年全市网络零售额2540.5亿元，在福建省排名第一，在全国城市中排名第十，占全省36.7%；跨境电商进出口额大幅增长数倍，为助推出口增长和外贸转型升级做出了积极贡献。截至2021年年底，泉州市创建了四个国家电商示范基地、三个国家级电子商务进农村综合示范县，入选全国直播电商城市20强，四个县（市、区）获“2021中国县域电商竞争力百强县”。泉州已发展成为全国重要的网商集聚区之一、全省最大的网络零售聚集区和网货供应地。

二、重要作用

跨境电商作为外贸新业态之一，近几年来得到迅速发展，已成为助力外贸转型升级的新动能。

（一）成为外贸增长的新引擎

与传统对外贸易相比，跨境电商近几年发展迅猛。随着“互联网+外贸”的发展，成千上万的中小微企业涌入到外贸市场，也为大型企业提供了扩展国际市场的机会。出口方利用跨境电商门槛低、成本少、周期短等多种优势来拉动泉州市外贸增长。

（二）拓展出口企业利润空间

一方面，出口企业可以跳过众多中间商，直接面向国内外的零售商、批发商，甚至直达消费者，将中间环节压缩，将利润更多集中在生产企业；另一反面，也可以节省大量的海外铺设营销渠道的成本，更大范围地在全世界寻找潜在购买者，零中介成本，直接成交。泉州市出口企业以往大多利润微薄，依靠薄利多销的方式进行销售，抓住跨境电商的国际平台优势，可以扩大利润空间。

（三）为企业打造国际品牌提供机会

跨境电子商务能够有效打破渠道垄断，减少中间环节，节约交易成本，缩短交易时间，为泉州市企业创建品牌、提升品牌的知名度提供了有效的途径，尤其是给一些“小而美”的中小企业创造了新的发展空间，从而催生出更多具有国际竞争力的“隐形冠军”。

（四）推动产业结构优化升级

跨境电商的发展，直接推动了物流配送、电子支付、电子认证、信息内容服务等现代服务业的发展。跨境电商引发生产方式、产业组织方式的变革。面对多样化、多层次、个性化的境外消费者需求，企业必须以消费者为中心，加强合作创新，构建完善的服务体系，在提升产品制造工艺、质量的同时，加强研发设计、品牌销售，重构价值链和产业链，最大程度地促进资源优化配置。

三、存在的问题

近几年来泉州市跨境电商取得了长足的发展，但也存在一些亟待解决的困难和问题。

（一）跨境电商人才匮乏

跨境电商的专业人才不足，例如，跨境电商销售和运营人才，具备通关操作、退税结汇、包装运输等操作能力的人才，以及涉及电子商务、国际贸易、金融保险、通关税务等方面的专业型、综合型跨境电商人才的市场储备严重不足，没有建立相应的人才培养体系。

（二）电商园区层次有待提升

部分电商园的产业整合能力、相互协作能力未能充分发挥，园区的整体层次有待提高。

（三）跨境电商企业融资难度较大

跨境电商企业以中小企业为主，企业规模较小、资金弱、资产少，大部分缺乏融资抵押物，融资难极大制约了企业发展，呈现小、散、弱的特点。

四、发展建议

以建设跨境电商综试区为契机，打通信息、载体、人才、品牌、金融、物流等要素的梗阻，建立健全“两平台四体系”，即丰富跨境电商线上综合服务平台和线下产业园区平台功能；构建人才培育、金融服务、品牌出海、智慧物流“四体系”，实现泉州市跨境电商信息沟通、载体联通、人才精通、资金融通、品牌打通、物流畅通。

（一）完善线上公共服务平台，提供“一站式”综合服务

目前，线上公共服务平台主要是满足通关功能，在退税、结汇以及与线下园区的结合等方面还未建立连接。一是导入税、汇、融、物等功能服务。联通税务机关，接入平台网络缴税退税业务；联络外汇管理机构，开启平台外汇实施兑换缴付功能；开通金融服务，为中小企业提供在线融资、转贷等资金支持。此外，还可嫁接物流、品牌、代理、法律、知识产权等功能，为跨境电商各类市场主体提供“一站式”综合服务。二是线上平台和线下功能园区相结合。通过线上线下结合模式，使各园区通过平台摆脱“点式经营”的局限。

（二）构建线下产业园区，促进跨境电商集聚发展

通过“以商招商”“园区招商”等多种方式，着力引入金融、物流、产品设计、品牌运营、跨境电商衍生服务（代运营、人员培训、法律咨询、信用保险等）、跨境电商平台服务、大数据和云计算等，丰富跨境电商配套服务生态，为企业发展提供支撑。一是进一步提升综保区、陆地港、石狮晋江市场采购、东海跨境电商生态圈等五个线下功能园区绩效水平，完善园区配套功能建设，培育打造跨境电商产业发展样板。二是推动石狮青创城、双奇电商园、晋江跨境电商洪山园、鞋都电商园等县域特色电商园区，充分考虑产业、物流、人才、科创、交通等因素，合理布局和调整电商园区功能。

（三）升级跨境电商人才培育体系，提升行业核心竞争力

一是搭建校企跨境电商实训基地，加强校企合作。鼓励泉州市高校与跨境电商企业开展合作培养、订单培养、短期培训等人才培养、实训基地建设和产学研用体系建设等校企合作，提升泉州市电商产业发展的人才保障水平。二是开展系列化、多元化育才活动。发动政府、商协会、园区的力量，举办形式多样的跨境电商主题活动，开展各类跨境电商的培训沙龙、峰会论坛、跨境电商大赛等多元化的培训活动，学习经验，提升能力。

（四）构建跨境电商投融贷体系，助力产业发展

一是建设金融服务中心。基于订单流、支付流和物流等交易数据，挖掘分析，评估经营成长能力，通过流水等形式进行低息贷款。二是鼓励跨境电商园区通过成立产业+基金、租金入股等形式，转型投资商，既有利于中小企业的孵化，又拓宽了产业园区的盈利渠道。三是鼓励金控等国企发展供应链金融，用于支持跨境电商平台、综合供应链、跨境物流、第三方支付等跨境电商企业发展。四是鼓励海外华侨回归泉州投资创业发展，设立“侨商投资基金”，有针对性地投向具备重大发展潜力的优秀跨境电商团队或企业。

（五）夯实跨境电商供货基地，健全品牌营销体系

一是夯实跨境电商供货基地。对接 SHEIN 等跨境电商大卖家，将细分品类的供应链转移至泉州，从销售端倒逼产业链的升级。二是推动品牌出海。建设品牌打造服务中心，集中展示宣传泉州跨境电商品牌产品，提供个性化产品设计，打通品牌出海全链路服务。一方面，对接品牌孵化、新媒体运营、内容生产、境外资源、境外直播服务等优质服务商，引入或联合成立泉州分公司。另一方面，鼓励泉州市本地多频道网络、抖音等运营机构转型品牌出海服务。三是深化电商平台合作。加强与亚马逊、eBay、速卖通、Wish、阿里巴巴国际站、Lazada、虾皮等跨境电商平台合作，推动企业拓展线上订单渠道。四是支持企业建设独立站，支持专业建站平台优化提升服务能力，并借助 Google、Bing、LinkedIn 等国际社交平台进行多渠道强势引流。

（六）优化跨境物流通路，完善物流体系

一是搭建内连外通的现代化国际贸易大通道。坚持“海、陆、空、铁、邮”多线并进，形成全方位、多层次的口岸开放态势。积极优化跨境物流通路，新增进口卡航专线、快件出口通路、快件双向陆运转关通路，推动洲际航线货运包机业务。二是支持 Lazada 分拨中心、普洛斯、德玛泰克等仓储物流类企业建立专门服务于泉州市跨境电商小微企业的整体产业物流系统。三是建设海外仓。鼓励物流企业和跨境电商企业整合现有资源，建设公共海外仓等物流配套设施。依托众多的海外侨商贸易网络和人脉资源优势，拓展跨境电商海外仓，不断完善海外仓仓储物流配送和售后服务网络。

构建跨境电商信用服务体系　打造青岛外贸发展新引擎

青岛市经济发展研究院　王　辉　徐丽君　迟皓冰
青岛市贸易发展服务中心　韩娟娟

近年来，跨境电商作为外贸新业态新模式，实现了井喷式快速增长，为我国融入经济全球化，推动外贸转型升级提供了强大推动力。据海关统计，我国跨境电商进出口 5 年增长近 10 倍，2021 年总规模达到 1.98 万亿元，同比增长 13.6%。2021 年 7 月，《国务院办公厅关于加快发展外贸新业态新模式的意见》提出，要完善跨境电商“两平台”“六体系”，扎实推进跨境电商综试区建设。这对于通过完善行业诚信体系建设，以信用理念和信用手段进一步规范跨境电商市场秩序，促进行业持续健康发展，推动形成“双循环”发展格局具有重要的意义。

一、构建跨境电商信用体系的现实需要

（一）跨境电商快速发展需创新监管方式

截至 2022 年 11 月，国务院已先后设立了 165 个跨境电商综试区，覆盖全国 31 个省（自治区、直辖市），商务部也与 23 个国家签署电商合作备忘录。大量新注册电商企业和传统外贸企业步入跨境电商领域，备案运营企业超 3 万家，2021 年市场规模 1.98 万亿。新冠疫情暴发以来，我国跨境电商发挥在线营销、在线交易、无接触交付等特点优势，积极培育参与国际合作和竞争的新优势，进出口规模持续快速增长。B2B 跨境出口已成为外贸发展新趋势，海淘用户规模超 1.5 亿人，跨境电商已成为促进内外双循环的重要引擎。例如，亚马逊凭借着全球化的网络优势，和中国企业联手，将中国商品卖到世界各地，并帮助实体企业加快数字化转型，以更加便捷有效的方式打造全球化品牌。预计到 2025 年，我国跨境电商规模将达到 13.9 万亿。随着跨境电商交易规模持续攀升，传统的监管方式对于营造公平竞争市场环境、提高监管服务效能、提高市场透明度等方面力度不够，在推动网络平台、电商企业健康发展等方面发挥作用不够。

（二）信用理念和方法需与跨境电商有机融合

信用不仅是市场交易活动的媒介，也是优化监管的手段和方式。社会信用体系及制度建设在“十三五”时期全面推进，特别是信用理念和方式得到了各行业和领域的认可和应用。跨境电商要实现分属不同关境的主体通过电商平台实现交易、进行支付结算，并通过跨境物流送达商品完成交易，离不开信用体系建设。《中华人民共和国电子商务法》提出“要推进电子商务诚信建设，建立信用评价制度”。这对于运用信用理念和方法规范秩序和加强监管服务提供了重要的法律保障。信用作为贯穿商事活动的主线，对于以信用网络途径销售商品或提供服务的跨境电商活动来说尤为重要。通过信用方式，打击违法失信行为，如制售假冒伪劣商品、虚假交易、刷单炒信、恶意差评等，不仅可以提升平台影响力和产品竞争力，防范电商交易风险和提升企业融资能力，在产品通关效率提升上也可以发挥积极作用。

（三）以信用评价为基础的监管服务仍需完善

《中华人民共和国电子商务法》将“支持依法设立的信用服务机构开展电商信用评价”和“优化监管流程，推动实现信息共享、监管互认、执法互助，提高跨境电子商务服务和监管效率”作为电商信用建设的发展方向。信用服务机构通过市场化信用评价能够判别经营者信誉和产品声誉，为消费者提供市场决策。公

共信用评价可以通过判别经营者依法履行法定或约定义务的状况，为政府实行有效监管提供依据。例如，《中华人民共和国海关企业信用管理暂行办法》将企业分为认证企业、一般信用企业和失信企业，并按照诚信守法便利、失信违法惩戒原则，对认证企业实施激励性和便利性的利好政策，对失信企业实施约束性和惩戒性的管理措施。高级认证企业进出口货物平均查验率低于 20%，而失信企业查验率会在 80%以上。但是不管是市场化评价还是公共信用评价，都存在评价标准不统一、评价结果难以互认的问题。

（四）行业诚信自律仍需进一步完善

平台企业在加强自身信用建设的同时，通过搭建平台、资源整合、数据共享等方式推动跨境电商行业企业加强诚信合规制度建设，共同维护跨境电商生态圈的信用环境。例如，阿里巴巴集团联合八家电商平台发起成立了电商诚信联盟、视频反欺诈联盟。深圳牵头组织国内跨境电商综试区共同发布了跨境电商行业诚信与自律倡议，呼吁广大跨境电商企业诚信自律、守正创新、品牌立企、信誉立业。长三角地区凭借已有的 24 个跨境电商综试区，成立长三角跨境电商联盟，致力于促进资源配置高效协同、生产要素互联互通。行业诚信自律有效提升了市场环境，但在实现以信用为基础的监管协同方面还需进一步完善。

二、青岛市跨境电商信用建设现状

自 2016 年青岛市获批国家跨境电商综试区以来，积极培育跨境电商产业链和生态圈，加快推动产业带转型升级。2021 年，实施跨境电商倍增计划，全年进出口超 300 亿元，实现跨越式倍增发展，海关六种监管模式全覆盖。目前，全市在境外设立超 60 个公共海外仓，仓储总面积超过 31 万平方米，分布在美国、日、韩、东南亚及欧盟等近 30 个国家和地区。围绕“跨境电商+外贸特色小镇”和“跨境电商+特色产业园”，带动汽车配件、工业装备、假发、户外用品等 20 多个品类产品远销海外。构建跨境电商信用体系建设主要是建立跨境电子商务信用数据库和信用评价系统、信用监管系统、信用负面清单系统，重点建立监管部门的信用认证体系和信用服务企业的信用评价体系，实现对电商信用的“分类监管、部门共享、有序公开”。电商诚信贯穿跨境电商发展全过程，信用是电商发展的重要基础，信用体系建立有助于解决跨境电商商品的假冒伪劣和商家诚信缺失问题。建立跨境电商信用体系是《中国（青岛）跨境电子商务综合试验区建设实施方案》的重要内容。青岛市需积极探索具有青岛特色的跨境电商信用发展路径和模式，保障跨境电商可持续、有序健康发展。

青岛海关在全国率先开展关区 AEO 认证培育示范，与市公共信用信息平台实现数据共享，实行“互联网+海关”关区特色政务服务。海关将跨境电商零售进出口相关企业纳入海关信用管理，根据信用等级不同，实施差异化的通关管理措施。山东自贸区青岛片区建立自贸信用平台，将优质信用企业纳入“白名单”，提供专属个性化服务，推动企业退税再提速。目前，593 家“白名单”企业全部实现 8 小时退税，较实施前提速 60%。“白名单”企业可通过“银税互动”平台申办“出口退税贷”，税务相关证明自动出具，且无须抵押、质押担保，首批 12 家企业共获得银行授信 8000 余万元。上合示范区搭建“信用上合”跨境信用示范平台，整合中国全量跨境贸易大数据、上合国家及“一带一路”沿线国家（地区）的企业征信数据，建立一体化的信用服务体系，申请企业国际认证服务超 40 家，切实解决企业在中俄贸易投资合作中“信息不对称”的问题。西海岸新区鼓励电子商务企业在“信用西海岸”网站上自愿填报资质证照、市场经营、合同履约、社会公益等信用信息，并对信息真实性公开做出信用承诺，注册信息可作为开展信用评价和生成信用报告的重要依据，构建“诚信兴商”的发展格局。

三、跨境电商信用建设存在的短板

（一）信用信息归集共享力度不足

政府部门尚未搭建跨境电商公共信用信息服务平台，市场上多数跨境电商平台只注重市场主体的身份信息认证，数据收集、发布和跟踪机制不健全，且受统计口径不一致的影响，仍然不能实现大数据技术下的信用风险预警管理。同时，由于信用记录和信用报告的应用还不普及，海关 AEO 认证企业较少，更多的守信主体无法享受通关便利、增加交易机会等降低市场交易成本的信用红利，阻碍了政府部门信用服务的进一步延伸，不利于营造信用信息共享的高质量发展环境。

（二）信用监管模式有待完善

跨境电商交易环节众多、地域跨度大，对支付、物流、平台、通关等各个环节的监管质量和效率提出了更高的要求。目前，公共数据开放程度普遍不足。政府主导，行业组织、经营者、消费者等共同参与的市场治理体系尚未形成。监管部门信用数据缺乏联动共享，协同监管机制不健全，造成监管“真空”或重复监管，大幅增加企业运营成本，影响跨境电商进出口贸易便利化。

（三）缺乏统一的信用评价指标体系

目前，由于缺乏有效的第三方信用评估体系和第三方信用评级，跨境电商信用管理主要依赖跨境电商交易平台，平台信用管理模式是目前跨境电商信用管理的主要模式。国内各跨境电商平台采用的信用评价指标不严谨、综合评价模型不统一等问题导致评价结果缺乏权威性，买卖双方事前信用风险评估不够准确，平台监管存在漏洞。由于缺乏统一的信用管理机制，各跨境电商平台建立的独立信用评价体系，缺乏沟通与交流，无法形成一致的评价标准，导致各自的评价体系成为信息孤岛。

（四）“信易贷”应用尚未落地见效

随着跨境贸易主体日趋多元化，大量创业者、中小微企业日益成为推动跨境电商发展的主力军，他们以零售为主，并逐渐形成了线上交易、海上运输的主要模式。由于回款周期相对较长、汇兑成本高等原因，海量应收账款使中小微跨境电商企业面临资金周转、日常经营等方面的巨大压力，融资需求进一步显现。同时，中小微跨境电商企业具有以轻资产为主、信贷风险高的特点，金融机构很难进行信用评估，授信额度小，缺乏相应的创新信贷产品和服务，企业仍受困于无抵押、无担保的融资难题。

（五）缺乏相应的法律规范

目前，跨境电商监管法律法规依然相对滞后，难以适应跨境电商发展的新形势、新变化、新要求。《中华人民共和国电子商务法》对跨境电商零售进口的规范较为笼统，在办理跨境电商案件中缺乏实际可操作性；而《商务部　发展改革委　财政部　海关总署　税务总局　市场监管总局关于完善跨境电子商务零售进口监管有关工作的通知》，偏向原则性、指导性，缺少罚则标准。在跨境电商个人隐私保护、知识产权保护、消费者权益保护等方面，我国政策尚未完全与国际接轨，跨境电商消费者权益保护国际规则和合作体系还没有建立，各国消费者权益保护主管部门之间的合作也极为缺失，缺乏的网上争议解决机制和仲裁机构。

四、跨境电商信用体系建设经验借鉴

（一）宁波：构建全链条信用监管服务

宁波在全国最早建成跨境电商信用信息公示平台，归集海关、市场监管、税务、市公共信用信息平台和国家企业信用信息公示系统等六大类 23 小类信用信息，实现跨境电商主体信息、经营信息、监管信息、服务信息、奖惩信息、投诉举报信息等全面公开，构建起全链条跨境电商信用监管与应用机制。一是创新共建共治监管模式。通过事前注册备案制，在跨境电商市场准入环节建立市场监管注册和海关备案信息互通机制；采取事中信用评价，对进口食品等安全风险高的行业开展等级评估；构建信用奖惩联动机制，对区域重点跨境电商实施扶优扶强，对违法违规跨境电商实施跨部门信用惩戒。二是打出跨境信用服务组合拳。通过跨境商品防伪溯源监管平台，将防伪溯源信息延伸到海外端。打造“诚信二维码”亮码、“无理由退货承诺”公示服务，信用查询“一扫便知”。开发广发银行“跨境贷”、宁波通商银行“中东欧特色贷”等信用融资产品，在全国首创推出跨境电商“易跨保”金融服务方案，以“信用补充”为跨境电商企业提供融资支持和全套风险保障。

（二）杭州：推进企业信用分类管理

杭州综试区搭建了信息共享、金融服务、智能物流、电商诚信、统计监测和风险防控“六体系”，线上单一窗口和线下综合园区“两平台”的顶层设计框架，结合监管部门信用认证和第三方信用服务评价，构建全面、完善的信用评价体系与模型，以信用画像全面推进企业信用风险分类管理。新冠疫情期间，A 级以上企业中，10 家企业获得贷款利息减免，17 家企业享受到其他跨境金融服务。同时，与相关金融机构和跨境电商服务商建立信用报告共享机制，为跨境电商企业在融资授信、物流服务等方面提供便利。2020 年 7 月，杭州综试区参与起草的《跨境电子商务平台商家信用评价规范》经国家市场监督管理总局、国家标准化管理委员会发布，正式成为跨境电商信用评价国家标准。

（三）欧盟：政府主导跨境信用立法

欧盟通过政府部门主导推进跨境信用合作建立统一立法。依托独立法律系统，欧盟建立了法制化、规范化、标准化的跨境信用信息流通机制。以欧盟《一般数据保护条例》（General Data Protection Regulation）为例，该法要求各成员方应在数据互通协议或具备健全的数据安全保障机制的条件下，方可进行数据跨境传输。

（四）市场自发的跨境信用合作

一是市场兼并模式。国外信用服务业通过市场并购和整合实现跨境信用合作，例如，邓白氏通过海外兼并建立了规模庞大的企业信用信息数据库，实现信用信息的跨境流动；穆迪公司利用自身在全球评级市场公信力，为各国债券市场提供信用评级服务，便于跨国企业在他国获取融资。二是企业共建模式。海峡两岸选择采用企业共建信用合作机制的方式推动跨境信用信息流通，例如，福建品尚征信有限公司与台湾中华征信所签署战略合作协议，共享台商信用信息数据库，建立信用报告互认和互售机制，推动信用信息在授信、融资、风控、监管等方面的应用。

五、构建青岛市跨境电商信用服务体系的建议

（一）整合信用数据，建立跨境电商信用服务平台

一是加快培育信用数据要素市场。利用大数据的手段，从搭建跨境电商信用公共服务平台入手，聚焦功能集中、服务集成、企业集群，实现跨境电商经营者信息一次录入、多部门共享、全流程使用。制订出台一批数据共享责任清单，推动海关、税务、外汇等部门数据资源整合，完善数据产权、交易流通、跨境传输和数据安全等基础制度和标准规范。二是逐步推进公共信用信息的社会化共享。将跨境电商上下游产业资源集聚整合，实现供求关系的动态匹配和资源优化配置，促进跨境电商生态链的数字化转型。构建全方位的监测管控体系，针对恶意刷单、空包裹代发邮寄等实现“增信”“降信”的失信行为，凭借公共数据开放引导形成社会性的约束和惩戒。

（二）推动规范管理，建立闭环信用监管机制

一是在市场准入环节建立跨境电商备案模式，实现“核查信用—作出承诺—践诺跟踪—违诺追究”的信用承诺闭环应用，以承诺推进

通关减材料、缩环节、压时限。二是完善跨境电商公共信用综合评价。支撑监管部门以公共信用综合评价结果、行业信用评价结果为依据，对监管对象进行分级分类并采取差异化监管措施。三是加强奖惩监督和协同监管。综合运用守信激励、失信惩戒、信用修复等举措，为协同监管做好支撑和保障。探索大数据监管和信用协同监管的高效联动机制，推动跨境电商海关申报、纳税、收付汇等环节实现信息共享、监管互认、执法互助，用行政“减法”换跨境电商发展“乘法”。

（三）加强平台监督，完善信用评价指标体系

一是鼓励我国有实力的跨境电商交易平台加大投入，逐步完善对卖家和买家的信用评价指标体系，重视事前评价指标，可借鉴亚马逊、速卖通的经验，例如，要求入驻商家提供能够证明其产品质量及其履约能力的信用评价材料并严格审核。二是完善事后信用评价体系。针对事后信用评价较多体现在简单统计买家的在线评价及反馈，不能充分体现跨境电商交易环节特征的问题，增设交易规模、交易单价等指标，从而对卖家和买家进行信用评价，提高平台信用管理水平。三是发挥第三方专业信用机构作用，与金融机构、第三方信用服务机构进行合作，共同开发信用产品和服务，开展更为专业的跨境电商信用评级业务。大力引进培育征信、信用评级、信用咨询、信用管理等信用服务机构，引导信用服务机构依法使用公共信用信息。

（四）聚焦信用贷款，打通电商企业融资渠道

持续提升“信易贷”平台的渗透能力和服务水平，尽可能贴近中小微企业和初创企业的融资需求，大幅度提高信用贷款的比重和规模。一是针对中小微跨境电商企业创新银行担保担合作产品，开展无形资产、动产质押等多种形式的融资服务，通过“再贷款+保单融资”等方式，精准滴灌中小微企业。二是进一步完善相关政策，形成政企合力，推动关税保证保险等担保模式实际落地。三是开通“信易贷”平台区级和行业子平台，实现从数据级服务向场景级服务的转变，形成政、银、企、信、担良性互动的信用融资综合服务生态。四是出台充分激励信用贷款的政策和措施，帮助金融机构降低成本、分担风险。

（五）发挥纽带作用，加强跨境信用服务合作

一是充分发挥出口信用保险风险保障和融资增信作用，重点做好面向共建“丝路电商”伙伴国、上合组织国家、“一带一路”沿线国家（地区）等出口信用保险服务。二是共建外商信用识别系统，建立外商信用预警和风险提示机制，尽快建立起数据对接和信用评价的标准规范，将国外企业信用档案查询嵌入电商平台，对海外买家进行评级和分类授信，并提供信用限额支持。三是充分发挥国际消费者协会（CI）、国际消费者保护和执法网络组织（ICPEN）、世界电子贸易平台（eWTP）等国际组织作用，建立国家间在线消费维权协调和争端解决机制，推动形成国际通用的消费者权益保护和售后服务制度。根据RCEP，在RCEP框架下加强电子商务消费者权益保护主管部门间的合作，推动企业自律和行业规范，完善消费者权益保护的跨国协同机制。

（六）建设信用上合，打造跨境征信实验区

积极响应国家推动“一带一路”建设国际合作新模式，进行服务创新，打造跨境信用新模式。一是开拓信用上合跨境征信服务平台服务功能，面向全国政府部门、金融机构和跨境贸易企业，解决市场拓展、风险管控、贸易融资等方面难题。二是政府部门积极推动，在产品服务模式、评价标准、监管规则等方面发挥指导作用，在宣传推广、政务数据场景应用等方面发挥引导作用。

（七）加强机构培育，提升征信评级开放水平

征信机构作为打通海外数据，畅通贸易、

金融循环的运作主体，围绕优化跨境征信服务模式、规范评价标准、健全监管规则等方面，为园区内政府部门、金融机构、企业等主体提供多语种、多场景综合信用服务，提供更高质量的征信服务供给。随着金融市场的进一步开放，将会有更多面向国际投资者的金融产品，要进一步支持更多的国际信用评级机构来青岛展业，提高青岛国际化水平，鼓励国际评级机构在青岛开展更多的学术交流、实践合作和产品创新，从而提高国内金融产品的国际认可度。

（八）提升跨境交易的消费者权益保护水平

完善跨境消费争议在线解决机制，提升跨境消费维权便利化水平，建立保障完善、投诉方便、处理及时的跨境电商消费维权体系。健全质量安全风险防控机制、商品质量追溯体系，畅通商品退换货服务，履行先行赔付责任，切实保护消费者合法权益。进一步明确和压实跨境电商主体责任，完善消费纠纷处理和消费维权自律制度。积极发挥行业组织作用，制定行业自律公约，推动行业自律和市场有序竞争。强化跨境消费教育引导，开展有特色、受欢迎的群众性消费教育引导活动，提高消费者跨境消费维权意识和能力。

（九）加大知识产权保护和质量监测力度

加大对知识产权的跨国保护力度，制定跨境电商知识产权保护指南，引导跨境电商平台防范知识产权风险。推动国际标准化组织电子商务交易保障技术委员会（ISO/TC 321）在保护消费者权利、网上纠纷预防和处理程序、商品质量检验等方面制定国际标准，促进跨境电商快速规范发展。加强跨境电商进口商品质量安全风险监测，推动跨境电商零售进口商品质量安全管理各环节全覆盖，建立健全跨境电商全链条的产品管理体系，加强质量安全风险专项监测力度，提升跨境电商产品质量示范效应。

（十）完善跨境电商法律规范

积极参与数字经济、电子商务、信息技术、网络安全等领域国际规则和标准制定。紧密结合青岛跨境电商当前的发展现状，合理制定相关的配套法律规范。推动当前监管模式的重构及优化，完善信用机制建设，对电子支付途径、安全防范、程序等予以完善，提高电子支付安全度，确保制度的规范化和科学化。完善风险管理制度，根据实际需求健全检疫监管平台，实现追本溯源的目的。建立健全关键信息基础设施安全保护、数据安全管理和网络安全审查等网络安全管理制度。

洛阳综试区建设路径研究

河南科技大学经济学院　徐屹晖

跨境电商作为全球贸易新业态新模式快速发展，在推动国际贸易便利化和减少交易成本，加速重构全球生产链、供应链、贸易链、价值链等方面的作用越来越突出，正成为建设开放型世界经济的重要支撑。近年来，党中央、国务院高度重视外贸新业态新模式健康发展。习近平总书记多次强调要推动跨境电商等新业态新模式加速发展，培育外贸新动能；提出构建以国内大循环为主体、国内国外双循环相互促进的新发展格局，统筹推进现代物流体系建设，对跨境电商水平发展提出了新要求，也创造了历史机遇。

一、洛阳综试区的发展现状

在企业需求推动和国家优惠政策的支持下，河南省跨境电子商务得到了快速发展。2020 年 1 月，洛阳市被纳入跨境电商零售进口试点范围。河南省委、省政府高度重视洛阳综试区建设，研究通过并印发《中国（洛阳）跨境电子商务综合试验区实施方案》，推进跨境电商综试区建设。近年来，洛阳市通过强化措施、跟踪落实，促进跨境电商综试区建设取得了一定的成效。截至目前，全市拥有各类跨境电商经营主体及服务企业 800 余家，其中高新技术企业 118 家，有 87 个海外商标注册获批，参与编制 11 项国家、国际标准。现有 10 家企业在 19 个国家和地区设立了 43 个海外仓，有 10 家企业在欧美、东南亚及非洲等的 16 个国家和地区设立了 39 个公共海外仓，仓储总面积超过 51.716 万平方米。

洛阳市相继获批工程机械、复合材料、摩托车及零部件、钢制办公家具 4 个国家级外贸转型升级基地，拥有 3 个省级外贸转型升级基地、3 个省级出口基地。依托洛阳五洲跨境电商产业园建设“通关一体化平台”，实现“9610”“9710”“9810”模式累计通关 72 万单。2021 年，全市跨境电商进出口 61.7 亿元，同比增长 18.7%。

二、洛阳综试区的发展优势

（一）区位优势显著

洛阳地理位置优越，是重要的交通枢纽城市，连接欧亚内陆空港。虽然洛阳与其他试点城市相比没有水路运输，却在公路、铁路、机场运输方面联通国内外跨境贸易，成为连接世界“丝绸之路”的必经之地，覆盖范围广阔，涉及整个华北、东北区域，是跨境电商企业竞争激烈的地方。

（二）政策最先落地

河南省政府于 2013 年 7 月印发了《关于加快推进郑州市跨境贸易电子商务服务试点工作方案的通知》，促进海关、质检、外汇管理、税务各方通力合作，保证跨境电商流程落地。洛阳积极开展试点城市工作，特此印发了上述通知，并规定了工作推进的时间表和各个模块的主要负责主体等细节，全面推进各项政策实施，确保跨境电商业务开展的政策环境。

三、洛阳综试区的发展不足

（一）跨境物流不能满足需求

洛阳跨境电商发展迅速，然而跨境物流的发展却没达到预期的效果，不能与跨境电商发展同步。跨境物流存在着包裹无法实现全面跟踪、退换货不支持、配送效率低、时间长、货物破损率高、清关难等问题，甚至会出现丢包现象。

（二）跨境电商相关政策无法“落地”

作为跨境电商试点城市的洛阳，虽然得到

了国家批复，并且在政策上也给予了支持，允许先行先试，然而在海关、税务、收付汇、政策法规等方面还是无法满足跨境电商发展的要求。在通关时，一些费用的支出比较复杂，满足不了跨境电商交易种类多、交易频繁、每次交易数量小的特点；根据当前的外汇政策，跨境电商结汇还远远达不到快捷、方便的程度；此外由于当下的税收政策和技术的限制，使得很多从事跨境电商的买家在缴税方面存在困难，部分出口退税方面给予的优惠也无法享受。

（三）跨境电商缺少专业人才

由于跨境电商是一个新兴的产业，所以人才存量较少，而有经验、有能力的跨境电商人才更是缺乏。随着洛阳跨境电商群体的快速成长，加剧了对人才的需求。而企业关于电子商务的培训目前还处于初级阶段，想招到既懂外贸又懂跨境电商的交叉型人才有一定的难度。

四、加快洛阳综试区建设的对策

（一）健全相关法律体系

虽然国内发展跨境电商的政策环境较好，但是跨境电商的法律环境还急需改善，国内或国际方面要对跨境电商的法律体系进行不断完善，加快建立信息监管平台，实现跨境电商信息的共享与协调。要结合我国的特殊国情和洛阳跨境电商的实际情况，努力构建完善的跨境电商法律服务体系。

（二）逐步完善跨境电商交易平台

目前洛阳综试区跨境电商平台存在着货真价实商品少、线上销售不能给消费者带来亲身感受等问题。针对假冒残次商品，建议电商平台对产品的采购过程进行严格监管、合理选择供应商，实现自我约束和构建相应的内部机制。针对消费者担忧的问题，建议电商平台在一些大的城市构建线下实体店，线上线下相结合，使用户摆脱购买体验需求问题。针对售后服务问题，建议电商平台一方面关注物流管理，另一方面提高商品质量，并在线下设立售后服务中心，解决消费者的售后服务问题。

（三）完善物流体系建设

第三方物流企业要与洛阳综试区跨境电商企业进行友好合作，打造洛阳自贸区仓储集运中心，此时卖方只需把货物运到指定的仓储中心，完成运费交付即可，剩下的工作由物流企业负责将货物转送到国外客户手中；其次物流企业要不断提升自身服务水平，进一步推动物流信息化的快速发展，达到配送效果的科学化、效率化；同时推动海外仓的建设。通过洛阳自贸区电商企业与物流配送企业的携手，尽快实现海外仓储体系的构建。

（四）强化平台信息监管能力

洛阳综试区相对来说发展时间短，许多配套服务设施尚不完善；跨境电商平台上各种信息的真实性无法得到完全有效的保障，将给企业的信誉带来严重影响，从而限制了洛阳综试区跨境电商平台的进一步发展。信息的披露与监管需要不断加强，方能确保企业长久、稳定的发展。

（五）加强跨境电商专业人才的培养

跨境电商专业人才供需不平衡，解决这个问题的重点在于充分调动多种资源渠道培养人才。首先，高校作为跨境电商人才的重要培养基地，要充分发挥其价值。高校在构建人才培养方案时，要突出应用型和实践性，有目的地培养跨境电商综合型人才。其次，利用各种资源，使企业大力加强跨境电商从业人员的再培训，以实践为基础，提高从业人员的专业技能和水平。最后，加强洛阳综试区与企业、高校三方之间的合作，共同构建一个产学研相融合的人才培养平台，从而提升跨境电商从业人员的整体水平和整体素质。

（六）推动品牌化运营

目前，洛阳综试区跨境电商平台对商品的推广缺乏措施，并且在品牌塑造方面能力欠缺，一定程度上限制了郑州跨境电商企业规模化与国际化的发展。为此，建议洛阳跨境电商企业从多个渠道对产品进行推广，实现多渠道与多元化的产品宣传。另外，郑州各中小企业应该具备国际视野，面向全球市场来考虑产品生产与营销方案。

参考文献

1. 林园春．中国（郑州）跨境电子商务综合试验区建设方略研究［J］．黄河科技大学学报，2017（7）．

2. 王璋．加快中国（郑州）跨境电子商务综合试验区建设［J］．协商论坛，2017（10）．

3. 邵阳子．郑州 E 贸易助力河南融入世界大舞台［J］．企业改革与管理，2016（5）．

4. 张俊涛．郑州跨境电子商务综合试验区发展分析研究［J］．财经界，2018（7）．

5. 越琳．大数据助力中国（郑州）跨境电子商务综合试验区发展［J］．时代经贸，2018（5）．

先行优势对跨境电商的影响及政策建议

华南理工大学电子商务系　许伯桐　蔡思敏　谷　斌

一、引言

近年来，互联网经济持续快速发展，跨境电商也随之在全球范围内蓬勃发展。企业和消费者通过跨境电商平台完成交易的现象越来越普遍。在跨境电商快速发展的同时，我们面临开拓国际贸易新路径的困境，在此背景下，跨境电商成为外贸发展新的增长动能、拓展出口贸易的新途径。国际贸易形势千变万化，跨境电商企业面临着巨大的国际市场竞争与压力。因此，探索跨境电商企业的发展道路有着重要的现实意义。本文以跨境电商平台上的中小企业为研究对象，结合理论和实证方法研究先行优势对跨境电商企业出口绩效的影响。

二、文献综述

如果一个企业比它的竞争对手优先进入一个新市场，那么该企业所获得的最终收益包括两个部分：一部分是该企业参加市场活动所获得的收益；另一部分是由于该企业获得了先行者优势而获得的收益。Lieberman 和 Montgomery（1988）认为，先发优势主要来自三个来源，即技术领先、资源抢占以及不确定性下的转换成本，同时，随着时间的推移，先行者必须承受来自四个来源的不利因素，即搭便车效应、技术或市场不确定性的解决，技术或客户需求的变化以及在位者的惰性。

关于先行优势的研究主要包括三个方面，第一个方面是分析先行优势的来源，第二个方面是从企业的层面探讨企业如何通过资源和能力的配置来利用先行优势，第三个方面是根据市场进入顺序调查环境与竞争优势之间的关系。

在先行优势的来源方面，Kerin 等人（1992）总结了构成先行优势的因素以及调节先行优势关系的产品市场因素。Suarez 和 Lanzolla（2007）认为环境因素，如市场透明度，决定了先驱者所享有的初始先行优势及其可持续性。在企业层面的资源和能力方面，Mohr 等人（2014）发现早期跨国公司进入者在零售业务的多个地理区域竞争时，会获得更高的财务回报。类似的，Fuentelsaz（2020）在研究中发现，较早进入市场的企业在技术和市场上的不确定性比起较后进入的企业会更低。Murthi 等人（1996）和 Robinson 等人（1992）发现企业层面的管理技能和产品开发技能有利于企业利用先行优势。

在市场进入顺序方面，前人研究通常表明，早期进入与公司绩效之间存在正相关关系（García-Villaverde 等，2012），但也可以发现混合或矛盾的结果。因此，研究人员试图解决早期优势是静态的还是动态的问题（Ferrier，Smith 和 Grimm，1999）。有些情况会导致早期进入者的劣势超过其优势（Lieberman 和 Montgomery，2013）。外部因素会对隔离机制的有效性产生负面影响，从而破坏先发优势的持续性（Gomez 等，2016）。Boulding 和 Christen（2003）指出，在更成熟的市场中，后进入相关的成本有与后进入者相关的一些优势补偿，并得出结论，先驱者的优势通常在12~14 年后随着时间的推移逐渐消失。

三、假说提出

（一）先行优势与跨境电商企业出口绩效

先行优势这一概念被广泛地应用于战略管理、市场营销和经济学中。本文认为先行优势能够从声誉优势、转换成本、从众心理三个方面影响跨境电商企业的出口绩效。

由于跨境电商平台上还存在其他成千上万的同类型企业，消费者需要付出很大的搜索成本、学习成本才能从后发企业中寻找到合适的企业，因此在面对后发企业时，为了节约时间和精力，消费者更倾向于选择先行企业，这加强了跨境电商企业中的先行优势。在跨境电商平台上会展示出消费者所留下的购买记录、评论，并且会根据企业的评分、信用对企业排序，这些都会对后来的潜在消费者的购买行为和购买意愿造成影响，从而导致销售量集中在进入时间长、销售额高、初始客户数量多的先行企业中。基于以上分析，本文提出以下假说。

H1：先行者优势存在于跨境电商平台中，并且与企业的出口绩效之间有倒U形关系。

（二）产品价格与先行优势

使用成本领先战略的产品定位对先行优势的增长有放大作用。对于销售低价产品的企业来说，其学习曲线将更加突出，其核心竞争力将更强，同时由于跨境电商平台中存在的显著长尾效应，在同一产业中，跨境电商平台销售的产品往往更加同质化。除此之外，我国跨境电商受政府管理模式、优惠政策以及商业模式等因素的影响，存在严重的同质化竞争问题（温珺和阎志军，2017）。同时，跨境电商平台允许消费者在展示面板中对商品按照价格升序或降序的排列，这使得在价格比较方面更加方便，企业为了吸引更多消费者，会将他们的竞争重点转向价格。因此，在跨境电商平台上，低价战略能够帮助企业吸引消费者注意力，获得销量。因此，本文提出以下假说。

H2：低价策略将放大先行优势与企业出口绩效的倒U形关系。

（三）产品种类与先行优势

企业的产品多样性能够对先行优势的上升起到放大作用。首先，对于实行多品种战略的企业来说，跨产品的学习曲线更强。同时，在面对跨境电商平台激烈的同质化竞争时，跨境电商企业可以通过产品多样化战略优化企业内部资源配置，也可以利用跨产品的学习效应来规避这种竞争风险。基于以上分析，本文提出以下假说。

H3：产品多样化将放大先行优势与企业出口绩效的倒U形关系。

四、数据来源与描述性统计

（一）数据来源

本文使用的数据来源于敦煌网的爬虫数据。敦煌网是国内首家同时也是交易额较大的B2B跨境电商交易平台，使用来自敦煌网的数据，可以比较全面地概括我国中小跨境电商企业的出口情况。本文使用敦煌网上从2006年7月到2022年4月共4075家跨境电商企业在此期间的经营数据，涵盖了400万件商品，数据包括店铺销量、入驻时间、评分、收藏人数、商品价格、所处分类。

（二）变量构造

1. 因变量

企业销量（Transaction）。在先行优势的相关文献中，被广泛使用的公司绩效因变量主要包括销售额、利润以及市场份额。由于样本中的公司销售不止一个分类的产品，因此将企业划分到一个特定市场中，并计算该企业的市场分割对与本文的研究而言并不合适，所以本文不考虑使用市场份额来表示企业的出口绩效。另外，考虑到不同行业商品价格存在差异，因此，本文使用企业每月销售量的对数来衡量企业出口绩效。

企业收藏人数（Collection）。在敦煌网中，平台会在商家首页展示该商家的收藏人数。有研究表明，企业的销量与收藏人数两者之前存在显著的相关关系。因此，本文在稳健性检验中使用企业收藏人数替代企业销量衡量企业出口绩效。

2. 自变量

企业入驻时长（Tenure）。本文使用企业在电子商务门户网站的任期（月数）作为主要自变量。鉴于本文的数据记录了自门户网站成立以来的进入时间，这个变量可以精确地衡量每家公司进入市场的提前程度。因此，本文使用企业任期来衡量企业的入驻时长。

企业商品均价（Price）。使用企业所有在售商品的平均价格（单位：美元）的对数表示，用以衡量企业的产品价格。

企业在售商品数量（Diversity）。使用企业目前在售的所有商品数量的对数来表示，用以衡量企业的产品种类。

企业评分（Review）。在敦煌网中，消费者能够为企业进行打分，并显示该企业的平均得分。该分数的范围从 0 到 100，本文使用企业评分来表示企业的声誉。

行业商品数量（Concentration）。本文按照敦煌网商品种类划分，共分为 30 个品种，并使用企业所处行业的商品数量的对数来表示该行业的行业竞争程度。

（三）描述性统计

本文所涉及的所有变量的描述性统计见表 3-1，其中企业销量、企业收藏人数、企业商品均价、企业在售商品数量以及行业商品数量取对数。

表 3-1　变量描述性统计表

变量名	变量描述	样本数	均值	标准差	最小值	最大值
ln*Transaction*	销量	4075	-2. 318	4. 603	0	2. 053
ln*Collection*	收藏人数	4075	440. 332	1826. 918	0	38982
Tenure	入驻时长	4075	32. 174	36. 678	0	189
ln*Price*	商品均价	4075	3. 107	1. 546	0	6. 891
ln*Diversity*	在售商品数量	4075	1. 665	1. 269	0	2. 353
Review	企业评分	4075	64. 905	46. 317	0	100
ln*Concentration*	行业商品数量	4075	2. 554	0. 131	1. 711	2. 774

五、研究结果与分析

（一）计量模型设定

梁绮慧（2021）在研究先行优势和客户关系管理对跨境电商企业绩效的影响时，在回归模型中加入了企业入驻时长的平方，因此，本文借鉴已有研究的模型设定方法，并结合本文提出的理论假说，将回归方程设定为以下形式：

$$\ln Transaction=\beta_0+\beta_1 tenure+\beta_2 tenure^2+\beta_3 price+\beta_4 diversity+\beta_5 review+\beta_5 concentration+\varepsilon$$

本文以企业月销量作为因变量，企业入驻时长、商品平均价格、商品数量、店铺评分、行业企业数作为自变量，采用了具有固定效应的广义最小二乘法回归模型，从中分析先行优势、产品价格、产品种类和企业出口绩效的影响与其关系。

以下对自变量进行多重共线性检验（见表 3-2），从下表可以看出，各个自变量之间的 VIF 值都小于 10，因此数据通过了共线性检验，能够用于回归分析。

表 3-2 解释变量共线性检验表

变量名	VIF	1/VIF
lnTenure	2. 31	0. 4312
lnPrice	6. 15	0. 3660
lnDiversity	3. 98	0. 2535
lnConcentration	8. 21	0. 2119

（二）回归结果

所有回归的结果见表 3-3。

表 3-3 回归结果明细表

模型	1	2	3	4	5
样本	全样本	低价	高价	单一产品	多产品
Tenure	0. 0171＊＊＊ (0. 003)	0. 0217＊＊＊ (0. 004)	0. 0127＊＊＊ (0. 004)	0. 0174＊＊＊ (0. 002)	0. 0334＊＊＊ (0. 004)
Tenure2	−0. 0074＊＊＊ (0. 002)	−0. 0092＊＊＊ (0. 003)	−0. 0050＊＊＊ (0. 003)	−0. 0057＊＊＊ (0. 002)	−0. 0115＊＊＊ (0. 003)
转折点	84	80	85	57	55
Price	−0. 0152＊ (0. 017)	−0. 2315＊＊＊ (0. 046)	0. 122＊＊＊ (0. 03)	−0. 0291＊＊＊ (0. 009)	−0. 0563＊＊＊ (0. 021)
Diversity	−0. 1352＊＊＊ (0. 012)	−0. 131＊＊＊ (0. 018)	−0. 1313＊＊＊ (0. 017)	−0. 0139＊＊ (0. 007)	0. 1136＊＊ (0. 053)
Review	0. 0133＊＊＊ (0. 001)	0. 0105＊＊＊ (0. 001)	0. 0175＊＊＊ (0. 001)	0. 0046＊＊＊ (0. 000)	0. 0074＊＊＊ (0. 001)
Concentration	0. 2479＊＊＊ (0. 017)	0. 2731＊＊＊ (0. 023)	0. 1964＊＊＊ (0. 024)	0. 00326＊＊＊ (0. 009)	0. 1351＊＊＊ (0. 021)
R2	0. 302	0. 334	0. 281	0. 223	0. 406
F Value	204	118	91. 92	62. 84	144. 9
观察的企业数	4053	2023	2030	2040	2013

注：＊、＊＊、＊＊＊分别代表 1%，5%和 10%的统计显著性，括号内为稳健标准误差。

第 1 列为全样本的回归结果，其中以月份为单位衡量的企业入驻时长具有显著的正系数，这表明在跨境电商平台中存在着先行优势。另外，企业入驻时长的二次项具有显著的负系数，这表明先行优势上升一段时间后将减少，即先行优势与企业出口绩效之间存在着倒 U 形的关系，证明了假说 H1。在推导了企业入驻时长与企业销量的导数的偏微分后，计算出先行优势的转折点为 84 个月。企业产品价格和企业产品数量具有显著的负系数，而企业评分和行业竞争具有显著的正相关关系。

为了检验产品价格对先行优势的调节效应，在第 2 列和第 3 列中，本小节使用产品价格的中位数将整个样本分为“低价”和“高价”两个子样本。为了验证样本划分的合理性，本文使用邹氏检验，得出 F = 1260.739，即样本划分合理。划分之后，本文在“低价”和“高价”两个子样本运用前文设定的回归模型，通过比较这两个回归模型的结果，能够确定产品价格对先行优势和企业出口绩效关系的调节效应。在子样本中，企业入驻时长与销量都存在显著的正相关关系，企业入驻时长二次项则与销量都存在显著的负相关关系，这说明子样本的回归结果同样也支持 H1 假说。低价样本回归结果中企业入驻时长二次项的系数绝对值大于高价样本，这种差异表明，低价样本中，先行优势的变化程度快于高价样本。在低价样本中，先进入企业的先行优势将会以较大的幅度上升，并在企业进入时长 80 个月后达到顶点，之后又会以较大的幅度下降至 0。与之相反的是，高价格的样本中，企业的先行优势变化会比较平缓。因此，证明了假说 H2。

类似地，本小将样本按照在售商品数量分为单一产品企业和多产品企业，用以确定产品种类对先行优势和企业出口绩效关系的影响，回归结果见表 3-3 中的第 4 列和第 5 列。高产品多样性样本回归结果中的企业入驻时长和企业入驻时长二次项的系数大于低产品多样样本。因此，在高产品多样性样本中，企业将表现出更快的先行优势变化趋势，并且在 55 个月后，先行优势将以更快的速度减少。而低产品多样性的企业将表现出相对平坦的倒 U 形，这证明了假说 H3。

（三）稳健性检验

为了证明结果的有效性，本文从更换被解释变量这个方面进行稳健性测试。

将回归模型中的企业销量替换为企业收藏人数再进行回归，表 3-4 表明了回归结果。在替换掉被解释变量之后，主要解释变量的回归系数的正负方向与表 3-3 中的结果一致。

表 3-4　稳健性检验回归结果明细表

模型	1	2	3	4	5
样本	全样本	低价	高价	单一产品	多产品
Tenure	0.0214＊＊＊ (0.005)	0.0251＊＊＊ (0.006)	0.0167＊＊＊ (0.004)	0.0164＊＊＊ (0.006)	0.0147＊＊＊ (0.009)
Tenure2	-0.0116＊＊＊ (0.005)	-0.0168＊＊＊ (0.007)	-0.044＊＊＊ (0.003)	-0.0054＊＊＊ (0.005)	-0.0021＊＊＊ (0.008)
转折点	92	66	53	61	56
Price	0.1156＊＊＊ (0.032)	0.2439＊＊＊ (0.006)	-0.062＊＊＊ (0.003)	0.1805＊＊＊ (0.003)	-0.0204＊ (0.005)
Diversity	0.0828＊＊＊ (0.019)	0.0985＊＊＊ (0.054)	0.0558＊＊＊ (0.001)	0.0924＊＊＊ (0.002)	-0.2512＊＊ (0.012)
Review	0.0551＊＊＊ (0.001)	0.0604＊＊＊ (0.006)	0.0516＊＊＊ (0.001)	0.0748＊＊＊ (0.002)	416＊＊＊ (0.002)
Concentration	0.3265＊＊＊ (0.003)	0.2258＊＊＊ (0.003)	0.3920＊＊＊ (0.003)	0.3876＊＊＊ (0.003)	0.3283＊＊＊ (0.004)
R2	0.476	0.512	0.45	0.572	0.394
F Value	600.3	309.4	298.9	443	214
观察的企业数	4053	2023	2030	2040	2013

注：＊、＊＊、＊＊＊分别代表 1%，5%和 10%的统计显著性，括号内为稳健标准误差。

六、结论与建议

我国跨境电商企业数量大幅增加，却鲜有文章从中小企业的微观视角研究先行优势对跨境电商企业出口绩效的作用。本文研究了在跨境电商平台上是否存在先行优势及其曲线性质，以及产品价格、产品种类对先行优势与企业出口绩效关系的影响，并得出了以下的结论。

首先，跨境电商平台上存在先行优势，并且以倒U形的形状存在，即企业的出口绩效随着入驻时长的增加先上升后下降。跨境电商平台中的先行优势与传统市场相比其持续性较弱，跨境电商企业的先行优势在前5~7年中增长到顶点之后开始减少，直至消失。

其次，企业的低价策略对先行优势与企业出口绩效的倒U形关系存在影响。低价策略能够通过影响先行优势加快企业的出口绩效增长，提高企业的出口绩效顶点，同时也提前了出口绩效的转折点，加速了企业出口绩效的消失。

最后，企业实行的产品策略对先行优势与企业出口绩效的倒U形关系存在影响。实行多样化产品策略的企业将拥有更快的出口绩效增长点、较高的绩效顶点，但是随着入驻时长的增加，企业也将面对先行优势转折时间早于行业其他企业、先行优势下降更快的情况。

2020年以来，在统筹推进“一带一路”建设及“构建国内国际双循环相互促进的新发展格局”的思路指引下，各地纷纷推出对跨境电商的激励政策。粤港澳大湾区作为我国开放程度高、经济活力强的区域之一，不仅在国家发展大局中具有重要战略地位，而且具备跨境电商的先行优势。通过以上的实证分析，为我们制定合理的宏微观政策提供了理论支持，并据此提出以下建议：

一是充分把握企业发展的窗口期，并增强先行企业的忧患意识。对初创型或者转型期的企业，应该加大支持力度，多做雪中送炭的事情。同时，采取有力措施，引导企业增强长期的核心竞争力，例如鼓励企业进行技术创新，把流量优势转化为技术势能；对冲投资人以尽快包装上市为目的套利冲动，改变重营销轻研发的局面。

二是积极优化出口产品结构，推动企业转型升级。既要合理容忍低价策略及补贴策略等拉新手段的运用，也要鼓励企业依托技术进步开拓高端蓝海市场。制定符合跨境电商成长规律的监管政策，依据企业画像，精准调控，避免一刀切。

三是培育专业化综合服务商，推动跨境电商产业集聚与相互赋能。数字经济的网络效应有利于跨界经营，引导跨境电商企业把握好多元化战略的速度、广度和深度，明确能力边界。鼓励企业做精做强核心业务，通过中台战略对上下游赋能；还可以采取相互参股等资本手段，避免过度平台化和同质化。

四是推动大数据、人工智能等手段运用、注重场景化运营能力。随着“新基建”推进，跨境电商数智化是确定性的趋势。强化数据综合利用能力，提升数据边际收益，推动同类不同企业及产业链联合建模，有利于更为准确把握消费者信用及偏好，降低供给侧的不确定性。

参考文献

1. Lieberman M B, Montgomery D B. First-mover advantages [J]. Strategic Management Journal, 1988, 9 (S1): 41-58.

2. Kerin R A, Varadarajan P R, Peterson R A. First - mover advantage: A synthesis, conceptual framework, and research propositions [J]. Journal of Marketing, 1992, 56 (4): 33-52.

3. Suarez F F, Lanzolla G. The role of environmental dynamics in building a first mover ad-

vantage theory [J]. Academy of Management Review, 2007, 32 (2): 377-392.

4. Mohr A, Fastoso F, Wang C, et al. Testing the regional performance of multinational enterprises in the retail sector: The moderating effects of timing, speed and experience [J]. British Journal of Management, 2014, 25: S100-S115.

5. Fuentelsaz L, Garrido E, González M. Ownership in cross-border acquisitions and entry timing of the target firm [J]. Journal of World Business, 2020, 55 (2): 101046.

6. Murthi B P S, Srinivasan K, Kalyanaram G. Controlling for observed and unobserved managerial skills in determining first-mover market share advantages [J]. Journal of Marketing Research, 1996, 33 (3): 329-336.

7. Robinson W T, Fornell C, Sullivan M. Are market pioneers intrinsically stronger than later entrants? [J]. Strategic Management Journal, 1992, 13 (8): 609-624.

8. García-Villaverde P M, Ruiz-Ortega M J, Parra-Requena G. Towards a comprehensive model of entry timing in the ICT industry: Direct and indirect effects [J]. Journal of World Business, 2012, 47 (2): 297-310.

9. Ferrier W J, Smith K G, Grimm C M. The role of competitive action in market share erosion and industry dethronement: A study of industry leaders and challengers [J]. Academy of Management Journal, 1999, 42 (4): 372-388.

10. Lieberman M B, Montgomery D B. Conundra and progress: Research on entry order and performance [J]. Long Range Planning, 2013, 46 (4-5): 312-324.

11. Gomez J, Lanzolla G, Maicas J P. The role of industry dynamics in the persistence of first mover advantages [J]. Long Range Planning, 2016, 49 (2): 265-281.

12. Boulding W, Christen M. Sustainable pioneering advantage? Profit implications of market entry order [J]. Marketing Science, 2003, 22 (3): 371-392.

13. 温珺，阎志军．中国跨境电子商务发展：新特点、新问题和新趋势［J］．国际经济合作，2017（11）：29-35.

14. 梁绮慧．我国跨境电商企业出口绩效影响因素研究［D］．浙江大学，2021.

跨境电商综试区建设初期如何发挥担保体系在供应链金融中的作用

湖南省郴州市财政局　邱　波

2021年9月，中国（湖南）自由贸易试验区郴州片区管理委员会正式获批，为了更好发挥担保体系的桥梁作用，孵化和扶持郴州本土进出口贸易、跨境电商企业，解决企业融资难、融资慢的问题，由担保集团、专业运营公司共同成立跨境业务运营管理公司进行本研究，为保税区、自贸区从事进出口贸易、跨境电商业务的企业提供供应链金融等服务的可行性。

一、供应链金融服务存在的问题

供应链金融具有业务闭合化、交易信息化、收入自偿化、风险结构化的特点。

湖南自贸区获批时间不长，虽然保税区、自贸区基础设施基本完善，但是相关业务的场站作业流程不成型，没有配套的软硬件环境，业务无法有效运转，不具备供应链金融进入的基础条件。

二、供应链金融风险结构化的分析

（一）上下游企业信用风险

1. 经营管理。经营行为不规范、经营透明度差、财务报表缺乏可信度、守信约束力不强等问题。

2. 经营业绩。受供应链整体运营绩效、上下游企业合作状况、业务交易情况等各种因素的综合影响，任何一种因素都有可能导致企业出现信用风险。

（二）贸易背景真实性风险

1. 融资核心。商业银行以供应链上交易方的真实交易关系为基础，利用交易过程中产生的应收账款、预付账款、存货为质押（抵押），为供应链上下游企业提供融资服务。

2. 增信手段。真实交易背后的存货、应收账款、核心企业补足担保等是授信融资实现的根本保证。

3. 风险预测。交易背景的真实性不存在，出现伪造贸易合同、融资对应的应收账款的存在性（合法性）出现问题，或质押物权（质量）有瑕疵，或买卖双方虚构交易恶意套取银行资金。

（三）物流监管方风险

由于信息不对称，物流监管方会出于自身利益驱使而做出损害企业核心利益的行为，或者由于自身经营不当、不尽责等致使质物损失。例如，串通物流仓储公司有关人员出具无实物的仓单或入库凭证向银行骗贷；或者伪造出入库登记单，在未经核心企业同意情况下，擅自提取处置质物；或者无法严格按照操作规则要求尽职履行监管职责导致货物质量不符或货值缺失。

（四）抵质押资产风险

1. 质物是否缺失。

2. 质物价格是否波动较大。

3. 质物质量是否容易变异。

4. 质物是否易于变现。

三、供应链金融风险管控手法

（一）创建独立的风险管理体系

急需建立健全风险管理组织体系，实现对供应链金融全方位、全过程风险管理。

（二）选择供应链授信群体

供应链授信群体以信用风险管理为主线，应该具有三大特点，一是优势行业，二是产品畅销，三是信用良好。

（三）建立商品信息反馈体系

选取销售趋势好、市场占有率高、实力强、知名度高、流通快、保值率高甚至可增值的产品作为质押商品，并建立对销售情况、价格变化趋势监控的机制，及时获得真实的资料，避免由信息不对称引起对质押货物的评估失真，控制市场风险。

（四）强化内部管理控制

1. 制度设计。通过自偿性的交易结构设计以及对物流、信息流和资金流的有效控制，引入第三方监管，构筑独立于企业信用风险的第一还款来源。

2. 仓库管理。提高仓库管理水平和仓管信息化水平，制订完善的办理质物入库、发货的风险控制方案，加强对质物的监管能力。有针对性地制订严格的操作规范和监管程序，杜绝因内部管理漏洞和不规范而产生的风险。

四、供应链金融运营规划

（一）组建路径

担保集团与专业运营公司合资成立管理公司，担保集团占股 51%，专业运营公司占股 49%。

（二）管理公司充当供应链金融核心企业作用

为有效发挥担保集团的风险分担作用，充分调动银行为自贸区供应链金融链条企业提供融资服务的积极性，由管理公司专门承接保税区、自贸区的进出口场站的运营，充当供应链金融核心企业的作用。

管理公司通过对场站的运营和业务信息化系统的建设，可以全面地对货仓货物、物流、信息流、资金流进行监管，满足供应链金融担保的风控需要，确保供应链金融服务业务高效、安全地运转。

（三）供应链金融融资模式

担保集团及核心企业主导下的供应链金融分为应收账款融资、预付款项融资、动产质押融资三种模式。

1. 应收账款融资模式。上游的企业向金融机构提交融资需求，由担保集团进行担保增信，管理公司进行风控管理。

2. 预付款项融资模式。下游的企业向金融机构提交融资需求，由担保集团进行担保增信，管理公司进行风控管理。

3. 动产质押融资模式。企业利用手头上的货物抵押申请贷款，货物存放在场站，由管理公司负责货物的监管、货价的评估以及货物的发放等问题，金融机构在一定程度上借鉴管理公司给出的评估结果发放贷款，企业用运营所得还贷。

五、可行性研究结论

通过上述分析，由担保集团成立管理公司，全面对货仓货物、物流、信息流、资金流进行监管，满足供应链金融担保的风控需要。基于此，担保集团才可以对供应链金融上下游提供融资担保服务，确保供应链金融服务业务高效、安全地运转。